塞缪尔·鲍尔斯（Samuel Bowles） 理查德·爱德华兹（Richard Edwards）
弗兰克·罗斯福（Frank Roosevelt） 梅伦·拉鲁迪（Mehrene Larudee） 著

孟捷 张林 赵准 徐华 主译

竞争、统制与变革

中国人民大学出版社
·北京·

译者序[1]

《理解资本主义：竞争、统制与变革》的英文初版和第二版分别问世于 1985 年和 1993 年，这里奉献给读者的译本是根据 2006 年的第三版翻译的。原著的头两版在北美问世后，都“迅速成为供入门级政治经济学课程使用的主要教科书”。[2]在本书第三版中，除原先的两位作者以外，弗兰克·罗斯福加盟成为第三位合著者。

本书的三位作者[3]，鲍尔斯、爱德华兹和罗斯福，都拥有马克思主义的理论背景，更准确地说，他们都是或曾经是马克思主义经济学家，在 20 世纪六七十年代欧美马克思主义经济学复兴时期登上了学术舞台。作者罗斯福是在 20 世纪 30 年代推行“新政”的美国总统罗斯福的孙子。鲍尔斯的父亲曾出任美国驻印度大使。为此，他们在当年成长为马克思主义者时，还一度是媒体议论的话题。三位作者当中，最著名的要数鲍尔斯。他早年因讲授马克思主义遭哈佛大学解聘，此后长期执教于马萨诸塞大学阿默斯特分校经济系

① 本文虽然实为第三版译者序，但大部分内容同样适用于第四版。

② Frank Thompson, “Book Review,” *Review of Radical Political Economics*, 2006, vol. 38, no. 3: 473.

③ 本书第四版增加了第四位作者，即梅伦·拉鲁迪。

（该系自 20 世纪 70 年代以来就是马克思主义经济学的重镇），直至数年前退休。他和另一作者爱德华兹还都是形成于 20 世纪 80 年代的美国积累的社会结构学派（SSA 学派）的代表人物。[①]东欧剧变后，鲍尔斯在理论上的马克思主义色彩趋于淡化，在研究主题上转向人类行为研究，与他人合作完成的研究成果曾发表在《自然》杂志上。鲍尔斯已有多部著作（包括与人合写的著作）被译成中文。譬如，中国人民大学出版社就于 2006 年出版了他的《微观经济学：行为、制度和演化》一书。2008 年春，鲍尔斯还曾应邀到中国几所大学进行访问和讲学。

从本书的第一版到第三版，跨过了二十多年的岁月。在这期间，发生了东欧剧变、冷战结束、新自由主义崛起等具有世界历史意义的巨变。本书第三版无论是在内容上还是在体系结构上，都深镌了这些变化的印记。本书的第 1 章和最后一章，反复提到政治经济学面临的时代拷问：为什么冷战之后全球绝大多数国家和地区普遍选择了某种市场经济体制？发达资本主义经济为什么具有这么强的生命力？本书的几位作者深受马克思主义的影响，也曾为马克思主义经济学做出过重要的贡献，他们自然不会满足于新古典经济学或新自由主义经济学就这些问题提供的答案。但冷战的结束和对上述问题的明确意识，又使他们在理论上有别于传统的马克思主义经济学家。书中写道："马克思关于资本主义的许多预言被证明是非常正

---

① 鲍尔斯的马克思主义著作有（与 D. M. Gordon 及 T. E. Weisskopf 合著）：*After the Waste Land*：*A Democratic Economics for the Year 2000*，Armonk，N. Y.：M. E. Sharpe，Inc.，1990。爱德华兹的著作有（与 D. M. Gordon 及 M. Reich 合著）：*Segmented Work*，*Divided Workers*：*The Historical Transformation of Labor in the United States*. New York：Cambridge University Press，1982。两书均为 SSA 学派的代表作。

确的。他大大低估了资本主义在新环境下的适应和变化能力，尤其是应对那些对其继续存在产生最严重威胁的能力。这其中就包括民主化的资本主义国家用失业保险、社会保障、公共教育和其他类似政策校正资本家和工人之间的某些不平等的强大的能力。资本主义展示其适应能力的另一条途径是它应对金融和其他经济危机的能力，而马克思认为这些危机最有可能导致资本主义的灭亡。”结果，在第三版里我们看到的是一种理论上的混合：在一些涉及方法论原则的重大问题上，作者力图和新古典经济学划清界限，保留了一些马克思主义经济学的立场、方法和观点；与此同时，为了解释市场和竞争在协调经济中的作用，又在一些地方糅合进了新古典经济学的分析思路和概念。为了便于读者全面地了解这本书，下面我们从四个方面对其在方法和内容上呈现出来的基本特点做一简略的评介。

一、一维经济学还是三维经济学

本书的一大特色是强调了政治经济学和经济学（尤其是新古典经济学）之间的区别，态度鲜明地把自己划归政治经济学的分析传统。书中将政治经济学定义为“三维经济学”，即从竞争、统制与变革这三个维度来分析资本主义的理论。与此相对照的是，新古典经济学只重视分析经济生活里的一维，即竞争和交换，从而“把资本主义简单地看成一个市场体系”。书中写道：

> 根据经济学的三维分析法，我们知道，在整个经济领域，传统经济学所重视的竞争和市场交换只是一个部分。当然，它是“竞争、统制、变革”这三个维度的第一个维度，然而其他

两个维度也应该具备同等的重要性。

本书还强调了政治经济学的跨学科性质。作者指出，“政治经济学”这个术语在思想史上曾被用来泛指所有的经济学，其研究领域也覆盖了当今社会科学中的大多数学科：不仅包括经济学，而且包括人类学、社会学、心理学、政治学等。在 1900 年前后，“政治经济学”这个术语在西方经济学中才逐渐为“经济学”所替代，其研究领域也变得日益狭窄，基本上是围绕着市场兜圈子。对政治学、心理学、历史学、社会学等诸多方面的探究则交付给了当时刚刚独立的其他社会科学。而这些社会科学恰好在这一时期成为独立的学科，也并非偶然。在此，作者事实上坚持了马克思和恩格斯的一个观点：只有一门科学，即统一的历史科学。书中这样写道：

> 从政治经济学的角度来看，在社会科学的各个分支——历史学、政治学、经济学、人类学、心理学——之间划分界限是非常武断的。这些差异将社会现实拆成一个个小方块，呈现为大学中的各个学科分野，可谓泾渭分明，但却模糊了经济运行的真相。
>
> 与“经济学”这一术语相比，我们更喜欢用先前的政治经济学概念去描述我们的研究方法，因为除非把政治学、经济学、心理学和其他社会科学的规则综合到一起来研究现代社会的复杂性，否则一个人无法圆满地了解当代社会。描述政治经济学的另一种方法就是将之视为跨学科的。

为了进一步澄清政治经济学与经济学的区别，书中批判了新古典经济学的一系列基本理论假设。在这些假设中，首当其冲的是自利经济人假设。本书第三版为此新添了一整章来讨论这个问题，并利用了作者鲍尔斯在人类行为领域的研究成果。鲍尔斯及其合作者借鉴行为经济学的方法，在全球 15 个截然不同的社会进行了最后通牒游戏实验，结果发现这些不同社会中的人在行为和动机模式上存在着重大的差异。他们认为，这些差异的形成源自各个社会中不同的谋生方式。从这一研究中作者得出了如下结论：与自利经济人不同，人是合作的物种。书中就此写道：

> 我们的文化和我们的本性共同作用，使得智人成为我们这样的独具合作性的物种。我们具有合作性这个事实，意味着好人并不总是落在最后。说明好人为什么并不总是落在最后的推导过程表明，新古典经济学家有时过分强调了竞争作为进步源泉的作用。合作也是必要的。

在经济人假设之外，新古典经济学还有另外两个基本假设，即完全契约假设和不存在规模经济的假设。作者认为，这三个基本假设结合在一起，使新古典经济学成为牛顿时代的机械主义世界观的典型写照：

> 新古典经济学的三个假设实际上反映了 17 世纪牛顿时代的世界观。依照这种世界观，任何社会和自然现象都可以被看作是原子微粒的运动集合，而且这种运动是可以了解并预知的。因此，完全契约假设实际上限制了个体对运动全貌的了解，这样，他们就可以堂而皇之地假设交易行为严格遵照几条简单的法则。类似地，经济人假设则规定了社会中每一个个体的行为准则。最后，不存在规模经济假设消除了领先地位的作用，并抹杀了一切偶然因素。他们进而认为，相互作用的个体的以往历史也就不能影响到他们当前的关系。新古典经济学得出的结论就是：经济被看作是一架平滑运行的机器，而非人们之间的关系有时候是和谐的，而更多时候是矛盾的，甚至是杂

乱无章的，正如在资本主义经济中实际发生的那样。

要指出的是，本书虽然强调自己属于政治经济学的阵营，但并不拘泥于马克思主义政治经济学的观点，而是对各派不同的经济理论持兼容并包的态度。在第1篇讨论经济思想史的那一章，本书列举了六位在作者看来对政治经济学贡献尤著的代表性人物，他们是斯密、马克思、熊彼特、凯恩斯、科斯和森。名单上的最后两位是在第三版里新添的。作者对马克思给予了高度评价，认为他对古典经济学进行了彻底的重构，为本书提倡的三维经济学提供了一个原创的范例。对于科斯的入榜，国内读者可能会稍感诧异，毕竟科斯的观点一直被视为鼓吹私有化的新自由主义的理论基础。本书作者则认为，科斯事实上是新古典经济学的批评者，他的观点被那些利用他的人有意或无意地误读了。科斯假设，在交易成本为零时，私人之间的讨价还价足以替代政府的调节；但他又认为，在现实中交易成本是正的，应该研究交易成本为正的现实世界。作者最后指出，以上六位思想家都未曾对各自提出的问题提供一个令人完全满意的回答，经济学家还将继续追寻新的答案，并随着资本主义的发展不断面临新的问题。

二、马克思主义分析传统对本书的影响

本书头两版中的马克思主义色彩要比第三版更浓一些，但即便是第三版，也坚持了许多马克思主义经济学的基本立场、方法和观点。在《资本论》中，马克思把资本主义生产方式和生产关系作为主要的分析对象，本书则以类似的方式把围绕着生产活动的组织而形成的经济制度作为重要的分析对象：

纵观人类历史，人们用不同的方式组织生产活动。经济制度经历了原始社会、奴隶社会、自给自足的封建社会、资本主义社会和社会主义社会这几种形态。

这些制度的共同点——使之成为一种经济制度的原因，就在于它们都是每个社会中为了生存而生产各种产品和服务所必需的劳动的组织方式。无论它存在于哪种社会形态中，一种经济制度将决定生产什么、怎样生产、由谁生产以及怎样分配最终产品。

这里谈到的经济制度是根据特定的生产关系来定义的:

> 经济制度是人们之间的一个关系系统，它使劳动过程变成有组织的，从而使整个社会得以存续……而经济主体——生产者和消费者、奴隶主和奴隶、封建主和农奴、雇主与雇员、债务人和债权人——之间的社会关系则确定了经济制度的性质。

与此相关的另一个特点是，本书坚持了从古典学派到马克思的剩余分析传统，使用了剩余产品的概念，并以此为基础对经济制度进行阶级分析。

> 高度关注剩余产品对于政治经济学具有根本的重要性。这种高度关注是政治经济学区别于新古典经济学的主要原因之一。通过剩余产品这个透镜考察社会，使得政治经济学家能够看到经济制度所具有的历史特殊性，并根据生产和控制剩余产品的方式将一种经济制度与另一种经济制度区别开来。我们如何理解什么是“资本主义”？本书做出的回答是，它是以一种特殊方式产生和处置剩余产品的经济制度。

借助于剩余产品的概念，本书定义了什么是阶级和阶级社会:

没有剩余产品控制权的生产者是一个阶级，剩余产品的控制者是另一个阶级。所谓阶级社会是基于这样一种经济制度，其中绝大部分生产者没有或只有微不足道的剩余产品控制权。依据这个标准，资本主义是一个阶级社会，这个社会中的各种阶级冲突也就成为本书的分析主题。

一如马克思，作者概括了资本主义经济制度的三项特征：第一，大多数生产部门生产的是商品；第二，生产过程中所使用的资本品为私人占有；第三，生产商品所需的劳动时间是从劳动市场上购买的。资本家对剩余产品的控制，是以占有生产中使用的资本品即生产资料为主要基础的。对资本主义的一个简单定义如下："资本主义是这样一种特定的经济制度，雇主为了获取利润，利用其私人占有的资本品雇佣劳动以生产商品。"

大概受到以罗默为代表的"分析马克思主义"的影响，本书作者未采纳劳动价值论。尽管如此，书中仍然保留了剩余价值论的基本内容。在我们看来，书中所定义的利润事实上就相当于马克思的剩余价值概念。在马克思那里，剩余价值概念是为抽象掉资本内部的差别，分析资本和雇佣劳动之间的关系（所谓资本一般）而提出来的。马克思本人在概括《资本论》一书的优点时曾经这样讲：研究剩余价值的一般形式，把它和地租、利润、利息等剩余价值的特殊形式区别开来，是相对于古典经济学的进步。①在本书第 2 篇第 10 章，利润被定义为剩余产品的货币价值，这其中既包含企业为自己留存的利润，又包含为股东支付的红利，为贷款者支付的利息，为土地、建筑所有者支付的租金等。这在方法论上和剩余价值概念有着共通之处。在此基础上，作者进一步分析了提高利润率为什么

① 马克思 恩格斯《资本论》书信集. 北京：人民出版社，1976：225，250.

经常与工人的利益相矛盾："雇主怎样组织劳动场所以及他们与雇员的直接关系，通过劳动强度（e）、劳动效率（f）以及工资率（w）诸方面直接地影响着利润率……如果一个雇主能够增加 e 或 f，并降低 w，在其他要素保持不变时，其利润率将增加。"

在第 2 篇，作者还以大量篇幅讨论了资本主义企业内部围绕着控制和榨取劳动而展开的阶级冲突。资本控制劳动的主要形式包括简单控制、技术控制和科层控制。每一个工作场所和企业里都存在着这些控制形式的不同组合，其目的是要帮助雇主实现降低单位劳动成本的目标。值得一提的是，在资本主义劳动过程这个传统马克思主义经济学所擅长的领域，作者也表现出善于发展某些精巧的分析工具的特点。譬如，第 12 章就提出了劳动榨取曲线的概念，描绘了在每个工资率水平上工人所愿意付出的劳动强度。

在讨论宏观经济学的第 3 篇，作者分析了资本主义经济固有的各种矛盾现象：一方面存在着大量闲置的生产能力和失业，另一方面群众的重大需求却得不到满足。作者把造成这些矛盾的原因归于资本主义生产的阶级性。这一阶级性指的是，在生产中使用的资本品是为资本家私人所有的，生产出来的产品也为资本家所拥有，工人完全不拥有他们生产出来的产品。决定资本主义经济未来发展进程的最重要因素——投资——也几乎全部掌控在私人手里。这种阶级性通过影响投资、积累和总供求而造成失业、通货膨胀和经济周期。

在历史唯物主义看来，资本主义经济中的种种矛盾意味着这一制度是发展生产力的历史的、暂时的形式。随着新生产力的获得，人们将或迟或早地改变既有的生产方式和生产关系。这些思想和冷战结束后流行的历史终结论是相对立的。在后者看来，历史将终结于资本主义和代议制民主。在全书的结论一章，作者站在历史唯物主义的立场瞻望了资本主义的未来，指出了新的经济制度萌生的可能性：

> 在即将到来的几十年中，技术的变革，尤其是信息革命，以及人类对自然环境不断加速的影响，特别是全球变暖问题，将使我们面临人类历史上完全未曾有过的挑战。
>
> 在应对这些挑战的过程中，用新的方式组织经济的新制度可能会出现，它使我们能够利用现代技术来改善人类的福利。

不过，新的经济制度并非如同地球上的重力规律那样必定会实现。资本主义能否被超越，还和生活在这个制度里的各阶级的政治意愿息息相关。书中写道：

> 众所周知，今天全世界有很多人在资本主义制度下生活得很好。他们似乎不情愿冒着失去特权地位的风险去试验新的制度结构，这些新制度可能更适于应对信息经济的挑战，控制人类对自然环境的侵犯，以及缩小一国内部以及国家之间的贫富差距。如果既有的精英集团抵制这样的制度变革，那么，我们历史旅程的下一站或许就是一个被经济的非理性折磨的、被环境危机打击的以及分裂成日益敌对的“所有者”和“一无所有者”的阵营的世界。

在作者看来，到底会出现什么结果“取决于我们如何去做”。但这里的“我们”究竟是谁？仅仅是既有的精英集团吗？马克思所诉诸的无产阶级还能扮演什么角色？社会各阶级能就一些重大的变革达成某种共识吗？这一切都还需要更为清晰的答案。

三、后冷战时代的政治经济学

冷战结束后，市场经济制度开始流行于全球大多数国家和地区，成了所谓的“普适价值”。作为一本后冷战时代的政治经济学教科书，需要寻求对市场和竞争的协调作用的正面解释，而不能像传统马克思主义经济学那样，满足于资本主义经济的病理学分析。本书作者的这一思想倾向在第三版的章节调整上得到了反映。在第一版和第二版里，微观经济学篇是直接从“资本主义生产与利润”那一章开始的。而在第三版里，在“资本主义生产与利润”这一章之前，又新插进来两章，即第 8 章“供给与需求：市场是如何运行的”以及第 9 章“竞争与协调：‘看不见的手’”。这两章讨论了市场经济是如何经由供求关系实现协调的，以及市场经济相对于中央计划经济的优越性。

本书沿袭了计划经济批评者的两个传统观点：一个涉及信息的维度，另一个涉及激励的维度。第一个维度的含义是，苏联的中央决策者不可能获得足够的信息来制订出准确的计划。这是哈耶克最初提出来的观点。第二个维度的含义则是，中央决策者缺乏足够的激励来制订出有利于大多数人的计划；而且，即使存在这样的计划，生产者和消费者也没有足够的激励去实现这一计划。

但细究起来，这种对计划经济的批判也可以反过来用在市场经济上。关于外部性和市场失灵的理论就表明了这一点。依据新古典经济学的“看不见的手”假设，如果价格是适当的（即它能够衡量人类各方面关系的真正稀缺性），那么人的行为以及对他人的全部影响就会反映在产品或服务的价格中。但外部性的存在表明，价格经常是不适当的，并不能真正反映稀缺性，企业的个别成本和社会成本之间会存在偏离。这样一来，个人追求自利的行为就不能带来对整个社会而言合意的结果，这就是市场失灵。因此，在理论上承认外部性便意味着，市场价格机制并不像哈耶克所说的，能自动地解决一个社会经济的协调所面临的信息问题。

同时，市场经济也存在着激励制度的严重缺陷，无论是在企业层面还是在宏观收入分配层面都是如此。在企业内部，生产过程的阶级性带来了控制劳动这个传统难题。书中指出，雇主和工人之间缔结的合约是一份不完全契约，上面载明了工资，却无法预先规定工人的劳动付出。由于资本和劳动之间的对抗性关系，单纯依靠收入手段激励工人提供更多的劳动付出是不可能的，资本主义管理便受困于这个难题。就整个经济而言，本书第 3 篇分析的美国经济中的严重不平等给人留下了难以磨灭的印象。根据书中的数据，美国最富有的 1%的纳税人的收入占所有美国人总收入的比例，曾由 20 世纪 20 年代末 25%的最高点下降到 20 世纪 70 年代末的 9%这个最低点，但自 1980 年里根当选总统以来，这个比例则开始大幅攀升。此外，从 1970 年到 2000 年这 30 年间，美国 100 个最富有的 CEO 的收入相当于普通工人工资的倍数，从 1970 年的 49 倍增长到 1988 年的 373 倍，到 1998 年则高达 2 388 倍。CEO 被“过度激励”的现象，在此次金融和经济危机爆发后，成为困扰美国社会的严重政治问题。与此相对照的是，美国私有部门工人的实际工资率在 1972 年达到战后最高点后便开始下降，其 2008 年的水平比 1972 年下降了约 10.6%，再现了马克思当年所说的工人阶级“绝对贫困化”的现象。这种不断加剧的经济不平等，是造成目前的经济危机的深层原因之一。

因此，从激励和信息这两个角度来论证市场经济优于计划经济似乎不啻五十步笑百步。要为市场和竞争的协调作用提供更有说服力的论据，还需在理论上另辟蹊径。这里，我们想稍费笔墨谈谈理论经济学的三个代表性范式对市场经济的三种迥然不同的评价。这三个范式分别是新古典经济学、马克思主义经济学和演化经济学。①

自亚当·斯密以来，经济学所关注的首要问题便是由无数行为者的分散决策所产生的经济活动能否产生某种秩序。斯密在这个问题上的结论（即他的“看不见的手”原理）被新古典经济学所继承，但为马克思主义经济学所批判。按照马克思主义经济学的观点，无数人的分散决策所带来的是“整个社会生产中的无政府状态”，这一特点不可能带来持久的秩序，反而造成经常的混乱和危机。这种看法在马克思和恩格斯那里形成后便不断被强化，到了第二国际的某些理论家和斯大林那里，问题成为资本主义经济将以某种方式不可避免地走向“崩溃”或“总危机”。迄今为止，在国内大学里通行的政治经济学教科书仍未能完全摆脱这种观点的影响。

根据现有的三种经济理论范式，市场经济中无数行为者的分散决策分别带来了三种结果。在传统马克思主义经济学看来，其结果是危机和崩溃；在新古典经济学看来，其结果则是趋向于静态均衡；演化经济学可谓居于前两者之间，提出了别具特色的“协调”论。著名演化经济学家弗里曼和卢桑对这里的协调概念做了如下解释：

> 协调概念解释了，为什么存在着非均衡过程，以及非均衡过程为什么会受到约束……为什么结构性的不稳定性持续地存

① 以下论述借用了笔者先前文章里的观点。孟捷. 危机与机遇：再论马克思主义经济学的创造性转化. 经济学动态，2009（3）：43－47；孟捷. 演化经济学与马克思主义. 经济学，2006（6）：28－33.

在着，但又不会驱使整个系统朝向爆炸性毁灭。

同时，

> 存在着协调这一事实并不意味着就存在着和谐或均衡，不管均衡在意识形态意义上指的是资本主义经济的一般特征，还是在其精确意义上指的是市场体系所具有的持久的动态稳定性特征。

也就是说，演化经济学既承认资本主义经济的内在矛盾和结构的不稳定性，反对任何均衡的理念（这一点针对的是新古典经济学），又认为这些矛盾和非均衡有可能受到约束，不至立刻颠覆整个体系（这一点是针对马克思主义经济学的）。在我们看来，相对于前两种截然对立的范式，演化经济学所主张的协调论，应是更为可行的理论出路。

在演化经济学家眼里，实现上述协调的主要途径之一便是技术创新。冷战结束后，演化经济学家如罗森伯格和纳尔逊等人，提出应根据创新绩效来论证市场经济的相对优越性。由于他们的见解是在反思和批判熊彼特的基础上形成的，在此需要简单地介绍一下后者的观点。在早年的熊彼特看来，创新以及由此带来的动态是资本主义经济的根本特征；企业家则是创新职能的承担者。到了晚年，他又提出，创新的主体从个别企业家变成了资本主义大公司，这些大公司集中了创新所需的各种资源，并把创新变成了公司内的例行事务，也就是说，大公司可以对其创新进行预先的规划。在此基础上，他做出了下面这个惊人的推断：资本主义大公司的这个成就，也为中央计划机关代替自己对创新进行规划奠定了基础，资本主义将因此长驱直入社会主义。针对熊彼特的上述思想，罗森伯格等人提出：资本主义大公司的创新并没有完全降低为例行事务；由于不确定性的存在，创新在其本质上是不能由中央计划机关通过命令来规划的；以无数人的分散决策为特征的市场经济，恰恰为各种思想的经济实验提供了制度条件，计划经济则不具备这样的条件。[①]演化经济学关于国家创新体系的研究（譬如对苏联和日本的国家创新体系所做的比较研究），也从实证上支持了这种观点。

本书第 2 篇的头两章（第 8 章和第 9 章）在讨论市场经济的优越性时没有借重演化经济学的上述观点，但在第 1 篇（如第 7 章）分析资本主义经济的第三维即变革之维时，却浓墨重彩地分析了资本主义的根本特征之一是与积累相联系的永无止境的创新和变革。书中强调，和其他经济制度相比，资本主义经济制度使得剩余产品的使用方式发生了巨大变化；植根于资本主义经济中的竞争，迫使企业把大部分剩余产品用于投资而不是消费，那些不这样做的资本家面临着被竞争淘汰的危险；这些投资带来了不间断的技术创新，以及社会和政治领域的变革；资本主义是历史上第一个这样的制度，其精英阶层的成员只有将剩余用于投资才有可能保持他们的阶级地位。笔者记得熊彼特曾经对最后一点做过如下形象的表达：资本主义的上流社会就像一个旅馆，住在里面的客人是不断变换的。而在其他制度中，精英们一般总能维持自己的地位。

书中还指出，资本主义的上述特点和下面两项制度条件的并存是联系在一起的，即私有财产的安全性和个人经济地位的不稳定性。私有财产的安全性意味着，那些拥有资本品的人，会同时拥有生产出来的产品。在这种情况下，拥有工厂的雇主将拥有企业盈利时带来的剩余，没有人能拿走雇主得到的奖赏。个人经济地位的不稳定性则意味着，如果某个个体失败了，就得蒙受损失。如果该个体无法以低成本

---

① 罗森伯格. 探索黑箱. 北京：商务印书馆，2004.

生产出优质产品，他就不只是一个拙劣的资本家，还是一个“前”资本家。因此，确保能控制对剩余的财产权，以及由竞争性市场带来的不稳定性，共同促进了投资与创新。

与积累和变革相联系的是动态竞争。书中比较了政治经济学和新古典经济学看待竞争的不同态度。在新古典经济学的教科书里，竞争是导向静态均衡的，在此均衡中所有企业都获得一致的收益率，各种资源也以一种最优方式得到配置。而政治经济学则认为，企业总是在寻求机会超越现有的竞争状态，将自己置于一个能获取更高利润的地位。在动态竞争中，没有一种状态是永恒的，因为有些企业一直在改变着竞争的必要条件。因此，均衡不应该在经济学中占据那么重要的位置：

> 由于竞争带来了无休止的变革，资本主义经济是变动不居的。即便碰巧形成了一次静态均衡（像那个碗里的大理石一样），由追逐利润的企业所进行的竞争性投资也会迅速打破均衡的形成条件。持久的均衡就像自行车停下来还要保持直立一样是不可想象的。因此，那种认为均衡会一直持续下去，直到某种外在力量将其颠覆的理念是具有误导性的：竞争本身将立刻使均衡不复存在。
>
> 在传统经济学看来，政治经济制度是静止不变的；而显然地，我们需要用动态的眼光去看待经济现实：它是一个不断变化的过程，而不是一团千年不变的经济行为。相比之下，新古典经济学是摄影，而三维经济学是电影。

然而，在笔者看来，本书以强有力的笔触描绘的这幅资本主义的变革图景，却在第 2 篇的头两章里遭到了某种逻辑上的损害。本书作者没有接纳劳动价值论，也没有专辟一节讨论价值和价格理论，却不时地采用了竞争性市场下价格等于边际成本的观点："对竞争性市场中供求相互作用的分析的一个重要结果是，当一个竞争性市场处于均衡时，商品的价格将等于其边际成本。"在采纳这种观点的同时，本书作者也在某些地方接纳了新古典经济学的竞争概念。例如在书中某处作者说："竞争过程将推动实际价格和数量向均衡价格和数量移动。"而这种导向均衡的竞争，和作者强调的"动态竞争"在概念上是截然不同的，后者带来的不是静态均衡，而是"构成资本主义社会的特征的持续转变"。

难以理解的是，作者一方面旗帜鲜明地批评新古典经济学的竞争概念，另一方面却在这里采纳了他们的观点。其中原因何在？一种可能的解释是，完全竞争和边际成本定价的观点，只是作者在论述过程中故意使用的一个假设，目的是为此后论述市场失灵做铺垫。在现实中，由于外部性、垄断、规模经济的原因，价格并不等于边际成本，由此造成了市场失灵，经济也就不能实现对资源的最优配置。在这个意义上，完全竞争和边际成本定价的观点在本书中所起的作用，就类似于熊彼特在《经济发展理论》中采用过的手法，即先假定有一种静态（循环流转），然后再引入创新，以得出资本主义发展的动态。但熊彼特的这种方法并非什么成功的样板，反而带来了各种无法解决的理论上的矛盾，一直为人所诟病。

第 8 章和第 9 章给人的印象是，作者既想肯定市场和竞争在协调社会经济中的作用，又要指出其固有的缺陷。这个意图当然不坏，但所采用的论证手法是值得探讨的。第 9 章以相当大的篇幅讨论了市场失灵的问题，而市场失灵这一提法是以完全竞争及均衡等概念为参照提出来的。在完全竞争和一般均衡的前提下，新古典经济学提出了帕累托最优的概念，以证明市场在资源配置上的效率。因此，若无这一参照系，就无所谓市场失灵。而一旦接纳了市场失灵的概念，就等于默认了这个参照系，也就默认了完全竞争和一般均衡理论是对市场和竞争的协调作用的唯一正面的解释。在我们看来，对这一参照系是接纳还是拒斥，牵涉到经济学和政治经济学之间的本质区别。一种把变革的维度纳于自身的三维经济学，理应断然拒绝这一参照系，转而寻求对市场和竞争的协调作用的新解释。以规模经济而论，这个现象在书中被视为导致市场失灵的原因之一。可是，如果规模经济或企业的平均成本下降的确是个普遍的现象，为什么一定要用它来解释市场失灵，而不是用它来证明市场制度在促成变革和协调经济上的正面作用和效率呢？后者恰恰是演化经济学所倡导的观点。在他们看来，市场经济的效率并非来自根据给定目的对给定资源进行配置的静态效率，而是来自接纳各种创新和变革的能力以及由此形成的动态效率。演化经济学家梅特卡夫曾就此指出："市场制度的重要特征就在于它们促成了对新机遇的适应，同时创造了激励以诱发对现状的新挑战。市场制度在静态意义上是否有效率并不是问题。更重要的是，市场机制具有使经济体系向着更有效率的状态演化的能力。"①笔者认为，如果我们能把演化经济学的这种见解和马克思主义有关资本积累内在矛盾的病理学分析结合在一起，就有可能达成对资本主义经济制度的较为全面的评价。而在本书中，虽然作者也强调动态竞争和创新驱使资本主义远离任何均衡，但在讨论市场和竞争的协调作用时却对新古典经济学做出了过多的让步，其结果是在论述中产生了一些逻辑上的矛盾。例如，仍以规模经济而论，书中出现了两种不同的处理方式，一种是将其作为市场失灵的原因来看待，另一种是在第 11 章里，又把单位成本下降作为动态竞争的结果，而这种

① 参见多普菲. 演化经济学：纲领与范围. 北京：高等教育出版社，2004：140－141，译文略有修改。

动态竞争，正如上文所提到的，带来了作为资本主义特征的持续变迁。

四、政治经济学的价值观

作为教材，本书的一个突出优点是以问题为导向，而不是一开始就向初学者灌输理论模型。 作者在解释书名时这样说，之所以最终定名为《理解资本主义》而非《理解经济学》，意在将学生的兴趣引向经济本身，而不是经济学模型。 举例来说，在讨论宏观经济学那一篇，开头两章首先分析了困扰着美国和全世界的各种严重的经济不平等，到该篇第三章（第 16 章）才开始讨论总供给和总需求模型。 此外，书中随处可见大量的案例、统计数据及图表，为读者把所学知识和实际相对照提供了方便。 大概正是因为有这些优点，一位美国书评者曾经这样评价本书："不存在比本书更好的政治经济学，尤其是现实中的美国政治经济学的入门读物了。"①

不过，对于国内读者来说，充斥全书的美国案例肯定会让人产生距离感。 在翻译本书的过程中，作者之一鲍尔斯也曾向译者表达过类似的顾虑，提出最好能有一本更贴近中国读者的案例集，以配合本书中文版的使用。 这当然是一个很好的提议，但在这样一本案例集还付之阙如的情况下，那些乐意采用本书作为教材的教师不妨这样做：让学生们自己去搜罗一些来自实际生活的故事，作为对书中每个专栏的补充，并以此来考核学生的平时成绩。

和这种贴近现实的风格相适应的是，本书倡导经济学研究要为

① Frank Thompson, "Book Review," *Review of Radical Political Economics*, 2006, vol. 38, no. 3: 475.

变革世界服务。作者鲜明地指出，经济学不仅要讨论“是什么”的问题，而且要讨论“应该是什么”的问题；在实证的经济分析与规范的（或政策导向的）分析之间，不存在鲜明的界限。为此，书中专设了一章来讨论政治经济学里的价值体系。作者写道：

> 经济学不仅关注事实（是什么），而且关注价值体系（应该是什么）。经济学可以用来阐明价值体系及其在特定经济分析中的作用。本书所遵循的价值观是很简单的，即一种经济制度应该为社会所有成员过上富裕生活提供公平的机会，而如果一种经济制度越是有效率的、公平的、民主的，这个目标就越容易实现。

在西方经济学中，长期以来有一种教条，即公平和效率是相互冲突的。或者换一个具体的说法，生产率的快速增长要以收入的严重不平等为代价。这种思想也曾强烈地影响了我国理论界和决策界的某些人。例如，曾经流行一时的“效率优先，兼顾公平”的提法就反映了这种影响。可是，这种观点和世界经济中的许多现象并不相符。例如，书中提到，过去数十年间，日本和韩国是世界上收入分配最平等的国家，但这些地方的生产率增长远远超过了南非、巴西这些收入分配最不平等的国家。这些现象促使人们对公平和效率之间的所谓矛盾产生了怀疑。此外，即使我们把注意力放在发达资本主义国家，也会发现公平和效率的矛盾在经验上并不成立。书中第 15 章提供了一张图，比较了十个发达资本主义国家的情况。从中我们看到：第一，几个北欧国家（挪威、丹麦和瑞典）以及比利时的收入分配最为公平，生产率的增长率也最高。第二，美国的不平等程度在这十个国家中是最高的，生产率的增速则位居倒数第二，仅仅高于加拿大。书中还提到，美国不仅是发达资本主义世界收入分配最不平等的国家，也是工作时间最长的国家。第三，法国、联邦德国、荷兰和英国属于上述两类国家之间的中间情况。由此可见，在发达资本主义国家，公平和效率的关系并没有出现整齐划一的模式；不同的市场经济体制带来了公平和效率关系的不同组合；北欧国家的市场经济模式普遍优于美国的模式。作者进而提出，一般而言，并非公平妨碍了效率，经济不平等才是妨碍效率的原因：

> 经济不平等是阻碍而非促进生产效率提高和生产力增长的。不平等经常会滋生一些像罢工这样的冲突，并且会造成雇主与工人关系的恶化，以非生产的方式浪费了产出和精力。在某些情况下，人们会干脆放弃双赢的机会，因为一片儿蛋糕都得不到比得到不公平的一小片感觉起来要好一些。种族和其他形式的歧视，以及其他方面的机会不平等，使许多人缺乏足够的教育，结果是对整个经济而言浪费了人才。当严重的财富不平等意味着大多数人缺乏独立创业所需的资金时，经济就丧失了管理和创新的能力，以及因劳有所获的激励而带来的好处。在这些情况下，不平等阻碍了进步。

在美国的新自由主义体制因 2008 年爆发的金融和经济危机遭到沉重打击之后，这些见解代表了未来发展的潮流。

在本书中文版即将付梓之际，全球金融和经济危机还未完全结束，资本主义的又一次大变革或自我调整的时代降临了。本书出版于 2006 年，不可能提供对这次危机的直接分析，但作者对美国经济的诸多弊端和矛盾的揭露（尤其是关于宏观经济学的那一篇对美国经济不平等的分析），在某种意义上昭示了这次危机。今天的资本主义不仅是冷战后的资本主义，而且是危机后的资本主义。资本主义在冷战后的“凯旋”并没有使它摆脱马克思所揭示的那些基本矛盾，甚至还面临了新的矛盾（比如生态社会主义者奥康纳所称的资本主义的“第二重矛盾”，即资本积累和生态环境之间的矛盾）。冷战的结束和这次危机的爆发，是界定政治经济学当代视域的两个最重要的维度，也是检验一切经济理论的试金石。政治经济学应该全面地回答由这两个维度派生的所有问题。只强调一个维度造成的变化而忘掉另一个维度，都无助于从整体上理解当代资本主义。

危机爆发后，不仅是经济学家，甚至一些政治家也体会到，西方主流经济理论已经不再适应形势发展的需要。例如，澳大利亚总理陆克文就在2009年2月撰文，公开抨击新自由主义是造成此次危机的元凶。他提出：“要将国家的重要性以及社会民主主义政治经济学说发展为一个面向未来的、全面的理论框架。”①从大的形势来看，经济学似乎已进入了一个通往某种新范式的过渡时期。一些重大的变化早在危机之前就已露端倪。例如，在演化经济学家的批判性著作中，在斯蒂格利茨、克鲁格曼等诺贝尔经济学奖得主的反正统思想中，我们都可以看到被新古典主义长期主宰的理论经济学版图悄然改变的迹象。作者身处西方经济学的中心国度，对此当有更为敏锐的感受。在本书的序言里我们就读到：

> 当然，经济学仍是一个颇具争议的论题。不过，已不再存在单一的居于统治地位的学派，而是有许多不同的理论，每一种都有自己的长处和缺点。上面提及的每一位诺贝尔经济学奖获得者都曾尖锐地批评过新古典理论的某些方面（他们同时又相互支持）。不幸的是，对本科生的经济学教学已经远远落后

① 陆克文所撰写的《全球金融危机》2009年2月4日刊载于澳大利亚《月刊》杂志，《参考消息》2009年2月10日转载。

于这些经济学大家所广泛理解的东西。正统的“新古典”模型还在被讲授，似乎这是该领域唯一的理论。基于这个原因，本书可能还将被视作一本“替代性教材”，因为它关注了那些在标准的经济学教科书中被大量忽略的问题，以及与正统教科书有冲突甚至从未被后者提及的概念和思想。

本书大概是第一批被译介到国内的美国乃至西方世界的政治经济学教科书之一。这些年来，国内政治经济学界一直在谋求政治经济学教材和课程的重大改革，出版了一些具有尝试性的新教材，也亟须借鉴来自域外的新视角、新观点和新经验。在此意义上，本书中文版的面世可谓适逢其会。2009 年 4 月，中国政治经济学年会秘书处携手其他几家机构，在安徽大学新校区举办了第一届全国政治经济学教材和课程改革研讨会。当时，长达两年多的漫长而艰苦的翻译工作即将告竣。我们抱着试试看的心情将本书第 1 篇的译文打印稿带至会场，分发给约百位与会者，结果得到了大家的热烈回应和普遍好评。我们深信，您——认真的读者——一定也会体验到包括笔者在内的许多人在阅读本书时都曾有过的感受：那种智慧和希望的火花被一再点燃的欣悦之情。

孟　捷

2010 年 1 月

英文第四版翻译说明

2018 年，牛津大学出版社推出了本书英文版的第四版。和第三版相比，第四版有一些修订和增补。参加第四版翻译工作的有：徐士彦、姜译洲（第 1~7 章）；宋梅（第 8~10 章、第 18 章）；周济民（第 11~13 章）；姜艳庆（第 14~17 章、第 19 章）。张鑫翻译了除正文之外的内容，张林统校了全书。

2021 年 10 月

英文第三版翻译说明

本书由孟捷、赵准、徐华主译。 参加本书初译工作的有：耿纪东（第 1 章、第 8 章、第 13 章）；嵇飞（第 2 章、第 4 章、第 5 章）；张爽（第 3 章、第 11 章）；骆桢（第 6 章）；梅咏春（第 7 章）；余健（第 9 章）；张蝉（第 10 章）；毛颖达（第 12 章）；邵小明（第 14 章）；郑晓雪（第 16 章）；胡依梅（第 17 章）；崔杨杨和庄瑞峰（共同翻译第 15 章）；宋方涛（第 18 章）；铁铮和韩建伟（共同翻译第 19 章）；李静和庄瑞峰（共同翻译第 20 章）。 李怡乐翻译了序言、鸣谢和经济信息来源。 徐华、孟捷译校了第 1 篇的译文；孟捷译校了第 2 篇的译文，并撰写了译者序；赵准译校了第 3 篇以及结论章的译文。 朱安东、王兰、蒋丹也不同程度地参与了一些译校工作。 孟庆峰、邵小明参与了全书的制图工作。

2009 年 5 月

英文第四版序言

本书是一本经济学的入门级教科书，它解释了资本主义是如何运行的，为什么其运行有时并不如我们所愿，以及在长期内它如何改变了自身的运行方式，也变革了我们周遭的世界。我们并不要求读者此前已具备经济学的预备知识。

本书所采用的经济学的三维方法的关注点没有局限于传统经济学教科书所强调的市场竞争，而是也包括统制的关系——权力在企业中、国家间和社会群体间的运用，还包含对历史变革进程的关注。这里采用了多学科的方法，广泛使用了来自历史学、人类学以及其他行为科学和经济学的大量案例。

将竞争、统制与变革这三个维度统一起来的核心思想是企业对利润的追逐。在这一核心概念下，我们分析了企业间的竞争，投资和技术变革的驱动力对利润的追逐，以及追求利润成为所有者、工人、政府、雇主和消费者之间冲突的根源。

本书涵盖了供给与需求、市场竞争、不完全竞争、总需求和失业这些一般性的论题。同时，我们着重于资本主义经济非凡的活力与物质生产能力、人类行为的心理学基础以及亚当·斯密“看不见的手”的重要性、技术变革与新的信息经济时代、全球经济一体化及其对各国经济的影响、一国内部及国家间的不平等。同时，我们还提供了对新古典经济学原则的批判性评价，以及对契约理论、行为经济学、制度经济学和信息经济学的最新研究的介绍。

我们将本书命名为《理解资本主义》(而不是《理解经济学》)，借以强调我们的主题对象是实际的经济制度——而非经济学家的观念和模型。基于此种考虑，与历史学、政治学、社会学和其他社会科学并列的经济学理论是一个有助于我们理解资本主义的知识体系。

本书的结构

第 1 篇“政治经济学”介绍了经济学的三维方法，解释了它与其他方法的关系，发展了其基础性概念，同时概括了与资本主义经济生活相联系的一些有针对性的事实。

第 2 篇“微观经济学”发展了企业理论和包含劳动市场在内的市场理论，利用熊彼特的动态垄断竞争模型分析了技术变革。更重要的是，这里发展了对利润和利润率的分析，以此提供了三维经济学的统一原则，并建立了微观经济学与宏观经济学之间的联系。

第 3 篇“宏观经济学”所讨论的是整体经济的运行。为了给学习宏观经济学提供一个基础，我们考察了国家内部和国家之间的不平等，特别关注了全球范围内的不平衡发展。这里我们引入了总需求和总供给的概念，并解释了为什么失业似乎是资本主义劳动市场上永恒的特征。这一篇的最后两章讨论了经济危机和政府在经济中的作用。

在微观经济学课程上使用本书的教师可指定学习第 1~13 章和第 19 章。作为宏观经济学教材，可以集中学习第 1~7 章、第 10 章、第 12 章以及第 14~19 章。若仅有一学期的课程，则可讲授第 1~10 章和第 19 章。若时间允许且学生有兴趣，也可选择其他章节。

第四版的变动

在本书的第四版中，我们更新了数据和图表，新增了三章（第6章、第 18 章和第 19 章），重写了四章。 被替换掉的各章可以通过网络获取（需要密码）。

- 在新的第 7 章、做了重大修改的第 15 章和重写的第 19 章的某些国际内容中，本书的国际化元素得到进一步强化。
- 简化了第 10 章利润率的决定公式，这个简化的公式也适用于第 11 章和第 12 章。
- 在新的第 6 章和第 19 章的重写部分中，增加了对那些主导一国和世界经济的规则以及它们如何影响增长和公共利益的讨论。 新的第 6 章解释了一些规则是如何确立并为跨国公司的发展奠定基础的，比如在美国促进了企业投资、增长和合并的有限责任和公司人格。 第 19 章探讨了当前热议的什么样的经济规则能最好地服务于公共利益的问题。
- 新的第 18 章描述了 2008 年金融危机的发展演变，分析了金融部门的变化，讨论了导致经济危机的诸多原因。
- 新的第 19 章考察了服务由私人提供还是由公共部门提供的问题，特别是医疗服务和监狱管理。

教学帮助和补充

术语以及图表中的说明性文字，都有助于读者掌握经济学的基本语言和分析工具。 此外，相关专栏提供了关于经济的补充事实，并提出了可作为课堂讨论出发点的话题。

书末的“经济信息来源”可以帮助读者找到来自官方和其他来

源的经济信息，这些信息既有书面的，也有网络上的。

三维经济学和新古典范式

当本书第一版于 1985 年出版时，很多人将它视作一本“替代性教材”，并以欢迎的态度将其作为在当时经济学中居于统治地位的理论——新古典范式——的对立面。从那时起，经济学在许多方面发生了显著的变化。本书的大量核心主题如今也为其他许多经济学家和社会科学家所关注。这些年来，经济学家们将关注点转移到不平等问题、伦理价值的重要性、经济行为的非自利动机、权力的使用、历史影响经济事件的方式以及经济如何塑造了作为个体和作为社会与文化中的人的我们的身份。在今天的世界，经济、科学、政治以及其他方面的快速发展节奏，迫使经济学家直面变革的问题。

自《理解资本主义》第一版问世以来，诺贝尔经济学奖被授予了许多激发过我们工作灵感的经济学家和社会科学家，包括阿马蒂亚·森、罗纳德·科斯、乔治·阿克洛夫、约瑟夫·斯蒂格利茨、罗伯特·福格尔、道格拉斯·诺思、丹尼尔·卡尼曼、弗农·史密斯、约翰·纳什和埃莉诺·奥斯特罗姆。

当然，经济学仍是一个颇具争议的论题。不过，已不再存在单一的居于统治地位的学派，而是有许多不同的理论，每一种都有自己的长处和缺点。上面提及的每一位诺贝尔经济学奖获得者都曾尖锐地批评过新古典理论的某些方面（他们同时又相互支持）。不幸的是，对本科生的经济学教学已经远远落后于这些经济学大家所广泛理解的东西。正统的“新古典”模型还在被讲授，似乎这是该领域唯一的理论。基于这个原因，本书可能还将被视作一本“替代性教材”，因为它关注了那些在标准的经济学教科书中被大量忽略的问题，以及与正统教科书有冲突甚至从未被后者提及的概念和思想。

塞缪尔·鲍尔斯

理查德·爱德华兹

弗兰克·罗斯福

梅伦·拉鲁迪

致　谢

《理解资本主义》代表着我们过去 40 多年在哈佛大学、马萨诸塞大学阿默斯特分校、莎拉 · 劳伦斯学院、德保罗大学、厄勒姆学院和罕布什尔学院在经济学原理课程中为不计其数的学生讲授经济学和经济发展过程中，由我们发展起来的一种方法。我们要特别感谢数千名学生和数十名助教，他们的批评、建议、热情和（有时的）冷漠引导着我们。

许多同行在教学中使用了本书先前的版本，作为杰出的教师和研究者，他们提供给我们许多有益的反馈和建议。我们要特别感谢马萨诸塞大学波士顿分校的 Arjun Jayadev（她编写了第三版的教师手册，对这一版的图表贡献颇大），密歇根大学的 Frank Thompson，路易克拉克大学的 Martin Hart-Landsberg，南加利福尼亚大学的 Manuel Pastor，马萨诸塞大学阿默斯特分校的 Bob Pollin 和 David Kotz，玛丽蒙特大学的 Jim Devine，加州大学圣伯纳迪诺分校的 Eric Nilsson，田纳西大学查塔努加分校的 Fritz Efaw，罗林斯学院的 Eric Schutz，米德伯里学院的 Jeffrey Carpenter，纽约市立大学约翰 · 杰伊学院的 Geert Dhondt、Mathieu Dufour、Ian Seda-Irizarry 和 Joseph Rebello，新学院大学的 Teresa Ghilarducci，以及埃弗格林州立学院的 Peter Dorman。他们细致的评论和建议帮助我们改进了本书。

还要感谢南佛罗里达大学的 Ed Ford 和桑塔菲研究所的 Rachel Balkom，他们在课堂上使用过本书的一些版本，并向我们传达了学生们的反应和许多非常有用的意见。

我们要向为这一版和以前各版的特定章节贡献了自己专业知识的以下人士表达由衷的谢意：Dominique Alhéritière（联合国粮农组织），Bob Allen（纽约大学），David Belkin（纽约市独立预算局），Lourdes Benería（康奈尔大学），Josh Bivens、Will Kimball 和 Lawrence Mishel（美国经济政策研究所），Mike Buckner（美国矿工联合会），Stephen V. Burks（明尼苏达大学莫里斯分校），James Boyce、Doug Cliggott、James Crotty、Nancy Folbre、Carol Heim 和 Gerald Epstein（马萨诸塞大学阿默斯特分校），Jonathan Cogliano（狄金森学院），Jane d'Arista（政治经济学研究所），Andrew Farrant（狄金森学院），Edward Ford（南佛罗里达大学），Kevin Furey（奇摩卡塔社区学院），Janet Knoedler（巴克奈尔大学），June Lapidus（罗斯福大学），Margaret Levenstein（密歇根大学），Victor Lippit（加州大学河滨分校），Jamee Moudud（莎拉·劳伦斯学院），Gordon Pavy（美国劳工联合会-产业工会联合会），James Polito（拜伦商学院），Jared Ragusett（中康涅狄格州立大学），Michael Reich（加州大学伯克利分校），Peter Rosset（粮食与发展政策研究会），Juliet Schor（波士顿学院），John Schmitt（华盛顿公平增长中心），Eric Schultz（罗林斯学院），Ibrahim Tahri（新学院大学），Joe Von Fischer（普林斯顿大学），Jim Weeks（ATL 国际），Edward Wolff（纽约大学），Martin Wolfson（圣母大学），以及美国经济分析局乐于助人又有耐心的员工。

最后，我们还要格外感谢使得本书得以顺利出版的牛津大学出版社的专家们：Ann West、Alison Ball、Michele Laseau、Holly Haydash 和 Patty Donovan。

当然，作者对所有存留的错误承担责任。

塞缪尔·鲍尔斯

理查德·爱德华兹

弗兰克·罗斯福

梅伦·拉鲁迪

本书索引

目　录

第1篇　政治经济学

第2篇 微观经济学

第 3 篇　宏观经济学

第 1 篇

政治经济学

第 1 章

资本主义震动了世界*

在第二次世界大战后的 40 多年里，德国处于分裂状态：民主德 1
国是一个专政政权，而联邦德国是一个民主政权。两个德国的经济制度之间的差别和它们的政治制度之间的差别一样大。在民主德国，就像其他一切一样，经济也是由政府管理的。关于谁应该生产什么、怎样生产、什么时候生产以及为谁生产等的决策都由政府做出，并且靠命令来执行。相反，联邦德国拥有的是被称为资本主义的经济制度。联邦德国人可以为了获取利润、得到并保持一份体面的工作或者追求一种自己的生活方式，在既定条件下独立地做出自己的经济决策。

1989 年 10 月，民主德国共产党总书记埃里希·昂纳克（Erich Honecker）隆重地庆祝了民主德国成立 40 周年。他宣称民主德国的成立不仅是“历史的必然”，而且是“德国人民历史的转折点”。人们通过集会和游行来庆祝这次周年纪念。但仅仅 12 天之后，昂纳克突然下台，因为支持民主的示威首先在民主德国的莱比锡爆发，随后扩展到整个国家。150 万德国人参加了 10 月的游行，而参加 11 月游行的人数则翻了一番。

昂纳克下台后不到一个月，柏林墙就被拆除了。就在民主德国 2

---

* 本书边码为英文原书页码，以方便读者查核挂到出版社网站上的索引。

隆重的 40 周年国庆之后不到一年，民主德国就不存在了，两德实现了统一。

许多其他经济制度也曾受到过资本主义的冲击。美国南方基于奴隶制的经济制度因为联邦政府军队在内战中的胜利和林肯对奴隶的解放而结束。由此，南方终止了奴隶制经济而进入资本主义。类似地，狩猎和采集的简单经济——大多数人类在地球上的大多数时间里都以这种方式谋生——在世界的多数地方都被抛弃了，被其他经济制度取而代之。而且，在绝大多数地方，最终是资本主义取代了原来的经济制度。这一过程还在继续。资本主义在飞速地发展，从它诞生之日起就是这样。

尽管如此，资本主义还是新生事物：直到过去 5 个世纪以来，它才推动了世界历史的发展——相比人类在地球上居住的时间，资本主义还不到其百分之一。然而，在这个相对短暂的时期里，世界的变化比人类历史上任何较早的时期都要更迅速、更频繁、更深刻。现在，变革的步伐似乎正在加快，因此更加剧烈的变革极有可能会在我们生活的时代出现。

资本主义是这样一种经济制度，在这种制度中，雇主利用私有资本，以营利为目的雇用劳动生产商品。

在这一章中，我们将详细讨论资本主义的演变。我们将**资本主义**（capitalism）定义为一种经济制度，在这种制度中，雇主以营利为目的雇用工人生产商品和服务并销售。本章的主要观点是，无论资本主义出现在哪里，它都会使社会的每个方面发生变化。这主要体现在四个方面：

1. 资本主义带来了科学和其他知识领域的空前进步，带来了惊人的技术进步，带来了从前无法想象的信息共享方式，带来了世界大部分地区消费、医疗和教育水平的提高。

2. 资本主义还导致了权力的全部调整和财富的重新分配，它废除了奴隶制和其他古老的奴役形式，并使家庭生活、思想和信念发生了根本性的变化。

3. 由于我们一直以来生活在快速的变革中，我们倾向于认为这是正常的，甚至是自然的。然而，从历史的角度看，社会和物质世界的快速且无情的转变绝不是正常的情况。早期的经济制度根本不是由变革驱动的，而是被惰性所束缚。**资本主义时代**（capitalist epoch）开始于公元 1500 年前后的部分欧洲地区。资本主义的劳动组织形式——雇主用工资来雇用工人以获利——最早出现在英格兰、荷兰、比利时和意大利的部分地区。一开始，在这些国家或地区，这种新的组织生产的方式虽然只影响了很少人，但随着它的传播和壮大，资本主义的变革性力量也在加强。它最终会在世界中掀起一场革命。

> **资本主义时代**始于公元 1500 年前后，那时，资本主义组织方式的劳动过程首次出现。在世界上的大部分地区，它持续至今。

4. 资本主义的发展，以及伴随着它的社会变迁，是在不同的时间和不同的地点出现的，并且其影响是参差不齐的。在一些地方，资本主义发展得十分迅速；在另一些地方则非常缓慢；在其他一些地方，资本主义只是刚刚取代了其他经济制度。

第二个千年开始时的欧洲

仅有几个民族——无边无际的空旷向西、向北和向东延伸得如此之广，笼罩了一切。目之所及，唯有荒芜的土地、沼泽、蜿蜒的河流、荒野、树林和牧场、被火烧过的只剩下遗迹的林地。到处是这种由林地开垦出来的土地，从森林的边界处延伸而来，但仍处于半开垦状态；骨瘦如柴的牛拉着木质耕具在坚硬的土地上划出很浅的犁印……用石头、泥浆或者树枝建造的棚屋聚集而成的小村落，外面被一圈荆棘篱笆和一片草地包围；依稀可见的还有稀疏分散的城镇、破败的街道、随意修补的防御工事，以及已经变为教堂或者防卫据点的罗马帝国时代的石头建筑。

这就是公元1000年的西方世界。无论是与拜占庭帝国相比，还是与科尔多瓦相比，它看起来都很落后、贫穷而且没有防御能力。在这个处于饥饿困扰之中的野蛮世界里，为数不多的人口事实上已经显得太多了。人们几乎赤手空拳地劳作，艰苦地对付难以驾驭的自然，在由于没有得到适当开垦而产出低下的土地上耕种。在那个时代，没有哪个农民在种下一粒小麦时期望能收获三粒以上——如果年景不是太差的话，这意味着能够有维持到复活节的面包。

资料来源：Georges Duby，*The Age of the Cathedrals*（Chicago：University of Chicago Press，1981）：3.

持久的技术革命

为了更加清楚地辨别资本主义所带来的变化，就需要考察资本主义时代来临之前欧洲的生活。公元1000年，人们的寿命很短；他们几乎没有与他人打交道的经验，也没有离开过最近的城镇去更远的地方；他们通过自己的努力来生产食物和其他东西，在当地的市场中只有少量的物品可以满足他们的消费。

在人类历史的大部分时期，人们生活在同他们父母、祖父母或更早的先祖时代差不多的社会中。对于一代又一代的人而言，儿子们的生活方式和他们的父亲的生活方式差不多，女儿们也追随着她们母亲的脚步。工具和器皿、传说和信仰在代际传递，与一个世纪以前甚至一千年以前一模一样。好年景和坏年景随着天气的变化而变化，持续的、迅捷的、系统的变革从来就不是一个生活中的普遍事实，直到资本主义的出现这才得以改变。

在世界各地，社会是以不同的方式组织起来的，但大多数人只是模糊地意识到了这种多样性，原因是他们的视野没有超出他们生活在其中的小团体。然而，到了 15 世纪初，欧洲人开始探索其他大陆，并“发现了”他们所谓的“新大陆”。不久，通常是由寻求巨额财富的投资者赞助的商人和殖民者闯入了今天位于弗吉尼亚、秘鲁、巴巴多斯、南非和印度的土著居民的生活。资本主义在欧洲出现时所释放的活力很快开始影响到了世界其他地区。

很难说资本主义和随之而来的技术浪潮孰先孰后。无论真相是 4
什么，持续的、迅速的、有着深远影响的科学发现和技术创新现在被认为是现代生活的一个永久性特征，而它们或多或少是与资本主义同时出现的。当然，这些发现和创新也使得过去 5 个世纪以来卓有成效的经济进步成为可能。

在 1500 年，商品几乎完全通过手工和使用简单的工具才得以完成。动力机械就是推动磨坊主的磨石的水轮。人们对物质世界的理解如此原始，以至生老病死和收成——无论是丰收还是歉收，都常常通过巫术、迷信或上帝的意志来进行解释。

到 1800 年，传统工艺和代代相传的技能在大多数生产过程中仍然流行。但新时代带来了新的思想、新的发现、新的方法，以及各行各业中的新机器，它们使旧的理念和工具被淘汰了。很快，这些新颖的方式就被更加新颖的方式取代。由于技术变革彻底改变了生产，于是它减少了生产大多数产品所需要的时间。

劳动生产率最重要的增长出现在农业部门。由于生产同样多或更多的粮食现在只需要较少的人，更多的劳动力就可以被用于生产其他东西，尤其是被用于制造业。因此，农业生产率的提高必须在工业革命发生之前实现。为了说明资本主义时代农业产出的迅速增长，图 1.1 说明了两个世纪以来美国农业生产率的提高情况。

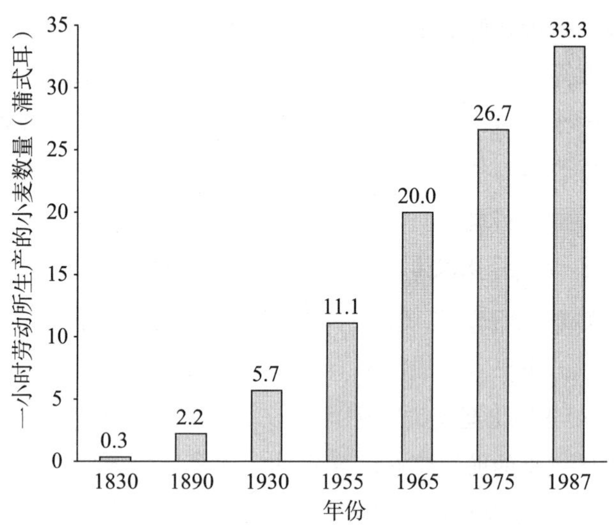

图 1.1　美国农业生产率的提高，1830—1987 年

以小麦的生产为例，本图显示了两个世纪以来美国农业劳动生产率的提高。在 18 世纪，美国农民使用的是由马或牛拉的粗糙的木犁。他们用手播种，用锄头耕种，用镰刀收割，使用一种叫作连枷的手动工具从麦穗里收获麦粒。铁犁在 19 世纪初才被引进，但是直到 1830 年，在 5 英亩的农田上生产 100 蒲式耳小麦仍需要 300 小时的劳动。美国农民在 19 世纪中期开始使用化肥，他们也越来越多地使用工厂生产的农业机械。因此，在此后的一个世纪里美国的农业生产率得到了大幅提高。到 1987 年，在一个大规模的、高度机械化的美国农场中，在 3 英亩的土地上生产 100 蒲式耳小麦只需 3 小时的劳动，每小时的产出比 1830 年高出 100 多倍。

资料来源：U. S. Department of Agriculture，Economic Research Service，“A History of American Agriculture 1776 - 1990”（Washington，DC：US Department of Agriculture，Economic Research Service，1993).

在过去的 5 个世纪中，交通运输方式也得到了极大改善。在

1500 年，人们把自己、自己的财产或者货物从一个地方运送到另一个地方只能靠步行或货车。货车是由人或动物拉着走的，人或货物在陆地上的前行是非常艰辛、昂贵和缓慢的，有时还很危险。除了极少数非常富有的人，去一个离家不算太远的地方实际上是不可能的，而水上运输过于昂贵，除了运输贵重而又轻便的物品如香料和丝绸之外，运输其他货物是不划算的。

在江河和沿海地区的水运稍容易一些，但船只很小、速度很慢，也不安全。与 1 000 年前罗马人所使用的技术相比，1500 年的海运技术几乎没有什么进步。然而，在之后的一个世纪内，海运得到了极大发展。船只开始定期横跨大西洋，或者绕过好望角到达东印度。到 1800 年，快速帆船从中国到伦敦仅需要 80 天，从纽约到旧金山只需要 22 天。与此同时，扬帆跨越大西洋几乎已经变成了日常惯例。

1870 年苏伊士运河的开通和 1914 年巴拿马运河的开通，大大缩短了世界贸易的航线，此时煤炭和石油发动机使得帆船变得过时了。到 20 世纪快结束的时候，每艘油轮运载的货物量是哥伦布航海船只的 2 500 倍。它们堵塞了世界航运要道，由于体积实在太大，它们只能驶入那些最大最深的海港。在协和式飞机因为经济原因在 2003 年停飞之前，花得起 9 000 美元预订机票的人从伦敦到纽约只需要三个小时，飞行的速度是声音传播速度的两倍，比在头顶上移动的太阳还快，以至他们到达的时间比他们离开的时间还要“早”。

陆上交通也发生了革命性变化。首先是内陆运河的挖掘，比如 5
纽约州最著名的全长 365 英里的伊利运河于 1825 年完工。运河上的驳船运输大大降低了陆上运输的成本。铁路进一步提升了速度，并降低了运输货物和人员的成本。在美国，横贯大陆的铁路于 1867 年完工，而到 19 世纪末，铁路贯穿了世界上所有的工业化地区，甚至穿过了加拿大境内的落基山脉、东非高原、中国内陆、辽阔的俄罗斯大草原和印度北部的平原。然而，所有这些只是建立在汽车、卡车和高速公路基础上的 20 世纪陆路交通革命的一个前奏。当 19 世纪的主要创新——空中旅行和运输——被纳入这一组合时，它们在一定程度上取代了铁路在全球运输和旅行中的地位。

交通运输方面的技术进步与医药、农业和通信方面的重大发展是同步的。卫生保健的改善和农业生产力的提高使得本章随后将要讨论的人口爆炸和城市化成为可能。此外，通信革命对于全球化进程也至关重要，这个问题在随后也会讨论到。

但是，某些武器的发展、有毒化学物质和生物制剂的发明和生产（对人类）却不是那么有益。今天，化学、生物和核武器——有
6 时被叫作大规模杀伤性武器——已经足以消灭这个世界上所有的人。无论是在生产技术、运输、医药、农业、通信方面，还是在核能、化学、生物战方面，技术变革的速度和渗透力都是史无前例的。

物质生活的丰富

过去 5 个世纪的技术变革伴随着人们消费水平的显著增长。在资本主义时代以前，由于绝大多数人以耕种、放牧或者狩猎和采集为生，人类的生存条件随着气候、疫病和其他自然现象的变化而改善或者恶化。尽管在时间和空间上存在着差异，但只要是在资本主义盛行的地方，平均生活水平就会持续提高。图 1.2 显示，19 世纪资本主义成为英国主要的经济制度之后工人的实际工资开始急剧上升。

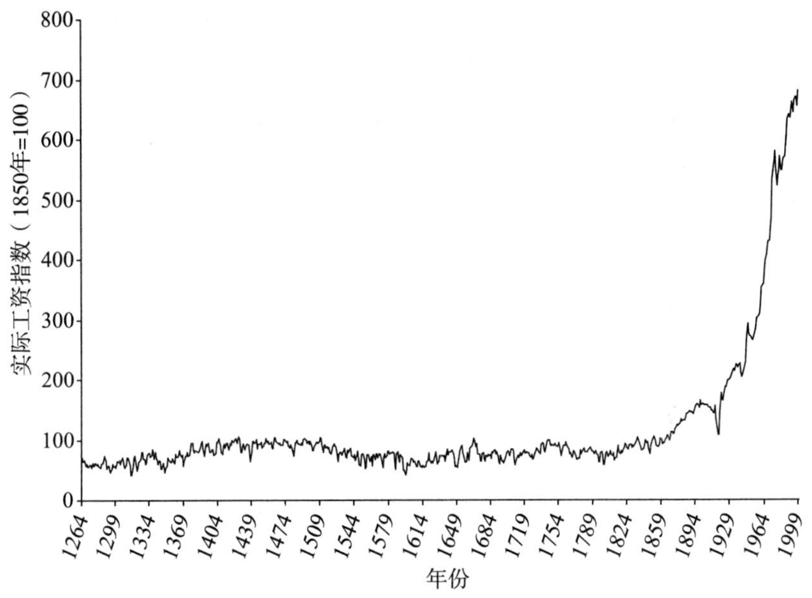

图 1.2　伦敦 7 个世纪以来的实际工资

本图展示了 1264—1999 年间英国熟练的建筑工人的平均实际工资的变化情况。“实际”意味着它是修正了每年价格上升因素的货币工资。这样，实际工资就是特定年份中货币工资的真实购买力。这里的数据以**指数**的形式出现。它们表明每年的平均实际工资相对于其他某个年份的比率。本图中，1850 年是**基准年**，其指数被设定为 100。例如，如果 20 世纪 30 年代的实际工资是 1850 年的两倍，那么就把它记录为 200；如果 14 世纪中叶的实际工资是 1850 年的一半，就记录为 50。虽然这些数据肯定有误差，但它们仍然告诉了我们一个有趣的故事。在资本主义充分发展之前，实际工资并未持续增长。1800 年以前的实际工资波动往往是人口规模变化的结果。例如，黑死病在 14 世纪中叶在英国和其他地方杀死了许多人，在英国造成了劳动力短缺并推高了工资。1300—1500 年间，黄金突然从美洲流入欧洲，导致价格迅速上涨，1500 年之后，黄金的收益减少。至少在工人缺乏组织和讨价还价能力的情况下，通货膨胀经常会降低实际工资。然而，在 1800 年以后，特别是从 1900 年开始，不断提高的劳动生产率和部分工人更高的谈判能力使得他们的实际工资急剧增长，如本图中的熟练建筑工人。

资料来源：Robert Allen，“Wages，Prices and Living Standards：The World Historical Perspective，” available at https://www.nuffield.ox.ac.uk/People/sites/Allen/SitePages/Biography.

虽然英国是第一个资本主义国家，但这种新的经济制度随后很快扩散到了其他国家，无论它出现在哪里，平均生活水平都有了相应的提高。以美国为例，2002 年的平均收入的购买力是 1789 年的 32 倍（通过美国联邦宪法的那一年）。当然，这并不意味着美国人现在比 1789 年快乐 31 倍，但它确实表明了物质财富的空前增长。随着物质的丰裕，人们的食谱也变得更加多样化（人们食用肉类的次数更多了），住房也变得更大更舒适了（至少在冬天更暖和了）。

英国经济为何起飞？竞争、煤炭还是殖民扩张？

在过去的 500 年里，地区间在生活水平上是相差无几的，现在它判若云泥：世界的大部分被欧洲人和具有欧洲血统的美国人所统治。为什么工业化在英国和欧洲发展得如此迅速？是煤吗？还是殖民扩张？抑或是经济政策？

乍一看，英国或是整个欧洲并没有什么特别的优势能够促使这些经济体实现飞跃。在“欧洲奇迹”之前，中国的科学知识在许多方面超过了欧洲，在大多数领域是互相匹敌的。而且，欧洲所领先的科学领域与推动工业革命的技术进步之间没有多少联系。中国经济较发达的地区，比如长江三角洲，并不比英国和欧洲的发达地区贫困。

7 一些经济学家认为，是英国的经济制度造成了这种差异：英国政府不插手经济，尊重产权，不设定价格或工资水平。然而，最近的历史研究表明，与英国或欧洲相比，18 世纪在中国长江三角洲地带个人的逐利行为可能更不受政府干预。历史学家肯尼斯·彭慕兰（Kenneth Pomeranz）总结道：无论是科学进步、财富还是自由放任的环境，都无法解释资本主义为何在英国生根发芽，而不是在其他地方开花结果以及将其他国家推向主导世界的地位。

长江三角洲缺乏的是自然资源。与英国不同，它没有丰富的煤矿，也没有多少水能，而且它的腹地也没有为不断扩张的经济体做好提供充足原材料的准备。

相比之下，经历了几个世纪欧陆战争磨炼的英国的军事实力让英国能够廉价地从新大陆获取原材料，在法国输掉了七年战争（1756—1763）之后尤其如此。来自巴巴多斯、牙买加和其他英属加勒比海殖民地的糖提供了超过英国劳动力所消耗卡路里的10%。英国殖民地的奴隶种植园为曼彻斯特蓬勃发展的纺织厂提供了原棉。英国本土的农田无法为英国工人生产足够的糖，也无法为英国的布料生产提供足够的纤维。如果没有这些殖民地，经济扩张只会推高棉花、糖和其他原材料的价格，从而降低了利润，使英国的腾飞提早搁浅。

彭慕兰用这些论据反驳了其他历史学家的观点，他们的观点是制度赋予英国以优势：强大的财产权利、有效的竞争和有限的政府推动了工业革命的出现。相反，他写道，英格兰和欧洲的制度优势，似乎“只适用于1800年以前的世界里的极少数努力，除了战争、武装起来的长途贸易和殖民扩张”。

资料来源：Kenneth Pomeranz，*The Great Divergence*：*China*，*Europe*，*and the Making of the Modern World Economy*（Princeton：Princeton University Press，2000）. 引文摘自 p. 166。

图 1.3 表明了欧洲生产率的提高最终怎样帮助提高了整个世界的人均产出。从该图的主体部分可以看出，世界整体的人均产出急剧增长要到 1820 年以后才出现，而那张小图（插图）详细地表明了过去 5 个世纪中不同地区对世界总产出所做出的相对贡献。为了简

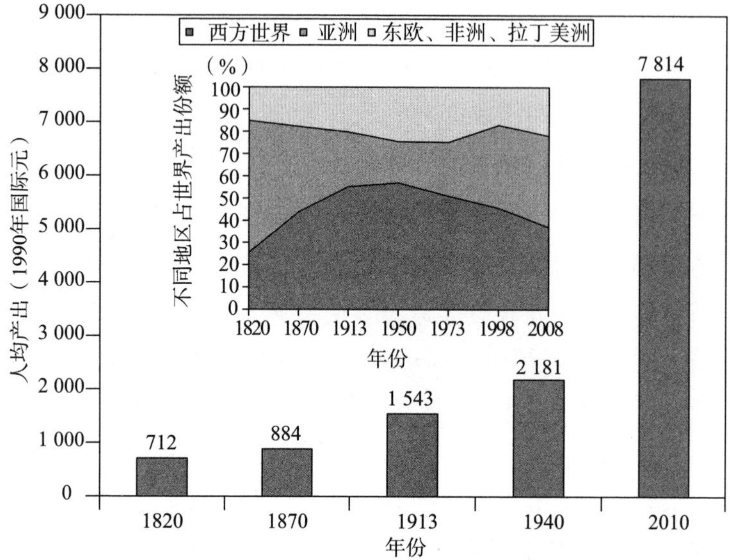

图 1.3　200 年以来世界人均国内生产总值

大图显示了过去 200 年间经过通胀调整后的全球人均产出（人均 GDP）的估计值。这些估计来自已故的安格斯·麦迪森（Angus Maddison）和他的经济史学家同行们长达半个多世纪的研究。麦迪森是研究全球人口规模、技术变化和生产率提高的知名学者。他的同事们正在继续这项研究。麦迪森估计，从公元 0 年到 1820 年，世界人均产出仅略有增长；他的继任者也同意这一说法，估计公元 0 年为600～700 美元，1820 年为 712 美元（以 1990 年国际元计算）。1820 年，在已有数据并已进行分析的国家中，平均收入的估计值涵盖了从韩国的 300 多美元到英国的 2 000 多美元。18 世纪以来，全球产出的增长速度与全球人口的增长速度是相当的。但自 1820 年以来，随着资本主义兴起而产生的技术变革极大地提高了人均产出。小图（插图）显示了在过去的两个世纪中，每个地区在世界产出中所占的份额所发生的变化。这些变化有许多原因，包括不同的人口增长率、技术、战争或和平以及生产和交换的组织。

资料来源：The Maddison-Project，http://www.ggdc.net/maddison/maddison-project/home.htm，2013 version；Angus Maddison，*Monitoring the World Economy，1820 - 1992*（Paris：OECD，1995），19，Table 1 - 1（a）；Angus Maddison，*The World Economy：A Millennial Perspective*（Paris：OECD，2001），28，Table 1 - 2，available at http://www.oecd-library.org/development/the-world-economy_9789264104143-en；World Economics：Measuring Global Activity，Maddison Historical GDP Data，Downloadable Data（to 2008）；http://www.worldeconomics.com/Data/MadisonHistoricalGDP/Madison%20Historical%20GDP%20Data.efp.

化这张图，全世界的国家被分为了三组。第一组被称为“西方世界”，包括西欧以及从前大英帝国中的大国——美国、加拿大、澳大利亚和新西兰。在这些国家中，说英语的定居者迅速成了大多数人口。第二组囊括了整个亚洲，包括中国、印度和日本。第三组包括非洲、拉丁美洲和东欧国家，也包括俄罗斯。

从图 1.3 中我们可以看出，从 1500 年到 20 世纪早期，世界总产出增长中的大部分要归功于“西方世界”，其所占份额在 1500 年时不足 20%，在 1913 年和 1950 年时上升到了超过 55%。然而，正如该图所表明的，其相对份额从 1950 年开始持续下降了。

当西方在世界总产出中的份额上升时，亚洲的份额是下降的。这部分地源于以下事实：从绝对量来看，西方的产出比其他地区的产出增长更快，因此其他地区在世界总产出中的**百分比**不得不下降。由于亚洲在 1500 年时生产了世界上的大部分产出，从而这一地区的产出份额下降最大。所以，亚洲份额下降的主要原因是欧洲和北美获得了令人瞩目的经济成功。但是，亚洲占世界总产出的份额在 1820—1950 年间的急剧下滑还有其他原因。首先，英帝国主义对印度——亚洲产出的主要贡献者之一——的生产率的影响是毁灭性的。尽管印度在 1800 年曾经有过强大的、多样化的经济，但是到 19 世纪中期，英国统治者已经开始破坏印度的棉纺织工业，以便他们自己的棉纺织品占领整个印度市场。同时，印度还被迫专业化生产（低价值的）原棉以出口给英国的纺织工厂。

亚洲占世界产出的份额自 1950 年以来的上升和西方份额在此期间的下降在很大程度上是日本和中国经济增长的结果。以总产出来衡量，美国是世界上最大的经济体；而中国位居第二，拥有世界近五分之一的人口，自 1983 年以来平均产出增长率为 10%。亚洲“四小龙”的贡献也很重要——特别是韩国、泰国和新加坡，这些国家和地区在 1987—1996 年间实现了 9%的平均增长率，随后有所放缓。

9 从图 1.3 的小图中我们还可以看出，非洲、拉丁美洲和东欧国家在 1500 年时在世界产出中的份额是最小的，在 1820—1950 年间只有很小的增加，但最终（在 2010 年）也还是只占有最小的份额。近期的下降主要是因为东欧和俄罗斯在 1989—1991 年的剧变之后，经历了从中央计划经济到资本主义的艰难转型，导致了产出的灾难性下降。这在一定程度上也是亚洲国家快速增长的结果，这意味着在全球产出中所占的份额即使是西方世界也在下降。

图 1.2 和图 1.3 中的数据表明，过去几个世纪世界多数地方的
10 工资和产出的巨大增长的数据事实上可能**低估**了相应的生活水平的提高。其原因是产品**质量**显著提高了，而当我们度量价格和产出时并不能充分考虑这些质量提高的因素。

质量的提高在光源的产生方面体现得最明显，从我们远古祖先的篝火开始，随着时间的推移发展到油灯、蜡烛、煤油灯，最后到现代照明技术如白炽灯和荧光灯。伴随着这些进步的是光生产效率令人难以置信的提高。工程师用单位“流明”来定义照明效率，即用一定数量的能量（以瓦为单位）可以产生多少光。

图 1.4 描绘了 1700—1992 年照明技术的发展，并反映了每个新光源的每瓦流明数。图中没有显示的事实是篝火的照明效率为 0.002～0.003 流明/瓦。到 1800 年，人们发现了一种新的光源——牛油蜡烛，其发光效率为篝火的 32 倍，达到了 0.076 流明/瓦。随着 19 世纪晚期电力时代的到来，照明技术开始迅速发展。到 1900 年，一种先进的碳丝灯能够以 3.7 流明/瓦的效率照亮一间屋子（或
11 一条街道），一个世纪之后，100 瓦的钨丝灯——标准的 100 瓦商业灯泡——能够以 14 流明/瓦以上的效率发光。

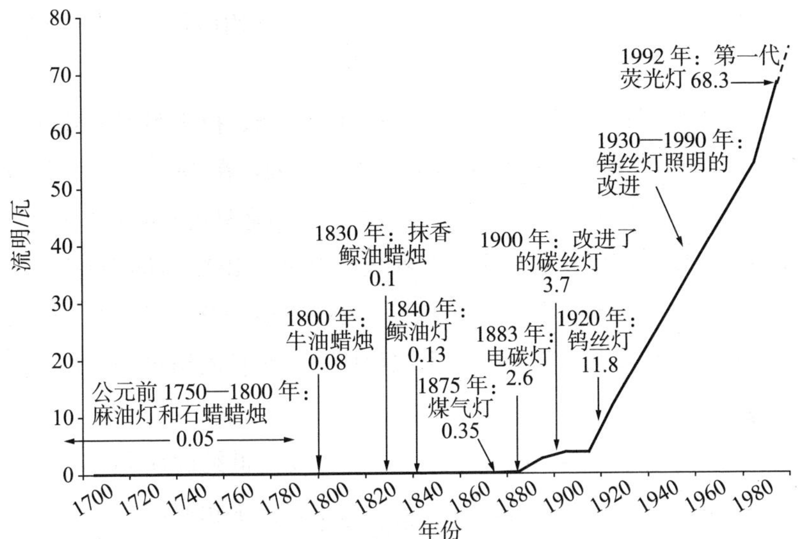

图 1.4　1700—1992 年照明技术的改进

本图展示了在过去的 3 个世纪里，照明技术效率（以纵轴的流明/瓦来度量）的改进情况。“流明”是度量光的亮度的单位，而“瓦”是度量能源能量的单位。

资料来源：William D. Nordhaus，“Do Real-Output and Real-Wage Measures Capture Reality? The History of Lighting Suggests Not，” in Timothy F. Bresnahan and Robert J. Gordon，eds.，*The Economics of New Goods*，National Bureau of Economic Research Studies in Income and Wealth，vol. 58（Chicago：University of Chicago Press，1996），29－66.

迄今为止照明技术最大的进步来自“紧凑型”荧光灯，它每瓦能产生 50～70 流明，它的效率是篝火的 3 万倍。我们要指出的是，我们通常对生活水平提高的度量——实际工资和实际人均国内生产总值（GDP）的增长——并没有考虑这样的事实：以照明为例，我们所能买到的东西的增长比我们支出的增长还要多。在过去的一个半世纪中，随着资本主义所激励的技术进步速度的加快，这类度量问题变得越来越重要。

资本主义促进物质福利快速增长的能力并不是独一无二的。苏联采用的是中央计划的非市场经济制度，在 20 世纪 20 年代末到 80 年代中期实现了非常高的经济增长率。而且，正如我们刚刚看到的，在过去的 30 年里，中国保持了世界上任何一个资本主义经济体都无法比拟的总产出增长率，支持了生活水平的显著提高。实际上，在第二次世界大战期间，当时美国经济在本质上实行的是中央计划，以确保用所有的资源去应对战争，1941—1943 年经济的每年实际产出（剔除通货膨胀）超过了 15%。这表明，在某些情况下，与让经济增长完全由市场力量决定相比，中央计划有能力促进产出更快增长。

不断加剧的不平等

伴随着资本主义而来的物质财富并不是平均分配的。随着资本主义在世界某些地区促进了财富的产生，它也导致了明显的全球不平等。在资本主义兴起之前，世界上的绝大多数人生活得很简单，没有发达国家里的多数人现在所习以为常的那些物质产品。但随着资本主义的发展，贫富差距变成了鸿沟。

衡量不平等的一个方法是用人们拥有多少财富作为数据。一个人的**财富或净值**在某个时间点被定义为这个人拥有的资产（钱、房子、家具、汽车、金融资产等）的价值减去这个人的债务的价值。也就是说，**财富＝资产－债务**。财富分配通常比**收入**分配更不平等；收入被定义为在一定时期内流入个人财产的钱。有人说，“减去我的债务，我有 20 万美元的资产”，这指的是她的**财富或净值**。但如果她说，“我上个月从各种渠道收到了 4 000 美元”，她是在陈述当月的收入流。

有几组研究人员试图用不同的方法和数据来衡量全球财富的不

平等。根据一项重要的研究，2014 年世界上最富有的 1%的成年人
拥有世界上 48%的财富。[1] 瑞士信贷银行（Credit Suisse）发布的
《全球财富报告》（Global Wealth Databook）估计，2015 年，全球 12
最富有的 62 位亿万富翁个人拥有的财富（1.76 万亿美元）相当于
全球最贫穷的一半人口即 36 亿人的财富。对美国的研究使用了更好
的数据，并清楚地表明，美国全国范围内的财富不平等一直在加
剧。这种极端的不平等造成了不被接受的社会后果。今天，世界上
的许多人仍然没有干净的饮用水，因此他们的孩子经常死于可预防
的疾病，而非常富有的人拥有自己的喷气式飞机。

人口爆炸与城市的发展

伴随着资本主义的技术进步和生活水平的提高，全球人口出现
了爆炸式增长。从公元前 10000 年到公元 18 世纪，世界人口增长得
非常缓慢。但从那时起，正如图 1.5 中曲线的急剧上升所表明的那 13
样，世界人口增长率出现了急剧的提高。从公元 1 年到 1750 年，人
口每年仅增长 0.56‰，在这个增长率下，人口翻一番需要 1 200 年。
在 1750—1950 年间人口以一个较高的速度增长（每年约增长
5.7‰），人口每 120 年翻一番。在 1950—1988 年的 38 年间，人口
从 24 亿增长到 48 亿。过去 250 年的人口爆炸是对以前趋势的根本
背离，这种新的社会现象只有在资本主义时代才会出现。然而，人
口增长正在放缓。自 1990 年以来，每十年人口增长不到 8 亿，而且

① James B. Davies, Rodrigo Lluberas, and Anthony F. Shorrocks, “Estimating the Level and Distribution of Global Wealth, 2000 - 14,” United Nations University, World Institute for Development Economics Research (UNU-WIDER) Working Paper 2016/3, February 2016.

这个数字一直在下降，所以下次翻一番（达到 96 亿）可能最早要到 2045 年才能完成，而这已经花了将近 60 年的时间。

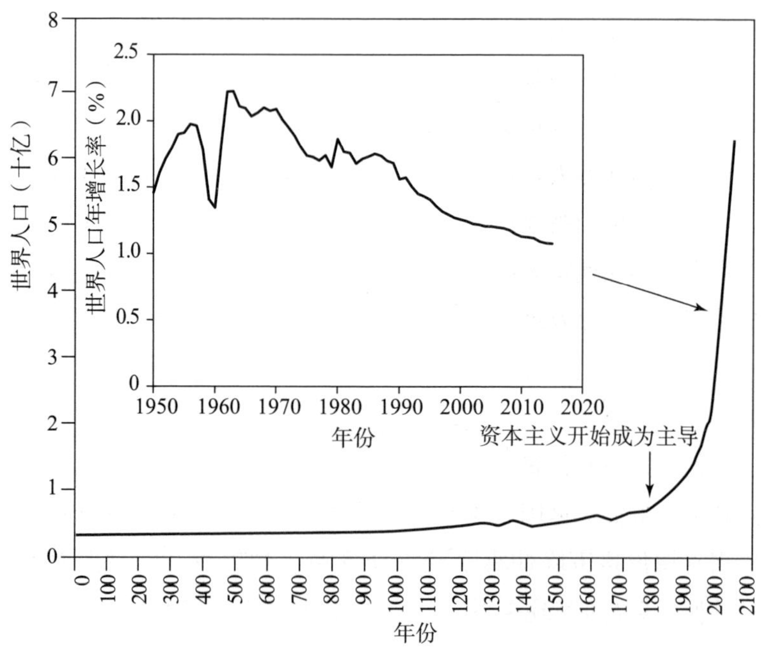

图 1.5　资本主义和人口爆炸

本图描述了从公元 0 年到 2015 年的世界人口。在过去 12 000 年的大部分时间里，包括图中所示的 2 000 年的大部分时间里，世界总人口增长缓慢，就算赶上好年景的人口增长时期，也会被因气候原因或者其他灾难带来的人口减少时期所打断。今天，世界上大约有 20 个城市的人口超过 11 000 年前的世界总人口——可能还不到 1 000 万人。当时农业刚刚开始取代狩猎和采集。两个世纪以前，少数国家的人口开始迅速增长，但人口是在 20 世纪伴随着现代医学的发展，尤其是公共卫生实践的普及才出现了爆炸性增长。世界人口依然在增长，但速度却下降了（见小图）。

资料来源：U. S. Bureau of the Census，*Historical Estimates of World Population*（updated 2013）available at https://www.census.gov/population/international/data/worldpop/table_history.php；U. S. Bureau of the Census，"Total Midyear Population for the World：1950－2050"（updated July 9，2015），available at http://www.census.gov/population/international/data/idb/worldpoptotal.php.

世界总人口在近期的增长是急剧的，它同时还伴随着人口在世界范围内的大量迁徙。例如，在北美和南美以及澳大利亚这样的地方，几乎全部新人口都是迁徙而来的，他们来势凶猛并且几乎完全消灭了当地的原住民。

北美和南美的很多土著居民（“印第安人”）被大量杀害，剩下来的被重新安置到偏远的地方。数以百万计的非洲人——有人保守估计有 1 000 万人，更有人说可能有 1 亿人——戴着镣铐被运到大西洋对岸，他们被强行抓到美国去当奴隶。但是，他们中有多达一半的人不能在横跨大西洋的过程中存活下来。许多中国人和印度人也被招募，在比奴隶好不了多少的条件下工作。他们被运到了遥远的地方——中国人在北美建造铁路，印度人在东非和南非修筑铁路。

其他人进行长距离迁徙是由于他们传统的生计因家乡的改变而
遭到破坏。例如，德国人在遭受到政治镇压时不得不离开自己的国
家。当谷物价格下降使得农场不能维持生计时，意大利人也离开 14
了。其他一些人在发现传统的手艺被新的资本主义工厂替代时，他们
也移民了。19 世纪中期，当很多爱尔兰人发现土豆产量——他们的主
要食物来源——因为枯萎病而减少时，他们选择了移民。波兰人、希
腊人、犹太人、匈牙利人以及俄国人也因为相似的原因而迁移。无论
是被国内日益恶化的境况所推动，还是被国外更美好生活的希望所吸
引，还是两者兼而有之，他们都经历了生活的根本性变化，看到旧的
惯例被打乱，并在新的土地上寻求替代机会。

伴随着世界人口的迁移，职业发生了重要变化。例如，在 1800 年，绝大多数美国人都是各种食物的生产者：独立的农民、生产食物的奴隶或者渔夫。现在，仅有 2%的美国人生活和工作在农场中，而另外 3%工作在食品加工和食品服务行业。这一小部分人（5%）能够为整个国家种植、加工和供应足够的食物，并且还有剩余用来

出口。

另一个变化伴随着人们离开农场而显现，即**城市化**和城市的发展。在资本主义出现以前，多数人生活在农村而不是城市。但是，在过去的几个世纪中，人们被拽进或者有时是被推进了城市。在1800年，只有6%的美国人居住在人口超过2 500人的城镇或者城市。今天，五分之四的美国人生活在这样的城市地区。

伦敦的人口从1500年的7万增长到1700年的60万，1800年又增长到75万，成为当时世界上最大的讲英语的城市。今天，伦敦有1 000万人口，纽约市区有2 100万人口，墨西哥城有2 000万人口。东京是世界上最大的城市，有3 800万人口。亚洲其他7个城市的人口都在2 000万和3 000万之间。

15 城市化的进程不仅仅局限于美国、英国、墨西哥或日本。工业化发生在哪里，城市化就发生在哪里。正如经济史学家艾瑞克·霍布斯鲍姆（Eric Hobsbawm）在《资本的年代：1848—1875》（*The Age of Capital*：*1848 -1875*）中所论述的那样，资本主义经济的发展推动了农村人口向城市迁移，推动人们从一个地区迁移到另一个地区，并驱使他们从一个城镇迁移到另一个城镇。1900年，世界最大的10个城市中有9个位于欧洲或北美，东京是个例外。今天，随着资本主义的全球扩张，在10个最大的城市中有9个位于亚洲或拉丁美洲，纽约是个例外。1850年，世界上只有3个人口超过100万的城市——伦敦、巴黎和北京，但是到2017年，世界各地有520个人口超过100万的城市。

城市化的发生没有进行任何**计划**：它的发生是因为个人出于这样或那样的原因选择离开他们在农村的家而搬到城市。因此，过去几个世纪的城市化是自由市场如何在个人决定的基础上促进社会根本变革的一个主要例子。

在 20 世纪不景气的几年中，比尔·盖茨——微软的创始人和世界首富（见第 5 章）——提出了一项计划：为美国贫穷社区的所有图书馆免费提供计算机，这些地区多数仍然位于农村。他设想并期望这一计划能够中断城市化的进程，因为落后地区的人们能够通过当地图书馆的计算机使用城市居民所能够利用的资源。《纽约时报》这样报道："比尔·盖茨在 1995 年预测，互联网将能够使得农村地区的人口保持稳定，部分是因为在虚拟世界中他们能够与城市人口享有同样的利益。" 1995 年，他在其著作《未来之路》（*The Road Ahead*）中提出了这一预言，后来盖茨重新审视了"没有交通信号灯的地区"，并不得不承认"未来之路满是崎岖"。事实是，计算机的引进并没有中断甚至没能减缓人们从农村地区大批离去。农村地区的人们通过这些新的计算机帮助他们在城市中寻找工作。盖茨断定："我本以为数字技术能够最终使城市化逆转，但是迄今为止这还没有发生。"

不断变化的工作性质

人们谋生的方式也改变了。在资本主义时代的早期，大多数家庭只消费它们自己生产的或它们可以通过出售自己的产品获得的东西。除了奴隶，大多数家庭都拥有谋生所需的工具。随着资本主义的兴起，人们越来越依赖于就业，也就是说，依赖于为别人打工。与此同时，他们也面临失业的危险和困难。当没有足够的就业机会时，失业会使家庭甚至整个地区陷入贫困和绝望。它变成了一种资本主义形式的"瘟疫"，除了独立的富人之外，它可能影响到每个人，因此几乎每个人都面临着不安全感的威胁。

工作场所的迅速变化使最熟练的工人也会失业，因为技术变化

使他们的技能变得过时。在资本主义之前，铁匠的儿子可以自信地认为，在父亲的店里学到的技能将是他谋生的保证。在资本主义制
16 度下，工人可能要花费数年的时间来学习特定的技能，但是新的生产工艺可能会在一夜之间使这些技能过时。例如，19 世纪的铁匠经过长时间的学徒期，学会了打铁，这需要确切地知道要把铁加热到何种程度以及如何加工它。随着炼钢工艺的改进，钢在某些用途上取代了铁，铁匠作为一种职业开始萎缩。然而，蹄铁匠（给马钉蹄铁的人）仍然是需要的，而装饰铁艺——制作精美的铁门和栅栏——仍然支撑着这些技术工人中的一部分。同时，那些主要生产铸铁件的人——把热铁倒进模子的人——被称为铸造工人。但是，当炼钢代替了铁的生产时，一些还没有准备退休的铸造工人和铁匠不得不学习新的技能，否则他们就得自己承担技术进步的部分成本。

这些变化也改变了工作条件。随着时间的推移，工人们在大型工厂里找到了工作。在这样的环境中，危险的机器、糟糕的照明、酷热、长时间的工作和快速生产的压力叠加在一起，使这些工作既危险又累人。在保护性立法通过前的一个半世纪里，因工业事故而受伤的人数成倍增加，就像战场上的伤亡人数一样。即使是现在，职业安全与健康的法律也仍然因没有足够的检查员而无法执行。

没有任何东西是资本主义经济制度的扩张所未触及的。甚至人们对时间的体验也发生了变化。前资本主义生活倾向于遵循自然时间，以季节的流逝和天空中太阳和月亮的移动为标志。个人的工作任务被不定期地执行，高强度的工作和休息交替进行。工作模式可以遵循工人的自然节奏，也可以由天气的自然节奏来决定。但在资本主义的雇佣制度中，劳动是按小时计酬的，工作任务是根据工作时间来确定的。开始和结束时间、午餐和咖啡时间甚至是上厕所的时间都是以分钟来计算的。时钟时间已经取代了自然时间。在公共

建筑中、教室里、工厂门口、人们的手腕上，当然还有他们的手机上，都可以看到时钟。“时间就是金钱”——本杰明·富兰克林 200 多年前这样说，他预见了将要发生的事情。

近几年，离家工作的趋势有所逆转，因为现代通信技术使得从事特定工作的人——主要是高收入的作家、律师、金融业从业者和其他为自己工作的人——能够在家中工作，“会见”客户和合作者，并通过网络销售他们的服务。

家庭的变化

社会和家庭生活也在资本主义时代发生了转变。虽然家庭对我们的情感生活和生育仍然很重要，但家庭作为一个生产单位已经完全改变。在资本主义出现之前，一个三代同堂的家庭和几对已婚夫妇经常住在一箭之遥的地方，甚至住在同一个屋檐下，共同分担家务和一起吃饭；在世界上的一些地方，这仍然很普遍。到了 20 世纪中期，在西方社会，典型的家庭已经沦为一个核心家庭（一个由父母和他们的孩子组成的家庭单位），祖父母住在疗养所或养老院，叔叔阿姨分散在全国各地。到 20 世纪末，离婚、节育、堕胎、寿命 17
延长以及越来越多的人选择不结婚，使我们与传统的家庭更加疏远。美国的家庭现在要小得多，平均不到 3 个人；到 2013 年，在美国 6 000 万个家庭中，未婚夫妇占了八分之一以上。

与此同时，家庭的许多传统职能已从家庭领域消失。曾经在家里进行的诸如做衣服、准备和保存食物等活动，现在大多在工厂或其他面向市场的企业中进行。今天从事这种工作的人往往正是曾经在家里织布机上或自家厨房里工作的妇女（或她们的孙辈）。养育孩子、为家庭成员提供教育和医疗保健以及家庭中的其他许多工作也委托给了外部专业人员。

最后，今天的家庭，至少在发达的资本主义国家中的家庭，可以发现自己正处在一个变化很大的社会网络中。过去，家庭往往一代一代地生活在同一社区，技能和职业由父母传给子女，每个家庭在社区中都有公认的、往往是按等级次序排列的社会地位。今天，很少有家庭世代生活在同一个地方。许多人不得不搬家找工作。的确，一个家庭在一代人中搬几次家是很普遍的，这使得它们很难与任何一个特定的社区保持联系。因此，家庭不能像过去那样依赖地方网络来获得支持或援助。这还有助于人们使用购买的服务和政府援助。在许多国家，幼儿日托所和保姆已经在很大程度上代替了原本由祖母、年长的孩子或亲戚承担的看护工作。对于今天的许多人来说，邻里作为一个家庭社区的想法仅仅是一种怀旧的来源。

对生态系统的威胁

长期以来，科学家一直在警告人类活动可能会对自然环境造成破坏。1962 年，海洋生物学家蕾切尔·卡逊（Rachel Carson）描述了农药对水和土壤的破坏，以及已经显现的对动植物的危害。30 多年前，本书的第一版引用了 1983 年美国政府的一项警告，即大气中污染物浓度的上升会产生“温室效应”，使地球变暖。它描述了可能的后果：极地冰层可能融化，海平面上升，气候和雨季的变化可能破坏主要的粮食产区。

今天我们看到了所有这些影响。全球变暖的证据是显而易见的：从 20 世纪 80 年代末开始，地球迅速变热，图 1.6 清楚地显示了这一点。虽然每年都有波动，但全球平均气温上升的趋势这 30 多年来一直在无情地继续。2016 年是自 1880 年以来最热的一年，2015 年

18

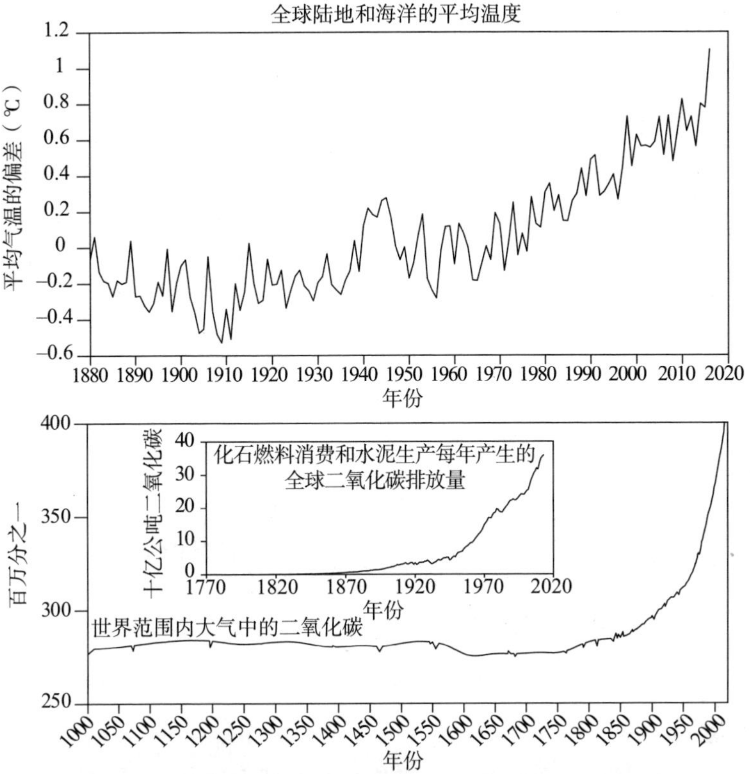

全球陆地和海洋的平均温度

平均气温的偏差（℃）

1.2 1 0.8 0.6 0.4 0.2 0 −0.2 −0.4 −0.6

1880 1890 1900 1910 1920 1930 1940 1950 1960 1970 1980 1990 2000 2010 2020

年份

化石燃料消费和水泥生产每年产生的全球二氧化碳排放量

十亿公吨二氧化碳

40 30 20 10 0

1770 1820 1870 1920 1970 2020

年份

百万分之一

400 350 300 250

世界范围内大气中的二氧化碳

1000 1050 1100 1150 1200 1250 1300 1350 1400 1450 1500 1550 1600 1650 1700 1750 1800 1850 1900 1950 2000

年份

图 1.6　全球变暖、二氧化碳排放以及大气中的二氧化碳

在过去 1 000 年的大部分时间里，北半球的气温和全球大气中的二氧化碳含量或多或少都保持不变。然而，在 20 世纪和 21 世纪，煤和石油等矿物燃料的使用日益增加，这与二氧化碳排放量的增加有关，因此世界大气中的二氧化碳浓度更高。较小的图（插图）显示，至少在过去的一个半世纪里，因化石燃料消耗和水泥生产所产生的二氧化碳排放量呈指数级增长。温室气体——一种能留住热量并阻止热量散失的气体——也在增加，导致全球气温上升。其结果是全球变暖。过去的温度是通过研究树木化石、百年古冰和其他现象来估计的。

资料来源：Top：National Oceanic and Atmospheric Administration（NOAA），National Climate Data Center，Climate at a Glance，Global Land and Ocean Temperature Anomalies，April，Base Period：1901 - 2000. Available at http://www. ncdc. noaa. gov/cag/time-series/global/globe/land _ ocean/1/4/1880 - 2016. csv. Bottom，main and inset：T. A. Boden，G. Marland，and R. J. Andres，“Global，Regional，and National Fossil-Fuel CO_2 Emissions.” Carbon Dioxide Information Analysis Center，Oak Ridge National Laboratory，U. S. Department of Energy，Oak Ridge，TN，2016. Available at http://doi. org/10. 3334/CDIAC/00001_V2016.

是第二热的一年。事实上，有记录以来最热的 10 年都发生在 1998 年以后。

气候变化的影响

正如气象学家很久以前所预测的那样，热不是唯一的问题。近年来，气流和降雨模式的变化带来了更频繁的极端天气事件。仅
19 2013 年发生的干旱，就导致非洲萨赫勒地区牧场牲畜死亡，造成 2 300 万人受到饥饿和饥荒影响；澳大利亚新南威尔士州因大面积干旱引发了野火；超强台风“海燕”登陆菲律宾；洪水覆盖了巴基斯坦五分之一的地区，影响了 2 000 万人。根据国际乐施会（Oxfam International）的估计，在 2009—2014 年的五年间，主要由气候变化引起的自然灾害所造成的损失近 5 000 亿美元，影响了全球近十分之一的人口，造成 11.2 万人死亡。①

为什么会这样？19 世纪后期，成品油作为一种能源出现后，资本主义的发展意味着化石燃料被用于驱动工业生产、公共交通系统和越来越多的私家车的发动机。燃烧化石燃料（煤、汽油、柴油）会向空气中释放二氧化碳。二氧化碳和其他温室气体（GHG）吸收来自太阳的红外线，使大气升温，但也将热量困在地球大气中。这被称为“温室效应”，因为它类似于太阳光线进入玻璃空间，并加热室内空气，而不允许热量以任何方式逃逸。

由于温室气体在大气中存在了数十至数百年，即使减少温室气体排放也不能立即解决问题，尽管它会有所帮助。其影响是深远的：北极冰盖的面积已经不到以前的一半，而且正在迅速缩小，除

① “The Summit That Snoozed?” Oxfam Media Briefing, September 19, 1964, available at https://www.oxfam.org/sites/www.oxfam.org/files/file_attachments/bkm_climate_summit_media_brief_sept19.pdf.

非气温上升很快停止。科学家们估计，南极冰的融化速度可能会比以前预测的快得多。不断上升的海平面已经开始侵蚀一些沿海地区，许多城市和州对此毫无准备。海洋作为海洋生物的栖息地也受到影响。大气中的部分二氧化碳会溶解到海水中，使海水的酸性比 30 年前提高了 30%。海洋温度也在上升，这就像升高的酸度对海洋生物造成了破坏。珊瑚礁正经历毁灭。

当然，并不是所有的气候变化都是由温室气体引起的。在许多因素的影响下，地球的平均温度每 10 年波动一次。其中之一是由于火山活动造成的日照减少，比如 1815 年的坦博拉火山爆发和 1883 年的喀拉喀托火山爆发。坦博拉火山在 1815 年喷发出大量的火山灰，阻挡了太阳光线，因此 1816 年被称为“没有夏天的一年”。那年 7 月 4 日，霜冻覆盖了美国南部。1883 年喀拉喀托火山爆发产生的火山灰云团环绕地球两年多，降低了地球的温度。然而，在 20 世纪，温室气体浓度升高，平均气温上升，而温室气体主要来自燃烧化石燃料。牲畜产生的甲烷和水泥生产产生的温室气体是另外两个重要来源。砍伐热带森林会使情况变得更糟，因为根据美国宇航局 2014 年 12 月的一项研究，热带森林会吸收一定量的二氧化碳。

这是一条不归路吗?① 如果是，我们走上了这条不归路吗？科学家们认为我们不应该跨越两种上限。其中一个是温度上限。2009
年，许多国家签署了《京都议定书》，同意全球平均气温的上升不 20
应超过 2℃（3.6℉）。2015 年的《巴黎协定》甚至规定了更低的限度，即 1.5℃，但并没提供实现这一目标的切实计划。到 2016 年，

① 下面的讨论主要基于纪录片 *Do the Math: Bill McKibben and the Fight over Climate Change*，创作者是 Tony Hale，Bill McKibben，Mike McSweeney，Kelly Nyks，and Jared P. Scott（PF Pictures Productions；San Francisco，CA：Kanopy Streaming），影片来自媒体教育基金会（Northampton，MA，2013）。

地球已经比工业化前的温度高出 0.9℃。

另一个上限是大气中二氧化碳浓度的水平。美国宇航局科学家詹姆斯·汉森（James Hansen）和他的研究小组估计，危险区域是超过 350 ppm 二氧化碳。[①] 就像图 1.6 中下面的图所显示的那样，世界在 1987 年就已经超过了这一水平，到 2014 年甚至超过了 400 ppm，并继续每年上升大约 2 ppm。虽然没有明显的断崖式下降，但明智的做法是采取措施停止并逆转这种增长。

过度变暖的一个问题是，一旦新的过程被触发，就很容易加速变暖的过程。在像格陵兰岛这样的地方，随着气温升高，被称为**永久冻土**的冻土会融化，并会释放出至少一部分现在被封存在里面的碳，这些碳可能是甲烷，也可能是二氧化碳。同样地，全球变暖引起的干旱提高了草地火灾和森林火灾的发生频率并扩大了它们的规模，这些事件反过来又进一步增加了大气中的二氧化碳。

有技术性的解决方案吗？更多的技术知识可能会使阻止全球变暖变得更容易、更便宜，但这样做的主要障碍是政治。那些碳排放少因而对全球变暖负有较小责任的国家，希望看到主要的碳排放国花费更多成本来解决这个问题。那么谁是最大的碳排放国呢？

图 1.7 中的柱状图显示了 1990—2012 年人均累计二氧化碳排放量。美国、加拿大和欧洲是人均排放量最高的经济体。在这 23 年里，美国和加拿大的人均二氧化碳排放量累计达 376.6 公吨，是世界人均排放量 90.7 公吨的四倍多。欧洲的这一数字为 172.8 公吨，略低于世界平均水平两倍。在此期间，美国、加拿大和欧洲总共排放了世界累计排放量的 41%，尽管它们的人口只占世界人口的 14%。

---

① James Hansen et al., "Target Atmospheric CO_2: Where Should Humanity Aim?," *The Open Atmospheric Science Journal* 2 (2008): 217－231.

21

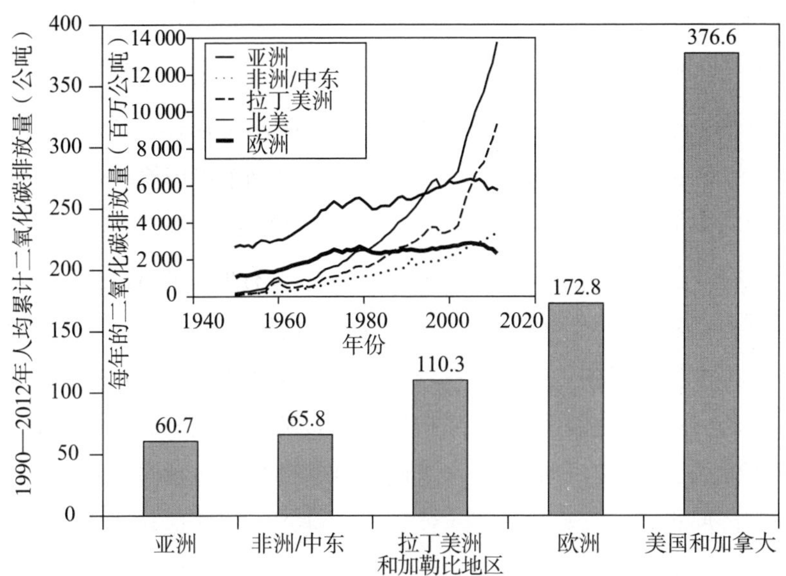

图1.7 1990—2012年按区域划分的人均累计二氧化碳排放量和1950—2012年按区域划分的二氧化碳总排放量趋势

（净）二氧化碳排放量的变化不仅来自化石燃料燃烧量的变化，而且来自水泥产量的变化、影响碳吸收和碳排放的森林的变化以及其他因素。

资料来源：CAIT Climate Data Explorer（Washington，DC：World Resources Institute，2015），available at http://cait. wri. org and at http://www. wri. org/resources/data-sets/cait-historical-emissions-data-countries-us-states-unfccc. Data incorporate land use and forestry data from FAO 2014，FAOSTAT Emissions Database. Data were calculated and compiled by T. A. Boden，G. Marland，and R. J. Andres，in "Global，Regional，and National Fossil-Fuel CO_2 Emissions，" Carbon Dioxide Information Analysis Center，Oak Ridge National Laboratory，U. S. Department of Energy，Oak Ridge，TN，2016. Available at http://doi. org/10. 3334/CDIAC/00001_V2016. Data in metric tons of carbon were converted to metric tons of carbon dioxide by multiplying by 3. 667.

然而，这远远低于它们在前40年（1950—1989年）所占的份额，当时它们的排放量占世界总量的四分之三以上；但这在很大程度上是因为1990年后其他地区——特别是亚洲——迅速发展，因此增加了相应地区的年碳排放量，如图1.7所示。尽管如此，亚洲人口约为40亿，是美国、加拿大和欧洲人口总和的四倍，因此其人均排放量仍远低于世界平均水平。欧洲的年排放量在20世纪80年代趋于稳定，而美国的年排放量直到2007—2009年的大衰退才开始下降。在减少碳排放方面还有许多工作要做。在发达国家中，德国已被公认为从化石燃料转向其他形式能源的领导者。

研究人员估计，燃烧目前世界上私营公司和主要国有石油报告储量20%以上的化石燃料，将导致温度上升超过上述可接受的限度。出于这个原因，环保行动组织要求把这些储备的80%留在地下。它们发起运动以劝说各大学放弃化石燃料，希望使燃烧化石燃料成为无利可图的商业活动，这样化石燃料公司将转向破坏性较小的生产形式。

污　染

全球变暖并不是唯一的环境威胁。蕾切尔·卡逊在1962年出版的那本广受赞誉的《寂静的春天》（*Silent Spring*）一书中警告说，我们正在用杀虫剂和其他有毒化学物质污染我们的家园，污染地下水、河流、湖泊、海洋和土壤，杀死了对生态系统至关重要的各种生物——鸟类、昆虫和其他生物。1984年，在印度博帕尔市，联合碳化物（Union Carbide）公司的一家化工厂排放的有毒化学物质，导致至少3 700人死亡，更多人的健康受到永久性损害。博帕尔成为世界闻名的环境破坏的象征。在博帕尔灾难之后的这些年里，发生了更多的环境危机，人们越来越意识到地球生态系统所面临的威胁。英国石油公司2010年在墨西哥湾的漏油事件对海洋生物、虾养殖和沿海经济造成了巨大的破坏。这些事件提高了公众对环境破坏的认识。

22 随着石油的泄漏、有毒和放射性化学物质的倾倒以及油轮和工厂的日常排放，海洋正在被破坏。自然栖息地的破坏正威胁着动植物物种数量的增加。正如卡逊所警告的那样，杀虫剂和除草剂正在毒害主要的农业土壤。在肉类饲养和鱼类养殖中大量使用抗生素，助长了耐药细菌（“超级细菌”）的生长，而这些细菌用任何已知的抗生素都不可能很快杀死。我们物质世界的这些变化，尤其是当它们叠加在一起时，可能会造成我们现在无法估算的大规模破坏，但我们仍必须尽一切努力加以防止。至少从社会的角度来看，预防很可能比在损害发生后进行补救要便宜得多。

公众日益要求制定保护和恢复环境的政策。其中一些措施非常有效，使美国许多地区的空气和水更加清洁，并减少了欧洲的能源消耗。主要的教训是，没有国家间的合作，环境问题往往无法得以解决。扭转臭氧层损耗的成功的国际努力是需要进行该种合作的一个例子。但到目前为止，美国是最不急于做出必要改变以阻止全球变暖的国家之一，至少在国家层面是这样。

政府的新角色

自资本主义兴起以来，政府以及人们与政府的关系也发生了变化。在 1500 年，即将进入资本主义的多数国家由专制君主统治，国王和皇帝的权威来自上帝的意志、世袭的权力以及残忍的暴力。平民几乎逃不出这些统治者的独裁力量。但是政府在多数人的日常生活中扮演了次要的角色；征税是不存在的或者是无效的，而义务教育、持久的警力和常备军直到 19 世纪才变得普遍。

世袭统治者受到 17 世纪英国革命和 18 世纪美国和法国革命的挑战。这些革命确立了在被统治者同意的情况下治理国家的重要原则，尽管只有拥有财产的男性自由民（非奴隶）才有投票权。但是，在欧洲和美国，这些革命对绝对统治者施加了重要的限制，最终，成文宪法、废除奴隶制、广泛的男性选举权、取消财产投票权、将选举权扩大到妇女和少数民族得以出现和扩展。在 19 世纪和 20 世纪，主要由于工人、反奴隶制团体、女权主义者和其他人士进行了激烈而漫长的斗争，所有主要的资本主义国家都参与了民主政府的发展。随着政府变得更加民主，它们在为年轻人提供公共教育、为老年人提供收入支持和医疗保健等服务方面发挥了重要作用。

在 19 世纪晚期的欧洲以及晚些的北美和世界其他地区，政府开始为失业者或者不能工作的人提供资助。今天，在西欧或者美国，很多人希望政府提供类似于社会安全网络的服务，特别是在经济下行时期。而且，政府也成了主要的雇主。

23 但是当多数国家的政府负有越来越多的民主责任时，它对公民就越具有侵犯性。在过去的一个世纪里政府获得了更大的权力来侵犯隐私和影响公民的思想。电视以及其他通信媒体对人们判断的形成产生了很大的影响，而现代信息技术使得政府能够轻易进入个人的居所、了解我们的私人通信和经济行动。

全球化

华纳兄弟轰动一时的黑客电影三部曲的完结篇《黑客帝国Ⅲ：矩阵革命》（*The Matrix Revolutions*）于 2003 年 11 月 5 日在全球 50 多个国家的 10 013 块银幕上以 43 种语言同时上映。在首映这一天的同一时刻——洛杉矶是早晨 6 点，纽约是上午 9 点，莫斯科是下午 5 点，东京是下午 11 点，等等——观影者同时看到电影名字出现在屏幕上。这是有史以来第一部全球同步首映的电影。

华纳兄弟的总裁艾伦·霍恩（Alan Horn）称之为“演技”。霍恩这样评论其盛大的首映仪式："这是戏剧性的、娱乐性的，并且是激动人心的。"他还解释说，通过这部电影在全球影院上映能够限制盗版电影的利润，否则侵权者就会复制电影并在全球发行（如果一部电影先在一个国家上映，其他国家的人直到很久才能在电影院中看到，盗版就会很有市场）。像很多人一样，霍恩认为，全球化意味着我们生活的很多方面——从我们的娱乐到财产权的执行——不再局限在本地或者不仅仅是本国的事情；它们是全球的。

资本主义实现了过去即使最有权势的统治者也不能完成的事情：它使得整个世界变成了一个单一的无所不包的体系。亚历山大大帝在公元前 4 世纪征服了世界上的很多地方，把希腊文明传播到印度，但他迅速撤退了，仅留下希腊文化的痕迹。罗马帝国从不列颠群岛延伸到中东，顶多几千英里的距离。在公元 632 年穆罕默德去世以后的两个世纪中，他的影响超出了阿拉伯，伊斯兰教在一系列松散相连的附属区域内成了主导力量：从西班牙伸展到今天的印度尼西亚——相当于绕地球三分之一的长度。但是这些帝国仅仅触及了全球的一部分。只有资本主义经济才具有内在的扩张趋势，并且在 20 世纪通信技术革命的帮助下，影响了世界的每一个地方，消除了距离，产生了共同的语言和爱好，并且把大部分世界人民带入了单一的相互依赖的体系之中。

印度班加罗尔客服中心的妇女通过 800 号码回复关于通用电气、戴尔电脑、美国在线和英国航空等公司的客户服务查询。她们和其他像她们一样的人正在为跨国公司做后台工作，这些公司把客户服务等任务外包给印度或其他说英语的国家，而这些国家的人的报酬仅为美国工人工资的一小部分。为促进呼叫中心就业的增长，印度政府 10 多年前就安装了可靠的大容量电话线路，这样在印度呼叫中心工作的人就可以与海外客户进行电话沟通，就如同在公司所在国打的电话一样。

24 为了消除人们对美国的客服人员是外国人的怀疑，接听电话的年轻印度女性需要参加模仿美国人口音的训练。为了练习，她们会看像《老友记》(*Friends*) 之类的老片，并了解到“Bimmer”指的是一辆宝马 (BMW)。根据《纽约时报》刊登的两名女性的照片，她们还取了“娜奥米·莫里森”和“苏珊·桑德斯”等美国名字。她们带有雷格里球场附近的口音，她们开始假装成芝加哥的公民。世界其他地方的呼叫中心也对员工进行类似的培训，让他们能够接听来自美国某个特定地区的电话（听起来也像那里的居民）。

现在，美国有超过 6 万个呼叫中心，它们雇用了大约 500 万人，其中大部分是女性，大部分人的工资相对较低。美国以外的呼叫中心赚取数百亿美元利润，多年来，这类工作似乎会继续流向海外。但近几年，随着美国和主要呼叫中心国家（印度和菲律宾）之间工资差距的缩小，这些工作岗位开始回归。然而，这一趋势已经有所放缓，呼叫中心或外部的“联络中心”仍在增长。

集装箱运输是一项技术变革，它为更大的全球贸易铺平了道路。在任何一个主要的港口，你都可以看到成堆的货物集装箱，它们将被装载到集装箱船上，或者刚刚被卸下。今天，大多数非散装海运运输都是通过集装箱进行的（经散货船运输的煤炭、铁矿石、石油及其产品等，其重量大约占海运贸易的六分之五），2014 年总海运的 100 亿吨货物中有六分之一是由集装箱运输的，而它占了总价值的一半。集装箱运输是根据“20 个当量单位”或标准箱 (TEU) 来计量的，每个 20 英尺长的集装箱被算作一个标准箱，每个 40 英尺长的集装箱被算作两个标准箱。排名前 20 的营运人的集装箱船平均拥有5 000～6 000 个标准箱，但订购的新船通常每艘能装载 1 万～2 万个标准箱。在 2014 年，大约有 7 亿个标准箱通过世界各地的港口。① 集装箱化是一项技术变革，它使世界贸易变得更便宜、更容易。

世界是个统一的商品和服务市场这一事实意味着生产者依赖于世界范围的购买者。当美国经济繁荣和工资上涨时，韩国的汽车工人发达了。经济全球化还意味着印度的软件开发商一直在寻找排挤硅谷竞争者的方法（反之亦然）。

类似地，美国缝纫衬衣的服装工人（这是一个正经受外国威胁的工种，只有 50 000～60 000 名生产工人现在从事缝纫服装的工作）正在寻找抵御来自斯里兰卡的竞争的方法，因为缝制相同的衣服，斯里兰卡工人的工资不到美国工人的十分之一。现在多数大公司不仅把整个世界看成它们产品的销售市场，而且将其视为潜在生产地。而且，正如读者可能已经知道的，现在美国学生寻求进入大学或研究生院时面临来自世界各地学生的竞争。美国迅速扩张的信息化部门中的很多职位也是如此。

从其诞生开始，远程贸易就是资本主义运行的内在组成部分。 25
从 15 世纪到 17 世纪，欧洲的大规模集市吸引了几百英里以外甚至欧洲以外的商人。他们经常带来较轻的奢侈品，像香料和贵金属。但是，其他商品的远程贸易相对不那么重要。正如前面所提到的，较重商品的运输成本非常高，其他困难也妨碍了远程的商品运输，这包括强盗、海盗以及一些小的王国或公国的统治者征收的过路税。但是一个半世纪以来，远程贸易发生了急剧的增长。在 1950 年，世界产出中仅有 8%出口到其他国家；但是现在这一数字达到了 30%。

---

① United Nations Conference on Trade and Development, *Review of Maritime Transport 2015*, New York and Geneva: United Nations.

现在，在某种程度上，把整个世界的投资、购买和销售体系视为一个单一的全球经济体系是有意义的。当然，国家边界仍然很重要，但其重要程度已经不及过去：商品、货币和信息在国与国之间的流通只存在很小的障碍。随着欧盟的成立和一些地区协议的形成，即使是国家间的人员流动也在一定程度上有所缓和，尽管对于难民来说，国境很快设置了障碍。全球化过程挑战了各国政府，因为这使得它们更加相互依赖。美国政府或者欧洲中央银行做出的决定会在全世界范围内带来影响。若墨西哥或者俄罗斯的借款者无力偿还他们的外债，则华尔街和美国财政部就会受到影响。

我们已经说过，全球化涉及货币、商品和寻求更好生计的人的国际流动。但是全球化不仅仅是经济意义上的：它涉及语言、政治权利和运动，涉及人们重视和钦佩什么、信仰什么，涉及人们吃什么样的食品以及跳什么样的舞蹈，还涉及艺术。班加罗尔呼叫中心的印度妇女能够模仿芝加哥口音讨论芝加哥公牛队近期的比赛，因为她们在电视上看公牛队、在广播中听芝加哥人说话。

全球化就像技术变革一样，是许多人富裕的源泉，但它很快就会使一个曾经领先的行业或工作技能过时，给相关人员造成失业和经济困难。大多数民主国家的公民都向本国政府施压，要求其保护自己不受全球市场变幻莫测的影响，在某些情况下，他们还试图限制全球交流的范围。在一些民主国家，特别是西欧国家，政府实施了广泛的失业保险，并为衰退行业的工人提供再培训和重新安置补贴。当然，这些计划是昂贵的，许多政府不愿意增加必要的税收来资助此类计划，这是因为它们担心更高的税收会诱使一些企业转到其他（低税收的）国家，这只会增加经济的不安全性。人们担心全球化会增加经济的不安全性，而同时削弱政府执行安全计划的能力。

这种担忧背后是一个简单的事实：现在经济是全球性的，而政

府仍然是地方性的。全球经济相互连接，而协调它的权力却分散在
200 多个国家的政府、少数国际机构以及几千家大公司中。全球经
济中的权力并没有被分配给公民和消费者。它被少数强有力的机构 26
所掌握。例如，用来调节国家间产品和服务贸易条件的世界贸易组
织（WTO），其设计意图却是为了限制来自普通公民的投入。

世界上最大的 1 000 个公司生产全球工业产出的 80%，只要一个中等规模的音乐厅，比如纽约市林肯中心的爱丽丝杜莉厅（Alice Tully Hall）就能装下它们的领导者。实际上大约 2 000 名公司领导者，连同一些政府官员，每年都聚集在瑞士小城达沃斯。这个自称“世界经济论坛”的排他性组织已经在这里运行了 40 多年。2000—2015 年，抗议者出现在达沃斯，批评这一排他性组织举行的会议，但到 2016 年，他们认为这已经不值得了，称达沃斯论坛正在失去可信度。

一些观察员希望全球领导人，比如参加达沃斯会议的人，能共同管理世界经济，从而保护人和环境，减少跨国资本主义公司所产生的社会成本。但事实是，公司对竞争的兴趣同它们对协作的兴趣一样大，它们反对对其逐利行为施加限制，这使它们对保护社会和使环境免受全球性逐利活动的危害不太感兴趣。由于缺失一个类似于世界政府的机构，所有国际协作都需要通过独立政府的谈判来实现，但是任何政府都可以拒绝参加这样的谈判。

结　论

为了奠定理解资本主义的基础，本章关注了技术革命、物质生活的丰富、人口爆炸、城市的发展、工作和家庭的变化、对生态系统的威胁、政府的新角色以及全球化。伴随资本主义而来的变化还

有很多，但是这里讨论的一系列变化确立了本章的基本观点：资本主义带来了永久的变化。

可以这样认为，资本主义的兴起与其说是原因，不如说是本章所述变化的结果。科学技术的发展不会导致资本主义的发展吗？或者人口爆炸是原因，而资本主义是结果吗？

科学和人口的增长无疑是重要的，但是在资本主义之前它们没有累积效应。例如在1500年之前，伊斯兰世界和中国的科学技术比欧洲的要先进。但无论是伊斯兰世界的科学和数学，还是中国的火药、指南针、铸铁、活字印刷术、运河水闸以及计时器的发明，都没能导致持续的技术进步和工业发展。可以看到，人类存在约10万年以来，人口迅速增长的时期都伴随着经济的短期扩张，但是正如图1.5所展示的，直到资本主义出现，迅速的人口增长才成为规律而不是例外。

27 在最近的500年中，事实上所有传统的生活和谋生方式都遭到破坏并且被改造了。世界和世界人民受到震动并且被重新塑造了。随后的几章我们将讨论，为什么资本主义是这样一种强有力的变化来源，为什么它不仅影响经济，而且影响政治、信仰和社会生活的很多其他方面。

推荐阅读文献

Sven Beckert, *The Empire of Cotton: A Global History* (New York: Vintage, Reprint edition, 2015).（贝克特. 棉花帝国：一部资本主义全球史. 北京：民主与建设出版社，2019.）

James K. Boyce, *The Political Economy of the Environment* (Cheltenham, UK: Edward Elgar, 2002).

Fernand Braudel, *Capitalism and Material Life 1400 – 1800* (New York: Harper &

Row，1967).（布罗代尔. 15 至 18 世纪的物质文明、经济和资本主义. 北京：三联书店，1993.）

Ha-Joon Chang，*23 Things They Don't Tell You about Capitalism*（New York：Bloomsbury Press，2010).（张夏准. 资本主义的真相：自由市场经济学家的 23 个秘密. 北京：新华出版社，2011.）

William Cronon，*Changes in the Land：Indians，Colonists，and the Ecology of New England*（New York：Hill & Wang，1983).

Jared Diamond，*Guns，Germs，and Steel：The Fates of Human Societies*（New York：W. W. Norton，1999).（戴蒙德. 枪炮、病菌与钢铁：人类社会的命运. 上海：上海译文出版社，2000.）

Maurice Dobb，*Studies in the Development of Capitalism*（New York：International Publishers，1947).（多布. 资本主义发展之研究. 天津：新民书店，1951.）

Bill Gates，*The Road Ahead*（New York：Viking Penguin，1995），especially Chapter 8，"Friction-Free Capitalism，" 157 - 183.（盖茨. 未来之路. 北京：北京大学出版社，1996.）

Eban Goodstein，*Economics and the Environment*，7th edition（New York：Wiley，2014).

John Gray，*False Dawn：The Delusions of Global Capitalism*（New York：New Press，1999).（格雷. 伪黎明：全球资本主义的幻象. 北京：中国社会科学出版社，2002.）

Eric Hobsbawm，*The Age of Capital：1848 -1875*（New York：Vintage Books，1996).（霍布斯鲍姆. 资本的年代. 南京：江苏人民出版社，1999.）

Naomi Klein，*This Changes Everything：Capitalism vs. the Climate*（New York：Simon & Schuster，2014).（克莱因. 改变一切：气候危机、资本主义与我们的终极命运. 上海：上海三联书店，2018.）

David Landes，*The Wealth and Poverty of Nations：Why Some Are So Rich and Some So Poor*（New York：W. W. Norton，1999).（兰德斯. 国富国穷. 北京：新华出版社，2001.）

Joel Mokyr，*The Lever of Riches：Technological Creativity and Economic Progress*（New York：Oxford University Press，1990).（莫基尔. 富裕的杠杆：技术革新和经济进步. 北京：华夏出版社，2008.）

Barrington Moore，*The Social Origins of Dictatorship and Democracy*（Boston：Beacon Press，1966).（摩尔. 民主和专制的社会起源. 北京：华夏出版社，1987.）

Robert Pollin，*Greening the Global Economy*（Cambridge，MA：Boston Review Books，MIT Press，2015).

28 Robert Reich，*Saving Capitalism：For the Many，Not the Few*（New York：Alfred A. Knopf，2015).（赖克. 拯救资本主义：重建服务于多数人而非少数人的新经济. 北京：中信出版社，2017.）

George Soros，*The Crisis of Global Capitalism：Open Society Endangered*（New York：PublicAffairs，1998)，especially Chapter 6，“The Global Capitalist System，” 101－134.（索罗斯. 全球资本主义危机. 西宁：青海人民出版社，1999.）

Eric Wolf，*Europe and the People Without History*（Berkeley：University of California Press，1982).（沃尔夫. 欧洲与没有历史的人民. 上海：上海人民出版社，2006.）

第2章
人、偏好与社会

各地的父母去托儿所接孩子时偶有迟到，会给保育员带来不便。为了寻求解决父母迟到问题的办法，以色列的海法市曾经做过一项试验。该市随机选择六家托儿所，在这里，迟到者要被罚款；同时又选择了几家托儿所作为“参照组”（对于这些托儿所，什么都不做改变）。保育员们预期，在做出罚款的新规定以后，迟到的情况会有所改善。然而出乎他们预料的是，规定罚款后，迟到现象反而**增加**了：接孩子时迟到的父母数量翻了一番还不止。更令人吃惊的是，即使是在罚款规定被取消后，提升的迟到率也维持不变。而与此同时，在参照组的托儿所里，父母迟到的情形没有变化。

设计海法市这个试验的经济学家对这些结果感到很惊讶。大多数经济学家都假设人们会追求金钱而尽力避免损失。从这种视角来看，托儿所的罚款应该让这些父母产生按时来接孩子的动机。但这种做法带来了未预料到的坏结果。这个试验的设计者在分析这些结果后得出了这样的结论：罚款规定肯定无意之中促使这些父母重新认识他们的迟到行为。在进行这项试验之前，迟到被看成是对道德义务（准时接孩子）的违反，而在规定了罚款之后，迟到就可以被视为在准时接孩子和付出迟到的代价（罚款）这两者之间的一个选择。而在这个新的体系下，许多父母显然愿意付出这个代价。试验的设计者给他们的报告取名为《为罚款定价》。他们的主要发现是，实施罚款向父母们发出了一个信号——他们现在与托儿所保育员之间处于一种拟市场关系——在这样的关系中，他们可以购买迟到。一旦引入了罚款，即使将其取消，也无法恢复到此前的状态了；取消罚款只不过是将“迟到的代价”降为零。①

设计这个托儿所试验的经济学家为什么会对试验的结果感到吃
30 惊？因为他们和大部分经济学家一样，直至今日都理所当然地认为，人们根本不关心他人，一切行动都只从自己的利益出发，人们寻求获利机会，甚至不惜以牺牲他人的利益为代价，且只有在他人利益符合个人利益时人们才会遵守社会公德。

> **经济人假设**是指这样的假设，即人是斤斤计较、缺乏道德而且自私自利的。

人们斤斤计较、缺乏道德、受自利倾向的控制。这个假设被称为**“经济人假设”**（economic man assumption）。指人们受**自利**（self-interest）倾向的控制，这意味着他们只考虑他们的行为对自己的影响，而不考虑对别人的影响。

> **自利**是指这样一种倾向，即一个人的行为只考虑自己的利益，而不顾及对别人的影响。

经济学中真正激进的思想之一是下述思想：在恰当的法律和制度的约束下，个体自私自利的动机是能够被用来为公众服务的。

当然，经济人假设遗漏了很多东西。虽然自私行为确实很普遍，但同情、无私和利他行为也很普遍。人们关心朋友的安康，自愿服兵役，照顾婴幼儿或年迈的父母，甘愿为陌生人冒生命危险，甚至在没人注意时放弃偷窃的机会。当这样的行为是出于对他人的关心或者对他人的遭遇的关注时，它们就不是自私自利的行为。我们大可称这些

---

① Uri Gneezy and Aldo Rustichini，“A Fine Is a Price，” *Journal of Legal Studies* 29，no.1（2000）：1－17.

行为是**顾及他人的**，这是因为人们受到对他人的关心的驱动。（自利行为当然是**顾及自己的**。）

判断一项行为是否为自利行为的关键是看其动机。决定性因素是这项行为是否由对他人的关心所驱动，而不是看它是否给自己带来了快乐。例如，许多慷慨大方的人喜欢助人为乐，但这些快乐并没有让他们成为自私的人：因为他们的行为是出于无私的动机，所以他们不是自利的。然而，并非所有虑他行为都像帮助他人和遵守道德法则那样令人敬佩。出于怨恨或嫉妒别人或者对别人的宗教信仰或种族不宽容而伤害别人的这些人也是虑他的。这些行为的目的是（基于其动机）让坏的事情发生在别人身上，正如慷慨的行为是为他人寻求好的结果一样。

经济人假设还遗漏了这样一个事实，即人是会变的。经济人被认为是一个“自然的”现象，故而，与这个现象相关的（自利）行为类型也被假设为普遍存在于每一种社会形式之中，在整个人类历史长河中一成不变，而且也必然是未来任何经济体系的特征。18 世纪伟大的哲学家、经济学家亚当·斯密（Adam Smith）和大卫·休谟（David Hume）认为，一个治理良好的社会的关键不在于否定利己主义（他们认为这是不可能的），而在于找到一种利用自利动机为社会价值目标服务的方法：

> 我们的晚餐不是寄希望于屠户、酿酒师或面包师的善心，而是他们对他们自身利益的关心。
>
> ——亚当·斯密：《国富论》
>
> （*The Wealth of Nations*，1776），第 1 卷第 2 章

> 政治家们把它作为一项箴言确立起来，在设计政府的任何制度时……每个人都应该被假定为是个恶棍，除了私利之外，

他的任何行为都没有其他目的。我们就是要通过他的自利来控制他，利用他的无尽的贪欲和野心，来为社会公共利益服务。

——大卫·休谟：《道德、政治和文学论文集》

（*Moral*，*Political and Literary*，1742）

31 然而，众所周知的是，人的行为观念会由于其社会经历而频繁改变。比如说，长时间找不到工作会让一个自信而快乐的人变得消沉，从而使其成为家庭或社区的一个巨大的威胁。当一个团体的生存方式发生改变时，甚至整个团体的文化都会出现变化。例如，当农民的子女成为办公室职员或工厂工人时，他们很有可能会形成新的行为模式，产生新的需求，而且受到不同的价值观的支配。

在本章中，我们考察经济学家试图解释个人行为的各种方法。一个常见的出发点是，人们做选择和做事都是有原因的——即使不总是有很好的理由，即使他们的推理并非总能正确地预测他们行动的结果。因此，行为被视为是有意图的，或者说是目的导向的。

本章的主要内容是：**虽然行为动机对于理解人们为什么会做出这样或那样的行为是至关重要的，但经济人却是一个虚构的假设。真实的人是多样的（有些人自私，有些人慷慨）而且多面的（有时候勇敢，有时候怯懦），并且他们的价值观、品味、习惯和信仰在相当大的程度上是他们的出身、工作经历、民族、种族以及文化背景的产物**。这个思想可以表述为五个核心观点。

---

1. 解释行为时需要考虑个人的**约束**（对行动的约束）、**偏好**（对结果的评估）和**信念**（对特定行为会如何造成特定结果的理解）。
2. 实验室的实验和日常生活中的观察表明，自利只是我们的动机之一。我们也是慷慨大度的，甚至对我们不认识的人也是如此，而

且我们愿意回报那些善待我们的人并惩罚那些对我们或他人不好的人，即使这样做会让我们付出代价或错失机会。

3. 世界各地的人在许多方面都是类似的，这反映了我们共同的遗传基因，而这些共同点有时被称为**人性**。但我们的行为在其他方面差别很大，这反映了我们从我们社会中的其他人那里所学到的东西；这些差别被称为**文化差异**。
4. 在我们形成特定的价值观、愿望和信仰的过程中，家庭、学校、左邻右舍和工作场所都起到了部分作用。
5. 所有的动物都和同类中的其他成员相互**竞争**，但人类的独特之处是我们也会和与我们没有关系的人**合作**。我们之所以成为“合作物种”，就是因为在人类的全部历史中，合作的人都取得了成功，而且他们的合作行为为他人所效仿，部分原因是成功合作的群体得以生存和发展，没有成功合作的群体则被淘汰。

总体的或者**人口层面的结果**指经济学家普遍研究的经济总量、平均数和关系。

经济学是有关**总量**（比如经济的产出或者失业人口的数量）和**平均数**（比如人均收入）的学科。它也是有关**关系**——雇主对工人拥有的权力、面包相对于典型工资的价格、收入在富人和穷人之间的分配等——的学科。这些总量、平均数和关系有时被称为**总体的**（aggregate）或者**人口层面的结果**（population-level outcome）。

经济学不是关于特定的个人行为的学科，但经济学家若要解释 32
总量、平均数和关系，就需要了解个人如何行事。在大部分情况下，如果不理解人们为什么会做出他们所做出的行为，就难以理解总量、平均数和关系。故此，个人行为是对一般现象的解释的组成部分。

约束、偏好与信念

要解释人们为什么会做出他们所做出的行动，经济学家使用了三个术语：**约束**、**偏好**和**信念**。用一个例子就可以阐明其中每一个术语的含义。假设你打算驱车横穿这个国家并决定为这次旅行购买一辆二手车，你需要挑选一辆车、确定在路上要花多少时间以及选择在旅行时如何住宿。

约束是个人或社会采取行动时所面临的限制。

约束（constraint）限制了可供你采取的各种行动。这样的约束可能会包括：身体上的限制（一个人无法在不到两天的时间里开车从马萨诸塞州到达加利福尼亚州）；你自己的能力（你无法连续开12个小时的车而不睡觉）；你与他人的社会关系（是否有朋友可以与你同行）；有关制度或你的伦理准则（你可能不愿意从你认为品行不端的经销商那里买车）；你的财力和借款能力（你的银行账户中存款有限且没有什么可以用来作为贷款的抵押物）。约束将限制你的行动，以至你将面临人们所称的**权衡取舍**：在一件事情上得到更多意味着在另一件事情上得到更少。比如说，考虑到你的预算——受财力和借款能力所限，如果你愿意放弃住高档汽车旅馆，你能买一辆好一点的车。

偏好是一个人对其行动可能产生的各种结果所认定的相对价值。

偏好（preference）是你对你的行动可能产生的各种结果所认定的相对价值。比如说，在你为驱车前往加利福尼亚州的旅行做计划时，你可能会对下列事项设定不同程度的重要性：高档住宿环境中的舒适睡眠，整夜开车造成的疲劳，旅行结束时拥有一辆体面的车，以及在某一天准时到达加利福尼亚州。

你的**信念**（belief）是你对要产生特定的结果所必须采取的行动的理解。（请注意：这是**信念**这个词的一种特定用法，其广义含义是指对某件事情的真实性的看法。）例如，你可能会认为，为了中途不抛锚而开到加利福尼亚州，你需要买一辆好一点的车。

> **信念**是一个人对要产生特定的结果所必须采取的行动的理解。

一般而言，约束、偏好和信念方面的信息就足以解释人们为什么会采取一组特定的行动。继续我们驱车旅行的例子：你买了一辆已经开了 7 年的本田思域汽车，因为你买不起雅阁汽车，而且你认为这辆本田思域汽车能够把你载到目的地。另外，你邀请了一个朋友与你同行，这样就可以不停顿地开下去，你享受着他的陪伴，还可以提前到家给你父母一个惊喜。

总而言之，个人做出采取各种行动选择（在他们所面临的约束范围内）；他们寻求取得他们所期望的结果（按照他们的偏好）；而且他们根据他们对特定行动如何产生预期结果的理解（信念）做出选择。这里需要注意的重要一点是：行为涉及选择。在上述例子中，驱车旅行的人由于缺乏财富等限制因素所做出的选择可能相当有限，但这并不意味着他所采取的行动就不是选择了。他也可能做 33
出不好的选择（开了 7 年的思域汽车可能不足以把她载到加利福尼亚州），但是无论如何，还是做出了选择。

我们之所以强调选择这个要素，是因为有些关于行为的观点认为选择是不重要的，甚至是不存在的。这种观点要么是基于个人是不自由的（他们所面临的约束决定了他们要采取的特定行动）；要么是基于他们是按照习惯或大众思维行动的。确实，在某些情况下我们并不是自由的："要钱还是要命"之间的选择就不太像是一个选择。也有这样的情况，即我们有时会重复我们过去的行为（出于习惯），或者效仿（遵从）他人的行为，而不考虑其他可能性。习惯和从众确实在我们的行为中起着一定的作用：只要想一想你今天早餐吃了什么，或者你上一次参加社交活动时穿了什么。但是，把行为看作是受到胁迫的、习惯性的或者是出于服从的观点，没有认识到在我们所做的大部分事情中都有选择这个重要的要素。

因此，通过约束、偏好和信念来理解人类行为的这种方法不仅在经济学中被广泛接受，而且在其他社会科学中也是如此。然而，任何理论靠它自己都无法解释任何东西。要解释行为，我们需要知道针对某个特定情况的特定约束、偏好和信念方面的事实，而这样的事实因人而异，不同团体之间也不相同。比如说，男人和女人就面临着不同的约束，而处于不同阶级、种族、民族和国家中的人也是如此。

此外，通过约束、偏好和信念来理解人类行为的这种方法中有两个重要的方面尚未提及。首先，偏好并不一定是自私的：没有理由说人必然总是自利的。在我们此前的例子中，开车横穿这个国家的那个人，可能并不是出于自私的原因而想早点到家，而只是想让她的父母高兴。其次，关于偏好自何而来我们尚未提及。她对父母开心的关注是“人性”的表达——基因遗传的特性表达，还是这是她幸福童年的结果？她之所以缺乏身份意识（从她购买已经开了 7 年的本田思域汽车中显示出来）是源于不想浪费钱的有意决定，还是出于一种模糊的认识，即她缺钱的朋友会不赞成她买一辆像雅阁汽车这样的好车？

本书对偏好的观点在本质上不同于新古典经济学派的观点，后者是一种理解经济的方法，它出现在大量教科书中，下一章对此有详细的讨论。新古典经济学家将他们的理论建立在经济人假设（即人们具有完全自利的偏好）之上。他们假设人们关心的是涉及他们自身的结果，而不是那些影响他人的结果。他们还假设每个人都是经济人，而且每个人都知道每个人都是经济人。

另外，新古典经济学家一般并不管偏好自何而来。相反，他们把偏好当成是“给定的”，这意味着指导经济决策的偏好被认为是简单的，或者被认为是对人性的一种表达；抑或是由于那些与经济学家不相干的广告、社交或其他因素。此外，新古典经济学家通常视偏好为由**外因**决定的，即由经济**之外**的力量形成的。

由于这种新古典理论与许多科学所确定的、广为人知的关于人类行为的事实不符，我们采纳了一种不同的观点。正如我们已经说过的，按我们对经济的理解，偏好并不必然是自私的。更重要的是，我们并没有假设偏好是由外因决定的。相反，我们视偏好由**内因**决定，也就是说，主要由经济**内部**的过程决定。在下面的一节 34
中，我们将说明我们质疑偏好是完全自私的这个假设的理由。在本章的后面部分，我们将探讨偏好来自何处这个问题。

对“经济人”的再考察

没有人会选经济人做自己的室友、配偶、朋友或者（如果人们拥有这样的选择权）自己的父母或孩子。诺贝尔经济学奖获得者阿马蒂亚·森（Amartya Sen，参见第 4 章）称经济人为“理性的傻瓜”。但以下这个概念的含义实际上比森所提出来的更糟糕：心理健康专家用“**反社会者**”（sociopath）这个术语来指其行为完全取决于对自身利益的计算的人。反社会者没有对错意识，而且他们对其他人的幸福或者痛苦缺乏任何关心。

因此，毫不奇怪的是，自 19 世纪晚期新古典经济学诞生以来，就连它的追随者们有时也难以接受人类只受自身利益驱动的假设。新古典方法的一位创立者 F. Y. 埃奇沃思（F. Y. Edgeworth）曾写道：“经济学的首要原则是每一个行动者都只受自利驱使。”而在下一句话中，他警告说：这个“首要原则”严格来说仅仅适用于“契约和战争”这些情形。① 在战争方面，埃奇沃思并不完全正确：人们在面对敌人的炮火时所表现出来的勇敢并非完全建立在自利的基础上。至于契约，常常是签了字就要算数的，即使一方能够通过违反不成文的契约而获益。

近年来的一系列行为试验已经揭示，把自利作为人性的一般性假设错得有多严重。接受试验的人通常是学生，而且主要是经济学或商科专业的学生，他们被邀请来自愿参与一个游戏，在这个游戏中他们能赢取实实在在的钱。他们匿名地两两配对进行一次互动。一个人（通常是随机挑选的）扮演“提议者”，而另一个人扮演“回应者”。提议者被临时性地给予一定的钱（总额），比如 10 美元，其金额为参与游戏的双方所共知。游戏规则被事先告知双方：由提议者决定将总额中的多少与回应者分享；提议者然后拿出总额中的一定比例给回应者，而回应者将决定是否接受提议者的提议。如果回应者接受，则回应者得到所提议的份额，而提议者保留剩余的份额。如果回应者拒绝接受所提议的份额，双方什么也得不到。总额通常是一笔小数目，如上面所述的 10 美元，但这个游戏的总额在美国曾经达到 100 美元，而在印度尼西亚则等于 3 个月的工资。这个试验被称为“最后通牒游戏”，其中“最后通牒”指的是提议者的提议，回应者可以接受也可以拒绝。

“经济人”会如何玩这个游戏？作为提议者，他推断回应者（假设也是一个经济人）会接受任何大于零的提议，因为拒绝哪怕只有一分钱的提议都会导致回应者损失一分钱。对于一个经济人来

---

① F. Y. Edgeworth, *Mathematical Psychics: An Essay on the Application of Mathematics to the Moral Sciences* (London: C. Kegan Paul, 1881), 104.

说，无论一分钱是怎么得来的，它都好于什么都没有。如果情况是这样，提议者会提议给回应者一分钱（或者尽可能小的金额），因为他预计这个提议会被接受。

但当真实的人用实实在在的钱来玩最后通牒游戏时，通常并不 35
会发生这种情形。不过，在我们告诉你**确实**发生了什么之前，请想一想如果你是提议者并有 100 美元按某个比例与回应者分享，你会给出什么样的提议。还请想一想如果你是回应者，你愿意接受的最低金额是多少。

最后通牒游戏已经在美国、日本、以色列、德国、俄罗斯、斯洛文尼亚、印度尼西亚和许多其他国家的大学生中进行了数百次试验。很少有人像经济人那样玩这个游戏。绝大多数提议者提议的分享比例是 40%～50%。最常见的、很有代表性的提议比例是总额的一半。同样引人瞩目的是，25%或更低比例的提议常常遭到了拒绝。

这些试验显示，提议者和回应者都不像经济人那样行事。为了惩罚提议的比例低得令人无法接受的提议者，回应者通常愿意拒绝低比例的提议而最终一无所得。许多人将这样的行为理解成**互惠偏好**的证据——只要另一个人对你好，你就倾向于对这个人慷慨大度，但是你愿意花大价钱惩罚与你作对或侮辱你的人，即使你和他也就只打一次交道而已。

可口可乐和“公平价格”

可口可乐公司曾测试了一款在热天自动提高某种碳酸饮料价格的售货机。做到这一点并不需要尖端的技术，只要有一个恒温器和一块电脑芯片就够了。时任董事会主席兼首席执行官 M. 道格拉斯·伊韦斯特（M. Douglas Ivester）注意到人们对冷饮的需求会随着温度的上升而增加，因此他得出结论说："所以它价格高一点是公平的。"航空公司在需求增加时会提高机票的价格，所以可口可乐为什么不能做同样的事情？"这种机器只是让这个过程变得自动进行而已。"伊韦斯特解释说。

但是，不是每个人都对此表示同意。百事可乐公司的发言人——当然是出于竞争的需要——站在道德的制高点批评说："我们认为在炎热天气里提高饮料价格的机制，剥削了那些居住在气候温暖地方的消费者。"另一个饮料公司的高管表示很惊讶："接下来还有什么？一台对人们的口袋做X光扫描、发现他们有多少零钱从而相应提高价格的机器吗？……这是人们移居瑞典的又一个原因！"

至少对有些人来说，可乐——或者任何其他商品——的价格不仅仅是由市场（或者大公司的影响力）决定的。诺贝尔经济学奖获得者丹尼尔·科尼曼（Daniel Kahneman，从接受的学术训练来说他是一名心理学家）以及他的合作者，问消费者他们是否认为在冬季发生暴风雪时提高用于铲雪的铲子的价格是公平的，得到的回答是否定的。

可口可乐公司的新机制之所以至少让有些人觉得不公平，是因为他们认为，当双方从事互利的交换时，比如说，在为消费者解渴的同时增加公司的利润，利益和负担的分配不应违反道德准则。这个观点可以追溯到中世纪天主教哲学家托马斯·阿奎那（Thomas Aquinas）和他的"公平价格"概念。大部分经济学家认为，公平价格这个观点是一个荒谬的表述——就像"黄色的对数"一样。他们会站在可口可乐公司一边。但从可口可乐公司这样做所引起的反应来看，他们还没有说服每一个人。

资料来源：Constance Hayes，"Coke Tests Vending Unit That Can Hike Prices in Hot Weather," *New York Times*，October 28，1999.

一种解释是，提议者有着博识的信念，并受自利偏好驱使。假 36
设提议者认为回应者不会像经济人愿意接受一分钱那样玩游戏。如果提议者认为回应者会拒绝较低的金额，那么做出一人一半比例的提议只不过是基于审慎动机的自利行为罢了。

回应者的行为虽然被理解为是互惠的，但提议者的行为看起来比简单的互惠偏好更复杂。他们的高比例提议有可能反映了他们对回应者无条件的慷慨，或者是对他们健康快乐的关心，而无论回应者一方有什么样的行为。如果这样的理解是正确的，可以说提议者具有**利他**主义偏好——为了他人的利益而使自己承担成本损失（即便不期望以后会取得互惠的利益）的偏好。

在解释最后通牒游戏中最常见的结果时，我们可以肯定的是提议者和回应者都不像经济人那样行事。即使是刚才所描述的自利而审慎的提议者也不相信回应者是一个经济人。几乎在所有的情况下，提议者都假设回应者会偏离完全自利这个假设。

对自利假设的背离并不局限于这些试验，而且不局限于像战争状态下的英雄主义这样一些引人瞩目但异乎寻常的例子。大多数人不会偷税漏税，即使他们确信可以侥幸逃脱。在世界上收入最高的所有国家（比如说加拿大、美国和欧洲各国）中，很大一部分人投票赞成向穷人转移收入，而且他们知道这些收入再分配项目必然会导致大部分靠工资为生的人的税收增加。甚至在这样的项目相对不那么受欢迎的美国，对于向穷人转移收入也存在着广泛的支持，甚至富人和经济状况处于改善中的人也是如此，这些人很可能永远都不会（或者不需要）从这样的收入转移中直接获益。

然而，从我们在上面所列举的事实中，我们无法得出结论说人不是自私的。很可能是真的，就像亚伯拉罕·林肯（Abraham Lincoln）在针对人们受到欺骗时所说的：有些人在所有时候以及所有人在有些时候是自私的。但其他人在其他时候则有时是利他的，有时是互惠的，有时是充满恶意的，偶尔则是报复性的，等等。

人性差异与文化差异

这些试验表明社会中的人是不同的。这一点很重要，因为它强化了我们基于自身的观察所得到的认识，即假设每个人都是自利的（假设每个人都是慷慨大度的或充满恶意的也是如此）是不符合事实的。人们不仅各不相同，而且他们的行为因为他们所处的社会不同也各有差异（有时差异很大）。在某种程度上，这是由于在每个社会中维持生计的特殊要求——堪萨斯州的人种植庄稼、冰岛人捕鱼。但人们的行为接近经济人的程度是否会因所处社会的不同而有所差异呢？

本书作者之一（鲍尔斯）与由人类学家和经济学家组成的一个团队设计了一组试验，考察人们的谋生方式与他们的偏好之间的联系（如果有联系的话）。我们在非洲、亚洲和拉丁美洲生活状态迥
37 异的 15 个社会中进行了这些试验。在有些社会，狩猎者和采集者的生活方式与我们早期人类祖先在驯养动植物之前的生活方式没有什么明显的不同。在其他一些社会，畜牧者和耕种者采用几千年来一直在使用的技术来维持生计。我们所研究的大部分人群都生活在难以到达的地方，像新几内亚岛高地和秘鲁所在的亚马孙河流域，而且他们与现代政府或者由市场组成的世界的联系非常有限。在我们所研究的人群中没有一个是大规模的；大部分都是少于 100 人的定居点，与外部世界几乎没有任何接触。出于这个原因，而且因为它

们除此之外几乎没有什么共同之处，所以我们称它们为“小规模社会”。①

试验的结果令我们吃惊。例如，巴布亚新几内亚的奥族人（Au）和瑙族人（Gnau）在玩最后通牒游戏时，超过总额一半的提议很普遍。（这样的提议在以美国学生为试验对象的试验中几乎从来没有碰到过。）更令人感兴趣的是我们观察到在这些社会中，高比例和低比例的提议遭到拒绝的频率是一样的。（大部分一半一半的提议都被接受了。）这个不同寻常的结果之所以会发生很可能是因为，相互礼敬是保证人们在这些社会中确立地位的一种手段。我们判断，提出高比例提议（超过一半比例的提议）的提议者可能试图提高他们的社会地位，而那些拒绝这些提议的人只不过是拒绝接受（尽管代价不小）比较低的社会地位。对低比例提议的频繁拒绝很可能是出于这样一种意识，即接受这样的提议会标志着回应者处于很低的社会地位。

相反，当游戏在秘鲁亚马孙河流域的骑根加（Machiguenga）林业种植者中进行时，提议的平均比例是总额的 27%。在所有的骑根加林业种植者的提议中，近四分之三的比例低于 25%，而只有一个提议遭到了拒绝！这样一种模式显著不同于我们开展的其他试验的结果。让我们感到困惑的是：如果骑根加人真的如此吝啬（由低比例提议的频繁出现和拒绝这些提议的不频繁出现所揭示），那么他们提议的金额为什么超过了一分钱？

我们通过对在这 15 个小规模社会中进行的试验的分析得出了如

① Joe Henrich, Robert Boyd, Samuel Bowles, Ernst Fehr, and Herbert Gintis, *Foundations of Human Reciprocity: Economic Experiments and Ethnographic Evidence in 15 Small-Scale Societies* (Oxford: Oxford University Press, 2004).

下结论。首先而且最重要的是不同人群中的典型行为存在着明显的差异。有些人群中的试验对象比美国、欧洲和其他地方的学生要慷慨很多（而且更愿意惩罚吝啬的行为），而有些则刚好相反。其次，我们没有在任何人群中发现“经济人”行为是典型的行为。再次，各人群之间行为上的差异看起来反映了每个人群的谋生方式的差异。比如说，巴拉圭的阿彻人（Ache）通过狩猎和采集获得某些食物（肉类和蜂蜜），而这些食物在人群的所有成员之间平均分享。在玩最后通牒游戏时，几乎所有阿彻人提议者所提议的比例都是总额的一半左右，而他们的这些提议**没有一个**遭到拒绝。（当然，这样的行为不同于骑根加人和像美国学生这样一些其他人群的行为。）

特定人群的经济环境如何影响其典型行为的另一个例子则来自印度尼西亚。在那里，拉玛莱拉（Lamalera）的捕鲸者通常一大群人一起捕鲸，而且他们按照严格的分享规则来分配他们的捕获物。当他们玩最后通牒游戏时，提议的平均比例是总额的 58%。

38 不同社会里的人在玩最后通牒游戏时为什么会有这样大的差异？我们知道，每一个社会中的游戏参与者——从肯尼亚的奥玛人（Orma）放牧者到巴拉圭的阿彻人狩猎者——在试验中都面临着相同的约束。因此，答案必然是这些游戏参与者的信念不同或者他们的偏好各异。如果是偏好上的原因，那么这些差异来自何处？

我们的有些偏好受到了基因的影响，因此被认为反映了我们的“天性”。由此，我们有时候说某个人“天生”慷慨或吝啬（或者其他什么）。再举个例子，喜欢甜食或富含脂肪的食物这一偏好似乎在世界各地都存在，这很可能是通过基因遗传下来的。但各个国家之间的大部分食物的口味差别很大，而各国人口之间的基因差异并没有大到可以解释这些差别的程度。西班牙、意大利和法国都因它们各自独特的美食而蜚声海外，但每个国家种植的作物都能在另外两个国家种植。而这三个国家的人口之间也没有相应的基因差异。为什么意大利人吃意大利面条而法国人喜欢吃面包或土豆？他们的这些口味并不是通过基因遗传得来的，而是从他们的父母、邻居和其他人那里**学习**到的。

从其他人那里学到的——从父母、年长者、教师、英雄人物、竞争者、邻居或者朋友那里而不是仅仅从父母那里通过基因遗传下来的——偏好，是所谓的**文化**的组成部分。我们将文化定义为从其他人的行为中所学到的方面。

正如前面已经提到的，信念之所以会影响我们的行为，是因为我们对要采取的行动的选择，有一部分是建立在我们对因果关系的理解（信念）的基础上的。因为我们的信念要么是从其他人那里学来的，要么是从我们自己的经验中得出的，所以这些信念（和偏好一样）也是我们的文化的组成部分。类似地，习得的技能——从我们的父母、学校、朋友、邻居和其他人那里传给了我们——是我们身处其中的文化的组成部分。

对于**文化**和**人性**这两个词，长期以来一直存在着争议：有些人喜欢领导别人，而其他一些人喜欢随大流，这应该用“先天”还是“后天”来解释？是“基因”还是“环境”造就了富人和穷人？

没有争议的是，不同人群在基因上的差别不是非常大。当然，**在**任何人群——不管是美国居民、巴拉圭的阿彻人还是意大利人——的内部，基因上的差别是很大的。然而，研究人员发现，这种人群内部的差异比不同人群之间的差异要大很多。例如，如果你随机挑选两个美国人，甚至这两个人的肤色或身高都是相同的，但他们两人之间的基因差异——比如说相比平均状态的美国人和平均状态的阿彻人之间的差异——极有可能是巨大的。

不过，行为就是另外一回事了。人们在不同社会里的行为举止会有很大差别。（请回忆在不同社会里玩最后通牒游戏时产生的不同结果。）行为上的差异主要是由于各个国家或人群之间的文化有很大的不同：在我们成长的过程中，甚至当我们是成年人时，我们从其他人那里学到的东西因为我们所处地方的不同而差别极大。这就是为什么本书作者所研究的人群的偏好和信念差异如此之大的原因。拉玛莱拉的捕鲸者（他们提议的比例平均超过总额的一半）的文化不同于骑根加的林业种植者（他们提议的比例很少超过四分之一）的文化，后者反过来又不同于坦桑尼亚的哈扎人（Hazda）狩猎者兼采集者（他们拒绝了低比例提议中的几乎一半）的文化——而所有这些文化又不同于厄瓜多尔的住在森林中的齐曼尼族人（Tsimane）（他们不拒绝任何比例的提议）的文化。人们为什么从不同的文化中学到了如此不同的东西？

经济生产出人

39 正如我们将在第 4 章中更多讨论的，经济不仅仅生产商品和服务，它还生产人。我们称商品和服务的创造为“生产”，而称人的生产为“再生产”（见图 4.1）。**再生产**这个术语不仅包括生物上的生殖生育，而且包括个人在形成中所必需的所有过程，这其中包括家庭、学校以及在所有其他机构中发生的过程，而在这些机构中，父母、教师、监护人、配偶以及其他人将他们的劳动与其他投入结合起来，用来养育及抚养每一代新人。社会通过各种方式实现再生产任务，而再生产方式上的部分差异源于人们维持生计（生产）的方式上的差异。这就是我们所说的经济生产人的意思。

正如我们已经看到的，最后通牒游戏这个试验可以提供有关经济和文化之间关系的信息。在小规模社会的试验中，个人的选择看起来反映了日常的生活，特别是人们的谋生方式。例如，我们看到阿彻人通过分享狩猎和采集所得而获取他们的大部分食物，所以在我们的试验中他们往往平均地分配总额，有时提议者向回应者提议的比例超过了一半。

利用其他类型的试验可以获得类似的信息。在奥玛人中，而且在整个肯尼亚，存在着一种重要的文化制度，他们称之为**哈拉姆比制度**（harambee system）。按照这种制度，为了筹集资金建造一所学校或修建一条道路，通常的做法是对每个牧民进行一定数额的评估，从而期望他做出与其牧群规模相适应的贡献。我们请奥玛人玩一种不同的游戏，这个游戏叫作"公共产品游戏"。

玩公共产品游戏时也是事先对每一个参与这个游戏的人进行说明，而且和最后通牒游戏一样，它也是以匿名方式和用实实在在的钱来进行的。但这个游戏是分组进行的而不是个人和单一的对家进行的，而且要求他们出于所有人的利益而向一个共有的容器做出捐赠。一旦达到了设置的金额，就对其中的金额翻倍，再将这个总额平均分配给游戏的所有参与者。在这个游戏中，每个参与者都从做出捐赠的**其他人**那里获益，但从个人的角度来说，不做任何捐赠的人会取得最大的收益。

在公共产品游戏中，拥有大规模牧群的奥玛放牧者捐出 1 肯尼亚先令——这对奥玛人来说是一大笔钱——而后就会看到他向共有的容器中捐出的金额翻了一番，然后这笔钱在游戏的参与者之间平均分配。假定游戏中有 5 个参与者。这样，由于这个放牧者的捐赠而分配给他的份额是 2/5 先令，而这少于他原先捐出的 1 先令，所以，如果他不捐出这 1 先令，他的境况会好一些。然而，尽管选择不做任何捐赠才符合自利要求，但这些放牧者仍然慷慨捐赠——而且牧群规模大的放牧者捐赠的金额大于牧群规模小的放牧者。

我们想知道，诸如巴拉圭的阿彻人和肯尼亚的奥玛人等人群在试验性游戏中所表现出来的行为特征，之所以与他们的地方习俗有如此大的相似性，是否说明了特定人群的偏好受到了社会制度和公平规范的影响。我们的样本中各种制度和规范之间的巨大差异让我们能够回答这个问题。相应地，我们根据每个社会经济制度中的两个维度对各个社会进行了排名，然后试图利用这个排名来预测我们在最后通牒游戏中所取得的结果。

一半对一半：规范的重要性

40 1886 年 1 月 11 日，北卡罗来纳州韦德县的一名前奴隶芬纳·鲍威尔（Fenner Powell）将他的 X 记号签在了他的地主 W. S. 米亚尔（W. S. Mial）的签名旁边。因此鲍威尔同意“遵照这位名叫米亚尔的人的指示……从事所有形式的工作，在行为举止上对他予以尊重……并且给予这位名叫米亚尔的人他收获的全部庄稼的一半”。这正是韦德县和整个美国南方的生而自由的白人农民同意向他们的地主所支付的收获庄稼的份额。一名前奴隶——不识字、被排除在投票选举之外，而且随时可能遭受侮辱和私刑——为什么会被允许保留与在社会地位和讨价还价能力上都要高出自己很多的生而自由的农民一样多的份额？要找到答案，我们需要远离内战之后的美国南方。

在今天的伊利诺伊州，种植玉米是一项大产业。利用资本密集型技术和由计算机生成的商业计划，有些农民耕种的面积达到 1 000 英亩甚至更多，其中的大部分都是在从多个所有者那里租来的地块上进行的。在 20 世纪 90 年代中期，一半以上的农民和所有者之间的合同都是共享收获物协议，而且这些合同中超过五分之四都规定了一半对一半的收获物分配。但是在这个州的南部地区，土壤往往不是那么肥沃，有些县的大部分合同将收获物的三分之二分配给佃农，而将三分之一分配给土地的所有者，尽管这些县的土地质量存在着相当大的差别。

20 世纪 70 年代中期的西孟加拉邦的稻米种植看起来和伊利诺伊州的情况有天壤之别。在西孟加拉邦，贫穷且不识字的农民依靠平均只有两英亩的地块竭力维持着他们可怜的生计；他们居住的村庄没有任何电子通信设施，一年里的大部分时间都因道路无法通行而与外部世界隔绝。然而，这里和伊利诺伊州有一点是共同的：在超过三分之二的合同中，收获的庄稼在佃农和土地所有者之间的分配是各占一半。著名的阿拉伯地理学者伊本·白图泰（Ibn Battuta）曾于 1347 年去过印度的孟加拉地区，6 个世纪之前他就记载了相同的收获物分配比例。（当然，如果每个地主都向 20 个佃农出租土地，规定各占一半的收获物分配合同不会意味着土地所有者和佃农会有相同的收入：每个地主的收入将是一名典型佃农的收入的 20 倍。）

19 世纪的英国哲学家兼经济学家约翰·斯图亚特·穆勒（John Stuart Mill）既注意到了广泛存在的平均分配收获的庄稼这种模式，也看到了各地所遵循的其他比例，而一半对一半并不是普遍的规则。穆勒的解释是："这个国家的惯例是普遍适用的规则。"但为什么是一半对一半而不是百分之五十二对百分之四十八？更让人困惑不解的是这个问题：当土地所有者只需就质量较高的土地提议较低的分享比例就能获得巨大的利润时，一半对一半或三分之二对三分之一的比例为什么仍然维持了下来？而当分享的比例确实发生变动时，就像西孟加拉邦在 20 世纪 80 年代和 20 世纪 90 年代所发生的那样，为什么它们会立即同时发生变动？

一半对一半的收获物分享比例是社会的规范——为人们所遵循

的普遍做法，因为违反这些做法会导致批评、报复，或者遭到整个社会的排斥。在所有的经济体中，规范都扮演着重要的角色，对人们一门心思地追逐私利的程度做出了约束。规范常常自然而然地成为价值观，人们遵守它们不是为了避免受到处罚，而是因为不这样做的话人们就会觉得不自在。

资料来源：Samuel Bowles，*Microeconomics*：*Behavior*，*Institutions*，*and Evolution*（Princeton：Princeton University Press，2004），Ch. 3；Roger L. Ransom and Richard Sutch，*One Kind of Freedom*：*The Economic Consequences of Emancipation*（Cambridge：Cambridge University Press，1977）；Peyton Young and Mary Burke，"Competition and Custom in Economic Contracts：A Case Study of Illinois Agriculture，" *American Economic Review* 91，no. 3（2001）559 - 573；Pranab Bardhan，*Land*，*Labor and Rural Poverty*：*Essays in Development Economics*（New York：Columbia University Press，1984）；John Stuart Mill，*Principles of Political Economy with Some of Their Applications*（London：Longmass，Green，Reader，and Diver，1867［1848］）.

排名的第一个依据是**合作**，它衡量的是当许多人一起工作时，当地的社会生态所允许的更高效使用劳动力的程度。拉玛莱拉的捕鲸者在这方面排名第一，因为要成功捕鲸，就需要很多捕鲸者一起工作，而分散的骑根加的林业种植者排在最后一名，因为他们的生产更为个人化，集体生产活动几乎给他们带不来任何收益。我们猜
41 测，在那些从合作性生产活动中无法取得多少收益的人群中，几乎不会有什么有关分享的规范。我们还猜测，在像拉玛莱拉人等其生计依赖大规模合作的人群中，分享的方法会发展得很好，而这些方法会影响到拉玛莱拉人如何进行我们的游戏。

排名的第二个依据是**市场整合**，它衡量的是一组人群的生计中通过市场交换所获取的部分。选取这个衡量标准的理由如下：人们

经历市场交易的次数越频繁，他们也就越多地经历因与陌生人交易而产生的有益的利益分享。从历史上来看，在市场成为一种普遍的制度之前，与陌生人的大部分交往都具有潜在的危险性，常常成为暴力冲突、偷盗甚至更可怕事件的诱因，这是一个事实。随着市场的发展，它们让我们习惯于同陌生人正常交往所带来的收益，在这样的交往中，只要双方遵循某些规则（你在收银台付款，而不是拿起日常杂货就跑掉），那么他们都能获益。我们猜测这样的经历会产生社会性的分享规范，而这些分享规范又会反映在试验性游戏的结果之中。

利用合作和市场整合这两个衡量标准，我们试图解释一组人群在最后通牒游戏中平均的提议比例和这组人群拒绝低比例提议的频率。我们发现，这两个衡量标准——合作和市场整合——使我们得以预测在我们的大部分社会样本中进行最后通牒游戏的结果。在合作或市场整合程度高的社会中，提议者所提出的比例（平均而言）比较高，而低比例的提议则更有可能遭到拒绝。18 世纪和 19 世纪伟大的思想家卡尔·马克思（Karl Marx）、埃德蒙·伯克（Edmund Burke）和阿历克西·德·托克维尔（Alexis de Tocqueville）如果发现在市场的影响之下会导致较高的提议比例（更多 42
地与他人分享）和更有可能拒绝不公平的提议比例，他们可能会感到惊讶（参见专栏“恶棍的宪法让我们成为恶棍了吗?”）。

恶棍的宪法让我们成为恶棍了吗?

与亚当·斯密和大卫·休谟不同，英国的保守主义者埃德蒙·伯克、德国的革命者卡尔·马克思和法国的自由主义者阿历克西·德·托克维尔担心，利用自利或者（用休谟的话来说）生活在为恶棍设计的宪法下会让我们变成恶棍。

> 骑士的时代一去不复返了。随之而来的是诡辩者、经济学家和算计者的时代……没有留下任何会激发情感的东西……让我们产生爱、崇敬、赞赏或依恋。
>
> ——埃德蒙·伯克：《对法国革命的思考》
>
> (*Reflections on the Revolution in France*，1790)

> 最后到了这样一个时期，人们一向认为不能出让的一切东西，这时都成了交换和买卖的对象，都能出让了。这个时期，甚至像德行、爱情、信仰、知识和良知等最后也成了买卖的对象，而在以前，这些东西是只传授不交换、只赠送不出卖、只取得不收买的。这是一个普遍贿赂、普遍买卖的时期。*
>
> ——卡尔·马克思：《哲学的贫困》
>
> (*The Poverty of Philosophy*，1847)

> 每个人……对于所有其他人的命运而言都是外人……他的孩子和他的私人朋友对他来说构成了整个人类；至于与他同为公民的其余的人，他离他们很近却看不到他们……他接触他们却感受不到他们；他仅仅存在于他自己和为了他自己而存在。
>
> ——阿历克西·德·托克维尔：《美国的民主》
>
> (*Democracy in America*，1830)

我们将我们的试验预测力建立在关于经济制度的两个维度的基础上，在试验对象对试验完全不知情的情况下进行试验，结果显

* 译文参见马克思，恩格斯．马克思恩格斯全集：第 4 卷．北京：人民出版社，1958：79－80。

示，经济制度对偏好是有影响的。我们的价值观、好恶以及道德伦理，看起来受到了生活在一组特定制度下的影响——像阿彻人那样分享食物、像拉玛莱拉人那样在获取食物时进行合作、像奥玛人那样自愿分摊建校费用，或者就此而言，在毕业后竞争一份工作。那么，这是如何发生的呢？

一个可行的回答是，人们部分地通过养育方式形成他们的偏好，社会生活中的那些重要的价值观和技能在养育孩子的过程中得以强化。为测试这个观点是否正确，3 名人类学家对 79 个几乎尚无文字的社会（类似于我们的 15 个小规模社会）——根据它们主要的谋生方式（饲养动物、耕种、狩猎和捕鱼）以及它们在食物储存或其他财富积累方面的相应能力——进行了分类。食物储存在耕种社会中很常见，但在狩猎者和采集者中并不普遍。这些研究者还收集了养育孩子方式方面的证据，包括服从训练（“顺从”）以及鼓励自力更生、独立和承担责任（“坚持己见”）的程度。他们发现它们在养育孩子的做法上有着明显的差别，而且他们发现这些差别与经济结构有关。他们的结论是：“仅仅是经济制度方面的信息，就可以让人们相当准确地推断出一个社会的社会压力主要是来自顺从还是坚持己见。”①

专栏“新几内亚阿拉佩什人的财产权”提供了一个很好的例子，说明了合作是如何被嵌入一种文化的规范之中的，尤其是财产权的分配，即谁“拥有”什么。在这样的社会中长大的孩子会意识到，生产某种东西并不一定意味着拥有它。很难想象这样一个社会与我们现在生活的社会有如此大的不同。

---

① Herbert Barry III, Irvin L. Child, and Margaret K. Bacon, “Relation of Child Training to Subsistence Economy,” *American Anthropologist* 61 (1959): 51-63.

我们无须将注意力局限于人类学对外国社会的研究，就能发现经济制度影响偏好的证据。一位名叫梅尔文·科恩（Melvin Kohn）的社会心理学家在30年的时间里与他的合作者一道研究了若干人，研究集中在以下两个方面之间的关系上：一方面是这些人在他们的工作场所的职权结构中的位置，而另一方面是他们对他们自己以及他们的孩子在服从和纪律、自主权和独立性方面的重视程度。理论假设是这样的：那些在工作中习惯听命于他人的人会重视服从和纪律，而那些发号施令的人则会重视自主权。科恩等人通过对日本、美国和波兰所做的合作研究发现，在这三个国家中，那些在工作中重视自主权的人，他们在生活的其他领域里（包括养育孩子和休闲活动）也重视自主权，而且较少可能会表现出宿命论、怀疑和自我贬低。科恩与他的合作者认为：“社会结构主要通过影响人们的生
43 活状况影响人们的心理机能。”① 他们的结论是：“工作中的自主权体验对人们的价值观、倾向和认知机能具有深远的影响。”②

新几内亚阿拉佩什人的财产权

一个典型的阿拉佩什人至少有一部分时间生活在不属于他的土地上。他的妻子正在喂猪，但这些猪不是属于她的一个亲戚就是属于他的一个亲戚。房子的旁边是椰子和槟榔，这仍然是属于别人的水果，未经主人许可，他永远不会碰它们……他至少在部分狩猎时间里，会在属于他姐夫或表兄的灌木丛中狩猎。如果他有灌木丛，

---

① Melvin L. Kohn, *Class and Conformity: A Study in Values* (Homewood, IL: Dorsey Press, 1969), 189.

② Melvin L. Kohn and Kazimierz M. Slomczynski, *Social Structure and Self-Direction: A Comparative Analysis of the United States and Poland* (Cambridge, MA: B. Blackwell, 1990), 967.

其余时间则在自己的灌木丛中狩猎，而且其他人也会加入进来。他不仅在自己的西米棕榈树丛中工作，也在别人的西米棕榈树丛中工作。

对于他家里的个人财产，那些具有永久价值的东西，如大锅、精雕细琢的盘子和好的长矛，已经分给了他的儿子们，尽管他们还只是蹒跚学步的小孩子。他自己的猪在远处的其他小村庄里；他的棕榈树向一个方向延伸了三英里，向另一个方向延伸了两英里；他的西米棕榈树依然散落各处；他的菜园到处都是，大部分是在别人的土地上。

如果他那冒烟的炉子上有肉，或是他弟兄、妹夫/姐夫、姐妹的儿子等人将所宰的肉给了他，他和他家人都可以吃。或是他正在烤自己宰的肉，烤好了送给别人。如果吃自己宰的肉，即使它只是一只小鸟，在道德上也是一种犯罪——这在阿拉佩什人的思想中通常意味着一种缺陷，甚至是一种耻辱。

如果他所住的房子名义上是他的，那么他所住的房子至少有一部分是用别人家的木桩和木板建造的，而这些木桩和木板或是被拆除或被暂时废弃的，或是他从别人家借来的。如果椽子太长，他不会把它削成适合他房子的形状，因为别人家的房子的形状或大小不同，他们将来可能会用到这些椽子。

这就是一个人普通的经济联系，贯穿了每一个确定的地理和血缘联系，［这些联系］建立在个人联系之上，这些联系把每个群体的成员组成许多其他群体，模糊了群体之间的每一个可能的区别。

资料来源：Margaret Mead，*Cooperation and Competition Among Primitive Peoples*（Boston：Beacon Press，1961），31－32. Reprinted with permission from the Institute for Intercultural Studies，Inc.，New York，NY.

上述事实说明，在任何社会中生产及分配商品的方式限定了个人维持生计的方式。狩猎者必须独立思考且身体健康；产业工人及办公室职员必须愿意听命于他人；而企业家则必须自我激励。由此经济制度对构成社会的人规定了互动的典型模式，从而影响到谁与谁见面、见面的条件、要做的事情、预期的回报。这些模式反过来又影响到人们的情感与认识以及其在人的一生之中的发展变化过程，形成他们的个性、习惯、品味、身份和价值观——简而言之就是他们的偏好。

44 经济制度塑造了人们的偏好，这部分是因为制度决定了什么类型的人才会成功，而人们试图或者是在他们的好恶和价值观上，或者是在养育孩子上复制成功人士。但在大部分社会里，使年轻人社会化这项工作不完全是交给父母来做的。学校、宗教机构以及其他组织在培养下一代方面也起到了重要的作用。

如果你看到学校的课程表，你可能会留下这样的印象，即学校的唯一目的是教学生诸如阅读、写作、数学以及使用电脑等这样一些技能。但通过对教室里发生的事情以及奖励如何在学生之间分配做更深入的观察，则会发现，学校还做了另一件事情：它教学生如何为人处世。事实是取得好的分数不仅仅要求掌握所学课程的知识，有一项研究证明了这一点。这项研究显示：要取得好分数，学生还要形成某些个性品质。（许多学生已经知道了这一点。）不过，更令人吃惊的是这项研究的一个额外发现，即在教室里得到以高分作为奖励的个性品质，与在工作场所中得到以上司的正面评价作为奖励的个性品质是相同的。

下面是这项研究。我们当中的一位（爱德华兹）采用了经过同行评定的一组个性指标来预测私营部门和公众部门中上司对员工的评价。经过同行评定的个性指标所依据的是与个人类似或处于相同情形中的人是如何看待这些个人的。这些指标通过诸如**得体的、有创见的**和**准时的**这样一些词语表达出来。爱德华兹的一位合作者彼得·B. 迈耶（Peter B. Meyer）利用相同的经过同行评定的个性变量，来预测高中学生的平均绩点与依据他们的 SAT 成绩和智商分数而预测出的平均绩点之间的差异。

爱德华兹发现：某些经过同行评定的个性品质——不屈不挠、可靠、始终如一、准时、得体以及能够“认同工作”和“同情他人”——与上司的正面评价高度相关，而被同事视为有创造性的或独立的人，则往往从上司那里得到不好的评价。[①] 迈耶在他的评分研究中发现，针对高中学生的结果几乎完全相同：他们的平均绩点与 12 项个性品质之间的相关度，与爱德华兹在对员工的研究中观察到的相关度近乎相同。[②] 也就是说，教师和雇主会奖励相同的个性品质。结论是：学校所教的不仅仅是技能，它们还培育（或者说它们至少会奖励）雇主所希望的那些个性品质。

所有人类社会都形成了复杂的方法，来塑造作为成年人正常行使其职能所需要的偏好和信仰。在许多狩猎者-采集者社会里，孩子们随同他们的父母一起捕获猎物、采集果实，学习这些生活方式所必需的技能。在资本主义出现以前，大部分生产都发生在家庭以内——在小型的工厂里、在农场中以及类似的地方，人们可以从他们的父母和亲属那里学到在经济体中行使其职能所必需的大部分技

① Richard C. Edwards, “Personal Traits and ‘Success’ in Schooling and Work’” *Educational and Psychological Measurement* (Spring 1977) and “Individual Traits and Organizational Incentives: What Makes a ‘Good’ Worker?” *Journal of Human Resources* (Winter 1976).

② Samuel Bowles, Herbert Gintis, and Peter Meyer, “The Long Shadow of Work: Education, the Family, and the Reproduction of the Social Division of Labor,” *The Insurgent Sociologist* (summer 1975).

能。此外，所需要的技能在一代代传下去时并无太大变化。

资本主义改变了这一切。它造就了庞大的车间，数以千计的陌
45 生人来到这里，彼此发生联系。而技术的迅速变化，可能会造成一个人的父母的技能在其退休之前就已经过时了。随着资本主义成为主导的经济制度，学校在社会化过程中开始扮演核心角色。此外，学校培育的可靠、始终如一、准时等个性品质，使得没有血缘关系、忠诚和情感纽带的大量陌生人，也可以一起工作。

合作的物种

人类是一种独特的动物，这体现为大量彼此陌生的人可以开展合作，生产出我们所需要的产品和服务。我们还在其他项目上进行合作，比如说培育下一代和从事战争。

所有动物都相互竞争：为了食物、为了生存、为了成功再生产。有些动物交换物品和服务。例如，一种被称为“清洁工鱼”的鱼为较大的鱼清除皮肤上和口腔中的寄生虫，通过提供健康服务而换取一顿美餐。古希腊学者希罗多德（Herodotus）在 2 500 多年以前就描述了一种类似的交换：

> 因为［鳄鱼］在水中生活，它的嘴中满是水蛭。除了矶鹞以外，所有其他鸟类和动物都唯恐避之不及。但是，矶鹞却与它友好相处，因为它（矶鹞）对鳄鱼有用。当鳄鱼从水中爬上岸时，它张大了嘴……这时矶鹞滑进它的嘴里吞食水蛭。这对鳄鱼有好处而且让它觉得愉快，这样做对矶鹞也没有坏处。①

① Herodotus，*The Histories*（New York：Oxford University Press，1998），122.

有些动物甚至懂得尊重产权。蜘蛛并不侵占由其他蜘蛛占据的蛛网（除非侵占者要大很多）。雄性的阿拉伯狒狒并不试图偷取另一只狒狒所拥有的食物。

但除了**经济人**以外，其他任何物种都不会有数以千计没有关系的个体为实现一个共同的目标而在一起工作，无论这个共同的目标是生产汽车、为民众提供医疗保险还是发动战争。（蚂蚁、蜜蜂以及其他一些所谓的群居昆虫开展大规模的合作，但合作完全是在家庭内部进行的：蜂群或蚁巢的成员即使数以千计，通常也都有亲缘关系。）我们是如何做到这一点的？

这些合作壮举之所以得以实现，部分是因为我们不同于其他动物，我们能够设计出诸如政府和企业这样的并不局限于家庭的法律和组织。它们通常提供了促使人们在一起有效工作的动机和约束，即使人们是完全自利的。

不过，自利行为并不是成功组织的特征。参战的士兵可能会为了钱而去打仗，或者是因为他除了被征召入伍而别无选择。但正如任何军官都知道的，这样的动机不会激励人们成为好士兵。

所有形式的人类合作，包括那些能够赢得战争的合作，最好通过考察自利以外的动机来加以理解。这些动机中包括对他人的妒忌 46
和怨恨，也包括对他人的关心以及渴望看到某些原则得到了维护。一旦人们认识到经济人只不过是人的一种而且还不是非常普遍的一种，人们能够成功地合作就不是那么令人费解的事情了。比较普遍的是这样的人，他们至少在有些时候是互利互惠或者利他的，而且，不论好坏，他们是关心他人的。人类合作的规模是任何其他动物所达不到的，这是因为我们的偏好引导我们以合作的方式行事。

结　论

我们的最后一个问题是：我们是如何走上这条路的？部分答案涉及人性。我们具备制定一般道德规则的智力能力，并具备语言能力以在人与人之间传播这些规则、报告违反规则的行为，并协调对违反规则者的惩罚。此外，我们对赞扬和责备极度敏感，能够体会到羞耻等**道德情感**，而它们起到了避免做坏事的强有力的动机的作用。值得一提的是，亚当·斯密将他的第一本书命名为《道德情操论》（*The Theory of Moral Sentiments*），而且整本书所分析的正是人类生活的这个方面。道德情感以及设计和实施社会规范的智力能力和语言能力是人性的组成部分。它们不是猫的本性、蜘蛛的本性或狒狒的本性的一部分。

伦理准则的内容——这些准则规定我们能做什么、不能做什么——在某种程度上也是一个人性问题。乱伦让大部分人觉得反感和可耻，无论这些人是在什么样的文化中长大的。同样，若干种不健康的做法，如个人生活不整洁或吃不健康的东西，也使人们感觉如此。但我们的伦理规范中的大部分内容都是习得的：它们产生于文化，而不是本性。

在大部分社会中，人们都积极地宣扬遏制我们的自私愿望以及在适当的条件下以利他或互利的方式行事的价值。对大部分人而言（当然，对于反社会的人来说不是如此），按照所宣扬的这些规范行事成为根植于我们偏好中的一个目标，因此它不仅仅是一个外部约束。这就是我们中的大部分人在大部分时候即使不会被抓住也不去偷盗的原因。

但那些像经济人一样聪明和不道德的人，如果他们能够逃脱惩罚，那么他们就会去偷东西吗？为什么他们不能成功利用并最终超越他们更有道德的邻居来获得必需品？如果这种情况发生了，具备伦理道德的人会不会变得不具备伦理道德？我们常听说一些不道德的行为得到奖励并且当事人一直逍遥法外的案例。

对此的回答是：由经济人组成的群体无法作为一个整体而成功运作。在受到外部敌人的进攻时谁会站出来保护这群人？在发生旱灾或其他生态危机时谁又会伸出救援之手？不会是经济人。现代生物进化理论的创始人查尔斯·达尔文（Charles Darwin）在他的第二本巨著《人的进化》（*The Descent of Man*）［他的第一本巨著是更为有名的《物种起源》（*The Origin of Species*）］中得出了以下结论：

> 当居住在同一片土地上的两个原始人部落发生对抗时，如果……其中一个部落中有大量勇敢的、富有同情心的而且忠诚 47
> 的成员，他们总是乐于在危险来临时彼此警告并且彼此帮助和保护，那么这个部落就会取得更大的成功并战胜另一个部落……自私而纷争不休的人之间是没有凝聚力的，而没有凝聚力就什么也做不成。①

达尔文的观点很明确：在不同人群之间的竞争中，那些其成员学会了如何合作——也就是说，彼此之间**不相互竞争**——的人群通常会胜出。达尔文提出部落会因为其乐于合作的成员优势而获益。同样的推理也适用于企业、邻里、种族和国家。

因此，不是我们优良的文化改造了我们的不良本性。相反，我

---

① Charles Darwin, *The Descent of Man* (Amherst, NY: Prometheus Books, 1997［1871］), Ch. 5, "On the Development of the Intellectual and Moral Faculties During Primeval and Civilized Times."

们的文化和我们的本性共同作用，使得智人成为我们这样的独具合作性的物种。我们具有合作性这个事实，意味着好人并不总是落在最后。说明好人为什么并不总是落在最后的推导过程表明，新古典经济学家有时过分强调了竞争作为进步源泉的作用。合作也是必要的。

推荐阅读文献

Samuel Bowles and Herbert Gintis, *A Cooperative Species: Human Reciprocity and Its Evolution* (Princeton, NJ: Princeton University Press, Reprint edition, paperback, 2013); http://www.jstor.org/stable/j.ctt7s72v.（鲍尔斯，金迪斯*. 合作的物种：人类的互惠性及其演化. 杭州：浙江人民出版社，2015.）

Samuel Bowles, *Microeconomics: Behavior, Institutions, and Evolution* (Princeton: Princeton University Press, 2004).（鲍尔斯. 微观经济学：行为、制度和演化. 北京：中国人民大学出版社，2006.）

Samuel Bowles and Herbert Gintis, *Schooling in Capitalist America: Educational Reform and the Contradictions of Economic Life* (New York: Basic Books, 1976).（鲍尔斯，金蒂斯. 美国：经济生活与教育改革. 上海：上海教育出版社，1990.）

Ananish Chaudhuri, *Experiments in Economics: Playing Fair with Money* (New York: Routledge, 2009).

Robert H. Frank, *Passions within Reason: The Strategic Role of the Emotions* (New York: Norton, 1988).

Bruno S. Frey, *Not Just for the Money: An Economic Theory of Personal Motivation* (Cheltenham, UK: Edward Elgar Publishing, 1997).

Herbert Gintis, Samuel Bowles, Robert Boyd, and Ernst Fehr, eds., *Moral Sentiments and Material Interests: The Foundations of Cooperation in Economic Life* (Cambridge, MA: Massachusetts Institute of Technology Press, 2004).（金蒂斯，等. 道

* 又译“金蒂斯”。——译者注

德情操与物质利益：经济生活中合作的基础. 北京：中国人民大学出版社，2015.）

Uri Gneezy and Aldo Rustichini, "A Fine Is a Price," *Journal of Legal Studies* 29, no. 1 (2000) 1-17.

Joseph Henrich, Robert Boyd, Samuel Bowles, Ernst Fehr, and Herbert Gintis, *Foundations of Human Sociality: Economic Experiments and Ethnographic Evidence from Fifteen Small-Scale Societies* (Oxford: Oxford University Press, 2004).

Joseph Henrich, *The Secret of Our Success: How Culture Is Driving Human Evolution,* 48
Domesticating Our Species, and Making Us Smarter (Princeton: Princeton University Press, 2015).

Albert O. Hirschman, *The Passions and the Interests: Political Arguments for Capitalism Before Its Triumph* (Princeton: Princeton University Press, 1977).（赫希曼. 欲望与利益：资本主义走向胜利前的政治争论. 上海：上海文艺出版社，2003.）

Daniel Kahneman and Amos Tversky, *Choices, Values and Frames* (Princeton: Princeton University Press, 2000).（卡尼曼，特沃斯基. 选择、价值与决策. 北京：机械工业出版社，2018.）

Robert E. Lane, *The Market Experience* (Cambridge: Cambridge University Press, 1991).

Peter Richerson and Robert Boyd, *Not By Genes Alone* (Chicago: University of Chicago Press, 2004).

William F. Whyte, *Money and Motivation* (New York: Harper & Row, 1955).

第 3 章
经济学的三维方法

49 对于那些经常读报纸、看晚间新闻、听政治候选人的演说或者只是想知道找一份好工作或享受足够的闲暇为何如此之难的人来说，了解资本主义是十分有必要的。由于资本主义是一种经济体系，因此要了解资本主义需要一些经济学知识。但是哪一类经济学知识呢？我们把本书提供的方法称为**三维经济学**，也往往简称为“政治经济学”。

> **政治经济学**指的是根据竞争、统制和变革这三个维度来分析资本主义的理论。

一直到 20 世纪初，政治经济学这个术语均被用于泛指所有的经济学，其研究领域覆盖了如今社会科学的大多数领域：不仅包括经济学，还包括人类学、社会学、心理学和政治学。但大约在 1900 年，**“政治经济学”**（political economy）这个术语被**“经济学”**替代，它的研究领域也变得更加狭窄：以对市场的研究为最基本的中心点。对于政治学、心理学、历史学和社会学等其他方面的探究则留给了其他社会科学。因此，人类学、社会学、心理学和政治学在这个时候成为独立的学科并不是偶然的。

与**“经济学”**这一术语相比，我们更喜欢用先前的**政治经济学**概念去描述我们的研究方法，因为除非把政治学、经济学、心理学和其他社会科学的规则综合到一起来研究现代社会的复杂性，否则一个人无法完满地了解当代社会。描述**政治经济学**的另一种方法就是将之视为**跨学科的**。

很多人相信这里所用的方法更有意义，并且比起大多数经济学教科书所采用的**新古典经济学**的那种传统方法，这种方法显然是一种更为有效的理解经济学的方法。但最终，每个希望理解资本主义的人都需要先考虑经济学的多种方法，然后再决定哪种方法或哪些方法的组合是最有意义和有用的。

可以确定的是，我们无须因为一些专家的推崇而接受某种特别的经济学方法。每个人都得为自己做出选择，问问自己："这对我有意义吗?""这会有助于我理解那些经历过的并认同的事情吗?"当然，不是所有经济学观点都是同等令人信服的。一种有用的经济 50
学方法，不管是政治经济学还是其他方法，都必须在逻辑上是完美的，在内部结构上是一致的，并且在解释经济现象（"事实"）时是有效的。

本章的主要思想在于，**政治经济学考虑到了经济生活中的所有三个维度：竞争、统制和变革**。本章的主要论点是：

---

1. 资本主义是一种**经济**制度。
2. 每一种经济制度都能够从三个维度来分析：即水平的维度（**竞争**）、垂直的维度（**统制**）以及时间的维度（**变革**）。
3. 经济学不仅关注**事实**（是什么），而且关注**价值**体系（应该是什么）。经济学可以用来阐明价值体系及其在特定经济分析中的作用。本书所遵循的价值观是很简单的，即一种经济制度应该为社会所有成员过上富裕生活提供公平的机会，而一种经济制度越是**有效率、公平、民主**，这个目标就越容易实现。

本章所介绍的基本概念将会在全书中得到应用，并在以后的章

节中得以进一步展开。

经济制度与资本主义

纵观人类历史，人们用不同的方式组织生产活动。经济制度经历了原始社会、奴隶社会、自给自足的封建社会、资本主义社会和社会主义社会这几种形态。

> **经济制度**是人们之间的一系列关系，它把所有社会都赖以维生的劳动过程组织起来。

这些制度的共同点，即使之成为一种**经济制度**（economic system）的原因，就在于它们都是**每个社会中为了生存而生产各种产品和服务所必需的劳动的组织方式**。无论它存在于哪种社会形态中，一种经济制度将决定生产**什么**、**怎样**生产、**由谁**生产以及**怎样分配最终产品**。

经济制度是**人们之间的一个关系系统**。这些关系可能是直接的、面对面的关系，比如你从一个商贩那里购买橘子时所发生的接触。同时，它们也有可能是存在于地球上不同角落的人之间的关系，例如艾奥瓦州农民所种植的谷物作为面包出现在埃及人的餐桌上。构成经济制度的各种关系也可能会体现在风俗习惯、法律、宪法、政党或者商业公司中。

经济关系得以塑造的重要途径不仅包括生产过程中采用的物质和技术，还包括地理、风俗、宗教等因素，以及生产主要是农业、工业还是后工业（以知识为基础）等因素。尽管如此，各种经济主体——生产者和消费者、奴隶主和奴隶、封建主和农奴、雇主和雇员、债务人和债权人——之间的**社会关系**则确定了经济制度的性质。因此，任何经济制度的显著特征可能见诸各种经济行为人的社

51 会互动，这些互动的性质在不同程度上变化着，或合作或竞争，或

利他或利己，或公平或不公平，或民主或专制。

劳动是如何组织的，这个问题在不同的经济制度中是不同的。要了解在一个特定的社会中劳动是如何组织的，就必须分析其所在的经济制度。作为本书核心的经济制度——资本主义经济制度，从各个方面来看都普遍存在于当今世界的大多数地区。

资本主义对于我们大多数人来说都不陌生。它具有各种形式，不仅是美国的经济制度，而且是英国、日本、法国、俄罗斯、墨西哥、巴西、德国、南非等 100 多个国家的经济制度。因此，我们能直接研究资本主义，因为我们在每天的生活中都经历着它。

在资本主义经济制度中，大多数产品和服务都是按照雇主（商人、企业家、资本家或是公司经理）的目标进行生产的，他们的目标是通过在市场上出售产品和服务来赚取利润。在资本主义经济中，大多数人都是为其他人（他们的雇主）工作的，以此获取一定的工资作为报酬。因此，劳动是为了盈利才被组织起来的；雇主或他指定的经理人是职场上的老板；产品、服务以及人们的劳动能力——他们的劳动时间——都是通过市场来交易的。

为了理解资本主义，我们必须回答一些问题。如何组织劳动？市场如何运行？售出产品获得的收益多少归为利润，多少归为工资？是什么决定了这两类收入的相对比例？为什么一些工人比另一些工人的收入高？由谁来决定采用何种技术？做出这种决定是基于怎样的依据？资本主义经济是怎样影响人类的发展的？它又是怎样制约我们的文化，影响我们的政治制度，以及改变我们的自然环境的？并且，反过来，这些作用又会对资本主义经济自身产生什么样的影响？

三维经济学

在本书中，我们将考察资本主义经济的各种复杂关系，并把经济制度的三个维度即竞争、统制和变革考虑在内。

竞 争

> **竞争**，即经济学中的水平维度，指的是这样一种经济关系：大量潜在的买者和卖者基于自愿的选择和交换关系而居于主导地位。

第一个维度是**竞争**（competition），指的是在经济制度中交换扮演最重要的角色。当然，在资本主义经济制度中，竞争和交换主要发生在市场中。例如，当一位驾车者选择在一个特定的加油站购买汽油时，他（她）显然是在一些竞争性的供应商之间做出了选择。

经济中的竞争是一个**水平**维度。可以认为竞争所涉及的是一种权力的相对平等，这一平等存在于那些提供选择、从事交换以及与他人竞争的人之间。比如在加油站的例子中，汽油销售商们必须相互竞争以吸引驾车者。在为争取驾车者的竞争中，汽油销售商们在以下意义上是平等的：没有人可以命令驾车者到哪里去买汽油。

52 政治经济学和传统经济学在以下观点上是一致的，即对竞争的分析对于理解整个经济来说是至关重要的。（但是，正如我们在第 11 章将指出的，针对资本主义经济中的竞争实际上是如何发生的这一问题，政治经济学和传统经济学有着不同的观点。）在资本主义中，经济生活的大部分都是在市场中组织的，而非以古代传统或中央计划者的强制命令为基础，市场是展开竞争以及私人和厂商做出大部分决策的场所。

统　制

第二个维度是**统制**（command），指的是经济关系中的这些方面：权力、高压政策、等级制度或是权威。在资本主义（以及许多其他）社会中，统制是劳动场所、家庭和政府的中心环节。它涉及国家、阶级、种族、男人、女人和其他一些社会团体之间的关系。

> **统制**，即经济学中的垂直维度，是指权力在其中居于主导地位的经济关系。

统制被认为是垂直维度，因为它显然涉及人和团体的不平等。有些人在等级中比其他人“地位更高”；有的阶级处于“支配地位”，而其他阶级则处于“被支配地位”。

有时把统制和选择划分开来是不太容易的。假设一个贼用枪指着某人说：“要钱还是要命?”听起来这**确确实实**是一个选择。受害者可以选择放弃钱财或生命。然而，**事实上**这个贼的威胁显然可以被看成是交出钱财的命令。

另一个不太极端的例子就是一个老板让工人做某件事，工人若不按要求做就会被解雇。表面上看，工人有做或不做的自由选择权，但实际上，老板的要求就是指令。

虽然失去工作并不像丢掉性命那样可怕，但是对于很多人来说，丢掉工作意味着陷入经济困境。这样就会难以维持生活、无力偿还债务或者难以寻找另一份工作。

统制的一种形式就是我们所谓的“**权力**”（power）。我们对权力做如下定义：如果 A 通过采取让 B 付出代价（或者威胁要这么做）的手段，迫使 B 按照有利于 A 的方式行动，那么 A 就对 B 拥有权力。从这个意义上说，雇主对雇员拥有这样

> 如果 A 通过采取让 B 付出代价（或者威胁要这么做）的手段，迫使 B 按照有利于 A 的方式行动，那么 A 就对 B 拥有**权力**。

的权力。

但是，统制也可以在没有威胁或不付出代价的情况下实现。有可能是这样的情况，即一方影响和控制着另一方做出选择的条件。因此，企业经常利用它们的财力资源去改变消费者做出选择的条件。例如，如果某阿司匹林生产商的电视广告可以让消费者相信，它的产品效果“强”、见效“快”或者“为多数医生推荐”，那么去药店购买止痛药的人会经常选择这一产品。

阿司匹林广告的例子表明，统制不仅仅是让别人付出代价的能力。个人或集团也可以通过控制别人的信息，利用他人的恐惧、愿望、不安全感或者其他情感来影响其行动，从而增进拥有权力的个人或集团的利益。因此，在广告的例子里，统制常以微妙的方式——或不那么微妙的方式——来促成或限制人们的选择。

53 统制也可以通过其他很多方式影响最终的结果。这种影响的一个例子是公司通过竞选捐款来影响立法者或其他政客的投票模式。另一个例子是公司以低薪雇用新近移民在不安全、不卫生的环境下长时间工作，因为这些人的就业机会少。又例如一家大型肉类加工企业主导着超市和其他零售渠道的肉类销售，使其有权与小型养鸡场签订合同，这让许多养鸡场陷入贫困。简而言之，统制指金钱和权力赋予个人或组织一种影响他人行动的能力。正如我们在后面的章节中将看到的，很多经济关系既包括选择，也包括统制，而两者都不是独立运行的。

变　革

变革，即经济学中的时间维度，指的是人和经济制度的历史演化。

经济制度的第三个维度是**变革**（change）。它涉及时间的推移以及经济制度的运行如何随着时间的推移而改变自身。在资本主义社会中，变革之所以发生是因为通过改变现有的条件可以获取更大的利润，从而改变现有条件——包括建设新的更好的设备，设计新产品以满足前所未知的需求，扩大生产，在世界偏远地区兴建工厂，以及成功地改变游戏规则。

资本主义变革的核心是以利润为目的的投资制度，这个制度造就了经济扩张不可逆转的趋势。在扩张的驱使下，资本主义经济改变了自身运行以及人类生存和死亡的条件。资本主义的不断扩张会改变系统自身运行的方式。

由于变革总是随时间推移而发生的，因而变革被称为“时间”维度。考虑变革时，必然会用到诸如“以前”与“随后”、“旧”与“新”以及“早期”与“晚期”等概念。

强调经济学中的变革维度是为了提醒人们，经济制度在不同时点的运行是不一样的，并由此导致活动于经济制度中的人也会与时俱进。

每一种经济制度都有自己的历史，而它在某一特定时期的运行方式则部分依赖于它自身的历史。例如，美国资本主义在 21 世纪的运行方式不同于其在 19 世纪和 20 世纪的运行方式，并且尽管它仍是资本主义，但是对其在当前的运作方式的分析必须考虑到它的变化方式。同样，今日的美国资本主义不同于德国的资本主义，这在一定程度上是因为 19 世纪和 20 世纪时两国的历史是不同的。

任何经济制度未来都会发生改变。现在以及将来都会成为过去，明天**将不同于**今天。正如我们在第 1 章中所提到的，资本主义是迄今为止最具活力或“变革性”的经济制度。

当然，其他很多非常规的因素也会导致经济和社会的变革。诱发变革的非经济事件包括战争、瘟疫、新发现、气候变化、宗教革
命和新的科学突破。对于有些事件，本书所提供的经济分析会有助 *54*
于解释这些事件的发生。当然，这些分析倾向于把这些事件看成是

经济制度按照常规持续运行的后果。同样，关于人的发展，这里关注的是人们如何接受新的品味、价值观、生活方式甚至是宗教，至少部分是为了回应他们不断变化的工作和谋生经验。

对变革的强调是区别政治经济学与新古典经济学的特征之一。这一区别和其他区别将会在本章结尾处的表 3.1 中加以总结。

经济学、政治学和历史

经济学研究的是**人如何与他人、与自然以及与他们所需要的其他事物打交道，以便生产生活必需品**。根据经济学的三维分析法，我们知道，在整个经济领域，传统经济学所重视的竞争和市场交换只是一个部分。当然，它是“竞争、统制、变革”这三个维度的第一个维度，然而，其他两个维度也应该具备同等的重要性。

就政治经济制度中的“统制”来说，它使我们不得不考虑垂直的权力体系。传统经济学家对这一点并不太感兴趣，他们认为这是政治学家的事情。阿巴·勒纳（Abba Lerner）——一个杰出的传统经济学家——曾调侃道，经济学之所以能成为社会科学的“皇冠”，就是因为它只关注那些已经解决了的政治问题。比如，只有当社会已经选择了一个恰当的体制来保证公平和诚信时，市场交换这类活动才有可能顺利进行。三维经济学并不只限于已解决的政治问题。比如，它认为“统制”是社会生活中一个非常重要的决定因素，工人和雇主、卖者和消费者以及企业之间都存在着激烈的斗争，而这种斗争将作为一种常态持续下去。所以，**政治经济学**中出现的“**政治**”二字表明在任何一个经济体中，权力关系都是一个关键性的因素。

在我们的三维经济学中，“变革”为第三个维度，它告诉我们，研究经济学就一定要研究历史。若不了解过去的历史变迁，就很难理解现今的变革方式。在传统经济学看来，政治经济制度是静止不变的；而显然地，我们需要用动态的眼光去看待经济现实：它是一个不断变化的过程，而不是一团千年不变的经济行为。相比之下，新古典经济学是摄影，而三维经济学是电影。

从政治经济学的角度来看，在社会科学的各个分支——历史学、政治学、经济学、人类学、心理学——之间划分界限是非常武断的。这些差异将社会现实拆成一个个小方块，呈现为大学中的各个学科分野，可谓泾渭分明，但却模糊了经济运行的真相。

新古典经济学

新古典经济学（neoclassical economics，即 55
我们所说的**传统经济学**）在本章和前一章都有提及，它把资本主义简单地看成一个市场体系。**新古典**之所以被贴上了传统经济学的标签，是因为这种方法代表了 18 世纪和 19 世纪某些“古典”经济学思想的最新版本，亚当·斯密在其颇具影响力的著作《国富论》中阐述了这一观点的影响。新古典经济学主要阐明了市场和市场体系是如何运作的。

新古典经济学或**传统经济学**是强调市场和竞争这一水平维度的经济理论。

新古典经济学主要研究包括大量买者和卖者的竞争性市场，并依据他们的行为来解释竞争经济的运行机制。由于理解市场对于分析资本主义至关重要，所以新古典经济学有三个严格的假设，第一个在前面一章已经讨论过了，即“经济人”假设。

新古典经济学的第二个假设是，契约被认为包含了市场交易中所有必要的因素，从而交换行为的其他要素就显得不那么重要了。

契约是两个或多个当事人承诺采取某种行动的约定——无论以书面（显性）形式还是以口头（隐性）形式——比如付款、交货或者提供服务。

契约（contract）这一概念不仅在经济分析中十分重要，而且在其他领域中也具有相当重要的地位，比如在法律中。契约实际上是一个协议，它以书面（显性）形式或是口头（隐性）形式约定当事双方或几方采取某种行为的规范，比如支付以及交付商品或服务。

一个契约若是**完全契约**，那么它的每一个条款都严格依照法律，其当事人的交易行为则是契约的自然结果。

新古典经济学家假设，契约中规定的价格考虑到了交易的**各个方面**，即契约**价格**是合理的。有时候，这一命题被称作完全契约假设。一个契约若是**完全契约**（complete contract），那么它的每一个条款都严格依照法律，其当事人的交易行为则是契约的自然结果。

不完全契约是指两个或多个当事人对交易行为的某些方面没有明确界定的契约，并且改动条款的成本很大。

进而，新古典经济学家又设定所有的市场交易都发生在完全契约的基础上，并认为不论是书面契约还是口头契约，也不论交易在什么时候发生，完全契约都具有以下性质：（a）契约覆盖了交易双方的所有利益形式；（b）任何一方当事人都可以轻而易举地强化契约条款。相反，一个**不完全契约**（incomplete contract）必然存在权利和义务上的漏洞，并且改动条款的成本很大。

显然，买一辆新车的契约是完全契约：契约描述了汽车的规格，给出了价格，明确了付款计划，说明了保修事项和生产者的责任限制，等等。然而，当雇主雇用工人时，契约甚至没有提到交易的一些最重要的方面，例如雇员可能被指派去做的具体任务或他将被期望的努力工作程度。正因为雇佣契约的不完全性，它才成为政治经济学关注的重要问题之一。（信用契约也是不完全契约，但理由和雇佣契约并不一样：尽管借贷的数额是确定的，但若借款人破产，那么契约也就失效了。）

在做出完全契约假设时，传统经济学家认为交易都是自愿进行 56
的（即契约双方都自愿达成各个条款）。在这样一个经济世界中，强制的“统制”关系并不存在，这是因为，所有和交易相关的因素都被契约规定得很清楚，没有必要再用权力来调节了。可是，在雇佣契约的例子中，不完全契约所遗留的问题仍要通过“统制”的方式来解决。不仅如此，当雇主向雇员发号施令时，还需要有一个监督者来确保命令得以执行，在这种情况下，雇员的工资由雇主承担，作为强化契约的成本。

如果价格的确反映了交易时的供需关系，那么可以说双方都没有吃亏。因而，在新古典经济学中，那些可以从中获得效用而又无须为其支付的东西（比如朋友的友情），被认为是微不足道的或是另一个学科的事情。类似地，那些我们并不想要而又不得不为其支付的东西（比如严格的监管或是环境污染），往往又没有引起足够的重视。

由不直接相关的人承担的后果，被称为“外部效应”或者“**外部性**”（externality）。“外部”二字就表明它并不属于交易的内容。例如，一个人为汽油支付的价格并不能反映出其他人为这一消费所承担的成本——二氧化碳排放、烟雾、对健康的损害和拥堵的交通——所有这些都是购买和消费汽油的外部效应。经济学家们大都同意，外部性在真实社会中确实存在。但是在分析中，外部性却被认为是例外，而没有成为理论的一部分。问题就在于：外部性的影响范围有多大？

当价格没有反映市场交易的某些影响因而对交易中的参与者来说是外部的时，就产生了**外部性**。

我们应该如何控制它？在本书第 9 章，我们将对外部性进行系统性讨论。

> 如果通过提高企业的生产数量，企业就能够降低生产单位产品的平均成本，那么该生产过程就具有**规模经济**。

新古典经济学的第三个重要假设就是**规模经济**一般不会发生。**规模经济**（economies of scale）是指提高单位时间内企业的产出数量或扩大生产活动的**规模**，可以降低单位产出的平均成本。

新古典经济学家假设，在生产超出一个适度规模后，规模经济很罕见，因此完全可以将其忽略。他们进而指出，一般而言，当产出率提高时，产品的单位成本是趋于上升的（至少不会下降）。这一假设显然和现代经济中的事实相违背，因为现代经济中普遍存在的大规模生产使得许多产品和服务的单位成本越来越低，如音像制品、医药制品以及图书。规模经济在现代经济中广泛存在并日益重要，其重要性将在第 9 章和第 11 章简要讨论。

为什么假设不存在规模经济对新古典经济学至关重要？试想一下，如果没有这个假设，即规模经济普遍存在，那么中小企业之间的竞争就不可能是经济的常态。由于大企业的生产成本更低，所以小企业根本没有生存空间；在这种情况下，大企业将把小企业赶出市场或买下它们，这样就会有更多的垄断而不是竞争——关于竞争性市场的经济学就会变得索然无味。

规模经济使新古典经济学的竞争性市场成为例外而非理论还有
57 另外一个原因。要赢得市场竞争的胜利，只有更低的生产成本是不够的，成功还要依赖于企业的政治势力，有时候还需要先入为主地取得优势地位，甚至还要有一点点运气，即企业需要在正确的时间和地点做出相应的决策。不管有哪些原因，如果一个企业能先于其他企业达到某个生产规模，那么它就可以从规模经济中取得成本优势，它巨大的规模以及其取得的成本优势将使之摆脱和其他企业的竞争。

新古典经济学的三个假设实际上反映了 17 世纪牛顿时代的世界观。依照这种世界观，任何社会和自然现象都可以被看作是原子微粒的运动集合，而且这种运动是可以了解并预知的。因此，完全契约假设实际上限制了个体对运动全貌的了解，这样，他们就可以堂而皇之地假设交易行为严格遵照几条简单的法则。类似地，经济人假设则规定了社会中每一个个体的行为准则。最后，不存在规模经济的假设消除了领先地位的作用，并抹杀了一切偶然因素，他们进而认为，相互作用的个体的以往历史也就不能影响到他们当前的关系。新古典经济学得出的结论就是：经济被看作是一架平滑运行的机器，而非人们之间的关系有时候是和谐的，而更多时候是矛盾的，甚至是杂乱无章的，正如在资本主义经济中实际发生的那样。

可以将新古典分析方法归纳为相互联系的三点。第一，对于新古典经济学家来说，经济机器的基本部件不会发生变革，尽管有时候也需要维修，但不会危及机器本身。像萧条和结构性失业，就被看作是非常容易解决的问题。

第二，变革并不是经济运行的必然结果。如果经济中的某些要素发生了改变，那么它一定是外部影响的结果，比如出现了重大的技术革新或是新的消费时尚。互联网带来的通信革命，跑鞋和时装的风靡一时，这些都可算是所谓的**“外部”**影响。而实际上，像消费潮流这种东西并不完全是外部力量的结果，相反，它的根源在于资本家对利润和市场份额的狂热追求。

第三，由于经济体不会受到自身运行的影响，因而它也就无所谓历史一说，即它的过去、现在和将来都没有区别。因此，新古典经济学只是对经济的一种“静态”分析，即它不是“动态的”。当考虑到这一缺陷（先前已讨论过）以及对权力（统制）关系缺乏关注时，我们可以说，传统的经济学分析范式对资本主义仅局限于一维分析，即仅仅着眼于市场内部的竞争和交换关系。

政治经济学中的价值体系

大多数对经济学感兴趣的人不仅关心经济是如何运行的（或者不起作用），而且关心此经济制度的优缺点，以及怎样做才能使经
58 济运行得更好。经济学是个充满争论的学科。常言道，如果你想避免争论，那么你就远离政治和宗教。如今，更好的建议是：不要提及经济学。

经济学中的争论不仅是关于“是什么”的问题，而且是关于“应该是什么”的问题。有时我们把这一点当作实证（科学）经济学和规范（政策导向性）经济学之间的区别，但实际上，它们的界限并不清楚。“是什么”的问题不仅关涉事实，而且包含对它们所做的**解释**。因此，当人们不认同事实以及**事实的意义**时，差异就会出现。同时，如果没有明确的**价值体系**，“应该是什么”的问题甚至无法解决。这样，当人们对于哪种情况更好、哪种情况更糟的问题出现分歧时，差别就出现了。

得到事实以及对事实的正确解释是**任何**经济学理论的基本任务。关于“是什么”的事实必须在足够准确的条件下得到确认，并且持不同观点的人能够就此达成一致。关于经济如何运行的各种陈述或真或假，不管对此做出决定会有多难，人们对于真和假的判断都不应该依赖于各自的价值体系。

当一个人选择去考察某个特定方面的“是什么”时，他的选择

通常会深深受“应该是什么”的观点的影响。如果一个人在个人自由和公平之间对前者赋予更高的价值，他就会对政府和市场的行为如何影响个人自由的问题更感兴趣，而对为什么在同等条件下女性的工资少于男性就不会那么关心。后一问题对于更重视公平的人来说具有更大的意义。没有人能够对经济中的所有问题都同样感兴趣，你的价值体系将决定你最希望经济研究揭示哪个方面的问题。你需要知道丢失的车钥匙的大概位置，这样才能知道拿手电筒往哪里照。

价值体系也会帮助我们判断一个经济制度是好是坏，或者更具体地说，为经济制度的哪些过程和结果更好或更坏提供判断基准。如果你更重视民主，你也许会对独裁政策很反感。但是如果你更重视社会物质财富的增长，你就会被中国在 20 世纪最后 15 年所创造的产量大幅增长的纪录所打动。当然，会存在很多不同的价值体系，人们以此为基础或明确或含蓄地评判一个经济制度。

我们评判一个经济制度，是基于它能在多大程度上较好地组织经济活动，来为社会成员提供过上繁荣生活的机会。我们对生物学中的**繁荣兴旺**这个术语的采用是刻意的：只有在获得充足的水分、阳光和营养物质的前提下，植物才能繁荣兴旺。在第 14 章，我们将讨论人们生活富裕的基本要素。但是很显然，当人们缺乏足够的食物和健康保障时，当人们不自由或没有学习机会时，或者当人们作为个人以及群体中的一员得不到尊重时，他们是不能繁荣兴旺的。

关于经济制度的最基本问题在于它是如何影响人们的。虽然每个人都对“好日子”有自己不同的定义，但是人们认为，能为更多人提供更多富裕生活机会的经济制度，强于给更少的人提供更少富裕生活机会的经济制度。经济制度不仅由经济指标——比如个人收入来评判，它也由影响社会成员的**各个方面**来评判。

59 那么，我们怎样确定一种富裕生活需要什么呢？我们能否说，一个人对于歌剧的热情就是这种需要，而另外的人对于宝马车的渴望就不是这种需要？实际上，对于由判断标准的应用所引发的很多问题，是不难做出判断的。想象一个儿童在饿肚子，该国却把大量谷物用于喂牛，以生产出更多的牛排。大多数人认为这并不是一个利用谷物的好方法，虽然这个结论需要我们对两者——牛排对一个人的价值和养育一个孩子所需要的营养的价值——做出判断。正如我们所了解到的，世界上有太多的问题类似于牛排和饥饿的儿童，而不是类似于歌剧和宝马车。

经济制度既可以为富裕生活提供途径，也可以阻碍这个目标的实现。当然，个人是否能过上快乐而自由的生活将受到很多变量的影响，而不仅仅受经济组织方式的影响。在很大程度上，富裕生活目标的实现将依赖于个人所做出的选择。但是，经济既可能为这个目标的实现创造有利条件，也可能会使个人很难有尊严、自由和快乐地生活。

如果工作是单调无味和不安全的，如果孩子在幼年就死于本可以很容易避免的疾病，如果人们还是没有文化、不能自由表达自己的想法或没有自由的宗教信仰，如果营养不良是普遍的现象，如果人们因为自己的种族、性别和性取向而受到非难，如果其他条件限制了机会的产生，那么经济将会阻碍繁荣生活的实现。如果经济将不仅为一部分人，而且为每个人都在最大限度上消除或不会滋生出上述这些悲惨的生存条件，这个经济将更好。

经济制度是否有利于所有社会成员过上富裕的生活，依赖于经济制度运行的各个方面。其中包括效率、公平以及民主的程度。

效　率

评判一个经济制度的标准之一就是它应该有**效率**（efficiency）。在经济学中，有很多关于效率的定义。我们使用这个术语以表示劳动力和投入都得到了很好的利用而不是被浪费掉。投入包括努力、时间、知识、创造力、原材料、自然环境和机器。充分利用这些投入（而非浪费它们）意味着用它们来为人们提供富裕生活所必需的物品和自由时间，以此来提高人们的福利。根据这个标准，能更有效地利用资源的经济制度就是一个更好的经济制度。它更优越，因为它增加了人们用时间和精力来从事非经济活动的自由，例如休闲、娱乐和学习。

> **效率**被运用于一种劳动过程，即努力、时间、知识、创造力、原材料、自然环境和机器能以某种方式被用于提供各种物品和自由时间（这些是人们过上繁荣兴旺的生活所必需的），以此增进人们的福利。

投入与产出　工程师们认为：效率是物质投入和产出之间的关系。如果在现有给定的技术条件下，不使用至少一种投入就不能增加产出，那么这个生产过程就可以说是有**技术效率**的。

在评估效率时，我们需要以一种特殊的方式来看待生产的投入和产出。不应将效率与**盈利能力**相混淆，盈利能力指的是公司的销售收入超过成本，包括公司支付的所有投入。第13章将举例说明为什么盈利能力和效率不是一回事。

效率指的是**有用**产品和服务的生产。没有用的产品和服务的生 60
产不应该计入效率范畴。比如，广告的生产（越出了只为消费者提供信息的程度）是高利润的——这就是它被生产出来的原因——但是它是无用的。在和平时期某些类型的军备生产也同样如此。

所有用于生产有用产品和服务的投入，不管是否得到支付，都必须计入效率范畴。通常被我们忽略的一种投入是自然环境。实际上，当考虑所有投入时，一个使用干净水却排放污水的企业是无效率的，这是因为除了它支付的投入外，那个工厂也使用了（消费了或破坏了）部分自然环境。

我们常常忽略的第二种投入就是家庭劳动。当我们考虑所有有用的投入和经济的全部产出时，我们不仅指工厂或其他地方的劳动，而且指家庭劳动。

第三种被忽略的投入就是劳动的努力程度。这与工人花费在劳动上的**时间**不同。加速生产的装配线可能会提高一个企业的利润，但是，如果这种投入的增加只能依靠大幅提高工人的努力程度，使他们在一天的工作之后感到疲惫不堪从而更易产生健康问题来实现，那么它就是没有效率的。考虑效率的一个方法就是不仅把人们和他们的健康当作生产过程的投入，而且当作生产过程的产出。

帕累托效率　许多经济学家更倾向于用**帕累托最优**来定义效率的概念。它是以经济学家维尔弗雷多·帕累托（Vilfredo Pareto）命名的，帕累托在大约一个世纪之前就思考了这个问题。当不存在其他经济结果（用可用的资源和技术）使至少一个人在不使其他人福利水平下降的前提下增进自己的福利，那么现有的结果就是帕累托最优的（有时被称为**帕累托效率**）。如果通过重新配置投入和产出，在不降低其他人福利水平的前提下能够使得一些人的福利水平提高，这个结果就被认为是帕累托无效率的。

但是，请注意两点：第一，会存在大量帕累托最优的情况，每一种情况都有不同的产品分配方式；第二，即使有些人挨饿而其他人却拿鱼子酱来喂猫，如果重新分配产品不能使穷人过得更好**而又不伤及富人的利益**（猫并不算在内），这种结果也是帕累托最优的。

公　平

第二个评判经济制度的标准就是**公平**（fairness），它涉及经济制度所负担的成本与收益的分配。负担的成本指的是为生产产品和服务所必须付出的诸如劳动那样的牺牲；收益主要指产品的使用。谁付出了多少劳动？谁来消费劳动成果？所有生产的成本以及收益都需要考虑在内，就像评估经济的效率一样。

> **公平**意味着在这种经济制度下，成本和收益应该被平等分配。

公平的经济制度应该是这样的，即成本和收益应该被**平等**分配。当以这个公平标准来判断时，一个更平等地分配成本与收益的 61
经济制度被认为是一个更好的经济制度。它更优越是因为它意识到人类平等的价值。当每个人都被平等对待时，每个人的快乐都值得被平等地提升，每个人的痛苦都值得被平等地避免。这样，虽然我们每个人都不同，但当考虑我们享受快乐和避免痛苦的权利时，我们都是相同的。

人们之间平等的信条作为一种伦理准则有一系列起源。实际上，从宗教的视角来看，每一种宗教都把人的平等权当成宗教信仰中至关重要的因素。1776 年《美国独立宣言》的作者写道：“这些事实是不证自明的，即所有人都是生而平等的，并为造物主赋予了不可褫夺的权利，其中包括生命、自由和对幸福的追求。”但投票权不是这些“权利”之一。最初，在大多数州，投票权只被授予拥有房产的白人男性。许多印第安人和亚洲人几十年来一直被排除在公民身份和投票权之外，直到 20 世纪中期才获得了完全合法的投票权；前奴隶在 1878 年获得公民身份，但在 1965 年《投票权法案》通过之前，他们经常被禁止投票。妇女在 1920 年获得了选举权。

可能绝大多数人都同意美国宪法的制定者的看法：人们应该拥

有参与社会治理的平等权利，并被当作平等的个体来尊重。但是**还有什么**应该是平等的呢？几乎没有人会认为每个人都应该拥有完全相同的东西，因为这没有尊重不同人的不同喜好。有些人努力工作很长时间，因为他们看中物质财富；然而如果其他人更看中闲暇和非物质享受，他们就会少工作一些；显然，让这两种人都获得等量的物质产品是不公平的。因此，虽然平等是本书所赞同的价值观，但重要的是回答这个问题：**平等是什么**？

答案是，人们应该拥有**平等**地过上好生活——不管人们各自心目中对好生活的理解是什么——的权利，这不仅对美国适用，而且对全世界都适用。平等的**权利**意味着，只要没有限制或损害他人追求幸福，人们就有权在可能的范围内，平等、自由地追求自己想过的生活。

当然，在我们做自己想做的事情的过程中都会存在障碍。例如，本书的一位作者就遇到了这样的障碍：他梦想成为音乐家，但是却缺乏这方面的才能，因此只能过经济学家的生活！那么在这种情况下，平等的机会仅仅意味着人们应该平等地逃离自己有能力逃离的障碍。

一些违反机会平等的行为是显而易见的，例如雇主或房东基于种族、性别或年龄歧视他人。但是在大多数社会中也存在一些不明显的不平等现象。当有些孩子可以进入设施良好的学校由出色的老师教授，而其他孩子却不能享受到这样的设施和师资时，机会就是不平等的。当穷人由于没有车去远处的便宜商店买东西而不得不为商品支付更多钱时，当人们由于自己的种族、性别或居住地而必须支付更高的利息时，机会就是不平等的。当有些年轻人带着高学历和信用资本开始自己的事业，而其他人只能背负父母留给他们的债务时，机会就是不平等的。当由于起点不同，很多人辛苦工作却只挣很低的工资，而其他人不努力工作却每小时挣成百上千美元时，机会就是不平等的。

不同于**收入平等**，**机会平等**通常意味着需要给人们不同的东西或是给予差别对待。例如，有健康问题的人比没有该问题的人需要更多的医疗照顾。在学校中，我们应该更多关注有诵读困难或其他学习障碍的孩子，以使他们拥有和其他孩子一样的学习机会。在学校中，对于那些父母没有能力辅导功课的孩子，需要给予更多的帮助。如此，才能实现机会平等。

公平的标准总是有争议的。它应该同样适用于世界上的每一个人，还是应该只适用于一个国家？如果答案是应该适用于全世界，那么我们说，在印度某个地区长大的孩子由于生活条件差，比在挪威长大的同龄孩子少活 20 年是不公平的。

最后的一个问题是：给人们第二次或第三次机会在多大程度上是公平的？如果某些人大学时期沉湎于酒色，结果陷入贫穷和失业，那么，公平是否要求向他们提供赞助，使其有就业再培训的机会呢？

民　主

经济制度的第三个评判标准是**民主**（democracy）。这个标准的一个重要方面是质疑该经济制度能在多大程度上促进（或阻碍）政府的民主运作。另一方面就是要问，当权力在经济中被运用时，该制度是否允许对权力进行问责。在这两个方面都能促进民主的经济制度优于其他制度。它之所以优越是因为，它能够影响对人们造成影响的决策，会使人们对其生活有更大的控制力。

> **民主**进程有三大特征：权力的运用要为受其影响的对象负责，公民权利和个人自由能够得到保障，公民相对平等地享有政治资源和政治影响。

民主进程包含三大特征：权力的可问责性，对公民自由的尊重以及对个人选择权的保证，有效政治参与的平等机会。首先，决策者（无论是在政府中还是在其他地方）必须对受决策影响的人负责。这要求周期性的测评检查和以民主选举的方式进行公共官员的换届选举。那些在经济中握有权力的人——例如企业主——也可以以同样的方式被问责。民主的政府机构能够规范企业的行为。如果企业间存在竞争，消费者能以向其他企业购买的方式来使企业对次品负责——“用自己的钱包来投票”——不能为消费者提供优质服务的企业将被淘汰。

其次，必须能够保证公民的权利和个人自由，它通常与公民的民主身份有关。例如，演说与集会自由权对于民主决策是至关重要的。

最后，民主政体中的公民必须拥有大致相同的资源，以便利用它们参与民主进程。如果公民对于决策的做出拥有大致平等的机会，这就显得很有必要了。对于一个每个人都可以参与选举的制度，如果有些人——例如竞选赞助者——比其他人拥有更大的政治影响力，这个制度就是不民主的。

63 民主并不意味着所有决定都必须通过投票做出。个人应该可以自由地做出任何决定，只要这些决定的结果全部或主要对他自己产生影响。例如，晚餐吃什么的选择就是一个只影响食客或食客家人的决定。

但是，当一个决定不可避免地对很多人都产生影响时，民主就要求个人选择服从集体民主决策。例如，是关闭一个旧工厂还是对它进行更新的决策将影响很多人：投资者、工人、产品的消费者、生活在工厂周围且可能会被工厂的噪声和污染所打扰的居民等。在这个例子中，民主准则认为个人选择——比如，工厂主选择是否关闭工厂的权利——是不民主的。如果民主准则适用，所有受决策影响的人都应该参与决策过程。

当然，宣称所有者对自己所有物的决策是不民主的，并不意味着民主的价值应凌驾于效率或公平的价值之上，而只是说明另外两项标准与民主标准存在冲突的可能性。例如，在关闭工厂的这个例子中，很难决定消费者、邻近居民、工人、工厂和其他人的意见怎样被妥善考虑。应该给予每个人投票权吗？还是应由民主的国家政府来调节这个问题以使不利影响降到最低？

某些经济学家会认为，建议私营部门以民主的方式来运作是很奇怪的。传统的教科书忽略了权力在经济中的运用，并把如企业这样的组织简单地当作传递结构：这边有投入，那边一定会有产出。如果没有权力的运用，就不存在要民主化的东西。而且，人们参与决策过程的权利——其结果将影响整个共同体——也不被看作是经济学范畴内的问题。

虽然统制很可能是不民主的，但是民主和统制并不完全是相互背离的。例如，当受指令和规章影响的人对指令和规章的颁布不产生任何影响时，由独裁者所颁布的指令及由企业主所制定的规章就是不民主的。但是，统制也可能是一种执行民主决策的方式。例如，一个国家的环境保护法由民主商议，然后投票通过，最后成为一项民主选举的法案。为了执行此法案，在联邦法院的支持下，政府相关部门将命令污染者停止污染行为。我们来看另一种情况：在一个工人拥有和经营的企业中，民主选举的经理给予工人的统制应该是另一个民主统制的例子。贯彻执行民主决策需要统制。

效率、公平与民主的平衡

经济制度可以根据它是否符合效率、公平和民主这三项标准来衡量。某些经济制度可能很好地贯彻了其中一两项标准，而其他经
64 济制度可能很好地贯彻了另外的一两项标准。例如，奴隶制一度是有效率的——至少在某些庄稼的生产上——但它却是不公平、不民主的。相反，独立生产者的生产（比如，在新英格兰殖民地拥有自己土地的农民）与奴隶制相比就是没有效率的，但是它更加公平、民主。经济制度符合效率、公平和民主这三项标准的能力可能随着时间的推移而发生改变，因为经济制度本身也在发生变化。

而且，对于任何经济制度而言，要能协调一致地或以同等速度在这三项标准的实现上取得进展是很困难的。例如，效率标准可能会在以下情况下与民主标准产生矛盾：效率的实现——以有限的投入生产出尽可能多的有用产品和服务——可能要求激烈的竞争、劳动力和资本的高度流动，然而同样这些因素可能会使工人所有的（或以其他形式的民主控制的）企业或稳定的、民主管理的社区难以生存。

显然，我们对于经济制度的评判应该有更加复杂的标准，而不仅仅是“好”或“坏”、“更好”或“更坏”。而且，不可能每个人都就所涉及的问题达成一致意见。每个人的结论都依赖于自己的价值观，只要我们能够自由地拥有自己的价值观，以此为基础所得出的结论就不可避免地出现差别。从某种程度上说，分歧和讨论是一个健康的民主社会的指示器，差别是受欢迎的。

在本书中，效率、公平和民主的价值并没有明确地被纳入对资本主义如何运行的描述和分析中。实际上，我们对于资本主义的分

析不应该受到某个读者的价值体系的影响。关键问题是：与新古典经济学相比，政治经济学是否提供了一种更加丰富的理解资本主义的方法？在表 3.1 中，我们总结了这两种理论的差异。

当然，表 3.1 对新古典经济学和政治经济学的对比并不是划分经济学的唯一方法。实际上经济学通常被划分为**微观经济学**（microeconomics）和**宏观经济学**（macroeconomics）。前者研究个人、家庭和企业行为（以及为什么如此行为），后者研究个人、家庭、企业及政府的决策如何决定了整个社会层面的结果。在本书的第 2 篇“微观经济学”里，我们将会看到买卖双方在市场中的相互影响，企业如何寻求增加利润，以及劳资双方在工资和劳动方面的冲突如何得到解决。在第 3 篇“宏观经济学”里，我们将考察个人、企业和政府的相互作用，以及这些相互作用对整个经济所带来的后果。这些后果影响到诸如收入和机会、富裕和贫困、增长和停滞、就业和失业乃至通货膨胀等方面。

微观经济学研究个人、家庭和企业所做的决策（以及他们为什么要做这些决策）。

宏观经济学关乎个人、家庭、企业和政府的决策如何为整个社会带来诸如经济进步或停滞、通货膨胀或失业等结果。

在本章我们介绍了三维经济学的基本概念，在下一章我们将解释政治经济学家如何分析资本主义经济的生产，以及生产过程的不同关系如何界定具有不同经济利益的不同群体。

表 3.1　经济学观点的比较 65

新古典经济学	政治经济学
所研究的主要社会关系包括自利的人之间以及他们工作的企业之间的竞争	研究的社会关系不仅有竞争，而且有合作，不仅包括自利行为，而且包括慷慨和互惠行为

续表

新古典经济学	政治经济学
大多数经济联系采取了完全契约的形式	很多经济联系不受或不完全受契约的支配
经济结果由市场决定。权力只在垄断组织和政府中运用	权力的行使是经济结果的重要决定因素，即使在竞争性市场中也是如此。很多经济结果都是在所涉及的各方或行为者之间的谈判中决定的
恒久不变是一个规则，变革只有在受到经济制度以外因素的干扰时才会发生	变革是规则，不变是例外。无论对于经济制度还是对于个人来说，变革都会通过经济制度本身的运作而发生
人们的偏好和需求主要由人的本性及其他外生因素决定	人们的偏好和需求在不断改变，并且受到内生因素的影响
知识和科学在经济制度之外演化，由非经济因素主宰	知识和科学受到经济制度本身以及在该制度中行使的权力的强烈影响
经济的不平等现象很少受到关注，且仅以一个指标来衡量：收入的不平等	经济的不平等是多方面的，包括种族、性别、地位、财产的所有权、权威、收入、政治权利、公民权的不平等
对各种经济的评价根据的是在相对有限的效率观下它们的表现如何	对各种经济的评价根据的是它们在何种程度上增进了每个人过上繁荣兴旺的生活的机会；经济效率、公平和民主有助于该目标的实现
规模经济（随着产量的扩大，成本降低）不存在，故而可以忽略	在现代经济中规模经济是很普遍的，因此应该认真对待

推荐阅读文献

Ari Berman, *Give Us the Ballot: A Modern History of the Struggle for Voting Rights in America* (New York: Farrar, Straus, and Giroux, 2015).

Robert A. Dahl, *Democracy and Its Critics* (New Haven, CT: Yale University Press, 1989).（达尔. 民主及其批评者. 长春：吉林人民出版社，2006.）

Nancy Folbre, *The Invisible Heart: Economics and Family Values* (New York: New Press, 2001).

Robert Heilbroner, *Behind the Veil of Economics: Essays in the Worldly Philosophy* (New York: W. W. Norton, 1988).

Robert Nozick, *Anarchy, State, and Utopia* (New York: Free Press, 1974).(诺齐克. 无政府、国家与乌托邦. 北京：中国社会科学出版社，1991.)

Louis Putterman, *Dollars and Change: Economics in Context* (New Haven, CT: Yale University Press, 2001).

John Rawls, *Justice as Fairness: A Restatement* (Cambridge, MA: Harvard University Press, 2001).(罗尔斯. 作为公平的正义：正义新论. 北京：中国社会科学出版社，2011.)

John Roemer, *Free to Lose: An Introduction to Marxist Economic Philosophy* (Cambridge, MA: Harvard University Press, 1988).(罗默. 在自由中丧失：马克思主义经济哲学导论. 北京：经济科学出版社，2003.)

Charles Sackray, Geoffrey Schneider, and Janet Knoedler, *Introduction to Political Econo-* 66
my, 8th edition (Boston, MA: Economic Affairs Bureau, Inc., 2016).

Michael Sandel, *What Money Can't Buy* (New York: Farrar, Straus, and Giroux, 2012).

Amartya Sen, *Development as Freedom* (New York: Knopf, 1999).(森. 以自由看待发展. 北京：中国人民大学出版社，2002.)

Amartya Sen, *The Idea of Justice* (Cambridge, MA: Belknap Press of Harvard University Press, 2011).(森. 正义的理念. 北京：中国人民大学出版社，2012.)

Philippe van Parijs, *Real Freedom for All: What (If Anything) Can Justify Capitalism?* (New York: Oxford University Press, 1998).

第 4 章

剩余产品：冲突与变革

67 当你走进几乎任何一家旅行社，你都会看到讲述非常有意思的经济故事的宣传海报。你可能会看到一张印有印度泰姬陵的海报。在它的旁边可能是一幅埃及金字塔的画。另一张海报邀请你去罗马旅游，去看一看古代的竞技场或者是圣彼得教堂令人难以置信的宝藏。然后再去法国，去观赏城堡的优雅与富足，以及位于凡尔赛的太阳王宫殿（路易十四送给其密友的）的极度壮观。在遥远的中国，长城的美景在召唤着你。人们还可以去美国南方一游，参观昔日奴隶主那庞大的庄园。

这些海报向我们讲述了什么样的故事？泰姬陵、金字塔、长城和奴隶主的庄园有什么共同之处？简而言之就是：即使在今天，这些伟大的建筑物仍令人肃然起敬，这不仅因为它们的壮美，还因为建造它们需要超乎想象的劳动量。诸如古埃及和中世纪的法国这样贫穷的社会怎么可能投入如此之多的资源来修建这些工程？这些社会里的统治者——国王、主教、皇帝或奴隶主——是从哪里取得实现如此宏大的计划的手段的？

这些问题的答案可以从**剩余产品**这个概念中找到，这个概念是亚当·斯密的又一个重要观点。剩余产品是一个**经济的全部产出中的一部分，即超出再生产和补充劳动力、工具、材料以及生产中使用或消耗的其他投入的那部分**。剩余没有任何理由必须存在，但它

确实存在于而且**已经存在于**除少数社会以外的所有人类社会中。对剩余产品可以有多种使用方式。它可以体现为教堂、宫殿、奢侈品、军事开支、更多或更好的生产设备、更高程度的教育、更高水平的健康以及许多其他东西。

剩余产品这个概念是一个强有力的透镜，可以帮助我们理解社会是如何运作的。比如说，为什么中国经济在 20 世纪的最后 20 年里迅速增长，极大地提高了大部分中国人的生活水平，而与此同时菲律宾的经济则停滞不前，导致大部分菲律宾人处于赤贫之中？简单的回答是中国的剩余产品被投向了新工厂、新设备和更多的教育，而在菲律宾，富人则把大部分剩余产品用在了奢侈品的消费上。 68

剩余产品**如何**得以存在也是理解社会如何运作的一个关键。就像在其他经济制度里一样，资本主义经济中剩余产品的存在也取决于统治阶级对生产者所行使的权力。不过，在资本主义经济中，剩余产品不仅产生于雇主对他或她的雇员所直接行使的权力；它还间接地产生于市场的运作方式，特别是包括劳动在内的产品和服务在交易中的价格。

在苏联，大量的剩余是因为对经济的集中管理而产生的，而在其他社会，比如说在农业出现以前以狩猎和采集谋生的那些由现代人的祖先所组成的社会，根本就没有剩余。这些社会不存在剩余有助于解释它们为什么没有留下供考古学家研究——或者让旅行社张贴宣传海报——的历史遗迹。

高度关注剩余产品对于政治经济学具有根本的重要性。这种高度关注是政治经济学区别于新古典经济学的主要原因之一。通过剩余产品这个透镜考察社会，使得政治经济学家能够看到经济制度所具有的历史特殊性，并根据生产和控制剩余产品的方式将一种经济制度与另一种经济制度区别开来。我们如何理解什么是“资本主义”？本书给出的回答是，它是以一种特殊方式产生和处置剩余产品的经济制度。

理解剩余产品要求运用三维经济学理论中的所有三个维度。首先，必须运用统制（或者垂直）维度来理解一个社会的生产者如何被劝诱而满足于接受少于他们所生产的全部产品的产品，因为只有在这种情况下才会有剩余产品。其次，竞争维度帮助我们理解剩余产品如何受到社会中处于相同层次的人们之间的关系的影响。生产者之间的关系是对抗性的还是团结的？统治集团的成员之间仅仅是相互对抗吗？个人与社会中位于同一层次的其他人之间在什么时候和谐共处，又如何约束彼此之间的对抗？最后，时间或者变革维度也会起作用，因为剩余产品的处置——是被奢侈地消耗掉、被用来建造纪念碑还是被投资于形成新的生产能力——将决定某个特定社会是停滞不前还是经历变革。

本章的主要观点是：**在分析任何社会结构时，剩余产品如何形成、剩余产品的规模、谁控制它以及如何使用它，是要予以考虑的最为重要的问题，这些问题使我们得以追溯一个社会的历史演进，并决定了其经济允许并支持该社会所有成员过上繁荣兴旺的生活的程度**。本章将介绍理解任何类型的社会中的剩余产品所需的一般概念；在下一章中，我们将运用这些概念有针对性地专门分析作为一种经济制度的资本主义。

本章的中心思想可以表达为下面三个主要观点：

---

1. 经济是各种**劳动过程**的集合。每一个劳动过程都由**技术**（投入和产出之间的关系）和**生产的社会组织**（人与生产过程之间的关系以及他们在工作场所中彼此之间的关系）组成。每一个劳动过程都产生一项或多项产出。

2. **剩余产品**的产生源于经济中的劳动过程生产出的产品，超过了维 69
持生产者所习惯的生活水平，以及补偿和更新在生产中使用或消耗的材料和机器所需的产品。
3. 任何经济中剩余产品的规模均取决于高度冲突的关系。

经济的相互依存、生产与再生产

在所有的社会中，人们都是在**经济上相互依存**的。鲁滨孙·克鲁索（Robinson Crusoe）的故事之所以令人如此感兴趣，其中一个原因在于，它是一个有关某个完全自给自足的人的故事：他自己耕种所需的粮食而且制作让自己生存下去的所有东西。正因为这个故事如此迥异于我们自己的经验，才激发了人们的遐想。在所有真实的社会里，每个人都依赖于别人的劳动产品，而当我们在一起工作时，一般而言我们比自己独立维持生计要来得好。这一点在丹尼尔·笛福（Daniel Defoe）的小说中也揭示了出来：当克鲁索碰巧得到了一个名叫星期五（Friday）的奴隶时，他的境况得到了改善。

如果人们只是在与他人隔绝的状态下劳动，我们就不需要经济学了；有丹尼尔·笛福就够了。要求我们从事经济研究的最重要的因素是这样一个事实，即人们一般来说确实依赖于别人，因而与他们相互依存。经济相互依存几乎是普遍存在的，因为它使得更高的劳动生产率成为可能。以相互依存的方式进行生产的优越性也可以从这样的观察中得出：我们当中的许多人都是在有着数以千计的同事的企业里工作的，因此能够比小工厂以更为低廉的成本生产特定的产品或服务（请回忆第 3 章中的规模经济的观点）。

每一个社会，无论它是如何组织起来的，都必须解决两个经济问题：首先，如何组织人们之间的相互依存的经济活动；其次，如何分配由此生产出来的产品。在探讨这些问题中的第一个即如何组织人们之间的相互依存的经济活动时，我们发现经济相互依存本身以两种方式出现。第一种方式涉及**水平的**（horizontal）关系，对此可以参考**经济专业化**（economic specialization）或者**劳动分工**（division of labor）来加以研究。构成经济制度的人生产不同的东西：有些人制鞋，有些人发电，还有些人烧饭。没有一个人生产他或她所需的所有东西，而且，与此同时，人们通常生产（或者帮助生产）超过他们能消费的某种东西。每个人的产出中多于他或她所需的部分则通过某种过程分配给别人，以换取别人的多余产出。

> **水平的经济相互依存**以专业化为基础，而不必然地以不平等的优势或统制为基础。

> **劳动分工**（或**经济专业化**）存在于下述情形中，人们在经济上不是自给自足的，而是生产他人所使用的东西，并使用由他人生产的东西。

经济相互依存的第二种形式涉及**垂直的**（vertical）关系。垂直的关系发生于当**控制**另一个人所提供的劳动和生产的产品之时。例如，奴隶主在经济上依赖于奴隶的劳动，因为正是这些劳动让庄园得以持续运转并养肥了庄园的所有者。反过来，奴隶也依赖于庄园的所有者以维持生计，无论这样的生计是多么的微薄。资本主义经济中的现代雇主同样依赖于他或她的雇员：没有他们的劳动就不会有生产或利润。而雇员反过来也依赖于雇主给予的工作和工资。

> **垂直的经济相互依存**存在于一个人控制另一个人的劳动和产品之时；它以不平等的优势和统制关系为基础。

70 在垂直的经济相互依存关系中，存在着上级和下级，而这种关系是一种**统制**关系，比如在奴隶主和奴隶之间或者在雇主和雇员之间的关系。尽管这种关系中的双方是相互依赖的，但奴隶主和雇主是老板：他们统制奴隶或雇员的劳动，并且从其从属者的劳动果实中获益。垂直的经济相互依存因此不同于水平的经济相互依存，因为水平的经济相互依存并不涉及比如买卖某物的双方之间的地位高低之分。

在 18 世纪，亚当·斯密是第一个提出水平的经济相互依存的经济学家，而在 19 世纪，卡尔·马克思增进了我们对垂直的经济相互依存的理解。然而，值得注意的是，斯密并不是没有注意到垂直的经济相互依存。事实上，在对《国富论》里中世纪欧洲农民生活的分析中，他使用了**剩余产品**一词，并将其定义为与依靠“他的土地上生产的（那部分）农产品来维持耕种者的生活”的“大地主”有关。①

生　产

为了分析垂直的经济相互依存，我们必须考察生产。所有的人类生产都必须涉及至少一个**劳动过程**（labor process），其定义是人们出于生产某种东西的目的而进行有目的的工作的任何活动。因而，任何劳动过程都要求有**投入**（诸如人的劳动，以及像机器和原材料这样的生产手段），而它也将生产**产出**（诸如一吨钢、一段计算机程序或者是一次理发）。

> **劳动过程**是出于生产某种东西的目的而进行的任何活动。

以制作某种东西——比如说薄煎饼——为例。如果你列一个清单，包括需要的所有配料（注明每种配料需要多少），以及调面糊、开炉子、翻煎饼诸如此类各种必要的活动，你就会得到一个非常完

① Adam Smith，*The Wealth of Nations*（New York：Random House，Modern Library，1937［1776］），Book 3，Ch. 4，fifth paragraph.

整的薄煎饼制作指南。这个制作指南会描述制作薄煎饼的劳动过程。类似的投入和活动清单会描述制作薄煎饼中用到的面粉、生产炉子中所烧的燃气、制作炉子本身以及提供其他投入的劳动过程。

技术是劳动过程中的投入和产出之间的关系。

技术进步是投入和产出之间关系的这样一种变化，它使得采用较少的一种或多种投入生产出相同的产出成为可能。

制作薄煎饼的指南——或者劳动过程中投入和产出之间的任何其他一组关系——被称为**技术**（technology），而**技术变革**是指任何这些投入和产出关系上的变化。技术变革的一个例子可以是使用一种不同的面粉来制作薄煎饼——比如说一种不需要筛选的面粉。**技术进步**（technical progress）是一种技术变革，它使得使用较少的劳动或较少的另一种投入生产出相同数量的某种产出成为可能。

经济是劳动过程的集合。

在其最本质的意义上，**经济**（economy）是**各种劳动过程的集合**。当然，经济生产了无数的东西——它有许多类型的产出，而且经济还使用大量的投入，包括许多不同种类的劳动。为了讨论这些投入和产出以及与它们对应的劳动过程，我们要以某种方式对它们进行分类，而我们如何对它们进行分类则取决于我们想要发现什么。

71 为了实现我们在此处的目的，我们将经济分成两个部门，每个部门都生产某种产出。第一个部门生产的产出是为我们所消费或者由企业用作投入的所有产品和服务。我们对此类产出非常熟悉，因为它们对应于**生产**（production）这个词的正式的、日常的含义。第二个部门通常根本就不被当作经济的一个部分：它生产出人。（请回忆第 2 章中的“经济生产出人”一节。）

生产是其产出为产品或服务的劳动过程。

正在分娩的母亲是在“劳动”，这个说法表明了人是由劳动生产出来的这个事实。但这些生产人的劳动过程所涉及的不仅仅是生物意义上的再生产，它们还包括了喂养、关心他人、训练、传授技能，以及与家庭生活相关的关心和养育儿童的所有其他工作。需要喂养和关心的不仅仅是儿童，也包括成年人。当我们在结束一天的工作后准备晚餐、吃饭和放松时，我们也是在补充我们的精力和维持我们的能力，好继续履行我们在经济中的职能。

为了区分这两个部门（就它们的产出类型而言），我们称第一个部门为**生产**部门（因为它生产出产品和服务），而把第二个部门称为**再生产**部门（reproduction）（因为它再生产出人）。本书主要集中探讨生产部门，特别是资本主义制度中的生产部门，但我们也将考虑再生产这个至关重要的部门，因为生产和再生产明显而且不可分割地相互交织在一起。

> **再生产**是其产出为人的劳动过程；它不仅包括生理上的再生产，而且包括像养育、培养、喂养和关怀儿童这样的活动。

生产和再生产之间的联系

图 4.1 是一张有关经济的图，显示了生产和再生产通过其投入和产出而联系在一起的方式。生产出产品和服务的劳动过程（生产）位于图的上部，而生产出人的劳动过程（再生产）则位于图的下部。

我们首先通过考察生产和再生产这两个部门中每个部门的产出来分析这两个部门之间的联系。生产部门中劳动过程的产出，可能会作为材料、机器或服务供另一个生产过程使用而流回这个部门。或者，它们也可能会是供再生产部门中的人所使用的消费类产品或服务。

72

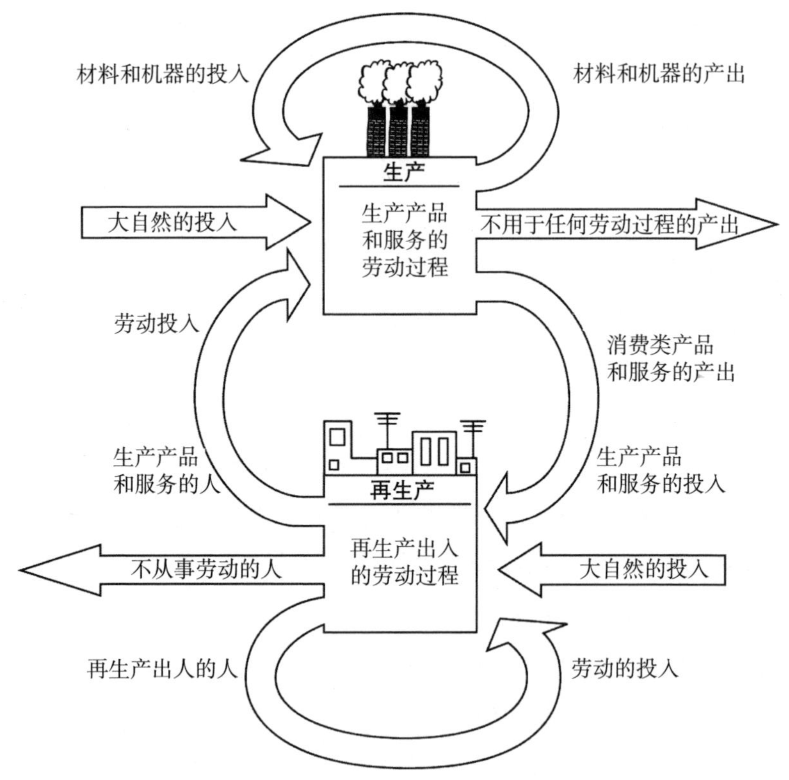

图 4.1　苜蓿叶形的生产-再生产关系图

经济由两个相互依存的部门组成，其中一个部门生产出产品和服务，另一个部门再生产出人。箭头代表产品或人从一个部门流向另一个部门或者流回同一个部门。每个部门都使用三类投入：经济中其他地方所生产的投入、同一个部门所生产的投入，以及来自大自然的投入。每个部门也都生产出三种不同的产出：用于同一个部门的产出、用作另一个部门的投入的产出，以及不在经济中任何地方用作投入的产出。

考察再生产部门的产出——人，我们会看到他们中的一部分在生产部门找到了工作（生产鞋子、生产钢铁、理发等），而另一些人（如照顾孩子的父母）则继续在再生产部门中工作。还有一些人将根本就不从事生产性劳动（我们过一会儿再来考察他们）。

当然，许多人在这两个部门中都工作，既为生产也为再生产做出贡献。例如，通常的情况是那些要出门上班的人有两份“工作”：一份工作是“上班”，另一份工作则由家务、照料孩子以及在全部人类历史中的大部分时间里都是由女人在家里做的其他一些事情组成。

识别生产部门和再生产部门之间的联系纽带的另一种方法，是考察每种类型的劳动过程的**投入**。从生产部门开始，我们可以看到这个部门的部分投入（比如说材料或机器）来自这个部门本身，而其他投入（使得这个部门的劳动过程得以进行的那些人）则来自再生产部门，还有一些（例如来自大自然的投入）则完全来自经济之外。

如果生产部门的一项产出是实物，且它流回本部门并成为其中的劳动过程的投入，则其被归于**原材料**或资本品。**资本品**（capital goods）指的是各种耐用的设备和结构，包括机器、工具、建筑物以及生产中所需的其他耐用品。

资本品是在生产中使用的且在不止一年时间里才会用完的耐用品，如机器、建筑物及类似物品。

另一方面，**原材料**（material）不同于资本品之处在于，前者在一个生产周期中被完全**用尽**，而资本品则仅仅是被**使用**。在使用资本品时，它们会产生一定量的损耗——这称为“折旧”，但它们在若干年的时间里才会被用完。最终成为衬衫的一部分的棉花，还有制作衬衫过程中使用的燃料，这些都是原材料的例子，而用于缝制大量衬衫的缝纫机则是资本品。

原材料是在生产过程中被完全用尽的物品。

至于从再生产部门进入生产部门的**人**，他们 73
作为劳动力被投入工作，以使劳动过程得以进行。我们将**劳动**（labor）定义为人们所从事的有助于生产或再生产的任何活动。

劳动是人们所从事的有助于生产或再生产的任何活动。

一个劳动过程的例子：做煎饼

我们可以通过再回到前面的制作薄煎饼的例子来说明刚刚介绍的这些概念，这一次我们来看一看快餐馆里制作薄煎饼的劳动过程。

投入：	
劳动	调面糊 将面糊倒入煎锅、翻转煎锅等 等待顾客
用完的原材料	面粉 鸡蛋等 煤气或电
使用的资本品	炉子的损耗 煎锅、碗、搅拌勺以及其他用具的损耗 建筑物（实物设施）的折旧
产出：	
消费品	煎饼

这是生产部门中的劳动过程的一个例子，这个劳动过程生产出直接为人们所消费的消费品。薄煎饼也可以在家里制作，在这种情况下，制作它们的过程就要被当作再生产过程的一部分。不过，在这个例子中，它们是生产部门的产出。

回到图 4.1，我们现在可以对经济的劳动过程是如何相互联系的进行总结了。首先，生产部门的部分产出被用作同一部门中的劳动过程的投入。例如，煤被用来生产钢铁，而用于开采煤的机器设备本身也是用钢铁来制造的。生产部门的另一类产出——所有种类的消费品，则进入再生产部门，用于人的“生产”和维持。

原材料和机器的产出可能不仅足以**替代**而且可**扩大**机械、原料、建筑物以及生产过程中使用的或用尽的其他东西的供应。类似地，消费品的供应和人的再生产也可能会满足数量不断增加的生产者。正如我们在第 1 章中所看到的，资本主义的一个本质特征是它的既扩大生产又扩大再生产的趋势。

图 4.1 中有两类特殊的产出，其特殊之处在于它们最终并不用于任何劳动过程。有一些实物形式的物品可能出现在这个类别中。奢侈品可能不会在劳动过程中使用——除非游艇是由一名领薪工人修理或翻新的，或者皮草外套是由一家商业清洁服务公司清洗的。 74
教堂或纪念碑在它建成后可能看起来与任何劳动过程均无联系，但它作为旅游服务业的投入可能是重要的，如果它后来由被雇用的手工艺人维护或重建，它就是维护或重建的劳动过程中的一种投入。当教堂用于礼拜服务时，它也可以被认为是一种再生产劳动过程的投入，人们通过它来加强价值观和提升精神，从而在生产和再生产过程中变得更加有效。除了实物形式的物品外，有一些在再生产部门中被造就出来并得到维持的人——从乞丐到花花公子——最终并没有参与任何劳动过程，这种情况时有发生。

正如有一些投入并没有用于任何劳动过程一样，也有一些投入并非劳动过程所生产出来的。我们称它们为“来自大自然的投入”，用“大自然”来指我们的自然环境——空气、水、可耕地、地底蕴藏的矿物、太阳光等。在图 4.1 中，这些投入以从系统之外进入两类劳动过程的箭头来表示。说它们是由环境所提供的并不意味着它们不会被用完。尽管有少量来自大自然的投入（比如说太阳光）可以无限地使用（用来种庄稼、给房子取暖）而不会枯竭——这些是“可再生资源”，但许多来自大自然的投入在它们可以被用完这个意义上是不可再生的。实际上，我们现在知道，人类的生产和消费正在用完我们的环境中如此之多的东西——比如清洁的空气和水，以及世界海洋作为海洋生物栖息地的生存能力，以至生态系统本身在将来是否能够得以继续存在都成了问题。

现在我们对到目前为止的内容做一个总结：经济是专门生产不同的产出且通过水平和垂直的经济相互依存关系而联系在一起的劳动过程的集合。我们现在转向剩余产品来继续我们对统制（垂直）维度的探讨。

剩余产品

过去那些伟大的国王们和女王们靠什么生活？还有那些富有传奇色彩的武士和超凡脱俗的圣徒又是靠什么填饱了他们的肚子？谁生产了以及为什么要生产这些人所吃的东西？是什么使得光彩夺目的凡尔赛宫、中国的长城、壮丽的杰斐逊纪念堂和阿道夫·希特勒的战争机器成为可能？金属制造行业又是怎样从简陋的铁匠铺转变成了匹兹堡、神户和多特蒙德的巨型工厂？这些问题都指向剩余产品的有形的表现形式——仅仅它们的数量就令人震撼不已。

不过，剩余产品的无形形式给人们带来的震撼也毫不逊色，例如由学者们经过数不清的年月所积累起来的知识现在在你口袋里的手机上就能保存，罗马西斯廷教堂天花板上的壁画那令人敬畏的美——米开朗基罗长时间创造性劳动的结果，还有伊斯兰教、印度教、犹太教和基督教的圣典中蕴藏的智慧。要理解刚才所述的有形和无形这两个方面的现象，我们需要对剩余产品加以定义。

总产品是经济在一段给定的时间里生产的物品和服务的总量。

75 在定义剩余产品时，第一步是要指出一个社会在一年的时间里要生产出一定数量的物品和服务。这是**总产品**（total product）。总产品又可以分成两个部分：**必要产品**和**剩余产品**。因此：

总产品＝必要产品＋剩余产品

剩余产品（surplus product）是从总产品中扣除必要产品后的剩余。但什么是必要产品呢？它由三个部分组成。

> **剩余产品**是从总产品中扣除必要产品后的剩余。

首先，总产品的一部分必须用于**替换生产中消耗的原材料**。这使得下一个生产周期可以在与当前周期开始时相同的条件下开始，并具有与以前完全相同的生产能力。

其次，由于资本品在生产过程中会有损耗，所以产品的另一部分被用于**生产中对资本品的维护和修理**。显然，这种维护和修理过程是持续不断的。然而，在现实中这可能会推迟到特定的机器或工具需要替换的时候，因此，如果资本品没有得到充分维护，其价值的年度减少就被称为**折旧**（depreciation）。

> **折旧**是补偿生产去年产出时用尽的资本品（因为损耗而造成的）的成本。

总产品的第一个部分和第二个部分合并显示在图 4.2 中，并标记为**资本品和原材料的补偿**。

最后，必要产品的第三个组成部分是**生产者的消费**。这指的是 76
总产品中的一部分——食物、衣服和其他物品——必须通过某种机制分配给那些生产全部产品的人，使他们能够维持其“习惯”标准的生活水平。如图 4.2 所示。在资本主义制度中，工人和资本家（拥有资本品和控制工作过程的人）之间的冲突常常在决定工人正常水平的消费方面起着一定的作用。

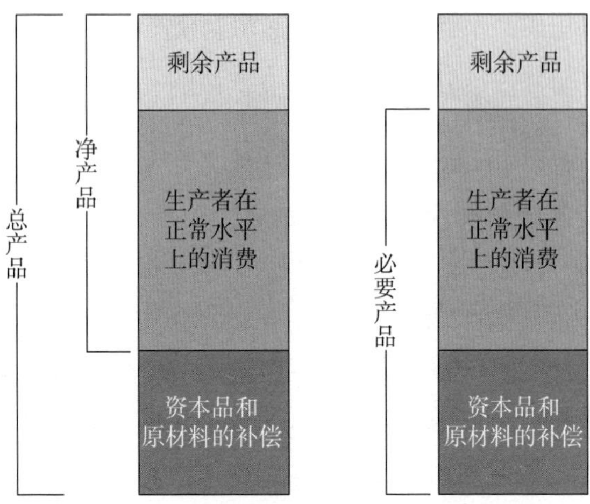

图 4.2　总产品、净产品、必要产品和剩余产品

本图说明了经济（无论其具体形式如何）的总产品是如何在各种用途之间分配的，并举例说明了关键概念在正文中的定义。总产品的组成部分可以用两种不同的方式组合。柱状图下面的组合代表**必要产品**（右边），上面的组合则代表了**净产品**（左边）。当我们对通过保持劳动力、原材料投入和设备在相同水平或相同条件下维持先前的生产水平而需要使用多少总产品感兴趣时，我们谈论的是必要产品。**剩余产品**是总产品的剩余部分，可用于为扩大生产而进行的投资，或者可用于资本主义消费，或者可用于其他目的。同时，如果我们主要关心某一年总产品的价值在多大程度上超过了原材料投入的价值，那么我们用**净产品**（或**增加值**）来衡量这个概念。

> 为了下一轮生产过程，需要用**必要产品**来将劳动过程中的投入——工人、原材料和工具——维持在目前的水平上或目前的状态下。

图 4.2 中下面部分的组合被称为**必要产品**（necessary product），即在以前水平上维持生产所需的全部产品的一部分。总产品中的剩余部分，即图 4.2 中上面部分的组合，是**剩余产品**，其在资本主义中由资本家拥有和控制。他们可以根据自己的喜好选择剩余产品的用途，比如将剩余的钱用于购买奢侈品，或者进行再投资以扩大生产能力。

将必要产品的这三个部分放到一起，对必要产品可以定义如下：

必要产品＝对用完的原材料的补偿＋所使用资本品的折旧

十生产者在正常水平上的消费

这样，我们可以看到，**必要**一词在**必要产品**这个术语中是指将劳动过程中的投入——生产者、工具和原材料维持在某个特定水平上，以致生产在下一个期间能以相同的方式进行。经济在当前水平上的持续发展是必要产品的基本概念。它不是指一个社会的生活水平、技术水平或工人的勤奋程度。

> **净产品**（或者**增加值**，或者**净产出**）是总产品减去在生产总产品的过程中用尽的原材料和资本品。

尽管我们是以提出一个社会的总产品这个概念来开始此处的讨论的，但实际上，就经济的产出而言，总产品并不是一个有用的度量。这是因为，它包括了总产出中的这样一个部分，该部分必须用于补偿生产过程中使用的或用完的机器设备和原材料。对产出更为有用的度量是**净产品**（net product），它的定义是总产品减去（“扣除”）必须用于补充原材料以及资本品折旧的那部分物品和服务。净产品有时被称为**增加值**（value added）。图 4.2 总结了此处介绍的这些概念之间的关系。

那么，剩余产品这个概念如何有助于我们理解谁生产什么以及为什么如此？它是否有助于我们弄明白为什么会存在剩余产品？它是否有助于我们回答资本主义经济的一个本质问题，即**利润率是如何确定的？**第 10 章将详细讨论这个问题；这里我们只谈几个基本问题。

如果一个经济仅仅生产足以维持其生产者及补充生产中用完的机器和原材料的产品，它就不会生产出任何剩余。如果情况是这样，总产品就会刚好等于必要产品，而剩余产品就不会存在了。很久以前人们就是这样生活的；事实上，在驯化动植物之前的人类十万年左右的生存时间中，人们在大部分时间里也是如此。这一古老但持续时间很长的生活方式，在等级制度、社会分裂为阶级以及政治精英和那些被他们统治的人之间出现区别之前就出现了。

尽管许多早期的人类社会远非富裕，但没有剩余的社会并非必
77 然就是贫穷的，也并非一定就是个“维持生存”的社会。只要“必要产品”被生产出来，社会就能够使其成员维持其习惯标准的生活水平。每一个社会的习惯标准的生活水平是由其特定的文化决定的：只要能让生产者满足由其文化决定的需求，生活水平既可以高也可以低。此外，任何一个给定的社会其正常的工作时间都可以多于或少于8个小时；比如说，许多狩猎者和采集者每天的工作时间就比美国的办公室和工厂里的工人要少。无论正常的工作时间是多少小时，在一个没有剩余的经济中，生产者除了他们自己以外不赡养任何人。

从历史来看，剩余的出现可以归结为某种权力关系的出现。在不同的经济制度中，剩余产品可以表现为农奴向封建领主缴纳的地租和封建费用，它可以构成奴隶制种植园奴隶主的收入，它可以是佃农收获的庄稼中上缴给地主的那部分（减去地主提供的投入），它也可以是今天的商业公司中所有者和高级管理人员的利润。

> **投资**意味着花钱修理、补偿、改进或增加一个企业的生产设备、软件、设施或者劳动技能，以提高生产能力和劳动生产率。

78 剩余产品之所以重要，是因为它使得经济增长和变革成为可能。全部或部分剩余产品可以被用来改进或扩大资本品的存量，从而使得将来的产出增加或工作时间缩短成为可能，或者使得这两个方面都成为可能。将剩余投入研究活动可以扩大与生产有关的知识的存量。当以这些方式使用剩余以提高劳动生产率时，这被称为**投资**(investment)。如果用剩余进行投资，将能够减轻人们工作的辛苦

程度，或者缩短工作时间，同时却不致降低他们的生活水平。实际上，这种提高劳动生产率的投资甚至能够支持生产者生活水平的提高，同时不致降低权力阶级的生活水平。剩余的增加也可使人口的增长成为可能：社会体系不是简单地再生产出现有数量的生产者，而是能够在相同的生活水平上养活更多的人。

当然，剩余也可能是以不提高劳动生产率的方式被使用的。例如，剩余的全部或部分可能会被那些控制它们的人用来炫耀他们是多么有钱。在当今世界上，以不提高劳动生产率的方式使用剩余的一个突出例子是**资本主义消费**。（参见专栏“超级游艇与牛市游船”。）

超级游艇与牛市游船

想要自由吗？

一位广告商说，超级游艇提供了“在绝对隐私和奢华舒适的环境中探索世界的自由”。超级游艇指的是长度超过 80 英尺（或 27 米）的游艇，标准版的游艇以时尚的设计、富丽堂皇的卧室、精致的餐厅和供大型派对使用的休息区为特色。许多游艇至少有一个大的热水浴缸（有些游艇有两个，其中一个也许小一点）。每一艘游艇都有其独特的特点：一艘游艇上有大钢琴，另一艘游艇上有用防水母网围起来的游泳池。有些是专为长途旅行设计的，被称为**探险游艇**，这个词在 1996 年首次被用来指在北极巡航的游艇。游艇上通常有一艘**供应船**。

《超级游艇世界》（*Superyacht World*）杂志现在推荐了一系列可供选择的配件，其中很多都是其他交通工具：一种两栖吉普车（可供人们从游艇上到海滩，然后在陆地上旅行），一种小型潜水艇以及或多或少有些机动化的冲浪板。

但是自由（以这种形式）的代价是什么呢？这是个好问题。最新型号的游艇每米售价在 50 万美元和 100 万美元之间：例如，一艘 66 米长的豪华游艇售价为 5 800 万美元。世界上最大的超级游艇大约有 200 米长，造价超过 6 亿美元，通常由君主、王子、著名电影导演、著名演员和成功的商人拥有。

超级游艇（旧用“megayacht”，目前流行用“superyacht”）的数量从 20 世纪 80 年代中期的几百艘激增到 90 年代末的 5 000 多艘，这一事实归因于长期的“牛市”（股市繁荣）。1%的人变得更富有。这也与 1993 年取消对价值超过 10 万美元的新船征收 10%的税有关，这激发了许多富有的船主购买更大、更豪华的游艇。

有一件事要记住：如果你要购买游艇，请做好支付船员费用（一些大型超级游艇上的船员多达 150 人）、码头费和燃料费用（可能每年达 50 万美元）的预算。如果这超出了你的预算，放松点：你可以花不到 100 万美元租一个这样的水上乐园一周。

资料来源：“The Latest and Greatest Superyacht Accessories in 2016,” July 20, 2016, https://www.fraseryachts.com/en/news-detail/the-latest-and-greatest-superyacht-accessories-in-2016/; listings of yachts for sale, https://www.fraseryachts.com/en/yachts-for-sale/; Alicia Adamczyk, “How Much Does a Superyacht Really Cost?,” April 8, 2015, available at www.forbes.com/sites/aliciaadamczyk/2015/04/08/how-much-does-a-superyacht-really-cost/#418fe99536bc; Doug Gollan, “Sneak Preview: Best New Superyachts You Can Charter,” *Forbes*, April 4, 2015; Doug Sease, “Bull-Market Boats: Size Does Matter,” *Wall Street Journal*, April 23, 1999, p. W1; Penelope Green, “Go-Anywhere Luxury Yachts Bull Out to Sea,” *New York Times*, July 22, 2001.

一个生产与再生产模型

剩余产品这个观点非常重要，所以我们要让它更为精确。我们将通过一个简单的例子来做到这一点；这个例子是一个模型——其目的是忽略对我们当前的探讨无关紧要的因素，以得出最为重要的观点。

我们的模型的目的是要阐明本章介绍的各种概念之间的关系；这些概念是：专业化、技术、技术变革、投入（原材料和资本品）的补偿、生产者的再生产以及总产品、净产品和剩余产品。

经济模型

与所有的科学模型一样，经济模型试图简化问题，这样我们就可以更好地理解它。模型的目的是说明对手头的任务而言重要的那些方面，而不是说明问题的每一个细节。比如说，在风洞试验中所使用的飞机模型里是没有座位的，但在涉及飞机的机身、机翼和尾翼的形状时，每一个细节都考虑得非常仔细。类似地，建筑模型主要关注的是拟建建筑物的视觉和空间方面；模型的材料是木头和塑料，而不是建筑物本身将使用的钢筋混凝土，这是不重要的。

模型让我们得以用简单的方法来思考复杂的问题。成功地揭示哪些是重要的同时又不忽略问题的根本方面的经济模型，对经济分析而言是必要的工具，就像望远镜对于天文学一样。不过，如果模型是建立在不切实际的假设的基础上，或者模型被过分简化以至将根本的方面排除在外，这样的模型就会造成很大的误导。经济学家应该听取阿尔伯特·爱因斯坦（Albert Einstein）的建议："尽可能地简化，但要适度。"

79 为了简化起见，我们将集中研究一个家庭——它是其中包括许多类似家庭的社会的一部分——的劳动过程。我们的代表性家庭从事两类劳动过程，即养育孩子和耕作，但只生产一种产品，即谷物。我们的模型中的另一个起简化作用的假设，是谷物是劳动过程中所使用的除劳动和大自然以外的唯一投入。这些假设让我们可以突出各种经济关系，而无须引入更为复杂的因素，比如说货币。

在我们的模型中，耕作这项劳动生产出谷物，而谷物一旦被生产出来，它就起到了三种不同的作用。第一，它是用于人的再生产的**消费品**：人吃谷物（以面包的形式）和喝谷物（以啤酒的形式）。第二，它是**资本品**，用来喂养耕牛，这样这些耕牛不仅能协助目前的谷物生产，而且能再生产它们自己，从而确保有耕牛来协助将来的耕种。在这种情况下，耕牛被认为是资本品。第三，谷物是**原材料投入**，因为谷物本身必须用作下一次耕种的种子。在我们这个简单的模型里，通过对谷物在生产部门中所起的不同作用加以总结，我们就可以将各种投入和产出表示为一项技术的构成。

此处提到的谷物生产技术让我们可以比较容易地区分**总产品**和**净产品**：总产品是生产出来的所有谷物，而净产品是生产出来的所有谷物减去其中的一部分，这部分必须拿来补充生产中所使用和用完的任何东西（在本模型中，这部分是耕牛的饲料和为来年耕种而准备的种子）。

在我们的模型中，家庭是否生产出剩余？要回答这个问题，我们就要确定技术的生产率有多高，家庭成员耕种谷物时有多努力劳动、劳动时间有多长，以及他们的正常生活水平有多高。

假定这个家庭中有两个成年人，他们一起每年总共在养育孩子上要花 1 000 小时劳动，在耕种谷物上也要花 1 000 小时劳动。另外假定生产一蒲式耳谷物要花 10 小时劳动。（看一眼图 1.1 就可以知道，花这么长时间对一个现代经济来说是不现实的。）根据这些假设，这个家庭每年将收获 100 蒲式耳谷物。

谷物技术

投入：

劳动	种植、收获
用完的原材料	作为种子的谷物
使用的资本品	用于维持和再生产耕牛的谷物
大自然的投入	土地、降雨、日照

产出：

消费品	用于消费的谷物
原材料	用作来年的种子的谷物
资本品	用作耕牛的饲料的谷物

现在想象一下谷物已经收割完毕，而 100 蒲式耳谷物可以堆成 80
一大堆。这个家庭将这一大堆谷物分成三小堆：第一堆将足以补偿生产中用完的原材料和资本品（种子和耕牛的饲料）；第二堆是留作直到下一次收割谷物之前这个家庭（在正常水平上）的消费；而第三堆无论还剩下多少都是剩余。第一堆和第二堆之和是必要产品，而第二堆和第三堆之和是净产品。（本例中的这三堆谷物对应于图 4.2 中柱状图的三个部分。）

有一种可能是这个家庭拥有自己的土地，因此可以控制它所生产的剩余。在这种情况下，这个家庭可以对剩余产品想怎么用就怎么用，或者用于改进它所使用的技术，或者在后院建一个游泳池。在第 7 章中，我们将考察美国历史上的这样一个时期——独立或自由的产品生产者——农民、工匠、个体手工业者以及其他独立生产者——占了所有生产部门总生产者的60%左右。

但还有另一种可能——更接近于当今世界的现实——是这个家庭耕种别人的土地，因此只得靠分配给生产者消费的那部分产品来过活。在这种情况下，谁得到了剩余？这是政治经济学所研究的最重要的问题之一。

谁得到了剩余？

人类的大部分历史都是为剩余产品而斗争的历史。在有些经济中，剩余产品作为地租被地主夺走，因此在许多农业社会中，第三堆谷物几乎都被运到了地主的谷仓中。或者在我们的模型中，这个家庭被一家大型农业经营公司雇用。在这种情形下，这个家庭仅得到第二堆谷物，即它的工资；公司将第一堆谷物留作补偿之用，并以利润的名义拿走第三堆谷物。或者，我们模型中的这个家庭可能从银行里借了一笔款，或许是以抵押贷款的形式借的款，用以购买土地和耕牛。在这种情况下，剩余可能完全归属银行。无论是哪一种情形，重要之处是生产者自己没有得到剩余。当我们在下一章中讨论阶级和经济制度时，我们将对这个问题进行更深入的探讨。

要知道剩余的这一堆谷物有多少，首先想象一下必须用30蒲式耳来补偿原材料和资本品，具体而言就是提供来年用的种子和用作耕牛的饲料。（这两者之间的分配是10蒲式耳用作种子，20蒲式耳用作饲料。）从100蒲式耳的总产品中减去用于补偿的30蒲式耳，得到的是70蒲式耳净产品。如果这个家庭正常的消费水平是每年50蒲式耳谷物，那么剩余产品是20蒲式耳。

扩大剩余

那些控制剩余产品的人如何才能使剩余变得更多？对于这个问

题可以有几种回答。第一，可以降低这个家庭的生活水平，比如说从每年 50 蒲式耳减少到 40 蒲式耳。在这种情况下，剩余会从 20 蒲式耳增加到 30 蒲式耳。这说明了在有些人控制了别人的劳动并从中获利的社会中，为什么控制者有试图降低被控制者的生活水平的动机，从而导致一种产生内在冲突的局面。 81

剩余产品：一个例子

(1) 每年用于耕种谷物的劳动的总小时数：1 000 小时；

(2) 每劳动小时生产出的谷物的蒲式耳数：1/10 蒲式耳/小时；

(3) 每年的谷物总产品 [(1)×(2)]：100 蒲式耳；

(4) 补偿在生产总产品中用完的原材料和资本品（种子和耕牛的饲料）＝第一堆谷物：30 蒲式耳；

(5) 每年的净产品 [(5)＝(3)－(4)]：70 蒲式耳；

(6) 这个家庭的正常消费水平＝第二堆谷物：50 蒲式耳；

(7) 必要产品 [(7)＝(4)＋(6)]：80 蒲式耳；

(8) 剩余产品 [(8)＝(5)－(6)]＝第三堆谷物：20 蒲式耳。

如果引进了**劳动节约型技术变革**（labor-saving technical change)，我们模型中这个种植家庭的消费就能从 50 蒲式耳减少到 40 蒲式耳，但不会改变所生产的谷物的总量。劳动节约型技术变革是在劳动量不变的情况下增加产出量的新技术。但劳动节约型技术变革带来的收益既可以表现为使用相同数量的劳动生产出更多的总产出，也可以表现为以较少的劳动生产出相同数量的总产出。这里我们假设劳动节约型技术变革将劳动生产

> **劳动节约型技术变革**是在劳动量不变的情况下增加产出量的新技术。

率提高了25%，而控制劳动过程的那些人选择将总产出维持在目前100蒲式耳谷物的水平上，与此同时将所雇用的劳动从1 000小时减少到800小时。这使得将分配给生产者供其消费的谷物数量从50蒲式耳减少到40蒲式耳成为可能，因为现在只需要800小时来生产100蒲式耳的总产出了。（我们不必担心家人会挨饿；节省下来的劳动可以用来在附近的小溪里钓鱼。）

资本品节约型技术变革是在生产的总产出数量给定时，减少了所需资本品和原材料的新技术。

扩大剩余的第二种方法涉及以这样一种方式变革技术，这时只需要为来年留下较少的种子或动物饲料。这种技术变革可以表现为比原来更好的种子，或者表现为储存动物饲料的新方法，这样因饲料的腐烂变质而造成的损失会减少。在我们的例子中，如果只要留下20蒲式耳（而不是30蒲式耳）的谷物来补偿生产中用尽的资本品和原材料，剩余产品就会从20蒲式耳增加到30蒲式耳（假设生产者的生活水平没有提高）。这种情况下所发生的是**资本品节约型技术变革**（capital goods-saving technical change），它被定义为减少生产总产品所需要的资本品和原材料的技术变革。

图4.3显示了通过技术变革扩大剩余产品的两种方法，以及我们例子中的初始分配。该图中所用的柱状图与图4.2中的柱状图一样以相同的方式进行了分割。左边的柱状图表示我们原来例子中的总产品的分割。中间的柱状图表示在发生了劳动节约型技术变革后，剩余产品是如何扩大到30蒲式耳，而生产者的消费又是如何减少到40蒲式耳的。右边的柱状图表示通过资本品节约型技术变革而增加了的剩余产品。这里的一个重要观点是，剩余**既**可以通过劳动节约型技术变革**也**可以通过资本品节约型技术变革而增加。

82

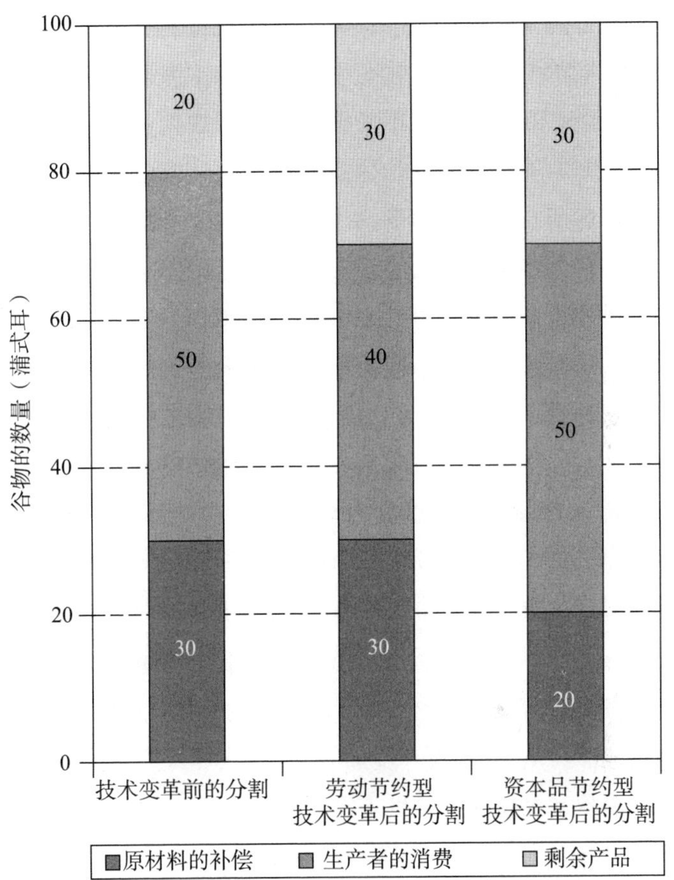

图 4.3 代表性种植家庭的总产品的分割

图中左边的柱状图代表正文中原来例子所述的总产品的分割：总产品是 100 蒲式耳，其中 30 蒲式耳用于补偿生产过程中的原材料投入（资本品的折旧以及用完的原材料），50 蒲式耳分配给生产者供其消费，还剩下 20 蒲式耳则是剩余产品。中间的柱状图显示了**劳动节约型技术变革**发生后总产品的分割。因为劳动生产率提高了，所以现在使用较少的劳动（800 小时的劳动而不是 1 000 小时的劳动）就可以生产出相同的总产品（100 蒲式耳谷物），因而只需要分配 40 蒲式耳（而不是 50 蒲式耳）给生产者供其消费。由于要继续用 30 蒲式耳来补充原材料的投入（这与以前一样），因此剩余产品增加到 30 蒲式耳。右边的柱状图显示在出现**资本品节约型技术变革**时会发生什么。在这种情况下，总产品（100 蒲式耳）和生产者的消费（50 蒲式耳）与原来的例子相比都没有发生改变，但原材料的补偿成本从 30 蒲式耳减少到 20 蒲式耳，这使得剩余扩大到 30 蒲式耳。

83 与劳动节约型技术变革一样，资本品节约型技术变革也会导致在劳动量相同的情况下生产出更多的净产品。因而，这两类变革都使得增加剩余产品和提高生产者的生活水平成为可能。许多技术变革既节约资本，又节约劳动，这意味着它们会减少生产一定量的总产品所需要的所有投入的数量。

还有一种增加剩余产品的方法，就是（采取某种方法）诱使生产者更努力地劳动，而不增加他们劳动的总的小时数，或者不增加总产品中分配给他们消费的部分。（如果我们假设根据生产者劳动的小时数向他们支付报酬，那么保持他们劳动的小时数不变，就意味着他们将继续得到相同数量的谷物，即使他们更加努力地劳动也是如此。）这种增加剩余产品的方法被称为**劳动强度**（intensity of labor）的提高。

劳动强度是生产者在每小时的工作中必须付出的劳动努力程度，简而言之，即他们工作的卖力程度。

再次利用我们的谷物模型，如果劳动强度提高了，以至 1 000 小时种植谷物的劳动生产出了 130 蒲式耳而不是此前的 100 蒲式耳，那么剩余产品会从 20 蒲式耳增加到 50 蒲式耳（假设总产品中分配给生产者消费和补偿非人工投入的部分保持不变）。

增加剩余的最后——而且可能是最为显而易见的——一种方法，并非基于劳动生产率或生产者生活水平的任何提高。生产者可以被诱使花费更多的时间来种植谷物。这可以通过两种途径来做到。第一是工作时间的长度（或一年里劳动的总小时数）可以增加，在这种情况下，自由时间（供休闲活动、吃饭、睡觉等的时间）就会减少。第二种可能性——它很可能作为第一种可能性的结果而出现——是减少这个家庭用于养育孩子（或一般而言的再生产）的小时数，节省下来的时间则转而分配给谷物种植活动。

劳动模型的应用

我们针对生产部门所做的分析，大部分都可以同样有效地用于分析本模型中家庭花在养育孩子和其他再生产活动上的 1 000 小时。例如，我们指出减少在再生产部门中工作的小时数可以增加剩余产品，这是因为那些控制生产的人这时可以让生产者——他们与那些涉及再生产活动的人是同一批人——在生产谷物上工作更长的时间。

很明显，养育孩子和其他再生产活动，对于使得家庭继续为生产部门供应劳动而言是必要的。通过采用与我们针对生产部门所做的分析类似的分析，我们可以推测出在养育孩子和其他再生产过程中引入像劳动节约型技术变革这样的创新，会带来什么样的结果。例如，电视机可以让父母少花点时间与他们的孩子在一起，吸尘器可以让这个家庭以较少时间的劳动来保持屋子的清洁，而购置冷冻食品或自动洗碗机可以减少在厨房里花的时间，诸如此类。我们还可以想象几个家庭在一起彼此分担看护孩子的责任，从而减少每个家庭需要花在养育孩子上的时间。所有这些例子都说明了这样一
点，即生产和再生产在许多方面是交织在一起的。因而，再生产部 84
门中的变革可以影响——或者由这些变革所导致的——剩余产品在规模上的变化。

剩余产品与冲突

在生产剩余产品的社会中，有两件事情很有可能会发生：冲突和变革。冲突以两种方式出现，一种与各国内部的各种关系有关，而另一种则发生在不同国家的各个集团之间。各国内部的冲突发生于不允许生产者保留他们所生产的剩余之时。在这样的情况下，生

产者的利益与那些拥有并控制剩余的人的利益相互对立。后者——无论他们是奴隶主、封建地主、资本主义公司的所有者还是独裁的统治精英——很可能试图扩大剩余。要做到这一点，他们需要让生产者更努力地劳动、更长时间地劳动，或者是减少消费。然而，生产者希望减轻劳动强度，拥有更多的自由时间，以及获得生活水平提高所带来的利益。因此，他们所想要的与那些控制剩余的人所想要的是直接对立的。生产者和那些控制剩余的人构成了不同的社会阶级，而他们之间的冲突可以被理解为阶级冲突。（我们将在以下各章中讨论阶级和阶级冲突。）

如果我们列出决定剩余产品的规模的因素，并将这些因素与决定生产者的经济福利的因素相对照，我们就可以更好地理解剩余产品所有者的利益与生产者的利益之间的冲突。（参见专栏“剩余产品和生产者福利：冲突之因”。）

剩余产品和生产者福利：冲突之因

如何增加剩余产品	如何提高生产者福利
降低生产者的消费水平	**提高**生产者的消费水平
实行**劳动节约**型技术变革	与生产者一起**分享**剩余产品的增加
实行**资本品节约**型技术变革	与生产者一起**分享**剩余产品的增加
提高劳动强度	**降低**劳动强度
延长生产者的劳动时间（不改变他们正常的消费水平）	**缩短**生产者的劳动时间（不改变他们正常的消费水平）
降低进口投入的真实价格（通过向出口者施压）	与生产者一起**分享**剩余产品的增加

85 从上述表格中我们可以看出，如果生产者的日常消费水平高一些，如果他们的工作不那么紧张，如果他们有更多的时间来享受休

闲和抚养孩子，那么他们的境况就会变好一些。这些是与生产者的经济福利最相关的决定因素。然而，如果要增加剩余产品，则需要在这些相同的决定因素中采取相反的行动。在这里，生产者和控制剩余产品的人之间的利益冲突是显而易见的。

这个表格还显示，有一些决定因素如果得以增加，就会使剩余产品的所有者获益，但其增加并不必然损害生产者（甚至还有可能在扩大剩余产品的同时导致生产者生活水平的提高）。劳动节约型技术变革和资本品节约型技术变革就属于这一类。同样属于这一类的还有进口投入（比如石油或电脑）价格的降低，因为这会减少总产品中必须用于补偿生产中所使用的资本品或原材料的部分。这很可能对进口国和出口国的生活水平产生连锁反应，但这超出了本章的范围。

当然，如果生产者正常的消费水平非常低，工人们可能会极度营养不良、虚弱或者不健康，以致他们无法生产出很多的东西。同样地，如果他们种植谷物的劳动时间过长，以致没有时间来照料他们自己并养育后代，他们的生产能力可能不会很高，而下一代的生产效率甚至可能更低。在这些情况下，那些控制剩余的人可能会发现，让生产者陷于贫穷或过度劳动的状态并不符合这些剩余控制者的利益，因为赤贫和过度劳动不符合任何一个集团的利益。如果消费勉强高于或者实际上低于生存水平，增加消费**既**可能提高生产者的生活水平，**又**可能增加剩余产品。因而，从处于这样一组情形中的剩余产品的所有者的角度来看，增加生产者的消费并非只对生产者有好处，正是出于这个原因，生产者的消费有可能会增加。

图 4.4 利用第一个谷物模型（这时净产品为 70 蒲式耳）中的数字来揭示生产者与那些控制剩余的人之间存在的冲突。从右到左来读该图，横轴上等于 70 蒲式耳的那个点表示，如果全部净产品都被

86

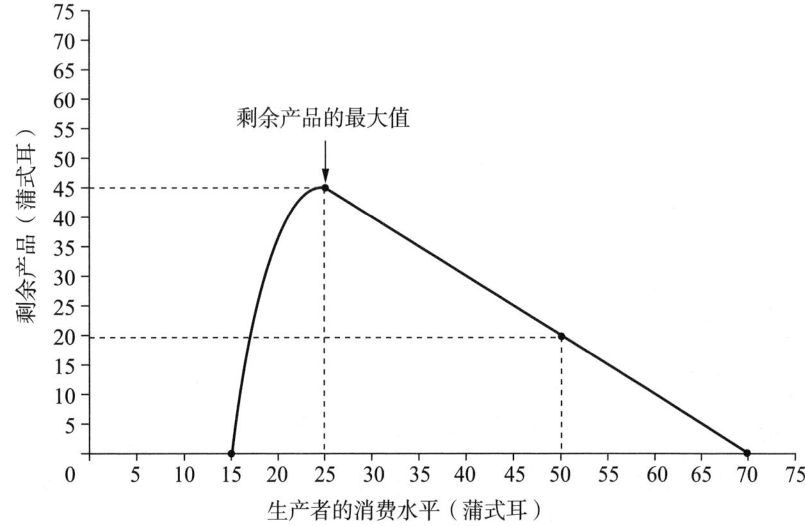

图 4.4　围绕生产者消费水平的冲突

本图显示了生产者的消费水平与剩余产品的规模之间的一种假设关系。图中曲线上的每个点都是对该假设问题的回答，即对应于生产者的每一个消费水平，剩余产品的数量。例如，如果生产者的消费水平是 50 蒲式耳，剩余产品将为 20 蒲式耳。如果生产者的消费水平提高到 70 蒲式耳，剩余产品将会为零。降低消费水平会增加剩余，但只会增加到一定的程度。当消费水平为 25 蒲式耳时，剩余产品达到了 45 蒲式耳这个最大值。低于 25 蒲式耳的消费水平实际上会减少剩余产品。如果消费水平降低到 15 蒲式耳，工人们会陷于赤贫，以致他们在一年里无法生产出超过 15 蒲式耳的净产品，从而产生不了剩余产品。

分配给生产者供其消费，会发生什么情况。在这种情况下，剩余产品将为零。从这个点向左上倾斜的部分显示，随着生产者的消费从 70 蒲式耳减少到 25 蒲式耳——这远低于他们 50 蒲式耳的正常消费水平——剩余产品从零增加到 45 蒲式耳这个最大值。（净产品依然是 70 蒲式耳；生产者消费中所减少的每蒲式耳都被转移到了剩余产品中。）然而，超过这个点后，生产者消费水平上的任何进一步减少都将降低他们生产谷物的能力，因而剩余产品会减少，最终在生产者的消费降至 15 蒲式耳时减少到零。在这个点上，净产品本身也只有 15 蒲式耳，而为了让社会得以继续存在，所有这些净产品都要用于维持生产者的生存，无论这样的维持水平是多么不充分。

如果从另一个方向（从左向右）来读图 4.4，它所揭示的是，在消费水平很低的情况下，剩余产品的所有者和生产者双方的利益可以如何协调一致。向右上倾斜的部分显示，生产者的消费在 15 蒲式耳到 25 蒲式耳这个区间内的任何增加都会使双方获益。在 15 蒲式耳的消费水平上，剩余产品为零；而在 25 蒲式耳的消费水平上，生产者生产出了 45 蒲式耳的最多数量的剩余产品。当然，超过这个点后，生产者消费的任何增加都会减少剩余产品的数量。这是因为一旦生产者能够消费 25 蒲式耳，他们的生产能力就会达到最大点，这时净产品达到最大值 70 蒲式耳，而在这个水平之上，生产者的消费每增加一蒲式耳，都意味着剩余产品减少一蒲式耳。

剩余产品与变革

如前文所定义的，必要产品就其字面含义来说是保守的：它被用来再生产社会存在的必要条件。而剩余产品则可以改变生存境况，这种进步可以体现在各种不同的形式上。在资本主义社会里，很大一部分剩余被用于**投资**。这意味着剩余被用于提高社会经济的生产能力，包括用于教育和培训、制造更多和更好的资本品、支持新技术发明等。如果剩余产品被这样使用，受惠的就不仅仅是剩余的控制者，其他人也会得到好处，而生产中的冲突也会因此而受到抑制。

但还有一些剩余的使用方式，从另一个意义上来说也是保守 87
的，这种剩余的使用不仅不会造成进步，反而会抑制进步，其作用只是加强统治阶级的强制权力。比如，当剩余仅仅被用于奢侈品消费时就不会促进进步，受益的只是精英阶层；当剩余不是被用来满足私人消费，而是被用来建造纪念碑、庙宇、教堂时，它也许会增进人们的文化和满足人们的精神需求，但也会产生维持现状的效果。

在资本主义经济中，剩余的使用方式诱发了迅速的进步。因为剩余的控制者（主要是大企业的所有者及其代理人）必须全力应对资本主义竞争以求得生存，而取得竞争优势的关键就是创新——新产品、新技术、新知识、新的商业管理方式。而其他经济体——奴隶社会、封建社会或者社会主义社会——的精英们则没有这种竞争压力：或者竞争压力不大，或者被限制在可控范围内，精英们为保持优势所要做的不是创新，而是如何保持他们既有的统治地位。

控制剩余产品的人，相应地也拥有可观的政治权力。由于他们有钱可花，就可以对政府政策和政府行为产生巨大的影响。他们还利用手中控制的剩余，以便在国际和国内的阶级利益冲突中居于优势，这些冲突产生于剩余产品的生产和索取过程。因此，为了保持既有的社会结构及相应的财产和收入结构，必须付出一部分剩余来购买警察、军队、安全人员、监工甚至教师和宗教领袖的服务，让他们加强和维系占统治地位的权力关系，传播那些解释和支持这些关系的意识形态。

我们关于剩余产品、技术、劳动和消费的模型，阐明了这些概念之间的关系，就像建筑设计师描绘建筑物各部分之间的空间关系一样。但这还远远不够，这个模型还不能告诉我们为什么会产生这样而不是那样的技术，为什么一个家庭平均要劳动 2 000 小时才能维持生存，为什么他们需要从事如此艰辛的劳动，或者说，这种“正常”的消费水平是如何确立的。我们的模型还没有告诉我们该由谁来得到剩余（如果有剩余的话），或者说，怎样才能得到剩余控制权。该模型的任务只是帮助我们以清晰的方式**提出**问题，却没有回答问题。要回答这些问题，我们就需要采纳阶级思想，并询问阶级关系是如何定义经济制度的。我们将在下一章讨论这些。

推荐阅读文献

Perry Anderson，*Lineages of the Absolutist State*（London：Verso Books，1976）.（安德森. 绝对主义国家的系谱. 上海：上海人民出版社，2001.）

Christopher Boehm，*Hierarchy in the Forest*：*The Evolution of Egalitarian Behavior*（Cambridge，MA：Harvard University Press，2000）.

Nancy Folbre，*Who Pays for the Kids? Gender and the Structures of Constraint*（New York：Routledge，1994）.

E. J. Hobsbawm，*Industry and Empire*：*The Making of Modern English Society*（London：Penguin Books，1968）.（霍布斯鲍姆. 工业与帝国：英国的现代化历程. 北京：中央编译出版社，2017.）

Margaret Levi，*Of Rule and Revenue*（Berkeley：University of California Press，1988）.（利瓦伊. 统治与岁入. 上海：格致出版社，2010.）

Karl Polanyi，Conrad Arensberg，and Harry Pearson，eds.，*Trade and Market in the* 88
Early Empires（New York：Free Press，1957）.

Marshall Sahlins，*Stone Age Economics*（Chicago：Aldine Publishing，1972）.（萨林斯. 石器时代经济学. 北京：三联书店，2009.）

Paul Sweezy，*The Theory of Capitalist Development*（New York：Monthly Review Press，1942）.（斯威齐. 资本主义发展论. 北京：商务印书馆，1997.）

Charles Tilly，*Coercion*，*Capital*，*and European States*，*AD 990 - 1992*（Cambridge，MA：B. Blackwell，1992）.（蒂利. 强制、资本和欧洲国家：公元 990—1992 年. 上海：上海人民出版社，2007.）

第 5 章
作为一种经济制度的资本主义

89 英国剑桥，一所世界知名学府的所在地，位于向东北延伸入海的一块低矮平原的边缘。这里的土地本身就见证着资本主义如何改变了社会。在资本主义诞生之前，这块松软潮湿的土地（被称为“沼泽”）排水很差，每逢雨季大部分土地都被洪水淹没从而无法利用。一个叫伊利的小镇建在一座小山上——“伊利岛”——通常能逃过洪水。

在中世纪，封建制的英格兰的一部分剩余产品被用来修建伊利最初的几座教堂。到 9 世纪时，又建了一座修道院，后来被烧毁，然后又重建。在 11 世纪，诺曼底人占领英格兰后不久，工匠们被命令开始修建大教堂，直到今天它依然矗立在那里。恢宏典雅的大教堂耗费了成千上万个工匠的劳动，用了 110 年来修建。但它从来没有真正完成：又不断地修建新的圣堂，添置更精致的陈设，以及增高塔楼。其西边的塔楼现在比周围的湿地高出了 200 英尺（东边的塔楼如果没有在 14 世纪坍塌，也会这样）。几个世纪以来，它矗立着，作为一座风干的纪念碑见证着剩余产品的宗教用途，而其周围全是多水的沼泽，农耕根本无法进行。

后来，在 17 世纪，沼泽发生了转变。在这一地区拥有 20 000 英亩土地的贝德福德公爵（the Duke of Bedford）察觉到了盈利的可能，组织了一个投资公司来给沼泽排水。他们雇用了工程师，并让工人挖了两条大水渠——有 100 英尺宽、30 英里长——把多余的水排到大海。另外，修建了多条数英里长的支渠和水沟来把水汇到主渠。这个巨大的工程把沼泽变成了排水良好的、肥沃的耕地，结果这大大增加了公爵的财富。

现在到伊利来的游客可以看到这两大奇观——大教堂和水渠。大教堂——宏伟而不可一世——代表着封建主义，它榨取了这一地区的剩余产品，却使经济停滞不前。而不太惹眼的水渠代表了资本主义企业，它利用剩余产品来给沼泽排水，水渠为投资者带来了数
倍的回报并为该地区提供粮食。关键是这些卑微而容易被忽略的沼 90
泽地水渠变革了这一地区的整个生产制度，它们是带有资本主义制度特征的对剩余产品做生产性使用的一个例子。

这个沼泽的故事还有一个迥然不同的 21 世纪（非资本主义的）姊妹篇：2003 年，英国皇家鸟类保护协会（Royal Society for the Protection of Birds）宣布，它将从目前在此耕种并维护河流、水塘及湿地的大麦商手中收购本区域的大部分土地，作为沼泽鹞、黑尾胜鹬及其他鸟类的家园，这些鸟类在 4 个世纪前贝德福德公爵改造排水系统时，就从此地消失了。

我们将在本章考察不同的社会如何决定其剩余产品的使用，以及谁从这些使用中获利。一部分人通常并不生产剩余产品，却能控制它们，比如在古代雅典和南北战争之前的美国南部，奴隶主以奴隶劳动的产品为生就是这样的例子。生产产品（包括剩余产品）的人与控制剩余产品的使用的人之间的关系叫作**阶级关系**。阶级是指经济中处于相同地位的人的总体，阶级关系存在于不同的阶级之间。没有剩余产品控制权的生产者是一个阶级，剩余产品的控制者是另一个阶级。

当然，生产者和剩余产品控制者之间的区别并不总像奴隶制种

植园中的那样清晰，比如，一个大型资本主义企业的所有者可能会参与到剩余产品的生产中，即在一定程度上他们执行必要的社会性任务，比如从事协调众多生产者的工作。同时，由于在经济中的地位，他们也能控制剩余产品的分配。诸如此类的复杂性意味着在一个阶级和另一个阶级之间划清界限并不容易。

只要一个社会是基于这样一种经济制度，其中大部分生产者只有很少或没有对剩余产品的使用的控制权，这个社会就被称作阶级社会。资本主义社会是一个阶级社会。

本章的中心思想是：**经济上的阶级是通过剩余如何被控制和使用来定义的，阶级和剩余产品是理解不同经济制度如何运行和变革的关键所在**。

这个中心思想可以表述为以下四个基本点。

1. **阶级社会**将人划分为两类：生产产品却不控制剩余产品的使用的人，以及控制剩余产品的使用的人。在这样一个社会，阶级是经济的垂直（或统制）维度的主要方面。（其他垂直关系，如种族或性别支配同样很重要，我们会在后面的章节进行讨论。）
2. **经济制度**代表着组织、控制劳动过程的不同方式，其基础是不同的所有权制度，而这些不同的产权制度又决定了剩余产品如何被使用。剩余产品如何被控制以及由谁来控制将各种经济制度区别开来。因此，每一种经济制度都有着与之相联系的各阶级的特定组合，以及主导的**阶级关系**。

91 3. **资本主义**是这样一种特定的经济制度，作为资本品的私人所有者和雇主为了获得**利润**而使用雇佣劳动来生产产品。这种制度中有两个主要阶级——工人和资本家，当然，其他阶级（“中间”阶级）也很重要。

4. 在资本主义制度下，剩余表现为**利润**。利润可以被保留在工厂内并被再投资于扩大生产，或者被用于支付租金、利息、股息，以及对生产中所用资本品的所有者的其他支付。获得这些支付的人和控制任何留存利润的人，要么将钱用于储蓄，要么将之用于购买那些构成剩余产品的产品，包括资本品。

在伊利，对剩余产品的不同使用方式给我们留下了显而易见的遗迹，由此可了解封建主义与资本主义的不同。与壮丽辉煌的大教堂相比，水渠就不那么显眼了，除非我们知道要找的目标以及到何处寻找。类似地，我们很容易了解封建主义经济制度是如何运行的，而理解资本主义经济制度就困难得多了，除非我们知道要找的目标以及到何处去寻找——这里的关键就在于阶级和剩余产品。

阶级与阶级关系

阶级是指在剩余产品的生产和控制方面处于相同经济地位的集团。

阶级关系存在于全部产品（包括剩余产品）的生产者和控制剩余产品的使用的人之间。

“class”一词有许多不同的用法。如果一个名人被称为有 class，这可能意味着这个人穿着时髦或者头脑冷静和尊重他人。一个自称中间阶级的家庭可能意味着它维持着一定的生活水平，也许正在购买房子。然而，在政治经济学中，这个词有一个非常精确的含义：**阶级**（class）是指在剩余产品的生产和控制方面处于相同经济地位的集团。

因此，当一个群体——一个阶级——**生产**包括剩余产品在内的全部产品，而另一个群体——另一个阶级——**控制**剩余产品的使用时，就存在**阶级关系**（class relationship)。这两个群体，即剩余产品的生产者和控制其使用的人，都是阶级。历史上一直存在着不同的阶级。在中世纪，在欧洲耕种土地的农奴构成一个阶级，他们的封建领主则构成另一个阶级。在蓄奴社会（包括古罗马和南北战争前的美国），奴隶是一个阶级，奴隶主是另一个阶级。

阶级概念的如下四个方面是重要的。第一，阶级是依据关系来定义的。就像**堂兄弟**一词，它意味着某个人，但除非还有另外一个人也是堂兄弟，否则这将是毫无意义的。你不能成为你自己的堂兄弟，你只能成为你堂兄弟的堂兄弟。一个阶级不能独立存在，只能存在于与其他阶级的关系之中。

第二，阶级关系指的是劳动过程。阶级是通过人们在劳动过程中所占据的特定地位来定义的。阶级不能通过身份或其成员所获得的社会尊敬来定义，也不能通过其成员的收入来定义：富人和穷人并不是阶级，虽然通常而言大部分富人属于一个阶级，而大部分穷人属于另一个阶级。一个拥有相同身份的群体，诸如“受过良好教
92 育”的群体或收入群体——比如年收入超过 50 000 美元——也是通过某些特征来定义的人的总体。但是，他们不是通过劳动过程中对其他群体的关系来定义的，因此他们也不是阶级。

一个阶级的成员之间也可以有很大的不同。他们可能生活在一个国家的不同地区，甚至是世界的不同区域。他们的境况或好或坏，他们也许有着不同的生活方式。如果他们是工人，可能会有大不相同的工作。他们之间甚至为了找工作、销售产品或者其他事情而相互竞争。因此，同一阶级的两个成员之间可能有的唯一共同之处就在于劳动过程中的相互关系以及和其他阶级之间的关系。

许多对经济分析来说很重要的社会群体并不是阶级。国家不是阶级，种族不是阶级，而且性别也不是阶级：人们是否包含在这些

群体之中并不是基于其在劳动过程中的特定地位。比如，女性和男性是生理上和文化上的定义，并且男人和女人虽然通常从事不同的工作，但使其成为男人或女人的并不是二者在劳动过程中所处的不同地位。

第三，阶级关系是等级制的或者是垂直的：一个集团在上而一个集团在下。什么是关系的垂直维度？为什么我们称其为等级制的？位居其上的集团并不必然更快乐，他们也并不因此是更好的人或者更有生产力，比如奴隶主。一个集团之所以被认为居于其上，是因为它控制了位于其下的阶级的劳动及其产品。这就是阶级关系对于我们所称的经济的统制或垂直维度是至关重要的原因。

奴隶主雇用监工控制奴隶劳动。奴隶所生产的东西相应地属于奴隶主。在中世纪，农奴每周花一半的时间在地主的田地里工作，并由地主的管家指挥。农奴在地主土地上的耕种所得属于地主。今天，公司的所有者通常通过董事会选择经理层，由经理层雇用员工并指挥其劳动，而员工生产的产品属于公司所有者。

当然，在每种经济制度下，生产者均必须消费部分产出。这部分产出或者是他们生产的一部分，或者是其他劳动者生产的产品和服务。奴隶和农奴被允许耕种种植园中或其住处附近的一小块土地。这样，他们就能为自己生产出大部分衣食所需。与此不同，今天的工人必须用作为其劳动偿付的工资或薪酬在市场上购买大部分消费品。请注意，在每一种情况下，生产者——奴隶、农奴或工人——的产出均超过其消费。相应地，位于上层的阶级获得了其并未生产的东西。

上层阶级也可能参与生产。比如，资本主义的雇主可能花上一些时间待在车间里。就像前面所提到的，高级经理在工作时，其职能是生产过程的协调者。但雇主的收入并非主要来源于其生产性劳动，而是主要来源于其对生产中所用资本品的所有权，以及对他人劳动的控制。

第四，生产阶级和居于统治地位的阶级的利益通常是——但并不总是——冲突的。在大多数情况下，工人的所得被看作是雇主的所失，但这个普遍规则也有例外。在特定情况下，两个阶级在相对于外国的阶级关系上有着共同利益。而且，就像我们在前面的章节中所看到的，两个阶级都可能从某种形式的技术变革中
93 获利。最后，如果一国政府诚实而高效，绝大多数人都会因此而受益。

一个社会通常不只存在两个阶级，于是阶级关系通常很复杂，并且不仅仅是生产者同占有者之间的关系。比如，19 世纪的美国存在一种非常重要的关系，即（北方）工人阶级同（南方）奴隶阶级之间的关系。这两个阶级之间的关系并不是垂直的——奴隶并不以工人的剩余产品为生，反之亦然。奴隶与工人之间的关系在一定程度上是阶级间相互依赖的一种，因为奴隶种植的棉花是雇用工人的工厂所需要的原材料。同样，工厂对棉花的需要为奴隶制种植园提供了继续运营的收入，并且工厂所生产的纺织品成为奴隶的衣料。当工人自愿加入北方军队为解放奴隶而战时，这两个阶级之间存在着政治关系。但是，无论工人阶级和奴隶阶级之间的关系曾经有多复杂，这两个阶级都是基于特定的垂直关系而定义的：奴隶之于奴隶主，工人之于雇主。

阶级与经济制度

什么是经济制度？我们已经提到了几种不同的经济制度：奴隶制、封建制、自给自足的家庭经济以及资本主义。我们也知道它们

作为经济制度都有一个共同点，那就是组织劳动过程。但又是什么使它们彼此**不同**呢？

每种经济制度都有一套独特的阶级关系，每一套阶级关系都是通过特定的组织和控制劳动过程的方式而界定的。各种阶级关系的组合以及与之相联系的控制劳动过程的方式通常在法律上表现为一系列**产权**（property right）。相应地，产权确立了由所有者控制其财产权利，以及决定由谁和以何种目的来使用其财产，并从其使用、改良或出售中获益的一系列权利。

产权确立了所有者控制其财产权利，以及决定由谁和以何种目的来使用其财产，并从其使用、改良或出售中获益的一系列权利。

奴隶制

比如说，**奴隶制**（slavery）是通过奴隶和奴隶主之间的阶级关系来定义的经济制度。**奴隶**和**奴隶主**的定义根植于一种特定的组织劳动过程的方式，它基于这样的事实，即在生产中投入的人本身是作为财产被占有的。于是，奴隶主之所以成为奴隶主，就在于他或她对这种特殊财产（奴隶）的占有，以及通过这种占有所确立的所有者的权利：指挥奴隶劳动的权利，占有奴隶劳动产品的权利，占有奴隶所生后代的权利，以及出卖奴隶的权利。

奴隶制是南北战争前美国南方主要的经济制度；奴隶主通过对所有投入（包括奴隶）及所有奴隶生产的产出的占有而获得剩余产品。

在存在于南北战争之前的美国南方的奴隶制中，不仅有这两个主要的阶级，即奴隶及奴隶主，还有其他阶级，诸如非蓄奴白人农场主、监工、城镇手工业者、自由黑人以及商人。但是奴隶主是统治阶级，而且就像已提及的，他们占有奴隶劳动过程的一切投入——包括劳动者本身。奴隶生产的总产品全部被奴隶主占有，主

要包括烟草、大米和皮棉。食物同样也是在种植园中生产的，一部
94 分食物——连同用卖粮食得到的收入购买的其他给养——被用于满足奴隶的衣食住宿之需。总产品的这个部分依奴隶的正常消费水平而提供。另一部分产出必须留出来喂养牲口，更换用坏的工具，或者替换生产总产品时已耗费的资本品。剩下的剩余产品，则留给奴隶主个人消费，或者用于购买更多的奴隶、建造华美的住宅、为奴隶主子女提供教育、出国旅游等。

封建制

另一种经济制度——**封建制**（feudalism），是组织中世纪欧洲大部分生产活动的方式。就像奴隶制一样，封建制存在两个主要阶级，地主（要么是教士，要么是贵族成员）和农奴（或者自耕农）。封建制下欧洲的其他阶级有手工艺人、管家及地主的随从和商人。农奴生产的总产品（除手工艺人生产的产品外）中的一部分作为正常的消费留给他们自己使用。但是地主获得了总产品中相当大的部分，即剩余产品，以供他们自己修建城堡和教堂、资助十字军东征以及更为普遍地维持其贵族生活方式。

封建制是中世纪时期欧洲主要的经济制度；地主通过地租和农奴亏欠的其他惯常债务来获得剩余产品。

地主是如何获得剩余产品的？为什么农奴将总产品的一部分移交给他们？首先回答关于**“如何”**的第一个问题：农奴通常欠地主地租，这里的地租一般以**实物形式**支付（比如两头羊或者八只鸡），而不是货币。此外，有田产的农奴通常为地主从事义务劳动：他们必须每周在地主的土地上劳动一定的时间，而地主拥有这块土地上的产出。（这个制度使人很容易看到在一周的一部分时间里生产者在自己的土地上劳动以养活自己，而在一周的另一部分时间里他们

在地主的土地上为地主生产剩余产品。）有时候农奴还必须支付其他费用，比如常见的是在地主的磨坊里磨粮食的费用，或者不常见的是养活地主的马戏熊的费用。在这个例子里，农奴甚至在熊死后还必须继续支付费用！

在封建社会，农奴以欠地主的地租、强制劳动以及各种费用的形式支付剩余产品。但是地主并不像奴隶主拥有奴隶一样拥有农奴。比如，地主不能出售农奴，在大多数情况下，甚至不能使农奴家庭从其常住的房屋和土地上搬走。那么，为什么农奴需要缴付剩余呢？答案是在封建制的法律下他们负有进行缴付的法律义务，并且当地的封建法庭（通常为地主控制）保证了地主的产权。作为最后的手段，地主拥有武装力量——马上的骑士——来惩罚抗租的农奴。通过这些方法，地主控制了封建制下的生产和剩余产品的使用。（值得注意的是，有时候农奴迫于无奈会设法逃往附近的城镇，逃到野地，或者转而为另一个地主服务。）

经济制度之间的区别

这些例子说明了一个基本点，即不管是考察奴隶制、封建制、
资本主义还是其他制度，每种经济制度都以其特定的阶级关系为特
征。就如我们已经说过的，每种制度都有相应的组织劳动过程和确 95
立产权的方式，这一切连同阶级关系一起决定了由谁控制劳动过
程以及剩余产品的分配。在表 5.1 中我们归纳了各种经济制度的
主要特征，并提供了通过进一步阅读以了解每种制度的相关文献。
（完整的目录参见本章末的推荐阅读文献。）

经济制度的特点是：人们如何决定由谁来做什么工作；谁来决定生产什么，如何生产，何时生产；以及谁控制由此产生的产品和服务。

表 5.1 各种经济制度

经济制度	社会关系特征	例子	建议阅读
采猎社会（觅食群体）	合作觅食并分享食物和信息；协商一致决策；没有政府；几乎没有私人产权，基本公平；没有剩余产品	在农业于 1.1 万年前出现之前，在 10 万年的人类历史中的大部分时期；当今世界的一些部族社会	Sahlins (1974) Diamond (1997) Boehm (2000)
奴隶制	奴隶完成大部分生产工作；他们的主人占有其产出（包括生产中所用的资本品），并且控制着政府；剩余产品的表现形式是奴隶主的收益	古罗马；1863 年《解放黑人奴隶宣言》(Emancipation Proclamation) 签署前的几年；某些地区或产业（如巴西的亚马孙河流域和泰国的渔业）还存在着零星的奴隶制	Finley (1973) Genovese (1965) Fogel and Engerman (1974)
封建制	农奴既为自己工作，也为统治地方的世袭地主（领主）工作；农奴以实物支付租金，每年在地主的土地上工作一定的天数；剩余产品以地租和强制劳动的产出形式存在	1000—1500 年间的欧洲大部分地区	Bloch (1961) Anderson (1974) Aston and Philpin (1985)
自给自足的经济	家庭完成大部分劳动；它们拥有土地、资本品以及劳动产品；它们独立决策；小政府	资本主义发展之前的英格兰大部分地区；19 世纪美国的非蓄奴州	Allen (1992)

续表

经济制度	社会关系特征	例子	建议阅读
农业专制主义	政治精英统治着国家，通过向拥有土地的农民和佃户征税来获得剩余产品	20 世纪前的中国；印度的莫卧儿帝国（1200—1700 年）；1500—1800 年的欧洲大部分地区	Spence（1990） Richards（1993） Anderson（1972）
中央计划	大部分经济决策依据强大的政府所制订并实施的计划；资本品国有化；政治权力集中；限制经济不平等；政府控制剩余产品	苏联（1921—1990 年）；20 世纪和 21 世纪早期的古巴等国家	Dobb（1966） Allen（2003）
资本主义	资本品所有者为了获得利润使用雇佣劳动生产产品；雇主进行大部分经济决策；存在着严重的经济不平等；雇主及其他人以资本主义利润和财产收益的形式获得剩余产品	1600 年以来的欧洲部分地区和今天世界大部分地区	Dobb（1964） Wallerstein（1974） Gray（1998） Schumpeter（1942） Gordon，Edwards and Reich（1982）

进而言之，我们把经济制度看作支配经济生活的一系列**游戏规 96
则**。从这个角度看，我们可以通过与游戏类比来理解经济制度。定义各种游戏的是玩游戏的规则。比如，使得棒球不同于篮球的并不是谁来玩、在哪儿玩、何时玩，或者除游戏规则之外的其他任何东西。

经济制度也是这样。每种经济制度都可以被认为是有着一系列独特的游戏规则，即一系列在生产和剩余产品使用方面控制着各阶级的相互作用方式的特定规则。经济制度的界定不是依据生产什么（谷物、钢铁、理发或电脑程序），在哪儿生产（在城区或者农村，在美国或者博茨瓦纳），或者由谁创建了这一经济制度。就像体育运动一样，是游戏规则使得各种经济制度相互区别。

阶级关系连同它们特定的游戏规则，在资本主义以前的社会中是很容易观察到的。比如在奴隶制和封建制社会中，奴隶主-奴隶和地主-农奴的关系是显而易见的。比较而言，资本主义中的主要阶级关系并不容易被发现，尤其是当所提及的资本主义经济和民主政治制度绑在一起时。在这样一个社会中，每个人都被认为"在法律面前人人平等"，而且游戏规则确实包含了一种个人之间的平等，这种情况在奴隶制或封建制社会中从未出现过。但是法律的平等并不意味着社会或经济的平等。就如阿纳托尔·法朗士（Anatole France）所讽刺的："法律，以其伟大的平等之名，禁止富人和穷人睡在桥下，禁止富人和穷人沿街乞讨，并禁止富人和穷人偷窃面包。"①

在大部分资本主义社会里，除了人们之间拥有平等的法律权利这一事实以外，还存在着特定的——起着定义作用的——居于每一种资本主义经济核心的阶级关系。下面我们就来考察使资本主义区别于其他经济制度的具体性质。

资本主义是这样一种特定的经济制度，即雇主为了获取利润，凭借其私人占有的资本品，使用雇佣劳动生产商品。

资本主义

资本主义（capitalism）是这样一种特定的经济制度，即雇主为了获取**利润**，凭借其**私人**

① Anatole France, *Le Lys Rouge* (Paris, 1894), Ch. 7.

占有的资本品，使用雇佣**劳动**生产**商品**。于是，资本主义主要的阶级关系就是存在于雇主（资本家）和工人之间的**劳资关系**。其他阶级——“中间阶级”——同样很重要，我们将在第 7 章中加以讨论。

资本主义是通过其劳动过程的三个特征来定义的。首先，生产部门的大多数劳动过程生产的是商品。其次，生产过程中所使用的资本品是私人占有的。最后，生产商品所需的劳动时间是在劳动市场上购买的。在劳动的每次市场交易中，某人同意将他或她某个时期的劳动服务提供给雇主以换取工资（或薪酬）。于是，劳动的资本主义形式便是“雇佣劳动”。

现在我们依次讨论资本主义劳动过程的三个方面：商品生产、生产所需的资本品的私人占有，以及雇佣劳动。

商　品

商品（commodity），无论是供人消费还是用 97
作企业投入，都是以**出售换取利润为目的**而生产出来的任何产品或服务。为此，**商品生产**需要有能进行产品买卖的**市场**。

> **商品**是以出售换取利润为目的而生产出来的任何产品或服务。

为了弄清商品这个概念，我们考虑一下煎饼的制作。在前一章里我们关注做煎饼的方法和技术。现在我们转向做煎饼的社会组织。为此，我们必须说明煎饼在何处制作以及为何制作。星期天早上在家制作煎饼的劳动过程，同在煎饼坊或其他餐馆中制作煎饼的劳动过程是截然不同的。

让我们从煎饼坊的例子开始。什么才能解释谁在餐馆中做何种工作？什么才能解释吃煎饼的人如何得到煎饼？两个问题的答案都是市场。劳动市场决定了第一个问题的答案，而煎饼市场，同其他使煎饼消费者获得收入的市场一道决定了第二个问题的答案。

吃煎饼的人通过为煎饼买单而获得煎饼。他或她放弃某些东西——一定数量的货币——以获得煎饼的所有权。在第 8 章中我们将注意到，市场交换是资本主义社会所有权发生转移的（合法）途径。需要多少货币呢？价格是通过买卖双方竞争性的相互作用决定的，这个过程我们将在第 8 章中借助供求曲线来分析。

吃煎饼的人如何获得煎饼同样也解释了为何制作煎饼。制作煎饼是为了出售以换取货币。（这就是“商品生产”的含义。）煎饼师傅并不是因为特别喜欢制作煎饼或者希望顾客能美餐一顿而在煎饼坊制作煎饼。他们制作煎饼是因为他们因此获得工资。如果他们不能得到报酬，他们便不会去做。如果制作汉堡包的工资更高，他们将很可能寻求在麦当劳工作。

同样地，并不是因为煎饼坊的所有者喜欢组织煎饼的制作而生产煎饼。他或她也许生活在另一个城市或另一个国家。他或她也许从来不曾见过这家特别的煎饼坊。无论如何，如果其所有者能够通过投资钢铁生产或者绵羊养殖赚更多的钱，他或她很可能不会成为煎饼坊的所有者。

目标是赚钱，而不是生产煎饼，这就是煎饼坊生产的煎饼是商品的原因。正如我们所说，生产商品的目的是卖掉它。生产者或所有者的喜好——他们关注（或漠视）营养或者顾客的享受——也许是很重要的，但是这些因素（在大多数情况下）并不决定生产何种商品或谁将得到它们。**生产什么**以及**为谁生产**的答案取决于出售商品的**价格**以及生产它们的**成本**。此外，在资本主义社会，商品交换通常是匿名的：任何人只要走进煎饼坊并支付标签上的价钱就能得到一份煎饼。是谁购买并不重要；重要的只是价钱。从这个意义上说，资本主义破坏了种族歧视和其他形式的歧视。

98 但是，在星期天早上的家庭餐桌旁，情况就很不一样了。如果一个陌生人走进来，他也许会被告知晚会儿再来，或者被赶出去。当然，他也可能被邀请坐下并享用一些煎饼。但不太可能的是，他因为付钱而不是其他原因而获得煎饼。

在军事基地的厨房里制作的煎饼也不是商品。这些煎饼被制作出来是因为当权者的命令，制作煎饼的人这样做只是奉命行事。这些煎饼没有售价；基地单位的所有成员都能获得煎饼。

虽然资本主义在当今世界的扩张导致社会生活的各个方面日益商品化——把越来越多的先前不用于出售的东西变成商品——但是仍然有很多产品并不是作为商品而生产的。以初等教育和中等教育为例，虽然美国有超过 3 000 家私立学校，但绝大多数美国孩子还是就读于公立学校，这些公立学校的经费依靠地方政府收取的社区税收而不是学费（学费用于购买教育，从而把教育当成了商品）。由政府资助的活动不能被认为是商品生产，因为它们并不生产在市场上**出售**的东西。在我们的例子中，孩子们之所以有权在他们所在社区的公立学校就读，是因为他们住在这个社区，而不是因为他们能买到去某所特定学校就读的权利。

人类本身并不是作为商品而被生产的，这几乎没有例外。虽然一个成年人所做的工作不可避免地会受到市场力量的影响，但是出生、照料、培育以及对人的教化——都涉及再生产部门的劳动过程——通常并不是以生产某个用于出售的物品为目标来进行的。也有例外，包括：孕育胎儿并对此收费的代孕妈妈（一种在广告中被称为“出租子宫”的服务）；以及在南北战争前，美国南方种植园中抚养奴隶儿童是为了在奴隶市场上出售以获取利润。

无论如何，图 5.1 显示，生产商品的劳动力占今天美国所有劳动力的不到一半。对世界三分之二的人口进行的时间使用调查（收集人们如何在各种活动中分配时间的数据的调查）显示，41%的工

99

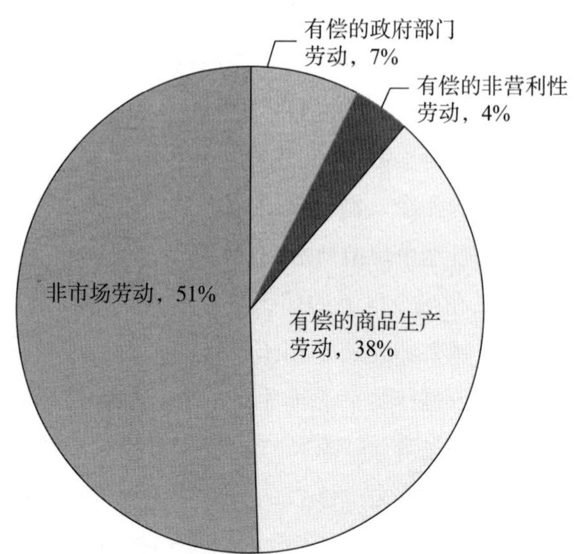

图 5.1　2013 年美国所有非市场劳动、有偿的商品生产劳动和有偿的非商品生产劳动占总工作时间的比例

饼状图显示了在所有劳动中有多少是家庭劳动和其他非市场劳动，有多少是生产商品的有偿劳动（在营利性企业中），有多少是不生产商品的有偿劳动（为各级政府工作和为非营利组织工作）。2013 年，美国每周大约有 125 亿小时的工作时间，这个数字所占的百分比代表了总工作时间的份额。这些数据是以劳动时间而不是以工人人数来表示的，因为大多数人既参与家务劳动，也参与有偿就业。根据美国人时间使用调查的数据和其他政府数据，美国大约一半的工作是非市场（无偿）劳动。

资料来源：U. S. Department of Labor，Bureau of Labor Statistics，"American Time Use Survey，Table A－1 for 2013，" available at https://www.bls.gov/tus/tables/a1_all_years.xlsx；BLS，"Total civilian labor force in the U. S. in 2013，" news release，available at http://www.bls.gov/news.release/archives/empsit_01102014.pdf；U. S. Census Bureau，"Annual Survey of Public Employment and Payroll Summary Report，2013，" available at http://www2.census.gov/govs/apes/2013_summary_report.pdf；BLS，"Nonprofits account for 11.4 million jobs，10.3 percent of all private sector employment，" *The Economic Daily* (TED)，October 21，2014，available at http://www.bls.gov/opub/ted/2014/ted_20141021.htm.

作发生在市场之外。这项工作是没有报酬的，大部分是家务劳动，四分之三是由妇女做的，而且大部分是照顾家庭成员，特别是小孩子。女性平均每周工作 52 小时，而男性工作 48 小时，他们有更多的休闲时间。调查还发现，在男性的总工作时间中，近五分之四花在了有偿活动上，约五分之一花在了无偿活动上。但女性的比例则大不相同，约五分之二的工作时间用于有偿活动，约五分之三用于无偿活动。①

2013 年在劳动市场上出售工作能力的美国人中，77％从事商品生产（包括服务），另外 23％是政府机构或非营利组织的非商品生产雇员。因此，图 5.1 所示的非市场劳动、商品生产劳动、非营利性劳动和政府部门劳动占 2013 年美国平均每周总工作时间的相对百分比分别为 51％、38％、7％和 4％。

很多家务劳动主要是照看儿童、杂货店购物、做饭、打扫、整理衣物、园艺以及除草，大多数都需要花费大量时间。但是在美国这样的社会，夫妇二人都有工作的现象已经普遍，小孩的父母（尤其是母亲）几乎没有闲暇时间。很多这样的父母，如果有足够的收入，会购买他们自己曾经提供的产品和服务的替代品，比如花钱请人照看小孩、去餐馆吃饭或叫外卖等。在美国，很少有带薪家庭休假，并且在这里为照顾孩子而提供的公共支持要比其他富裕国家少得多。

另一种重要的非市场工作形式是人们为社区组织、学校和其他 100
社区机构提供的志愿劳动。这些活动维持了我们的公民生活，但那些不得不做两份或两份以上工作来维持生计的人几乎抽不出时间来做志愿者工作。

虽然在美国这样的当代资本主义社会中，商品生产只占了总劳动的不到一半，但在资本主义以前的社会中，商品生产甚至更不重

① United Nations, *Human Development Report 2015* (New York: United Nations, 2015), 107.

要，在当今的非资本主义社会中也同样如此。比如，通过市场来交换食物在有些社会中是被禁止的，因为其民众认为食物有着如此重要的功能，以致不能任由个人的买卖活动来支配。即使在当今的美国和其他很多国家，政府的价格支持和其他形式的国家干预也使得食物价格不再完全由没有调节的商品交换来决定。但是在经济全球化的今天，食物毕竟是商品，这意味着要应对世界范围内的饥荒还有很多工作要做。（参见专栏“金钱万能”。）

金钱万能

2015 年，全球约有九分之一的人口（7.95 亿人）营养不良，这意味着他们的食物太少，无法满足日常的能量需求，即使是适度的活动。在那一年，全世界大约有 300 万 5 岁以下的儿童死于营养不良。

2015 年，全球饥饿人口为 7.95 亿，其中 7.8 亿生活在非洲、亚洲和拉丁美洲的贫困国家。然而，这个总数已经从 1998 年的约 10 亿，即占世界人口的近 19%，降至今天的不到 8 亿，即 11%。

尽管在全球范围内取得了进步，但在美国，2014 年食品不安全的人口和家庭比 2007—2009 年大衰退之前要多得多。根据联合国粮农组织（UN's Food and Agriculture Organization）的数据，当人们无法获得足够数量的安全的、有营养的食物以维持正常的生长发育和健康生活时，他们的食物就不够安全。（营养不良是一个更严重的问题。）1998 年，美国有 3 600 万人生活在食物不安全的家庭中；2014 年，增加到了 4 800 万人。在有孩子的单身女性组成的家庭中，超过三分之一的人缺乏食物保障。我们生活在一个金钱不仅拥有话语权而且决定一个人是否能有足够食物的世界中。

为什么世界上有这么多饥饿的人，其中许多人在 5 岁之前就死于营养不良？最主要的原因是国家内部和国家之间的土地和收入分配非常不平等，那些没有太多土地或收入的人不能生产或购买足够的食物来养活自己。通常情况下，世界上许多饥饿的人都是农场工人或农民，他们依靠在非农岗位上的兼职工作来维持生计。失业是比作物歉收更常见的饥饿原因。

许多食品是作为商品而生产的，这意味着，首先，它是通过市场分配的，其次，市场价格决定了生产多少和为谁生产。在高度一体化的全球经济中，食品将由那些有能力支付最高价格的人购买和消费。

在许多地方，曾经能够自己种植粮食的小农已经被生产出口经
济作物的大型商业农场取代。食品被卖到更富裕的国家，那里已经 101
吃得很好的消费者为食品支付相对较高的价格。在一个持续饥饿的世界里，粮食通过全球市场从贫困地区流向富裕地区。

资料来源：Alisha Coleman-Jensen，Matthew P. Rabbitt，Christian Gregory，and Anita Singh，*Household Food Security in the United States in 2014*（U. S. Department of Agriculture，Economic Research Service，September 2015），available at www. ers. usda. gov/publications/err-economic-research-report/err194. aspx；FAO，IFAD，and WFP，2015，*The State of Food Insecurity in the World：Meeting the International Hunger Targets：Taking Stock of Uneven Progress*，Rome：Food and Agriculture Organization of the United Nations，http://www. fao. org/3/a-i4646e/index. html；U. S. Department of Agriculture，Economic Research Service，2015，“Food Security in the U. S.：Key Statistics and Graphics，” http://www. ers. usda. gov/topics/food-nutrition-assistance/food-security-in-the-us/key-statistics-graphics. aspx # foodsecure；World Food Programme，c2016，http://www. wfp. org/hunger/stats.

商品生产与其他组织生产和产出分配的方式很不一样。协调经

济活动的其他方式包括家庭内部的关系、军事基地的军事命令以及谈判和投票等民主程序。但是，理解商品生产是理解当今美国和世界经济的关键。

仅靠商品自身并不足以定义资本主义，资本主义也不是商品生产（或市场经济）的同义语。从历史上看，早就有面向市场生产商品的经济制度，但却没有出现资本家。我们已经讨论过这样一个例子，在南北战争之前美国南方的奴隶制经济中，奴隶在种植园中生产烟草、大米和棉花，同时其所有者将奴隶生产的产品作为商品在世界市场上出售。

大约在同一时期，另一种组织经济生活的方式在美国与奴隶制共存。这种经济制度——将在下一章以较长篇幅讨论——是由两部分组成的，即以直接使用为目的的家庭生产和自我雇佣的独立生产者（如农民、手工业者和工匠）的商品生产。在这种经济制度下，自己拥有资本品的家庭完成生产，并且经常在市场上交换其产品——但不包括劳动，这一经济制度大约生产了当时美国总产品的60%。这一局面类似于托马斯·杰弗逊（Thomas Jefferson）所倡导的“有财产的民主制”。

在20世纪，**市场社会主义**的支持者认为，市场能被用来调节经济从而形成社会主义社会的基础，而不仅仅是资本主义社会的基础。他们所描述的是这样一种制度：工人所有的工厂通过竞争的方式在市场上出售它们的产品（于是避免了对中央计划的需要）。这里既没有资本家（因为资本品被工人所控制的工厂占有），也没有雇佣劳动（因为工人和自己占有的资本品相结合，实际上是自己雇用自己）。无论如何看待这样的提议，事实是商品生产在历史上存在于各种非资本主义经济制度中，也会存在于未来的非资本主义经济制度中。

商品生产若要能称为资本主义生产，还必须存在雇主和工人。相应地，雇主和工人之间的关系（即劳资关系）是通过劳动过程的 102
另外两个特征来定义的：资本品——工具、工厂、写字间以及其他生产中使用的（耐用）物品——的私人所有，以及劳动者作为雇佣劳动被雇用。

私人所有的资本品

资本主义的第二个基本特征（在商品生产之后）在于生产中所使用的资本品是资本家的**私人财产**（private property）。私人财产意味着，首先，其使用或出售取决于所有者或由其指定的代理人的决策；其次，所有者有权占有因其所有物的使用所产生的收入或其他利益；最后，所有者有权禁止他人使用其所有物，比如土地或工厂。“私人财产，非请莫入”就传达了私人财产的第三层含义。

私人财产是一种社会制度（或规则），它赋予个人或企业以使用、租借或出售诸如土地、建筑物以及各种艺术或智力创造物的权利；这意味着，一个人可以占有或使用这些物品，只要此物是他生产、租用、购买或是获赠的。

资本品的私人产权虽然不是资本主义独有的，但也绝不是普遍的。比如，很多美洲土著人就没有土地私有权的概念，这导致了他们和欧洲移民之间的误会，因为移民根据西方私人产权的概念认为他们是从土著人那儿购买东西。“印第安送礼者”这个贬义词是指那些送出东西又要回去的人，它揭示了这个说法源于欧洲人（后来成为美洲人）无法理解的美洲土著人的下述观念：诸如土地这样的东西既不能是你的也不能是我的，而是我们的或者不是任何人的。其他社会也有非常复杂的产权概念，如新几内亚的阿拉佩什人对财产权的描述所展示的那样。（见第 2 章专栏“新几内亚阿拉佩什人的财产权”。）

私有资本品包括机器、建筑物、办公室、工具和其他生产中需要的耐用物品，由于产权关系，这些物品的所有者决定如何使用这些物品。资本品怎么可能**不是**私有的呢？在什么情况下资本品是不为私人所有的呢？在某些情况下，政府机构，比如市电力局，会占有它们。甚至在私营部门，某些公司的资本品也有可能为其工人所有。事实上，这种情况偶尔会发生：当一个公司处于破产的边缘并且需要“被救援”以免“沉没”时，其经理和工人就会团结起来，集资购买公司在股市中的大部分股票，并且通常用减薪和其他手段使公司重新获得一个稳固的财务基础。在 20 世纪 90 年代之前，美国有大量企业被它的工人所有并控制，其中最有名的是在太平洋西北沿岸的一些胶合板制造公司（参见专栏“拥有你的工作，选择你的老板”）。在西班牙的蒙德拉贡，许多有超过 100 名工人的合作社生产并销售从家庭用具到机械工具等几乎所有东西。与之类似，在德国被称作“共同决策”的制度，要求公司董事会成员中必须包括一定数量的工人代表（作为董事），并允许经民主选举产生的工人委员参与德国公司的决策过程。在意大利有成千上万个工人合作社。

103 **拥有你的工作，选择你的老板**

1921 年，一群伐木工人、木匠和机械师在华盛顿州的奥林匹亚市成立了奥林匹亚胶合板合作工厂。作为对每人 1 000 美元投资的回报，每个成员均拥有在公司里工作的权利，并平等地分享所有的利润。成员中如果谁要离开，必须出售他的股份，同时准成员如果获得成员资格，将被要求购买股份。到 1923 年，该合作工厂的每股价格为 2 550 美元。1939 年，阿纳科特斯附近的 250 名工人每人投资2 000美元建立了第二个胶合板合作工厂。战时对胶合板的大量需求使其股价在1951年上涨到每股28 000美元，该合作工厂的成员给他们自己支付的工资是附近以传统方式组织的胶合板工厂中工会成员工资的两倍。

在两个成功的合作工厂的激励下，1949—1959年间，另外21个位于华盛顿州和俄勒冈州的合作工厂进入胶合板行业，其中9个是通过对已有传统型企业的收购完成的。合作工厂要么事实上由传统型企业转变而来，要么是由收购传统型企业而形成的。到20世纪80—90年代，整个行业从西北部移至东南部，大约一半的胶合板企业是合作工厂，剩下的是传统型企业，后者所雇用的有一些是工会组织的劳动力，有一些则不是。虽然实质上合作工厂和传统型企业使用的是同样的机器，但合作工厂在更为劳动密集型的"砂光"胶合板生产上有专长，因为就如一个合作工厂分析家所评论的那样，它"激励了工人的努力"。

几乎没有例外，在西北部的胶合板合作工厂中工人股东收到了公平的报酬，并且他们的工作经常轮换。工人团体选择经理层。一些非内部成员签署传统的工资合同后被雇用，其人数平均占到总工人人数的四分之一。高水平的生产率通过成员间强烈的职业道德得以维持，并因同伴的压力得以强化。最终在监督成本方面节省了巨额开销：当一个传统型企业转变为合作工厂，其监管者的人数会减至原来的四分之一。由于成员退休或离开而产生的股份出让会在当地报纸上登广告。平均股价在相当于年收入的一到三倍之间浮动。

在传统型企业和合作工厂共存于西北部的75年中，它们虽同样能够吸引到劳动力和资本，但在很多方面都不一样。合作工厂的生产率（每单位全要素的产出）比传统型企业高出很多。而合作工厂没能占领整个行业的原因在于，其潜在成员很难筹集到用以购买加入合作工厂的股票的资金。同时，当胶合板需求不足时，合作工厂并不裁员，而是降低所有工人的工资，这样虽然使痛苦被分担，但也保证了成员不致蒙受失业的不幸。

在当今美国，超过五分之一的雇员拥有其工作的公司的股票，虽然几乎没人拥有很大的数量。与胶合板合作工厂的成员不同，他们基本上不能选择自己的老板。虽然也有一些广为人知的工人持股失败的案例，如联合航空公司，但雇员持有相当大比例股份的企业所能达到的劳动生产率通常比传统型企业更高，尤其是当雇员也能参与有关劳动过程的决策时。

资料来源：Adapted from Samuel Bowles，*Microeconomics*：*Behavior*，*Institutions*，*and Evolution*（Princeton，NJ：Princeton University Press，2004）. See also：Douglas Kruse，"Research Evidence on the Prevalence and Effects of Employee Ownership，" *Journal of Employee Ownership Law and Finance* 14，no. 4（2003）：65－90；John Pencavel，*Worker Participation*：*Lessons from the Worker Co-ops of the Pacific North-West*（New York：Russell Sage Foundation，2002）.

就如已经指出的，资本品的私人所有不仅为其所有者提供了使用或出售它们的权利，还赋予雇主排除他人使用的权利。这一排他性权利还意味着解雇工人的权利，因为这是将工人从劳动场所排除
104 出去的方式。与此相关的权利——决定把谁包括在内的权利——则是雇佣的权利。所以，雇佣和解雇的权利是资本主义雇主拥有的产权的一个方面。

个人自由地使用自己财产的权利在很大程度上受到地方法规、工会合同、公共健康法规、职业健康与安全条例、污染控制法规等方面的限制。但是，虽然有这些限制，资本品的私人所有制仍是使得资本主义生产得以进行的法律前提。

在讨论资本品的占有时，有必要区分**财富**、**财产收入**和**工薪收入**。**财富**（wealth）是指某人或某公司在某一时间段的任一特定时刻所拥有的东西，出于这个原因，经济学家将其视为“存量”。**收入**（income）——无论来自财产还是劳动——被认为是“流量”，并且以某一特定时间段来衡量：一小时、一周、一个月或者一年。

个人或公司的**财富**（或**净值**，或**净资产**）是指个人或公司拥有的资产总值减去个人或公司所欠未偿债务或**负债**的总值。

财富包括有形或无形事物（资产）的所有权，如房地产、家庭用品、汽车、金钱或其他金融资产，或者版权或专利。随着时间的推移，它们可能会给其所有者带来收入或其他利益。一个人在某一特定时刻的财富既可能包括诸如房屋、汽车、工厂、土地、马匹或珠宝等有形物品；也可能包括无形资产，如货币，以及提供收入的金融资产，如证券或股票。**净资产**和**净值**指的是所有资产减去欠他人或机构（如银行和信用卡公司）的负债或债务。**财富**、**净值**和**净资产**都意味着同一件事。说一个人是“富有的”，意味着他或她拥有的资产大大超过了任何负债或债务。比尔·盖茨就是一个富人的例子：2016 年 1 月，他的净资产为 770 亿美元。

收入可以通过财产或者劳动获得，被当作“流量”。

收入则是另一回事，尽管并非完全不同。我们可以从专栏“兄弟，你能腾出 10 亿美元吗?”中计算出，2014 年，福布斯美国 400 富豪榜的每位成员的平均净资产为 58.5 亿美元。如果这 400 人投资或者聘请别人为他们投资从而产生每年 5%的回报（对于福布斯美国 400 富豪榜的富人而言，这并非一个不合理的假设），那么他们每个人平均每年得到的收入将超过 2.9 亿美元。此外，这种收入将完全由**财产收入**（property income）

财产收入是由于拥有一种资产，比如一个企业、一块土地、一栋建筑、一张债券或者一股公司股票，以利润、地租、利息或者股息形式得到的收入。

组成：创造这种收入只需要选择一位熟练的投资经理来管理自己的账户。

兄弟，你能腾出 10 亿美元吗？

从 1982 年开始，《福布斯》杂志每年都会公布一份美国最富有的 400 人的名单，这个名单被称作“福布斯 400 富豪榜”。近年来，《福布斯》杂志开始公布一个叫作“世界富豪榜”的名单，2016 年共有 1 826 人上榜，总财富超过 7 万亿美元。2016 年，最富有的 400 个美国人总共拥有 2.34 万亿美元的净资产，如果将这些净资产分配给所有美国家庭，每个家庭将得到近 2 万美元。下表列出的 20 个最富有的美国人以及世界上其他地区最富有的 7 个人拥有的财富与美国最穷的那一半人拥有的财富一样多。许多人登上《福布斯》富豪榜是因为他们从父母或祖父母那里继承了一大笔财富，但盖茨不是。

105 世界亿万富翁排行榜

姓名	净财富	国别	财富来源
比尔・盖茨	770 亿美元	美国	微软
阿曼西奥・奥特加	700 亿美元	西班牙	Zara（零售）
沃伦・巴菲特	610 亿美元	美国	伯克希尔哈撒韦
杰夫・贝索斯	520 亿美元	美国	亚马逊
卡洛斯・斯利姆・埃卢	520 亿美元	墨西哥	美洲电信
马克・扎克伯格	490 亿美元	美国	脸书
拉里・埃里森	450 亿美元	美国	甲骨文
查尔斯・科赫和大卫・科赫	400 亿美元/人	美国	科赫工业
拉里・佩奇	380 亿美元	美国	谷歌

续表

世界亿万富翁排行榜			
姓名	净财富	国别	财富来源
谢尔盖·布林	370 亿美元	美国	谷歌
利莉亚娜·贝当古	370 亿美元	法国	欧莱雅
迈克尔·布隆伯格	360 亿美元	美国	彭博资讯
伯纳德·阿诺特	340 亿美元	法国	LVMH
吉姆·沃尔顿及其子女	310 亿～340 亿美元/人	美国	沃尔玛的继承人
李嘉诚	290 亿美元	中国	多种经营
谢尔顿·阿德尔森	250 亿美元	美国	金沙赌场
乔治·索罗斯	250 亿美元	美国	对冲基金
大卫·汤姆森家族	250 亿美元	加拿大	汤森路透
豪尔赫·保罗·雷曼	250 亿美元	巴西	啤酒
菲尔·奈特	230 亿美元	美国	耐克
小弗雷斯特·马尔斯、杰奎琳·马尔斯和约翰·马尔斯	230 亿美元/人	美国	玛氏糖果的继承人

资料来源：Chuck Collins and Josh Hoxie，December 1，2015，“Billionaire Bonanza：The Forbes 400 and the Rest of Us：Wealthiest 20 People Own More Wealth Than Half the American Population，” Institute for Policy Studies，http://www.ips-dc.org/billionaire-bonanza/；*Forbes*，2016，“The World's Billionaires，” available at http://www.forbes.com/billionaires；Kerry A. Dolan and Luisa Kroll，“Inside the Forbes 2015 Billionaires' List：Facts and Figures，” available at https://www.forbes.com/sites/kerryadolan/2015/03/02/inside-the-2015-forbes-billionaires-list-facts-and-figures/#1df828c830ca.

巨额净价值通常以大量公司股票的所有权（对用于生产的资本品的私人产权）为基础，图 5.2 显示：如果以当年所拥有的公司股票数量为标准，对 2014 年美国 1.176 亿户家庭进行排序，最富有的 1%家庭拥有全部公司股票的 35.0%，最富有的 10%家庭则拥有这

些公司股票的80.8%，而最贫穷的90%家庭则只占有19.2%（参
106 见图5.2中所列举的资料来源）。公司资产所有权的这种不均匀分布

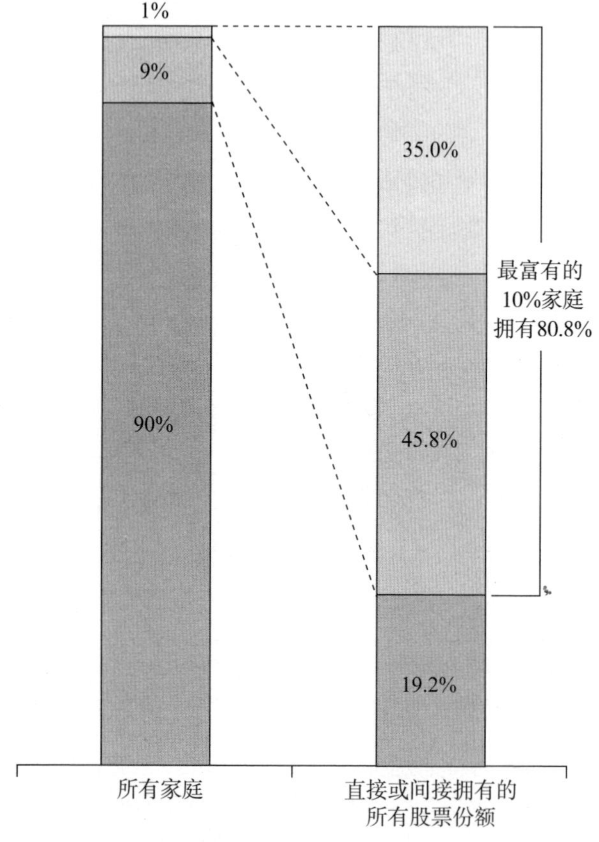

图5.2 资本品所有权的集中

左边的柱状图代表2010年美国的1.176亿户家庭（家庭和个人）。右边的柱状图代表同年所有上市公司股票的价值，它显示了各财富集团所持有股票的比例，包括直接或间接持有的共同基金、信托基金和退休账户。数据显示，最富有的1%家庭拥有35.0%的公司股票，最富有的10%（包括最富有的1%）家庭拥有80.8%的公司股票，而最贫穷的90%家庭拥有19.2%的公司股票。

资料来源：Data from Edward N. Wolff，"The Asset Price Meltdown and the Wealth of the Middle Class，" NBER Working Paper 18559，2012，57，Table 9，available at http://www.nber.org/papers/w18559.

有助于解释，为什么有些人是雇主，而另外一些人（社会中的大部分成员）则是工人。

20 世纪的最后 20 年见证了美国家庭股票所有权的急剧增加。如果间接所有权——通过共同基金、信托基金、个人退休账户、基奥计划、401（k）计划和其他退休账户——也包括在内，至少拥有股票的家庭的比例从 1983 年的 24.4%上升到 2001 年的 51.9%的峰值，然后在 2010 年下降到 46.9%。当然，这些数字还表明，2010 年，以及至少自 1983 年以来的几乎每一年，有一半以上的美国家庭根本没有持有股票。[①]

私人占有财富的意义在于，一个人拥有的财富越多，对工作的需要程度就越低。表 5.2 展示了美国国税局 2011 年的数据（可获得的最新数据）。它表明，纳税人的收入越高，以工资或薪金形式出现的收入就越少。它的逻辑如下：工资和薪金是挣得的收入，而非挣得的收入以利息、股息、租金、特许权使用费和已实现的资本利得的形式出现——所有这些都是不同形式的财产收入。其他类型的收入，如社会保障福利或失业补偿，需在先前有工作才能使一个人有资格领取，但当前还没有“挣到手”。因此，通过表 5.2 的左栏和 107
右栏我们可以得出以下结论：纳税人的收入越高，其工资或薪金占总收入的比例就越低。我们按照由低到高的收入水平（最左栏），可以看到，相应的工资或薪金占总收入的比例（最右栏）——包括雇主支付的红利——从 123.2%降至 31.9%。

① Edward N. Wolff, “The Asset Price Meltdown and the Wealth of the Middle Class,” NBER Working Paper 18559, 2012, p. 65, Table 17b: Stock Ownership, 1989 - 2010.

表 5.2　2011 年美国纳税人的收入来源

收入水平*（万美元）	纳税人比例（%）	总收入占比（%）	工资和薪金总额占比（%）	工资和薪金占总收入***的比例（%）
0～2	34.6	3.6	6.3	123.2
2～10	52.0	43.7	47.4	77.2
10～100	13.2	41.4	41.3	71.1
≥100	0.2	11.3	5.0	31.9
总计	100.0	100.0	100.0	
	纳税人总数**（百万）	总收入（十亿美元）	工资和薪金总额（十亿美元）	
	145.3	8 498	6 055	

注：工资和薪金占总收入的百分比可能超过 100%，因为纳税申报单上的扣除可能使调整后的总收入低于工资和薪金。个人纳税申报单上的数据还包括小型股份制公司的纳税申报单中的数据，该申报单是由业务未合并的个人提交的。

* “收入水平”是指 2011 年美国国税局所归档的纳税申报单中所填的“调整后的总收入”。

** “纳税人总数”是 2001 年美国国税局所归档的纳税申报单中所填的数量。因为很多有多个收入来源的家庭填的是“联合纳税申报单”，申报单的数量将比有收入的人的数量少。此表中的数据以纳税申报单为准。

*** 总收入包括除工资和薪金之外的利息、股息、租金、版税以及资本所得，所有这些都是财产收入的形式。其他非工资收入（通常低于财产收入）包括经营收入和专业收入、社会保险收入、生活费以及失业保险。

资料来源：U. S. Treasury Department, Internal Revenue Service, Statistics of Income: Individual Income Tax, All Returns: Sources of Income, Adjustments, Deductions, and Exemptions, 2011, Table 1.4. Available at https://www.irs.gov/uac/SOI-Tax-Stats-Individual-Income-Tax-Returns.

尽管很多收入极高的纳税者——比如大企业的首席执行官（CEO）以及其他一些人——也非常辛苦地工作，但他们的财产收入的数量意味着总体上他们没有必要工作。我们将在下一章给出关于资本家和工人阶级——同样，还有“中间阶级”——的更为复杂的定义。不过，从上述一系列事实中我们可以得到一个重要的结论，那就是：如果一个人的财产收入足够多，他（她）将能够选择不工作，同时仍然能够维持体面的生活标准；而如果一个人没有这样的财产收入，他（她）则没有这种选择余地。正是这种差别（还有其他的一些差别）将资本家与工人阶级区别开来。

> **资本家阶级**或者**资本家**是那些拥有生产所需的资本品，并控制他人劳动的人；他们通过利润或其他形式（如利息和租金）获得收入，以作为使用其资本品的回报。

因此，我们可以说，**资本家阶级**（capitalist class）——社会成员的少数——是由那些占有用于商品生产的资本品的人构成的。他们所控制的不仅仅是他们自己的劳动（如果他们参与劳动的话），（更重要的是）还控制其他人的劳动，同时，他们的绝大部分收入是财产收入。与此同时，**工人阶级**（working class）——社会成员的大多数——是由那些没有足够的资本品来维持生计，从而不得不在别人的控制之下进行劳动的社会成员组成的。工人阶级以工资或薪金的形式获得他们的收入。工人阶级中的成员通常拥有自己的汽车、房产以及其他私人财产，有些人甚至拥有公司股票或者共同基金的股份，但是这些财产都没有赋予工人对用于生产的资本品的控制权。

> **工人阶级**或者**工人**是那些从事雇佣劳动的人；他们既不拥有生产过程中所使用的资本品，也不控制他人的劳动。

雇佣劳动

> **雇佣劳动**是指在雇主的指挥下从事的劳动，工人以此获取工资或薪金。

108 资本主义的第三个基本特征（仅次于商品生产和私有资本品）是**雇佣劳动**。**工资工人**是指那些必须依靠为雇主工作而获得工资或薪金生活的人——不管他们的工资是基于他们工作了多长时间，还是基于他们生产了多少（“计件工作”或“佣金”）；他们的工作被称为**雇佣劳动**（wage labor）。每个靠雇工谋生的人都是工人。

那么，还存在其他类型的劳动吗？正如我们将在下一章所解释的那样，200 年前，美国大多数人都不是以雇佣劳动形式从事劳动的。他们要么是独立的农场主，要么是自我雇佣的个体劳动者，要么是奴隶。即使是在今天的美国，仍然有不以工资为生的人。他们都是为自己而工作，或者以合伙的方式，或者以合作共有的方式，还有的就是在自家的农场或店铺里工作。

为自己工作的人要么通过生产自己消费的东西来谋生，要么通过出售自己生产的商品（可能是一种服务，而不是实物产品）来谋生。雇佣劳动从根本上是不同的。为工资或薪金而工作的人通过出租自己来谋生，或者更确切地说，通过出卖时间来谋生。作为工资的交换，他们在别人的指导下工作，生产他们不拥有所有权的东西。

资本品的所有权集中在一部分社会成员手中，意味着其他绝大多数社会成员对雇佣劳动的需求。只有当人们拥有大量财产时，他们才能以财产收入为生；而那些只拥有很少的资本品甚至没有资本品的人，则往往必须通过劳动来生存。因此，资本品的所有权集中于相对较少的人手中与雇佣劳动的存在是紧密相关的。

举个例子就能清楚地说明这一点。2014 年，美国私营部门的工人平均使用价值超过 17.9 万美元的资本品（包括软件、设备和建筑）①。当然，大多数美国工人并不拥有他们工作所需的资本品。美国工人通常拥有汽车，大多数人拥有自己的房子，其他的财物就很少了。因此，一个典型的工人没有足够的财富来获得成为独立生产者所需的资本品。如果每个工人都拥有 17.9 万美元的额外财富，他们或许可以通过与朋友或家人共享财富的方式自己创业。由于大多数工人无法筹集到足够的资金来开办自己的企业，他们使用的工具和从事工作的地方一般都为别人所有。"某个人"是他们的雇主，是他们赖以生存的人。

资本主义、剩余产品与利润

现在我们可以看到资本主义社会的基本阶级关系与剩余产品之间的联系。雇主（资本家）雇用工人生产产品（总产品）并占有这些产品，然后出售工人生产的产品。假定雇主从销售收入中支付给每一位工人足够的工资，以使其负担得起正常水平的消费。再假定，雇主从其销售收入中提取必要的资金用于补充在总产品生产过程中消耗掉的原材料，并预先提留工具、机器及其他资本品在生产过程中的折旧（磨损）。正如我们在前面的章节中所说明的那样：这剩下的收入就是剩余产品。在资本主义经济制度中，剩余产品表现为利润的形式。

在上一章关于谷物的简单模型中，剩余产品作为一定数量的谷物，代表了一定数量的劳动时间。不过，在资本主义经济制度中，

① U. S. Department of Commerce, Bureau of Economic Analysis, Table 5. 10. Changes in Net Stock of Produced Assets (Fixed Assets and Inventories), "Produced Assets, Private, Nonresidential," available at http://bea.gov/iTable/index_FA.cfm; and BLS, series CES0500000001, "All Employees, Total Private, Seasonally Adjusted," available at http://data.bls.gov/timeseries/CES0500000001.

> **利润**是资本主义制度下剩余产品的表现形式；它是销售收入扣除了工资、消耗的原材料的成本以及机器设备折旧后剩余的部分。

109 剩余产品不仅是一定数量的商品（或劳动时间），它还是一定数量的金钱，并被称作**利润**（profit）。利润为资本家提供了其收入的基础——不管这种收入采用利息、股息、租金的形式，还是采用资本所得的形式——同时，正如我们已经说明的那样，这种收入来源于对资本品的所有权以及对劳动过程的控制。

雇主可能无法保留资本主义劳动过程产生的所有利润。一方面，政府用税收中的部分剩余产品来支付公共服务、公共产品和各种便利设施。（此外，政府还对不属于剩余产品的收入——例如工薪阶层的收入——征税，以资助其活动，这也是事实。）我们将在第 6 章和第 19 章讨论政府在经济中的作用。

> **利息**是政府根据合同向国库券、中期国债和长期国债的所有者所做的支付；或者是公司根据合同向持有其债券的所有者或向其提供贷款的银行所做的支付。

> 股票代表公司所有权的一部分，当公司决定将其总利润的一部分作为**股息**发放给股东时，股东有权获得股息——由董事会决定的每股报酬。股息的数额各不相同。

另一方面，另一部分剩余产品可能用于向银行或个人偿付**利息**（interest），他们把钱贷给了企业。利息的支付通常被认为是成本，并且是企业的成本。然而，它们也只不过是利润的另外一种形式，因为它们是支付给**间接**拥有生产过程中所使用的资本品的那些人。如果银行借钱给企业，作为回报，它将从企业方面得到关于支付利息并最终偿还本金的承诺。尽管银行并不直接拥有任何资本品，但它获得了对部分利润或剩余产品的索取权，而这种索取权产生于对资本品的使用。

同样，公司也可以将一部分利润以**股息**（dividend）的形式发放给公司的股东。股票意味着它的持有者是公司的部分所有者，因此，如果公司决定支付股息，公司的所有者有权获得股息。虽然根据合同，公司没有义务这样做，但公司通常在每个季度支付股息，以保持其股票对现有或潜在投资者的吸引力，从而帮助保持股票在任何交易市场上的价格。任何没有以利息或股息形式支付的利润均被称为“留存收益”。这些是公司用来支付新投资的一部分利润。股息与利息的区别在于，公司没有义务向股东支付股息，但有义务向债券持有人或债权人支付利息。然而，股息与利息相似，因为股息是资本主义社会剩余产品的一种形式。因此，它们被视为总利润或财产收入的一部分。

资本家所得的利润（包括利息、租金、股息以及企业的留存收益等财产性收入）绝大部分被用于购买各种各样的商品。当资本家的利润被用于为工厂购置新机器（数量多于替换那些生产过程中消耗掉的资本品），或者用于研发活动，或者用于其他致力于提高未来劳动生产率的产品与服务时，这种支出就被称作**净投资**。利润也 110
会用于生活必需品的**消费**，以及豪宅、游艇、豪华轿车以及私人飞机等方面的消费（回想第4章中的专栏“超级游艇与牛市游船”）。剩余产品可以被看作是供利润消费的所有对象，从而相应地由令人眼花缭乱的产品与服务构成。这些产品和服务的共同之处——即其成为剩余产品的原因——在于，它们并非用于维持生产者的正常水平的消费，或者用于更新在生产过程中被使用或消耗掉的材料和机器设备。

如前所述，正是资本的所有权赋予了资产阶级在处置剩余产品方面的控制权。这种控制可以从两个方面来考察。一方面，这种控制意味着赋予资本家以**收入的权利**，即基于其对生产中所用资本品的所有权，确立了他们可以以利润、租金、股息以及其他形式获得收入的权利。另一方面，资本品的所有权赋予雇主**控制的权利**，即有权控制在劳动场所中所进行的活动，包括活动的组织方式。资本家在这些方面的权利，意味着资本品所有者有权凌驾于雇员之上，也使他们（或者被选择的经理人）有权做出影响就业、收入以及雇员安全的决策。我们将在第 12 章和第 13 章中用一定的篇幅来讨论实施这种控制的各种途径。

资本家权力的另一个方面与他们参与政治有关。拥有大量财富的人不仅富有，也很有影响力。他们的高收入使他们有能力聘请律师和游说者来为政治竞选做出重大贡献——有时甚至为自己的竞选活动提供资金——以及从事其他可能使他们能够影响立法或政策制定方式的活动。这样的立法或政策有时会使雇主更容易保持对劳动过程和雇员的控制，从而确保他们能够在未来继续盈利。第 6 章将对此进行讨论。然而，我们在这里的观点是，即使资本品的潜在所有者与政府没有任何关系，他们对自己所使用的技术、要生产的产品以及在哪里生产的决定对他们的雇员和其他人也有很大的影响。

结　论

作为本章的结尾，我们回到资本主义的基本特征上，即它是一种组织劳动过程的方式，包括商品生产、私人所有的资本品和雇佣劳动。我们对资本主义的定义强调了劳动过程的社会组织；没有提到它的技术或它生产什么。资本主义经济可能会生产工业产品或农产品、坦克等。资本主义的特点在于它的组织方式。

资本主义的这个定义也没有提到政府的形式。资本主义可能与民主的政府机构共存——就像它在美国所做的那样；与法西斯主义共存——就像它在希特勒执政的德国所做的那样；或者与其他形式的独裁统治共存。此外，民主政府可能与资本主义以外的其他经济制度并存。正如我们在下一章将要解释的那样，在美国民主的初期，资本主义组织几乎不存在。

资本主义依照一套“游戏规则”即一套决定如何进行社会决策 111
的程序和阶级关系来运行。奴隶制与封建制则依据另外一系列规则及社会决策方式运行。在家庭中，成年人尤其是男性家长的权威以及习俗与传统，依然决定着处理事务的不同方式。而在本书中，我们主要讨论的是资本主义的游戏规则。

推荐阅读文献

Robert Allen, *Enclosure and the Yeoman* (Oxford: Clarendon Press, 1992).

Robert Allen, *From Farm to Factory* (Princeton: Princeton University Press, 2003).

Perry Anderson, *Lineages of the Absolutist State* (London: Verso, 1972).（安德森. 绝对主义国家的系谱. 上海：上海人民出版社，2001.）

Perry Anderson, *Passages from Antiquity to Feudalism* (London: NLB, 1974).（安德森. 从古代到封建主义的过渡. 上海：上海人民出版社，2001.）

T. H. Aston and C. H. E. Philpin, eds., *The Brenner Debate: Agrarian Class Structure and Economic Development in Pre-Industrial Europe* (Cambridge: Cambridge University Press, 1985).

Marc Bloch, *Feudal Society, Volume I: The Growth of Ties of Dependence* (London: Routledge, 1961).（布洛赫. 封建社会. 北京：商务印书馆，2005.）

Christopher Boehm, *Hierarchy in the Forest* (Cambridge, MA: Harvard University Press, 2000).

Jared Diamond, *Guns, Germs, and Steel* (New York: Norton, 1997).（戴蒙德. 枪炮、病菌与钢铁. 上海：上海译文出版社，2000.）

Maurice Dobb, *Studies in the Development of Capitalism* (New York: International Publishers, 1964).（多布*. 资本主义发展之研究. 天津：新民书店，1951.）

Maurice Dobb, *Soviet Economic Development Since 1917* (New York: International Pub-

* 又译道伯。——译者注

lishers, 1966).（道伯. 苏联经济发展史. 北京：商务印书馆，1950.）

M. I. Finley, *The Ancient Economy* (Berkeley: University of California Press, 1973).

Robert Fogel and S. Engerman, *Time on the Cross: The Economics of American Negro Slavery* (Boston: Little, Brown, 1974).

Eugene Genovese, *The Political Economy of Slavery: Studies in the Economy & Society of the Slave South* (New York: Pantheon, 1965).

David M. Gordon, Richard Edwards, and Michael Reich, *Segmented Work, Divided Workers: The Historical Transformation of Labor in the United States* (Cambridge: Cambridge University Press, 1982).

John Gray, *False Dawn: The Delusions of Global Capitalism* (London: Granta, 1998).（格雷. 伪黎明：全球资本主义的幻象. 北京：中国社会科学出版社，2002.）

Eileen Power, *Medieval People* (New York: Barnes & Noble, 1963), especially Chapter 2, "The Peasant Bodo: Life on a Country Estate in the Time of Charlemagne."（鲍尔. 中世纪人. 北京：北京时代华文书局，2018.）

John F. Richards, *The Mughal Empire* (Cambridge: Cambridge University Press, 1993).

Frank Roosevelt and David Belkin, eds., *Why Market Socialism?* (Armonk, NY: M. E. Sharpe, 1994), especially Chapter 2, "Thinking about Socialism: Achievements, Failures, and Possibilities" by Irving Howe, 51-82.

112 Marshall Sahlins, *Stone Age Economics* (Chicago: Aldine Publishing Company, 1974).（萨林斯. 石器时代经济学. 北京：三联书店，2009.）

Joseph Schumpeter, *Capitalism, Socialism, and Democracy* (New York: Harper & Row, 1942).（熊彼特. 资本主义、社会主义与民主. 北京：商务印书馆，1999.）

Jonathan D. Spence, *The Search for Modern China* (New York: Norton, 1990).

Immanuel Wallerstein, *The Modern World-System: Capitalist Agriculture and the Origins of the European World-Economy in the Sixteenth Century* (New York: Academic Press, 1974).（沃勒斯坦. 现代世界体系：第1卷. 北京：高等教育出版社，1998.）

Erik Olin Wright, *Class Counts, Student Edition: Studies in Marxism and Social Theory* (Cambridge: Cambridge University Press, 2000).

第 6 章
政府与经济

1963 年 8 月，20 多万人云集华盛顿，倾听马丁·路德·金
(Martin Luther King) 博士的演讲，这标志了民权运动的高峰。今天，这个演讲像林肯在葛底斯堡的演讲一样令人难忘。马丁·路德·金对人们说："我梦想有一天，我的四个孩子将在一个不是以他们的肤色，而是以他们的品格优劣来评价他们的国度里生活。"

通过动员大规模游行、挑战法庭的种族歧视行为、以非暴力方式违反歧视性法律和法规而引发大规模拘留以及游说国会制定政策以矫正种族不平等和贫困，民权运动改变了美国。20 世纪 60 年代，新的法律使得否认平等的选举权、阻碍平等使用公共交通和平等就业变得非法。蓄意制造学校种族隔离的政策受到了美国司法部的抨击。1965 年，部分是为了回应民权运动，林登·约翰逊（Lyndon Johnson）总统揭开了"向贫困开战"的序幕。

新的政策带来了不同吗？在 20 世纪 60 年代，非裔美国人和其他种族之间的工资差距缩小了。不过，在 20 世纪 50 年代，也就是在民权运动之前，这个差距也是缩小的。很难说这究竟是来自 60 年代的运动所产生的新政策，还是来自这十年中劳动力需求的迅速增加（部分源自政府在越南战争中的开支）。当失业率极低时，不太富裕的人通常表现得更好。

然而，至少在一个方面，民权运动和改善非裔美国人生活之间的因果关系是明确的。1964 年，非裔美国婴儿的死亡率是欧裔美国婴儿的死亡率的两倍。在接下来的 7 年里，非裔美国婴儿的死亡率下降了四分之一以上（每 1 000 个活产婴儿的死亡数量从 41 降低到了 29）。在同一时期，非裔美国婴儿与欧裔美国婴儿死亡率的比率下降了三分之一，而在 1964 年以前的 15 年里，这个比率一直是上升的。

黑人婴儿健康状况的改善在南方最为贫困的地区表现得尤为显著。在民权运动以前，那里的医疗保健一直以来是不对黑人开放
114 的，对其开放的医疗设施条件也比较差。在 1964 年《民权法案》（Civil Rights Act）通过以后，医疗设施被整合了，对于黑人公民来说，医疗质量有了明显的改善。对于黑人婴儿来说，这减少了由于腹泻和肺炎等易于治疗的疾病所导致的死亡。

民权运动和婴儿死亡率之间的关系清楚地表明了政府的政策是尤为重要的。政府可以影响经济的运行方式，同样，经济对政府的运行也有很大的影响。本章探讨的是政府与经济的关系。

正如我们在前几章中所阐述的那样，资本主义经济是在一系列原则或“游戏规则”的基础上运行的，这些原则或规则旨在利用雇佣劳动和私有资本来组织商品生产以图获利。相反，政府是根据不同的原则（一套不同的规则）组织起来的。这些规则使集体行动成为可能。政府或者政府的领导人，代表一个国家的全体人民采取行动，并且他们的行动可以强制性地附加于其管辖范围内的所有人身上。

这一章的主要内容是，**政府，尤其是民主政府，与资本主义经济的运行原则是不同的，并且每一项原则都决定了其他原则的运行方式**。这一中心理念体现在四个关键点上：

1. **游戏规则是至关重要的，最主要的有两项：一项是决定政府如何运行的规则（在民主政府中就是民主是如何运行的）；另一项是决定经济如何运行的规则。政府影响经济，经济也会影响政府。**
2. **一个民主政府在理想情况下可以被视为一个过程，在这个过程中，人民集体提供他们自己的福利。**在理想情况下，政策由所有人决定。并且，无论每个人是否参与了决策，所有人都受到这些政策的约束——政府以权力为后盾，确保人们享有的权利和必须履行的义务。这不同于资本主义经济中的互相作用。
3. **政府活动（制定和实施法律法规、政策和计划）对收入、财富和福利的分配有影响。**这些活动包括向民众和组织征税，以及依法向他们支付福利或补贴；提供服务，或与公司或其他组织签订提供商品和服务的合同；制定各项关于权利、民主程序和其他事项的规则，并加以执行；管理政府拥有的资源，如土地、矿产、木材和水资源等。
4. **资本所有者和劳动者（或者公众）都试图通过影响政府的政策来使收入、财富和福利的分配向有利于他们的方向转变。**由于工人占大多数，所以在一个运转良好的民主国家，工人理应能够捍卫自己的福利，不过，资本所有者有时会采取不同寻常的策略来维护自己的利益。因此，**为了确保（政府）是服务于公共利益的，就需要一个群众广泛参与的有效的民主过程。**

游戏规则：政府与资本主义经济

一个国家的政府处于独特的位置，它能够制定规则，然后通过 115

行使权力来迫使个人和组织都遵循这些规则。除非已经与个人和组织签署了协议，否则代理人不能合法地迫使个人或组织遵守其意愿。政府所拥有的使用警察和法院来确保人们遵守法律的垄断权使得资本所有者和代表工人经济利益的工会都通过游说强烈主张法律对他们有利。双方都希望通过政府权力强制执行有利于他们的法律，都不希望被迫遵守与自身利益相悖的法律。

例如，大多数雇主希望随意雇用或解雇员工。但工人们希望得到保护，以免由于支持工会的情绪和行动或是由于与工作性质无关的特征（比如种族、宗教、国籍、性别、性取向等）而被解雇（或未被雇用）。规则通常服务于一个阶级的利益而不是另一个阶级的利益，或者服务于公共利益，从而重新分配收入和财富。因此，提议改变规则可能会引起激烈的争论。一个很好的例子是19世纪时公司合法运行方式的变革。

公司的现代法律形式的出现

在整个19世纪资本主义发展成其现代形式的过程中，资本所有者不时发现，如果他们能够成功地改变法律使之对自己有利，他们就有机会增加自己的权力和利润。这有时意味着要寻求新的立法；有时意味着要赢得司法判决来推翻以前的规则，并用更有利于商业野心的规则取而代之。政府的三个主要部门——立法、行政、司法——都有可能被涉及。其中的一项改变旨在降低投资企业的风险，从而鼓励潜在的投资者将更多的资金投入到企业中。

在19世纪早期，许多企业一开始时是合伙制的。合伙人向企业投资意味着他需要承担企业的债务，无论是否会债台高筑。所以，成为一个企业的合伙人要承担很大的风险：你可能会输得精光。建立合伙企业的另一条途径是企业合并，即成立一个公司并发行股票，由立法机关批准公司章程。这可能会更加广泛地分散企业资产的所有权。不过，在这一阶段，购买一个公司的股票并不一定会改变投资者所面临的风险。当时流行的法律思维是，股东至少要对他们所投资企业的部分债务承担责任，这超出了他们所购买的企业股份的价值。

有限责任

19 世纪，改变这种情况的法律上的关键概念是公司投资者的**有限责任**（limited liability）原则。这个想法是，那些通过购买股票来向一个公司提供投资资金的人（因此而成为股东）只需要承担 116
相当于股票价值金额的风险，不需要承担超出这部分的法律责任，比如业务失败。如果公司破产，那么股票的价值通常会跌到零，从而股东们会损失他们所投资的钱；但他们不会失去任何其他东西，尤其是他们无须帮助公司偿还债务。

> 说公司中的投资者具有**有限责任**，意味着投资者对公司的债务不负有法律责任。投资者最多可能损失的是当公司股票价值降到零时，投资者在购买股票时所付出的资金。

在 19 世纪早期，有限责任原则在法律上还没有被广泛接受。然而在大约 1860 年的美国，大多数州通过立法明确规定了公司股东享有有限责任。很自然地，这一规定能够更容易地说服潜在投资者在这些州的特许公司中进行投资，从而公司吸引了新的资金。这帮助资本主义在 19 世纪下半叶得到了蓬勃发展。一个多世纪后，在美国，有限责任被法律扩展运用于非公司形式的合伙关系。“有限责任公司”（limited liability company，LLC）的形式现在被广泛使用。

这个故事的要点有两个。第一，政府有权改变企业的经营条件，包括企业经营者所面临的风险程度。这对于资本所有者而言是一剂强心针：通过对政府各部门施压来敦促其制定更有利于资本活动的法律法规。第二，从历史上看，一旦资本所有者想出了只需要通过改变法律或法规（游戏规则）就能增加利润和权力的新方法，他们就会不断地进行施压来要求政府做出这样的改变。换句话说，资本主义经济本身的发展为利润开辟了新的可能途径，促使资本所有者要求修改法律、法规和司法解释。

法　人

下一个主要的变化是将公司定义为法人。内战结束以后，1868年美国通过了宪法《第十四修正案》(the Fourteenth Amendment)，该法案规定：

第一款　凡出生或归化于合众国并受合众国管辖之人，皆为合众国及其居住州之公民。无论何州均不得制定或实施任何剥夺合众国公民之特权或豁免之法律；**无论何州未经正当法律程序均不得剥夺任何人之生命、自由或财产；亦不得拒绝给予在其管辖下之任何人以同等之法律保护**。①

从1868年至1886年的约20年间，公司的律师试图让法院承认公司是一个**法人**，从而公司有权平等地分享与**自然人**类似的合法权利。比如，其中包括：一个公司购买另一个公司的股票的权利（在那时只有人类才被允许这样做）、隐私权以及得到法律平等保护的权利（即与给予人类的保护是平等的）。他们论据中的一部分基于这样一个事实：在法律的语境中，公司已经频繁地被描述为“人
117 造”的人。他们试图辩称，公司有权得到法律给予其他人的保护，

① 资料来源：http://www.archives.gov/exhibits/charters/constitution_amend-ments_11-27.html。译文引自朱曾汶．美国宪法及其修正案．北京：商务印书馆，2014：18。——译者注

即对人类的保护。但法院一再驳回了这种诉求，20 年来没有法院在判决中裁定公司是法人。

汤姆·哈特曼（Thom Hartmann）在他的著作《不平等的保护》(*Unequal Protection*，2004）中讲述了随后发生的一系列事件：公司本质上是一个法人，这个想法出现在 1886 年最高法院在圣克拉拉县（Santa Clara County）对南太平洋铁路公司诉讼案的判决中的非官方记录，虽然官方裁定没有支持这一观点。从那时起，这种非官方语言不知怎么地渗入到了法律原则中，并开始被当作先例。之后几年，这个原则就在最高法院的官方判决中被正式确立了（哈特曼讨论了 1886 年判决中的非官方记录仅仅是一个笔误，还是有意的)。到 1889 年，最高法院已经做出正式裁定，认为公司是享有正当法律程序和法律平等保护的法人。随后，公司迅速利用了它刚刚获得的法律地位来确保判决对其有利：（1）依据“人”享有言论自由的合法权利，取消禁止公司进行政治捐款和游说的禁令；（2）依据“人”的隐私权，要求废除公司以公开财务为条件取得立法许可的法律；（3）利用“人”受到保护而免受歧视的观点成功推翻了佛罗里达州的一项法律条款，该条款规定向小型企业收取的营业执照费用低于对连锁商店收取的营业执照费用。①

从竞争到垄断

这一规则变化的一个影响是企业形成了垄断权力，或者说至少是大公司具备了合并许多以前在一个行业内竞争的企业的能力：这种做法通常会让合并后的实体收取更高的价格和获得更高的利润。然而，在 19 世纪 80 年代末公司被定义为法人之前，做这件事的最

---

① Thom Hartmann，*Unequal Protection*（Rodale，2004)，120 - 121. 该书的第 6 章和第 7 章是 19 世纪有关公司形式和地位演变的法律原则的变化的主要来源。

佳可行方案都是烦琐的。可以肯定的是，个人可以拥有几个企业，或者购买几个企业的控股股票。但几乎只有石油大亨约翰·D. 洛克菲勒（John D. Rockefeller）在 1882 年发起的第一个托拉斯组织——标准石油托拉斯，才有可能使企业联合起来。它的运作方式是如果企业想要加入该组织，那么就要向理事会，也就是托拉斯的领导人出售它们的股票，企业将获得等价的信用凭证和分红的权利（托拉斯可能以其所获利润进行支付）。这样，所有加入托拉斯的企业都依赖于它，而管理托拉斯的是理事会。总共有 41 个企业是标准石油托拉斯的成员，它们接受 9 位理事会成员的管理，洛克菲勒位列其中。石油托拉斯是稳固的，在某种意义上是合法的，洛克菲勒在某种程度上已经掌握了巨大的权力。现在，一个企业可以平稳度过石油价格和利润的盛衰周期，使生产在某种意义上更加有效
118 率——但同时仍能获得极高的利润。通过用**命令**取代**竞争**，垄断将风险从石油行业中剔除了。这让石油行业中的资本所有者获利，但却损害了公众和其他以石油作为原材料的行业。

到 1886 年或更晚些的时候，两个公司进行合并的另一种选择是 A 公司通过购买 B 公司的股票来获得 B 公司的所有权，于是 A 就成为控股公司。当时的问题是法律只允许自然人购买股票。诚然，州立法机构原则上允许例外存在，并通过一项明确准许控股公司协议的议案；但公众强烈反对垄断，因而这通常并不是一个可行的选项。

作为回应，一些州通过了反对建立托拉斯的法案（“反托拉斯法”）。对于公众（以及没有加入托拉斯的小公司）而言，托拉斯拥有了过多的垄断势力；联邦政府也做出了回应，1890 年通过了《谢尔曼反托拉斯法》（Sherman Anti-Trust Act）。到 1892 年，法律成功地迫使标准石油托拉斯解散。但新泽西标准石油公司

（Standard Oil of New Jersey，SONJ）那时可以成为一个控股公司，1899 年之后，当州法律允许一个公司购买在其他州注册的公司的股票时，SONJ 增加了它的持股量，朝着今天我们所知道的那种庞大的公司结构迈进。不过，几年后，联邦政府在反托拉斯案中对标准石油公司提起诉讼，导致 1911 年法院决定将其分拆。在历史上的这个阶段，公共利益、不在垄断行列中的小型竞争者的利益，以及购买石油的企业的利益，以某种方式组合在一起并占了上风。

从一国到跨国

控股公司的合法化也对跨国公司的成长产生了巨大的长期影响。**跨国公司**（transnational corporation）的公司结构是跨国公司在多个国家拥有实体或子公司。其总的管理部门根据工资、材料成本、市场、政府政策、税收和补贴以及当地市场的相关产出来决定其活动地点，从而使得总利润最大化。

> **跨国公司**是一个通过在许多国家确定其公司实体（**附属公司**）的位置来进行全球调控从而赚取利润的公司。它根据许多不同地点的工资、材料成本、市场、政府政策、税收和补贴以及当地市场的相关产出来使得公司作为一个整体通过组合的形式获得最高利润。

跨国公司通常由总部公司（比如，在美国的）和在其他国家的**附属公司**（affiliate）（也是公司）组成，总公司拥有子公司的一部分，通常是大部分的股份。虽然在 20 世纪初已经建立了控股公司，但跨国公司的完全实现还需要一段时间。部分原因是，用于国际通信的基础技术仍处于初级阶段：电报可以通过 19 世纪铺设的电缆发送到大洋彼岸，但用于电话通信的跨洋

> **附属公司**是一个公司实体，母公司持有足够多的股份，从而拥有对附属公司的控制权，这通常意味着母公司持有附属公司 50%以上的有投票权的股票（有些股票拥有投票权；有些则没有）。

电缆最早是在 20 世纪 50 年代铺设的。直到第二次世界大战以后，美国的大多数大型资本主义企业才成为跨国公司。

因此，19 世纪初的原则是，只有在公司为公共利益服务的情况下才允许公司存在，后来它逐步转变为公司拥有自己的独立权利，只要不是明显违法，那么它们很少或没有义务去顾及公共利益。如果公司活动与法律相冲突，在某些情况下，最终改变的不是公司，反而是法律本身。正如我们接下来会在第 7 章和第 19 章中看到的那样，公司在经济中的角色是不断变化的。

119 就在 20 世纪 80 年代，一些公司高管在储贷危机期间违反了法律（本章后面将会探讨），许多人最终因欺诈和其他罪行入狱服刑。与之相比，在过去的 10 年里，在次贷危机之后，即使企业违法（它们通常需要支付数十亿美元的罚款），实施或监管非法活动的高管们通常也不会受到处罚。这主要不是由于法律的改变，而是由于法律的实施和执行方式发生了改变（这也是游戏规则的一部分）。

因此，历史证明了规则及其改变是重要的。允许资本家吸引投资的规则对公司的发展速度产生了极为重要的影响。后来的规则——从承认公司的法人身份到使控股公司合法化——允许通过合法的所有权网络来控制一个大型的、互相关联的企业集团，这放大了一个企业家或一群企业家的能力。世界因此而改变了——而这些企业的庞大规模增加了民主机构从公共利益角度出发对这些公司进行监管的挑战。

作为集体福利总体提供者的民主政府

在最好的情况下，民主政府可以被认为是一个人民集体提供其自身福利的过程。在理想情况下，规则和政策是由所有人商议和决定的，所有人都平等地受到这些规则和政策的约束，它们定义了一般的权利和义务，以及特定政府项目中的权利和义务，比如社会保障和医疗保险。这个民主过程的两个方面（决策的**集体性**和遵守这些规定的**强制性**）对其产生积极的结果是必要的。正如美国宪法序言所说：人民团结起来，是为“增进全民福利，并谋吾人及子子孙孙永享自由之幸福”。

在这方面，涉及政府的互动不同于资本主义经济的互动。在资本主义经济中，至少从理论上来讲，互动必定意味着自愿交换。一个人或一个公司需要在特定的价格上对是否买卖做出选择。雇主做出了是否雇用求职者的选择，求职者做出了是否接受工作机会的选择。这一切都不是强制性的，虽然在交换中每个参与者拥有多少权力通常而言有着明显的差别——这个主题将在第 12 章详细讨论。

在资本主义经济中，交换本身是自愿的，这个事实为政府创造了一种需要和一种角色：既要维护公共利益，又要综合考量所有企业的利益。即便是小政府的支持者往往也赞同政府应当通过预防和惩罚盗窃来保护产权。大多数人都同意诈骗是非法的，并且应当被起诉。这是因为，在资本主义制度下，没有什么能阻止卖方夸大它 120
们所出售商品的价值，也没有什么能阻止它们不将商品或服务质量的真相全盘托出。这也就是说，除了卖方可能会得到不良的口碑并由此失去未来的销售额——这种可能性在小型的前资本主义社会里比在今天的大城市里更具威胁性，它们什么都失去不了。此外，大多数企业很可能对防止诈骗感兴趣，原因有两个：其一是如果家庭确信任何有缺陷的产品或服务均会被退换，它们就更有可能在上面随意地花费更多的钱；其二是企业本身有时也会受到供应商的误导和欺骗，它们也希望得到保证，即当它们购买的产品或服务存在缺陷时得到补偿。

类似地，由于政府没有出台针对申请人的种族、性别或其他特征的反歧视规定，企业可以随意雇用任何它们喜爱的人。在资本主义经济中，从某种意义上来讲，每个人只能依靠自己。与没有政府的资本主义经济相比，民主政府可能带来了更为公正和平等的前景，并且降低了个人或商业灾难的风险。

政府也是促进公共福利的工具。早在19世纪后期，在一些欧洲国家，尤其是德国，政府就已经开始发放养老金和举办一些形式的公共医疗保险。在1935年美国社会保障立法之前，养老金计划已经在许多欧洲国家存在了几十年。同样地，在与美国有同等平均收入水平的国家中，集体提供医疗保险的现象非常普遍，甚至在平均收入水平比美国低的国家中也是如此——这是因为通过在很大程度上减少昂贵的文书工作，降低了医疗保险的成本；人们纳税，而政府只是向病人提供免费或基本免费的医疗服务。在同等收入水平的国家中，在缺乏全民医疗保险这件事上，美国几乎是唯一的国家。

全民养老和医疗计划，除了它们在规模上是庞大的以外，与发展中国家的人们聚集在一起为他们自己提供福利的方式极为相似。例如，地区性的互助组织中的每个人每周都定期捐献一小笔固定数额的钱，当有人因紧急情况需要用钱时（受伤、生病、丧葬或其他需要），该组织就会将一部分钱分配给他。一些工会也起源于这样的互助会。这种安排的好处是，通过分散风险，大大减轻了那些只能依靠自己的人的焦虑。当风险由许多人共同承担时，可以确认风险是很低的。在收入最高的国家中，政府支出的增长中有相当大一部分是来自支持年迈者的“促进公共福利”项目费用的增加——医疗和公共卫生的发展使人们活得更久，与年轻人相比，老年人现在更多了。当然，政府的其他主要支出，包括“筹设国防”（美国宪法序言中的话），也是政府支出的一个重要因素，这个主题将在第

19 章中讨论。

19 世纪的政府和收入、财富与福利的分配

每个美国高中生都知道，19 世纪是建造运河和铁路的时代。19 世纪 60 年代和 70 年代初修建了横贯北美大陆的铁路，它把这个国家的各个偏远地区连接在了一起，从而促进了经济增长。现在，农具工厂可以把产品销往全国各地了；在这一时期，用动物拉犁耕作 121
变得普遍了。反过来讲，农业设备市场的扩大刺激了进一步的创新，这推动了生产率的提高，就如同图 1.1 所示的 1830—1890 年那样。

政府在运河和铁路的建设中发挥了巨大的作用。① 在 19 世纪上半叶，州政府和地方政府捐献了大量土地，也投入了大量资金，它们首先被用于运河的建造，然后被用于地方和地区的铁路建设。据估计，被用于修建运河的资金中有 70%来自公共资金，到 1861 年，在修建铁路的全部投资中，有 25%～30%来自公共资金。这些资金主要来自州政府和地方政府，而这些地方的企业有望从新的交通设施中获益。州政府和地方政府也提供了 3 亿英亩的土地用于修建铁路。

虽然现有数据显示联邦政府的收入和支出在 19 世纪末约占国内生产总值的 3%或更少（虽然在内战期间据估计已上升到了 7%左右），但联邦政府控制了用于修建铁路的地区的大片土地。它之所

① 以下大部分讨论是基于下书中的详细描述：Carter Goodrich，*Government Promotion of American Canals and Railroads 1800 - 1890*（Westport，CT：Greenwood Press，1960）。

以成功，部分是通过与北美大平原上的印第安人签订条约实现的（在 1871 年以前，国会是禁止未来条约的）——尽管在印第安人看来这片土地不属于任何人。数以千万计的野牛曾是大平原印第安人生活方式的中心，但在几十年里，它们因铁路和西部定居被大量屠杀，印第安人反抗过，但最终还是被打败了。

直到 1862 年，联邦政府的贡献主要是向各州提供相对较少的土地，各州通常将这些土地授予铁路建设公司，作为与实际履行铁路线义务相关的一揽子补贴的一部分。在 19 世纪 60 年代，联邦政府的补贴随着横贯大陆的宏伟铁路计划而浮出水面。国会认为，需要修建穿越偏远地区和山脉的铁路的大型跨州项目风险太大，无法吸引足够的私人资本。所以，从 1862 年开始，它给了铁路建设公司大量的财政补贴，对于铁路建设公司所承诺建造的每一英里轨道，联邦政府为其配备 10 平方英里的土地。作为交换条件，铁路建设公司需要做出在规定的时间内完成项目的法律上的承诺。一些建造商未能兑现它们的承诺，在联邦政府在这段时间授予铁路建设公司的 1.75 亿英亩土地中，约有六分之一被收回。尽管如此，大多数铁路还是按照计划修建完成了。

铁路融资：公共与私人的收益

关于政府与经济的关系，我们能从这一事件中学到什么？第一，某些类型的政府干预对私有企业和公众都有好处。如果政府对铁路的补贴只是给私有企业的礼物，仅对铁路建设公司有利而对公众没有任何好处，那么它们不太可能会获得立法上的支持。铁路使拥有新的交通网络的小城镇繁荣了起来，并使得新的发明（比如农
122 业工具）迅速传播到了全国各地，从而鼓励了创新。毫无疑问，私有企业是从中受益的，但公众也从中受益。经济增长降低了消费品

价格，同时直接降低了运输成本，间接提供了更好的生产工具。这刺激了生产和就业。

当然，在评估公众的整体利益时，我们不仅要考虑公众获得的利益，还要考虑政府在纳税人的支持下，在向铁路建设公司提供土地和贷款时，公众所间接付出的成本。如果铁路建设公司偿还了贷款，或者政府购买了铁路建设公司的股票，并且这些股票后来支付的股息超过了购买股票的成本，那么政府的决定不会给公众带来损失。事实上，虽然州政府和地方政府通过购买铁路建设公司的股票来补贴铁路，但它们往往最终会盈亏平衡或亏损。联邦政府也不是大赢家，而且很可能根本就不是赢家，因为虽然它捐赠的宝贵土地由于修建铁路而价值倍增，但收益主要流向铁路建设公司的股东和所有者，而不是返还国库。

与此同时，许多经营铁路建设公司的人——在某些情况下，他们甚至没有投入多少钱——变得非常富有，公共补贴无疑帮助他们做到了这一点（尤其是在那个没有所得税的年代）。那些从铁路建设中赚了一大笔钱的人中就包括创立斯坦福大学的利兰·斯坦福（Leland Stanford）和创立范德比尔特大学（又称范德堡大学）的科尼利厄斯·范德比尔特（Cornelius Vanderbilt）。据说范德比尔特是仅次于约翰·洛克菲勒的史上第二富的人，以今天的美元计算，范德比尔特去世时的财富估计在 1 400 亿美元和 2 000 亿美元之间，超过了当今世界上最富有的人。像这样富有的人还有很多。

因此，第二个教训是，尽管政府支出可以创造公共利益，但它也可以对收入、财富和福利的分配产生影响——有时影响很小，有时很大。财富和收入的极度不平等出现在 19 世纪后半叶（镀金时代）。部分原因是政府对私营铁路建设公司格外慷慨，部分原因是没有征收收入税和遗产税，还有一部分原因是用游说和贿赂的方式来说服立法者为资本所有者的利益行事。这种收入和财富的两极分化对资本主义未来的发展产生了深远的影响。

第三个教训是，如果法律、政策和项目的设计有利于企业，企业将获得丰厚的收益，这使得资本所有者有着强大的动机去花费资金，从而使立法、司法和行政决议对他们有利。在铁路建设时代，通过行贿和交易来影响政治的故事在州和地方中比比皆是。但最值得关注的是联合太平洋铁路（Union Pacific Railroad）公司的故事，该公司在 19 世纪 60 年代监督了横贯大陆的铁路的东段建设。

关于细节的描述在其他著作中已有详细记载，简言之，故事是这样的：联合太平洋铁路公司的董事们成立了一个名为莫比利埃信托（Credit Mobilier of America）的公司来进行铁路建设，并通过发行股票进行融资。联合太平洋铁路公司的董事们对莫比利埃信托公司拥有完全控制权，不过却让所有人相信它是一个完全独立的实体，与联合太平洋铁路公司之间仅是正常的合同关系。两个企业都
123 从国会获得了贷款和土地补贴，总价值超过了 1 亿美元。然而，整个工程建设的成本只有这个数字的一半略多，所以整个项目的利润达到了 4 400 万美元（相当于今天的 600 亿美元）。1872 年的新闻报道披露了这件事情，接踵而至的是一项调查。这项调查显示，1867 年莫比利埃信托公司让一位国会议员将其股票以低于当时市场发行价格的价格分发给许多其他国会议员，作为交换，他们需要投票支持该公司。最终，有多达 30 位国会议员被查出收了该公司的股票，最后他们获得了巨额股息。但是，联合太平洋铁路公司的董事们的所作所为在技术上是合法的，几乎没有人受到处罚：虽然一些国会议员受到了谴责，但显然没有人被关进监狱。

在这种情况下，资本所有者寻求对政府特定项目的决策造成影响，而不是寻求对政府或经济的永久性规则造成影响。然而，这些

政府决策，包括我们在这里所说的游戏规则的改变，极大地改变了收入的分配，并且还为进入一个由大公司和大财团所主导的资本主义阶段提供了帮助。

其他规则：赢家和输家

尽管土地补贴和慷慨的铁路贷款是一个特别突出的例子，但事实上政府所做的几乎每一件事都产生了某种分配效应：总有人得到或总有人失去，或者两者兼而有之。法律和计划可以具体地增加某些商业部门的利润，或者具体地帮助工人或穷人。即使是那些旨在造福普通大众的政策（比如支持清洁空气的立法，或支持卡车运输安全的立法），也可能会让一些人比另一些人受益更多，并让一些人而不是另一些人付出代价。

例如，由于遗产税通常只对大型的遗产征收，所以当政府减少或取消遗产税（继承税）时，资本所有者或富人（两个群体存在很大的重叠）通常会获得很大比例的收益。当政府减少了对高收入群体征收的个人所得税以及资本利得税（对低价买进、高价卖出资产所得收益而征收的税）时，富人也往往从中受益，这是因为富人的收入在很大程度上是由交易资产所带来的收益构成的，对低收入者则不然。近几十年来，美国实施了此类变革，这个主题将在第 19 章进一步讨论。

与此同时，工人则从更高的最低工资以及低利率的信用卡、房屋抵押贷款和其他贷款中获益。他们也得益于强有力的劳工权利，包括工作日的加班工资或双休日的加班工资、慷慨的产假和育儿假、带薪休假、病假工资、雇主健康福利（至少美国是高收入国家中唯一不对全民提供花费较低或免费医疗保险的国家）。近几十年来，工人们得到了一些好处，但同时也遭受了许多损失。自 20 世纪 70 年代以来，最低工资的购买力一直在下降（见第 7 章），而且许多种类的劳工权利已经被取消，或者说与同等收入水平的欧洲国家相比，美国劳工的权利是非常有限的。

事实上，令人吃惊的是：尽管是工人而不是资本的所有者占据了人口中的绝大多数，但过去 40 年来规则的改变往往朝着有利于资
124 本所有者和富人的方向前进，而不是位于收入底部的 90%的群体。与过去相比，富人的赋税已没那么重了；在 20 世纪 70 年代，美国的实际时薪停止了增长。我们已经在前几章看到，财富的不平等一直在加剧。这在一定程度上是因为政府改变了它的规则和做法，使得收入、财富和福利从“穷人”向“富人”转移，同样也从劳动者向公司转移。然而，“他们有什么就得到什么”是否为不可避免的？当然不是，这取决于绝大多数人能够动员起多大规模的民主运动。当资本所有者想要改变管理经济的规则以使之有利于增加他们的利益时，他们的部分策略通常也会使得民主过程有利于增加他们的利益。因此，要避免游戏规则继续朝着有利于增加富人和资本所有者的利益而不利于增加其他人的利益的方向转变，就需要一个积极的民主进程和警惕的公众。

让我们思考一个例子，它是一个既有利于资本所有者也有利于其他人的规则。2003 年，美国国会通过了一个有新功能的医疗保险法案（主要为 65 岁及以上的老年人提供医疗补助）：这个医疗保险的 D 部分是一个购买药品的保险计划。该计划于 2006 年生效。该法案中一个令人吃惊的条款是，它禁止联邦政府与制药公司就折扣价格进行谈判。然而在过去，习惯上（和实际操作中）大宗买家期望通过谈判来成功地获得价格折扣。令人吃惊的地方在于，束缚联邦政府的手脚并禁止其讨价还价显然是不符合纳税人的利益的；相

反，它是一份给予制药公司的礼物。2004 年底，《纽约时报》的一篇社论①披露了这样一个事实：一位国会议员即该法案的“总设计师”已经成为制药业的最重要的说客。只要他没有在（辞职后的）一年内游说他的同僚，这样的举动对国会议员来说就是合法的；即便如此，他仍然被准许与国会议员交往，并为其竞选募捐。但为什么这项禁止游说的规定只限期一年，而不是比如说五年？在那些人们寻求影响力的地方，也存在着为了回报而愿意被影响的人。但是，民主政府的规则能够并且应该在结构上防止这种影响。确保这一点的方法是警惕的公众积极参与到民主决策的工作之中。

劳资双方为规则而发生的争执

就像公司资本主义变得合法的故事中所表明的那样，正因为这些规则如此重要，所以资本主义企业（有时是它们的行业协会）往往会在几年或几十年的时间里制定修改规则的策略。它们可能要么寻求改变管理经济的规则，要么寻求改变管理民主的规则。改变民主规则可能是间接的，但从长远来看，资本所有者可能会获得更多收益。

最近有很多这样的例子。一个是竞选资金规则的改变。如果竞选活动像一些人主张的那样是由公共资金资助的，那么富人控制民主过
程的机会就会减少。如果竞选广告，甚至是针对特定议题的广告，在 *125*
没有公共资金支持的情况下都是非法的，这样就能进一步限制财富在民主中的分量。但是 2010 年最高法院以 5 票赞成、4 票反对的结果，对“公民联合会诉联邦选举委员会”一案做出判决，推翻了 2002 年国会通过的某些竞选资金规则，允许独立的非营利公司对竞选活动产

---

① “The Drug Lobby Scores Again,” *New York Times*, editorial, December 17, 2004. http://www.nytimes.com/2004/12/17/opinion/the-drug-lobby-scores-again.html?_r=0.

生巨大影响，特别是通过电视广告的方式。这个判决现在也适用于营利性公司、协会和工会。它为富人在政治竞选中的作用倍增铺平了道路，并带来了戏剧性的结果。

另一个例子是在州一级重新划分立法区域，使之有利于某一政党。如果一个政党成功地控制了立法机构并重新划分了国会选区，原则上它可以半永久性地改变政治格局。让我们假设一个例子。假设一个州有 10 个国会选区，有 500 万名处于投票年龄的公民，其中 300 万（60%）为绿党登记选民，200 万（40%）为紫党登记选民。在这个州中，如果紫党暂时在立法中获得了多数票（或许是由于在非大选年的选举投票率很低），他们可能倾向于重新划分选区，把一半的绿党选民（150 万）划分成三个地区，每个地区 50 万，每个区的投票率为 100%。然后，他们将其余的 150 万名绿党选民平均分配到剩下的 7 个选区，每个选区大约有 21.4（=150/7）万名选民，他们将占每个选区 50 万名选民的 43%。所有 200 万名紫党选民将平均分布在这 7 个选区，这样每个选区大约有 28.6（=200/7）万名选民，他们将构成每个选区 50 万名选民的 57%。（当然，这种重新分配是通过重新划定选区边界来实现的，而不是实际地把人们从一个选区转移到另一个选区。）当然，3 个 100%由绿党控制的选区肯定会选择绿党。但其余 7 个选区通常会选择紫党。通过这种方式，一个拥有 40%登记选民的少数党可以赢得 70%的国会席位（10 个选区中的 7 个）。如果他们在足够多的州都这样做，他们可能不仅有足够的席位在国会通过任何他们想要的法案，而且拥有足以推翻任何总统否决权的三分之二的多数票。当然，立法机构重新划分选区只能每十年左右进行一次，而且在法庭上可能被质疑存在不公平之处，但有时还是会取得成功，所以这不是一件十分确定的事情。但很明显，它目前被当作少数党获得立法机构长期控制权的众多工具之一。再强调一次，规则是非常重要的。一种能排除这种方案的投票方式比一种容易受到这些方案影响的投票方式更有可能维护民主。这种协调一致的努力，成功的机会是非常大的，尤其是在资金充沛的情况下，这部分是因为一般的公众没有意识到对这些规则的争论，而这些努力往往是在公众视线之外进行的。

当然，工人和他们的组织也可以寻求有利的立法，这样的例子不胜枚举。其中之一是 1938 年通过的《公平劳动标准法案》(Fair Labor Standards Act)，该法案限制了工作时间，并规定企业必须向工作时间超过标准工作日或工作周的员工支付额外工资。另一个是 1974 年通过的《职业安全与健康法案》(Occupational Safety and Health Act)，该法案确立了标准和审查程序，以确保工人的健康和工作安全。有高度组织性以及消息灵通的民众，坚持不懈地倡导一套促进民主的公平规则，从而可以赢得既有利于民主政府又有利于公平经济的规则。但这总是一场斗争。

美国和世界各地的投票率

民主进程的一个存在于绝大多数人的福利中的关键问题是，特 126
别是在美国，许多享有投票权的公民没有行使这一权利。图 6.1 显示，在美国，符合投票年龄的公民实际参加总统选举的比例从 1872—1896 年的平均 78%下降到 1900 年至现在的平均 58%。例如，在 1872 年的总统选举中，有 77%的人投票。在 1896 年的选举中，支持农业的平民主义者威廉·詹宁斯·布赖恩（William Jennings Bryan）挑战了东部权威，80%的人把票投给了他（结果是布赖恩输了）。至于中期选举，其投票率通常低于总统选举，但也从 1870—1898 年的平均 65%下降到了 1900—2014 年的平均 43%。

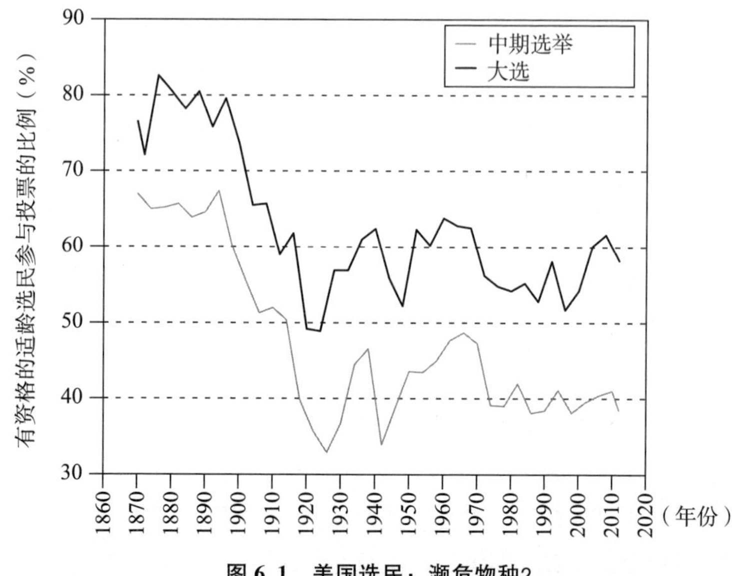

图 6.1　美国选民：濒危物种？

这些数据展示的是所有合格选民实际投票的百分比。注意，这些数字可能与其他渠道报告的投票率数据不一致，因为对选民（他们是否投票了？或者他们投票选举总统了吗?）和他们所属的群体（所有适龄的投票人口？那些适龄的投票公民？还是只有那些已经登记投票的适龄公民?）的定义是不同的。

资料来源：Michael P. McDonald，"National General Election VEP Turnout Rates，1789 - Present，" United States Elections Project. Accessed June 24，2017，available at http://www.electproject.org/national-1789-present.

投票率在 20 世纪急剧下降。原因之一是南方各州强制征收人头税和强制实施难度大到荒谬的"读写测试"的做法阻止了非裔美国人投票。在 1920 年和 1924 年的总统选举中，只有 49%的人投票。即使在 1936 年的大选中（可以视为对罗斯福新政的公投），也只有 61%的合格选民参加了投票（罗斯福以压倒性优势获胜）。在 1980 年的大选中，保守派对新政的反击初见成效，只有 54%的合格选民将票投给了罗纳德·里根（Ronald Reagan）或吉米·卡特（Jimmy Carter）。在 1996 年和 2000 年，只有不到一半的合格选民参与投票；因此，2000 年，乔治 • W. 布什（George W. Bush）以不到适龄选民人口 26％的选票获胜。

然而，许多其他国家的平均投票率更高——在许多情况下是持续增高的。如图 6.2 所示，2002—2014 年间，玻利维亚、哥斯达黎加、冰岛和南非等国的选民参与率高于美国。大约有 12 个国家制定了强制选举法并实施了这项法律，但通常都有例外，比如老年人。在图中所示的国家中，阿根廷和澳大利亚施行了强制选举法。 127

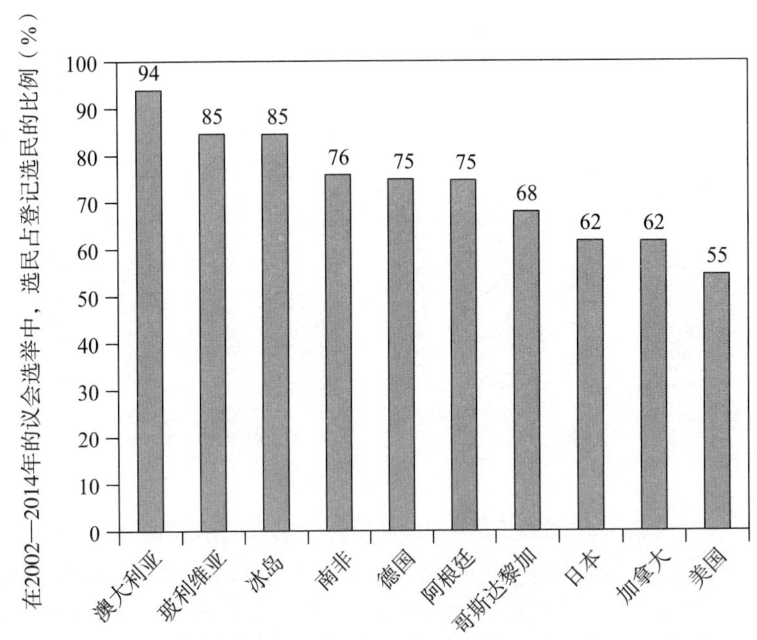

图 6.2　世界各地的选民投票率

在选定的国家，参与 2002—2014 年的议会选举的选民人数包括了所有议会选举的选民人数，无论它们是否与总统或其他行政长官的选举同时举行。选民表示为所有登记选民的百分比。阿根廷和澳大利亚都有强制选举法，并加以实施；其他国家则没有。

资料来源：Data from International Institute for Democracy and Electoral Assistance, "Voter Turnout," available at http://www.idea.int/data-tools/data/voter-turnout.

当然，美国的低投票率不均匀地分布在公民中。如图 6.3 所示，家庭收入越低，家庭中达到投票年龄的公民在 2012 年 11 月进行投票的可能性就越小；几十年来，这种情况一直存在。在年收入超过 10 万美元的家庭中，77%的适龄公民在 2000 年的总统选举中参与

128

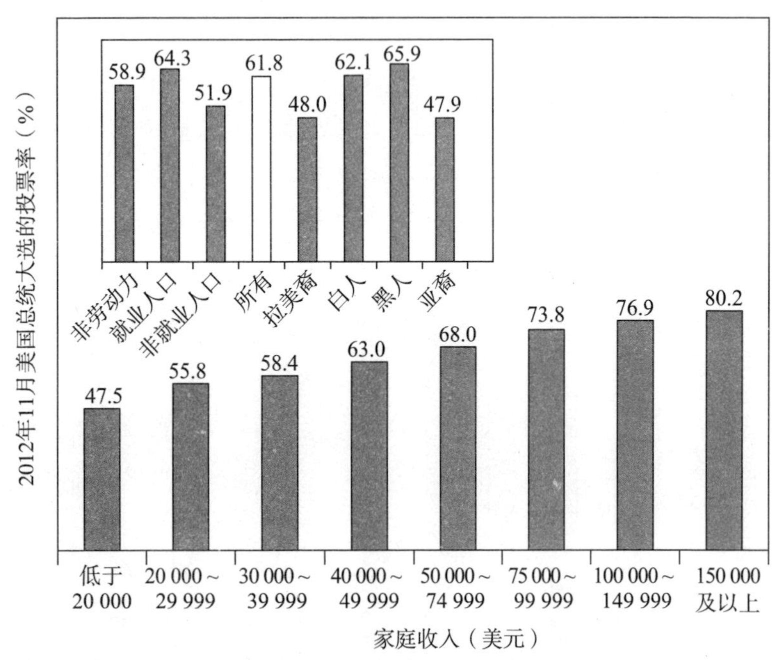

图 6.3　谁投了票？2012 年美国总统大选的投票情况

这个数字显示了在 2012 年 11 月美国总统大选中投票的公民在各个人口阶层中所占的比例，包括家庭收入、就业状况、种族和民族。选民的投票率可以以各种方式来衡量：通过投票人数占适龄投票人口的百分比（其中有一些非公民，或没有登记投票），或实际投票人数占适龄投票公民的百分比（虽然有些公民没有进行登记而不能实际投票），或投票人数占已登记选民的百分比（比较小的群体）。这个数字是基于第二种方法得出的：对于每个类别，在 2012 年 11 月的选举中，用该类别中自称已参与投票的人数，除以该类别中适龄投票公民的人数。一些被调查者没有回答是或不是，所以他们没有被计算在内。

资料来源：U. S. Bureau of the Census，Current Population Survey，November 2012 and November 2014，Tables 4b，6，and 7；available at https://www.census.gov/data/tables/2012/demo/voting-and-registration/p20-568.html.

了投票；但在最贫困的人群（收入低于 1 万美元的家庭）中，只有 47%的合格公民参与了投票。图 6.3 中的内嵌图显示，在 2012 年总统大选中，在职人员的参与率高于失业人员，白人和黑人的参与率高于拉美裔或亚裔。

20 世纪的民主

前文利用美国在 20 世纪和 21 世纪初政府和经济之间关系的历史变化说明了本章提出的原则。就像 19 世纪的美国历史所揭示的一样，规则的变化产生了深远的影响。民主被视为促进公共福利的一种集体方式。规则的变化影响了收入、财富和福利在人们之间以及在资本所有者和工人之间的分配。而关于这些规则的争论也往往是按阶级划分的，工人占了绝大多数，他们不得不积极地利用民主程序，只是为了保护自己的收入和福利不受减少收入的提议的影响。从 20 世纪 70 年代开始，随着收入和财富不平等的加剧，围绕游戏规则的争论也在加剧，规则发生了变化，主要是对工人不利而对资本所有者有利。

20 世纪 30 年代的大萧条对许多人来说是个人灾难。在大萧条 *129*
最严重的时期，四分之一的劳动力失业，许多家庭陷入贫困。1933 年的银行危机使经济进一步陷入萧条，并几乎同时导致了禁止商业银行（那些从公众那里吸收存款并向公众提供贷款的银行）从事证券交易的新规定。同样地，对贫困的绝望导致了社会动荡和对新法律的广泛支持，这些法律保护了劳动者的权利、工资和工作条件，同时还提供了社会保障等新的项目，其中包括养老金计划。这些新规定反映了这样一种观点，即如果人们因为比他们自身更强大的经济力量而失业和变得贫困，而这些力量在很大程度上是无法逆转的，那么政府应该照顾他们，帮助他们重新站起来。通过最低工资、社会保障、工人补偿（为工人提供工伤保险）和像民间资源保护团（Civilian Conservation Corps）* 这样的创造工作机会的项目来利用民主提供公共福利的想法是帮助人们渡过大萧条的关键。这些项目对帮助人们渡过近期的大衰退也很重要。

正如19世纪的企业能够通过确保公司股东承担有限责任的原则来减少他们所面临的风险一样，对工人来说，新政也减少了与失业相关的风险。它之所以能做到这一点，是因为六个州通过了州立失业保险计划，随后在1935年通过了国家失业保险计划。该计划以失业津贴的形式向符合州规定条件的人提供收入支持，现在依然如此。

为了改善儿童的营养，20世纪30年代美国还设立了“受抚养儿童家庭援助项目”（Aid to Families with Dependent Children，AFDC）来对儿童及其家庭提供帮助。[该计划在20世纪90年代中期被“贫困家庭临时援助计划”（Temporary Assistance for Needy Families，TANF）取代。] 为了降低银行倒闭给储户带来的损失风险，美国联邦存款保险公司（Federal Deposit Insurance Corporation）出台了一项新法规，它保证，如果持有这些存款的银行倒闭，那么最高可达一定数额的存款将得到补偿。同样地，1935年建立了社会保障制度，工人和雇主在个人工作的年份向其支付费用，使他们在退休后有权每月领取支票。社会保障制度使1 300万老年人脱贫，使老年人的平均贫困率从45%降低到9%。① 这些新的社会保险和收入支持计划

---

* 罗斯福新政中一个为未婚失业男青年提供工作的项目。——译者注

① Paul N. van de Vater and Arloc Sherman, “Social Security Lifts 13 Million Elderly Americans out of Poverty,” Center on Budget and Policy Priorities, August 11, 2010, available at http://www.cbpp.org/research/social-security-keeps-20-million-americans-out-of-poverty?fa=view&id=3260.

比欧洲同等收入水平的国家的类似计划晚了 10～40 年。

正如 19 世纪的事件被用来解释本章的原则，最近几十年的事件也可以被用来说明同样的意思。20 世纪 80 年代，在罗纳德·里根担任总统期间（1981—1989 年），国会解除了对一类特殊金融机构的管制，即储蓄和贷款机构（S&Ls，或称“互助”机构）。这些替代普通商业银行的金融机构存在的主要目的是收集人们的储蓄，把它们存入支付合理利率的储蓄存款账户，然后把钱贷出去用于住房抵押贷款和其他用途。

金融部门的其他方面也被解除了管制。限制银行以及储蓄和贷款机构对各种存款支付利率的 Q 条例被废除，利率被允许上升。这个变化和其他法律法规的变化产生了巨大的影响。在短短几年内， 130
许多储蓄和贷款机构破产，政府监管机构随后发现，普遍存在的欺诈行为是其中的一个主要原因，尽管成千上万运行储蓄和贷款机构的人被调查，其中大约有 1 000 人被起诉、定罪和判刑，但有些人也积累了相当多的财富。

里根还带头让国会在他执政期间将最高收入人群的所得税税率从 70%降低到 28%（后来 28%的税率被上调，但幅度很小）。这一措施和其他措施——连同 1982—1983 年的严重衰退，失业率在顶峰时超过 10%——加剧了收入和财富的不平等。富人开始变得更加富有，而其他人的收入则停止增长。

政府在 20 世纪 90 年代继续放松对金融部门的监管，1999 年达到了顶峰，废除了大萧条时期的主要法律——《格拉斯-斯蒂格尔法案》（Glass-Steagall Act）。该法案将商业银行与投资银行的业务分离开来，从而使公众免受投资银行经常从事的高风险活动的影响。（投资银行为公司管理新股票的发行，以及公司债券等各种证券的销售。）第 18 章在讨论 2007—2009 年的大衰退时，将详细解释这种游戏规则的重大变化所造成的影响。监管规定的变化，以及不受监管的金融市场的危险创新，也导致金融业利润激增，这超过美国经济所有上报利润的三分之一。简言之，其他发展（比如对新型金融资产的不断创新）以及监管的缺乏，所有这些改变最终都以房价上涨过高而告终，它导致了房价和金融资产价格的剧烈下跌，引发了严重的经济衰退，一般大众遭受的损失远远超过了富人。

从 1980 年开始，规则的进一步改变使得不平等更加严重。遗产税（继承税）在过去减少了不平等。遗产税一直以来在逐步减少：在 2001 年，超过 67.5 万美元的遗产的税率约为 50%，而在 2015 年，只有超过 500 万美元的遗产才被要求缴纳税率为 40%（在抵扣后，诸如此类）的遗产税。也存在规避这些税收的方案，尽管并非所有富人都利用了这些方案。

过去几十年的另一个方面也涉及了重要的规则变化，那就是在贸易、投资和其他问题上签订的重大协议。其中最著名的是 1994 年生效的《北美自由贸易协定》（North American Free Trade Agreement，NAFTA）和 1995 年成立世界贸易组织的协定（1994 年签署）。这两项协定都给予跨国公司新的权力和保护，我们将在第 15 章和第 19 章继续讨论政府和经济的关系问题。

结　论

资本主义经济活动的运行原则在接下来的章节中将得到进一步阐述，尤其是在第 10 章。然而，它并不是独立于政府而运作的。政府决定了它能做什么或不能做什么，正因如此，资本所有者试图影
131 响政府的强制规定——立法通过的法案，行政部门发布的命令，法庭做出的判决。这些都会影响企业的盈利能力，影响企业之间的竞

争，影响资本所有者对待工人的方式，影响人们拥有的权利，影响公民拥有的附加权利。这些都会影响生产什么、如何生产以及产品如何在人群中分配。

我们在这里主要集中说明这些原则是如何在 19 世纪的例子中出现的，以便为第 7 章讨论资本主义的阶段和“积累的社会结构”奠定基础。第 19 章将讨论政府的另外三个非常重要的职能，即税收和福利、政府合同以及某些新的跨国规则，这些规则越来越多地在国际贸易、投资和其他事项的协议中出现，并在某些情况下绕过或推翻了国家政府的决策。

推荐阅读文献

Daniel Altman，*Neoconomy*（New York：Perseus Books，2004）.

Samuel Bowles and Herbert Gintis，*Democracy and Capitalism*：*Property*，*Community*，*and the Contradictions of Modern Social Thought*（New York：Basic Books，1987）.（鲍尔斯，金蒂斯. 民主和资本主义. 北京：商务印书馆，2003.）

James K. Galbraith，*The Predator State*（New York：Free Press，an imprint of Simon & Schuster，2008）.（加尔布雷斯. 掠夺型政府. 北京：中信出版社，2009.）

Carter Goodrich，*Government Promotion of American Canals and Railroads 1800－1890.*（Westport，CT：Greenwood Press，1960）.

Thom Hartmann，*Unequal Protection*：*How Corporations Became "People"—and How You Can Fight Back*（San Francisco，CA：Berrett-Koehler，2nd edition，2010）.

Godfrey Hodgson，*More Equal Than Others*：*America from Nixon to the New Century*（Princeton：Princeton University Press，2004）.

Peter Lindert，*Growing Public*：*Social Spending and Economic Growth Since the 18th Century*（Cambridge，UK：Cambridge University Press，2004）.

Adam Przeworski，*The State and the Economy under Capitalism*（New York：Harwood，1990）.

Adam Przeworski，Michael E. Alvarez，Jose Antonio Cheibub，and Fernando Limongi，*Democracy and Development*：*Political Institutions and Well-Being in the World*，*1950－1990*（Cambridge，UK：Cambridge University Press，2000）.

第 7 章

美国资本主义：积累与变革

132 在1774年，约瑟夫·哈伯德邀请他的几个邻居来他刚落成的农舍开会，在这里，他们建起了马萨诸塞州的莱弗里特镇。像他的邻居们一样，哈伯德和其家人种植庄稼、制作工具、加工食物、宰杀牛羊、编织布料、裁剪衣服、鞣制皮革、制作鞋子以及酿制苹果酒。哈伯德夫妇也自己治病、教育孩子，还给他们讲故事、教他们唱歌以作娱乐。他们自产自销，自给自足。

当约瑟夫去世时，他列出了他的所有财产（用漂亮的书写体），大多数是各种各样的生产工具。今天这些工具不再是处在同一屋檐下，而是散落在经济的许多部门中。从邻居们和其他人那里，哈伯德夫妇只购买盐、铁器和枪等少数几样东西。哈伯德家就是个微型经济。虽然哈伯德在遗嘱中没有提到他的个人衣物——只是提到一件“大衣”，这说明他没有整整一壁橱的衣物——但他们并不穷。在哈伯德死后的几年里，哈伯德的后代们用泥墙辟出大房间。我们之所以了解这些，是因为本书的作者之一现在就住在约瑟夫·哈伯德和他的家人建造的房子里。

哈伯德家是居住在北美的大多数欧洲人后裔家庭的典型代表：他们是独立生产者。哈伯德夫妇可能从未考虑过**雇人**操作机器来榨取苹果酒或者收割谷物。他们当然也从未受雇于任何人。**奴隶**为别人工作，却不是出于自愿。尽管在波士顿和其他的海港有些奴隶，但西部内陆农村和马萨诸塞海湾殖民地的人们却闻所未闻。在富人家中，**仆人**在主妇的指示下工作，但莱弗里特镇和其他地方还没有人这么富有。形容哈伯德家庭经济的最好且最简单的词无疑是“**独立**”：他们从不为任何人工作，也从不靠他人过活。

在今天的美国，家庭要么通过为他人工作来谋生，要么雇人来为自己工作，要么两者兼而有之。像 18 世纪哈伯德家这样的独立家 133
庭经济是很少见的。家庭仍然是个重要的工作场所，但是谋生往往都是在家庭之外进行的：无论是为了工资或薪水，还是作为承包商。大多数人在营利性企业或政府机关工作。

不管是企业还是政府，雇佣的一个本质都是接受命令或发号施令。不管是以温和的方式还是严厉的方式，雇佣在现代经济中都涉及我们所谓的**统制**。（在约瑟夫·哈伯德的时代，统制并非完全不存在，在暮年之前，他向他的妻儿发号施令，尽管他不曾对其邻居这样做。）

雇佣活动的另一个本质是**依赖**他人：人需要工作才能生活，一个人有没有工作最终由他人来控制。哈伯德一家会因偶尔的夏季干旱、寒冬或者自然界的其他异常变化而备受打击，但不像今天的雇工，哈伯德家的生计不为他人的决定所左右。随着经济生活中的社会结构的改变，物质剩余越来越多了，健康状况得以改善，与世界的对话能力也大大提高了。哈伯德一家一定会感到困扰。

本章主要论述的是经济生活中的基本变革是如何产生的。它突出了我们“三维方法”中的时间维度，着重于讨论资本主义生产组织中内在的变革力量及其影响。在本章中，我们将以美国资本主义及其历史的发展作为案例，研究资本主义经济的内在力量如何带来广泛的社会变迁过程。在第 1 章，我们已经看到了从资本主义的起源时代开始社会、政治和经济就发生了翻天覆地的变化。现在我们要问：资本主义经济是如何推动变革的？它们会产生什么样的变革？此外，美国资本主义在其自身的历史发展过程中发生了怎样的变化？我们在第 6 章介绍了资本所有者在寻求游戏规则向有利于他们的方向转变时所使用的方法。本章将说明资本主义经济本身的内在变革动力，以及它所带来的各种类型的转变。

我们对这些问题的回答构成了本章的主要思想：**通常情况下，资本主义经济中形成的竞争迫使企业所有者进行创新，这通常意味着生产更便宜以及更优质的产品和服务。纵观资本主义史，这要求他们将大部分剩余产品用于投资，而不是消费。这种投资不仅随之带来了生产率和生活标准的提高，也带来了技术、经济、社会和政治的持续变革，从而改变了经济的阶级结构和制度框架。然而，虽然许多变革的形式既增加了利润又改善了生活，但与其他变革交织在一起会产生复杂的影响，其中的一些变革或许表明了对纠正性监管的需求。**

这个主要思想体现在以下八个方面：

---

1. **利润竞争**的兴起是因为一个公司想要生存下来的唯一方法就是盈利。每个企业主均别无选择，只能加入这场无止境的比赛，唯恐落后。保持领先的一个重要方法是以更低的成本生产更好的产品或提供更好的服务。为了跟上脚步，每个企业不仅需要维持现有的生产过程，而且必须扩展和改进其生产线、进入新的市场、引入新的技术，并找到成本更低的方法来完成必要的工作。

134 2. 因此，竞争通常迫使企业所有者将他们所获得的大部分利润用于**投资**（而不是消费）：安装更好的设备、在新场地建造或购买生产设备、研究和开发新产品或生产线、购买有用的专利和商标等。增加投资以获取更大利润的过程被称为**积累**。

3. 因此，资产阶级是世界历史上第一批经济精英，它的成员通常在竞争的压力下彻底改变了商品和服务的生产和分配方式。正是这场竞赛让资本主义变得如此富有成效和活力。
4. 18 世纪和 19 世纪的利润竞争使**资本主义**成为在美国**占主导地位的经济制度**。和其他许多国家一样，资本主义取代了过去盛行的独立生产、奴隶制和其他经济制度。
5. 长期以来美国资本主义以一系列独特的制度安排而著称，这些独特的制度安排加速了积累过程，我们称这些制度安排为**积累的社会结构**（SSA）。
6. 自 19 世纪中期以来，定义**美国资本主义**相继出现的**各个阶段**的积累的社会结构是**竞争**资本主义、**公司**资本主义、**受管制的**资本主义和当代**跨国**资本主义。在受管制的资本主义制度下，美国劳工组织的力量一度增强，但自 1980 年左右开始减弱。
7. 在过去的几十年里，美国资本主义已经变得高度跨国化。许多大公司在世界各地建立了分公司，跨境投资促进了贸易增长。新的国际协定和世界贸易组织等机构制定的规则对各国经济产生了巨大的影响。全球化的生产也削弱了劳工的议价能力。
8. **自 2000 年以来，在美国，利润与投资之间的联系已经被部分切断**：企业高管们不再将利润用于生产性投资，而是经常用它们来回购公司的股票或支付股息。这一趋势削弱了投资和增长，并有可能危及目前 SSA 的有效性。

作为变革之源的积累

利润驱动的投资通常是资本主义经济变革的引擎。企业所有者

积累是由利润推动的投资，包括动员、改变和利用资本主义生产所需要的各种投入品，然后再销售其产出的过程。

彼此竞争以获得利润机会，从而投资和盈利都是由竞争决定的。逐利和投资活动反过来又常常改变劳动过程：吸引新的劳动力供应、增加资本库存、创造新的知识及组织或改造其他资源，使其可以被用于商品的生产。**“积累”**（accumulation）一词指的就是这一整套互相关联的活动。

积累过程

135 在积累过程中，利润是变革的诱因和杠杆。说它是诱因，是因为赚取利润的可能性激励企业主将利润用作再投资；说它是杠杆，是因为利润一旦被再投资，就产生了变革。

19 世纪的政治经济学家卡尔·马克思（1818—1883）认为这个过程是资本主义的重要特征：“积累啊，积累啊！”他说，“这就是摩西和先知们”。[①] 就像在犹太教和基督教的传统中，摩西和《圣经》里的先知们鼓舞了人们一样，积累也推动着资本主义经济制度的发展。

这里的思想就是，资本主义是充满活力的：**现在不同于过去，过去发生的事情也影响着现在和将来**。当积累和变革在头一年发生的时候，从第二年开始可能就与上一年截然不同：技术、设备、知识、产品以及公司的相对规模和权力等都可能已经改变。同样地，先前漫长的历史长河中的变革也一样会改变未来。因此，引入政治经济学的第三个维度，即变革，能使我们洞悉谋利过程是如何演进的。要考察积累和变革在资本主义经济制度中的联系，让我们看看下面几个例子。

假设有一个企业家决定花一笔钱开办一家 T 恤衫制造厂。在某

---

① Karl Marx，*Capital*，vol. 1（Harmondsworth，UK：Penguin Books，1976），Chapter 24，Section 3，742.

个时期的开始——假设为时期 1——她用这笔钱购买必要的投入品（机器、原材料和劳动力），然后在这个时期监督生产。在这个时期结束时，T 恤衫以超过成本的价格被售出，利润随之产生。在支付了机器的维修和更换成本、原材料成本和劳动力成本后，售卖 T 恤衫的总收益让企业家不光拿到了原来投入的资金，甚至还赚取了利润——一笔超出原始投入的钱。这个利润会被用来干什么呢？

如果整个企业都归她一个人所有，那么她可能会选择用大部分利润来为自己购买消费品，同时用与原来同等数额的钱来继续 T 恤衫的生意。机器、原材料和劳动力很可能和时期 1 是一样的，但制造过程之外的商业环境可能已经改变了。所以，如果 T 恤衫制造厂的老板在时期 2 与时期 1 的所作所为完全一致，那么她就不能指望获得相同的利润。比如，某种投入品的价格上涨了，和时期 1 相比，相同的支出在时期 2 只能购买较少的投入品。又如，T 恤衫消费者的偏好发生了改变，他们不再想购买同样多的这种 T 恤衫。再如，另一个企业注意到该企业获得了可观的利润，于是决定建立一个竞争性的工厂。如果发生上述任一种情形，我们的这个企业在时期 2 就不能重复时期 1 的生产并获得同样的利润。

注意，这个故事不适用于非资本主义经济制度。在自给自足的家庭经济和中世纪的庄园经济中，诸如投入品价格、消费者偏好这些社会因素是鲜有不确定性的。家庭和庄园自己生产投入品，它们生产出来的大多数产出也不被当作商品，而是被自己的成员消费了。如果家长或者庄园主坚持让生产以同样的方式一年又一年地重复下去，生产和消费的循环就将会毫不费力地重复下去。

但是在资本主义经济中，为利润而生产商品的企业活动不能以 136
同样的方式运作：如果它们原地踏步，就会掉队。它们不仅面对不可预知的事件所带来的不确定性，而且得面对市场上必然存在的竞争。它们明白，其他企业也害怕不确定性，也想寻求高额利润。要做到这些，竞争者们将改变生产工艺、引进新产品以提高利润率。因而，每个企业主必须明白，其他人都在积极地进行变革以提高自己的盈利能力，他或她也必须采取类似的行动。这将导致持续的变革。

为利润而竞争

为利润而竞争指企业为生存和扩张而寻求新的商业模式、新的市场、新的产品和其他可能获利的投资。

在资本主义经济中驱使所有企业不断地变革其运营并寻求改良的，正是**为利润而竞争**(competition for profit)。未加入竞争的企业将发现自己面临着高价投入品、更为昂贵的生产方式以及陈旧并卖不出去的产品。只有那些经常进行运营变革的企业才有生存的机会，而这些企业中，只有那些做出正确变革的企业才能取得成功。

在一个时期成功的企业就像在比赛半路上领先的运动员：领先者只有继续快跑才能保持领先，慢下来、停下来的将只能看着别的运动员快步跑过。这种资本主义的“赛跑”有两个特征：第一，在比赛过程中，不断有新的参赛者从场外加入；第二，资本主义的“赛跑”没有尽头，无休无止。回想我们在第 5 章讨论的“游戏规则”，资本主义竞争的开展可类比为：如果你在某场比赛中以 15 分落后，你在下场比赛的起始分数就为－15。

企业发展的一个主要方法是投资，也就是说，把利润用于提高资本品和其他投入品的质量和生产率。可供雇主采纳的投资方式包括：购买更多更好的机器、建造新的厂房和办公场所、收购新的企业、鼓励进行企业内部的研究活动和提高工人的工作技能。如果一个企业不盈利，就无法通过自身实现发展。如果一个企业没有发展，那么它很快就会被其他实现增长的企业甩开（或许被并购）。在一个资本主义经济中，生存需要增长，增长需要利润。这是资本主义的适者生存法则，与查尔斯·达尔文关于物种通过自然选择而进化的思想类似。

资本主义对积累的冲动、对变革的倾向和其内在的扩张趋势，都令它与其他经济制度区别开来。在早期的经济制度（比如封建制和奴隶制）当中，剩余产品主要是由社会精英以经济上的非生产方式（如消费奢侈品和建造纪念碑）**消费**的。资本主义精英有着比封建主和奴隶主更为奢侈的消费习惯，这在我们的经济制度中太明显不过了，但即便如此，并非豪华游艇让资本主义显得如此不同，而是资本主义经济要求将大部分剩余产品转化为**投资**，这才是资本主义的独特之处。

在封建社会，市场相对很不活跃，几乎没有什么经济竞争，长途贸易也很少见。由于这些原因，封建主鲜有以剩余作投资、发展生产力的激励和机会。的确，他们对剩余产品的消费强化了他们作
为封建领主和神职人员的地位。世俗的贵族将他们的剩余产品都消 137
费在能显示并提升他们权力和地位的东西上。为此，他们用剩余来建造城堡、进行宗教战争、供养大批骑士和家臣。高级神职人员（包括在伊利的神职人员）用类似的方式来消费剩余，比如，盖大教堂以及供养大批主教、神父以及教阶上的其他人员。撇开以这些方式消费剩余所产生的影响（即对意识形态、阶级结构和封建制度的巩固）不谈，生产制度基本上没有任何变化。陈旧的生产方式要么保持不变，要么只是偶尔做做修改。

资本主义是第一个在其历史的大部分时间里驱使其精英阶层的成员将剩余进行投资以推动生产革命的制度。在土地上产出低下的封建主不过是个窘迫的贵族。与此形成对比的是，成本高昂或产品质量低下的工厂资本家可能很快就会失去资本家的地位。

总而言之，资本主义的正常运转产生了巨大的变革压力。它不仅为个别资本家创造了变革的激励（为利润而竞争），而且创造了

执行变革的手段（利润本身）。

资本主义来到了美国

美国经济最初并不是资本主义经济。相反，资本主义是经历了两个世纪才从一个相对弱小的经济制度成长为主导性的经济制度的。

如果我们考察1780年——这个时期介于《独立宣言》（1776）的发布和美国宪法（1787）的公布之间——的劳动过程是如何组织的，我们便会清楚地看到资本主义生产不过是整个经济的一小部分。从表7.1中我们可以看出，在1780年，许多不同的经济制度并

表7.1　1780年美国不同经济制度中从业人口所占比例

问题		生产中使用的资本品是否为私人所有？	
		是	否
雇佣劳动是不是生产性劳动的主要形式？	是	资本主义（6%）	政府活动（少于1%）
	否	奴隶制（32%） 家庭生产以及由独立生产者进行的商品生产（60%）	美洲土著社区/宗法式生产（2%）

经济制度的分类基于对以下两个问题的回答：(1) 雇佣劳动是不是生产性劳动的主要形式？(2) 生产中使用的资本品是否为私人所有？表中的每个框代表对这两个问题的答案的可能组合。第一个问题的答案在各行中给出，第二个问题的答案在各列中给出。表中的百分比表示1780年在所有参加生产的人中，每种经济制度的从业者所占的大概百分比。由于历史资料的缺失，从事再生产——儿童的养育和相关工作——的人没有包括在表中。所有数字加总不到100%，因为每个数字都经过了四舍五入处理。

资料来源：Jackson T. Main, *The Social Structure of Revolutionary America* (Princeton, NJ: Princeton University Press, 1965); and Gary B. Nash, *Class and Society in Early America* (Englewood Cliffs, NJ: Prentice-Hall, 1970).

存，卷入资本主义阶级关系中的人（资本家和工人）不过占整个经 138
济的 6%。他们的活动与另外两种经济制度（奴隶制和独立的商品生产）并存，这两种制度加起来占了从事经济活动的人的 90%以上。奴隶主和奴隶加起来占人口的三分之一。

然而，早期美国中最大的经济制度既不是资本主义，也不是奴隶制，而是由像哈伯德一家那样的人组成的制度，他们从事**独立的商品生产**(independent production of commodities)。独立的商品生产者，或者说自我雇佣者——农民、手艺人、自我雇佣的工匠和其他生产者——大约构成了参加生产的人的 60%。独立的商品生产者拥有他们特定的劳动过程中所需的资本品。比如，小农场主既拥有他耕作的土地，又拥有生产工具、牲畜、谷仓和耕作中需要的其他资本品。他们主要使用自己的劳动（和其他家庭成员的劳动），几乎不——或者只是在很小程度上——依靠奴隶和雇佣工人的劳动。

独立的商品生产是这样一种经济制度：在这个制度中，生产者本人拥有生产所需的资本品，并且（主要）使用自己的劳动。

独立的商品生产通常既生产供自己消费的产品（例如食物和衣服），又生产市场上售卖的商品。在独立的商品生产中，谁生产什么一方面取决于市场，另一方面取决于家庭内的分工，这又常常由家庭中的父亲来决定。独立的商品生产者的特点是自我雇佣：他们是自己的老板。

当早期的资本主义在美国出现时，当时的经济主要由独立的商品生产和奴隶制组成。然而，竞争很快就加剧和扩大了，尤其是在独立的商品生产者和资本家之间。（以奴隶为基础的生产主要集中在烟草、大米和棉花上，直到 1865 年内战结束之后才被资本主义生产取代。）

例如，独立的鞋子生产者发现，他们与资本家控制下的雇佣工

人之间的竞争愈发激烈。资本主义生产者有竞争优势，因为他们能
139 在更大规模上组织生产，最终因生产力高而获益。正像亚当·斯密在1776年所说的那样，这是由于生产得以重新组织，工厂分工更为细密。资本主义企业于是能以低价售卖其生产的鞋子，在刨除成本后仍然能赚取利润，这样，他们就将独立的鞋子生产者驱逐出市场。相似的方式产生了相似的结果：自我雇佣的铁匠、织工、纺纱工、马具生产者和其他独立生产者发现，新式资本主义企业用廉价产品入侵他们的市场，他们正被新式资本主义企业拖入日益激烈的竞争之中。

积累过程是怎样改变工人的生活的：一个19世纪的观点

乡村铁匠铺被抛弃了，路边的鞋店也荒废了，裁缝离开了他的长凳，这些技工们一起背井离乡，向已建立起大工厂的城市进发，工厂的大门早上敞开让他们进去，晚上他们完成一天的工作后大门又重新关上。

这些人悄无声息而又若有所思地往家赶，他们不再拥有作坊的钥匙，因为作坊、工具、钥匙不再属于他们，而是属于他们的老板，他们以这种方式被抛弃，在这工业的大闹市中，人们相互结识，反复讨论着劳动的真相。

——特伦斯·鲍德利，《大师级工匠、劳动骑士》（1889）

资料来源：*Thirty Years of Labor 1859 - 1889*（Columbus，OH：Excelsior Publishing House，1889）.

很快，独立生产者不得不在生存和落伍之间做出选择。要生存，他们就得将利润再投资，扩大他们的生产，寻求更廉价的生产方法：在这个过程中，胜利者会发现自己已经变成了资本家。一旦

落后他们就会发现其收入下滑，最终他们将不得不放弃独立生产者的地位，成为新式资本主义企业的雇员。与此同时，大量移民涌入，其中许多人几乎没有什么财富，出于需要，他们加入了不断增长的雇佣工人的行列，满足了资本主义企业对劳动的需求。

表 7.2 和表 7.3 比较了美国 1780 年和 1990 年的阶级结构，将所有从事生产活动的人分为四类。一个人的阶级身份取决于对每个表中所列出的两个问题的回答：（1）是否拥有生产过程中使用的资本品？（2）是否控制他人的劳动？对两个问题都回答“是”（单元格 1）意味着一个人既拥有用于生产的设备，又控制着其他人的劳动，因此他是资本家或奴隶主。对两个问题都回答“否”（单元格 4）

表 7.2　1780 年美国的阶级结构

问题		是否拥有生产过程中使用的资本品？	
		是	否
是否控制他人的劳动？	是	（1）资本家阶级（1%） 奴隶主阶级（3%）	（3）新中间阶级（1%）
	否	（2）老中间阶级（60%）	（4）工人阶级（5%） 奴隶阶级（30%）

阶级的划分是基于对下面两个问题的回答：（a）是否控制他人的劳动？（b）是否拥有生产过程中使用的资本品？（为了保证数据的一致性，我们假定，拥有少于 10 名工人的资本家对第一个问题的回答是否定的。）各个单元格代表对这两个问题的回答的四种组合。1780 年最重要的两种阶级关系体现为单元格 1 和单元格 4——资本家阶级（是/是）和工人阶级（否/否）；奴隶主阶级（是/是）和奴隶阶级（否/否）。小括号中的数字代表每个阶级的成员在劳动力中所占的百分比。参加孩童的养育和其他再生产活动的劳动力不包含在本表及表 7.3 中，因为这些劳动力并非直接是阶级结构的一部分。

资料来源：根据以下文献中的数据进行估计：Jackson T. Main，*The Social Structure of Revolutionary America*（Princeton，NJ：Princeton University Press，1965）；and Gary B. Nash，*Class and Society in Early America*（Englewood Cliffs，NJ：Prentice-Hall，1970）。

140 **表 7.3　1990 年美国的阶级结构**

问题		是否拥有生产过程中使用的资本品？	
		是	否
是否控制他人的劳动？	是	（1）资本家阶级（5%）	（3）新中间阶级（29%）
	否	（2）老中间阶级（12%）	（4）工人阶级（54%）

本表代表了 1990 年对表 7.2 中针对 1780 年美国的两个同样问题的回答。如表 7.2 所示，每个单元格代表对这两个问题的回答的四种组合（数字表示占劳动力的百分比）。从 1780 年到 1990 年，奴隶主阶级在单元格 1 中消失了，而资本家阶级占总人口的比重由 1%上升到 5%。老中间阶级从 60%下滑到 12%，而新中间阶级从 1%上升到 29%。但最明显的变化是奴隶被解放了，工人阶级的比重从 1780 年的 5%上升到 1990 年的 54%。从而，工人阶级的比重上涨了约 10 倍，54%的比重不仅占整个工作人口的一大半，也大大超过了 1780 年奴隶阶级和工人阶级合在一起所占的比重。

资料来源：根据以下文献中的数据进行估计：Erik Olin Wright，*Class Counts*：*Comparative Studies in Class Analysis*（Cambridge，UK：Cambridge University Press，1997），99，Table 3.2。

意味着一个人既不拥有生产设备，又不控制他人的劳动，因此他是工人或奴隶。

那些拥有资本品但不控制劳动（单元格 2）或控制劳动但不拥有资本品（单元格 3）的人都属于中间阶级，这将在下面讨论。如果我们将表 7.2 中 1780 年美国的阶级结构与两个世纪后的 1990 年（表 7.3）美国的阶级结构进行比较，我们可以看到这段时间发生了什么变化。

1780 年，资本家和奴隶主加起来约占所有参与生产部门劳动过程的人的 4%。当然，到 1990 年，拥有奴隶的阶级早已消失，但是如表 7.3 所示，占主导地位的资本家阶级在劳动力中所占的比例与资本家阶级和奴隶主阶级在 1780 年所占比例之和大致相同（5%对

4%）。在这个表格中，“资本家”这个类别被定义为雇用了至少 10 名工人的人。[如果这个阶级被重新定义，只包括至少雇用 500 名工人的雇主，那么资产阶级的人口比例将远低于 1%。美国小企业管理局（U. S. Small Business Administration）对“小企业”的定义是雇用不到 500 名员工的企业。]

表 7.2 中的单元格 4 包括了 1780 年的奴隶和工人，而表 7.3 中的单元格 4 只包括 1990 年的工人。1780 年，大约有 30%的奴隶参与了生产。在今天，他们几乎是零；然而，美国国务院在打击贩卖人口的过程中发现，成千上万的非法外籍劳工被贩运至美国，他们被迫在被奴役的条件下从事各种劳动。**工人的比例从 1780 年的仅有 5%增长到 1990 年的 54%**。

至于这两个表格中的单元格 2 和单元格 3，它们代表的是**中间阶级**（middle class），它们**具有**资本主义阶级的决定性特征，但**不是两者兼有**。有两种截然不同的中间阶级。

中间阶级在资本主义社会中只具有资本家的两个特征中的一个，所以，他们介于资本家和工人之间。

老中间阶级（old middle class）（表格中的单元格 2）由这样的人组成：他们**确实**拥有工具或资本品以便持续他们的工作，但他们**不是**经常性地雇用或控制他人的劳动。这些人可以雇用几名（比如说少于 10 名）工人。（如表 7.2 中所说明的那样，为了与现有数据一致，我们将雇用工人的数量限制在 10 人以内。）他们与资产阶级的不同之处在于，资本家与他们的雇员之间存在着一种权力关系，而老中间阶级的成员通常不存在这种关系。 141

老中间阶级由这样一些人构成：他们拥有在自己的劳动过程中使用的资本品，但他们不经常控制他人的劳动；他们自我雇佣或是小企业的雇主。

老中间阶级包括自我雇佣者和独立的商品生产者，诸如自我雇佣的医生、木匠、艺术家、家庭农民、小型零售商（如“夫妻店”的店主）以及其他雇用很少或不雇用工人的小型企业主。老中间阶级的成员不像雇佣工人那样按照劳动时间来出卖劳动。反之，他们售卖商品，要么是农产品，要么是像医疗那样的服务。这些独立的生产者并不执行资本主义的劳动过程，但他们很可能不得不通过买卖与资本主义企业联系在一起。尽管他们所从事的一些劳动是全新的，比如独立签订计算机编程合同，但它之所以被称为老中间阶级是因为它在资本主义发展之前就已经存在了。事实上，一个独立的合同制的计算机程序员是老中间阶级的典型例子，但如果她在一个公司担任领薪水的管理职位，那么在她职业生涯的某个时刻，她可能会成为新中间阶级的一部分。

新中间阶级由这样一些人构成：他们不拥有在自己的劳动过程中使用的资本品，但他们常常控制他人的劳动；新中间阶级包括经理和主管。

另一方面，**新中间阶级**（new middle class）是由那些**确实**控制他人的劳动，但总的来说**不拥有**用于生产的资本品的人组成的，如表中单元格3所示。新中间阶级由经理、主管以及现在所谓的“专家-经理人”构成。新中间阶级的成员通常挣得一份薪水（而不是工资），他们按照劳动时间和专业知识来收取费用（而不是按照产品或服务），他们也常常被解雇（因为他们也要面对他人的管辖）。虽然控制他人的劳动是他们工作的重要部分，他们自身的劳动也为下面这些人所控制，如所有者、高级执行官以及他们被雇用的组织中的其他主管。他们被称为中间阶级不是因为他们的收入处于中等水平；实际上，他们的收入范围很宽——比如从一位高级经理的收入到维修团队的主管的收入。他们被归属于“中间阶级”是因为他们处在资本家和工人的**中间**。注意我们对**中间阶级***的定义不同于政客和媒体对它的定义。这类人似乎包括了那些既不特别富有又不特别贫困的人，他们很可能占美国人口的一半以上。

表 7.2 告诉我们，老中间阶级在 1780 年是最大的一类，占人口的 60%。但表 7.3 表明，随着资本主义的发展，老中间阶级已经萎缩，在 1990 年，它只占劳动力的 12%。独立的商品生产，即老中间阶级的经济活动，在 1990 年已经不像在 1780 年那样盛行。的确，大部分美国人很可能在生命的某个时点，梦想着为自己而不是为老板工作，他们甚至梦想自己就是个小企业主。

积累的社会结构

积累过程不仅摧毁了早先的经济制度——封建制、奴隶制、独
立生产——改变了这些经济制度的阶级结构，促成了一系列社会变
革，而且重构了资本主义本身。美国和其他国家的资本主义都是如 142
此。然而，美国（也包括其他地方）的资本主义的基本“游戏规
则”仍然保持不变，资本品的私人所有者为了赚取利润仍然在雇用
工人，因而美国经济还是一个资本主义经济。

但资本主义经济本身在改变。生产的产品类型、使用的技术、生产的区位以及人们从事的劳动种类都在不断变化。最重大的变革是制度安排上的变革，正是在这种制度安排的基础上，积累才得以发生。

* “中间阶级”的原文为 middle class，也可指“中产阶级”。——译者注

积累的社会结构（SSA）是积累赖以发生的制度安排；它在资本家之间、资本家与工人之间、工人之间以及政府与经济之间架构起各种关系。一种 SSA 可分为两个阶段：一是巩固阶级，二是衰落阶级。

我们把这些制度安排称作**积累的社会结构**（social structure of accumulation，SSA），意指各种法律、制度、社会习俗等，它们为调节积累提供了基本的游戏规则。积累，即个别资本家或企业对利润的谋取和再投资，是发生在这个社会结构之中的。这些游戏规则当然影响着游戏的玩法。

改变盈利的策略

虽然目标——利润——保持不变，但雇主试图赚取利润的条件改变了。因而**促成企业变革的谋取利润的策略随着积累的社会结构的改变而改变，而在每一种策略下可能谋取到的利润也会改变**。

例如，在 19 世纪很少有大企业，而今天则司空见惯。今天的企业同 19 世纪的企业一样，目标是赚取利润。但它们采取的策略是不同的，因为它们要考虑同大企业竞争。100 年前将企业的一些机构配置到别的国家不会成为一个选择，但今天却会。大约在 20 世纪中期，大多数私人大企业的雇主不得不就劳动力的雇佣和管理与工会谈判，而这在今天已不多见。在 1970 年，企业在生产对自然环境的影响方面很少面临限制；而今天的企业必须遵守环境管制法规，或者要计算违规可能带来的罚款。所有这些发展均反映了积累的社会结构的改变。

正如第 5 章和第 6 章所阐明的，不妨把资本主义经济看作一个游戏。在大多数游戏中，规则说明了每个团队内的成员与其队友之间可能做什么，以及可能对其他团队的成员做什么。积累的社会结构也不例外，每一种积累的社会结构都可以通过其规则产生影响的方式来描述，并且受几个重要关系的影响。这些关系是：

- 雇主之间的关系。
- 雇主和工人之间的关系。
- 工人之间的关系。
- 政府和主要的私人经济主体之间的关系。

尽管所有资本主义经济之间都有着基本的相似性，个别国家还是有着独特的积累的社会结构：美国资本主义、瑞典资本主义、日本资本主义和巴西资本主义在很多重要方面都是有区别的。而每一种资本主义，包括美国资本主义，当然也随时间的流逝而变化。

每种积累的社会结构都会存在很长时间，但没有哪种特定的 143
SSA 是资本主义的永久特征。一般而言，每种 SSA 会持续几十年或者更长的时间。就像下面所解释的那样，美国经济在过去一个半世纪里经历了四种积累的社会结构（在这之前，美国还不是一个资本主义经济）。每种 SSA 之所以持续很长时间，是因为它是由高度相关的各种社会关系构成的：法律体系、制度、阶级关系、政党组织、信仰、预期以及生产和消费的习惯方式。很难零星地改变这样的结构，因为各个部分是以相互作用的方式来运作的。而且，每种安排一旦被建立，都将服务于社会中的某些个人或者集团的利益。而后者又成为现存 SSA 的天然维护者。在这些维护者丧失其影响——或者直至其利益发生改变——之前，SSA 将维持原状。

一种 SSA 的巩固和衰落

尽管存在的时间很长，但一种 SSA 并不是不朽的，就像其他“凡人”一样，其生命中也存在着不同的阶段。如果现存的社会结构是成功的，主要游戏者之间的关系将是：高利润率，企业所有者和其他富人对未来拥有乐观的预期。结果，他们将投入大量资金来扩大经济的生产能力。经济将不仅对于投资者而言，而且对于社会上的大多数人而言是运转良好的。这类情形被称作 SSA 的**巩固**阶段。

逐渐地，社会结构将越来越无力提供一个有利于积累的环境。在巩固阶段之后，**衰落**阶段尾随而至。这时候，经济难题倍增，人们特别是投资者对未来的预期变得更加谨慎甚至悲观。结果是投资下降，生产能力的增长停滞。

巩固阶段和衰落阶段之间的更替可以在经济表现的**长波**（long wing）中观察到。长波不同于经济的短期起伏（有时被称作经济的扩张和衰退），这将在第 16 章中讨论。后者往往被称作经济周期，从一次波峰到另一次波峰一般持续 3～10 年。在一次长波中可能发生许多历时较短的**经济周期**。但从一个衰落阶段的结束到另一个衰落阶段的结束，长波一般要运行 30～50 年。巩固阶段表现为一段长期的经济景气或繁荣，而衰落阶段则通过一个艰难时期表现出来。（在第 16 章的开头，我们展示了美国经济的历次长波的数据，这些长波产生于从内战直至 21 世纪初的美国经济中。）

> 一次**长波**的发生要经历 30～50 年的时间。其第一阶段大致与一个积累的社会结构的巩固阶段相对应，其特征是相对较高的投资率、经济增长率和相对较低的失业率。后一阶段则与一个积累的社会结构的衰落阶段相联系；这一阶段以经济增长的停滞、相对较少的投资和高失业率为特征。

为什么繁荣不会一直持续下去？是什么提示我们 SSA 由巩固阶段转向衰落阶段？答案是，（成功的）积累过程本身将侵蚀与 SSA 的巩固阶段相联系的那些有利条件。这似乎就是 20 世纪 20 年代和 20 世纪 60 年代的情形。随着积累的进行，持续积累所要求的各种条件可能变得更加不一致或自相矛盾；这在 20 世纪 20 年代和 20 世纪 60 年代也曾发生过。此外，可能还有其他原因。

但对于衰落为什么会发生的问题并不能做一般性的回答。至多只能说，尽管由于各种相互纠结的关系和特殊利益集团的维护，一种 SSA 变化缓慢，但随着新技术的开发和赚取利润的新机会的涌现，在 SSA 内部被组织起来的积累过程仍然变化迅速。当（缓慢变 144
革的、刚性的）制度与（快速变革的）由利润推动的投资过程之间产生矛盾时，旧的积累的社会结构就不能再为积累提供有利的社会环境了。促使巩固阶段让位于衰落阶段的特定原因是特定的历史力量的结果；对于每种积累的社会结构来说这些原因可能都不相同。

衰落阶段可能会造就一场“危机”。在这个时候，许多人变得不满，社会冲突加剧。比如在 1933 年美国大萧条时期，四分之一需要工作的人却处在失业状态，他们中的许多人抵触资本主义制度。这时候，新的管理经济的方法就被提出来了，雇主们被迫加速创新，尤其是组织创新，工人们可能会需要一项“新政”。同时，在昔日 SSA 的忠实维护者中，也有一些人越发觉得，自己从旧制度中得到的越来越少。在美国，许多大萧条时代的商人开始支持“新政”，认为“新政”是“拯救资本主义”的途径。

随着积累的社会结构由巩固阶段转向衰落阶段，旧的联盟可能会改变，新的选举联盟可能会出现，有时候将会从内部改革处于统治地位的政党，有时候会建立一个新的处于统治地位的政党。由积累的社会结构的衰落带来的选举联盟常会产生政治学家们所谓的“危机选举”。这样的例子包括：1896 年威廉·詹宁斯·布赖恩领导的农民民粹运动的落败，倡导“新政”的富兰克林·罗斯福（Franklin Roosevelt）在 1932 年当选美国总统以及 1980 年的里根革命（这场革命引领了保守民粹主义，并自新政以来第一次成全了南部共和党人）。

一段时间的危机、衰落、冲突和变革后，会建立一套新的社会关系——一种新的SSA。这种重建绝不是必然的，因为它取决于许多特殊的冲突和谈判的结果。尽管如此，危机造就了整个大环境，在这个环境里，旧的积累的社会结构的缺陷清晰可见，经济问题变得越发严重，对行动的要求越发迫切。克服旧制度的惰性、发展一种新的SSA或将成为可能。

美国资本主义发展诸阶段

> 美国**资本主义发展诸阶段**是指美国资本主义发展的各个特定阶段，每个阶段依据其特有的积累的社会结构来定义。

每种积累的社会结构定义了美国资本主义的一个阶段。表7.4展示了这些阶段以及前述主要的社会结构关系的特定方面。下面，我们将对美国**资本主义发展诸阶段**（stages of capitalism）做一简要阐述。

竞争资本主义（19世纪60年代至1898年）

作为第一阶段的竞争资本主义，见证了发展的最初阶段，奴隶制和独立的商品生产使弱小的资本主义黯然失色。而资本主义作为经济制度一旦确立，就注定会在未来成为主宰。与之竞争的奴隶制被摧毁了，而且资本主义和独立商品生产之间的竞争很明显地更有利于前者。

这个阶段的美国资本主义以雇用不超过20人的小企业为特征，并在不断扩大的市场上以削价为手段与其他人竞争。大多数商品的价格在19世纪下半叶下跌。工人们，其中很多人曾经独立进行商品生产并拥有一定技能，现在在资本家的监督下为工资而工作。很多情况下，他们仍然保留着他们的组织（“兄弟会”或工会）以便就工资和工作环境问题与资本家谈判。政府在确立游戏规则方面扮演着关键角色（比如，执行合同以及破坏罢工），但是在经济中扮演次要角色，除了——如第 6 章所述——将土地改变为公地，将土地分配给铁路建设公司，并批准对企业合法组织的管理规则进行重要修改。

表 7.4　美国资本主义发展阶段：四种积累的社会结构 145

主要关系	竞争资本主义（19 世纪 60 年代至 1898 年）	公司资本主义（1898—1939 年）	受调节的资本主义（1939—1991 年）	跨国资本主义（1991 年至今）
资本-资本	小企业；在当地或地区市场进行竞争	大公司（托拉斯）在国家层面展开竞争；石油和矿业部分走向全球；《谢尔曼反托拉斯法》重新调整集中度	第二次世界大战使美国公司在欧洲占据主导地位；大多数公司成为跨国公司；兼并和收购产生了规模巨大的公司	美国大公司在生产和采购方面走向全球；金融部门被放松管制，因此其利润份额增长；CEO 的薪酬大幅增长
资本-劳动	某些行业中存在强大的熟练工人工会；熟练工人广泛地控制了工厂	雇主占主导地位，工会软弱无力，举步维艰；家长式公司，在有些部门公司与市镇联合，而另一些部门存在着公司和市镇的公开冲突	《国家劳动关系法》使得集体谈判合法化；工会合法化，成员增加，并且成为工资制定和政治中的一个重要角色；劳工协议使得实际工资随生产率增长	劳工协议终止；资本的全球流动迫使劳工做出让步；工会成员减少；国内政治和经济出现两极分化

续表

主要关系	竞争资本主义（19世纪60年代至1898年）	公司资本主义（1898—1939年）	受调节的资本主义（1939—1991年）	跨国资本主义（1991年至今）
劳动-劳动	熟练工人和非熟练工人之间基于手艺的差别；移民增加了劳动供给	同质化的劳动；非工会化的半熟练工厂中工人为数众多；移民潮受到限制	分工明确的劳动市场；工会在最初阶段很强大；大规模生产；随着生产转移到国外，它们的力量开始下降	工人间的不平等加剧；“好”行业的工作减少，“高端”以及“坏”工作增加；美国工人现在要和全世界的工人竞争；移民增加
政府-经济主体	有限的政府：军事及警察职能；土地政策；关税；运河建设；补贴铁路	建立联邦储备制度以调节货币供应和银行系统	通过增加赤字来扩大社会保障、医疗、失业保险及其他保险，从而稳定宏观经济；美国的军事力量保护美国企业在世界范围内的利益	放松对金融部门、环境保护和其他规则的监管；政府和美联储在危机救助方面花费数万亿美元；世界贸易组织等全球治理机构扩大了公司的权利

美国资本主义已经经历了前三个阶段并正处于第四个阶段。每个阶段通过不同的积累的社会结构得以定义。积累的社会结构的主要方面呈现在第一列中。它包括：(a) 生产所用的资本品所有者之间的关系，(b) 所有者和工人之间的关系，(c) 工人之间的关系，以及 (d) 所有经济主体与政府的关系。其他四列内容总结了美国经济在这四个阶段的特征。

公司资本主义（1898—1939 年）

大约在 20 世纪初，拥有多个附属机构的大公司的崛起（见第 6 146
章）开启了美国资本主义的第二个阶段。这个阶段持续到 20 世纪 30 年代末。在主导行业中，公司资本主义以大公司在竞争中运用巨大的市场势力为特征。雇主与工会对抗，试图组织并保护工会的工人受到一系列打击，以至直到这个阶段的末期工会的影响都很小。工人几乎没有什么权利，直到这个时期快结束的时候，除了少数几个州外，还没有失业保险，所以失去工作就意味着失去生计。政府依然在经济中起着有限的作用，虽然相比于竞争资本主义阶段政府介入经济的程度稍微大一点。大萧条的爆发致使 SSA 走向衰落，并导致了工人的大量失业和雇主的低利润。国会确立了劳工组织的权利，新的全行业工会在 20 世纪 30 年代末成立。同时，新的社会项目和金融监管政策也得以通过，为下一个 SSA 打下了基础。

受调节的资本主义（1939—1991 年）

美国资本主义的下一个阶段带来了对经济关系的直接调节和对整个经济的间接调节的增加，尤其是对就业和增长的调节。20 世纪 30 年代设立了新的监管机构，包括 1934 年成立的美国证券交易委员会（Securities and Exchange Commission，SEC），以监管金融市场和公司的金融行为。国会在 1935 年通过了《国家劳动关系法》（National Labor Relations Act，又称《瓦格纳法案》，Wagner Act），成立了国家劳动关系委员会（National Labor Relations Board，NLRB），为寻求建立工会的工人确立了程序并提供了保护，并规范了雇主和工会之间的关系。

第二次世界大战期间，随着政府接管了战争工作，经济发生了巨大的变化，政府成立了委员会来管理经济、控制价格、指导资源和劳动力，以最大化战时生产。

二战后，英国经济学家约翰·梅纳德·凯恩斯的思想影响了旨在影响就业和经济增长的宏观经济政策，从而避免了另一场萧条。这些观点将在第 16 章进行解释。

随着新的社会保障体系开始征收税款并向退休人员支付款项，联邦政府的规模相对于整体经济的规模不断扩大。新的失业保险制度也做了同样的事情，后来在 1965 年建立了一个新的老年人医疗保险计划，并在 1972 年扩展到残疾人。

二战后，工会中的工人力量变强了，这足以迫使雇主承认工会的地位并与它们讨价还价，从而达成了一项名为《**劳工协议**》(Labor Accord）的妥协安排。1964 年的《民权法案》宣布种族和性别歧视在许多方面都是非法的，包括在就业方面。1970 年，国会通过了新的法律，以保护工人的健康和工作安全，并解决环境问题。

除了调节就业和增长并提供新的社会项目外，美国政府还维持了军事力量，并将它延伸到全球的大部分地区。这支部队未能赢得
147 20 世纪 60 年代和 70 年代的越南战争，这是导致 SSA 衰落的几个因素之一，其中还包括新独立国家的崛起和石油输出国组织（OPEC）的崛起。在 20 世纪 60 年代末，企业的利润率开始下降，尽管这可能至少部分是由于那些建立了新的外国子公司的公司利用子公司将报告的利润转移到海外，以减少它们在美国缴纳的所得税。

跨国资本主义（1991 年至今）

我们将最近的 SSA 下的资本主义形式描述为**跨国资本主义**。这个名称反映了跨国公司生产的全球碎片化：它们现在在许多不同的国家生产零件，或从这些国家购买零件，而生产碎片化是世界贸易增加的一个主要原因。这些零件通常跨境运输，然后再跨境组装成

成品。跨国劳动力流动是跨国资本主义 SSA 的另一特征。其中一些变化始于 20 世纪 80 年代，当时旧的 SSA 正在衰落，与此同时，法律和机构的变化正在形成新的 SSA。

将目前的 SSA 称为跨国公司，也反映出 1995 年成立的世界贸易组织等国际组织的重要性和影响力在不断上升，新规则扩大了跨国公司的影响力。与此同时，有关投资和贸易的许多其他双边和多边协定也在兴起，这是规则的制定向国际领域转移的另一部分。在此期间，美国（和其他国家的）跨国公司利用避税天堂和全球会计实务来减少跨国公司所缴纳的企业所得税的情况在进一步增加。

虽然我们称当前的 SSA 为**跨国资本主义**，但这并没有表明它的所有关键特征。与此同时，资本主义放松了管制，尤其是在金融领域；政府放松管制使金融业得以开发新的金融资产，这些资产有可能增加金融业的利润，但也有可能带来严重的金融和经济崩溃，就像 2008 年所发生的那样。**放松监管**和**金融化**也是当前 SSA 的关键特征。

现在我们将目光放在劳工组织上，看一下它在四种 SSA 中的优势、成功和弱点。接下来我们将考察劳动市场的运作方式。之后，我们将进一步探讨当前 SSA 的性质。

美国资本主义：劳工组织与劳动市场

在第 6 章中，我们看到了法律、法规和法院判决的变化是如何塑造了 19 世纪和 20 世纪资本主义企业发展的环境。但是从劳动的角度来看，这一时期又是怎样的呢？工会是如何产生的？为什么半个多世纪以来工会成员一直在减少？

工会的兴起和衰落

在19世纪后期，由于许多老中间阶级成员不得不放弃独立生
148 产，成为受老板指挥的有薪工人，雇员们常常寻求工会的保护。从事某一行业或拥有某一工艺的工人组成了自己的工会，有时工会的势力会变得相当强大。皮衣制作工人、铁路工程师、钢铁模具师、木匠和水管工人属于彼此独立的**同业工会**。然后，在全国范围内，通过对各个不同工会的整合，他们建立了美国劳工联合会（AFL）。

但每个同业工会只招收其所代表的特定行业的熟练工人。在同一个行业中甚至在同一个工作地点，不同类型的熟练工人属于不同的工会，而且技能较差的工人可能不属于任何工会。与此同时，还有一系列其他的劳工组织（国家工会、劳工骑士团等）向没有技能的白人男性工人、一些妇女和非裔美国工人开放。这些更宽泛的组织有时包括了10%～20%的非农业工人。相反，尽管同业工会将同一熟练工种的工人组织在一起，但也造成了不同熟练工种的工人之间的分裂和不团结。

自然而然的策略是寻求建立**产业工会**，包括某产业或工作场所中的所有类型的工人。然而，当工人们这样做时，他们经常遭到雇主雇用的私人警察的袭击，有时还会遭到当地或州警察的袭击。劳工组织者经常被监禁；一些人被殴打甚至被杀害。如世界产业工人联盟（Wobblies）试图在木材工业和其他行业建立产业工会的努力，在短期内取得了一些成功，但从19世纪90年代到20世纪30年代中期，在建立和维持工会方面几乎没有取得长期成功。雇主的权力得到政府和私人雇用的警察的权力的支持，并受到充足的劳动力供应的支撑：节约劳动的技术变革、农业就业的下降、来自欧洲的移民以及始于1929年的大萧条的高失业率导致工人迅速流离失所（在

大萧条最严重的时候，有四分之一的劳动力失业）。

组织工人的努力仍在继续，劳资双方的冲突导致劳工组织者采取一切可能采取的策略和战术。尽管居高不下的失业率削弱了工人的谈判地位，但旧金山的码头工人还是在 1934 年发起了持续数月的罢工。在残忍的警察用暴力镇压了这次罢工后，爆发了一场**大罢工**：罢工不仅仅局限于一个工作场所或行业，码头工人的罢工得到了更多行业的广泛支持，这个事件让人联想到 1919 年的西雅图大罢工。

20 世纪 30 年代中期，组织建立产业工会的力量逐渐增强。到 1934—1935 年，在经历了 5 年左右的灾难性大萧条后，几乎没有工人相信资本主义能够运转良好，成立工会保护他们的利益似乎比以往任何时候都更为重要。在钢铁、汽车、纺织、电子产品、橡胶轮胎等实行大规模生产的行业，许多工人没有资格加入同业工会，然而，只有在同一个工作场所中的绝大多数工人都参加的情况下，罢工才能成功。在许多行业中，组织者为工人提供了加入某个产业工会的机会，不管他们是熟练工人还是非熟练工人，也不管工种是否相同。

1935 年《瓦格纳法案》的通过是工人的重大胜利。在越来越多的罢工受到暴力镇压的压力之下，国会通过了由罗斯福总统签署的这个法案，该法案旨在专门保护工人组建工会的努力。《瓦格纳法案》通过后建立的国家劳动关系委员会来专门调停劳资矛盾，阻止
雇主的不公正使用劳工的行为（例如对工会工人的骚扰），监督工 149
厂工人投票决定是否需要组建一个工会，以及强迫雇主和工会领导人开展具有诚意的谈判。

新成立的产业工会之一是汽车工人工会。1935 年该组织成立后，密歇根州弗林特的轮胎和汽车工业工人在 1936—1937 年举行了

一种新的罢工——静坐罢工：工人们没有离开工作岗位（以及离开工厂），而是坐下来占领了工厂。钢铁、汽车、纺织、电子产品、橡胶轮胎等实行大规模生产的行业的组织者们最近赢得了劳工合法权益，他们成功地建立了许多产业工会，这些工会又合并成了产业工会联合会，即 CIO（Congress of Industrial Organizations）。

工会的衰落 尽管公共部门工会（代表联邦、州、县和地方政府工作人员的工会）近年来增长迅速，但自 20 世纪 60 年代以来，工会成员在劳动力中所占比例显著下降。如图 7.1 的下半部分所示，工会成员在 1950 年达到峰值，略高于劳动力的三分之一，此后一直在下降。2015 年，只有 11.1%的工资和薪金工人属于工会，而私营部门的这一数字只有 6.7%。该数据还显示，大约 1979 年后，工会成员人数占所有工资和薪金就业人数的比例（双线）在下降，大致与同期美国制造业就业人数占所有非农就业人数的比例（虚线）的下降相当。

图 7.1 的上半部分显示了 20 世纪不同类别的工资的变化（剔除了通货膨胀因素），矿工（为此，我们展示了追溯到大萧条初期的连续工资数据）的数据显示了，随着工会力量的强大与衰弱，工人是如何受益和受挫的。类似地，所有产业工人（普通工人而不是管理人员）的数据随着工会力量的上下波动而呈同方向波动。

虽然大多数美国工人不加入工会，但工会的存在及其力量同样影响着非工会雇员与雇主的关系，一个非工会雇员的雇主通常抵制工资上涨，这样的抵制可能会激起那个雇员尝试加入一个工会，或去组成一个工会。因此，一些雇主（比如德尔塔航空公司）为了劝阻雇员加入工会，便付给雇员相对较高的工资。

图 7.1 同样显示了联邦法律规定的最低工资的实际价值（购买力，剔除了通货膨胀因素）从最初的 20 世纪 30 年代晚期到 2015 年

的变化。最低工资的实际价值在 20 世纪 70 年代前稳定增长，然后不断下降。随后，它和所有产业工人的工资一起下降。这种下降源于工会成员的减少，以及一些生产业务的海外转移，这让剩下的工人担心他们的工作也会逃离这个国家。另一个原因是相对于劳工，企业主的政治影响力增强了。

然而，在许多其他国家，工人组织所面临的情况要好很多。1960 *150*
年，工会成员占劳工总数的比例（工会密度）在美国与在芬兰基本一致（大约为 30%），但在芬兰，这一比例最高时为 1993 年的 81%。在瑞典，工会密度从 1963 年的 66%上升到 1994 年的 87%的峰值，到 2013 年仍然达到 67%。在经济合作与发展组织的 30 多个成员中，包括丹麦和挪威在内的北欧国家的工会密度一直是最高的，工人中有一半以上加入了工会，而自 1970 年以来，只有法国的工会密度低于美国。

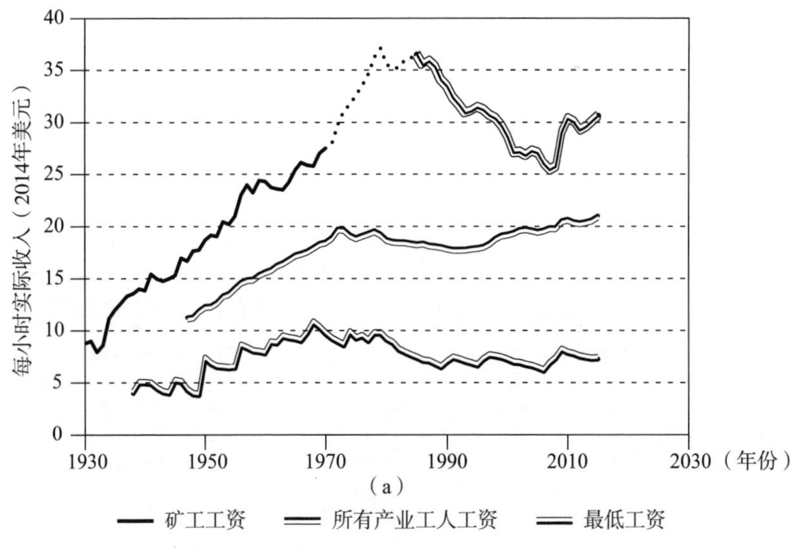

图 7.1　1930—2015 年美国的工资和工会成员

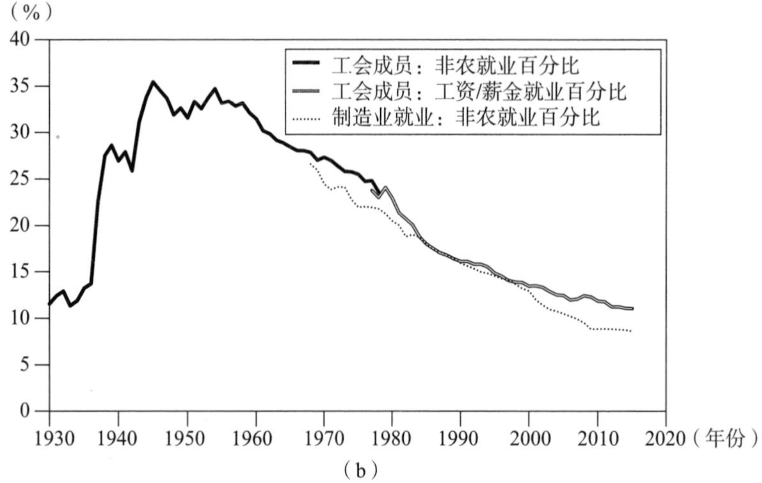

（b）

图 7.1　1930—2015 年美国的工资和工会成员（续）

第 2 个图显示，美国工会成员在 20 世纪 30 年代（《瓦格纳法案》通过之后）和二战期间有所增加，但很快就开始了长期的下降，与此同时制造业就业在总就业中所占的比重也在下降（虚线）。第 1 个图显示，实际工资在整个 20 世纪 70 年代都随着工会力量的增长而增长，但此后普遍停滞或下降。最上面的线显示的是矿工的工资。"实际"是指根据消费者价格指数剔除通货膨胀影响的名义工资。矿工的每小时收入数据来自三个部分的重叠数据，由于包含不同的矿工群体，这三个部分并不完全一致。这条虚线计算的是在涵盖更广泛矿工群体的年份中，矿工工资可能出现的趋势。中间这条线显示的是产业工人和非监督工人的小时收入，约占所有雇员的 80%。在第 1 个图中，最低的那条线显示了联邦最低工资的实际价值（剔除通货膨胀影响）。

资料来源：Mining wages：U. S. Bureau of the Census，*Historical Statistics of the United States：Colonial Times to 1970*（Washington，DC：US GPO，1975），p. 170：Series D 811－817，Earnings and Hours for Bituminous Coal-Lignite Mining and Class 1 Steam Railroads：1890 to 1970；U. S. Bureau of Labor Statistics（BLS）Current Employment Statistics，Series SIC 10－14（EEU10000006）：Average hourly earnings of production workers，mining，1947－2003；BLS，CES NAICS 2121（CEU1021210008），Average hourly earnings of production and nonsupervisory workers，coal mining，1985－2015；deflated using the CPI-U from bls. gov. Production workers' hourly earnings：Lawrence Mishel et al.，*The State of Working America*，12th edition，Economic Policy Institute，Ithaca，NY：ILR Press，Tables for p. 185，Figure 4B：Real hourly earnings and compensation of private production and nonsupervisory workers，1947－2011. Real federal minimum wage："History of Federal Minimum Wage Rates Under the Fair Labor Standards Act，1938－2009，" https://www. dol. gov/whd/minwage/chart. htm；deflated with the CPI－U. Union density（membership）：Barry T. Hirsch and David A. MacPherson，unionstats. com. Manufacturing employment share of total employment：BLS series CES0000000001（total nonfarm employment）and CES30000000001（manufacturing employment），1968－2015，www. bls. gov.

在 20 世纪 30—40 年代，几乎所有美国工会成员都是蓝领和私 151
人部门的员工。虽然工会一直不断争取使一些新的私人部门的员工加入工会，特别是那些承受低工资和严苛管理的白领和服务业工人，但总而言之，新争取的成员不能弥补其他成员的流失。事实上，除去占工会成员总数的 35.2%、在公共部门工作的工人——例如警察、消防队员、教师、清洁工、牧师、医生、护士以及各州和各市的雇员——的贡献，工会密度（2015 年）将会低于 11.1%。公共部门工会的进步以及最近全国护士工会的兴起，是工会运动自 20 世纪 40 年代以来仅有的两个重大进步。

图 7.2 显示了不同群体和职业的人在加入工会比例方面的差异。非裔美国人、35 岁以上的工人，以及受雇于公共事业、建筑、交通、教育、技术服务和公共部门（教师、警察等）的雇员比一般工人更有可能成为工会成员。

劳工协议的兴起和衰落　在 20 世纪 30—40 年代激烈的阶级冲突之后，一些大公司和工会发展出了一种不轻松但持久的工作关系。这个"协议"或休战从来不是一个清晰的、正式的协定。相反，它是由工会和企业的一系列共同的理解和预期组成的。最重要的共识是，通过"集体谈判"，工会为其成员争取到了相对的工作保障和稳定增长的实际工资，而雇主则获得了因劳动生产率提高而产生的收益。作为交换，企业拥有引进新技术、在认为适当时重新组织生产以及在其乐意的地点将利润（剩余产品）用于投资的自由。这个协议的意图是给工人一个公平的交易，同时给雇主以行事的自由。

没有哪一方自愿做出体现在第二次世界大战后的协议中的让步。公司被迫做出妥协，因为工会太强大而难以被破坏。正如 1946 年大罢工浪潮所显示的，如果雇主想要劳工平静下来，他们必须与

152

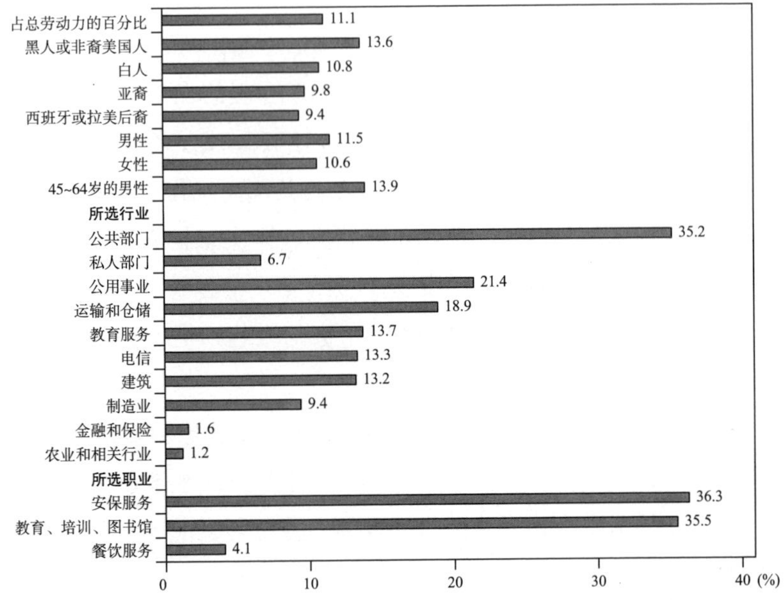

图 7.2　在美国哪些人属于工会？

该数据显示了 2015 年美国各类工人的工会化比率。长条代表了工会成员的数量，或与工会类似的雇员协会中的成员的数量，它代表每个集团、行业或职业中工会成员数占工人总数的百分比。

资料来源：U. S. Bureau of Labor Statistics，“Union Members Summary：Union Members—2015，” available at http://www.bls.gov/news.release/union2.nr0.htm；“Table 1：Union Affiliation of Employed Wage and Salary Workers by Selected Characteristics，2014－2015 Annual Averages，” available at http://www.bls.gov/news.release/union2.t01.htm；and“Table 3：Union Affiliation of Employed Wage and Salary Workers by Occupation and Industry，” available at http://www.bls.gov/news.release/union2.t03.htm.

工会达成某种程度的协议。工会也被迫做出妥协，因为当它们在 20 世纪 30—40 年代变得更加强大的时候，它们仍然经不起企业界在政治和经济上的打击。对于那些没有加入工会的工人来说（大多数工人不属于任何工会），不存在劳工协议。虽然一些不支持工会的公司，例如 IBM 和宝丽来（Polaroid），给予工人类似于工会通过“集体谈判”为工人争取的保障措施，但这只是一种例外，并不普遍。事实上，这些企业这样做是为了阻止工人加入工会。

出于各种各样的原因，战后劳工协议在 20 世纪 70 年代开始瓦解。一个关键因素是，雇主将一些生产业务转移到国外，例如墨西哥或其他国家，特别是新的立法为这样做提供了动机。除了减少就业外，这还威胁到那些没有搬迁的工厂的工人，迫使他们放弃提高工资和改善工作条件的要求。如果在全球化的背景下工会无法获得更多的收益，那么工人支持工会的理由就会减少。这一因素和其他因素改变了使达成协议成为可能的平衡。越来越多的雇主成功地在没有工会的情况下做生意，而不是与工会合作。

劳工权利也受到法律、司法判决和强制执行的损害。尽管 NLRB 原本是一个中立的机构，在任何争议中既不偏袒企业，也不偏袒劳工，但自从罗纳德·里根担任总统以来，对该委员会的任命使其明显带有亲企业的倾向。

细分的劳动市场

劳工协议的有限覆盖率反映了当代美国资本主义的另一个重要的制度性特征——**细分的劳动市场**。劳动市场是**细分的**，意思是，劳动市场被分成各个独立的或者截然不同的市场，每个独立市场的需求者和供给者均不会受到来自其他市场的需求者和供给者的竞争。与囊括了所有工作和工人的单一大市场不同的是，事实上存在 153
着不同的市场——被称为细分市场——每个市场都有对劳动的需求（来自雇主）和供给（来自工人）。劳动市场被细分，要么是由于一些工作岗位上的工人可以躲避其他工人的竞争，要么是由于在对某些工作的竞争中，有些工人被排除在外。以下描述了在细分劳动市场的概念被首次提出时所存在的各种细分的劳动市场。细分仍然存在，但它的一些形式已经改变。

工会的发展以及战后的劳工协议都通过保护工人免受广泛的竞争来造成市场细分。加入工会的工人通过罢工和集体谈判为自己赢得了越来越高的工作保障。工会的合同限制了雇主任意裁员，保证工人随着工龄的提高，工作也越来越有保障，还让雇主遵守抚恤程序。尽管在入门级的工作（人们第一次找到的工作）中还存在实质性的竞争，但从事高级工作的工会工人（通常有较高的工龄）在相当大的程度上得以免于外部竞争。工会合同阻止雇主解雇较有经验的工人，以试图用新工人替代他们。

加入工会的工人享有免于劳动市场竞争的重要保护。但是既然只有一部分劳动力加入了工会，这些保护也只能为一部分劳动力所享有。结果，在受到工会保护的工人和没有受到工会保护的工人之间形成了细分或分化。

甚至在那些工人受到工会保护的经济部门，核心企业也越来越依赖于**官僚控制**，通过将工人分层、建立职业阶梯、根据明确的规章对工人按工龄进行偿付和晋升，以重新组织劳动过程。尽管这些变化相对于某些雇主的任意或武断做法是一种改进，但扩大了核心大企业的工人和其他经济部门的工人之间在劳动经验和收入水平上的鸿沟。

除了官僚控制的影响和劳工协议的不均匀分布以外，**就业歧视**也阻止了一些工人对特定工作岗位的追求，这也造成劳动市场的细分。作为就业歧视的一个重要例子，女性求职者通常被认为适合文员工作，而不适合生产或管理工作。类似地，种族歧视让黑人和西班牙人只能从事某些工作，而被禁止从事其他工作。就业歧视通过排他性加强了劳动市场的细分。直到今天，女性以及黑人和拉丁裔男性都很难晋升到企业高层，这些位置通常都由白人男性把持。

歧视、劳工协议的出现、官僚控制的扩张最终产生了三个相对独立的劳动市场。其中头两个是**独立的一级劳动市场**和**从属的一级劳动市场**，包括那些受劳工协议保护，并在某种程度上被纳入了官僚组织的工人的工作。第三个是**次级劳动市场**，包括那些既不受劳工协议的保护，也未被纳入官僚组织，无法免于劳动市场竞争的工人的工作。

> **独立的一级劳动市场**囊括高度官僚化或专业化的工作，主要包括工艺性的、技术性的、专业性的、低级的监督工人的工作。

独立的一级劳动市场　**独立的一级劳动市场**（independent primary labor market）包括那些以官僚方式组织起来的工作，这些工作提供了具有高度就业保障的稳定就业、界定明确的职业发展路径、相对较高的收入，工作岗位包括图书管理员、技术员、科学家、工程师、低级主管和经理、商业化艺术家，以及诸如电工、接线员、机械师、发型设计师、熟练的制铁工人等熟练工人。

独立的一级劳动市场上的工作所需的技能一 154
般需要通过学徒制或专业化学校才能学到，这些技能是高水平的或专业化的。工人可能需要毕业学校的学位、特别执照和其他从业资格证明。拥有正式的资格证书会得到优厚的报酬。一些独立的一级工人组织成为同业工会。在任何情况下，工作是否成功通常是按照专业或者职业标准来判断的（而不仅仅是雇主的认可），这些职业标准确立了工作好坏的标准。这些工作之所以被命名为“独立的”工作，是因为这些工作通常允许、有时也需要独立的创造性和自主的劳动节奏。

> **从属的一级劳动市场**包括大多数政府就业，以及根据劳工协议组织的工作场所的私人部门就业；它主要包括传统的、工会化的产业工人所从事的工作。

从属的一级劳动市场　**从属的一级劳动市场**（subordinate primary labor market）的工作包括传统的、工会化的产业工人所从事的工作，例如汽车工人、货车司机、铁路工人、煤矿工人、钢铁工人、码头工人等所从事的工作。这些私人部门的工作和次级劳动市场的工作的差别就在于：从事这些工作的人，或者这些行业中的大部分人，都加入了工会。由于在某些行业，如钢铁业，既包括工会化的企业，也包括非工会化的企业，所以工资和工作条件主要是由工会协商确定的，工会将其置于从属的一级劳动市场。然而，在那些工人既有技能又有议价能力，而且在短期内很难被替代的行业，工会能够争取到更高的工资和更好的工作条件，此时工会化企业和非工会化企业之间的竞争激烈。

从属的一级劳动市场的工作总体上要比次级劳动市场的工作收入要高，而且一般还包括一些医疗和退休补贴。然而，私人部门的工会养老金自 20 世纪 80 年代初以来大幅下降，而大多数联邦政府和州政府雇员，以及一些地方政府雇员，继续享受政府养老金计划。

只要从属的一级劳动市场中的公司一直在增长，它们通常就会提供长期、稳定的工作，并有加薪的前景和一定的工作保障。资历通常会得到丰厚的回报。然而，这种工作本身不同于独立的工作，因为它是重复的、程序化的，而且常常受制于机器的节奏。所需技能可以很快学会，而且往往是在工作中获得的，但工作本身几乎没有自主权，也几乎没有机会发挥独立的主动性。

裁员是指公司出于几个原因临时或永久解雇员工。

尽管工人受到工会谈判机制的保护而免于被随意解雇，从属的一级劳动市场的工人还是很容易面临解雇的危险。**裁员**（layoff）指的是公司为了减少员工数量而临时或永久解雇员工。裁员的原因包括销售下降、部分业务自动化、部分或全部生产转移到其他地方。在过去的“夕阳”制造业（钢铁业、汽车业等）中，数以百万计的工会工人在最近几十年里被解雇，许多人将永远无法回到他们原来的高薪工作岗位上。①

20 世纪 80—90 年代，私人部门工会的减少，导致从属的一级 155
劳动市场严重萎缩。例如，在汽车、钢铁和其他重型制造业，一些生产仍未实行工会化，新建立的工厂又没有工会，而且一大部分制造业也已经转移到国外。许多美国工人在从属的一级劳动市场被解雇，又重新回到次级劳动市场就业。

次级劳动市场　次级劳动市场（secondary labor market）包括大部分剩下的工人。该市场千差万别，之所以成为一个市场是由于它涵盖了从事那些没有前途的工作的工人，这些工人面对劳动市场的广泛竞争几乎得不到什么保护。他们既缺乏由工会达成的就业权利，也缺乏由雇主实施的官僚控制所带来的利益。老板和工人的关系在这里既简单又直接，工人不断地面临被替代的威胁。

> **次级劳动市场**囊括了劳动场所中缺少一级劳动市场中的正式组织（例如集体谈判协议、官僚控制以及专业化或技能模式）的工作；它包含服务和零售业工人、办事员、季节性工人、非工会化的小企业雇员所从事的工作。

次级劳动市场包括：非工会工厂的蓝领工人；未加入工会的看门人、女服务员、医院勤杂工、信使、保安、零售人员、数据录入人员、档案员、记录员；农场的季节性工人或移民工人；以及许多其他小企业的雇员。工会组织已经在这些工人中取得了进展，尤其是在州和地方政府中。因此，在次级劳动市场中主要是从事这类工作的非工会化私人部门工人。使这些工作成为

① Clare Ansberry, "Laid-Off Factory Workers Find Jobs Are Drying Up for Good: It's Not Just the Slowdown—Structural Changes Strand Many With Basic Skills," *Wall Street Journal*, July 21, 2003, p. A1.

次级劳动市场的工作的标志是，这个市场缺少一级劳动市场所具有的保护工人不受广泛竞争威胁的特点。次级劳动市场的工作通常更加不安全。工人的工资也不高，往往缺少明确的职业发展路径：他们无法保证自己会在职业阶梯上步步高升，或随着资历的增加而获得更多的技能、薪酬、工作保障和责任。在这些工作中，学历和资历都不是高回报的。简而言之，它们是没有太大出路的工作。

今日的美国资本主义是跨国的

尽管存在劳动市场的细分，积累过程还是能够让一国经济与世界其他经济连接得更加紧密。美国经济逐渐融入了世界经济，全世界的产品和人也融入了美国经济。

在历史上的大多数时候，美国偏居美洲大陆，远离欧洲和亚洲这样的人口中心，美国经济和世界经济隔绝。但历史不再延续。在过去的 100 年中，长途运输成本急剧下降。货物的性质也发生了改变：许多产品可以以零成本进行电子化“运输”。

156 美国本土企业逐渐在世界范围内运作，于是，积累过程成为全球现象。从图 7.3 中我们可以看出，美国经济在国外的利润在逐渐上升。半个世纪前，每 20 美元美国利润中，只有 1 美元是在美国本土之外产生的；现在，这个数字大约是每 20 美元中有 8 美元。然而，其中的一些变化并不是在哪里生产和销售这些商品以获得利润，而是会计操作上的改变：企业故意将报告的利润转移到避税港等地，在这些地方，如果可能的话，它们将被课以较轻的税。将利润转移到国外也使得向美国国税局缴纳这些利润税的时间推迟了数年甚至数十年。我们将在第 15 章再次分析积累的全球化过程，在那里我们将强调这样一个问题：美国企业在全球寻求更好的区位时，它们会去哪里？为什么？

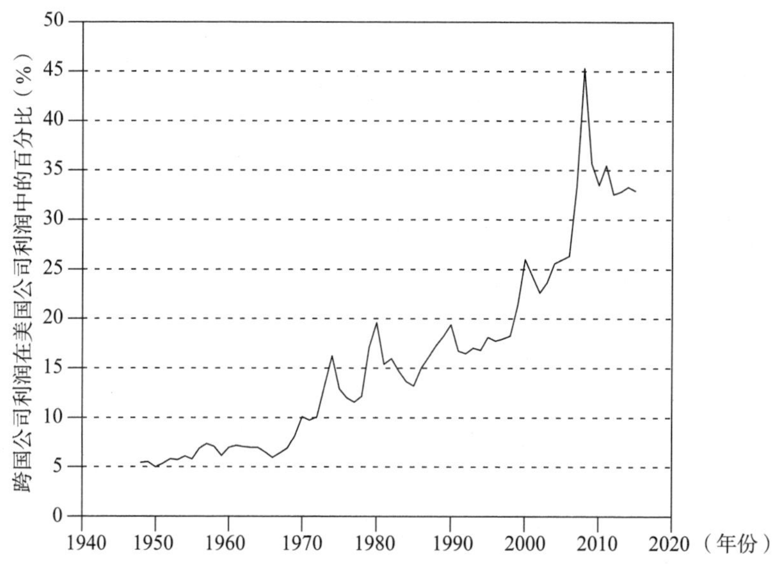

图 7.3　1948—2015 年国际利润日益增长的重要性

这个数字显示了美国公司从其他国家的经济活动中获得的利润占美国公司利润的百分比。来自海外的美国公司的利润包括：（a）股息（包括分配的收益和其他私人收益）和（b）未分配利润（包括美国的公共财富和领地，例如波多黎各和美属维尔京群岛）。这些是税前公司利润，即来自海外的企业利润是在向外国政府纳税后但在向美国政府纳税之前计算出来的。

资料来源：U. S. Department of Commerce，Bureau of Economic Analysis，National Income and Product Accounts，Tables 6. 16B，6. 16C，and 6. 16D：Corporate Profits by Industry，Line 6：Receipts from the Rest of the World，Divided by Line 1：Corporate Profits with Inventory Valuation and Capital Consumption Adjustments.

当美国企业在全球谋求获利机会时，美国企业及其雇员也面临着来自全球产品（包括美国企业在美国之外生产的产品）的激烈竞争，尽管消费者和企业可能从低价进口品中获益，但美国企业和工人在与别国的低成本企业的竞争中却备受打击。在美国销售的轿车和卡车有三分之一以上是在其他地方生产的，即使这些地方往往是由美国的跨国公司或美国的跨国公司与其他国家的汽车制造商的合资企业生产的。至于其他产品，美国仍然是玉米、小麦和其他谷物的主要出口国，仍然生产自身消费的大部分肉类，但自20世纪90年代以来，进口的其他食品的份额越来越大。从1990年到2013年，包括啤酒和葡萄酒在内的植物性食品的进口占美国国内此类食品消费的比例从12.8%增加了一倍多，达到26.8%；与此同时，动物性食品在美国国内消费中所占的进口份额较低，增长速度也较慢，从8.5%增至11.9%。

移　民

157 虽然美国积累过程的国际化是新的事物，但事实上，美国是一个全球性的国家，其祖先与清教徒、征服者和奴隶一样古老。正如美国的高中历史教科书所解释的那样，许多移民是为了逃避宗教的不宽容和压迫而来到美国的，这些“衣衫褴褛、急于呼吸自由空气”的人受到纽约港的自由女神像的赞颂。然而，如图7.4所示，在过去的150年里，在其他国家出生的美国居民的比例变化很大。

然而，19世纪下半叶移民的急剧增多不仅仅是人们逃离宗教的不宽容和压迫的结果，它也是早期全球化的产物——只不过那时候的全球化和我们今天看到的全球化很不相同而已。19世纪下半叶发生的事情只不过是今天情况的颠倒：美国生产的产品让其他国家的人陷入失业。

158 随着横贯美国和加拿大中西部的铁路的建设以及蒸汽动力取代帆船后海运费率的突然下降，北美的廉价谷物大量涌入欧洲。就像廉价的外国汽车和电子设备（通常在美国跨国公司的外国子公司生产）剥夺了生产类似产品的美国工人的工作一样，进口的廉价北美谷物摧毁了19世纪下半叶的欧洲农民的生计。这些农民中的一些人能够转换到其他谋生方式，但许多人移民到美国（或阿根廷或加拿大）。

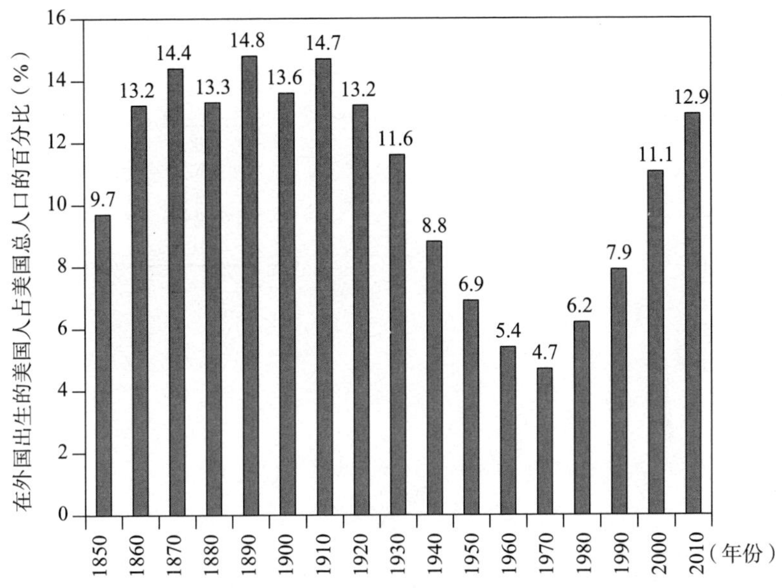

图 7.4　1850—2010 年在外国出生的美国人的比例

这个数字显示，从 1860 年到 1920 年，美国每年有多大比例的人口出生在美国以外，这一数字在 13%和 15%之间徘徊，这反映了那个时期大量来自欧洲的移民。1920 年后，移民美国受到限制，在外国出生的美国人的比例下降。美国的移民法在 20 世纪 60 年代开始再次放松。结果，移民人数增加，在其他国家出生的美国人的比例从 1970 年的 4.7%上升到 2010 年的 12.9%，其中大多数移民来自拉丁美洲和亚洲。

资料来源：Campbell J. Gibson and Emily Lennon，"Historical Census Statistics on the Foreign-Born Population of the United States：1850 - 1990，" Table 1，"Nativity of the Population and Place of Birth of the Native Population，1850 to 2000，" http://www.census.gov/population/www/documentation/twps0029/twps0029.html；U.S. Bureau of the Census，*Profile of the Foreign-Born Population in the United States*：*2000*，Current Population Reports，Special Studies；available at http://www.census.gov/prod/2002pubs/p23 - 206.pdf；Current Population Survey，March 2012 Detailed Tables："Table 1.1：Population by Sex，Age，Nativity，and U.S. Citizenship Status：2012，" https://www.census.gov/data/tables/2012/demo/foreign-born/cps-2012.html.

第一次世界大战后在美国之外出生的人口所占的比例下降，是由刻意限制的移民政策导致的。相比于第一次世界大战时，过去几十年中美国的移民法已经松动很多。但从图 7.5 中我们可以看出，最近一波移民潮主要来自拉丁美洲和亚洲，而不是欧洲，其结果是美国正在变为真正的全球性国家。

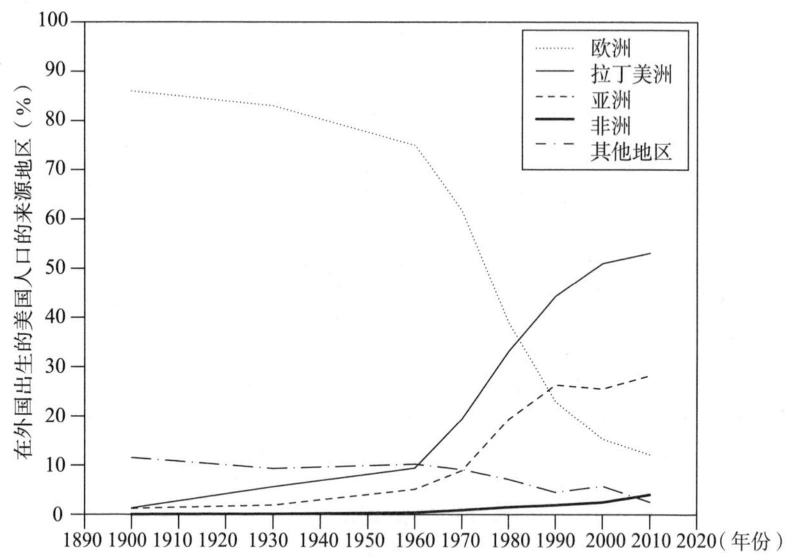

图 7.5　在外国出生的美国人口的来源地区

在外国出生的美国人来自哪里？图 7.5 追溯了 1900—2010 年的趋势，在此期间，在外国出生的美国人的来源地区发生了显著变化。1850 年，超过 90%的第一代美国移民是在欧洲出生的，直到 1980 年，欧洲仍然是主要来源地区。然而，在 2010 年，在欧洲出生的美国人仅占 12%，其中大部分不是新移民。自 1930 年以来，来自拉丁美洲和亚洲的移民数量迅速增长，所以欧洲移民现在排在第三位，远远落后于来自这两个地区的人。

资料来源：U. S. Bureau of the Census，"Table 2：Region of Birth of the Foreign-Born Population：1850 to 1930 and 1960 to 1990，" Internet release date March 9，1999，http://www. census. gov/population/www/documentation/twps0029/tab02. html，based on Campbell J. Gibson and Emily Lennon，"Historical Census Statistics on the Foreign-born Population of the United States：1850 - 1990"；U. S. Bureau of the Census，*Profile of the Foreign-Born Population in the United States：2000*，Current Population Reports，Special Studies，P23 - 206，December 2001，p. 11，Figure 2 - 2，"Foreign-Born Population by Region of Birth：Selected Years，1850 to 2000，" and p. 19，Figure 6 - 2；Elizabeth M. Grieco et al.，"The Foreign-Born Population in the United States：2010，" American Community Survey reports，ACS-19，May 2012，https://www. census. gov/prod/2012pubs/acs-19. pdf.

美国劳动生产的变化

无休止的利润竞争也在其他方面改变了美国经济的结构。当人 159
们想到经济时，他们通常会想到烟囱、矿井和起伏的谷物田野。再仔细想想，是形象化的销售终端、餐馆、键盘、呼叫中心、教室和医院病床。开车经过一个陌生的小镇时你可能会好奇：这里的人们是怎么谋生的？他们生产什么？他们实际上可能不生产任何实物产品。现在，在美国卖东西的人比制造东西的人多得多。此外，大多数美国人既不卖东西也不制造商品：他们通过教育、治疗、服务、运输商品和做许多其他有用的事情来提供服务。

如图 7.6 所示，在美国的农业、矿业、建筑业和制造业中从事产品生产的人数从未超过 2 500 万——2000 年几乎实现了这一水平。从 2009 年到 2015 年，这一数字一直低于 2 000 万。与此 160
同时，从事销售和提供服务的人数在迅速增长。1965 年，不包括批发和零售贸易在内的私营服务行业中的工人人数已经超过了生产商品的工人人数；2009 年，从事批发和零售行业的工人人数超过了生产商品的工人人数。2015 年，服务业和批发/零售行业的从业工人总人数超过 1 亿，是当年生产商品的工人人数的 5 倍。有三分之一的美国工人在 50 年前生产某种商品；今天大约有六分之一的人这样做。

为什么在过去的 30 年里，美国生产商品的工人人数一直持平，而最近却下降了呢？原因之一是，商品生产率的提高使同样数量的人能够生产出越来越多的粮食、钢铁、汽车和大多数其他产品，从而使更多的人进入销售和服务行业或将销售和服务行业的工作作为其第一份工作。但还有其他因素。美国公司已经将制造业转移到国外——往往是那些工资较低、监管不那么严格的国家。（参见专栏 161

“全球化：美国的赢家和输家”及其相关数据。）据估计，美国 2011 年的制造业工作岗位比 2001 年减少了 270 万个。①

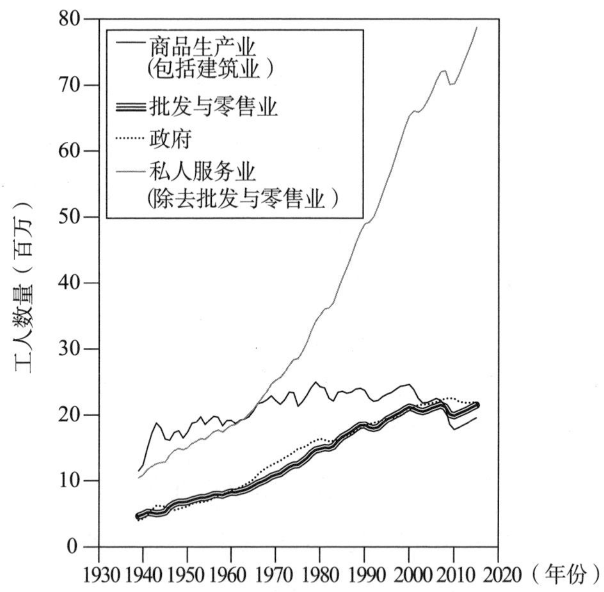

图 7.6　1939—2015 年美国就业结构的变化

与其他富裕国家一样，美国的就业结构已经向服务生产企业（包括批发和零售贸易）转变，而政府服务也随着医疗保险的建立和 65 岁以上人口的增加而增加。这里的商品生产工人包括建筑工人。有些变化不是源于工作性质的变化，而是源于工作组织的变化。例如，制造工厂过去直接雇用保管员，但现在经常将工作外包给保管员服务公司，将工人重新分类为服务生产部门，而不是货物生产部门，尽管实际工作并没有改变。类似的转变也发生在簿记、会计、平面设计、餐饮服务和许多其他服务领域；计算机编程服务通常也被外包出去。

资料来源：U. S. Bureau of Labor Statistics，*Employment*，*Hours*，*and Earnings from the Current Employment Statistics* Survey，“Establishment Data，Table B－1. Employees On Nonfarm Payrolls by Industry Sector and Selected Industry Detail.” Available at http://www. bls. gov/webapps/legacy/cesbtab1. htm.

---

① Robert E. Scott，“Trading Away the Manufacturing Advantage，” Economic Policy Institute，EPI Briefing Paper ＃367，September 30，2013，p. 26，available at http://www. epi. org/publication/trading-manufacturing-advantage-china-trade/.

全球化：美国的赢家和输家

全球化既有赢家也有输家，高工资的工人往往会被其他国家的低工资工人抢走工作，或者接受减薪以防止这种情况发生。三个案例显示了美国工人可能会遭受的伤害。

1992 年，史密斯-科罗纳工厂从纽约州科特兰市迁往墨西哥的蒂华纳。三年后，对 159 名失业工人进行访谈，发现男性工人的平均损失是他们原来收入的四分之一，女性工人的平均损失则为 36%。“此后”的收入不仅在平均数上下降了，并且更加不均，大约有三分之一的工人的收入在工厂关闭后稍微有所增加，但是许多工人的收入变少了。

当一家工厂倒闭时，失去工作的不仅是该工厂自己的工人，其他工人也会受到多米诺骨牌效应的影响。2001 年，通用汽车关闭了位于俄亥俄州莫雷纳的汽车装配厂，解雇了 2 170 名工人。但是密歇根大学研究机构的研究人员发现，就在工厂所在的地区，还有 10 850 人失业。除此之外，还有 3 334 名在通用汽车供应链公司工作的员工失去了工作。这些裁员包括为莫雷纳通用汽车装配厂提供零部件的位于德尔斐的四家工厂的裁员（2 120 人）以及其他供应商的裁员。总而言之，莫雷纳通用汽车装配厂的关闭导致的间接失业人数总计 27 520 人。

第三类受到影响的是那些仍在类似工厂工作的人，他们看到自己的同事和工会成员受到影响，感到不安。有确凿的证据表明，美国工会与在美国境外设有工厂的公司进行谈判时，在提高工资方面收效甚微。（见第 13 章专栏“博弈：全球经济中的所有者、工人和纳税人”。）

当然，有赢家也有输家：接受转移的工作岗位的地方的工人——比如蒂华纳的史密斯-科罗纳新工厂——也需要这些工作岗位。但由于墨西哥工人的工资较低，股东们也从中受益。

资料来源：Lourdes Beneria and Luis E. Santiago，"The Impact of Industrial Relocation on Displaced Workers：A Case Study of Cortland，New York，" *Economic Development Quarterly* 15，no. 1（2001）：78－89；James Heintz，"Low-wage manufacturing and global commodity chains：a model in the unequal exchange tradition，" *Cambridge Journal of Economics* 30，no. 4（2006）：507－520；Richard McCormack，"A GM Factory with 2 100 Workers Closes，and 33 000 Other People Lose Their Jobs—Impacting 120 000，" *Manufacturing & Technology News* 17，no. 1，January 17，2010，available at http://manufacturingnews. com/news/10/0112/GM. html；Roland Zullo and Kallol Mukherji，"Regional Employment Effects of Motor Vehicle Industry Job Loss in Michigan Counties：2001 to 2008，" Institute for Research on Labor，Employment，and the Economy（IRLEE），University of Michigan，February 2011.

美国经济中的销售和服务部门在许多方面不同于生产商品的部门。当然，"好的"制造业工作（例如，汽车和钢铁业中没有工会组织的工作）与"坏的"制造业工作（食品加工厂和服装血汗工厂中的某些工作，是的，血汗工厂在美国仍然存在）之间有很大的区别。但销售和服务部门的"好工作"和"坏工作"之间的差异要更大。例如，金融服务业的许多工作是世界上薪酬最高的工作之一，而在美国，从事"家庭"和清洁服务工作的人的薪酬很低。许多销售人员的工资也很低，因为他们中很少有工会代表，所以他们几乎没有讨价还价的能力和最低的在职权利。正如广泛宣传的那样，一些沃尔玛员工的工资很低，但他们有资格享受公共福利，作为一个群体，这些员工获得了62亿美元的福利，因此实际上纳税人在补贴

沃尔玛。同时，房屋销售是相当有利可图的，许多政府和运输工人（都被归类为服务业）都有工会，他们有安全的工作和相对较高的工资。

碎片化的全球生产

由于若干原因，我们将目前SSA的出现时间定在1991年。其他经济学家认为，这种情况早在1981年就开始了，当时里根政府开始放松对金融部门的监管，并通过大幅降低最高收入者的所得税税率来支持富人。然而，我们认为，从若干方面来看，直到20世纪90年代SSA才得到充分巩固，尽管它在20世纪90年代所形成的形态肯定是起源于20世纪80年代的。在此以及之前的期间，越来越多的美国公司通过在其他国家建立工厂和其他附属公司（各种类型的公司实体）而成为跨国公司。20世纪90年代及以后，许多已经是跨国公司的公司增加了它们的外国子公司的数量，并将更多的业务转移到国外，特别是在中国对外国投资开放的情况下。

贸易也增加了，这主要是因为跨国公司进一步分散了它们的生产：在各个国家生产零件并组装成组件，然后运往另一个国家进行进一步的组装。为什么生产变得如此分散？原因之一是电子时代使得许多部件更小、更轻，因此运输成本更低。二是降低了进口关税等贸易壁垒。电子产品的新发展也让管理层更容易在许多国家的子公司和供应商之间协调生产，这一战略也提醒供应商，它们需要保持竞争力，否则就会输给其他国家的竞争对手。这些战略还降低了任何一个国家发生意外的、破坏性的政治或经济变化以及地震或台风中断公司全球生产过程的风险。

全球经济规则

跨国公司还受益于根据新的国际协定扩大其权利和特权。在第 162

二次世界大战之后的几十年里，在关税及贸易总协定（关贸总协定）的一系列谈判中，有一种朝着更自由贸易迈进的趋势。但是在20世纪80年代，关贸总协定成员根据该协定进行的新一轮谈判达成了一套范围更广的新规则。这些新规则被庄严地载入1995年成立的世界贸易组织。一些规则暗示了更自由的贸易，但另一些则暗示了相反的内容，尤其是保护和扩大知识产权的新规则。这些知识产权使制药公司等专利持有者、软件生产商等版权持有者以及电影和其他娱乐公司受益。

种子公司获得了一项新的生命形式的专利权，所以它们为自己研发的种子申请了专利。这意味着，从此农民们再也没有这样做的权利：几个世纪甚至几千年来，农民们把粮食收成的一部分留作下一个播种季节的种子（就像第4章的专栏“谷物技术”中所说的那样）。现在，每到播种季节，这些农民都要向种子公司支付专利使用费（即向专利权人支付使用专利种子的许可费），即使农民从他们自己种植的作物中保留了种子。像孟山都这样的公司获得了巨大的收益，不过不是通过生产一些有巨大价值的东西，而是通过获得一种新的财产权——像种子这样的生命形式——这在以前并不是任何人的财产。新扩大的知识产权还使发展中国家获得专利药物的机会减少。这些国家特别是非洲南部国家的人民，正遭受艾滋病的威胁，需要负担得起的药物来治疗这种疾病。因此，在2001年开始的为期十多年的WTO谈判中，各国寻求扩大它们在突发公共卫生事件中生产或购买所需仿制药的权利，而无须向专利所有者支付专利费。结果是喜忧参半的。

1995年世界贸易组织的一些新规则也削弱了各国政府为了国家利益对外国投资进行监管的权力，这一规则尤其影响到资源丰富的发展中国家与石油和矿业公司的交易。在资源开采和制造业，这使得发展中国家更难确保它们的工人和管理者能够从外国公司学习新技术。例如，某国有一项强硬的政策，要求外国投资项目中包括向当地管理人员和工人转让技术的具体计划。如果该国是一个大国，那么它的规模和作为外国投资地的吸引力使它能够绕过世界贸易组织的技术转让规则，使不分享技术的外国投资者难以进入。但若该国是一个较小的国家，世界贸易组织的规则更难绕开，这限制了政府选择最有利于发展的政策的能力。

世界贸易组织新规则的最终效果是加强了发达国家而不是发展中国家的力量，对于发展中国家而言，这加强了跨国公司而不是国有企业和政府的力量。与以前相比，跨国资本拥有更多的自由，而各国政府选择有利于本国人民的政策的自由更少。其他双边和多边协议，包括《北美自由贸易协定》，更进一步地给予了外国投资者连国有企业都没有的权利，如起诉国家政府的权利。第 19 章将进一 163
步阐明这些权利并讨论其含义。

跨国公司走向全球的税收动机

自从第一次世界大战后，公司设立海外分公司的原因之一就是减少它们欠美国国税局的企业所得税，以及它们每年实际支付的税额。如果一个总部设在美国的跨国公司有来自海外业务的收入，它必须提交所得税申报表，说明收入和计算它所需缴纳的税款。但它可以选择推迟（延缓）这些税收的实际支付，直到“调回”（返回美国）它在国外挣得的收入。它被允许将收入留在国外多年，然后将这些资金用于投资并从中获得回报，与此同时，推迟缴纳该公司已确认的所欠税款。不足为奇的是，许多公司并不急于将收益调回美国，也不愿为此纳税。据估计，美国跨国公司在海外赚取的收入中有 2.4 万亿美元被留在海外，由此所欠的税款可能接近 7 000 亿美元。①

跨国公司也可以通过至少两种方式合法地不缴纳大部分税款。一种是说服国会通过免税期法案，允许公司将某年的收入汇回国内，并通过支付它们所欠税款的一小部分来履行它们的纳税义务。美国国会在 2004 年宣布了这样一个免税期，许多跨国公司在 2005 年利用了它，总共带回了几千亿美元，因此，跨国公司（合法地）履行了它们的义务，延期支付的每 1 美元税款只需支付 15 美分。另一种方式是将公司总部搬到美国以外的地方（例如通过“税收倒置”——将公司卖给海外公司——或者类似的方法）。由于该公司不再是美国的一员，因此公司的过去和未来收益将不用再向美国国税局纳税——尽管 2015—2016 年出台了新规定来阻止此类行为。第 19 章将更详细地探讨这些问题。

跨国资本主义 SSA：放松管制与金融化

当前 SSA 的跨国特点是很重要的，但这只是它的特点之一，其他一些方面也同样重要。让我们来探索其中的一些。其中一个特点是放松了对金融业的监管，这一举措始于 20 世纪 80 年代初罗纳德·里根担任总统期间。对一些放松管制的阐述出现在第 6 章：提高利率上限和放松对储蓄和贷款机构的监管。这些措施导致了储蓄贷款市场的重大危机，许多储蓄和贷款机构破产，并且其中的一些高管和人员最终以欺诈罪被起诉和定罪。

里根政府在 1981 年开始进行的金融放松管制（在第 6 章中有描
164 述）在 20 世纪 90 年代得到了扩展。例如，1999 年的立法拆除了商

① Citizens for Tax Justice, “Fortune 500 Companies Hold a Record ＄2.4 Trillion Offshore: They May Be Avoiding up to ＄695 Billion in U.S. Taxes,” March 3, 2016, available at http://ctj.org/pdf/pre0316.pdf.

业银行和投资银行之间的最后一道墙，禁止对某些被称为衍生品的风险金融产品进行监管（将在第 18 章中探讨），其中一些金融产品是新设计的，人们对它们对经济的影响知之甚少。这打开了引发 2007—2009 年金融危机的金融投机的潘多拉之盒。

放松管制再加上创新使得国内金融部门的企业利润占国内企业利润总额的比例上升。如图 7.7 所示，美国国内金融部门的企业利润与所有国内企业利润之比有所上升，尤其是在 20 世纪 90 年代及之后。金融部门的工资增长速度也快于其他经济部门，金融部门的净产品（增值）在整个经济增值中所占的比例开始上升。

此外，金融业开始大力游说国会，并加大竞选捐款力度，尤其
是针对国会参众两院银行和金融委员会的议员。到 2014 年，金融业 165
每天在联邦层面的游说上花费超过 100 万美元，考虑到国会总共只有 535 名议员，这是一笔非同寻常的数目。正如第 18 章所述，对这种慷慨的回报是相当可观的。在 2007—2009 年的金融危机中，金融业的许多部门都得到了慷慨的纾困，其高管普遍逃脱了起诉，尽管金融机构最终支付了数十亿美元的和解金。

放松对金融部门的管制绝不是规则中唯一重要的变化。其他规则的改变也影响了资本所有者和劳动力所有者之间的权力平衡，以及每个阶层从政府那里得到的好处和付出的代价。例如，在过去的几十年里，社会保障体系已经建立，这预先为裁员或高额医疗费用提供了保障，以免家庭的不幸演变成灾难。失业救济弥补了部分工资损失；陷入贫困的家庭可以继续享受福利，如果它们真的被无法支付的账单淹没，比如昂贵的医疗费用账单，它们可以申请破产，还清债务，并重新开始。但这些安全网被削弱了。20 世纪 90 年代中期，受抚养儿童家庭援助项目（AFDC）被贫困家庭临时援助计划

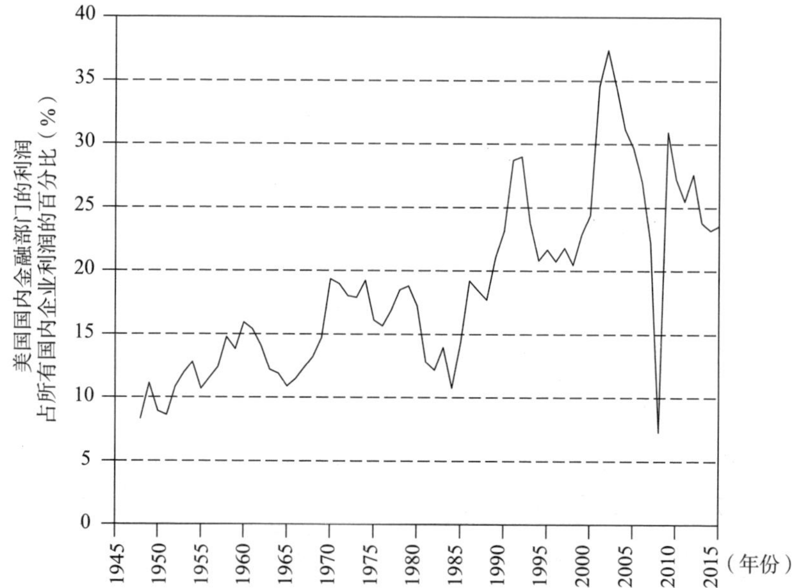

图 7.7　1948—2015 年金融部门的利润占美国所有国内企业利润的份额

在美国，财务利润在所有企业利润中所占的比例越来越大，从二战后的 10%增长到近几十年来的 30%，2008 年受金融危机影响有所下降。出现这一趋势的部分原因可能是非金融跨国公司利用会计手段将报告利润从美国转移到海外子公司，以减少纳税义务。将报告利润转移到国外也减少了它们在任何一年实际支付的税款，因为只要它们的海外收入位于美国境外，它们就可以合法地推迟（延缓）支付这些公司已经宣布要缴纳的税款。如果国会再次宣布对汇回的利润免税（就像 2004 年发生的那样），企业也有可能逃避这些推迟税款中的大部分。

资料来源：U. S. Bureau of Economic Analysis National Income and Product Accounts Table 6. 16B：Corporate Profits by Industry，Line 3：Corporate profits（with IV and CCAdj），Domestic Industries，Financial，divided by Line 2：Domestic Industries（last revised August 6，2015）.

（TANF）所取代。TANF 限制了一个有需要的家庭一生中可以获得援助的年限，使那些已经用完所有福利的贫困人口很容易陷入贫困。由于规则的改变，在 AFDC 结束后的 20 年里，政府对贫困儿童的援助急剧下降。1995 年，62%的贫困儿童得到了政府的援助

（主要是 AFDC 救济金或食品券）。但在 2014 年，只有 17%的贫困儿童获得了政府援助（TANF 或 SNAP）。①

而在 2005 年，即次贷危机爆发前不久，美国国会让负债累累的家庭申请破产并重新开始生活变得更难。2006 年当这项法律生效时，破产申请骤然减少。在全国范围内，在 2007—2009 年的第三次金融危机期间（对许多人来说债务已经不堪重负），每千人申请破产的数量比 2004—2005 年繁荣时期（当时在工作的人数比危机期间要多数百万人）还要少。

资本所有者在与劳工的冲突中获得优势的另一个因素是 1991 年苏联的解体。这一事件使权力向资本倾斜。1917 年俄国革命后，第一个社会主义形式的国家的解体，减少了其他国家的工人对自己的雇主或政府的愤怒，这种愤怒可能会使工人们联合起来建立一个工人政府，从所有者手中夺取资本。消除了这一威胁使雇主更容易压低工资，击败工会，使工人在面对不稳定的就业、不规律的工作时间、危险的工作条件和工作保障缺失的情形时失去话语权。

企业股票回购和生产性投资下降

2014—2015 年，美国有 100 位首席执行官（CEO）的年薪至少 166
为 2 000 万美元；他们中有 10 个人的年薪是 4 000 万美元甚至更多。② 这些数字还不包括对冲基金经理，他们的收入通常要高很多：25 位收入最高的经理的平均年收入约为 5 亿美元，其中收入最高的

① Child Trends Data Bank, "Child Recipients of Welfare (AFDC/TANF)," updated December 2015, available at http://www.childtrends.org/? indicators=child-recipients-of-welfareafdctanf.

② AFL-CIO, "100 Highest-Paid CEOs," available at http://www.aflcio.org/Corporate-Watch/Paywatch-2014/100-Highest-Paid-CEOs. Where 2015 pay totals were not yet available, 2014 pay totals were used.

经理年收入达数十亿美元。

对高管来说，超高薪待遇并不总是如此。20 世纪 60 年代，CEO 的薪酬是普通员工的 20 倍左右，到 80 年代初，这一数字达到了 60 倍。到 20 世纪 90 年代，这些数字增长到普通员工工资的 300 多倍。事实上，在过去的几十年里，CEO 薪酬的增长是造成美国收入不平等总体加剧的一大诱因。

为什么 CEO 的薪酬增长得如此之快？部分原因是股票成为 CEO 薪酬的重要组成部分。反过来，这在很大程度上是因为一些经济学家提出了一个有说服力的理由：如果 CEO 的薪酬方案直接且在很大程度上取决于公司的股价，那么他或她就会更多地从股东的利益出发来管理公司。人们认为，如果没有股价作为直接激励，CEO 往往会在公司内部建立自己的"帝国"，试图让自己受益，而不是采取能让公司价值长期增长的行动。这个想法是基于 CEO 薪酬的大头如果是股票，那么这会使他成为一个好的 CEO，拥有大量的股票会激励他增加公司的价值，比如将公司的收益明智地投资于研发以改进产品或生产过程，或开拓新市场。销售和利润将会增长，更多的投资者会购买股票，股价会上涨，股东和 CEO 都会受益。

实际上，事情并没有那么简单。问题是，有一种更容易的方法可以使股票价格上涨，而不必为提高产品或生产技术的质量、独特性或吸引力而付出勤奋、思考和纯粹的努力。CEO 可以利用公司的收益回购自己的股票，直接在短期内推高股价。在 1982 年以前，这种股票回购是非法的：美国证券交易委员会禁止高管操纵自己公司的股价。但在 1982 年，美国证券交易委员会改变了规则，使公司高管回购自己公司的股票成为合法行为。只要他们不在一天之内回购太多，他们就不用担心证券交易委员会会指控他们操纵自己公司的股价。

结果，近几十年来，大公司掀起了一股股票回购的浪潮。在 2004—2013 年的 10 年间，标准普尔 500 指数中的 454 个上市公司花费了 3.4 万亿美元用于股票回购，平均每年达 3 400 亿美元。[1] 这样做的代价是耗费了原本用于生产性投资的费用——而生产性投资可以增强公司未来的竞争力。许多经济学家、商业分析师以及股东都发现，这种趋势令人深感不安。一些人呼吁回归禁止股票回购的旧规则；其他人则提出了替代方案。

一个例子是，2004 年国会通过了上文所述的免税期法案，这样 167
跨国公司就可以把它们在国外的利润拿回来，并且只需要支付它们通常需要支付的税款的七分之一。该法案的支持者游说了国会，理由是遣返的资金将用于生产性投资，从而创造就业机会，让选民满意。2005 年，许多公司确实利用了这一安排，带回了数千亿美元。但美国国会研究服务局（CRS）的一项研究发现，一些充分利用免税期的公司反而解雇了数千名员工，没有创造就业机会。其他学术研究发现，在公司把利润拿回来的同一年，它们还花了大量金钱来回购股票。（根据法律，这些资金不被允许用于股票回购，但会计人员施展了魔法，以一种显然在技术上合法的方式记录了交易。）

当然，原则上任何公司的 CEO 都应该以一种能增加公司价值的方式来管理公司，从而使股东受益，即使没有任何特殊的激励。因此，将 CEO 的薪酬与股价挂钩，在理论上应该只是锦上添花。相反，许多企业已经将大量收益用于股票回购和派息，导致很少收

① William Lazonick, "From Retain-and-Reinvest to Downsize-and-Distribute," Center for Effective Public Management, The Brookings Institution, April 2015, available at http://www.brookings.edu/research/papers/2015/04/17-stock-buybacks-lazonick.

益或没有收益被用于研究和开发、更新工人的技能或获得新的机器等实际上可以改进产品或生产方法的任何资本品。2004—2013 年，在 25 个股票回购价值最高的公司中，15 个公司用于回购股票的收益，加上以股息形式支付给股东的收益，加起来**超过了**那 10 年总收益的 100%，因此，实际上，没有任何现有收益被用于生产性投资。在另外 10 个公司中，有 5 个公司在股票回购和派息后用于生产性投资的资金比例不超过 20%。①

在过去的诸多 SSA 中，如本章前面所述，资本所有者被迫进行投资以谋求公司的生存。但在最近几十年中，竞争和投资之间的联系似乎已经被打破，至少对美国的许多公司来说是这样，这削弱了 SSA 在支持资本积累方面的有效性。

结　论

资本主义经济通常具有一定的内在动力。竞争迫使企业创新、发明新的设备和方法来生产更好更便宜的现有产品，并发明新的产品。近年来，仅智能手机和应用程序的发展就证明了资本主义推动创新的力量。然而，一个可行的 SSA 也需要维持一个健康的投资率和一个充满活力的经济。在美国，目前的 SSA 依赖于计算机、编程、电子设备、电信和相关部门的创新，以及创造新型金融资产和盈利策略来激发其活力。这些策略维持积累的能力似乎正在衰退。与此同时，收入和财富的不平等意味着大众消费品市场的增长非常缓慢，甚至出现萎缩。当前的 SSA 似乎处于衰变过程中，而下一个 SSA 尚未出现。

---

① Lazonick，“From Retain-and-Invest.”

推荐阅读文献

Joyce Appleby, *Capitalism and a New Social Order: The Republican Vision of the 1790s* (New York: New York University Press, 1984). 168

Samuel Bowles and Herbert Gintis, *Schooling in Capitalist America: Educational Reform and the Contradictions of Economic Life* (New York: Basic Books, 1976). (鲍尔斯，金蒂斯. 美国：经济生活与教育改革. 上海：上海教育出版社，1990.)

Alan Dawley, *Class and Community: The Industrial Revolution in Lynn* (Cambridge, MA: Harvard University Press, 1976).

Eric Foner, *Thomas Paine and Revolutionary America* (New York: Oxford University Press, 1976).

Philip S. Foner, *Organized Labor and the Black Worker* (International, 1976).

David M. Gordon, Richard Edwards, and Michael Reich, *Segmented Work, Divided Workers: The Historical Transformation of Labor in the United States* (Cambridge: Cambridge University Press, 1982).

Greg Grandin, *The Empire of Necessity: Slavery, Freedom and Deception in the New World* (Picador, Reprint edition, 2015).

Thom Hartmann, *Unequal Protection: The Rise of Corporate Dominance and the Theft of Human Rights*, 2nd edition (San Francisco: Berrett-Koehler, 2009).

Morton J. Horwitz, *The Transformation of American Law, 1780 - 1860* (Cambridge, MA: Harvard University Press, 1977). (霍维茨. 美国法的变迁：1780—1860年. 北京：中国政法大学出版社，2004.)

Nancy Isenberg, *White Trash: The 400-Year Untold History of Class in America* (Viking, 2016).

Peter Lindert and Jeffrey Williamson, *Unequal Gains: American Growth and Inequality since 1700* (Princeton: Princeton University Press, 2016).

Grant McConnell, *The Decline of Agrarian Democracy* (Berkeley: University of California Press, 1953).

Terrence McDonough, Michael Reich, and David M. Kotz (eds), *Contemporary Capital-*

ism and Its Crises：*Social Structure of Accumulation Theory for the 21st Century* (Cambridge，UK：Cambridge University Press，2010).（麦克唐纳，里奇，科茨. 当代资本主义及其危机：21 世纪积累的社会结构理论. 北京：中国社会科学出版社，2014.）

Samuel Rosenberg，*American Economic Development Since 1945*（New York：Palgrave Macmillan，2003).

C. Vann Woodward，*The Strange Career of Jim Crow*（New York：Oxford University Press，1957).

Erik Olin Wright，*Class Counts*：*Comparative Studies in Class Analysis*（Cambridge：Cambridge University Press，1997).

Howard Zinn，*A People's History of the United States*（New York：Harper & Row，1990).（津恩. 美国人民史. 上海：上海人民出版社，2013.）

Michael Zweig，*The Working Class Majority*：*America's Best Kept Secret*（Ithaca，NY：ILR Press，2011).

第 2 篇

微观经济学

第 8 章

供给与需求：市场是如何运行的

14 世纪伟大的阿拉伯地理学家伊本·白图泰曾这样记述发生在今天俄罗斯伏尔加河沿岸的远程贸易的情形： 169

> 每个旅行商留下他带来的货品，然后［旅行商］又回到他们的露营地。次日，他们返回其货品处，在这些货品的对面发现了貂皮、鼬毛以及貂袍。如果这位商人对此交易感到满意，就会把这些货品取走；如果不满意，就原封不动。然后当地的居民就会添加一些兽皮，但有时他们也会取走自己的货品而对旅行商的货品置之不理。这就是他们的经商方式。去那儿的人并不知道自己在与谁进行交易，也不知道对方是谁，因为他们从来见不到任何人。①

古希腊史学家希罗多德（Herodotus）描述了公元前 5 世纪迦太基人和利比亚人之间的类似交换——被称为**无声交易**（silent trade）。希罗多德描写道，在留下他们的物品之后，迦太基人就回去了，接着利比亚人“在地上摆放一些交换物品的金子，然后任物品放着不动而离开。此时，迦太基人……过来看一看，如果他们认为那些金子足够支付货物，他们就会带着金子离开”。希罗多德描述

① Ibn Battuta, *Travels in Asia and Africa*: *1325 – 1354* (London: Routledge and Kegan Paul, 1929), 151.

了在双方都愿意接受的价格形成之前，这个过程是如何持续进行的。他很惊讶地评论道：“没有任何一方欺骗另一方……直到金子与货物在价值上相等时，迦太基人才会碰那些金子；直到迦太基人拿走金子，当地人才会碰那些货物。”①

无声的交易只是人们所想出的参与交换过程的多种方式中的一种。陌生人之间的物品转移可以在以下范围内变化：从作为礼物的一个极端经过互利交换，到可以被称为抢劫的另一个极端。贸易所带来的潜在收益越大，参与交易的各方在地理上和社会性方面的差异就越大。事实上，参与无声交易的各方不进行正面接触，这有助于减少武装精良的贸易者之间发生暴力的可能性。

170 其他种类的交易则绝对不是无声的。证券交易所的交易大厅里充斥着讨价还价的喧嚣，一个现代化的尼日利亚水果市场上回响着妇女们音乐般的叫卖陶器的声音以及讨价还价的嗡嗡声。其他现代化市场则像无声交易一样寂静和匿名。当你在线购买一件衬衫或者一本书的时候，你能听到的声音仅仅是你在屏幕上点击购物车图标时鼠标的咔嚓声。类似地，你可以在超市中购买一整篮子食品杂货而不用说一句话，并且，与尼日利亚的水果市场形成鲜明对比的是，只有当收银员问你是需要塑料袋还是纸袋来装东西时才需要口头交流！如果你通过在线拍卖市场（如易趣）购买某个商品，你会经历一个完全不同的市场：你将与其他人竞价，拍卖对象将被卖给出价最高的人。

商品和服务以很多不同的方式相互交换。家庭成员在节假日交换礼物，个人从事工作以换取货币收入，夫妻中的一方照顾孩子而

---

① Herodotus, *The Histories* (New York: Oxford University Press, 1998), 300-301.

另一方挣工资用以支付房租。在每种情况下，所得到的回报都由一种特定的方式决定，有时由习惯决定，有时由法律决定，有时由供需竞争力决定。本章的主要思想是：**竞争性市场——一种重要的交换形式——可以利用供给和需求的概念来加以分析**。这一思想有两个要点：

1. **竞争性市场**由众多潜在的买者和卖者组成，他们各自独立行动，没有一个参与者有足够的权力向任何其他参与者发号施令。
2. 用以理解竞争性市场如何运行的关键概念是：**供给曲线、需求曲线**和**市场出清**。

市场的本质

当一种商品或服务的所有者将其出售给其他人的时候，就产生了**市场交换**（market exchange）。出售商品或服务通常意味着用其换取货币：卖者向买者转让了商品或服务的所有权，从而获得货币作为回报。交易的另一方面是买者支付货币以获得商品或服务的所有权。如果交易不涉及货币——意思是，如果一种产品与另一种产品直接交换——就被称为**物物交换**。

> **市场交换**是在双方接受的条件下，将一项财产（一种商品或服务）的所有权转让给另一方，以换取某种形式的支付。

市场交换是在双方接受的情况下，将货物的所有权或接受服务的权利转让给另一方，以换取某种形式的支付。说市场交换的条件是相互间可接受的，就意味着，在此情形下，双方愿意在所提供的条件下进行交换而非根本不进行任何交换。

人们始终拥有拒绝市场交换的权利。因此，从定义上看，所有发生的市场交换都可以说在本质上是自愿的。但有些时候，放弃交换的权利并没有什么意义。例如，某人因家人有重大疾病而不得不卖掉住房来支付医药费。这不等于有人拿着枪顶着这个人的脑袋逼迫他卖掉房子，但有些时候环境会迫使人们陷入他们在其他情形下可以避免的交换。[想想马龙·白兰度（Marlon Brando）在《教父》中对他的一个追随者所说的："给他一个他无法拒绝的条件。"]

171 **"市场"**（market）这一术语是指价格在可接受的范围内，对某一商品或服务的交易（买卖）感兴趣的所有人所进行的买卖活动。市场活动有时（但不总是）集中在一个地点进行。纽约证券交易所和东京鱼市就是有特定地点的市场的例子。但是，对于其他市场，没有一个特定的地点可以让你"看到"市场。例如，芝加哥的劳动市场包括了有关劳动时间的所有潜在买者和卖者，他们可以在芝加哥的任何地方见面并达成协议（或者没有达成协议）。这时，一个市场就不是一个地点，而是一系列买卖活动。

> **市场**指的是在价格可接受的范围内，那些希望交换产品或服务的人的所有买卖活动；市场由想卖的卖者和想买的买者构成。

市场的运行将决定两个基本的经济结果：商品或服务据以交换的**价格**及其买或卖的**数量**。这两个结果会影响社会的许多其他方面。例如，劳动市场不仅决定工资（和生活水平），而且决定就业数量（以及失业人数）。

每个市场都有两类参与者：**需求者**，或者在一定的价格范围内想要购买此项商品或服务的人；**供给者**，或者在一定的价格范围内想要出售此项商品或服务的人。例如，一个市场可能包括两个潜在的需求者和三个潜在的供给者。这可能发生在当地的房地产市场上，比如三个人想卖掉他们的房子，而另外两个人对三个房子中的任何一个都有兴趣。或者市场也许有少量的供给者，却有数百万个需求者，譬如计算机行业。某些市场拥有数以万计的供给者，却只有很少的需求者。比如，一个城镇的劳动市场，那里只有几个大雇主，而且失业率很高：很多人想要工作（提供劳动力），但只有极少数雇主会提供工作（需要劳动力）。

竞争性市场是那些拥有很多实际的或潜在的供给者和需求者的市场。

在本章，我们关注那些有大量潜在需求者和供给者的市场。遵循亚当·斯密的传统，这样的市场被称为**竞争性市场**（competitive market），因为不同参与者之间的竞争——每个人都在竞争以达成有利于自己的买卖——会极大地影响其他人的行为。从这个意义上讲，美国和世界其他地区的很多市场都不是竞争性的。我们将在第 11 章中解释只有少数竞争者的那类市场的运行。

竞争性市场上存在大量参与者的最重要后果就是，他们中没有任何人有足够的力量来影响产品的出售价格。例如，如果只有一个大公司是出售者，它就可以通过减少其产品的供给量来提高其产品的价格。但这一策略在竞争性市场中被排除了。

供给与需求

我们可以通过考察供给者和需求者间的相互作用来理解市场的运行。我们借助需求曲线和供给曲线来进行。

需求曲线显示了在每一个可能的价格下，需求者愿意而且能够购买的产品和服务的数量。

需　求

需求曲线（demand curve）用图形描述了市

场上的买方。它显示了在给定的时间段内，例如一天内，某个产品的需求者会根据他们对产品的喜好和他们拥有的货币数量，以每种可能的价格购买多少特定的产品。曲线上的每个点代表价格（在纵轴上测量）和所需的数量（在横轴上测量）的特定组合。

172 考虑某个特定商品的市场，例如，艾奥瓦州艾奥瓦市的啤酒市场。（在本章接下来的部分，我们假设：我们所指的啤酒都属同一种类且有同样的品质；用经济学术语来说，我们假设啤酒是**同质**商品。）设想一下，我们询问艾奥瓦市的每一个人（以及那些会到艾奥瓦市买啤酒的人）："如果啤酒价格是每瓶 2 美元，你今天将买几瓶?"然后我们将所有回答的数量相加。如果总数达到 1 040 瓶，我们就会得到需求曲线上的一个点：当价格为 2 美元时，购买者当天的需求量将是 1 040 瓶。

我们可以随后重复这一调查，询问购买者他们将购买多少瓶啤酒。首先，假设价格是每瓶 1 美元；其次，假设价格是每瓶 0.5 美元。假设我们得到的答案是，价格为 1 美元时是 2 000 瓶，价格为 0.5 美元时是3 760瓶。这样我们在需求曲线上又多了两个点来描述艾奥瓦市当天的啤酒需求。

在图 8.1 中，需求曲线 D 显示了在所有可能的价格下艾奥瓦市的购买者一天所需的不同啤酒量，包括我们在调查中获得的在 2 美元、1 美元和 0.5 美元的价格下的需求量。重要的是要记住，需求曲线和供给曲线表示的是对**假设**问题的回答。在需求曲线的情况下，问题将是："如果价格是____，你今天将购买多少?"正如我们将要解释的，需求曲线和供给曲线上的大多数价格和数量的组合都不是实际被选择的数量组合。

需求曲线通常总是被认为是向右下方倾斜的，或者说斜率为负，如图 8.1 中的曲线 D 所示。其经济原因在于，一般而言，价格越低，商品购买者想购买的数量就越多。在我们所举的啤酒例子中（见图 8.1），如果价格高，比如说每瓶 2 美元，那么消费者每天只愿购买相对较少的数量。如果价格低，比如说每瓶 0.5 美元，他们每天将购买更多的数量。

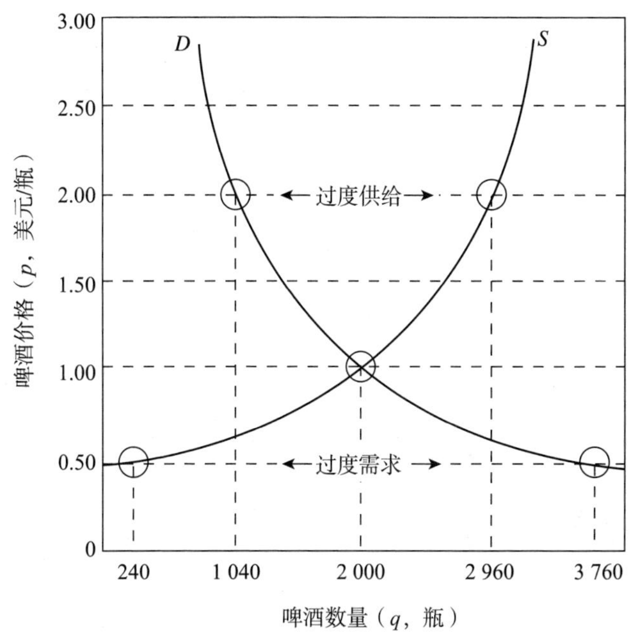

图 8.1　需求曲线和供给曲线

需求曲线 D 提供了以下信息。如果每瓶啤酒的价格是 p 美元，消费者的需求量将是每天 q 瓶。如果价格是每瓶 2 美元，消费者每天将购买 1 040 瓶。供给曲线 S 提供了关于生产者将向市场提供什么的类似信息。如果价格是每瓶 p 美元，供给者每天将在市场上提供 q 瓶。如果价格是每瓶 2 美元，啤酒供给者每天将希望出售 2 960 瓶。通常地，需求曲线向右下方倾斜，供给曲线向右上方倾斜。

请注意，需求曲线并不代表买家的需要。它仅反映在给定**价格**和**收入**条件下，他们**想要**以及**能够购买**什么。亚当·斯密将市场所反映出来的需求定义为“有效需求”（比如说，穷人想要一辆六匹 *173*

马拉的车的愿望就不是有效需求），现代经济学家沿着他的思路，将“需求”简单定义为由货币支持的需要。① 我们无法从曲线 D 中得知，啤酒的买主是在经过艰苦的劳动后口渴了，还是他们已经喝了比他们应该喝的更多的啤酒。事实上，如果艾奥瓦市有些人非常想要啤酒但是没钱购买，他们的需求根本不会在曲线 D 中表现，因为需求曲线仅仅表示人们愿意而且能够购买的商品数量。所有的需求曲线告诉我们的是，在任何给定的价格下，消费者会购买多少啤酒。

人们想要购买多少啤酒除了取决于价格，还取决于很多别的因素。像我们已经提到的，它将取决于购买者的收入。如果每个人的工资突然提高，他们会想要购买更多的东西，包括啤酒。另一个因素是潜在购买者的数量。如果有新的群体来到城镇，这将会增加啤酒的需求量。更重要的是，需求会随着人们对商品的渴望或经济学家所说的“偏好”而改变。因此，如果一个艾奥瓦市的消费者最近在电视上看到一个有影响力的啤酒广告或者天气刚刚变热，她将购买更多的啤酒。最后一个变量就是竞争产品的价格。例如，如果红酒的价格突然下跌，人们将减少对啤酒的购买。这样的产品被称为**替代品**。

这样，一条需求曲线就表示，**假定**其他影响需求的因素没有发生变化，在各种可能的价格下，购买者愿意而且能够购买的数量。如果其他因素没有变化，需求曲线就能告诉我们价格的变化将怎样影响需求的数量。例如，在图 8.1 中，我们能够看到如果价格从每瓶 2 美元降到每瓶 1 美元，**如果没有其他因素变化**，需求量将从每天 1 040 瓶增加到 2 000 瓶。

---

① Adam Smith, *Wealth of Nations*, Book I, Chapter VII, eighth paragraph.

供　给

相反，**供给曲线**（supply curve）代表的是市场的售卖方。它描绘了供给者在不同的价格下出售啤酒的意愿，这种供给啤酒的意愿在很大程度上取决于啤酒生产企业的成本。在图 8.1 中，供给曲线 S 表明，啤酒销售者每天在不同的价格下将向市场提供多少数量的啤酒。例如，某天的价格是 2 美元，供给者将设法销售 2 960 瓶；在 0.5 美元的价格下，供给者将设法销售 240 瓶；等等。

> **供给曲线**表明，在任何可能的价格下，供给者愿意出售多少数量的产品或服务。

供给曲线几乎总是被认为是向右上方倾斜的（斜率为正），就像图 8.1 中的供给曲线 S 所显示的一样。与价格低的时候相比，当价格高的时候，供给者会想卖出更多啤酒。在价格高时，啤酒厂提高工人的轮班费也是值得的。高价格也会吸引来自价格较低的邻近城市的新的供给者。而在价格低的时候，艾奥瓦市的一些供给者会寻找其他城市来销售自己的产品；他们中的一些人甚至会停止生产啤酒。

除了价格之外，其他因素也会影响每一价格下产品供给者希望 174
出售的数量。与生产和销售其他产品所能获得的报酬相比，生产啤酒的成本将影响每一价格下供给者希望出售的啤酒数量。例如，如果啤酒行业发生了劳动节约型技术变革，生产啤酒的成本将下降，酿造和销售啤酒的利润会增加。结果会有更多的企业被吸引到该产业，这样供给的数量就会增加。类似地，如果酿造啤酒所用的谷物取得了丰收，其价格将下降，酿造的成本也会降低，每一价格下供给的啤酒数量将会增加。

这样，供给曲线就表示，假定影响供给的其他因素保持不变，卖者在各种可能的价格下会向市场提供的商品数量。如果只有价格变化，供给曲线会告诉我们供给的商品量将怎样随价格而变化。例如，在图 8.1 中，如果某天啤酒的价格由每瓶 1 美元上升到每瓶 2 美元，供给者会把他们的供货量由每天 2 000 瓶增加到每天 2 960瓶。

决定供给曲线位置的一些关键因素包括：生产该商品的各种可用技术；各种投入的成本以及这些成本如何随投入数量的变化而变化；生产该商品的企业数量，这可能会随着生产和销售啤酒的盈利能力相对于其他商业活动的不同而变化。（在后面的部分中，我们将详细讨论导致供给曲线发生变化的原因。）你也许会通过询问自己以上因素中任何一个的改变将怎样使图 8.1 中的供给曲线向左或向右移动，来检验你对供给曲线的理解。例如，如果一项新的啤酒生产技术被发明出来，用更少的劳动就能生产出相同数量的产品，那么供给曲线将发生怎样的变化？

边际成本是指一个企业增加一单位商品总产出所引起的总成本的增加。

边际成本　所有影响供给曲线位置的因素也会结合在一起决定商品生产的**边际成本**（marginal cost）。“边际成本”被定义为**一个企业增加一单位商品总产出所引起的总成本的增加**。

为理解边际成本概念的意义，要进行以下推理：供给曲线上的微小移动表明，在沿着该曲线的每一点上，为了促使一种商品的某个供给者生产和提供一单位额外商品，该商品的单位价格必须上升多少。但是我们知道，即使某些商品的市场价格上升，除非更高的价格能够弥补生产一单位额外商品的成本，否则没有企业会生产额外一单位该商品。由于企业生产额外一单位商品的成本实际上就是它的边际成本，因此我们可以说，供给曲线不仅显示了每种价格下商品的供给量，还显示了市场上至少一个企业的边际成本。

当然，市场上发生的事情是不以单个企业的决策为基础的。事实上，一个市场在某一天的供给量将是市场上所有企业的产出加起来的结果。这里的关键是树立这样一种观念，即生产和提供额外一单位商品以供销售是有边际成本的。这一观念在第 9 章中很重要，我们将在那里讨论市场本身生产社会最优商品量的条件。

平均成本　生产一种商品的边际成本不同于 175
其**平均成本**（average cost），平均成本被定义为**生产一定数量的商品或服务所需的总成本除以所生产的商品或服务的总量**。边际成本是指在特定的产出水平上生产额外**一单位**商品增加的总成本，而平均成本用以度量在任何给定的时间内生产出来的**所有**产出的成本。

> **平均成本**是生产一定数量的商品和服务的总成本除以所生产的商品或服务的总量。

在很多情况下，生产一种商品的边际成本和平均成本随着产量的增加而同时增加（只要产量高于某个最低产出水平）。这是因为，随着生产的扩大，现有设备的高负荷运转会增加劳动的边际成本，使得生产额外单位商品变得更加昂贵。出于这个原因，在一个横轴表示产出数量、纵轴表示与每一产出水平相应的边际成本的图形上，很多商品的边际成本曲线是向右上方倾斜的。

平均成本和边际成本随着产出的增加而增加的原因从农业或者其他基于自然资源的产业中最易看出。在这些情况下，优质土地（或者容易开发的自然资源）的数量有限，因此在产量较高时，生产成本会更高。这是因为必须使用贫瘠的土地、较深的矿井或较偏远的森林。

但是，也存在平均成本随产量的增加而**下降**的情况。只要存在规模经济存在于下述情况：投入增加—生产规模扩大—带来产出更大比例的增长。

规模经济（economies of scale），平均成本就会出现下降。当投入增加、生产**规模**扩大、单位产出的平均成本下降时，就存在规模经济。因此，像第 3 章中所解释的，规模经济会带来**平均成本递减**（随着产出的增加）。由于这两个术语指的是同一现象，因此它们可以交替使用。但是为了避免混淆，我们通常会使用**"规模经济"**这一术语。

在整个经济中，企业经历平均成本下降（由于规模经济）的情况是普遍而重要的。然而令人惊讶的是，这种人们熟悉的情况——平均成本下降——在传统经济学教科书中却很少被论及，我们将在下一章分析其原因。但是首先，我们必须进一步讨论供给和需求问题。

供给与需求相互作用

我们现在可以通过解释供给和需求会怎样共同决定商品的价格及其交易量（**价格**和**数量**）来将问题的两个方面结合起来。这里有必要再次参考假设的艾奥瓦市啤酒市场，并在此过程中再次观察图 8.1（因为它将艾奥瓦市啤酒的供给曲线和需求曲线合并在一张图中）。

当然，买方和卖方都看不到供给曲线和需求曲线。这些只是**我们**用来理解**他们**行为的分析工具。在大多数市场中，是卖方而不是买方制定价格。每个卖方都会设定一个价格，假设价格越高意味着单位商品的销售利润越多，价格越低意味着能销售出去的商品数量越多。根据需求曲线，向任何一个方向移动（即价格升高或降低）都可能增加利润总额。

利润最大化的价格将取决于其他卖方在做什么以及对该商品的

需求有多强，这两个信息可以由卖方预先推测，但卖方事先并不知 176
道。卖方唯一能够知悉并可据以采取行动的就是最近发生的事情。如果商品在货架上堆积成山，卖方也许会希望原本制定的是一个较低的价格，并且很可能会考虑降低价格。相反，如果卖方的商品在一天（或一个月）结束前就售罄，或者他们已经积累了一个急切想购买商品的客户名单，他们可能会考虑涨价。其他卖方也进行同样的试错过程以得到合适的价格。

要了解这个过程是如何进行的，请再次查看图 8.1，并假设艾奥瓦市的啤酒平均价格为每瓶 2 美元。将发生什么呢？正如前面所指出的，供给者在这一价格下会希望售出 2 960 瓶，但是需求者仅想购买 1 040 瓶。这 1 920 瓶的差额就是**过度供给**（excess supply）。能够在每瓶 2 美元的价格下找到买方的那些供给者会非常高兴，而在这一价格下不能找到买方的供给者会不满，后者将提供一个稍低的价格，比如每瓶 1.75 美元或者 1.5 美元，试图吸引消费者。

过度供给存在于下述情况：在特定价格下，商品或服务的供给大于需求。

只要过度供给持续存在，一些供给者为了试图获得消费者就会降低价格，这将对市场价格形成下行压力。当现行价格降到每瓶 1 美元时，供给者希望出售的数量（2 000 瓶）会恰好等于需求者希望购买的数量（也是 2 000 瓶），因此再也没有过度供给。因此，供给者的降价将以这个价格停止。

考虑相反的情况。如果市场的初始价格是每瓶 0.5 美元，就会有**过度需求**（excess demand）。正如前面所提到的，在这一价格下啤酒的需求量是 3 760 瓶，但供给量仅仅是 240 瓶，未满足的（或者“超额的”）需求量是 3 520 瓶。啤酒的供

过度需求存在于下述情况：在特定价格下，商品或服务的需求大于供给。

给量将低于需求量，而那些买不到啤酒的人往往会抬高价格。当市场价格达到1美元时，过度需求就会消失。当然，这一价格与我们在过度供给分析中所得的价格是一样的。

市场出清价格就是买方希望购买的数量恰好等于卖方希望出售的数量时的价格。

总而言之，我们可以说啤酒市场的竞争将整个市场推向了**市场出清价格**（market-clearing price）——在这一价格下，卖方希望出售的数量恰好等于买方希望购买的数量。在这一价格下，既不存在过度供给，也不存在过度需求，可以说市场“出清”了。从图8.1中我们可以看到，艾奥瓦市啤酒市场的出清价格是1美元，因为在这一价格下，啤酒供给量恰好等于需求量（2 000瓶）。

图8.1也表明市场出清时的价格和数量位于供给曲线和需求曲线的**交点**上。因此，我们要明白，只有在与本例中的啤酒市场类似的市场中，才可以说供需双方决定了销售数量和销售价格，更准确地说，这意味着供需曲线的特定位置（当然，还有决定这些曲线位置的因素）决定了市场出清价格和数量。

均衡指的是这样一种状态：价格和交易量不会因任何内在的力量而发生改变。

在类似于啤酒市场这样的市场中，市场出清常常被描述为一种**均衡**（equilibrium）状态。“均衡”的概念在经济学推理中是非常重要的。它被用来描述一种情况，在这种情况下，没有任何内在的力量迫使它改变。这是从物理学借来的一个概念，它可以通过一个物理学的例子来加以说明：如果某人将一颗大理石放在桌子上的一个碗里，它将在水中滚动一段时间，最终将停在碗底。这个结果就是一种均衡，因为在该状态下没有任何内在的力量（大理石在碗中的位置以及碗的形状）会引起它的变化。如果有人将碗倾斜或推动大理石，大理石当然会移动，但这些是外部力量。

经济学家以相同的方式进行推理。在啤酒市场上，价格和销售
量将维持在市场出清价格和市场出清数量上，除非有外部因素来改 177
变它们。一个来自外部的变化是人们品味的改变，或者，正如经济学家喜欢说的，他们的“偏好”的改变：相对于葡萄酒，人们更偏好啤酒。这种变化将导致需求曲线 D 右移，这将在下一节中得到更充分的解释。同样，采用一种生产啤酒的新技术来降低生产成本，也会使供给曲线 S 的位置向下移动。这些曲线的移动将改变市场出清价格和啤酒销售量。但是，只要需求曲线和供给曲线保持在当前的位置，均衡价格及数量就不会改变。

值得注意的是，有些市场，包括一些非常重要的市场，均衡价格并不是市场出清价格。这意味着在均衡状态下，需求方有理由不接受高于当前价格的价格，而供给方同样有理由不接受低于当前价格的价格，但提供的销售数量与实际的购买数量并不相同。然而，均衡情况的稳定性（阻止任何外部变化源的出现）意味着单个买方或卖方可能试图做的任何事情都不能改变均衡价格或数量。

以艾奥瓦市啤酒市场为例，均衡价格和市场出清数量与市场出清价格和市场出清数量相同。在这种情况下，考虑到所有其他市场参与者的行为，艾奥瓦市的啤酒买方或卖方都无法从他们行为的任何可能变化中获益。例如，一个买方可能想要支付低于一瓶啤酒的现行价格的钱。但如果这样的买方试图给出一个较低的价格，没有卖方会卖给她或他任何啤酒。类似地，一个供给者也许想以高于市场出清价格的价格出售他的啤酒。但如果哪个企业提高了价格，由于市场上还有以较低价格出售的类似的啤酒，这个企业的消费者将转向其他供给者，尤其是如果这个企业长期坚持索要较高价格，其

销售将一落千丈。（回顾一下，我们在整章中都假设艾奥瓦市的任何一瓶啤酒都完全与其他任何一瓶啤酒相同。尽管这一假设在这一例子中有些不切实际，但还有其他的商品，如小麦、玉米和牛奶，更像我们例子中的**同质**商品。）这样，现行的市场价格（价格对市场上的任何人来讲都是可知的）会限制任何单个买方和卖方的行为。这就是竞争性市场的运行方式。

当然，在现实中，单个卖方将试图改变其价格以看看他是否可以做得更好。因此，即使在没有过度供给和过度需求的时候，也不是一种产品的所有价格都是相同的。比较本地少数几家商店对啤酒的定价，或者比较同一本书在亚马逊和巴诺上的价格，就能证实这一点。但是，对一个特定产品来说，如果市场竞争程度很高，那么同种产品的价格就不会差别太大。

对竞争性市场中供求相互作用的分析所得到的一个重要结论是，**当一个竞争性市场处于均衡时，商品的价格将等于其边际成本**。另一种说法是，在均衡状态下，$P=MC$（P 代表价格，MC 代表边际成本）。我们随后将对此观点进行详细讨论，该观点的逻辑如下：如果 P 不等于 MC，供给的数量将发生变化，所以市场就不会处于均衡状态。为了说明这一点，我们设想对某个企业来说，P 大于 MC。在这种情况下，一个企业可以通过生产额外一单位商品来获得等于 P 的收入，而这一单位商品的成本仅为 MC。类似地，如果某个企业的 P 小于 MC，那么通过减少一单位生产就可以获益（成本降低了 MC，但收入仅减少 P）。所以只有 $P=MC$ 时，一个
178 企业才不会改变其供给数量。而且，当市场整体处于均衡时，对市场上的每一个企业来说，P 必将等于 MC。

需求或供给的变化

至此，我们已经考察了供给曲线和需求曲线处于特定位置时价格和交易数量的决定。我们分别针对每条曲线进行了考察，并且分析了需求量和供给量怎样随着价格的特定变化而变化。我们现在来考察价格之外的其他因素变化时将会发生什么情况。

例如，假设图 8.2 中的供给曲线 D 代表艾奥瓦大学在某学期中期对啤酒的需求。随着学期的结束及学生离校回家，这种情况将发生变化，在每一个可能的价格下艾奥瓦市的啤酒需求量将减少。这种变化由整条需求曲线从 D 向左**移动**到 D^* 表示（见图 8.2）。同时，该学期当中一个有影响力的广告活动则会产生相反的效果：它会通过增加消费者对啤酒的偏好使需求曲线向右移动。

需求曲线描绘了每个价格水平是如何决定需求量的，但在这种情况下，也由图中未显示的其他因素决定。

因此，价格的变化导致了**沿**着需求曲线的移动，而影响产品需 179
求（因此，也就是需求曲线的位置）的一个或多个条件的变化导致了需求曲线的**移动**。如图 8.2 所示，需求曲线从 D 到 D^* 的变化使市场出清价格从每瓶 1 美元变为每瓶 0.80 美元，销售量从 2 000 瓶变为 1 540 瓶。

同样地，如果影响供给的因素发生变化而不是价格发生变化，啤酒的供给曲线也会移动。例如，假设用来酿制啤酒的谷物的价格上涨，会发生什么？额外的成本将降低啤酒行业的利润，这将导致一些啤酒生产商退出啤酒市场，或许是为了在利润更高的行业中利用它们的资源。更高的成本还将导致其他啤酒生产商缩减经营规模，以期恢复它们的利润水平。这两个变化将使供给曲线从 S 移动

到 S^*（见图 8.3）。如图 8.3 所示，在需求曲线 D 不变的情况下，供给曲线的这种变化将导致市场出清价格从每瓶 1 美元提高到每瓶 1.20 美元，销售量从 2 000 瓶下降到 1 680 瓶。

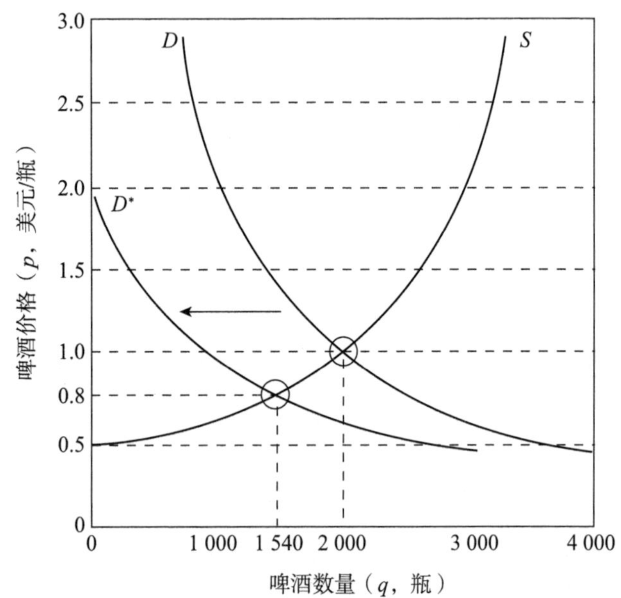

图 8.2　需求曲线的移动

当价格之外的其他因素发生变化时，需求曲线将发生向左或向右的移动。需求曲线的移动不同于沿着需求曲线的移动，后者仅当价格变化时才发生。在本图中，D^* 是需求曲线向左移动后的位置，表明在任一价格下，啤酒的需求均减少了。需求曲线上其他影响因素的变化会使其向右移动。

与需求曲线一样，商品价格的变化会产生沿着供给曲线的移动，而其他影响供给的因素的变化会导致整条曲线的移动。当影响这些曲线位置的决定因素之一发生变化时，供给曲线或需求曲线就会发生变化，无论是我们的啤酒市场例子中的新的酿造技术、更便宜的谷物、成功的宣传活动，还是相关人口规模的变化。影响供需曲线位置的决定因素汇总在表 8.1 中。

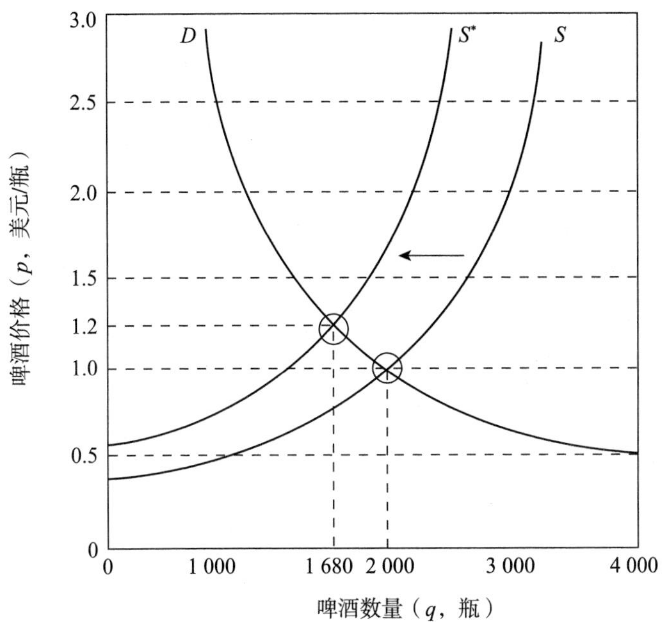

图 8.3　供给曲线的移动

当价格之外的其他因素发生变化时，供给曲线将发生向左或向右的**移动**。供给曲线的移动不同于**沿着**该曲线的**移动**，后者仅当价格变化时才发生。在上图中，S^* 是供给曲线向左移动后的位置，表明在任一价格下啤酒的供给减少了。此外，对供给曲线产生影响的任一其他因素的变化也可能使供给曲线向右移动。

表 8.1　供给曲线和需求曲线位置的决定因素 180

供给曲线	需求曲线
技术	消费者的口味或“偏好”
投入成本，包括为获得专利权和版权的保护或许可而支付的成本	消费者的收入及其分布：高端人群收入增加意味着对奢侈品的需求增加；低端人群收入增加意味着对必需品的需求增加
供给者可利用的其他盈利机会	可供消费者选择的商品数量及其价格
潜在供给者的数量	潜在消费者的数量

结 论

市场通过买卖关系或交换关系提供了一种协调经济的方式。竞争——既包括买方间的竞争，也包括卖方间的竞争——会带来市场出清价格，在这一价格下，需求量等于供给量。其结果是，市场相互作用既决定了商品的价格，也决定了商品的买卖数量。

说售出的啤酒的均衡价格和均衡数量“由供求决定”是什么意思呢？这有些类似于说谋杀是枪干的。任何决定供给曲线和需求曲线的位置的因素也是实际决定价格和交易数量的因素，因为这些决定因素决定了市场出清所必需的价格和交易数量的特定组合。

供给曲线和需求曲线本身并不发挥什么作用，它们甚至不如枪所发挥的作用大。它们只是帮助我们理解和解释价格和交易数量所面临的诸多复杂影响的精巧装置。供给曲线和需求曲线的发明并不改变市场的运行方式，但是，它们确实使我们更好地理解了市场的运行。

总结一下：价格和交易数量由所有决定供给曲线和需求曲线的位置的那些因素决定。竞争过程将推动实际价格和实际数量向均衡价格和均衡数量移动。

在后面的章节中我们将看到，竞争并不总会带来市场出清。在某些市场中，均衡普遍存在，但需求量和供给量之间存在着持续的差距。例如，在劳动市场，劳动力过剩（失业）可能会持续很长一段时间甚至无限期持续。在第 12 章中，我们将准确地解释劳动市场如何区别于啤酒市场，以至工资的降低不会产生劳动市场出清的效果（也就是说，确保每个想要工作的人都有一份工作）。

在市场没有出清的时候，供给和需求会影响价格和数量，但不能说决定了它们，因为既然市场没有出清，那么显然有其他一些重要的影响因素在发挥作用。下一章将扩展对供给和需求的分析，解释市场怎样在特定的条件下以有益的方式协调经济，而在其他条件下却失灵了。

推荐阅读文献

Alfred Marshall，*Principles of Economics*，8th ed.（London：Macmillan，1920）.（马歇尔. 经济学原理. 北京：商务印书馆，1983.）

第 9 章
竞争与协调："看不见的手"

181 20世纪 80 年代末，波兰、苏联、捷克斯洛伐克及其他一些东欧国家的政府发生了一场剧变。它们不但开启了授予公民投票权和民主自由的进程，而且开始强调把市场而非集中的经济计划作为协调其经济的方式。向以市场为导向、主要是资本主义经济的过渡持续到 20 世纪 90 年代初，而苏联分裂成俄罗斯和许多其他国家，捷克斯洛伐克分裂成捷克和斯洛伐克，南斯拉夫也分裂成许多小国。

70 多年以来，苏联最重要的经济决策都是由政府做出的（其他东欧则有 40 多年类似的历史）。计划经济作为一个系统，统一收集信息，并实施诸多方面的决策，如生产多少钢铁及其他投资品，使用什么样的技术，建立多少学校，生产多少和生产什么类型的消费品，工人、经理、医生以及其他人该拿多少工资，等等。

在最初的时候，这些集中的计划经济体制在教育、医疗和生活水平的其他诸多方面取得了很大的成就，尤其是提高了社会底层人群的生活水平。但到了 20 世纪 80 年代，人们对民主权利的缺失、经济增长放慢甚至倒退日益不满。为了应对这些问题，政府领导人开始实行重大的经济和政治改革。最重要的经济改革就是允许私人公司和个人进行更多的经济决策，这意味着要依靠市场来协调成千上万的决策。

东欧和苏联的经济政策的变化突出了本章的主要思想：**市场为**

个人和企业提供了一种协调其众多复杂经济活动的方式，没有人特别指导这一过程。这一观点主要体现为两点：

1. 通过奖励成功和惩罚失败，竞争性市场提供了一个分散化的**激励**体制；通过市场价格，它们还将各种商品和服务的相对成本**信息**传递给社会。
2. 在某些情况下，市场以普遍有益的方式**协调**经济。当个人购买商 182
品的决定与生产和使用该商品对社会的总体利益密切相关时，他们就会这样做。但在其他情况下，市场未能很好地发挥这一功能，我们将这种情况描述为**市场失灵**。

亚当·斯密与自由放任经济学

在第 2 章中，我们介绍了 18 世纪的政治经济学家和哲学家亚当·斯密，他的著作《国富论》（1776）是有史以来最具影响力的经济学著作之一。斯密提出了这样一个观点：个人的利己行为将创造一个竞争性市场体系，从而将个人的利己行为转化为全社会的物质进步。亚当·斯密肯定会对东欧国家的改革感到高兴，因为这些国家按照他的意愿，让市场而不是政府来协调生产。在《国富论》中，斯密指出了社会面临的一个基本挑战：如何协调大量经济行为人（生产者、运输者、销售者、消费者）的独立活动，而这些经济行为人往往彼此不认识，并广泛分布在世界各地？这一协调问题的出现是因为没有人是自给自足的：每个人的生活都需要他人生产的多种商品和服务。这在今天比在斯密时代更为真实。

斯密提出了这样一种想法，即社会可以让经济行为人依据个人利益来协调劳动分工。这一思想之所以是激进的，是因为它断言可能出现一种合理秩序，即便没有任何人或机构有意识地去创造或维持这种秩序。比斯密早一个世纪的英国哲学家霍布斯主张，一个强大的政府是使社会从芸芸众生的自利行为造成的混乱中恢复秩序的唯一办法。斯密认为，只要具备两个条件，市场就可以做到这一点：第一，产权必须明确界定，明确谁拥有什么财产，因此有权交换。第二，经济行为人之间也必须有足够的竞争，从而市场不被垄断。

斯密解释了竞争性市场体系如何将个人的自利行为转化为对社会有益的结果。在自利行为被视为不道德的时代，这是一个真正激进的主张。斯密认为，尽管农民、面包师或理发师的自利行为可能是基于贪婪，但在适当的条件下，追求这种贪婪将惠及所有人，即使大多数人很少或根本不关心邻居的福祉。产生社会效益的适当条件是明确界定的产权和竞争性市场。斯密发明了**“看不见的手”**一词，用来指市场引导经济趋向人力和自然资源的最佳利用。

这一切的关键在于，商品价格是向生产者发出的信号。如果面包价格上涨（例如，由于需求增加——需求曲线右移），面包师就会收到信号：现在烤面包比以前更有利可图，如果他们烤更多的
183 面包，他们就会赚更多的钱。如果价格下跌（例如，由于供给增加——供给曲线右移），这就意味着面包师要少烤面包。不需要其他通知、指令、鼓动或命令。

自由放任是一种经济政策，主张政府发挥非常有限的作用，将其活动限制在国防和法律及合同的执行上。

这样，在斯密看来，市场将协调和调节经济，利用私利来实现整个社会的物质进步。因此，他认为，政府不应该试图引导经济，而应该保持足够的独立。这大致就是法语短语**自由放任**（laissez-faire）的意思。

斯密在一个重要意义上部分是对的，在另一

个重要意义上部分是错的。在某些情况下，让价格通过市场引导经济活动是相当有效的。但在《国富论》之后的两个多世纪里，我们了解到，市场运作良好的环境比他在 18 世纪认识到的要窄得多。我们首先研究市场环境良好时市场的运行方式，然后再考察市场无法运行良好时的环境。

协　调

图 4.1 所表示的“生产-再生产图示”就像是一个经济的鸟瞰图。它将经济的水平维度表示为商品、服务甚至人的复杂循环。商品在一个地方被生产出来，在另一个地方被消费掉。人在家庭中出生并长大，然后离开家庭进入工厂或公司就业，或开创自己的事业；有时候，他们还在自己或他人的家里工作。这种商品、服务和人的循环之所以被称为“水平维度”，是因为从这个角度来看，经济中的商品和人没有进行“向上”或“向下”的运动，而是进行“水平运动”，即从一个地方移到另一个地方，这本质上是一种水平运动。理解经济的水平维度意味着解释事物和人的这种变化以及回答诸如此类的问题：为什么有些人在某些工作岗位上工作，有些人在其他工作岗位上工作？是什么决定了谁以及多少人将抚养孩子、浇灌混凝土或制鞋？鞋子是如何从鞋匠的手中转移到穿鞋者手中的？

人类历史进程中的各个社会和当今世界，对于以上问题的回答大相径庭。比如，设想一下 19 世纪早期美国偏远边境的一个能够自给自足的家庭农场，就像第 7 章开篇所描述的那样。在这里，图 4.1 所显示的大多数劳动过程和产品流动都发生在单个家庭**内部**。必要投入的生产和人口的再生产（几乎）全部发生在同一个屋檐下。制作和修理工具、饲养牲畜、修建围栏、准备食物、搜集柴禾、生养子女、缝制衣衫——所有这一切都表明该家庭农场基本上是**自给自足的**。生产什么产品、如何使用产品，则由习俗、需要和长辈的权威来共同协调。劳动任务根据年龄和性别进行分配。尽管这在今天并不常见，但却是决定由谁来从事什么样的劳动以及如何利用产品的一种独特的方式。

如果每个家庭并不生产其成员所用的一切物品（如果该家庭单位不是自给自足的）——如当今世界上绝大多数家庭那样——那么情况就变得复杂得多了。大多数家庭或者从事工作的家庭成员将专业从事某种类型的工作，家庭将不得不开展某种形式的**交换**以获得它们需要的商品和服务。各种社会安排会决定劳动如何专业化，产出如何分配。

184 在印度，千百年来种姓制度决定了人们一生下来就要做哪种工作。尽管政府积极推行的一些项目在近几十年来促进了根据个人禀赋而不是种姓来提供机会，但种姓仍然是决定个人职业的重要因素。如前所述，在像苏联那样的国家里，工作和商品的分配完全由中央计划者决定，这种状况一直持续到苏联式体制的崩溃。从历史上看，在某些社会，组织生产和分配是通过一个精巧的礼物赠予过程完成的；甚至还有些社会，盗窃和进贡发挥着重要作用。种姓、习俗、计划、赠予、盗窃和进贡，都是决定生产什么、为谁生产、谁来生产的不同方式。它们都是**协调经济**的不同方法。尽管其中有不少在我们所知的大多数经济里发挥着作用，但迄今为止，现代世界最重要的协调经济的方法是市场和计划。我们将其称为“依靠规则来协调”和“依靠统制来协调”。

依靠规则来协调与依靠统制来协调

历史上，很少有人提出像亚当·斯密的“看不见的手”那样令人震惊的概念——尽管经济十分复杂，但它根本不需要任何人来操控。换种说法就是，经济能够自己运行——前提是它服从于各种恰当的规则。

假设现在有人告诉你，在芝加哥的奥哈拉机场（该机场每小时都有超过 100 架次的飞机起降），飞机的起降会由一只看不见的手来协调。那些支持“看不见的空中交通管制员”的人会说：“我们不需要控制塔。驾驶员会保持正确的航向，会避让其左方和下方的飞机。”但若真的用这种方法来协调奥哈拉机场的空中交通，恐怕大多数人都会决定再也不坐飞机去芝加哥了。

尽管奥哈拉机场的飞机起降数量已经足够让人心生畏惧，但一个经济体中发生的相互作用就更加复杂了。例如，在美国，整个经济涉及大约 3 000 万个企业、1.25 亿户家庭和 2.25 亿个成年人之间的相互关系，每个人每天都会做出决定，这些决定至少会影响到其他一些人。如果再考虑到全球经济的相互依赖会使复杂性进一步增加，人们就不难认识到协调这一任务有多艰巨了——也会认识到亚当·斯密提出经济根本不需要任何人来协调的这种主张有多么激进了！

可是，斯密的“看不见的手”的概念并没有听起来那么荒谬。实际上，我们之间的很多相互作用是在没有协调者的情况下协调的。再试想另一个交通问题，这次我们来看看汽车。在美国，我们遵循这样一条简单的规则——靠右行驶——它非常出色地协调着每天数百万的来往司机。

重要的是，协调可以借由两种手段来实现。一种是**依靠规则来协调**（coordination by rules），即没有一个人对另一个人的行为做出指令，但每个人都遵守一套规则。另一种是**依靠统制来协调**

依靠规则来协调指的是相互作用受制于一般的行为原则。

依靠统制来协调指的是相互作用受制于规定特定行为的命令。

(coordination by command)，即由某个人（或不止一人）指导他人的行为。它们的根本区别在于遵守规则还是遵守命令。规则确定了适合某一既定情形的行为范围（比如靠右行驶），但它不会规定特定的行为（如在何处或何时行驶）；命令规定了
185 特定的行为（比如联合航空公司的 407 航班左转 90 度并降落于 14A 号跑道）。

哪一种效果更好？显然，在我们的经济中，两种类型的协调都需要，即依靠规则来协调和依靠统制来协调。究竟哪种方法最合适要依局势而定。亚当·斯密之所以提倡“看不见的手”，是因为他对 18 世纪盛行于英国的依靠统制来协调的方式非常不满，包括政府制定工资和价格、政府创设庞大的垄断公司，如著名的英国东印度公司。但即便是斯密也承认，政府应该保护国家免受外部敌人的侵害，并通过警察和法院系统确保内部司法公正。他还主张政府投资桥梁、道路、运河和其他“公共工程”（如对所有儿童提供免费教育），主张对酒征税以减少醉酒现象。他非常关注追求经济利益有时会带来的负面后果。例如，他担心，如果不采取措施缓解英国工厂的压迫和令人麻木的状况，英国可能会变成一个没有头脑的机器人国家。

依靠统制来协调的局限性

我们首先看看依靠统制来协调（计划）存在的两个问题，就可以理解市场是如何发挥作用的：一个与**信息**有关，另一个与**激励**有关。下命令的人（计划者）可能没有足够的信息来做好这项工作，而那些本应执行命令的人可能没有动力去这样做。甚至有可能计划者自己也没有动力把工作做好。

空中交通协调的指挥工作运作良好，因为所有相关信息都可以通过雷达屏幕和计算机显示器提供给管制员，飞行员有强大的动力来服从管制员的命令：他们自己和乘客的生命都依赖于精确的指挥。当然，管制员有充分的理由来做好这项工作：一个错误可能导致许多人丧生，也会让他丢掉工作。

但在其他情况下，信息和激励都不充分。苏联的中央计划者无法了解近 3 亿居民的消费偏好，因此他们无法就生产什么样的消费品做出适当的决定。他们也不能准确地确定每个工厂、矿山和办公室的生产能力，从而不能有效地分配生产目标。

一个大型的中央计划经济存在的问题实际上并不是**缺乏**信息：消费者或多或少知道他们想要什么，工厂管理者或多或少知道他们能生产多少。所以信息是存在的。问题是信息并未掌握在需要它们的人手中：计划者（决策者）不容易获得相关信息。掌握信息的人可能对计划者保留信息或者对他们撒谎。消费者可能会夸大他们的需求而期望得到更多，工厂管理者可能会低估他们的生产能力从而降低了产量。 186

饥饿还是强制：依靠规则来协调和依靠统制来协调

在亚当·斯密时代的英国，地方政府要负责为穷人提供食物。作为对这些食物的补偿，穷人们被要求在一些特定的岗位上工作。这项由众所周知的《济贫法》（Poor Laws）调节的制度就是一个依靠统制来协调的例子。

约瑟夫·汤森（Joseph Townsend，1739－1816）是一位地理学家兼化石收藏家，做过一段时间的医生和多年的圣公会教区牧师，也是一位 18 世纪的多产作家。他是对《济贫法》最为严厉的批评者之一。他认为，最好的办法莫过于让饥饿来驱使人们工作。1786年，也就是斯密的《国富论》出版10年以后，汤森在其著作《论济贫法》（*A Dissertation on the Poor Laws*）中写道：

> 希望和恐惧是勤奋的源泉……（但是）什么样的鼓励会使那些穷人变得勤劳和节俭起来？……（《济贫法》使）他们确信，即使自己有着懒惰、铺张、酗酒和其他恶习，并会因此被削减供应，政府也仍然会以其他人为代价为之提供食物和衣服，还会提供一些他们习以为常的奢侈品……总之，只有饥饿才能激发和鞭策他们参加劳动。然而我们的法律却规定，穷人无论如何都是不能挨饿的。法律……又同样规定，他们应该被强制去工作。但这样一来，与法律约束相伴而来的就是太多的麻烦、暴力和意见，（并且它）还造就恶意，永远不可能产生良好的并可接受的结果。而饥饿呢，它不但是一种平和的、安静的和持续的压力，它还是勤奋和劳动的最自然的动力；（因此）饥饿产生了最强大的效力……奴隶需要强迫才去劳动，而自由人则完全依靠自身的判断和决定，他的完全享有自身财产（不论多寡）的权利应该得到保护，但若他侵犯了邻居的财产，他应该为此受到惩罚。

当今一些“福利改革”的倡导者所持有的观点，汤森早在300年前就已经预见到了。他在该著作里提出来的，实际上是一种依靠规则来协调的制度。他所提出的供参考的规则有：（1）一个人只能吃自己种的或自己买的东西；（2）任何人都无权占有他人的财产，不管他多么贫穷或多么饥饿。汤森的这一著作的副标题是：“人类的祝福者所著”。

资料来源：Joseph Townsend，*A Dissertation on the Poor Laws*（Berkeley：

University of California Press，1971 [1786]，23 - 24. 引文中部分标点有所改动——括号里的话也是另外加上的——以助于读者更好地理解汤森的思维逻辑。

依靠统制来协调的困难不只是信息问题。计划者和其他经济行为人的**激励**也可能是一个问题。据说，在实际操作中，苏联的家具工厂生产的沙发非常重，因为其生产配额是由计划者设定的，而不是由沙发的数量来衡量的。毕竟，苏联并不缺乏技术专长——苏联比美国先将人类送入太空——但企业自觉为公众服务的动机并不强烈。只要完成生产配额，经理们似乎就对自己的工作很满意。即使 *187*
是一个好的计划也不会以最好的方式为社会服务，除非工厂经理和工人都有足够的激励来执行这个计划。

信息的关键作用

已故哲学家、经济学家弗里德里希·A. 哈耶克（Friedrich A. Hayek）将"如何最好地组织经济"这个古老的挑战——可追溯到亚当·斯密之前——表达为"如何最好地利用信息"：

> 关于这两种制度（中央计划和竞争）中的哪一种可能更具效率的问题，将在很大程度上既取决于我们究竟在哪一种制度中能够期望现有知识得到最充分运用，又取决于我们在下述两种做法中采取何种做法才更可能取得成功：一是把所有应当加以运用但最初却由许多不同的个人分散掌握的知识交由某个中央权力机关去处理；二是把个人为了使自己的计划得以与其他人的计划相应和而需要的那种相关的额外信息都传递给这些个人。

资料来源：F. A. Hayek，“The Use of Knowledge in Society,” *American Economic Review*，September，1945. 中译文参考了哈耶克. 个人主义与经济秩序. 北京：三联书店，2003：119。

既然依靠统制来协调存在上述这些问题，我们就需要研究现代世界的另一种主要协调方法，即依靠规则来协调。亚当·斯密的观点是，只要有两条规则支配经济，市场就可以代替计划：竞争和私有财产。在一个私有财产占主导地位、大多数人不是自给自足的经济中，市场活动——买和卖——将在经济中发挥主要作用。但在什么情况下，个人决定购买什么会自动有利于社会呢？

“看不见的手”

亚当·斯密对艾奥瓦市的啤酒价格不感兴趣，他感兴趣的是英国应该如何组织经济：它应该遵照皇室的指令运行，还是应该按照下面这种方式运行：大多数经济结果都由竞争性市场上数百万买方和卖方的相互作用来决定，而没有任何特殊的个人做出关键的决策。他当然主张后者，也就是一种通过竞争性市场的规则来协调的制度。自斯密时代以来，他的这一观点已相当完善，其中一些缺陷也得以说明。它的要义虽然十分简单，但如果要在一个更深的层次上理解它，我们就需要进一步探究市场的真正作用。

不过，我们所感兴趣的并不是某些**特殊**的市场如何运行：比如鲜鱼市场使得消费者能够购买到鱼肉，房地产市场为消费者提供了公寓住宅等。我们感兴趣的是市场的一般性功能。如前所述，市场具有两个重要功能：它们传递经济中的重要信息，并提供对这些信息采取行动的动力。因此，在理想情况下，市场规避了依靠统制来协调的两个主要缺点：它们克服了涉及信息和激励的困难。

用亚当·斯密的话来说…… 188

每个个人……使其生产物的价值达到最高程度，他就必然使社会的年收入尽量增大起来。确实，他通常既不打算促进公共的利益，也不知道他自己是在什么程度上促进那种利益……他所盘算的也只是他自己的利益。在这种场合，像在其他许多场合一样，他受着一只看不见的手的指导，去尽力达到并非他本意想要达到的目的。也并不因为他事非出于本意，就对社会有害。他追求自己的利益，往往使他能比在真正出于本意的情况下更有效地促进社会的利益。

资料来源：Adam Smith，*The Wealth of Nations*（New York：Random House，1937），Book IV，Ch. II，421. 中译文参考了亚当·斯密. 下卷. 国富论. 北京：商务印书馆，1983：27。

市场的激励分为两种类型。第一，市场鼓励消费者尽量用与其他商品相比不太稀缺的商品来满足自身的需求。在人们逛街搜寻最合算的商品并希望以最低的可行价格购买能够满足特定需求的商品时，市场的这种激励就在发挥作用，而消费者自身并没有意识到这一点。例如，如果某些人对于得到一块牛排与得到一个汉堡包一样高兴，那么这两种食物的相对价格会促使他们以损失社会资源较少的方式来消除自己的饥饿。

第二，市场会鼓励生产者——不管是公司还是个人——以不太稀缺的投入要素来生产稀缺的产品。出现这种情况是因为，稀缺的产品易于获取较高的价格，而追求利润的企业会用它们能找到的最廉价（最不稀缺）的投入要素来进行生产。

因此，消费者和生产者都会以非常理性的方式来行事，也就是说，保留稀缺的资源而使用充裕的资源。并没有谁要求他们这么做。他们之所以如此行事，只是因为这样做符合自身利益。正如亚当・斯密的观点所表明的，市场在其参与者背后实现其目标。这也是支持其“看不见的手”的概念的基本论据。

“看不见的手”在行动

“看不见的手”存在的理由归根结底在于这样一种主张：即使所有经济行为人的行为都只考虑其自身利益，市场也可以以一种可取的方式配置稀缺的经济资源。自由放任（有限政府）的倡导者认为，竞争性市场不仅解决了信息和激励问题，而且提供了一种优于中央规划（依靠统制来协调）的协调方法。

艾奥瓦市的啤酒市场为我们提供了一个例子来说明竞争性市场是如何引导生产者和消费者对偏好的改变做出反应并节约社会稀缺资源的。首先，我们假设啤酒市场处于均衡状态，且市场的出清价格为每瓶 1 美元。其次，美国公共卫生部突然公布了一份报告，声称饮用葡萄酒会导致秃顶。那么，这对啤酒市场会产生什么影响呢？

189 当人们从葡萄酒转向啤酒时，每一个价格水平下都会有更多的啤酒需求，如啤酒的需求曲线从 D 向右移动到 D^* 所示（见图 9.1）。其结果是存在过度需求：按 1 美元的价格计算，供应商仍愿意供给 2 000 瓶啤酒，但现在公众需求 2 800 瓶，因此有 800 瓶的过度需求。如果一开始时价格保持在 1 美元，那么供应商每天只供给 2 000 瓶，会有 800 名失望的消费者在排队，其中一些消费者会乐意支付高达每瓶 1.70 美元的价格。但如果价格上涨，供应商将愿意生产更多的啤酒。这意味着供给曲线是向上方倾斜的：更高的价格激励供应商生产更多的啤酒（例如，也许是因为要生产更多的啤酒，他们将不得不向一些工人支付加班费，而更高的价格将允许啤酒供应商这样做）。担心根本得不到啤酒的需求者也会愿意付出高于每瓶1美元的价格。因此价格上涨，供应商有能力也愿意供给更多的啤酒。因此，以价格上涨的形式，市场正在传递这样一个信息："需要更多的啤酒！"对这一信号做出反应的供应商可以销售更多的啤酒，赚更多的钱。

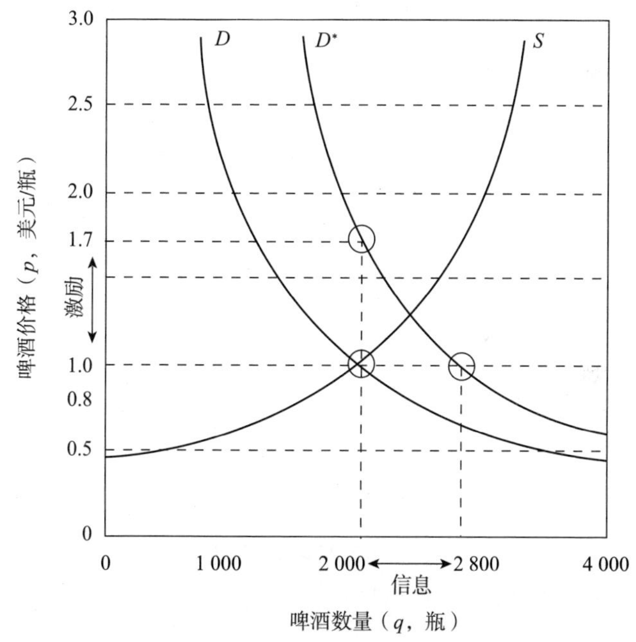

图9.1　市场信息和市场激励

需求曲线向右移动（从 D 到 D^*）最初会在假设的艾奥瓦市啤酒市场上产生过度需求（见第8章）。只要每瓶的价格保持在1美元，800瓶的过度需求现在将存在，因为供给量只有2 000瓶，而需求量是2 800瓶。这800位失望的消费者愿意为一瓶啤酒付出更多。如果价格上涨，供应商也愿意生产更多的啤酒。随着价格的上涨，市场正在传递这样一个信息："需要更多的啤酒！"供应商可以通过销售比以前更多的啤酒来增加总利润，因此会有动力供给更多的啤酒。因此，价格上涨是市场提供的激励。

增加啤酒产量的激励来自啤酒供应商现在有机会通过以更高的价格销售啤酒来赚取额外利润。啤酒供应商的唯利是图，将使其不
190 仅做符合自身利益的事，而且做符合消费者利益的事。此外，只要这一过程能够最大限度地利用经济资源，就可以增加整个社会的利益。

总结：如果存在过度需求，市场就为生产者提供“胡萝卜”：更高的总利润在等待那些掌握市场信息并扩大生产的人。如果存在过度供给，市场为生产者提供了一种坚定不移的动力：一些生产者需要退出，将资源投入到其他业务或其他地点。如果不这样做，所有生产者的利润都会下降。这样，市场就引导利己的生产者做符合自身利益和消费者利益的事情，即使他们有意识地只对自己的成功感兴趣。这就是“看不见的手”在行动（见表 9.1 和表 9.2）。

“看不见的手”是如何克服依靠统制来协调的两个主要缺点的，即计划者缺乏相关的信息，以及碰巧没有制订好计划或实施好计划的激励措施？答案是**分散化**。价格是信号。它们提供有关消费者需求、生产者生产能力和成本的信息，这些信息直接在所有市场参与者之间进行沟通，而无须首先通过中央规划办公室。此外，在资源的有效配置方面，“做正确的事情”的激励仅仅是基于所有参与者的自身利益。当市场上的所有参与者都在为自己寻找最合理的交易时，每个人都会受益。

表 9.1　价格作为一个分散的信息和激励制度

作为信息的价格

- 对于**消费者**：价格衡量了生产额外一单位商品所需的成本
- 对于**生产者**：价格衡量了对于额外一单位商品有多少需求，以及获得所需的投入品需要多少成本

续表

作为激励的价格
● 对于**消费者**：在个人预算约束下，价格促使消费者以尽可能低的支出满足自身的需要
● 对于**生产者**：在获利并维持企业正常运营的前提下，价格促使生产者以最低的成本来生产消费者所需的商品和服务

表 9.2　"看不见的手"：假设和结论

如果商品在卖给消费者时，商品的价格衡量了商品满足人类需求的能力，并且**如果**由企业衡量的生产商品的成本考虑了获得和利用这些商品的社会成本，**那么**每一单位商品所带来的利润（每一单位商品的价格减去成本）将衡量生产的每一单位商品所做出的社会贡献，**因此**，对自身利益的追求（企业追求更多的利润，消费者试图使自己的效用最大化）会使人力资源和自然资源实现合乎社会意愿的配置

如果所有这一切听起来有点美好得令人难以置信，那是因为我 191
们还没有追问：倘若我们所假设的理想条件实际上并不存在，"看不见的手"还会不会有效（或无效）？

"看不见的手"存在的问题

为了让看不见的手发挥良好的作用，个人选择购买哪种商品也必须是一个有利于社会的决定。这两者之间有什么联系？答案是，如果消费者所选择的几种商品中每一种的价格都准确地反映了生产和使用这种商品给社会带来的成本，那么个人将和一个消息灵通的计划者（动机良好）做出同样的决定，社会将从中受益。在这种情况下，个人决策与社会利益之间的联系是很强的，"看不见的手"很好地发挥了作用；仅仅通过市场进行协调就能为社会带来利益。

当市场上的买卖双方为了各自的目标而自发地互动，结果与整个社会在拥有做出选择所需的全部信息的情况下所做的决定不同时，**市场失灵**就发生了。

不幸的是，正如经济学家们所了解到的，在许多情况下，市场的表现并不那么好。个人做出决策，但由于种种原因，这些决策并不会自动对社会有利。当这种情况发生时，我们就说存在**市场失灵**（market failure）。我们将很快通过一系列例子来说明这些想法。但首先，值得注意的是，如果“看不见的手”把花在商品和服务上的美元算作社会应该生产什么的选票，那么拥有更多钱的人就拥有更多的选票。专栏“用美元投票”指出了这种安排导致的一个问题。

用美元投票

人们有时候会说，市场就像是选举，消费者用美元为自己需要的商品投票。如果大量的美元“选票”投向了黄色衬衫，那么就会有更多的黄色衬衫被生产出来。在一个资本主义经济中，逐利竞争会确保资源以一种特定的方式配置，在这种配置方式下，商品将按由美元选票所确定的比例来进行生产。然而，在市场上，为商品投票是一种不寻常的选举，因为有些人的选票多于其他人。如果家庭收入中的每一美元都被看作是一张选票，那么在2014年，美国最富裕的五分之一家庭平均拥有的选票为194 053张，而最贫穷的五分之一家庭只有11 676张选票，前者比后者多出了15.6倍。这完全不同于民主政治中的一人一票原则，而是一个经济版的被填塞得满满的投票箱。

资料来源：U. S. Census Bureau，Carmen deNavas-Walt and Bernadette D. Proctor，*Income and Poverty in the United States*：*2014*，Current Population Reports，pp. 60－252，September. 2015，Table A－2：Selected Measures of Household Income Dispersion：1967 to 2014，available at：https://www.census.gov/content/dam/Census/library/publications/2015/demo/p60－252.pdf.

市场失灵

要了解“看不见的手”什么时候很好地发挥作用，什么时候不 192
发挥作用，我们需要看看个人的经济决策是如何与社会利益联系在一起的。在什么样的情况下做出与社会利益密切相关的个人决策，才能使市场在协调经济活动中发挥良好的作用？答案的关键是我们的老朋友——**信息**。如果买方根据全社会掌握的所有信息来选择买什么、买多少，那么这只“看不见的手”就会运作良好。然而，在许多情况下，买方做出决定所依据的信息并不反映该决定对社会的影响。

首先，买方自己需要有准确的信息。当我买东西的时候，我需要知道我到底在买什么。否则我怎么知道它对我来说到底值多少钱（我愿意为此付出多少钱），因此社会应该投入多少资源来生产它呢？每个人迟早都会买一些结果令人失望的东西：一顿导致消化不良的大餐、一台虽然工作但很糟糕的电子设备、一种有副作用的药物、一件很快就变形的衣服、一辆次品汽车。在这种情况下，买方做出了错误的选择，因为他们缺乏做出正确选择所需的信息。他们的支出并没有错，但是让社会耗尽资源，生产出不值得付出代价的东西。这是一种**市场失灵**：错误的信息意味着个人的经济决策不会自动造福于社会。

但在资本主义经济中，除非法律要求，否则卖方往往没有动力告诉潜在买方他们希望出售的东西的全部缺陷。因此，信息经常是个问题。很多广告的重点是煽动情绪，而不是传达信息。在电视广告中，药物的严重副作用和可能致命的副作用都是按照法律规定公布的，而演员们则面带笑容，抚摸宠物，焕发健康光彩，因此观众很少注意到任何可怕的警告。

还有一种重要的方式，那就是：个人做出购买决定的依据和社会做出如何使用资源的决定的依据之间可能存在着不匹配。即使我知道自己将如何受到影响，我的购买决定也可能会影响到其他人（即整个社会），这种影响通常不会被我的购买决定所考虑。2015 年底，美联社记者曝光了东南亚在捕捞和加工海产品（鱼、虾等）方面的奴隶制度。一些工人实际上被关在笼子里，身体被拘禁，甚至无法与家人联系。他们在试图投诉、反抗或逃跑时会遭到殴打。[①]在这些事件被曝光之前，海鲜买方显然不知道这些事实，因此在决定是否购买海鲜时不考虑奴隶劳动。但这些残忍和不人道的海鲜生产方法无疑对社会造成了伤害。（这个故事是用过去时讲述的，然而尽管已有大约 2 000 名奴隶被释放，记者们获得了普利策奖，但并不确定奴隶制度在东南亚的海鲜行业中已被废除。）

买方支付购买海鲜的成本，但社会成本既包括海产品的实物生产成本（由于工人被奴役，劳动成本较低），也包括奴隶及其家庭
193 因遭受苦难而存在的成本。由于社会成本远高于海鲜买方支付的成本，从社会的角度来看，海鲜价格太低，社会把太多的资源投入使用奴隶劳动的海鲜产业（不应该投入任何资源）。社会最好把它的

① Public Broadcasting System Newshour, "How the AP Uncovered Secret Slavery Behind the Seafood in Your Supermarket," April 20, 2016, at 6:20 PM EDT, available at http:// www. pbs. org/newshour/bb/how-the-ap-uncovered-secret-slavery-behind-the-seafood-in-your-supermarket/.

资源投入其他一些经济活动。这是一种常见的市场失灵。它还有一个特别的名字：**外部性**。之所以这样命名，是因为购买海鲜对既不是直接买方也不是直接卖方的人（在本例中是被奴役的工人）具有"外部"影响。事实上，美国法律禁止进口用奴隶劳动生产的商品，但显然这项法律没有得到充分执行。

当个体买方面临的价格不能反映出社会成本时，这只"看不见的手"就不能很好地发挥作用。如果社会成本高于买方的成本，那么从社会的角度来看，太多的商品被购买，太多的资源被投入生产。如果将这些资源用于生产其他商品，可以产生更多的效益。

那么，为什么在许多情况下市场这只"看不见的手"不能以产生理想结果的方式协调经济活动呢？一般的答案是，人们以无数种方式影响彼此的福祉，而市场价格往往没有考虑到我们的行动对他人的所有影响。在家庭和朋友等小群体中，我们通常会考虑我们的行为的成本和收益，不仅是对我们自己，而且考虑它们对我们关心的其他人的影响。这种意识被称为利他主义，是社会生活的一个重要组成部分，但当我们与一大群陌生人交往时，这种意识显然并不占上风，因为我们可能对这些陌生人知之甚少，也不太在意他们的感受。尽管如此，一项旨在让人们系统地拒绝购买使用奴隶劳动生产的商品或对社会产生强烈负面影响的商品的协调行动，有时还是会取得成功。如果人们相信别人的行为是出于良心，他们有时也会这样做。

"看不见的手"的基本假设是，**如果价格是合适的**，人们的行为对彼此的所有影响都将被考虑到商品和服务的价格中。因此，亚当·斯密的理论（包括它的现代版本）认为，如果我们假定（如亚当·斯密所做的）现有的财富分配是可接受的，用市场来协调一国经济就会带来社会资源的最优配置。这一理论的支持者提供了如下例子来支持这一理论：当某种消费选择，比如说，点一份嫩牛排，消耗了社会的大量资源时，这种消费选择将对牛排的价格做出适当的补偿。这是因为消费者所付的价格与生产嫩牛排的成本完全相同。

问题是**价格往往是不合适的**。想想嫩牛排。大多数通过工业养殖的牛通常都会接受抗生素治疗，以防止在一个饲养场里聚集的成百上千头牛患上疾病。但不断大规模使用抗生素会导致对抗生素产生耐药性的细菌进化。它们已经变得越来越普遍了。一个可能的未来情景（不一定那么遥远）是，对所有已知的抗生素都产生了耐药性的细菌将会存在、传播并感染人类，甚至产生致命的后果，因为没有解药。买里脊牛排的人可能不知道这一点，这可能不会影响他选择购买它，但社会将为未来的疾病和死亡付出代价。

作为市场失灵的负外部性

在牛排的例子中，我们说牛排市场具有**负外部性**。牛排的买方和卖方是直接参与牛排交易的两个人，而这项交易使未来暴发抗药
194 性疾病的可能性增加了一点，但这两个人都没有受到直接的（很大的）伤害。它通过向饲养场老板发出信号，告诉他们在牛身上常规使用抗生素将产生可销售的肉。但社会肯定会受到疾病的影响，这将给许多人带来痛苦。这些人，以及交易对他们的影响，都是交易的**外部**因素，他们在交易中没有发言权。因此，我们说市场具有**外部性**。由于疾病发生的可能性更可能是一个负面结果，我们称之为**负外部性**。当然，个人消费者可以决定停止购买肉类，或者只购买不含抗生素的肉类。但养鱼场也大量使用抗生素；许多牛也被注射激素，欧盟至少确信这些激素具有负外部性，因此禁止食用此类肉。

众所周知，购买和燃烧汽油的决定也会产生负外部性：它会产生空气污染，损害哮喘患者和其他人，给他们和他们的照料者带来

医疗费用，并使他们失去工作时间。它还会产生温室气体，导致全球变暖（见第 1 章）。全球变暖反过来又会增加极端和破坏性天气，如洪水、干旱、野火和风暴，这些会造成财产损害、死亡和人身伤害。肺部疾病的增加，以及天气恶化造成的伤亡和破坏，都是人们决定加满油箱和开车的**外部**影响。这些成本是强加给社会的，但最多只有一小部分成本落在汽油的买方或卖方身上。在这里，个人决定被从社会利益中分离出来，因为存在负外部性。购买和燃烧汽油给社会带来的成本远高于给购买者带来的成本。在这种情况下，社会（通过许多不考虑社会成本的汽油购买者的个人决定）在汽油生产中投入的资源远远超过了应有的水平。

在所有这些例子中，(a) 决策者所承担的成本和获得的收益与 (b) 社会所有成员（包括决策者本人）所承担的成本和获得的收益之间都存在着不对称。归于决策者的成本和收益分别被称为**私人成本**（private cost）和私人收益。相反，每个人（仍然包括决策者）所经受的成本和收益的加总，则被称为**社会成本**（social cost）和社会收益。

> **私人成本**是商品或服务的使用者（一个人或一个公司）所承担的成本；而由社会全部成员所承担的总成本被称作**社会成本**。价格顶多只能衡量私人成本。

怎么能解决这个问题？如果政府对一加仑汽油征收足够高的税，相当于生产和燃烧这一加仑汽油所造成的损失，那么个人购买者就必须考虑到全部的社会成本，因为个人购买者必须支付相当于社会成本的税款。提倡这一点的人实际上呼吁不仅要征收汽油税，还要对排放的二氧化碳和其他温室气体等征税。这种**碳税**将“外部性内部化”，也就是说，迫使买方支付相当于社会成本的成本，这样他们在决定购买多少汽油时就会考虑到这些成本。税收可以使私人成本等于社会成本。例如，目前美国各级司法机构正被敦促通过征收碳税来减缓全球变暖。这或多或少会恢复“看不见的手”的效力，前提是它要应对所有的负外部性，而不仅仅是购买和燃烧汽油的负外部性。

市场失灵的正外部性

市场失灵也有**正外部性**。透彻理解这一点的方法是考虑交易的**好处**。如果你买了大学教育，你期望从中得到很多好处，包括未来
195 的赚钱能力以及学习和结交终生朋友的乐趣。那么社会也会受益吗？当然，因为受过教育的人有助于技术的提升，这通常对每个人都有利。他们也有助于提供公共辩论和公共政策决策所依据的可靠信息。所以那些不参与支付教育费用的人，也就是普通公众，享受你接受教育的决定所带来的**正面的外部影响**。因此，我们认为教育具有**正外部性**。社会收益超过了私人收益。

同样地，如果你接种了预防传染病的疫苗（如麻疹或百日咳），那些没有接种的人就不太可能感染。这是一种正外部性。要将大学教育和疫苗接种等正外部性内部化，就应该对其进行补贴，即以低于生产成本的价格出售，因为若没有补贴，他们的私人成本高于社会成本。

因此，外部性可以是正的，也可以是负的。如果一项交易的外部效应对其他人有利，则是正的。如果外部影响将成本强加给其他人，则是负的。

正外部性的重要来源是教育、知识生产、新技术的引进和疫苗接种。负外部性的重要表现是污染、其他类型的环境恶化和大都市的交通拥堵。表 9.3 列出了一些有关正外部性和负外部性的例子。

表 9.3 正外部性和负外部性

行为	外部性	价格不等于社会成本/收益
酗酒	过度饮酒会给家庭、朋友和医疗机构带来成本	啤酒的价格不能反映这种负外部性
驾车	这可能会加剧交通拥堵，并由于化石燃料的生产和使用而导致环境恶化	所使用的汽油的价格不能反映这些负外部性
研究	任何好的点子所产生的收益均极有可能为其他人或公司所分享	支持研究的公司的利润的任何增长——或研究人员的工资增长——均不包括由其他人分享知识所带来的全部收益
教育	一个人接受教育，其邻居和同事也从中受益	个人的收益（更高的收入）并不包含由别人享受的正外部性
培训员工	有些雇员会跳槽到其他公司，这些公司的所有者会得益于那些花钱对员工进行培训的公司	对员工进行培训的原公司的利润没有反映那些随员工的离职而流往其他公司的收益
戴一块 500 美元的手表（奢侈消费）	这会降低他人的（相对）地位，并引起嫉妒	手表价格 500 美元并不包括加诸他人在社会地位和嫉妒上的成本

作为市场失灵的垄断

我们已经了解到，要使"看不见的手"发挥良好的作用，供个人买方决策的信息与供整个社会决定生产什么以及如何分配生产资源的信息必须是一致的。我们知道，如果个人决策者对产品质量有错误的信息，单凭这一点就可以打破个人决策与社会收益的等价关系。 196

另一种能打破这种联系或等价关系的方式是，单个买方面临的价格超过多生产一单位产出的成本。如果市场中只有一个垄断卖方，或者只有几个大企业，就会出现这种情况。“看不见的手”假设市场是竞争性的，每个市场都有许多实际或潜在的买方和卖方。在这种假设下，没有一个生产者可以收取比生产某一特定商品的边际成本更高的费用。然而，在现实世界中，许多市场并不是竞争性的。

在**垄断**情况下，没有实际或潜在竞争对手的单一供应商可以提高买方必须为其产品支付的价格，而不必担心其客户会转向另一个供应商。最终的买方将是那些既愿意又有能力为产品付出高价的人。一个明显的例子是专利药，专利拥有者通常是一个大型制药公司，其价格是生产成本的许多倍。垄断企业拥有**市场权力**，因为它可以通过减少生产（和销售）来提高产品的价格。这将在市场上人为造成该产品的稀缺，并推高其价格。在这种情况下，垄断企业所收取的价格将高于边际成本，因此，如果社会根据生产额外一单位产品的成本决定生产多少，则购买量和产量都将低于实际数量。

当然，如果有其他公司可以生产相同的产品，它们就会进入市场，通过收取较低的价格来竞争客户，并会继续这样做，直到产品价格降到等于边际成本。正是这一过程导致了在竞争性市场中，市场出清价格将等于每个公司的边际成本（$P=MC$）。但是，进入壁垒的存在使得垄断成为垄断，垄断者不必担心来自新公司的竞争。不完全竞争市场的运行将在第 11 章讨论。

作为市场失灵的规模经济

价格经常高于边际成本还有另一个原因，这在电子时代非常重要。要了解这一点，问问自己电子书的边际成本是多少。第 8 章解释了边际成本只是生产者生产额外一单位产出所增加的成本。因为让更多人访问电子书的成本几乎为零，所以电子书的边际成本非常接近零。即使出版商为每一本书向作者支付版税，其边际成本也很低——大大低于生产这本书的**平均**成本。

回想一下，平均成本是总成本除以总产量。总成本有两个不同的部分。较大的成本是用于制作本书第一版的所有人工和材料，包括书写、设计、编辑、排版和印刷书籍的费用，装帧费用，使用任何受版权保护的材料所需的费用，向银行支付的贷款利息，为生产 197
设施支付的租金，广告费用和发行成本（这需要在实际出版之前支付）。这些费用不随生产的电子书的数量而变化。

印刷机的发明是一个巨大进步，使信息得以广泛传播。复制和发行电子书的**边际成本**非常接近零，这是对社会的又一大利好。这意味着本书比以前便宜得多。不过，这也给出版商带来了问题。

对社会而言，多复制/发行一本书的成本几乎为零。但以边际成本定价的出版商永远无法收回第一版书的制作成本：写作、排版以及将书通过电子化的方式转换为电子书的成本。以边际成本定价会使出版商赔钱。出版商至少需要收回每本电子书的平均成本。如果前期成本是 10 万美元，多一位用户使用电子书的成本是 1 美元，那么在出版商销售 10 000 本电子书的情况下，盈亏平衡价格（平均成本）将是 11（＝100 000/10 000＋1）美元；为了盈利，出版商的定价必须高于 11 美元。

像这样的一个有巨额前期成本并且边际成本不变或者至少不提高的产业，就存在**规模经济**。当巨额的前期成本被分摊到越来越多的产品上时，平均成本就下降了。如果一个产业存在规模经济，平均成本就总是超过边际成本（因为它包括边际成本加上一部分前期成本）。

存在规模经济的电子书产业是市场失灵的一个例子。如果出版商能够在不破产的情况下以边际成本出售电子书，或者如果出版商是可以从税收收入中抵补部分成本从而没有破产风险的国有企业，那么社会就可以从低边际成本中获益。但是，盈利的需要使得社会不可能充分利用规模经济的生产过程。实际上，在这种情况下**“看不见的手”不起作用**。

请注意，电子书的生产和销售也发生在垄断范围内，即出版商拥有的版权。在版权所有者授予出版商这一权利（通常以金钱交换）的情况下，法律就保护了出版商复制电子书的唯一权利。如果其他人复制电子书是合法的，那么他们就可以以边际成本来复制，出版商就不再能成功地制定更高的价格——由于有可能赔钱，可能根本就不会出版电子书。如果电子书以如此低的价格发行，大多数人以这种形式获得了作品，那么出版业可能会发现自己难以生存，而这本身可能会以许多人会后悔的方式影响社会。

规模经济现象提供了另一种解释市场失灵的方法。如果我们把市场失灵的所有解释——不充分的定价、外部性（溢出效应）、不完全契约、市场权力和规模经济——放在一起，我们就能对市场失灵概念有更全面的理解。我们可以将买卖双方的市场互动所导致的结果视为市场失灵，无论是对个人还是对整个社会来说这都是不可取的。下面有关“看不见的脚”的专栏提供了一些更常见的市场失灵的类型。

---

198 **“看不见的脚”：市场何时失灵**

市场失灵发生于以下情况：市场上买方和卖方的相互作用产生了不管是对于个人还是对于作为一个整体的社会来说均非合意的结

果。市场失灵通常发生于下述情形：

- 当市场被少数买方或卖方控制时。例如，若只有一个垄断卖方，那么商品的价格会超过该企业生产额外一单位产品的成本。
- 当生产活动造成了环境恶化或其他负外部性时。如果是在生产中（如企业排放的空气污染物），那么企业生产额外一单位产品的成本将低于社会成本，私人成本将低于社会成本。
- 当存在正外部性时。在这里，个人消费者的收益或成本并不能准确地衡量整个社会的收益或成本。一个例子是，个人所受的教育通过使公众讨论更加知情而对社会产生有益的影响。
- 当市场需求没有反映人们的需要时。当个别人，如无家可归者，没有足够的钱为自己在市场上购买到如住宅这样的必需品时，就发生了这样的情况。

由于规模经济导致的市场失灵使得有些国家不再依赖私营企业供给诸如电力、运输网络和电话系统等，这些通常都具备规模经济特征。相反，这些国家选择让本国政府或受管制的企业从事这些类型的经济活动。这些解决方案在实践中是否比没有监管的私人生产更有效，取决于所涉及政府的性质。

有关"看不见的脚"的专栏中的第四类市场失灵，再次提出了第 3 章讨论的效率和收入分配问题。问题是，如果有些人有巨额收入，而另一些人没有足够的收入来满足他们最基本的需求，那么是否可以说一个经济体正在有效地配置一个社会的资源？有关"昏睡症"的专栏具体说明了前面有关"用美元投票"的专栏中提出的问题。

昏睡症："这真是资本主义的失败"

昏睡症是一种肆虐非洲的可怕疾病；它损害大脑组织，使患者精神错乱并最终死亡。这种疾病由舌蝇传播，每年新增的患者高达25万人。现在，已经发现了一种治疗这种疾病的方法，即"依氟鸟氨酸"，它是如此有效，以至那些几乎陷入昏迷的昏睡症患者也已康复。心怀感激的非洲人把它称为"复活之药"。

199 这个消息太好了。这是现代医学的成功吗？还不能完全这么说。尽管早在20世纪90年代初，研究者们就发现依氟鸟氨酸可用于治疗昏睡症，但一直没有把它投入生产，这是因为在早期，他们希望这个药物也许还可用于治疗癌症，但一直没有得到证实。若一种药物只能治疗穷人特有的疾病，那么它是没有什么市场的（无利可图）：因为穷人根本就买不起。可如今，百时美施贵宝公司（Bristol Myers Squibb Company）已经开始生产依氟鸟氨酸，这是因为它是制造万尼可（Vaniqa）的必要原料，而万尼可能作为一种女性脸部去毛膏来销售。

世界卫生组织确定的17种被忽视的热带病，包括昏睡症、河盲症和麦地那龙线虫病，破坏了许多穷国的生活，但市场却没有提供补救办法。世界范围内的制药公司只在非洲销售其产品的1%，其产品的四分之三则销往美国、欧洲和日本，其人口不到世界人口的五分之一。而且只有很小一部分私人公司的医学研究集中在贫穷国家特有的疾病上。1975—1997年间，全世界仅有1%的药品用于治疗热带病。

在市场未能解决这一问题的情况下，2012年宣布成立的一个公私合作组织"被忽视的热带病倡议"已经介入。世界卫生组织是该组织中的领导者，它一直在实施一项抗击此类疾病的计划，并得到各大制药公司捐赠的药品的帮助。例如，麦地那龙线虫病已减少到 2015 年报告的 22 例，希望到 2020 年能够被根除。

比尔和梅林达·盖茨基金会还为降低非洲疾病的发病率提供资金。十多年前，比尔·莫耶斯在他的 PBS 节目《现在》上问比尔·盖茨："每年都有大约 1 100 万个儿童死于完全可以预防的疾病，你如何看待这个问题？每年都有 400 万个婴儿死于出生后的第一周，而他们中的 98%都来自贫困国家，你又如何看待这个问题？这些统计数据向你描述了一个怎样的世界？"盖茨回答说："这真是资本主义的失败。你知道，资本主义本是如此美好……但是在这个疾病肆虐的地区，它真的让人很失望。"莫耶斯接着反问："市场本该向这些地区的人输送商品和服务的……"盖茨回应说："如果那儿的人们有钱，市场确实会如此行动……但现在的问题是……有钱人不仅不会受到这些疾病的侵扰，而且他们没有目睹患病的人。如果我们安排世界把不同地方的人随机地混合在一起，那么整个问题就会得到解决。因为当你向窗外看时会发现，啊，那个母亲的孩子快死了，让我们去帮帮他们吧。"

资料来源：Michael Kremer, "Pharmaceuticals and the Developing World," *Journal of Economic Perspectives*, Fall 2002, pp. 67 - 90; Donald McNeil, "Cosmetic Saves a Cure for Sleeping Sickness," *New York Times*, February 9, 2001, p. A1; *NOW with Bill Moyers*, PBS, May 9, 2003; "Dracunculiases Surveillance Programmes Respond Strongly to Rumors, While Cases Plummet," available at http://www.who.int/neglected_diseases/news/surveillance_programmes_respond_to_rumours/en/.

私人的激励，公众的利益

直到2003年初，伦敦中心城区拥堵的车辆还像蜗牛一样缓慢爬行。面对急需解决的交通拥堵，市长肯·利文斯通（Ken Livingstone）尝试了一个激进的解决办法：向那些驾驶私家车的人收费，以补偿他们施加于他人的交通拥堵成本。2003年2月，伦敦市对在伦敦中心城区驾驶私家车的人每天征收8美元。除了伦敦中心城区的居民外，所有人都必须支付这个费用。一个高科技计算机系统每天记录哪些人已经付费（个人可以通过发短信或其他方式付费），遍布于整个中心城区的牌照识别装置则负责捕捉那些违法者。

200 施加于其他人的交通拥堵成本（如同污染成本）是负外部性的例子。利文斯通的计划迫使司机们开始考虑这些成本。经济学家称该计划为“将外部效应内部化”。而这正是大多数经济学教科书所建议的补救措施：征收与社会成本相等的税费。

利文斯通的批评者认为，他的计划会使交通问题进一步恶化，并且会损害相关地区的商业活动。然而，使很多人感到惊讶的是，这个措施真的起作用了。进入伦敦市中心的车流量减少了20%，堵车现象减少了将近30%。在以往拥挤的路段，平均车速从原来的9.5英里/小时跃升至现在的20英里/小时。在2003年3月，平均每天都有100 000辆机动车支付交通拥堵费。车主们支付的这一费用——加上那些原以为可以违抗这一计划的人所缴纳的高额罚款——每天为市政府带来了高达100万美元的财政收入。在这一计划所涉及的区域内，三分之一的企业都认为利文斯通的新政策使它们受益匪浅，只有5%的企业认为它们的生意受到了影响。据调查，在计划实施六周后，约有一半的伦敦市民喜欢这个计划，而只有三分之一的人不喜欢。

资料来源：“Ken’s Coup,” *The Economist*, March 22, 2003, p. 39.

协调失灵

当市场或依靠规则进行的其他类型的协调未能以产生理想结果的方式协调经济时，就会出现**协调失灵**。

当市场无法以产生令人满意的结果的方式来协调经济的时候，经济学家就称之为**协调失灵**(coordination failure)。"协调失灵"这个词指个人的自利行为导致的结果对他们的益处小于通过更好的协调或合作行为带来的利益。可以用两个寓言来介绍协调失灵的概念。第一个被称为"囚徒困境"，第二个被称为"公地悲剧"。

囚徒困境与合作的好处

流传甚广的关于囚徒困境的故事旨在说明以下观点：相较于那些毫不顾忌他人利益而一味追求个人利益的人，那些能够**合作**的个人更容易实现其自身目标。关于市场如何协调一国经济的理论——在亚当·斯密"看不见的手"这一隐喻中得到了表达——表明了**在某些条件下**，建立在利己心基础上但由市场来协调的竞争会带来经济资源的合意配置。然而，囚徒困境的故事形象地表明了这样一个事实，即**在其他条件下**，缺乏合作会导致协调失灵。

故事是这样的，两个犯罪嫌疑人被警察抓走并被关押在不同的牢房里。警方有足够的证据证明其中一名或两名囚徒（我们称之为"A"和"B"）的罪行较轻，刑期为两年，但他们希望至少让其中一名囚徒供认罪行并揭发另一名囚徒的罪行，以便让他们被判罚更长的刑期。每个囚徒都必须选择坦白还是抵赖。下文解释了所有可能的后果，并概括在表 9.4 中。A 和 B 都知道以下四点，但因为他们不被允许交流，所以必须各自独立做出决策。

201 可能的结果如下，表 9.4 显示了每个结果，编号与下面的数字对应：

1. 如果 A 和 B 都否认参与了犯罪，则对他们的量刑都会较轻（相对于证据充分时的量刑），即两个人都会被判 2 年监禁。
2. 如果 A 抵赖，但是 B 坦白并供出了 A，则 A 会被判 4 年监禁，而 B 只会被判 1 年监禁。
3. 如果 A 坦白并供出了 B，但 B 抵赖，则 B 会被判 4 年监禁，而 A 只会被判 1 年监禁。
4. 如果两个人都坦白，则 A 和 B 都将被判 3 年监禁。

首先，我们假设两个囚徒做出选择的时候都仅仅考虑自身利益。那么他们将如何决定呢？很显然，在这一前提下，**不管另一个人是坦白还是抵赖**，每个囚徒都可以通过承认罪行并供出其同伙而得到更大的好处。让我们看看原因。

假设你是囚徒 A。如果你的同伙坦白并供出了你，那么抵赖将给你带来 4 年监禁（单元格 2），而在这种情况下坦白将给你带来 3 年监禁（单元格 4）。所以如果你的同伙坦白了，你最好坦白。同时，如果你的同伙否认参与犯罪，你最好还是坦白：如果你抵赖，你会被判 2 年监禁（单元格 1），但如果你坦白，你只会被判 1 年监禁（单元格 3）。所以，如果你的同伙不认罪，你最好还是坦白。简而言之，无论你的同伙做什么，如果你坦白，最终都会比你抵赖要好。

请注意，我们一直认为你必须采取行动保护自己，因为你不能与你的同伙协调从而达成你们两人都抵赖的合意。这是因为你们是被隔离开的，你们每个人被拘押在不同的审讯室里。所以你会被引导去假设你的同伙正在经历同样的思维过程，并且会决定坦白是最好的策略。这意味着你们两人都将被关押 3 年（单元格 4）。也要注意，有一个更好的结果，那就是你们两个都抵赖，这样你们每个人只会被判 2 年监禁。但如果你们两人之间没有一个铁定的协议而且你们每个人都相信你们的同伙会坚守协议，你们两个就会独立行动，最后都会被判 3 年监禁。

现在想象一下你和你的同伙非常亲密，你们每个人都相信对方不会招供。在这些假设下，**合作**行为可以占主导，双方都抵赖，因此各被判刑 2 年（单元格 1）。这个结果对于你们每个人来说都明显 202
好于当你们都只基于自己的利益而行动时的结果（单元格 4）。例如，如果你和你的同伙都是信守承诺的人，而且如果在犯罪之前你们都承诺若被捕绝不招认，那么这种情况就可能会发生。

表 9.4　囚徒困境

		囚徒 B	
		坦白	抵赖
囚徒 A	坦白	（4）A 和 B 都被判 3 年	（3）A 被判 1 年，B 被判 4 年
	抵赖	（2）A 被判 4 年，B 被判 1 年	（1）A 和 B 都被判 2 年

囚徒困境真正的寓意在于，**在有些情况下，各方追求自身利益的行为会导致对任何人都不利的结果**。这些情况和"看不见的手"所描绘的情况恰恰相反。

囚徒困境可以帮助我们找到如下问题的答案：为什么阻止环境遭受破坏或者在各国制定关于工作场所的最低健康及安全标准会如此艰难？在这些例子中，选择就不再是"坦白"或"抵赖"，而是"坚持环境（或工作场所）标准"或"违反（这些）标准"。

囚徒困境与全球变暖　正如第 1 章所提到的，在努力阻止全球变暖的过程中，有一个最主要的障碍：任何一个国家的政府都会乐于看到**其他**国家限制**它们的**温室气体排放量（主要是二氧化碳），而自己却回避对本国公民的污染自由加以限制这一在政治上不受欢迎的任务。许多富裕国家的人往往会抵制对个人活动的任何约束，比如驾车（这会污染环境）；同时，世界上的穷国中也有很多人认为，在他们的国家限制温室气体排放，势必会阻碍其为实现工业化以及将生活标准提高到当今富国司空见惯的水平所做的努力。

因此，世界各国都面临一个协调问题：如果各国政府独自行动，仅仅追求各自国民（或者最有权势的国民）的眼前利益，那就不会有任何国家会采取必要的措施来扭转气候变化。为了弄清为什么会这样，我们试想一下只存在两个国家的情况——北国和南国，它们只有两个选择，要么是"什么都不做"（即在防止全球变暖上毫无作为），要么是"保护"（即采取保护性措施来减缓或阻止全球变暖）。每个国家都会希望另一国减少其温室气体的排放量，而同时却避免自己为此付出成本。所以对于每个国家来说，最优的选择就是本国"什么都不做"，而另一国选择"保护"。对于每个国家来说，最差的情况就是本国选择"保护"，而另一国选择"什么都不做"。对于两国来说，次优选择是两国都选择"保护"，而次差的选择则是两国都选择"什么都不做"。

可供选择的选项如表 9.5 所示。这是一个囚徒困境，正如我们在前面所看到的，对每个人最优的是对所有人最差的。如果每个国家都独立做出决定，而且它们都做自己人民认为符合自己利益的事情，那么两国都将无所作为。不过，如果双方都选择保护，它们的境况会更好。

表 9.5　北国的行动/南国的行动

		北国的行动	
		什么都不做	保护
南国的行动	什么都不做	对两国都是次差	对南国最优，对北国最差
	保护	对北国最优，对南国最差	对两国都次优

只有当两国都同意选择"保护"时，才能得到对两国来说都较 203
好的结果，比如通过签署一份国际条约来达成一个协定，使各国都承诺采取保护性措施。但这马上又引起另外两个问题。第一，谁来执行这项协定？并没有一个世界政府或是其他组织能够强制各国遵守该协定。第二，保护全球环境有很多种不同的方式，不同的方式给各国带来的成本和收益也是不同的。比如，为什么世界上的穷国要为减少目前主要由高收入国家引起的温室气体排放而承担和富国一样的成本？

穷国也许会认为，每个国家的污染权应与其人口成比例。在这种情况下，任何解决问题的方案都需要富国（其人均污染程度较高）极大地削减其二氧化碳排放量，而穷国就可以相对自由地以增加污染的方式进行工业化。尽管这个方案看上去对许多人很公平，但在那些富裕国家，这在政治上可能不会得到支持。

实际上，事实证明，有一个因素促使各国自行采取行动来应对全球变暖：燃烧煤炭导致的空气污染造成的有害烟雾最近使某些国家的一些城市出现雾霾，这使这些地方主动采取了抑制经济活动的行动。此外，恶化的环境也促使政府采取注重环境的政策，包括寻找替代燃烧化石燃料的方法，例如太阳能（利用太阳加热家庭用水）。

把囚徒困境的教训扩展到更为广泛的经济体系中，我们会发现，对竞争性市场的依赖也许使我们无法以一种合意的方式来协调经济：个人对自身利益的追求会导致对社会其他成员来说并非最优的结果。这正是**协调失灵**的含义所在。

公地悲剧

协调失灵的另一个例证是“公地悲剧”，这是加莱特·哈丁（Garrett Hardin）在1968年《科学》杂志上发表的一篇经典论文中提出的一则寓言性故事。①这则寓言讲的是缺乏协调的对个人自身利益的追求可能会导致环境毁坏。

设想有一个大湖，湖岸边散居着依靠捕鱼维生的居民。这个湖不属于任何人，它是周边社区所有居民的公共财产。这里所描述的情形，涉及对一项重要的共享资源的公共所有权问题，故而和广泛存在于新英格兰的许多早期定居点的安排类似（当然，它还存在于不同历史时期的世界其他地方），它得名于用来养牛及其他牲畜的共有牧场，被称作“公地”。

在这个关于湖泊的寓言中，每个人都独立地决定自己每天回到岸上之前在湖里捕鱼的小时数（或捕捉多少数量的鱼）。作为自利的个人，只要多捕1小时所带来的额外收益（或额外一条鱼）大于额外时间内的麻烦和辛苦以及为捕鱼所付出的努力，他们就还会捕鱼。

204 然而，正如囚徒困境中的情况那样，对于每个人来说是理性的行为却无益于所有人。每个人捕得越多，其他人捕鱼就越困难。原因很简单：可供捕捞的鱼的数量是有限的，个人捕捞的鱼越多，留给其他居民捕捞的就越少。每个人都乐于看到对别人捕鱼施加限制，而自己则可以无限制地自由捕鱼。只要对任何人的捕鱼量都不

---

① Garrett Hardin, “The Tragedy of the Commons,” *Science* 162 (Dec. 13, 1968).

加限制，就会存在捕捞过度。最后的结果是可预见的：很快就会没有多少鱼留在湖里了，并且不久之后，这片湖里的鱼就会被完全"捕光"。这便是悲剧。

这只是一个关于在湖里捕鱼的故事，还有类似的故事，比如草原上的过度放牧，向河流中倾倒污水，或是污染空气。这类故事的寓意在于，追求个人自身利益的行为可能是极端非理性的，因为它会导致负面的甚至可能是不可挽回的后果。

围绕着努力利用地热资源发电所发生的独特故事，是公地悲剧在实际生活中的一个例子。地热发电具有潜在的价格低廉的优势，而且是一种清洁环保的发电方式，但它需要把温泉喷发的蒸汽从地底抽取出来。自这一发电方法变得具有实用性以来，在若干年里，旧金山以北 70 英里的一大片温泉区被看作进行地热发电的理想地点。20 世纪 70 年代中期，当能源价格突然上升时，旧金山以北的温泉成了密集的但基本上未经协调的能源开发的焦点。然而，在越来越多的地热发电站在该地建立起来之后，可供较早建立的发电站利用的蒸汽量下降了。（在这样一个温泉区，地下的蒸汽量是有限的。）逐渐地，由于过度开采，没有一个发电站能够满负荷运行了。到了 90 年代初期，由于对发电站的数量没有进行任何限制，这些温泉显然再也不是有效的能源来源了。①

如何才能避免这样的悲剧？对此问题有很多答案，但所有答案都涉及的一点是：在决策时要找到某种方式来将他人利益考虑进去。对此问题最显而易见的解决方法就是对公共资源的获取加以管制。在前面那个虚构的例子里，渔民们本来可以聚集到一起，确定

① Richard Kerr, "Geothermal Tragedy of the Commons," *Science*, 235 (July 12, 1991): 134 - 135.

每周究竟应从湖里捕多少鱼，并且集体决定每位居民的捕鱼限额，以保证每周的捕鱼总量不会超过规定的限度。实际上，日本、土耳其及其他地方都有一些渔村在进行这一实践。①

此外，如果问题是过度放牧，那么牧民们就可以估算出公地能够养活多少头牲畜，然后再决定每个牧民可以饲养的牲畜数量。迄今为止，上面所提到的这类问题的解决方法都涉及一点，即对**公地的社会管制**。

另一种可选择的解决办法，则被称为**私人产权方法**，就是使公地为个人或公司所有。假设有这样一个所有者（根据前面提到的例子），他不但会雇用湖边的居民去捕鱼，雇用牧民去放养牲畜，而
205 且会出于利己的动机，限制对公共资源的使用以防止它遭到破坏。显然，所有者绝不希望看到湖泊遭受滥捕或是草原遭受过度放牧。不过，采取“私人产权方法”来解决这一悲剧也存在一个问题，即公共资源往往过于庞大，很难被单个人或公司所占有。1989 年旨在禁止使用消耗臭氧层的化学物质的禁令，阻止了高空臭氧层的消耗，避免了公地悲剧。世界海洋也是同样受到威胁的公共资源。对于这样庞大的“公地”，私人产权显然不可能是解决方法，所以社会管制是唯一可行的办法。但是，就像前面所提到的（参见前文关于“囚徒困境与全球变暖”的内容），社会管制在实践中并不容易运作。

一种方法是政府出售或以其他方式分配污染权或实行“排放许可证”制度，允许公司在特定时间内向大气、土壤或水中排放一定数量的污染物。一旦获得了这些权利，这些权利就可以在污染权市

① F. Berkes, D. Feeny, B. J. McCay, and J. M. Acheson, “The Benefits of the Commons,” *Nature*, 340 (July 13, 1987): 91 - 94.

场中被公司进行交易。在这样一个市场上，污染权可以被交易成任何东西，从现金到吸收污染的森林。然而，通常的情况是，一个公司建造了一座最先进的环境友好型工厂，因此拥有多余的无须使用的污染权，因为它的新工厂排放的污染比大多数老工厂少。然后，这个公司可以将其未使用的污染权出售给另一个工厂——超过政府规定的排污标准的公司。在这种制度下，一个公司排放的污染越多，它就要付出越多的代价。此外，如果正确地确定了污染权的购买价格，公司在计划建造新工厂和决定使用何种技术时，就必须准确地考虑到它对他人造成的损害。支持者认为，有了这个制度，盈亏计算将以最有效的方式实现理想的污染减排量。然而，这些计划减少的污染远不足以避免全球变暖。

由于纠正市场失灵的政策影响到数百万或数十亿美元以及如公共卫生等生死攸关的问题，因此，因这些政策的实行而受益或受损的特殊利益集团往往在这些政策的辩论中占据主导地位。一个有待解答的问题是：普通人如何在华盛顿特区等决策中心拥有足够的影响力，使之与代表少数个人或公司的游说者的影响力相等或超过这些影响力，从而对立法者和其他决策者施加压力，以纠正本章讨论的各种市场失灵？

推荐阅读文献

James K. Boyce，*The Political Economy of the Environment*（Cheltenham，UK：Edward Elgar，2002).

Allen E. Buchanan，*Ethics*，*Efficiency*，*and the Market*（Totowa，NJ：Rowman & Allanheld，1985).

John Eatwell，Murray Milgate，and Peter Newman，eds.，*The New Palgrave*：*The Invisible Hand*（New York：Norton，1989).

Milton Friedman, *Capitalism and Freedom* (Chicago: University of Chicago Press, 1962).（弗里德曼. 资本主义与自由. 北京：商务印书馆，2004.）

206 F. A. Hayek, *The Fatal Conceit*: *The Errors of Socialism* (Chicago: University of Chicago Press, 1988).（哈耶克. 致命的自负. 北京：中国社会科学出版社，2000.）

David Jenkins, *Market Whys and Human Wherefores*: *Thinking About Markets*, *Politics and People* (London and New York: Cassell, 2000).

Naomi Klein, *This Changes Everything*: *Capitalism vs. the Climate* (New York: Simon & Schuster, 2014).（克莱恩. 改变一切：气候危机、资本主义与我们的终极命运. 上海：上海三联书店，2018.）

Robert Kuttner, *Everything for Sale*: *The Virtues and Limits of Markets* (New York: Knopf, 1977).

Marie Lavigne, *The Economics of Transition*: *From Socialist Economy to Market Economy*, 2nd ed. (New York: Palgrave, 1999).

Charles E. Lindblom, *The Market System*: *What It Is*, *How It Works*, *and What to Make of It* (New Haven, CT.: Yale University Press, 2001).

Elinor Ostrom, *Governing the Commons*: *The Evolution of Institutions for Collective Action* (Cambridge, UK: Cambridge University Press).（奥斯特罗姆. 公共事物的治理之道. 上海：上海译文出版社，2012.）

Robert Pollin, *Greening the Global Economy* (Cambridge, MA: Boston Review Books, MIT Press, 2015).

Michael J. Sandel, *What Money Can't Buy*: *The Moral Limits of Markets* (New York: Farrar, Straus and Giroux, 2012).

Amartya Sen, *Poverty and Famines*: *An Essay on Entitlement and Deprivation* (Oxford, UK: Oxford University Press, 1981).（森. 贫困与饥荒. 北京：商务印书馆，2001.）

Cass R. Sunstein, *After the Rights Revolution*: *Reconceiving the Regulatory State* (Cambridge, MA: Harvard University Press, 1990).（桑斯坦. 权利革命之后：重塑规制国. 北京：中国人民大学出版社，2008.）

第 10 章
资本主义生产与利润

资本主义往往被说成是一个盈亏制度。从企业的立场来看，它确实如此。然而，资本家阶级作为一个整体一般每年看到的是利润，而不是亏损。对于整个 20 世纪（除了大萧条中 1932 年和 1933 年这两个最糟糕的年份外）来说，在美国，事实就是这样，而且今天仍然这样。即使在 1932 年和 1933 年，以利息或租金形式获得收入的资本品所有者也没有蒙受损失。尽管某些特定的公司蒙受不幸，但资本家阶级作为一个整体还是每年都盈利的。 207

此外，美国的总利润通常很大。以美国为例，2014 年的总利润为20 730 亿美元，财产总收入——利润、业主收入、利息和租金——为 38 890 亿美元，超过当年全国总收入的四分之一。（见本章“计算总财产收入”专栏，从而了解如何进行计算。）此类收入不是工资或薪金收入，而是投资者、银行、股票持有人、债券持有人、土地所有者、养老基金和退休人员等收到的实际货币。

在一个盈亏制度中，为什么资本家阶级作为一个整体通常会盈利而不是亏损？是什么决定了利润量？这些是我们在本章要解决的问题，并将在接下来的三章继续探讨。理解了利润率就理解了资本所有者为何以及如何控制剩余产品以及这个阶级制度具有什么样的延续性。在本书稍后的章节，我们将会说明，为什么利润率是能将经济生活中的水平、垂直及时间三个维度（即竞争、统制与变革）

联系到一起的最适当的概念。

利润率既受到雇主与工人之间的冲突的影响，也受到雇主间的冲突的影响。在第 11 章中，利润率是解释企业如何与其他企业竞争和合作以增加利润的核心。在第 12 章和第 13 章中我们关注的是雇主增加利润的努力是如何让他们与工人发生冲突的。在第 19 章中，我们则要考察政府的行动和政策如何影响利润率，我们在第 6 章中也谈到了这个话题。

企业和利润

208 企业围绕着一个占主导地位的组织原则运行：盈利性。

——罗伯特·E. 鲁宾（Robert E. Rubin），美国财政部前部长，《在芝加哥经济学俱乐部的讲话》，2001 年 2 月 22 日

本章的主要思想在于：**利润率是分析资本主义如何运行的基本工具，理解利润率需要理解资本家阶级在与国民产品的其他索取者的冲突中是如何占据上风的**。这一主要思想体现在如下四个要点中：

1. **利润**是在雇主的产品销售出去以及支付了各种投入——使用的原材料、磨损的机器以及雇用的劳动——后留给雇主的剩余。如果对原材料、机器的使用以及工资和薪金的支付合计起来等于该经济的全部产出的价值，利润就不会存在。
2. **利润率**被定义为利润量除以投入企业的资本的价值，我们在这里假设后者约等于企业拥有的资本品的价值。
3. 对资本家阶级整体而言，利润率有多高取决于该阶级在发动一场有三条战线的战争中会取得多大的成功：以低工资成本从工人身

上榨取高水平的劳动付出，以低税收成本从**政府**那里得到必需的服务，以低成本获得**各类原材料和其他投入**。

4. **决定利润率的各种因素**构成了一张清单，上面罗列着资本家阶级与其他集团之间以及资本家阶级内部冲突的结果对利润率产生影响的各种不同方式。

什么是利润

对利润以及高利润率、不断提高的利润率的探究是理解资本主义运行的钥匙。但究竟什么是利润？

正如亚当·斯密所观察到的，盈利的一种方式是“贱买贵卖”，换言之，即把某物以高于购入的价格卖出。[①] 贱买贵卖的结果是盈利，即使你没有改进或以任何其他方式改变所买卖的对象。倒卖世界大赛或摇滚音乐会的门票就是一个例子。另一个例子是预期金价上涨而购买黄金——这被称为投机。当一个商人靠贱买贵卖为生时，商人从中获得的收益被称为 209
商业利润（commercial profit）。

> 对于商人而言，**商业利润**产生于将某物以高于购买成本的价格售出（“贱买贵卖”）。

几个世纪前，香料商人在亚洲购买香料，通过骆驼车队和其他方式将其运到欧洲市场。在那里，按重量计算，有时它们的售价高于黄金。但正是因为富有的欧洲人愿意支付足够高的价格来支付运输成本，这些香料才得以运输和销售。

商业利润的显著特征在于，它并非产生于劳动过程，除去有时

① Adam Smith, *The Wealth of Nations* (New York: Random House, The Modern Library, 1937 [1776]), Book 4, Chapter 2.

把商品从一个地方运往另一个地方花费的劳动之外：之所以可能有利润，是因为某物的价格在不同时间或地点是不同的。从买卖房地产、股票、一国通货这类资产中获得的利润或收益，是世界上最大的财富之一。但是，除了所涉及的金额外，它们与从投机中所获得的利润没有很大的不同，因为房地产、股票及货币的交易确实不会**生产**任何东西。

从某种意义上说，“贱买贵卖”也是生产实物产品的企业获得利润的方式。但有一个重要的区别。“贱买”的是投入，“贵卖”——以高于投入总成本的价格出售——的是产出，买卖的是完全不同的物品。在买卖之间，会发生一个生产过程。不过，我们还需要知道，为什么有可能以高于投入成本的价格出售某些产品。简而言之，“贱买贵卖”有时是可能的，有时则是不可能的；并非所有企业都能成功盈利。这一章和接下来的几章解释了为什么资本主义企业有时可能通过以高于投入成本的价格出售产品来获利。

> **资本主义利润**是指来自生产过程的利润。

在本书中，我们所说的**资本主义利润**（capitalist profit）是指（直接或间接地）来自生产过程的利润。与商业利润不同，它们并非取决于同一物品在不同的时间或地点的不同价格。某种产品被生产出来并产生利润，是因为有可能以一个高于用来生产它的劳动时间和其他投入成本的价格来出售这种产品。在本章我们就聚焦于资本主义利润。

来自生产过程的利润

有许多种类的资本主义公司可以盈利，但最容易理解的一种是生产实物产品的企业。假设有一家名叫 Sew Fine 的生产衬衫的服装厂。这家工厂有资本资产，在这个例子中主要是缝纫机和工具。它的生产过程是一个从货币到衬衫再回到货币的循环，如图 10.1 所示。

这幅图描绘了一种像某种三明治一样的利润的产生过程：两个交换过程中间夹着一个生产过程。Sew Fine 从用来购买布料、线和纽扣以及雇用劳动力的货币开始；这是第一次交换。接着是生产过程：工人们在老板或经理和主管的监视下——这是一个统制体系——把各种投入品剪下来缝成衬衫，把衬衫打包准备出售。最后，Sew Fine 通常把衬衫卖给批发商，批发商通常会将衬衫卖给各种零售商店。从工厂的角度来看，把衬衫卖给批发商是第二个也是最后一个交换过程。当然，它们的想法是，出售这些衬衫所获得的货币通常会超过用于购买投入品的货币，否则企业的价值会逐步降低，直至破产。

210

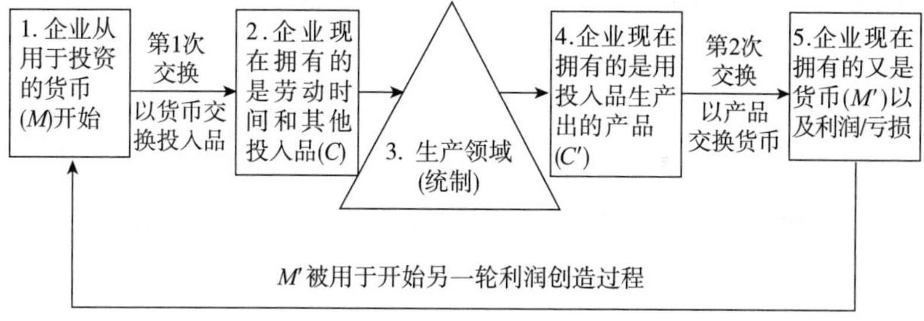

图 10.1　利润创造过程中的交换与统制

本图表明创造利润的过程包括五个阶段。在第一阶段，一个企业拥有可用于投资的一定数量的货币（M）。要达到第二阶段，它必须进入要素市场购买适当数量的劳动时间、原材料和机器（资本品）；这些是生产所必需的（C）。接下来就是从第二阶段（在这一阶段企业拥有了必要的投入品）进入第三阶段，即生产过程（P）本身。注意，至今发生的每件事都是在市场的水平维度进行的：人与企业在一个平等的地位上进行买卖。但现在社会关系变成垂直的了：相互作用发生在上级和下级之间，前者发布命令，后者执行命令。当生产发生后，企业就拥有了生产出来的产品（C'）（第四阶段）。要从第四阶段进入第五阶段，产品就必须卖出去。在被卖出后（假设如此），企业就得到了一笔多于或少于初始货币额（M）的货币（M'）。如果是多于，企业获得利润；如果是少于，则蒙受损失。无论是哪种情况，至少有一部分得自出售 C' 的收益可能被用于再投资，整个过程将重新开始。

在此过程中的两个买卖环节（即第一阶段和第二阶段之间以及第四阶段和第五阶段之间），经济行为人齐聚在市场，他们的活动受到供给、需求、竞争和其他市场条件的调节。我们把这看作一种水平关系：人们和企业在或多或少平等的基础上进行买卖。不过，在生产环节（第三阶段），关系是垂直的：经济行为人（雇主和工人）齐聚在工作场所，发布命令的监督者和执行命令的下属发生作用。

就像商业利润一样，货币会进入这个过程（在第一阶段），更多的货币从中产生（在第五阶段）。区别在于，商业利润的获得没有第 1 次和第 2 次交换之间的生产流程。而且，对于获得商业利润的商人来说，整个交易过程本质上是水平的，商人在公开市场上的交易或多或少与商人从卖家处购买产品和他向买家出售产品是平等的。获得商业利润的过程完全发生在市场（水平的）关系中：它不包括（垂直的）阶级关系。相反，资本主义的生产过程，不同于它之前和之后的交换过程，它不是平等行为人之间的交换，而是一个**统制**过程：在第三阶段，雇主发出指示，工人执行指令。（当然，从事获取商业利润业务的企业的内部可能存在垂直关系。）此外，获取商业利润不是一个只存在于资本主义中的过程。它早在资本主义出现之前就在各种社会发生了。

图 10.1 的要点是，把货币变成更多的货币往往是企业所有者主要盘算的事情——不是生产衬衫。资本主义往往创造出不大关心衬衫、更加关心把货币变成更多货币的商人——即便在监督衬衫生产时也是如此。原则上，任何生产过程都足以实现这一点，而不一定是生产衬衫。事实上，甚至不一定非得是生产有形物品，其他过
211 程，如有息贷款、购买股票或债券等金融资产，或房地产投机，都是把货币变成更多货币的方式——获得良好的投资资本回报的方式。

图 10.1 只是描绘了资本主义利润创造过程的各个阶段，并没

有**解释**资本主义企业或经济中利润的存在。解释正的利润的存在需要解释为什么各种价格会处在某一水平上，包括劳动时间的“价格”（工资率）、原材料和资本品的价格以及产品的价格。除非销售产品所得到的总收入大于生产的总成本（包括工资、原材料成本、折旧等），否则不会有正的利润——利润将不“存在”。而且，除非生产一单位产品的平均成本低于其价格，否则总收入不可能低于总成本。

计算整个经济中的利润和其他财产收入

让我们更仔细地看看企业层面和整个经济层面的利润是如何计算的。有很多种支付看起来像利润，这是从它们是对生产过程中使用的财产的所有者的支付这个意义上来说的。整个经济中产生的财产性收入总额包括各种类型的付款，它们是向诸如生产中使用的资本品这类资本资产所有者的支付。这些支付类型包括企业的**租金**、**利息**和**利润**。继而，利润又可以分为**股息**和**留存收益**。

> **租金**是指企业为了获得使用权或占有权而必须向土地、办公场所、建筑物或其他设施的所有者支付的费用。

> **债券**是一种“借据”。根据合同规定，债券发行人（政府或公司）须按规定的时间间隔定期向债券所有人支付一定数额的票息，并在债券到期日支付债券面值。

第一种类型的支付是**租金**（rent）。企业为计算利润而从销售收入中扣除的成本，包括支付给土地、办公场所、建筑物或公司用于经营的其他设施的所有者的**租金**。第二种类型的支付也是指从收入中扣除的成本，即企业向直接向其贷款的银行家支付的**利息**，或是企业为了借款而向公司**债券**（bond）所有人支付的**利息**（票息）（见第 5 章）。企业从收入中扣除所有成本后，包括租金和利息成本，剩下的就是税前**利润**，对这种利润所征的税必须扣除。最后，在剩余的**税后利润**

中，公司董事会决定将多少利润作为**股息**（dividend）分配给股东。股息是按每股**股票**（stock）确定的，每个股东收到的股息是每股股息乘以其持有的股票数量。税后利润中未作为股息支付的部分，由公司作为**留存收益**（retained earning）留存，用于未来投资或其他目的。因此，一个经济体的利润总额（R）是对直接或间接拥有生产过程中使用的任何私有财产的个人或机构的所有支付的总和。

> **股票**代表对公司的所有权，当公司决定将其总利润的一部分作为**股息**支付给股东时，股东有权获得董事会指定的每股股息。股息的数额各不相同。

> **留存收益**是公司为未来投资或其他目的而留下来的总利润的一部分。

---

212 **为利润而欢呼**

我们来认识一下经济生活中一个无可争辩的事实。所有美国人都会从更多的利润中获益。更多的利润将刺激扩张，产生更多的工作岗位。更多的利润意味着会有更多的投资，使我们的商品在美国及世界上更具竞争力。并且，更多的利润意味着会有更多的税收用于支付那些帮助穷人的项目。这就是美国经济中更高的利润会对每一个美国人都有好处的原因。

——理查德·尼克松（Richard Nixon），1971 年 10 月 7 日

得州仪器公司的存在是为了创造、生产及销售有用的产品和服务，以满足全球消费者的需求。我们满足那些需求的能力取决于我们的创新技能，并由我们的利润来衡量。但利润不是一项继承权。我们的运营是由我们所服务的社会许可的，我们所赚取的任何利润既是对我们出色工作的酬劳，也是我们工作的动力。社会将会对我们的价值做出判断。如果我们没有满足真正的需求，我们就不会赚

取到利润，并且将不复存在。

——得州仪器公司 CEO 小马克·谢泼德
（Mark Shepherd，Jr.）：对国会的证词，1980 年

计算总财产收入

美国的国民收入中有多少是以利润形式或其他财产收入的形式存在的？也就是说，除了工资和薪金外的收入是多少？可以以不同的方式找到这个问题的答案。在此，我们将 2014 年的收入计算如下：

收入类型	金额
公司利润（十亿美元）	2 072.9
所有者收入（十亿美元）*	673.4
租金收入（十亿美元）	610.8
净利息（十亿美元）	532.3
总财产收入（十亿美元）	**3 889.4**
国民收入（十亿美元）	15 076.5
财产收入/国民收入	25.8%

* 实际报告的所有者收入是 1 346.7（单位：十亿美元）。我们将这一数字一分为二，为此假定所有者收入的一半应计为付给所有者的工资，以作为他们为自己拥有的企业（所有权）进行劳动的回报。

资料来源：U. S. Bureau of Economic Analysis，*National Income and Product Accounts*（NIPA），Table 1.12（lines 1，9，12，13，18）（https://www.bea.gov/iTable/index_nipa.cfm），2015 年 7 月 30 日更新。在本表中，“公司利润”不仅包括美国公司的利润，而且包括美国公司和美国居民从国外公司的利润中获得的利润；它包括金融和非金融公司业务。前三类包括资本消耗调整，前两类（公司利润和所有者收入）也包括存货估价调整。

从整体经济的角度来看，可以将总财产收入（专栏“计算总财产收入”中为2014年的数据）看作是经济的剩余产品的货币价值。
213 这是因为利润是指在支付了所有生产成本（包括资本品的折旧以及生产中使用的原材料和劳动力的成本）之后的总销售收入中的剩余部分。

当然，利润不包括工资、薪金或因劳动而获得的其他收入。有时很难明确区分不同的收入形式，尤其是当一个人既领取薪金又领取来自生产性资产的所有权和控制权的报酬时，但劳动收入肯定不同于财产性收入，因此不是利润的一部分。还有其他形式的个人收入，如赠品、赌博所得和盗窃来的赃物，但这些也不被视为资本主义利润的一部分。专栏“计算总财产收入”显示，2014年所列的各类财产收入约占国民收入的四分之一。其中一半以上（3.9万亿美元中的2.1万亿美元）是公司利润。

一个生产谷物的资本主义经济中的利润

在第5章讨论剩余产品的概念时，我们引入了一个“谷物模型”，即谷物种植者生产出剩余的谷物。但我们介绍这个模型时，并没有把它与任何特定的经济制度或阶级结构联系起来。现在我们再回到这一模型，这一次，我们把它应用到资本主义社会，资本家拥有所有的土地和牲畜以及所有的粮食储存设施或动物围场。谷物是唯一的商品。因此，为了生存，代表性家庭必须把种植谷物的劳动时间卖给资本家以换取工资。在这种情况下，谷物总产出将归资本家所有。（见专栏“谷物种植中的资本主义”。）

由于利润只是以货币单位（而不是若干蒲式耳谷物）来衡量的剩余产品，因此利润量是由决定剩余产品大小的那些相同因素决定的。然而，资本主义经济的利润出于下述理由不同于简化了的谷物模型中的剩余产品：资本主义经济，与大多数经济一样，生产各种不同的产品，而不仅仅是谷物，而且工人的工资显然不是用谷物来支付的。这意味着我们无法用蒲式耳或任何其他实物单位来度量所有的产出和投入。我们必须以货币价值或市场价来衡量它们。因此，利润必然以货币单位来计算。在种植谷物的经济中，企业雇用的每个工人的利润是2 000美元。

谷物种植中的资本主义

假设一个农场只生产谷物，这个农场中一个生产者平均每年劳动 1 000 小时，生产 100 蒲式耳谷物。其中 30 蒲式耳用于重置种子、喂养驮畜、从事其他维持性活动，每年每个生产者留下的净产出为 70 蒲式耳。(这与第 5 章描述的“谷物模型”类似。)

现在假设这个农场是资本主义社会的一部分，其生产者是由资本家雇用的工人。假设资本家每小时给予工人的工资是 5 美元，谷物的市场价格为每蒲式耳 100 美元，一个典型的工人每年支出 5 000 美元的收入从资本家手中购买 50 蒲式耳谷物。这 50 蒲式耳谷物代表了工人正常的消费水平。

每个工人剩下的 70 蒲式耳净产出被资本家占有。如前文所述，其中 50 蒲式耳卖给了工人。剩下 20 蒲式耳用于出口，价格也为每蒲式耳 100 美元，所获得的2 000美元被资本家用于购买进口消费品。一年的总销售收入是 7 000 美元，其中 5 000 美元付给工人，留给资本家的是每个工人带来的 2 000 美元的利润。

可将这些关系总结如下：所有的计算都是针对平均水平下工人在该企业的生产（和消费)。

以蒲式耳计		以美元计	
总产出	100	总收入（假设所有产出都已卖出）	10 000
为下一年的原材料或资本品预留的谷物	30	原材料消耗（饲料和种子）	3 000
净产出	70	净产出值	7 000
生产者的消费	50	工资支付	5 000
剩余产品	20	利润	2 000

利润率的计算

利润率是利润总量除以企业所拥有的资本品的价值。

我们感兴趣的最重要的事情，莫过于利润量与企业投资的资本的价值（我们视其为近似于这个企业拥有的资本品的价值）之间的比率。这一比率，即利润量除以资本资产的价值（在这里我们视其为资本品的价值），就是**利润率**（rate of profit）。把该比率与利润量区分开来是非常重要的。一个大企业通常会获得大量的利润，而小企业只得到较少数量的利润。利润率则表明，就其所拥有的每美元资本品而言，每个企业的增值情况。若采用数学语
214 言，利润率可表示如下：

$$r=\frac{R}{K} \tag{10.1}$$

其中，r＝利润率；

R＝利润总量（美元/年）；

K＝所拥有的资本品价值（美元）。

简而言之，利润率是利润创造过程在多大程度上取得成功的显示器。它表明，相对于为谋取利润而投资于资本品的货币量，有多

少利润被创造出来。

式（10.1）可用于计算特定的某个公司的利润率。例如，菲利普·莫里斯公司在其 2014 年的年度报告中指出，公司拥有各类资产 352 亿美元，公司税前利润略低于 107 亿美元。因此，其 215
税前利润率为 30.4%。减去当年缴纳的 31 亿美元税款，菲利普·莫里斯公司在 2014 年的“税后”利润为 76 亿美元，**税后利润率**（after-tax profit rate）为 21.6%。

税后利润率是指企业在缴纳了所需的全部税款后的利润率。

同样，式（10.1）可用于计算整个经济体（如美国）的利润率（r）。在这种情况下，R 是利润总额，K 是经济中的总资本存量。美国的大多数经济活动都是由公司创造的。如果算上那些被称为“S 公司”的、为小企业设计的法律组织形式，它们大约占美国雇员总报酬的四分之三。这里我们来计算美国的公司利润率。

2012 年，美国公司的税前利润总额（R）达 1.6 万亿美元。同年，美国非金融公司拥有的私人非住宅固定资产（K）——包括设备、软件和建筑物——价值 15.2 万亿美元。因此，2012 年美国公司的总利润率［使用式（10.1）计算］为 10.7%。①

美国的公司利润率

图 10.2 显示了 20 世纪下半叶美国公司税前和税后利润率的变化情况。总体趋势是下降的，第二次世界大战后的 20 年间，企业税前利润率徘徊在 13%左右，1970 年后降至 8%的平均水平。税后利润当然更低，到 1970 年平均为 7%，此后平均为 5%。然而，从 1970 年

① 这里的公司总利润与专栏“计算总财产收入”中的公司利润的分类不同。这些数据来自美国经济分析局国民收入和产品账户（NIPA）中的表 1.14（第 27 行）和表 4.1（第 17 行）。

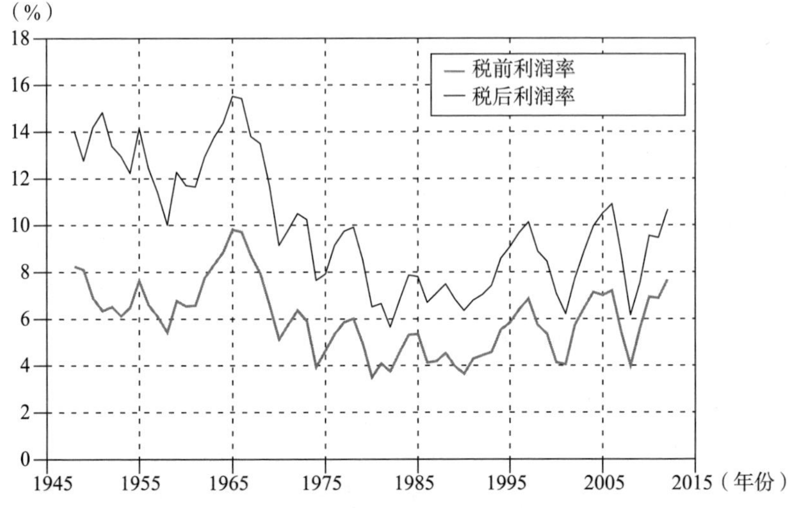

图 10.2　1948—2014 年美国公司的利润率

这一数据追踪了 1948—2014 年的税前和税后利润率。每年，它是公司在美国的总利润除以当年股票的美元价值。这包括美国的非金融和金融公司业务。数据不包括美国公司在海外经营中获得的利润，以及在美国境外拥有的股票价值。有证据表明，美国公司在海外经营中报告的公司利润往往高于其在国内经营中报告的利润。这在一定程度上显然是因为公司会计师能够在一定范围内将报告的利润转移到税率较低的国家或司法管辖区。因此，20 世纪 60 年代中期以后报告的利润率下降可能至少部分是由于美国公司的海外业务增加，以及采用了这种会计做法。

资料来源：美国商务部，经济分析局，国民收入和产品账户（NIPA），https://www.bea.gov/iTable/index_nipa.cfm；2015 年 5 月 29 日发布的表 1.14“境内公司业务增加值总额（以美元计）和非金融境内公司业务增加值总额（以美元计）”中第 11 行和第 13 行的利润数据；2015 年 5 月 29 日发布的表 4.1“国民收入和产品账户中的境外交易”中第 9 行的资本存量数据。

左右开始，最大的企业通过将部分业务转移到美国以外的地方，逐渐成为跨国公司。部分由于它们在会计上的操作（在第 7 章、第 15 章和第 19 章中讨论），这往往会减少它们在美国的税前和税后利润。因此，平均利润率的下降并不一定代表美国跨国公司的财富下降，因为有一些证据表明，海外业务的利润更大，而图 10.2 中并未包括这些业务。

图 10.2 所示为美国公司业务部门的**平均**公司利润率（r）。这一利润率的计算方法是将所有美国公司每年的利润（R）除以相应年度的资本存量总价值（K）。因此，图 10.2 所示的利润率是全部公司业务部门每年的平均值。当然，在任何一年，有些公司的表现都会好于平均水平，而另一些公司的表现则会很差。

请注意，图 10.2 显示，1948—2012 年间，税前利润率与税后利润率之间的差距缩小，反映出这一时期公司利润的有效税率有所下降。然而，即使利润不包括境外业务的利润，税收也包括支付给外国政府的税款以及美国的联邦税、州税和地方税。第 19 章将更详细地讨论税收。

公司与其他企业：谁创造利润或者承担损失

在描述企业业务时，我们经常使用通用术语**企业**（firm）来涵 216
盖公司和非公司。事实上，正如第 6 章所解释的，一个企业可以有几种合法的组织方式，为了理解利润，了解这些不同的法律形式及其运作方式是很重要的。

千百年来，人们以这样或那样的形式——无论大小——开展商业活动，生产手工制品和其他可贸易产品，提供销售服务。但到了 19 世纪，公司作为一种法律形式出现了，它享有的法律权利和地位促进了它的快速增长。正如第 6 章所解释的，到 19 世纪中叶，在美国，公司获得了有限责任的巨大优势。到 19 世纪末，公司在美国获
得了“法人”地位，这意味着它们被赋予了与人（“自然人”）的 217
合法权利一样的合法权利。其他发达国家也发生了类似的演变。

公　司

如今，大多数业务都是由公司完成的。根据定义，一个公司发行股票，股票所有者拥有公司的一部分，有权分享分配给股东的任何利润，也有权就提交给股东的事项进行表决。然而，在美国，事实上是在世界上的大多数国家，大多数企业仍然是非公司类的小企业。极少数巨型公司也不是公司，也就是说，它们是“寡头控股公司”，由个人或少数个人拥有；其中包括少数跨国粮食贸易商以及比如生产石油和石油制品的美国大公司。

公司是将企业组织起来的三种方式之一。单个人所拥有的企业被称为**个人独资企业**（proprietorship），在美国的 3 300 万个企业中，70%以上是个人独资企业。个人独资企业尽管容易创办，但通常在为业务筹集资金方面存在困难。不过，这类企业一旦建立起来就能从所有权和控制权的直接联系上获益：成本之外的每一美元都是业主赚的一美元，因此，业主有强烈的激励去努力工作。此外，业主在法律上对其企业的每一方面都拥有完全控制权，尽管有时在行使真正的控制权上可能会遇到障碍。

两个或两个以上的人一起经商时通常会组成**合伙企业**（partnership）。合伙企业没有个人独资企业那么多，也比个人独资企业更复杂。美国企业中只有大约 10%是合伙企业。它们必须根据一份法律文件（一份合伙协议）运营，该文件规定了每个合伙人对企业的投入和回报。因此，每个合伙人的利润份额是事先商定的。合伙企业通常是从事专门职业的人——从律师到演唱组合——组织其商业活动的形式。

过去，个人独资企业和合伙企业有一个共同点，那就是在这两种情况下，企业所有者或合伙人都要对偿还所有债务承担**无限连带**

责任。如果经营每况愈下，债权人（比如银行）有权扣押和出售企业的资产以及业主或合伙人的私人财产，以偿还其未清偿的债务。不过，依据下文对 20 世纪美国引入的关于“有限责任公司”（LLC）的讨论，LLC 也提供了可为小企业所用的有限责任的好处。

有限责任　**有限责任公司**（corporation，简称“公司”）不同于通常的合伙企业和个人独资企业，因为公司的投资者对其债务或其他义务仅承担**有限责任**。公司所有者——拥有公司股份的人——最多损失的是他们的股票的价值；他们的其他资产，无论是企业的还是私人的，都不能为企业的债权人所占有。

20 世纪末，美国大多数州引入的一种较新的企业形式“有限责任公司”（LLC）是一种介于合伙企业或个人独资企业与公司之间的形式，它提供了一种有限责任的形式（通常还有一些税收优惠）。这里我们更感兴趣的是公司。

公司的“有限责任”这一特点使其明显优于个人独资企业与合 218
伙企业。个人独资企业与合伙企业的资本财产通常受限于业主或合伙人（及其朋友）能带给企业多少，相反，一个公司则可以通过向外部投资者出售“股份”来为其经营筹措资金。结果，公司通常比个人独资企业和合伙企业要大；尽管它们仅占美国企业的不到 20%，却占有美国企业收入的 80%以上。全球规模最大的 1 000 个公司生产了世界市场上出售的大约五分之四的产出。

对外部投资者出售股份的公司被认为是向“公众”出售股份。这样，**“公众的”**和**“公众持有的”**这两个词就被用于描述这类企业。然而，事实上，“公众的”公司并非直接对公众负有责任。公司在历史上一直被要求从某些政治当局那里获得**特许**，拥有特许权的政治当局有权监督和规范特许公司的行为。回想一下，美国第一批欧洲移民是由马萨诸塞湾公司赞助的，该公司是由英国国王授予特许成立的。在今天的美国，公司必须从州政府那里获得特许。在19世纪初，要获得这样的特许有些困难——州政府一般都会密切关注它们所特许的公司的活动。然而，如今州政府很少监督公司的事务。公司在各州之间到处寻找最划算的交易，许多公司最终在特拉华州等为公司提供特别优惠规则的州成立公司。当然，联邦法律治理着公司的活动，比如那些由证券交易委员会强制执行的活动。例如，这些法律规定，公司必须以私营（非公司）企业不必采取的某些方式报告其活动。

通过发行债券或股票融资　公司有两种主要融资方式。一种是通过出售**债券**向公众借贷。购买面值为1 000美元的公司债券的人把钱借给了公司，回报是固定时间的固定偿还金额。例如，公司可能承诺在10年内每年向债券持有人支付100美元作为票息，然后在10年后（债券到期后）偿还1 000美元本金。在此期间，债券可以在债券市场上转售，价格通常与1 000美元的债券面值不同。

公司筹集资金的第二种方式是向公众出售股票。任何人都可以购买股票，包括那些为公司工作的人——可以包括而且通常包括那些在公司成立前拥有公司的人。通过这种方式，他们可以努力保持对公司的控制，因为只有大股东才有可能对公司的经营产生很大的影响。股东有权获得公司从其利润中支付的任何股息。如果每股支付50美分的股息，则持有20股的股东可获得10（=0.50×20）美元的股息。

不过，投资者通常对其所投资的公司没有兴趣。他们持有股票
219 只是为了赚钱，要么公司会向股东支付股息（其数额取决于持有的股票数量），要么股票会增值。尽管公司对其债券持有人有支付利息的义务，但公司不一定非要向其股票持有人支付股息。当它们决定支付股息时，就从税后利润中支付。

管理者与所有权分离 公司与另外两种企业组织形式（个人独资企业和合伙企业）的最重要区别在于公司管理者与所有权的分离。在此，**“管理者”**这个词既指公司的董事，也指他们雇用的经理。所有权集中在股东手中，尽管每一股的所有权都让所有者拥有参与公司治理的合法权利，但股权分散在许多人手中通常使这种权利变得毫无意义。尽管在某种条件下股东有权在公司的年会中提出可供考虑的建议，但是公司的代理人通常拥有否决任何提议（除了他们自己的提议）的权力。因此，除非某人持有公司相当大一部分股份，否则表达对公司管理层不满的唯一有效方式就是在股票市场上出售自己的股份，或者出席股东大会，表达自己的意见。

早期公司中管理者与所有权的分离，促使亚当·斯密发出警告：“这些公司的董事……是别人的而不是自己的金钱的管理者，我们不能指望他们能像合伙企业的管理者看管自己的资金那样，以同样的焦虑和警觉来看管别人的金钱……在这种公司的事务管理中，总是或多或少地存在着玩忽职守。”① 斯密的话今天仍然是正确的。

公司董事应该代表股东的利益——事实上，他们至少在形式上是由股东选举出来的——董事长和由其雇用的经理一起负责使公司的利润最大化。**“公司治理”**这一术语指的就是使公司得以运行的制度。具体而言，它涉及董事、高层经理和股东之间的关系。20 世纪 90 年代末，随着安然公司和世界通信公司这类声名狼藉的公司的会计与治理手段被揭露，公司治理成了一个热门话题。董事及其经理的“独立性”，以及会计师事务所相对于它们所审计的公司的“独立性”，已经被作为问题提了出来。

---

① Adam Smith, *The Wealth of Nations* (New York: Random House, The Modern Library, 1937 [1776]), Book 4, Chapter 2.

在许多公司，CEO 同时也是董事会主席。此外，朋友关系或商业利益的纽带常常会将大多数董事与 CEO 联系在一起。在这种情况下，董事们就不可能对公司高层经理的做法做出独立判断，而且，即使公司经营不善，要解雇 CEO 也是很困难的。类似地，被一个公司聘用来审计其财务状况的会计师事务所，如果在其他领域（例如法律服务业务）与这个公司签订过有利于自己的咨询合同，便不会迫使该公司公布其真实的财务状况，以免危及自身与这个公
220 司的其他生意。因此，一个公司的巨大规模可以让它对其他企业的服务合同具有一些权力（统制）。第 18 章将描述一些例子，以说明这是如何导致 2007—2009 年毁灭性的次贷危机的。

2001 年，安然公司被揭露在会计中有大量违规操作后破产。这时，对美国公司的治理及财务报告的信任普遍丧失了。随之而来的股票价格下跌，至少部分可归因于投资者对评价公司盈利性的能力持续增加的怀疑。2002 年，美国国会通过了《萨班斯-奥克斯利法案》（Sarbanes-Oxley Act）以进行制度改革，其中一项改革要求公司董事会中拥有占多数的“外部”董事。萨班斯-奥克斯利改革是否会对公司治理产生很大影响，这一点尚不明了。但不管以何种形式存在，公司仍将是企业组织的主导形式。

总利润与利润率的决定因素

利润率取决于**利润率的决定因素**（determinants of the profit rate）。了解每一个决定因素的价值——或在某些情况下它们运动的方向——会使我们理解为什么利润率或高或低，或上升或下降。

利润率的决定因素是利润率所依赖的因素；它们决定着利润率的高低。

从第 5 章对剩余产品的分析中我们已经知道利润率的一些决定因素。为了准确地了解这些决定因素如何影响利润率，揭示其他决定因素在其中起什么作用，我们需要推导利润率与其决定因素之间的准确关系。对于本章的几乎所有内容，我们都将资本存量 K 视为常数。这使我们能够检验决定总利润 R 的因素，因为当 K 为常数时，利润率 $r=R/K$ 总是朝着与总利润 R 相同的方向变动。因此，我们首先关注总利润 R 的决定因素，然后回到利润率上。

在第 5 章我们看到，无论是否实行资本主义，整个经济的总产出可以分为三个部分。一部分用于替换生产中消耗的材料，包括任何资本品（工具、机械、设备、建筑等）的磨损。第二部分归工人养活自己和家人。剩下的是**剩余产品**。虽然这些分类针对的是整个经济体，但我们可以用几乎完全相同的分类来描述单个资本主义企业的产出。不过，在资本主义企业里，我们用货币来衡量一切，所以我们给这些分类起了稍微不同的名字，如图 10.3 所示。我们用**总产出价值**（比如一年内的）来替换**总产出**，它等于产出价格 P_z 乘以产量 Z。例如，一家衬衫厂每年生产同一品种的 10 万件衬衫，每件衬衫 20 美元，总产出价值 $P_zZ=20\times100\ 000=2\ 000\ 000$（美元）。我们将指明在假设所有产出都实际售出的前提下，**总产出价值**和**销售收入**可以互换。

企业总产出价值 P_zZ 可分为前一段所述的三个部分，如图 10.3 所示：**原材料投入成本、劳动成本和利润**。**原材料投入成本**包括生产
中使用的原材料和资本品的替换（折旧），因为从经济角度来说，这 221
两种成本都是**中间投入**，即生产过程中的物质投入。在衬衫生产中，使用的线和纺织物是生产中消耗的材料（它们出现在最终产品中，尽管真正消耗的东西，如能源，也在同一类别中计算）——它们不是如衬衫本身那样为人们消费而生产的“最终”产品。**原材料投入成本**记

为原材料投入的价格 P_m 乘以消耗的数量 M，即 P_mM。

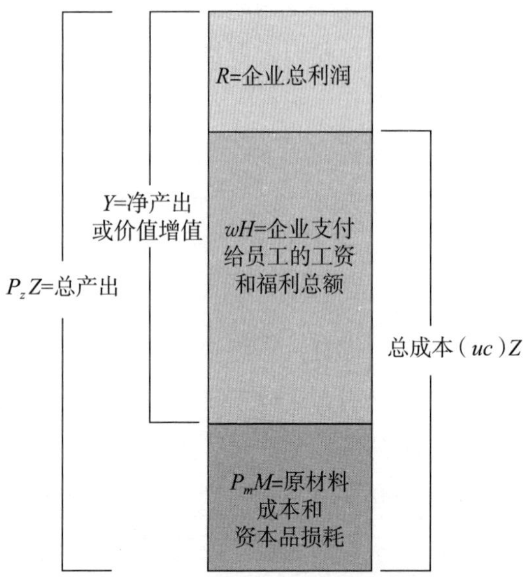

图 10.3 将公司的总产出划分为原材料投入成本

P_mM、劳动成本 wH 和总利润 R

这说明了唯一的成本是单位产出成本的情况。第 11 章将分析增加另一类成本（称为固定成本）的情况，这将在一定程度上改变上述情况。本图还显示，净产出 Y 等于总产出减去生产中消耗的原材料和部分资本品，总成本 $(uc)Z$ 是劳动成本和原材料投入成本的总和，等于单位成本 uc 乘以产量 Z。

> （小时）**工资率**是指付给工人的工资和福利总额除以工作总小时数。

同样，总**劳动成本**（W）是**工资率**（wage rate）或小时工资 w 乘以 1 年内企业所有工人工作的总小时数 H。这里的“小时工资”实际上不仅包括工资，而且包括所有的员工薪酬，含所提供福利的货币价值，比如带薪假期、带薪休假、带薪病假和带薪育儿假。在美国，福利有时还包括雇主对工人的医疗保健的捐赠（如果有的话）。（大多数其他高收入国家和一些中等收入国家都有某种形式的由政府从税收中支付的全民医疗保健制度，这一制度大大降低了行政成本，但在美国，雇主对医疗保健的捐赠仍然是总薪酬的一个重要组成部分。）将所有这些福利的货币价值加上企业总工资，然后除以总工作时间，得出 w。总劳动成本 222
记为 wH。

在支付非劳动成本和劳动成本后，销售收入的剩余部分是**总利润** R，单位为美元。综上所述，我们有（如图 10.3 所示）：

$$\text{总产出价值}=\text{原材料投入成本}+\text{劳动成本}+\text{总利润}$$

$$P_z Z=P_m M+wH+R \tag{10.2}$$

其中：

P_z＝产出价格（单位：美元）；

Z＝每年生产的产量；

$P_z Z$＝总销售额（美元/年）或**总收入**；

P_m＝一年中使用的中间投入的平均价格（单位：美元）；

M＝一年中使用的中间投入（原材料＋资本品）的数量；

$P_m M$＝一年中所有中间投入（原材料消耗＋资本品损耗）的成本；

w＝小时总薪酬（包括小时工资和福利）；

H＝企业所有雇员一年的总工作时间；

wH＝一年的总劳动成本；

R＝总利润（单位：美元）。

我们可以用两种不同的方式对产出总价值的三个主要因素进行分组，如图 10.3 所示。左侧的**净产出**或**价值增值**表示新创造的价值（记为 Y），即：

$$\text{净产出}=\text{总收入}-\text{原材料投入成本}=\text{劳动成本}+\text{总利润}$$

或者

$$Y=P_zZ-P_mM=wH+R \tag{10.3}$$

净产出价值是总产出减去原材料和机器成本的美元价值。

新创造的价值是总产出价值减去之前已存在的原材料投入成本；由于新创造的收入一部分作为劳动成本，一部分作为利润，因此，它也是劳动成本和利润的总和（以及其他财产性收入的总和，我们为了简单起见忽略了这些收入）。这个新创造的价值是**净产出价值**（value of net output，Y，或简称“净产出”）或**价值增值**（value added）。

图 10.3 右侧的括号表示将同样三个因素分组的另一种方法。它的目的是强调，一个资本主义企业对正利润（至少是平均利润）的要求若要得到满足，只有在销售收入大于成本总和的情况下才有可能实现。为了说明这一点，我们将总产出价值的因素分组如下：

总利润＝总收入－总成本

＝总收入－(原材料投入成本＋劳动成本)

或者

$$R=P_zZ-(P_mM+wH) \tag{10.4}$$

223 在这个等式中以及本书其余部分，我们用 M 表示原材料消耗和资本品损耗（折旧）的成本，因为从经济角度来说，原材料和资本品都是中间品。这些被认为是“中间品”，是因为它们是劳动过程的投入（如用于生产衬衫的棉花和用于生产衬衫的缝纫机的磨损），而不是生产供人们消费的“最终”产品（如衬衫本身）。我们现在还假设经济的所有产出都得以售出，这使得我们可以使用 P_zZ 来同时表示总产出和销售收入。

案例：嘉渔公司

为了说明这里介绍的概念，想象一个叫嘉渔公司的渔业企业，它有 10 张渔网，雇用 10 个工人，每个工人使用一张渔网。工人们从岸边撒网捕鱼，每人每小时平均捕到 25 磅鱼。为简化问题，我们假设除了渔网之外没有其他资本品和原材料。工人们的工资是每小时 18.50 美元，他们每人每年为嘉渔公司工作 100 小时。(我们假设鱼每年只有 100 小时游近海岸，而且工人在剩下的时间里还有其他工作。)

嘉渔公司每张渔网的净成本为 1 000 美元，使用 200 小时后报废，这意味着在这个例子里渔网可正常使用两年。嘉渔公司每年耗费一半的渔网（即 5 张），每年年初公司以 5 000 美元的总成本购买 5 张新网更换。这些要加上 5 张已使用一年的旧网——这些网现在每张价值 500 美元，是原来价格的一半。这样，嘉渔公司每年支付 5 000 美元的原材料投入成本 P_mM。最后，公司以每磅 1 美元的价格卖鱼，从而 10 名工人每人每年工作 100 小时，每小时捕获 25 磅鱼，总销售收入为（1 美元/磅鱼）×(10 名工人)×(100 小时/工人)×(25 磅鱼/小时)＝25 000（美元）。

还请注意，每年消耗的 5 000 美元的原材料是生产过程的投入**流量**，与所有的流量一样，它们是按单位时间来衡量的，在本例中是年。事实上，该数量是**存量**而不是流量，是投资于公司的 7 500 美元资本（K），也就是说，是新网（5 000 美元）加上用了一年的网（2 500 美元）。资本只能用在这里，无法为任何其他目的服务。顺便说一句，为简便起见，我们假设嘉渔公司的资本存量不会随时间推移而改变，尽管原则上公司总是可以通过投资新设备来增加资本存量。所以，我们假设公司每年买新网的时候，它买的网恰好够替换那些已经被损坏的网。

嘉渔公司每年的总利润是多少？计算结果见表 10.1。我们刚刚计算出总销售收入（P_zZ）是鱼的价格 P_z（每磅 1 美元）乘以年捕获量 25 000磅，即 25 000 美元。我们还发现 P_mM=5 000(美元)。净产出 $Y=P_zZ-P_mM$=25 000−5 000=20 000(美元)。嘉渔公司支付每小时 18.50 美元的工资给 10 个工人，每人每年工作 100 小时（每年 1 000小时），所以 wH=18.50×1 000=18 500(美元)。因此，总利润（$R=Y-wH$）为：

$$R=Y-wH=(P_zZ-P_mM)-wH$$
$$=25\ 000-5\ 000-18\ 500=1\ 500(\text{美元}) \quad (10.5)$$

224 **表 10.1　嘉渔公司的总利润 R 和利润率 r**

变量	定义	价格	数量	价值=价格×数量
总产出价值	P_zZ	每磅鱼 1 美元	25 000 磅	25 000 美元
原材料损耗+资本品损耗	P_mM	每年 500 美元/张	10 张网	5 000 美元
支付的工资和福利	wH	18.50 美元/小时	1 000 小时（=10 名工人×100 小时/人）	18 500 美元
净产出（价值增值）	$P_zZ-P_mM=Y$			25 000−5 000=20 000（美元）
总利润	$P_zZ-P_mM-wH=Y-wH=R$			20 000−18 500=1 500（美元）

续表

变量	定义	价格	数量	价值＝价格×数量
资本存量的价值	K	新网：1 000 美元/张；用了一年的网：500 美元/张	5 张新网＋5 张用了一年的网	7 500 美元
利润率	$R/K=r$			1 500/7 500＝20％

最后，由于拥有的资本品价值（K）为 7 500 美元，因此嘉渔公司的利润率为：

$$r=\frac{R}{K}=\frac{1\ 500\ 美元}{7\ 500\ 美元}=20\% \tag{10.6}$$

单位产出利润

为了更容易地研究利润的单个决定因素，将利润方程（10.4）转化为关于**单位产出利润**的方程是非常有用的。我们把两边除以产出 Z 的单位数，得到 R/Z 的表达式，这实际上是每单位产出的平均利润。当我们进入第 11 章时，这一步骤将为我们轻松自然地过渡到我们在那里讨论的问题铺平道路，包括大企业比小企业有什么优势，以及为什么某些行业被大企业所主导等最重要的问题。

将方程（10.4）的两边除以 Z，我们得到：

$$\frac{R}{Z}=P_z-\left(\frac{P_mM}{Z}+\frac{wH}{Z}\right) \tag{10.7}$$

> **单位原材料成本**是生产每单位产出的平均成本的一部分，包括原材料损耗以及机器和工具的损耗。因此，它等于原材料和机器磨损的总成本除以产出的单位数。

> **单位劳动成本**是生产每单位产出的平均成本中劳动所占的部分；它等于总工资（小时工资乘以总工时）加上福利，除以产出的单位数。

这就是说，**单位产出利润**等于产出价格 P_z 减去**单位成本**或单位产出成本——包括**单位原材料成本**（unit material cost，*umc*）或单位产出的原材料成本 P_mM/Z，以及**单位劳动成本**（unit labor cost，*ulc*）或单位产出的劳动成本 wH/Z。使用这些成本的标准术语，我们可以写出：

单位产出利润＝价格－(单位原材料成本＋单位劳动成本)

或者

$$\frac{R}{Z}=P_z-(umc+ulc) \qquad (10.8)$$

这里：

umc ＝单位原材料成本(或每单位产出的原材料成本)
$=P_mM/Z$

ulc＝单位劳动成本(或每单位产出的劳动成本)$=wH/Z$

让我们通过计算嘉渔公司的单位产出利润来解释式（10.8），以了解它是如何起作用的。我们可以将表 10.1 中的数字转换为表 10.2 中所示的“单位产出”的基数，如下所示。产出单位是一磅鱼，我们知道，每单位产出量即每磅鱼的价格是 1 美元。这 1 美元中有多少是成本，剩下多少利润？

225 **表 10.2　嘉渔公司单位产出利润及其决定因素**

变量	定义	价格	数量	价值＝价格×单位产出量
产出价格	P_z	1.00 美元		1.00 美元/磅

续表

变量	定义	价格	数量	价值＝价格×单位产出量
单位原材料成本（*umc*）	P_mM/Z	500 美元/网	10 网/25 000 磅鱼	0.20 美元/磅
单位劳动成本（*ulc*）	wH/Z	18.50 美元/小时	1 000 小时/25 000 磅	0.74 美元/磅
单位产出利润	$P_z-P_m(M/Z)-w(H/Z)=R/Z$			1.00－0.20－0.74＝0.06（美元/磅）

首先，P_mM/Z 是单位原材料成本（原材料的成本，包括资本品损耗，单位原材料成本是生产一单位产出所耗费的成本）。我们知道，原材料成本 P_mM 是每年年初用于更换磨损渔网的 5 000 美元，该成本分摊在 25 000 磅鱼（即 Z）上，因此每磅鱼的原材料成本为 $P_mM/Z=5\ 000/25\ 000=0.20$（美元/磅）。

至于单位劳动成本，工资总额为 18 500 美元（见表 10.1），除以 25 000 磅鱼的年产量，得到 0.74 美元/磅。[或者，我们可以只看一个小时的工资和产出，因为每个小时都是一样的，会发现每磅鱼的劳动成本为 18.50/25＝0.74（美元/磅）。]

因此，每磅鱼价值 1 美元，扣除成本后，单位产出利润为 1.00－0.20－0.74＝0.06（美元）。同样的数字也可以通过将每年1 500美元的总利润除以每年 25 000 磅鱼的总产量得到：1 500/25 000＝0.06（美元/磅）。

另外，请注意，利润**率**等于总利润除以资本存量的价值，即1 500美元/7 500美元（见表 10.1）。注意：虽然总收入中只有 6 美分是利润，但不要被迷惑，以为利润率是 0.06 美元/1 美元。记住，利润率是总利润**除以企业拥有的资本品价值**（**不是**除以总收入）。

围绕利润率的冲突

一个企业所有者或管理者看了式（10.7）或它的简化形式即式（10.8）后，可能会很快而且总是正确地得出结论。提高企业利润
226 率有三种主要方法：（1）提高产出价格；（2）降低单位产出的原材料成本；（3）降低单位产出的劳动成本。我们依次讨论这些问题。

企业总是可以尝试提高售价，但这通常会影响利润率的其他决定因素。例如，提高售价会减少销量，在某些行业，这会增加单位产出的劳动成本。比如，假设开动机器和投入工具做某项工作（生产特定的产品）需要两个小时——在此期间没有生产出任何东西。假设小时工资是 10 美元。还假设开始工作后每小时可以生产 50 件产品。这意味着生产 200 件产品将需要 6 小时（2 小时开机，4 小时工作时间）。这个生产程序的单位劳动成本（*ulc*）为 $6\times10/200=0.30$(美元/件)。但如果现在价格上涨使销量减少到 150 件，生产这个较小数量的产品将需要 5 小时（2 小时开机，3 小时工作时间），*ulc* 将**更高**：$5\times10/150=0.33$(美元)。这是一个**规模经济**的例子：生产更多的产出将降低平均成本（生产更少的产出将提高平均成本）。第 11 章将阐述规模经济的性质和含义。

作为利润率决定因素的单位产出中的中间投入

利润是支付成本后的剩余。因此，企业成本的任何增加都会减少作为利润的剩下来的收入，而成本的任何下降都会增加利润，只要利润率的其他决定因素不会同时改变。

例如，如果企业不得不使用更多的原材料或机器（M 增加），或者不得不支付更多钱购买这些东西（P_m 提高），那么它的利润率

将下降。如果新的法律要求企业在烟囱里安装洗涤器以减少有害排放从而保护环境，这就要求企业消耗更多的资本品（M 增加），从而降低其利润率。（它还可能增加资本品的总价值 K，这就增大了利润率 $r=R/K$ 的分母，从而降低利润率。）

同样，如果作为投入的石油的价格上涨（P_m 提高），企业的利润率也会下降。相反，如果它能找到一种更便宜的原材料或机器的来源——或者找到一种新技术，从而用更少的原材料或机器生产同样数量的每劳动小时产出——它的利润率就会提高。与通常情况一样，我们的意思是只要利润率的其他决定因素不变，这种情况就会发生。

对于单位产出也是如此。如果企业能够找到一种方法来降低生产单位产出（P_mM/Z）所用的原材料投入的总价值——也就是**单位原材料成本**（*umc*）——那么该企业可以提高其单位产出的利润，前提是不改变抵消利润增长的其他产出决定因素。

企业通常要寻找较低的成本投入，要么是通过在较低的价格上实现相同的投入，要么是通过转向质量可能相似、也可能不相似的替代性原材料。企业还可以减少生产过程中的投入浪费，例如使用更好的工程技术，比如用计算机优化服装生产过程中从面料上剪下的图案，或者找到面料碎片的用途。

但是，一些削减投入成本的策略很有可能会引发与工人、客户、供应商或其他人发生冲突的较高风险。有时，企业会在海外寻找与它们一直使用的原材料相同的低价产品。就原油和有价值的矿产而言，有时这种寻找得到了美国在海外的武装力量的帮助，这为 227
美国企业获得此类资源创造了更大的机会。但这样的行动可能会代价高昂：美国国会联合经济委员会（Joint Economic Committee of the U. S. Congress）2007 年发布的报告《不惜一切代价的战争?》

(*War at Any Price?*）估计，到 2017 年，伊朗战争和阿富汗战争将给美国家庭平均带来约 5 万美元的总成本，后来的研究证实了这一估计的有效性。

使用更便宜的工具和机器，或更少的工具和机器，有时意味着不提供必要的安全设备，从而危害工人的健康或安全。在这种情况下，它会与工人产生冲突，他们自然反对暴露在这种危险中。在其他情况下，消费者可能是受影响的人，或是企业为了降低成本而偷工减料生产危险玩具。为了增加利润而降低中间投入成本并不总是会与工人、消费者或其他人发生冲突，但确实有可能发生冲突。

作为利润率决定因素的单位劳动成本

降低单位产出的劳动成本，或单位劳动成本（*ulc*），是企业用来赚取更多利润的另一个常见策略。如表 10.3 所示，**单位劳动成本**被定义为小时工资乘以总工作小时数再除以产出单位数，即 wH/Z。这个表达式可以重写为 $w/(Z/H)$，即每小时工资除以每小时产出。我们用 z 来表示 Z/H，以强调它和 w 一样，也是按小时度量的：

$$\text{单位劳动成本}=\frac{wH}{Z}=\frac{w}{Z/H}=\frac{\text{每小时工资}}{\text{每小时产出}}=\frac{w}{z} \tag{10.9}$$

约掉单位“小时”，剩下的是单位产出的工资（或劳动成本），也就是**单位劳动成本**。这表明资本家可能采取的两种增加利润的策略：一种是在不损失每小时产出的情况下降低每小时工资；另一种是在每小时工资不变的情况下增加每小时产出。如果能做到，那么每一种策略都将使单位劳动成本下降，单位产出利润提高。然而，这两种策略都有可能遭到工人的抵制而不能被成功运用。第 12 章将解释雇主如何找到使利润最大化的工资。

尽管企业有时确实想要降低支付给现有工人的工资（或福利），但这种工资削减可能会改变利润的其他决定因素，从而抵消工资削减的效果，妨碍了利润率的提高。想想，如果有一天你的老板告诉你，希望你继续以同样的态度和速度工作，但打算把你的工资削减 5%，你会有什么感受。你能继续努力做好工作吗？历史告诉我们，工人们通常对这些举动做出愤怒的反应，他们要么磨洋工，要么心不在焉，要么罢工，要么去找别的工作。因此，很少有企业直接削减现有工人的工资；更多的情况是，它们削减新的初级工人的工资，或试图用临时低工资工人取代永久性工人，或用没有全额福利的兼职工人取代全职工人。

对于某些任务，企业可能会将服务外包给没有工会的低工资承
包商，如非生产性客户服务和安保。在可能的情况下，它们还可以 228
将一些业务外包给工资较低的国家的工人，或者将生产业务转移到国外（或者转移到美国工资较低的地区）。它们有时用搬迁来威胁现有工人从而压低他们的工资。许多大学和学院正朝着增加使用兼职或临时教师的方向发展，以比终身制教师低得多的工资来降低平均工资水平。第 13 章将更详细地探讨这些问题。

如果机器的成本确实低于单位产出的劳动成本，企业也会尝试用机器来完成由人完成的工作，以减少单位产出所使用的劳动数量。第 13 章将讨论技术和劳动过程。

劳动付出是一个工人在特定时间（如一小时）内在工作中的努力水平（劳动强度）。

劳动付出和劳动效率　在单位劳动成本（w/z）的表达式中，每劳动小时产出（z）值得更密切地关注，因为决定它的两个因素在第 12 章和第 13 章中起着主要作用，这两章讨论了工人和雇主之间的冲突。这两个因素是

（1）工人每小时的**劳动付出**（work effort）（用 e 表示）和（2）单位劳动付出带来的产出量（用 f 表示）：

$$ulc=\frac{w}{z}=\frac{w}{ef} \tag{10.10}$$

每劳动小时产出（z）是劳动付出 e 和劳动效率 f 的乘积。不难理解**劳动付出**这个概念。任何一个工作过的人都知道，劳动强度通常是会变化的，至少会在某种程度上变化。虽然很难衡量，但定义一个工人在一小时内付出的努力量——劳动付出——是决定利润率的一个重要变量。如果其他条件不变，每小时更大的劳动付出 e 将降低单位劳动成本 $w/(ef)$，从而提高利润和利润率。

劳动效率是指既定水平的劳动付出能产生多少产出。

劳动效率（efficiency of labor，f）是指**在给定的劳动付出水平上**，某人生产一件产品时其劳动的有效性。它用劳动付出的单位产出量来表示。它取决于生产过程中使用的技术——资本品和原材料的类型、数量和质量。这些因素将决定在一小时的劳动中任何给定的劳动付出（e）能得到多少产出（z）。

第一个转化是雇主在劳动场所面临的基本挑战：如何让工人在被雇用的所有时间内提供尽可能多的劳动付出。第二个转化同样取决于雇主所做的决策，这些决策——通过**投资**——确定了工人在劳动时所使用的资本品的数量和质量。

许多经济学家在 e 和 f 间不做区分，相反，他们更喜欢假设，给定资本品的数量和质量，所购买的劳动小时数与将会得到的产出量之间存在固定关系（一种“生产函数”）。在做出这种假设时，他们忽略了劳动付出（e）是取决于比如劳动组织方式等因素的一个变量。再次参见第 12 章，其重点是工资和劳动付出之间的关系，以及第 13 章，其重点是技术和劳动效率之间的关系。

为了说明这些概念，我们回到嘉渔公司的例子，并只增加一条信息。这条新信息是，每小时捕到的 25 磅鱼是工人每小时向水中撒 229
5 次网，平均每次撒网捕到 5 磅鱼的结果。这个例子的优点是，与现实世界中的许多情况不同，我们可以清楚地将劳动付出 e（每小时撒网次数）与劳动效率 f（每次撒网捕鱼数）分开。

为了说明考察 z 的组成部分（即 e 和 f）的重要性，我们提这样一个问题：如果工人决定每小时向水中撒网 4 次而不是 5 次（$e=4$ 而不是 5），每次撒网仍能捕获 5 磅鱼，那么嘉渔公司的利润率会发生什么变化？现在每个工人每小时捕获 20 磅鱼，即每个工人每年捕获价值 2 000 美元（100 小时）的鱼。由于仍是 10 名工人，嘉渔公司的总收入现在为 20 000 美元，总成本仍为 23 500 美元（工资仍为 18 500 美元，非劳动投入 M 仍为 5 000 美元）；假设渔网的磨损速度与以前一样。由于只有 20 000 美元的收入，新的利润率为负：

$$
\begin{aligned}
r &= \frac{R}{K} = \frac{P_z Z - P_m M - wH}{K} \\
&= \frac{20\,000 - 5\,000 - 18\,500}{7\,500} = -\frac{3\,500}{7\,500} \\
&= -47\% \qquad (10.11)
\end{aligned}
$$

因此，由于工人的劳动付出减少，嘉渔公司的利润率从**正的** 20%变成**负的** 47%（也就是**亏损**了 47%），尽管除了劳动强度（每小时的工作努力程度）之外什么都没变。难怪企业把员工努力工作放在第一位！

理解利润率

利润率不是由数学决定的，尽管前面的讨论可能给人留下这一印象。数学只是让我们明白**利润率取决于什么**。理解利润率意味着要理解利润率取决于哪些因素。数学可以让我们把利润率分解为若干部分，使我们能够在后面的章节中逐一研究利润率的决定因素。不过，以下所有内容的基本思想是简单的。利润的高低在很大程度上取决于如何分配生产过程的产物所导致的冲突结果。利润率的每一个决定因素的背后都是人——雇主、工人、消费者、退休人员、世界其他地区的人、政府官员等——他们常常以冲突的方式努力获得生活中想要的东西。

我们已经讨论了利润是如何决定的（使用三种不同的度量方法：单位产出利润 R/Z、总利润 R 和利润率 R/K）。在本章结束时，我们将关键概念放入表 10.3 中，并回顾与每个利润决定因素相对应的冲突**关系**。

我们理解利润率的策略一直是简单明了的：在建立了总利润的方程（10.4）和单位产出利润的方程（10.8）之后，我们更深入地研究了它们的每一个关键要素。表 10.3 总结了单位产出利润的决定因素，以及资本家可能采取的通过影响利润率的决定因素来增加利润的策略。其中，决定单位产出利润率的每一个因素都列在第一
230 列：价格、单位原材料成本和单位劳动成本。第二列列出了每种成本中的要素，第三列描述了资本家可能试图降低这些成本的一些方式。最后，最右侧一列解释了资本家为增加利润而采取策略可能会遭到什么样的抵制。这张表远非完备；它只是对本书其余部分将要更详细讨论的问题的一个简要总结。

表 10.3　围绕利润率的各种冲突

		单位产出利润 R/Z 的决定因素；总利润 R 和利润率 r 的决定因素	企业提高单位产出利润 R/Z 从而提高利润率 r 的一些方式	工人、消费者、供应商或其他人反对提高利润率的努力的一些方式
	P_z	1. 产出价格（+）	通过获得垄断或近乎垄断的权力来提价，但不会失去很多消费者；避免把价格提高到高于利润开始下降的点	竞争企业削弱垄断力量，压低价格，限制利润。消费者购买更便宜的替代品
P_mM/Z	单位原材料成本＝单位产出消耗的中间投入成本			
	P_m	2. 中间投入品（原材料和资本品）价格（－）	寻找低成本的投入品来源；大企业可以通过议价压低投入品的价格。支持海外军事干预以控制廉价石油和矿藏	国内供应商推动对进口投入品征收关税；公民反对为获得廉价投入品而在海外进行军事干预
	M/Z	3. 每单位产出中的中间投入品数量（－）	开发新的生产方法；减少原材料浪费和工具损坏	竞争企业学习并使用类似方法；新方法的广泛采用再次降低了 P_z 和 R/Z
$w(H/Z)$	单位劳动成本＝单位产出的工资和福利成本＝w/z			
	w	4. 每小时的工资和福利（－）	使用较廉价的劳动力，如新移民或海外工人；取消工会；削弱工人组建工会的权利	工人组织起来组成工会，为更高的工资展开谈判，把组织工作扩展到低工资国家

续表

		单位产出利润 R/Z 的决定因素；总利润 R 和利润率 r 的决定因素	企业提高单位产出利润 R/Z 从而提高利润率 r 的一些方式	工人、消费者、供应商或其他人反对提高利润率的努力的一些方式
	$z=Z/H$	5. 以物理单位表示的每小时产量（＋）	见下文	见下文
$z=ef$	e	6. 劳动付出（＋）	提高工作速度；雇用更多的主管来控制工作节奏	工人联合起来，抵制更快节奏的工作
	f	7. 劳动效率（＋）	引进更高效的节约劳动的技术	工人为保住工作展开谈判
Z	8. 总产出			
	R/Z R r	R/Z 如上决定。R/Z 乘以 Z 得到总利润 R，除以资本品价值 K 得到利润率 r。 $R=(R/Z)Z$ $r=R/K$	增加产出 Z 可以实现规模经济，其获益见第 11 章。从供应商处获得较大的权力。收购竞争企业或使其破产	在被合并、收购或破产之前，竞争企业限制规模经济的收益。反托拉斯行动可能迫使企业分解

决定因素后面的符号“＋”或“－”表示如果决定因素发生变
化，利润将如何变化，前提是任何其他因素都不变。“＋”号意味
着利润率将与决定因素朝**同**方向变化。例如，如果产出价格上涨，
231 其他因素不变，利润当然会增加。相反，“－”号意味着利润率将
与决定因素朝**反**方向变动。举个例子，如果原材料成本提高，其他
因素不变，利润就会下降。请注意，对于表中假设的情况，即资本
品 K 的价值在所考虑的期间内保持不变，总利润和利润率要么上
升，要么下降。

不过，“+”号或“-”号都可能具有相当大的误导性，因为通常一个决定因素的变化很可能会引起其他决定因素的变化。我们可以看看上一段提到的例子：当一件商品的价格上涨时，它的销量（即 z，售出的单位数）通常会下降——如果下降得足够多（如某些情况那样），利润实际上会**减少**而不是增加。如果某个决定因素的变化导致其他决定因素变化，那么表中的“+”号或“-”号并不能真正告诉我们利润的实际情况。我们必须研究所有利润决定因素的连锁反应，以发现对利润的全部影响。第 11 章将进一步阐明企业何时更适合提高产出价格、何时更适合降低产出价格的问题。关键是读者不应该把“+”号或“-”号看作是对**将要**发生的事情的陈述，而应该把它们当作理解在有限情况下**可能**发生的事情的第一步。要理解各决定因素如何相互作用，还需要更多的思考。

表 10.3 的第三列列出了资本家作为单个公司的所有者或某阶级成员可能试图改变决定因素从而增加其利润的一些方式。最右侧一列列出了工人、消费者、供应商或其他群体抵制资本家提高利润率的努力的一些方式。你能想出更多提高利润率的策略或者抵制这些策略的方式吗？

请注意，即使是对单个雇主而言，表 10.3 中列出的一些策略也可能与其他策略不一致。例如，降低产品价格会增加企业的销售额，从而增加企业的产出，因此，即使产出价格在下降，也可能增加实际利润。第 11 章将考察这种可能性。

此外，一些雇主提高**他们自己**的利润率的努力可能会降低**其他**雇主的利润。例如，假设一个雇主的业务是销售一种原材料——比如说石油——这是其他雇主生产产品所需要的。如果石油销售商提高产出价格（策略 1），它们的利润率将提高，其他保持不变。但其他企业的利润率会下降，因为对于它们来说，石油价格的上涨是

P_m 的增加。

同样，假设所有雇主都能降低工资率（策略 4）。这会提高他们的利润率吗？可能会，但市场对雇主的产出的需求很大程度上来自赚取收入的作为工人的消费者。因此，如果全面削减工资，许多雇主会发现，他们再也找不到像以前那样多产出时的消费者了。他们的总销售收入可能下降，如果确实下降了，那么他们的总利润和利润率也就下降了。

最后，理解表 10.3 的最后一行很重要。表中除最下面一行外的每一行都基于单位产出利润。最后一行解释了如何将单位产出利润转换为总利润，然后转化为利润率。为了将单位产出利润（即 R/Z）转化为总利润，我们将其乘以 Z，即产出单位数，从而得到 R。因
232 此，对于嘉渔公司而言，单位产出利润是每磅鱼 0.06 美元。为了得到总利润，我们将其乘以每年售出的 25 000 磅鱼，得到 1 500 美元的总利润。如果我们想进一步得到嘉渔公司的**利润率**，就用 R 除以 K（7 500 美元），得到利润率 $r=20\%$（见表 10.1）。

这意味着，只要一个企业的资本品价值 K 不变，那么总利润的增加就意味着利润率的提高，总利润的减少就意味着利润率的下降。单位产出利润又如何呢？表 10.3 第 1 行至第 7 行所列的任何决定因素的任何变化——如果增加单位产出利润而不减少总产出——都会提高总利润和利润率。**然而**，如果某个决定因素的变化增加了单位产出利润，**但减少了生产和销售的总量**，则可能会或可能不会提高利润率。其中一个变化将在第 11 章一开始时讨论：提高产出价格通常会减少出售（和生产）的单位数量，并可能提高或降低利润和利润率。幸运的是，我们可能弄清楚这种情况何时发生。

结　论

我们现在有了一个理解如何确定利润率的基本原理，因为我们已对表 10.3 中列出的所有决定因素都有所了解。在后面各章，我们会讨论这些决定因素本身是如何决定的。在第 12 章和第 13 章中，我们考察了资本主义经济的垂直维度（统制），并考察了劳动付出 e 是如何以各种方式受到影响的。在第 11 章中，我们将重点放在竞争和集中两个方面。竞争是经济的水平维度，是资本主义企业在最大化利润率的过程中相互竞争的方式。第 11 章还讨论了集中：这是一个过程，其中，大企业在某些产业逐渐取得支配地位，从而大企业在确定利润率的决定因素方面比小企业具有优势。

推荐阅读文献

Gérard Duménil and Dominique Lévy, *The Economics of the Profit Rate*: *Competition*, *Crises and Historical Tendencies in Capitalism* (Brookfield, VT: Edward Elgar, 1993).

Duncan Foley, *Understanding Capital*: *Marx's Economic Theory* (Cambridge, MA: Harvard University Press, 1986).

David M. Gordon, *Fat and Mean*: *The Corporate Squeeze of Working Americans and the Myth of Managerial "Downsizing"* (New York: Free Press, 1996).

Francis Green and Robert Sutcliffe, *The Profit System* (Middlesex, UK: Penguin, 1987).

John Micklethwait and Adrian Wooldridge, *The Company*: *A Short History of a Revolutionary Idea* (New York: Random House, The Modern Library, 2003).

Ted Nace, *The Gangs of America*: *The Rise of Corporate Power and the Disabling of Democracy* (San Francisco, CA: Berrett-Koehler Publishers, 2003).

第 11 章
竞争与集中

233 苹果公司于 1984 年推出了首款麦金托什计算机。将一个装在很小的塑料盒里的中央处理器、一个显示器（屏幕）、一个非常新颖且用户友好型的界面（该界面依赖于“图标”而非复杂的指令）组合起来，麦金托什计算机是一个大胆的创新。由于这款产品不同于市面上的任何其他产品，所以在为麦金托什计算机制定价格时，和其他电脑公司相比，苹果公司就能获得一个更高的成本“加成”。结果，这个小型的、年轻的新公司能够获得足够的利润来为其大规模的研发活动提供资金，使之得以持续不断地推出创新产品。

苹果公司的失误在于，它没有将产品定位于商业用户。这个失误使得 IBM 和其他计算机制造商能在公司用户中保持主导地位。最终，苹果公司只占有了计算机市场的一小部分份额。而且，可预料的是，更大规模的计算机制造商，由于其软件生产伙伴——微软公司——的支持，很快就通过模仿苹果机的用户友好型界面、图标及所有特征，来确保它们的用户不会被吸引并转向使用麦金托什计算机。

微软公司自身由于在计算机软件市场上获得的主导地位，1999 年被发现违反了美国反托拉斯法。在 20 世纪最广为人知的审判中，负责此案的联邦法院法官发现，微软公司“在相关市场享有垄断势力”。法院指出，由于在市场上几乎不存在竞争者，微软公司能够提高视窗操作系统的价格，而不用担心因此会减少需求。法院的判决如下：微软为了得到垄断势力阻碍了竞争，用强硬而非法的策略打击竞争者，对其进入市场设置高壁垒。并且，在此过程中，微软的行为已经损害了消费者的利益。法官得出结论："微软已经证明，它利用其可观的市场权力和庞大的利润损害了那些坚持创新的企业，这些企业能增强对微软的核心产品的竞争。"

在经济学教材中，**竞争**通常被描述为一种由无数小规模的、没有影响力的、无名的企业进行的博弈——它们最终会满足消费者表 234
现出来的愿望。这些特征仅仅适合于极少数市场，如果存在这种市场的话。

正如第 1 章所指出的，全球最大的 1 000 个公司生产了全球约五分之四的工业产出。经济权力的集中在美国也是显而易见的。在美国，1 200个公司（一所大学的讲堂容纳它们的领导人都绰绰有余）生产了全美国大约一半的产出。这 1 200 个大公司的产出大致相当于其他2 800万个美国企业生产的产品总和。

虽然如此之大的美国经济由如此少的人操控，这并不意味着大多数实力雄厚的美国公司领导人能为所欲为，也不意味着他们意见一致，甚至拥有共同的利益。美国最有势力的公司还必须在世界市场上与其他国家的大公司竞争。随着贸易壁垒的降低，以及资本和人员的跨国流动日益猛增（这在第 1 章和第 7 章中已经讨论过），日本、韩国、中国和西欧的公司正在挑战美国大企业的市场控制地位和利润。因此，竞争，甚至对美国的消费者有利的竞争，都变得越来越有全球性。竞争日益全球化的性质使我们有必要进一步发展在第 7 章中引入的**以利润为目标的竞争**的思想 。

企业主投资是为了赚更多的钱。对利润的预期驱使他们采取行动，而竞争引导着他们的活动。竞争限制了任何个人所能做的事，但是塑造了所有这些人（将其看作一个集体）被驱使着去做的事。

以利润为目标的竞争带来了经济的持续变革。

新古典经济学家认为竞争带来了均衡而非带来了变革。他们让学生去想象这样一个市场——比如一个露天水果市场——那里有很多买者和卖者。正如我们在第 8 章中所解释的，在这类竞争市场中，存在着使市场朝向均衡的趋势。如果竞争能够使水果价格达到这样一个水平，即卖者想卖出的商品数量恰好等于买者希望购买的数量，均衡就会出现。在此情形下，供给和需求会决定水果的交易价格和数量，市场将会出清。第二天，卖者会带着供出售的水果的新供给返回市场，而买者也会带来对水果的新需求，竞争激烈的市场过程将重复进行。这样，在传统观点看来，均衡每天都会达成，而竞争本身几乎不会对变革提供动力。实际上，即使是一个完全竞争的水果市场也很难以这种方式运行。不过，真正的问题在于，经济学家们想象出一种理想型竞争市场，并倾向于假设世界上绝大多数地区都与之极为类似，从而认为这种理想的竞争市场就是我们需要分析的主要市场类型。

这种关于市场关系的传统观点并没有错，但它是有局限性的，从而具有误导性。在传统模型中，均衡一旦达成就不再有变化，除非有外来的“外生”力量介入。

在第 8 章中我们用大理石沉入碗底的例子解释了均衡的概念。在这里，我们添上时间维度，并提出一个不同的例子：一辆自行车只有在向前运动时才能保持直立。以利润为目的的竞争更像是自行车而不像碗中的大理石。由于存在着以利润为目的的竞争，经济（宛如自行车）处于永恒的运动中，而非静止状态（如大理石）。自行车的隐喻把握了经济学家所指的**动态均衡**——一个持久的变革过程，而大理石，当它落在碗底时，描述了**静态均衡**——一种既定的
235 事物状态。两者都是有用的理念，但是没有自行车的隐喻我们很难

理解资本主义。

传统研究方法是一维的，它关注的只是经济的水平维度（竞争），不考虑垂直维度（统制）和时间维度（变革）。在本章我们将提出一个三维的竞争观。这个方法通过说明权力（统制）关系如何影响竞争，以及经济内部的一些因素——竞争过程本身——如何带来变革和发展，从而补充了传统分析。

本章的主要思想是，**由于企业所有者追求利润，竞争会促使他们改变其经营。对竞争的争夺限制着任何一个企业所能做的事，影响着它们全体被驱使去做的事，并在整个经济中产生出持续变革的巨大压力**。

这个主要思想可表达为六个要点：

---

1. 企业所有者为了利润，通过寻求**操控**其自身利润率的**决定因素**来竞争。但是，他们能做什么受到各种竞争力量的严重限制。
2. 企业竞争采取三种主要的方式：(a) 努力获得价格优势（**价格竞争**）；(b) 努力造就一种新的形势，使潜在竞争对手至少暂时落后（**创新**）；(c) 努力消除竞争（**垄断势力**）。对于所有三种类型的竞争而言，企业都必须**为竞争投资**。投资是企业能够获得价格优势、创新以及垄断势力的首要途径。
3. 大企业在具备规模经济的行业中基本上占主导地位，因为它们可以通过将固定成本分散到许多单位的产出上来降低单位成本。
4. 由于企业必须为竞争投资，而投资打破了先前的格局，从而竞争为整个经济带来了一种有力的动态趋势。
5. 竞争性的争夺使企业间产生了不同的利润率，不过，相反，它也会使利润率趋于平均化。是否存在一个**利润率平均化**的总体趋势，取决于各种相反力量之间的平衡。

6. 竞争的动态性既带来了经济的**集中**（发生在大企业取代或兼并小企业时），也带来了**集中的降低**（发生在新企业进入市场或小企业的市场份额增加时）。是否存在**经济集中的趋势**将取决于这些相反趋势之间的平衡。近年来，兼并和并购的浪潮创造了更大的集中。

为利润而竞争

企业家追求利润，他们为此而投资。但他们怎么能断定哪个项目最有获利性呢？而且，如果已经投资了，怎样做才能确保高利润呢？

236 大多数投资都有**风险**，因为它们涉及长期事务，而且投资者也无从确定这些投资所带来的未来利润率是多少。不过他们还是明白要寻求什么。在第 10 章中我们已了解了一个企业的利润率取决于 8 个决定因素（见表 10.3）。

当企业寻求各种途径以影响和改善（从它们的观点出发）利润率的决定因素时，它们会面临来自其他企业的竞争，而这会限制它们的选择范围。例如，一个企业也许不能仅仅通过提高产品价格来增加利润。为什么呢？因为如果一个卖者对产品制定的价格高于其他卖者提供的相同产品的价格，提价企业的消费者中就会有一部分甚或全部会转而购买其他企业的产品。结果是提价企业的销量将下降，至少有一部分产出会滞销。

类似地，在竞争程度很高的市场上，一个没有大到足够程度的企业通常无法压低它购买的原材料、资本品或劳动的价格。原因也是竞争：这些产品的供给者会把产品销给出价更高的企业。

除竞争外，还有其他因素限制着盈利。对于利润的某些决定因素而言，一个企业会受到当前的知识和技术的限制。例如，除非开发出新技术，否则提高劳动效率、减少每单位产出所用原材料的数量和每小时机器的损耗也许都是不可能的。

还必须考虑到发生于企业内的社会相互作用。例如，劳动强度——每小时的劳动付出（e）——只有在雇员被诱使或被迫更努力工作时才有可能提高。可是，如果某个企业试图通过强迫来加速生产，类似行动很可能会遭遇来自雇员的反抗，该企业也可能会为此难以吸引高素质的人来为它工作。而且，如果某个个别企业的雇员被迫比正常工作的工人更加辛苦地工作，那些雇员就会辞去在该企业的工作，到另一个工作正常的企业里就业。

因此，在所有这些方面，企业都受到竞争的限制。而且，一个企业的利润往往是另一个企业的亏损。例如，1973 年石油输出国组织（OPEC）成立后，石油价格涨到了原来的四倍，跨国石油公司增加了数十亿美元的利润，但这也使经济中的能源使用部门减少了近似数量的利润，例如汽车和钢铁行业。

竞争限制了一个企业为改变其利润决定因素所能做的事情，与此类似，改变这些决定因素也会侵蚀那些企业维持其现有利润率的条件。每当一项投资提高了某一企业的利润率时，其他企业也可能会因受到诱惑而进入该企业所在的市场。因此，当前的成功会导致未来更加激烈的来自更多竞争者的竞争。

获取利润是每个企业为摆脱竞争的限制而进行的一场永无止境的斗争。随之而来的争斗者之间的战争会挑选出失败者和胜利者。

由于竞争带来了无休止的变革，资本主义经济是变动不居的。即便碰巧形成了一个静态均衡（像那个碗里的大理石一样），由追逐利润的企业所进行的竞争性投资也会迅速打破均衡的形成条件。持久的均衡就像自行车停下来还要保持直立一样是不可想象的。因此，那种认为均衡会一直持续下去，直到某种外在力量将其颠覆的 237

理念是具有误导性的：竞争本身将立刻使均衡不复存在。

而且，竞争的动力将**无止境或无限地**继续下去。毕竟，一个时期竞争的结束只是另一个时期竞争的开始。那些没能利用每一次成长机会的企业会被利用了这些机会的企业抛在后边。在资本主义经济中，弱者没有喘息的机会，强者也没有。

竞争的各种形式

价格竞争是一种竞争形式或策略，在这种竞争中，企业试图主要以提供更低的价格来吸引顾客。

有三种主要的竞争形式或策略，每一种都提供了与竞争对手齐头并进或超越竞争对手的方法。

价格竞争（price competition）是指，企业为了吸引消费者，以更低的价格提供与其他企业相同的产品。采用价格竞争策略的企业会继续从事现有的活动，但当机会出现时会在某些方面做出一些细微的改进。价格竞争会使雇主尽力削减工资，加快劳动节奏，消除生产中的浪费，或者采取降低成本的其他办法以降低产品价格，但仍能取得利润。许多别的企业或许也在从事价格竞争；成功将属于那些能够为消费者提供最低价格的企业。

创新（breakthrough）是指企业发现或开发出一种全新的东西——一个新的投入品来源，一种新的组织生产的方法，一种新产品或一个新市场。在这种情况下，企业会获得更大的利润，常常是巨额利润。这并非因为它是之前比赛中的佼佼者，而是因为它是一场全新比赛的第一个参加者。

创新是指企业发现或开发出一种新的经营方法，如新的劳动组织方式、一种新产品或一个新市场。

如果创新企业开发出一种新产品，它几乎就没有竞争。同时，如果创新会在其他企业生产的产品上造就巨大的成本优势，创新企业就能降低其产品的价格，且仍能获得比以前更大的利润。

不断取得创新的企业更有可能吸引有技能的人员，开发出更高水平的生产技术，降低成本，且更容易获得信用，从而有更好的成长机会。领先会减轻企业的竞争压力，这种情况会持续下去，直到有其他企业追赶上来，或新的企业凭借类似的产品或生产工艺进入市场。巨大的利润迟早会吸引那些想分一杯羹的竞争者。

当企业能够通过排除某些或大多数潜在的竞争者从而在市场上运用巨大的权力时，就存在着**垄断势力**。一个企业很少能排除所有其他企业（这是“完全垄断”），但是它往往可以与两个、三个或四个企业一起控制某一特定市场的绝大部分，从而获得所谓的“垄断势力”。当一个市场上只有少数几个企业时，这种情况被称作**寡头垄断**（oligopoly）或**共享垄断**（shared monopoly）。

垄断势力是一个行业中的一个或少数几个企业对市场价格和其他方面的竞争施加控制的能力，通常通过排斥其他企业来实现。

寡头垄断或**共享垄断**是指几个企业联合起来，但没有任何一个企业可以行使巨大的垄断势力的市场状态。

为了使垄断势力能够持续相当长一段时间，它必须仰仗某些持续存在的经济优势，或是借助某些障碍以阻止其他企业进入市场参与竞争。无论如何，企业要么能为其产品制定较高的价格，要么能为其投入支付较低的价格，要么能独享先进的技术或组织方法。

价格竞争

价格竞争使企业在决定如何定价的时候面临一个两难局面。我 238
们可以用一个例子来说明。

假设有一家开在大学附近的面包店（叫作 Sweets），该面包店制作布朗尼蛋糕。Sweets 面包店的店主需要决定如何为布朗尼蛋糕定价才能获取最大利润。乍看起来仿佛一个相当高的价格会是获利最大的，但是仔细一想就会明白或许并非如此。在定价高时，即便每个布朗尼蛋糕的利润均较大，但面包店会流失许多顾客从而总盈利会降低。反之，在定价低时，面包店从每一个布朗尼蛋糕中获取的利润非常微薄，从而纵使有大量顾客，总盈利也依然微薄。在进退维谷之际，有一个价格水平能使获利超过其他任意价格水平。

为了找到能产生最高利润的价格，了解在每个价格水平上布朗尼蛋糕的销量会大有裨益。假设我们已知价格如何影响日均销量。

Sweets 面包店销售的布朗尼蛋糕

价格（美元）	销售量
1.00	400
1.50	300
2.00	200
2.50	100
3.00	0

如果作图，我们会发现以上 5 个点位于一条直线上，然后我们可以画一条连接它们的直线，称其为 Sweets 面包店的布朗尼蛋糕的估计需求曲线（需求曲线不必是直线，但在这里为了简化计算，我们假设它是直线）。

必须明白的是，我们**没有**讨论所有面包店面临的布朗尼蛋糕的需求曲线。所有面包店销售的布朗尼蛋糕要比 Sweets 面包店销售的多得多。我们只讨论 Sweets 面包店面临的需求曲线：在不同的可能价格上，这家面包店的布朗尼蛋糕的销量是多少？当然，这取决于其他面包店对布朗尼蛋糕如何定价，所以我们必须假设其他面包店不会调价。我们不必假设所有其他面包店的定价**相同**。一家远离大学的面包店或许定价稍低，除了因为它需要劝诱顾客，让顾客觉得远道而来是值得的外，还因为远离大学或许会使该面包店支付较少的商业用地租金。另外，一家制作高端布朗尼蛋糕的面包店或许会由于取材昂贵而定价更高。

注意：Sweets 面包店面临一条向下倾斜的需求曲线这一事实意味着，布朗尼蛋糕市场并非一个有着大量类似小商户兜售同质产品的完全竞争市场。也就是说，如果一家面包店涨价且高于平均价格，它只会损失一些顾客而非全部。这种情形在餐饮业和外卖食品业（还有很多其他行业）中很常见。不是所有布朗尼蛋糕都是一模一样的，每个人都有着独特的口味偏好，只要价格没有上涨过多，他们依然会继续购买原来的布朗尼蛋糕。

选址同样重要。纵使城镇另一端的布朗尼蛋糕口感更好或价格 239
更便宜，但仅仅为了一个布朗尼蛋糕，人们可能会就近购买而非穿越整个城市去买。所以，所有的面包店都可以在提价（或者是竞争对手降价）的情况下指望保留部分老顾客。

现在让我们回顾第 10 章中的关键方程，这会帮助我们找出在这些情况下能带来最大利润的价格水平。回想第 10 章中的式（10.4）：

$$R=P_zZ-(P_mM+wH) \tag{11.1}$$

其中，R＝总利润（以美元计）

P_z＝单位产品价格；

Z＝产量；

P_m＝消耗的原材料和资本品的价格；

M＝消耗的原材料数量和资本品折旧量；

w＝每小时报酬，包括每小时工资和福利；

H＝所有雇员总工时。

正如在第 10 章中所解释的那样，我们可以从考虑**单位原材料成本**和**单位劳动成本**的角度将式（11.1）简化。让我们来回顾一下这些概念。

在式（11.1）中，括号里的部分即为成本。用总原材料成本 P_mM 除以产量 Z 可以得到单位产出的原材料成本（P_mM/Z），即**单位原材料成本**（umc）。同样，用总劳动成本 wH 除以产量 Z 可以得到单位产出的劳动成本 wH/Z，我们称其为**单位劳动成本**（ulc）。**单位原材料成本**和**单位劳动成本**之和简称为**单位成本**或**单位产出成本**（uc）：

$$\text{单位产出成本}=\frac{P_mM}{Z}+\frac{wH}{Z}=umc+ulc=uc \tag{11.2}$$

其中，

umc＝单位原材料成本：生产一单位产出的原材料成本和资本品损耗；

ulc＝单位劳动成本：生产一单位产出所使用的劳动成本；

uc＝单位成本：生产一单位产出的原材料成本和劳动成本之和。

因此，我们可以用简化的方式重写式（11.1）：

$$R=P_zZ-(uc)Z=(P_z-uc)Z \tag{11.3}$$

这就是说，总利润 R 等于单位产出利润（价格 P_z 减去单位成本 uc）乘以产出量。

我们一般不会假设**单位成本**（uc）（即**平均成本**）是一个常数；它可能会随着产出 Z 的变化而变化。然而，在 Sweets 面包店的例子中，我们假设单位成本为一个给定的常数，并且 Sweets 生产每个布朗尼蛋糕的成本为 1 美元：$uc=1$ 美元。现在，让我们将上面表格中的价格和需求量数据代入式（11.3），就可以发现，当定价为 240 1.5 美元时，利润 $R=(P_z-uc)Z=(1.50-1.00)\times300=150$（美元）。通过类似的计算（自己尝试以便理解），我们可以得到每个价格水平所对应的总利润。如下表所示：

价格（美元）	利润（美元）
1.00	0
1.50	150
2.00	200
2.50	150
3.00	0

不难看出，似乎最优定价为 2 美元，或者近似为 2 美元。如果我们通过计算来检验哪个价格水平能使利润最大（详见本章附录），结果说明价格为 2 美元确实能够使得利润最大，也就是说，获利比其他定价所得的利润都要高。

图 11.1（a）显示了 Sweets 面包店面临的布朗尼蛋糕的需求曲线。需求曲线的方程为 $P_z=3-0.005Z$。在图（b）中，纵轴代表不同的价格水平，横轴代表与之对应的总利润。可以看出，2 美元的价格水平所对应的日盈利 200 美元明显高于其他任意价格水平所对应的盈利水平。①

① 详见本章附录。

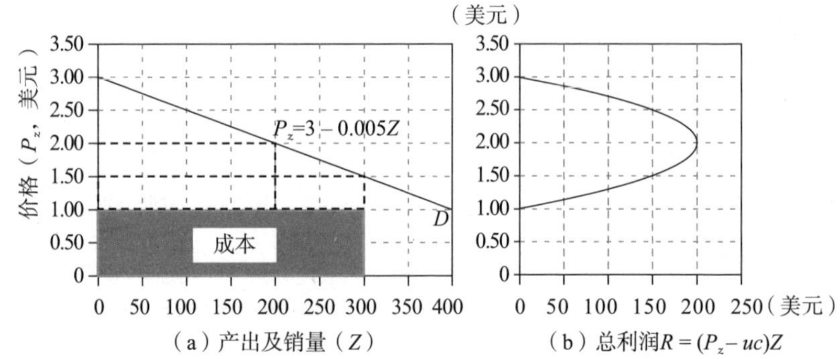

图 11.1　寻找使利润最高的售价

如果一个商户提高价格会流失部分而非全部顾客，那么它就面临着一条向下倾斜的产量需求曲线。图（a）显示了面包店每天在不同价格水平上可以出售的布朗尼蛋糕的数量；图（b）显示了利润，横轴衡量了面包店期望在为布朗尼蛋糕制定不同价格时的获利情况。公司所面临的需求曲线可能会不断变化，然而，当竞争对手提供新产品、设定新价格或开辟新业务时，定价往往需要反复试错。

实际上，通过观察图 11.1（a）也可以探寻总利润的轨迹。注意
241 在这个例子中，总成本表示为长为 1、宽为 300 的阴影矩形。我们可以用总销售额减去总成本来计算总利润，因此，要找出代表利润的区域，我们必须忽略成本，只看阴影矩形以上的区域。当价格为 1.5 美元时，销量为 300 个面包，表示利润的矩形的纵轴范围为1 美元到 1.5 美元，横轴范围为 0～300 个面包，因此有（1.5－1)×300＝150（美元)。矩形区域代表在价格为 1.5 美元时，总利润为 150 美元。

现在让我们来看看当价格上涨到 2 美元时会发生什么。目前，代表利润的矩形的高为（2－1)，宽为（200－0)，因此面积（即总利润）为 1×200＝200(美元)。为了加深理解，请算出图 11.1（a）中当价格进一步上升到 2.5 美元时利润为多少。

这里的要点很简单，即在当前条件下，**存在这样一个能使相应利润高于其他价格水平**的价格水平。一个企业所有者或经理人可能

不知道这个价格是多少，不过在某种程度上，通过不断试错会让找准这个点具有可能性。无论如何，企业运作的经济环境在不断变化，因此能够使利润最大化的价格水平自身也在不断变化，虽然变化幅度可能不会太大。

为了使情况简化到可以理解，我们在这里做了很多几乎在任何情况下都不合理的假设。结果表明，尽管有这些简化，在任何情况下都存在一个使利润最大化的价格水平的观点仍然成立（尽管只有通过不断试错才能找到）。我们假设需求曲线是一条直线；然而它或许并非如此。我们也假设单位产出成本是一个常数，然而可能也不尽如此。这些都不重要；**对每个企业及每件产品而言，存在某个价格水平能使利润最大化**依然是正确的。如果一个企业的定价高于该水平，它就应该通过降价来获取更多利润；如果定价低于该水平，它就应该通过涨价来获取更多利润。换句话说，在市场竞争中有许多变数，但并非完全的混战；它遵循某种秩序，受到某些原则的支配。不过，企业间的竞争中依然会有赢家和输家。

对于一个已经找到使利润达到最大化的价格水平的企业而言，除非成本首先下降，否则降价是没有意义的。

Sweets 面包店在不降低质量的情况下能够找到某种途径来降低单位产出成本（uc）吗？从式（11.3）来看似乎是可能的。不改变售价而使单位产出成本下降，无疑意味着更多的总销售收入会成为利润，因为成本支出会减少。正如本章附录所解释的那样，随着单位成本的下降，利润最大化的价格水平也会下降，然而 Sweets 面包店的总利润将会比之前更高。

不过，等等：这个结论是基于现有的需求曲线得出的。但是假如其他面包店对它们生产的布朗尼蛋糕降价呢（也许是因为它们实施了同样的成本节约方法）？竞争对手产品价格的变动会改变

Sweets 面包店面临的需求曲线，改变它的利润最大化价格，并可能导致没有任何一家面包店的利润比 Sweets 面包店成本下降之前的利润更高。然而，正如我们很快就会看到的那样，在一些行业比如那些具备规模经济的行业中，大企业相对于小企业可以获得持久的优势。

成本之上的价格加成

价格竞争的激烈程度表现为一个公司可以把价格提升到比生产
242 成本高出多少。这个理论被表述为成本之上的价格**加成**。例如，如果一个笔记本电脑生产商以每台 1 000 美元的成本生产笔记本电脑，以每台 1 500 美元的价格出售，那么该厂商就在成本基础上通过“加成”50%来定价：(1 500－1 000)/1 000＝50%。每单位利润是 500 美元，每单位成本是1 000美元，这个**加成**等于单位利润/单位成本。因此，加成告诉我们利润占成本的百分比。这是如何符合第 10 章的方程的呢？我们已知：

$$\text{单位产出价格}=\begin{matrix}\text{单位产出的原材料}\\\text{成本加机器损耗}\end{matrix}+\begin{matrix}\text{单位产出的}\\\text{劳动成本}\end{matrix}+\begin{matrix}\text{单位产出}\\\text{的利润}\end{matrix} \tag{11.4}$$

我们还知道，把两种类型的成本加总［单位原材料成本（*umc*）和单位劳动成本（*ulc*）］可以得到单位成本（*uc*），由此得出一个简单的表达式：

$$\text{单位产出价格}=\text{单位成本}+\text{单位利润} \tag{11.5}$$

简写为：

$$P_z=uc+\frac{R}{Z} \tag{11.6}$$

其中，R/Z 是单位产出利润，我们也称之为**单位利润**。式（11.7）定义了**加成**：

$$\text{价格}=\text{单位成本}\times(1+\text{加成}) \tag{11.7}$$

其中，**加成＝单位利润/单位成本**。在我们的例子中，1 500＝1 000×(1＋0.50)。这意味着加成等于单位利润除以单位成本，即

$$\text{加成}=\text{单位利润}/\text{单位成本}=\frac{\left(\frac{R}{Z}\right)}{uc} \tag{11.8}$$

在定价时，企业应首先计算单位成本，然后给其一个加成来实现期望的单位利润。但是，正如我们所看到的，加成定价和提高单位利润可能会导致总利润提高或下降，具体取决于该企业所面临的需求曲线。当价格竞争十分激烈时，企业的定价高于其他企业会使大部分顾客流失，所以会压低加成。同时，当一个或者多个大企业在价格战中获胜并主导该行业时，它们通常会提高加成，获得比在没有主导企业的激烈竞争市场中更高的利润。

这些分析对我们的理解有何帮助？这主要是我们分析 Sweets 面包店所得结论的另一种方式。考察企业具有高定价加成的能力等同于考察相对于其成本企业有给出高定价的能力——我们已经分析了关于 P_z 的决定。然而，在某些情况下，加成的概念大有用处。

如果笔记本电脑厂商在销售情况未知的情形下选择加成（这里是 50%），它或许会发现结果要么是顾客寥寥，要么是顾客泱泱。它或许需要将这个加成向上或向下调整（这也意味着调整价格）来 243
获取最大利润。一个可行选择是保持现有加成不变，但采取其他措施（如加大广告投入和销售力度）来增加销量。

市场竞争会确立反映当前供求水平的价格。如果该价格上的利

润率比生产其他产品低，至少有一部分企业会离开它们所在的行业，一些企业可能会被引诱到另一个行业，在这个行业中它们至少可以获得平均利润率。而如果某一行业的产品价格过高，以至其平均利润率高于整体经济的平均水平，新的生产者会被吸引到这个行业中来。如此一来，行业中的企业——或者说“资本”——的流动会趋向于将行业间的利润率推向整体经济的平均水平。

规模经济和价格竞争

尽管像面包店这样的小厂商非常普遍，但提供大部分商品和服务的却是大企业。本章集中解答的一个主要问题是：为什么在相当多的行业中，少数大企业掌控了大部分产品的生产？在价格竞争中，大企业在某些行业中具有明显优势，即那些具有**规模经济**的行业。

第 9 章提到，在具有明显规模经济的行业中，单位产出的平均成本会随着产量的增加而下降。现在是时候更为精确地解释这到底意味着什么了。小型企业间的价格竞争不会带来任何永久性或实质性优势。但如果一个在行业中具备规模经济的企业能够发展到足以使其在与对手的竞争中拥有持续性的规模优势，那么它往往可以提高利润率。事实上，这有助于解释垄断的出现，本章将在后面对此进行讨论。稍后，我们将讨论大企业优于小企业的其他方面。

2001 年投产的现代化的福特卡玛萨里（Ford Camacari）汽车装配厂位于巴西东北部的巴伊亚（Bahia）。它并非世界上最大的汽车装配厂，最大的汽车装配厂是年产 150 万辆的现代汽车在韩国的工厂。但福特卡玛萨里汽车装配厂也很大。它建成时的生产能力是年产 30 万辆汽车，耗资 19 亿美元；最近，又追加了 10 亿多美元来对它进行进一步开发。由于该装配厂为利用规模经济而设计，它可以以非常低的价格生产汽车。该装配厂生产的一款低价位微型汽车（价格在 1 万美元和 1.5 万美元之间）叫作 Ka。

为什么在大型工厂生产汽车比在小型工厂中更便宜？为了回答这一问题，我们必须承认此前的利润方程中漏掉了一些东西，现在我们必须把它们加上去。我们曾经假设无论产量如何变化，单位成本 uc 都是一个不变的常数，它包括所有计入单位产出的平均成本。

我们遗漏的是一种重要成本：**营业成本**。营业成本是指无论产量是多少，企业都需要定期支付的**固定成本**（fixed cost）。这些成本包括诸如照明费、保暖/制冷费、安保系统成本等。简而言之，不管产量提高还是降低，所有这些费用的变动都是微乎其微的，甚至是一成不变的。另一项重要的固定成本——往往是最大的 244
一项——是偿还建造工厂、购买和安装设备的借入资金。这包括了支付定期贷款利息和偿还资金本金。一个企业的总固定成本是不随产量变化而变化（或者变化非常小）的固定支出。

固定成本是企业定期支付的、不随总产出量的变化而变化的成本。

假设福特工厂的固定成本是为建造工厂而借入的 5 亿美元资金的本息（假设其余建设费用由政府补贴或用留存收益支付）。让我们假设这是工厂仅有的固定成本，而且这些贷款需要在十年内每年偿还 6 000 万美元，然后贷款将全部还清。这意味着工厂每年的**固定成本** F 为6 000万美元。它是固定的，因为它不受汽车产量的影响。即便是工厂为了维修停工数周从而一辆汽车也不生产，这个固定成本也依然需要支付。注意，我们将负债项下的 6 000 万美元的支付**流量**视作固定成本（而不是显然会随着时间的推移和偿付而减少的 5 亿美元的债务存量本身）。

如果这家工厂每年生产 20 万辆汽车，它必须在每辆汽车的造价上增加多少才能弥补每年 6 000 万美元的债务支出呢？因为 Z 是产出单位数量，需要 $F/Z=60\ 000\ 000/200\ 000=300$(美元)，所以每辆车的成本中必须增加的固定成本部分为 300 美元。但是如果该工厂恰好在任意年度中只生产 100 000 辆车——因为它只能售出这么多辆车——那么每辆车需要在造价的基础上加上 600 美元才能弥补固定成本，而不是加上 300 美元。

这时，我们需要说清楚此前提到的不同类型的成本可能带来的困惑。当存在固定成本 F 时，生产一单位产品的平均成本包含两个部分。一部分是边际成本（MC），即多生产一单位产品所需要的原材料成本和劳动成本之和。另一部分是分摊到单位产品上的固定成本，即 F/Z。因此

$$\text{单位产出的平均成本}=uc=MC+\frac{F}{Z} \tag{11.9}$$

图 11.2 表明在这种情况下，随着汽车产量的增加，每辆车的平均成本是如何下降的。这完全是因为随着产量 Z 的提高，分摊到每辆车上的固定成本 F/Z 减少了。建设一家巨大工厂的好处在于，即使存在着数以亿计的庞大固定成本，也可以将其分摊到成千上万的单位产出上，从而在每辆车的平均成本之上不会增加太多固定成本。

这如何改变我们之前关于利润的表达式呢？很简单：我们从式（11.3）中的利润 R 里减去一个新的成本项，即固定成本 F：

$$R=P_zZ-(uc)Z=P_zZ-[(MC)Z+F] \tag{11.10}$$

其中，MC＝边际成本。

245 在解释**规模经济**方面最有用的利润方程是单位产出，将等式两边同时除以产量 Z 之后，它看起来是这样的：

$$\frac{R}{Z}=P_z-uc=P_z-uc=P_z-\left(MC+\frac{F}{Z}\right) \tag{11.11}$$

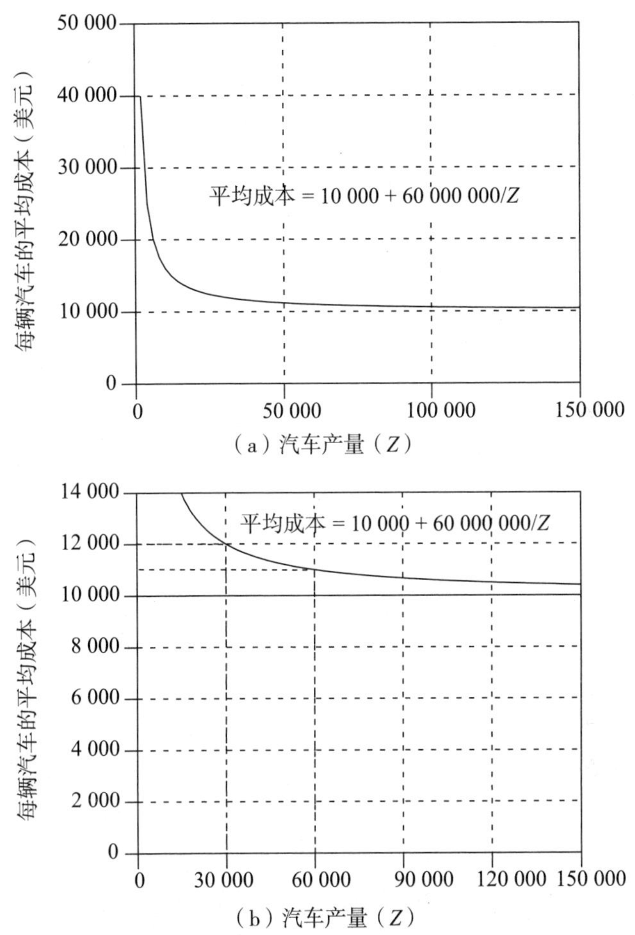

图 11.2　边际成本为每辆车 10 000 美元、固定成本为每年 6 000 万美元的汽车厂的平均成本曲线

汽车工业中存在巨大的规模经济，这导致平均成本随汽车产量（Z）的增加而降低，如图（a）所示。图（b）展现了同一平均成本曲线的精确特写，它强调了这样一个事实：如果工厂每年生产 3 万辆汽车，每辆汽车的平均成本将是 1.2 万美元，但如果工厂每年生产 6 万辆汽车，其平均成本仅有 1.1 万美元。由于每年的汽车产量都在 10 万辆甚至以上，平均成本将降至 1.06 万美元甚至更少。这样一来，大型汽车制造商可以与小型工厂生产的汽车定价一致，但每辆车带来的利润更高，所以可以降低售价，从而卖出更多的汽车，进而获得更大的市场份额。

246 现在回顾一下式（11.1）。单位产出中的原材料成本和劳动成本构成的**边际成本**（MC）是固定的，因为对于每一单位产出而言，生产过程都是一样的，随着产量 Z 的增加，每辆车所分摊到的固定成本缩减，所以平均成本（**单位**成本）也一并缩减。这就是为什么图 11.2（两个部分）呈现了一条向下倾斜的平均成本曲线。然而，要注意的是，无论产量是多少，平均成本是不可能降低到 1 万美元的边际成本以下的。

图 11.2（b）显示，如果工厂每年生产 6 万辆汽车，那么平均成本将为 1.1 万美元。但如果同样规模的工厂每年只生产 3 万辆汽车，每辆汽车的平均成本将是 1.2 万美元。因此，年产 6 万辆汽车的工厂可以与年产 3 万辆汽车的工厂（具有相同设备）定价相同。此外，它也可以出于占领更大市场份额的合理期望，制定一个更低的汽车售价从而接受更少的利润。两种选择都能为它带来竞争优势。尽管较小的工厂的固定成本可能略低，然而结论是，**大型工厂和大企业可能具有规模经济，这让它们有可能在固定成本较高的行业中主导市场**。

需要注意的是，通过将平均成本（或单位成本）划分为**边际成本**和**固定成本分摊**两个类别，我们放弃了此前所用的划分单位成本的方法，即划分为**单位原材料成本和单位劳动成本**。这两种划分单位产出平均成本的方法是不同的。**边际成本**实际上包含了某些劳动成本**和**某些原材料成本，因为在每多生产一单位产出的过程中，二者**都**不可或缺。同样地，每单位产出中的**固定成本**常常也包含了一些原材料成本（如设备贷款偿付）和一些劳动成本（如工资和安保）。每一种划分平均成本的方法都有其用意，这取决于我们所关心的问题。

在某些部门，固定成本极为庞大。在石油炼制中，如果建造一个大型炼油厂来处理大量原油并将其转化为燃料和其他产品，那么大型炼油厂提炼每桶原油的平均成本要比小型炼油厂低得多。（这在一定程度上是因为炼油企业多使用管道输送，管道直径增加一倍虽然会使成本增加一倍，但其输油容量增加了四倍。）因为这个原因以及其他形式的规模经济——例如将石油运输到市场（大油轮比小油轮在每桶油上耗费更少），或是当一些钻孔无法产出可用原油时，需要足够多的财力来承受钻油井的风险，所以石油工业由巨头公司主导。

类似情形是生产发动机。其生产的经验法则是，一个工厂需要至少年产 10 万台发动机来分摊营业成本，以使得分摊到每台发动机上的营业成本都很小，因此，每台发动机的成本只是略高于单位原材料成本及单位劳动成本。位于巴伊亚的卡玛萨里综合设施的一部分是一个新的发动机工厂，它建于几年之前，可以年产 20 万台汽车发动机。类似地，汽车车身的生产也存在着巨大的规模经济，所以为了保持低单位成本，年产量至少 10 万单位是最好的选择。

在规模经济的世界里，那些率先建立大型工厂的企业可以通过低价销售来占领市场，这同样有利可图并使那些初期成本较高的小型新工厂很难与之竞争。小企业最好的结果是获取极为微薄的利润，最坏的结果则是赔本。这也就是为什么当发展中国家尝试建立自己的汽车工厂时，只有像巴西那样的大国才能真正实现（因为巴西庞大的人口数量提供了足够大的市场从而消化了生产的大部分汽
车），即使那样，也需要政府给予大量补贴和实行保护地方产业的 247
政策才能使其避免与进口产品竞争。即使是现在，世界上最大的汽车制造商也仍然主导着巴西的汽车市场。但是巴西至少成功地建立起了汽车工业，即便是被外资主导，该汽车工业也对经济产生了巨大的影响，尤其是巴西的汽车司机数量在 1967—1973 年间“奇迹

般”地增长了，增长速度达到了年均10%的峰值。韩国作为一个小得多的国家，也非常成功地发展了汽车工业，但这仅仅得益于韩国政府提供了不遗余力的支持，让汽车装配工能够学习专业技术。①

同时，在如服装业那样的行业中，规模经济并不大。每个工人都使用一种相对便宜的缝纫机，且没有大型而昂贵的机器用以进行裁剪等其他操作，即使裁剪在某种程度上可以实现自动化。一个相对较小的工厂很容易开工，而且不同工厂之间的竞争也很激烈，主要依靠给付低工资和按产量（而非按工时）付工资来竞争。因此，发展中的小国往往建立服装工业而不是汽车制造业。

让我们回顾一下到目前为止所学的东西。价格竞争是竞争的一种形式。因为有一定的忠诚客户而面临向下倾斜的需求曲线的公司，在竞争对手不降低成本和售价的前提下，往往会选择利润最大化价格来定价。提高产品质量可能效果更好。

在存在规模经济的行业中，企业可以通过投资大型工厂并在接近满负荷运转的情况下降低单位成本。不过，这只有在超额产出都能售出的情况下才有效。

大规模生产的其他优势

巴伊亚的福特卡玛萨里汽车装配厂也说明了规模经济的一些其他优势。它的一个不寻常的特点是，许多汽车零部件供应商都位于同一个厂区内，共享综合设施并集成了产业链。虽然它们不是福特的子公司（不属于福特），它们雇用自己的工人并以独立的企业形式进行经营管理，但它们显然与福特的整个组装过程有着密切的联

① Lin-Su Kim, “Crisis Constructional and Organizational Learning: Capability Building in Catching Up at Hyundai Motor,” *Organization Science* 9, no. 4 (1998): 506-521.

系。据说，整个生产过程的工作效率极其高，只需要最少的时间和人力，零件就可以在供应商的生产线和福特的装配线之间无缝对接。

供应商的集聚和福特的大规模生产是如何关联起来的呢？大规模工厂值得供应商在这里建厂并在这里生存下来。此外，紧邻工厂有一个港口，大型船只可以在此停泊，把汽车装上船运到市场。注意，虽然供应商为在工厂附近选址存在竞争，但一旦供应商在此建厂，它们与没有在此建厂的外部供应商之间的竞争就被假设为几近于零了。

大企业的另一个优势是向地方、州（或者省）或国家争取工厂建造和营运补贴方面的谈判能力。巴西在 20 世纪 50 年代就想要发
展发动机和汽车整车生产，向外国汽车制造商发放政府补贴，提供 *248*
税收优惠。在过去的几十年里，美国的地方政府和州政府也一直对此类投资提供补贴。在巴伊亚，福特获得了为期数年的补贴，占 2001 年投产工厂初始 19 亿美元建造成本的 68%～75%，合 13 亿～14 亿美元。①

不幸的是，巴西各州竞相吸引这样的项目，从而给公众带来的好处——就业和经济发展——可能在很大程度上被用于补贴的税收所抵消。从经济发展效益中扣除补贴成本后，公众能在多大程度上获益仍然不清楚。计算给福特工厂的补贴总额的研究者并没有给出成本和效益的总体相对规模的最终评估。然而，巴伊亚地区依然贫穷，是一个一直在发展的重要工业基地。

---

① Luis Ricardo Cavalcante and Simone Uderman，“The Cost of a Structural Change：A Large Automobile Plant in a Brazilian Less Developed Region，” Regional Economics Applications Laboratory，Federal Reserve Bank of Chicago and University of Illinois，Discussion Paper REAL 04 - T - 5，April 2004，available at http://www. real. illinois. edu/d-paper/04/04 - t - 5. pdf.

简明扼要地讲，企业从建立大型工厂中获得的好处包括：

- 能够将固定成本分摊到许多单位产出之上从而降低平均成本，这使得企业能够低价出售产品，同时获得盈利；
- 有能力吸引供应商在工厂附近聚集，使工厂能够在短时间内获得产品零件，从而减少了把产品零件运输到装配厂的成本；
- 拥有为谋求政府补贴和税收减免而与当局讨价还价的能力。

一个**企业**（不仅仅是工厂）的巨大规模使它有能力雇用强大的游说集团来向政府施压，敦促政府立法或采纳相关监管措施来帮助企业获得更高的税后利润；这类政策可能包括税收减免、弱化劳动法、消费者权益保护等。大企业在贸易谈判和拟订投资协议时至关重要，可以借此提出对企业有利的条款，尤其是跨国公司。

那么，公众利益又体现在何处呢？大型企业经济活动的集中对**公众**有利吗？虽然规模经济使汽车等部分产品变得便宜，但大型企业在某些方面也可能损害公众利益。尤其是在选举出的代表和官员更倾向于维护企业利益而非公众利益时，受雇于大型企业的游说集团可能成为一个大问题。关于这一点，我们将在第 18 章和第 19 章中详细论述。

产能利用率

> **产能利用率**是企业实际生产的产出与充分利用资源时能够生产的产出的比率。

看待竞争的另一个角度是**产能利用率**（capacity utilization）。如果一个工厂在一定时间内（比如一个月）的产量是其现有资源（比如资本品）可达到产量的 80%，那么该工厂的产能利用率被视为达到 80%。根据美国联邦储备系统的测算，在过去的 48 年里，所有工业（制造业、采矿业等）的产能指数仅有一次低于 70%，那是在 2009 年经济大衰退期间。不过，产能利用率也从未超过 90%，只在 20 世纪 80 年代曾经接近过 90%。

产能利用率低于 100%的**缺点**在于，企业可能会为未充分利用的 249
产能支付费用。但拥有闲置产能的**优势**在于，该公司能够满足突然激增的需求，至少可以满足中等规模的需求。如果一个工厂满负荷运转，那么面对激增的需求，它只能对顾客说：“抱歉，如果你现在就需要这种产品，请找我们的竞争对手。”对于大多数工厂而言，通过购置新设备（可能通过租赁或建造更多厂房）来提高生产能力是无法一蹴而就的。很多机器都是按订单生产的，而这需要时间。因此，企业有理由“超前于需求”来确保它们可以满足任何激增的需求，不让顾客流失到竞争对手那里。

工作组织也会限制充分利用产能的能力。想象一下，一位教授被告知，由于在她上课期间她的办公电脑是空闲的，所以她应该安排一个学生在她忙于其他事务时使用电脑，这样电脑的产能才能得到充分利用。显然，出于保密和安全的原因，这是不可能的。在某些情况下，不充分利用产能比另一种选择更可取。

当企业完全利用其资源时，包括它所有的资本品（所有机器、空间、耐用工具），我们将其产出记作 Z^*，即最大限度投入其资源能够获得的产出水平。如果在其他时点上，该企业拥有同样的资源，但实际产出为 Z，且有 $Z<Z^*$，因为该企业未能充分利用它所拥有的资源，我们称该企业在那个时点上的产能利用率为 Z/Z^*。

例如，如果一个企业的实际产出占它投入所有资源所能够生产的产出的 85%，这时产能利用率即为 85%。近年来，美国工业产能利用率呈现出低于往年的态势。在过去 15 年的大部分时间里，产能利用率在 70%和 81%之间。

测算 Z^* 实际上是一件棘手的事情，显然测算 Z/Z^* 依赖于能够精确且持续地对 Z^* 进行测算。如果一个工厂从未满负荷运转，我们又如何能够知道它的全产能水平？比如，如果一个工厂仅在白天有一次轮班，我们是应该将其视为白天即已达到满负荷产能，还是认为白天的产能仅仅达到全产能水平的 50%呢？这不是个简单的问题，对于它的回答也有些轻率。由于度量 Z^* 存在困难，因此测算产能利用率也颇为棘手。出于多种目的，在 Z^* 几乎不变的情况下，只看 Z 本身或许更有用。这种分析会更简单，可以避开测算问题。

然而，如果一个企业正考虑扩大 Z^*，那就是另一回事了。这时考虑产能利用率将至关重要。在产品需求没有迅速增长的情况下，提高工厂的生产能力将给企业增加负担。虽然企业会为此支付费用，但却未能利用或者有效利用提高的生产能力。一个典型案例就是福特卡玛萨里汽车装配厂。在 2014—2015 年间，该厂进行了扩建。此时正值巴西经济下滑并逐渐步入衰退期间。2016 年初，该厂取消了夜班制，显然是因为销售不足，从而使 24 小时轮班工作制无利可图。当经济回暖时，夜班制会恢复；但是福特依然计划在包括中国和美国在内的地区投资建设新工厂或升级老工厂。

另一个能体现产能利用率重要性的案例是大都市地区的医院都
250 在购买价格昂贵的相同诊断设备。如果在一个中等城市里，某个私立医院购买了计算机断层（CT）扫描仪，没过多久，第二家医院也购置同样的设备来瓜分高价服务带来的收益，但这往往会导致任意一台设备都不能得到有效利用。如果医院可以提高这种服务的价格，还有可能继续收回购置扫描仪的成本。如果不能，医院就会赔本，因为现在两家医院都有 CT 扫描仪设备过剩的问题。

在这种情况下，可以通过计划——或者受到政府支持的非营利医院——只允许购买一台机器并让它在大部分时间得到充分利用。（在某种程度上，非营利医院也存在同营利医院一样的问题，因为它们都需要弥补其成本。）在过去的五年中，人们对医生过度使用 CT 扫描仪表现出了极大关注——既因为 CT 扫描仪费用昂贵，又因为其诊断过程中的辐射会增加患者未来患癌症的概率。《消费者报告》（*Consumer Reports*）提到，2014 年关于《内科学档案》（*Archives of Internal Medicine*）的一项研究发现，美国后来有 2.9 万个癌症病例与 2007 年使用过 CT 扫描仪有关。其他研究表明，将机器用于赚取利润是过度使用此类诊断程序的原因之一，尤其是在医生本人是提供该服务的利益相关者时。①

创　新

企业想要打破价格竞争所设立的限制。出于这个目的，它们会寻求创新和垄断势力，这两者都会在企业所有者之间以及企业和消费者或劳动者等群体之间引入统制（或权力）因素。

企业进行的一项**创新**是使企业具有一种竞争优势，并使它拥有能够在市场上领先的某种新的东西。它通常是一种新产品或一项新技术，不过，使企业具有超越竞争对手的优势的任何创造都是创新。在某些情况下，一种招募劳工的新方法也可以是一种创新。创新改变了竞争的格局。如果说价格竞争像堑壕战，那么创新就像是坦克战。

汽车产业即将销售一些非凡的新产品：自动驾驶汽车，以及出现突发情况时即便驾驶人反应不及时也会自动刹车的汽车。电动汽车和混合动力汽车已上市多年，这些发明刺激了汽车购买量的增加，让那些引入这些技术的汽车制造商赢得了暂时的优势（如果它们能达到安全标准的话）。

---

① "Dangers of Having Too Many CT Scans," *Consumer Reports*, April, 2014, available at https://www.consumerreports.org/cro/2014/04/dangers-of-ct-scans/index.htm; and Atul Gawande, "Overkill," *The New Yorker*, May 11, 2015, available at http://www.newyorker.com/magazine/2015/05/11/overkill-atul-gawande.

创新造就了竞争优势，因为它能让一个企业在市场上领先。其他企业试着追随它，但是在它们能够赶上之前，取得创新的企业会获得较高的利润率。当然，如果获得了专利，创新企业将对其产品有 20 年的垄断权。版权所带来的垄断权期限更长。因此，能够实现
251 专利化或获得版权的创新将使企业至少享有 20 年的优势。不过，在某些情况下保护的范围是有限的，从而竞争企业有时仍然可以发明和生产（并获得专利）一种非常类似的设备或工序。新药被发明之后，紧随的往往是其他制药公司发明类似药品并获得专利。许多销量很大的药品——血液稀释剂、勃起功能障碍药等——都是来自至少两个不同公司的至少两个不同品牌。

除了产品价格之外，某些创新还会影响利润率的其他决定因素，比如工资率（w）。许多公司搬迁到工资较低的国家，或者在这些地方建厂，实现了与 w 有关的创新。《华尔街日报》（*Wall Street Journal*）在 2002 年的一篇题为《汽车制造商在海外开辟新疆域》（Auto Makers Look for Another Edge Farther from Home）的文章中，描述了富国的大汽车制造公司发现，同在国内生产一样，它们的汽车也能在工资较低的国家生产——甚至比在国内生产更好。这篇文章写道："非洲、泰国和拉丁美洲的工资通常不及发达国家工人挣得的工资的十分之一。这将足以抵消把关键零部件运送到遥远的工厂并将其运回来所增加的成本。在全球生产网络中增加位于发展中国家的工厂'将大幅提高我们的竞争力'，本田公司的首席执行官吉野浩行（Hiroyuki Yoshino）如是说。"① 美国在全球汽车制

① Todd Zaun, Gregory L. White, Norihiko Shirouzu, and Scott Miller, "Auto Makers Look for Another Edge Father from Home," *Wall Street Journal*, July 31, 2002, p. A1.

造业中的市场份额从1961年的42%降低到1981年的22%，到了2014年只有14%。1961—1981年间的市场份额下降主要是受到日本汽车制造业崛起的影响。不过从那以后，美国汽车制造企业不断增加其在海外工厂的产出，所以1981—2014年间的下降部分反映出美国汽车制造商的海外工厂产出水平的提高。（第15章中的图15.5会说明全球范围内不同国家的汽车产量是如何变化的。）

企业能轻易地将生产转移到工资较低的发展中国家，这使得它们只要能把工厂迁到海外，就能让它们挫败美国工厂的工会提出的高工资要求。这样，雇主就可以实现支付较低工资给雇员的“创新”，尽管理论上说它们的竞争者也可以采用同样的策略。（见第13章的专栏：“博弈：全球经济中的所有者、工人和纳税人”。）企业的另一个策略是寻求“取消”工会（支持一项取消工厂工人代表的投票）。这也通常将让它可以支付较低工资，更有竞争力，而且不需把工厂搬到海外。

因此，创新会提高一个企业的销售收入或是降低其成本，从而带来一个足够高于平均水平的利润率。除非其他企业赶上来，否则这种竞争优势能一直持续下去。苹果公司之所以连续不断地推出iPhone的各个版本，就是为了让竞争对手三星无法赶上。暂时摆脱竞争会带来巨额利润。当其他企业还在追赶时，取得创新的企业不仅能比竞争对手获得更多的利润，还能因此将更多的钱用于寻求新的创新。这就是创新的吸引力。

资本主义竞争不仅是创新的保证，而且竞争对于企业的创新威胁将削弱自己的利润。即使一个对现有利润率感到满意的雇主，也肯定会害怕其他企业的潜在创新。这是因为，任何由此带来的竞争颓势都很可能会消灭现有的利润。所以，竞争一如既往地既是利诱，也是威逼。就像在跑步机上，企业必须不断奔跑以保持在同一位置。

垄断势力

252 资本家也会通过取得垄断势力来获取更高的利润。与创新很相似，垄断势力能使一个企业摆脱竞争或至少使之免于受到竞争的影响。如果一个企业能够凭借垄断势力侵蚀或消除竞争，它就能单方面地影响利润率的决定因素以提高利润率。

垄断势力这个术语既可用于单个企业的情况（完全垄断），也可以指几个企业共同控制某一特定市场的权力（寡头垄断或共享垄断）；在任何一种情况下，如果某个或某些企业能够将其他企业驱逐出市场，就存在着垄断势力。

创新和垄断势力十分相似：两者通过赋予取得创新或垄断势力的企业以相对于其他企业的竞争优势，给它们带来更高的利润率。的确，20 世纪的经济学家约瑟夫·熊彼特（见第 4 章）就将创新理解为创造“暂时的垄断”。他的洞见指出了两个概念之间的主要区别：创新是暂时性的，仅仅持续到其他企业追赶上；垄断势力则持续很长的时间，并且通常建立在排斥其他企业的各种经济、法律和制度障碍的基础上。这些障碍被称为**进入壁垒**（barrier to entry）。在一个具有巨大规模经济的产业中，规模经济本身就是进入壁垒，理由前面已经解释过：大规模的生产商可以承受一个低价格，这个价格低到足以夺走高成本竞争者的利润，从而让它们离开这个行业（或者维持其小规模）。

> **进入壁垒**是使得新企业进入市场更加困难或成本变得更高的那些障碍，如技术秘密、巨额的初始投资，以及排他性的市场销售安排。

垄断势力经常被用于设定一个比竞争市场上的普遍价格更高的产品价格（P_z）。垄断势力或许也被用于改变利润率的其他决定因素，不过定价是最普遍的策略。

企业可以以三种方式获得垄断势力——无论是完全垄断势力还是共享垄断势力：首先，它们可以是或者成为某一特定产品的唯一售卖者；其次，它们可以和其他生产同样商品的企业共谋（勾结）来消除竞争；最后，这是垄断势力得以运用的最普遍的方式，即它们可以和市场上的其他企业通过形成非正式的或默认的关系来限制竞争。在美国和其他很多富裕国家，第一种和第二种方式都是非法的，虽然这些策略在很多时候都卓有成效。

地方电力公司是只有唯一售卖者的例子。如果你想在家里享受电力服务，在很多地方，除了从你所在地区的电力公司购买外，你将别无选择。由于电力通常是由垄断企业提供的，因此政府通常会管制它的价格。地方电网供给商在某些社区内也是垄断者，因为它们是当地的唯一售卖者。垄断不仅会造成价格高昂，也会让提供高质量服务缺乏内在动力。

第二种运用垄断势力的方法可被称为“共谋”。虽然直接公开的共谋在美国和其他一些地方是非法的，但是共谋的动力在大公司中是普遍存在的。当美国司法部指控大型农产品公司阿彻丹尼尔斯米德兰（ADM）操控价格时，ADM 的一位高级执行官承认，该公司的观点就是：“我们的对手是我们的朋友；我们的顾客是我们的敌人。”

一个经典的共谋实例涉及 1960 年之前的那几十年间的通用电气 253
公司（GE）与西屋电气公司。GE、西屋电气公司以及同行业的其他一些企业被判操纵电子设备的价格。2001 年 12 月，世界最大的两家贵重艺术品、珠宝和家具拍卖行佳士得（Christie's）与苏富比（Sotheby's）因为串通向卖家收取佣金而受到处罚，两个公司从事这一勾当已经 6 年，获得了几亿美元的额外收入。两个公司同意支付 5.37 亿美元的赔偿，以解决由顾客发起的关于这两个公司操纵价格的指控，而且，苏富比的前任主席还被处以 750 万美元的罚金，并被判处一年监禁，尽管他那时已经 78 岁。鉴于被告对其行为并无悔改之意，他还被要求支付 21 601 美元的监禁费用。

当少数大企业控制一个特定的市场时，垄断势力也存在，这种情况被称为共享垄断。这不仅是维护垄断势力的最常用方法，也是最复杂的方法。例如，在谷物早餐、钢铁、航空公司和烟草行业，一些企业多年来一直控制着市场。这些行业的企业在以下意义上"共享"垄断势力：没有直接共谋行为，它们发展出各种行为方式，使它们能够避免价格竞争，从而分享与垄断势力有关的更高利润。换句话说，每一个共享垄断的企业都学会了遵守所有类似公司都接受的某些规则或经营方式，它们的竞争受到这些规则的制约。

> **卡特尔**是不同国家或企业之间的联合，它们采取一致行动以调节其成员的产品的生产、定价和销售。

在世界上的某些地方和美国的某些历史时期，共享垄断势力可以通过直接合作来实现。当这种情况出现时，参与合作的企业和国家所组成的联合体便被称为**卡特尔**（cartel）。

第 6 章简要叙述了美国石油工业中垄断的早期故事，该故事以约翰 · D. 洛克菲勒（John D. Rockefeller）的美孚石油托拉斯展开，该托拉斯成立于 1882 年。这导致了《谢尔曼反托拉斯法》（Sherman Anti-Trust Act）的通过，并最终于 1911 年使美孚石油瓦解。但是到了 20 世纪 20 年代后期，新泽西州的两个石油公司，壳牌石油公司与盎格鲁-波斯石油公司（起初英国政府是其大股东，后来英国石油公司成为其大股东）组成了一个国际石油卡特尔。这一卡特尔签署了《As-Is 协议》（As-Is Agreement），该协议将全球市场整合起来然后将其分割，以确保每个公司都能保持现有的市场份额。尽管这明显违反了反托拉斯法，但美国石油协会还是主张对其免除石油反垄断起诉，理由是这样做符合国家利益。事实上，石油巨头们并没有被起诉，尽管它们都没有被官方免除诉讼。随着时间的推移，到了 20 世纪 60 年代，为了维护石油资源丰富的发展中国家的利益成立了石油输出国组织（OPEC）。通过联合调节成员国的石油供应，石油输出国组织有时能够在世界市场上决定或强行决定石油的价格。

共享垄断就像是潜在敌手之间的一个不稳定的联合。只有当每一个伙伴都认识到，该协议不仅会促进由各个大企业组成的整个集团的利益，而且其运行方式也会个别地服务于每个企业的利益，共享垄断才会存在下去。通过合作所获得的更高利润确实是有利的，这会为个别企业提供激励，使其维持共享垄断协议。但同样真实的是，合作上的失败——破坏规则——对于破坏协议的企业来说，代价可能是惨重的，因为最有势力的那个或那数个寡头垄断企业会通过比如说削减价格的方式予以报复，使行为失当的企业蒙受严重损失。然而，OPEC 成员国（尤其是那些最为强大的成员国）有时违 254
背了大部分成员的意愿，却没有遭到任何巨大的打击报复。

如果共享垄断的运行基础是一套默认的或非正式的规则，该行业里的所有大企业都受制于这套规则，那么这些规则是什么呢？最重要的两个是：（1）共享垄断的企业必须找到避免价格竞争的方法；（2）这些企业不可从事**非价格竞争**（nonprice competition），例如促销。

非价格竞争包括销售努力、样式改变或其他不通过降价来增加产品吸引力的市场营销策略。

当共享垄断企业能够发展出非正式的、默认的或间接的途径，确立起或多或少稳定的价格时，价格竞争就可得以避免。但是，如果避免价格竞争，其他形式的竞争就会达到新的强度。产品的需求

> **市场份额**是一个企业的销售占一个行业全部销售的比例。

曲线仍然限制了所有生产商在每个价格上的总销售额。这意味着，如果价格不变，单个卖方的收益只能以牺牲另一个企业的销售为代价。因此，市场上的主要行动将是争夺市场份额，每个共享垄断企业都试图最大限度地扩大其**市场份额**（market share）。正如我们在讨论规模经济时所看到的那样，如果价格保持稳定（通过共享垄断者之间的相互协议），实现更大规模经济和增加产出的企业将生产更多的产品，它可以生产和销售更多的产品。这将促使垄断行业中的每个企业全力以赴地销售更多的产品。然而，正如我们已经看到的那样，在《As-Is 协议》中，20 世纪 20 年代末的世界石油卡特尔明确划分了市场份额，目的正是避免代价高昂的破坏性竞争。

> **销售努力**包括与商品销售相关联的所有企业活动。

企业旨在提高其产品销量的所有活动都被称为**销售努力**（sales effort）。销售努力包括企业说服客户购买其产品的所有活动。它们招募大批销售代理商，并雇用公关公司，还在广告上花费数十亿美元；它们不断重新包装产品；它们花费大量资金来请名人代言和赞助体育赛事；它们有时贿赂外国政府（根据《反海外腐败法》，有时企业会被判犯有贿赂罪）；它们为慈善事业做出贡献，并通过赞助公共电视节目以提高形象；等等。这些努力旨在提高它们产品的市场份额。

垄断势力，如同创新，使高于平均水平的利润率成为可能。它通过消除某些竞争来放宽（但不会取消）竞争限制。企业之间的竞争，是看谁能最先或最有效地逃脱竞争。

为竞争投资

对于所有三种竞争形式而言，其共同的一面就是**投资**。价格竞争、创新和垄断势力都要求企业通过投资来获取任一策略所蕴含的利益。

要在市场上进行竞争，企业必须投资。企业如果想在来年继续保持竞争力，就必须把当年的利润用于再投资。此外，如果企业想要领先并保持领先，前期所获的利润会为企业提供它所需要的资源。

表 10.3 中列出的所有利润的决定因素都成为再投资的潜在目标。如果企业能够发现一种将其利润进行再投资的方式，以致有利地改变了一个或更多的利润率决定因素，那么，企业会获得一个更高的利润率。

传统经济学教科书把竞争描述成能够导向静态均衡，在此均衡 255
中所有企业都获得一个平均利润率，所有资源都以一种最优方式配置，以满足既有的消费者偏好。相反，政治经济学则认为，企业所参与的是动态竞争，它们总是寻求机会来超越现有的竞争状态，将自己置于一个能获取更高利润的地位。在动态竞争中，没有一种状态是永恒的，因为至少有些企业一直在改变竞争的必要条件。因此，真实世界的竞争是一个永无休止的过程，企业试图——但不总是能成功地——打破由竞争设立的限制。一些企业会成功，并获得足以在未来进行竞争的高额利润，而其他企业则会失败，并被逐出生意场。

当且仅当企业预期能获得更多的利润时，它才会用利润进行再投资。所以，每个企业在考虑用利润做什么时，必须将投资的**成本**与投资所带来的**预期报酬**进行比较。

例如，考虑这样一个企业，它正考虑进行某项投资，比如购买一台新机器。假设该企业必须支付 I 美元给机器制造商用以购买这台机器。企业怎样来估算这项投资是否有利可图呢？为了做出估算，它必须经历以下三个步骤：

第一步，企业必须计算投资带来的回报可能是多少。假设花费 I 美元的机器只能使用一年。（在生产了它预定要生产的产品后，机器就毁坏了，在年末没有一点价值。）这样，在年末，生产者就有了生产出来的产品，但没有了机器，然后卖出产品。销售收入减去工资和原材料成本被称为**投资的总回报**。这可以表示成如下公式（其中，I 代表投资的价值，r 代表投资的预期利润率）：

$$\text{投资的总回报} = I + rI \tag{11.12}$$

当然，投资者希望 r 是正的，这样一来投资总回报会多于投资本身。但是，情况可能不是这样，投资者也许连投资在机器上的钱都赚不回来。

为了估算一项投资的潜在盈利能力，企业要采取的第二步是决定投资的**成本**。当然，购买的任何东西都会形成投资——在这个例子中就是机器——其成本为 I 美元。不过，除此之外，还存在着用以进行投资的资金的成本。这项成本是什么？我们可以通过两种方式来认识。

> **利率**是租用资金的成本。对于一个借入资金的企业来说，利率是指在所借金额之外必须偿付的金额占所借金额的百分比。

一方面，企业可以按照现行利率（i）向银行（或其他信贷机构）借款，**利率**（interest rate）就是借款的成本，借款的金额被称为**本金**（见第 5 章，其中定义了利率）。或者，企业也可以从那些愿意向企业购买债券的人借款。正如第 10 章所解释的，债券就像是一张借据，它的发行人不仅要向债券的购买者偿还债券的面值，而且还要在一定年限（债券有效期）内向债券持有人支付一系列特定付款（特定付款是根据债券面值和指定利率计算而来的）。

另一方面，企业可以利用从先前利润中留存 256
的资金（内部融资）来进行投资。在这种情况下，它必须放弃以现行利率（i）把资金贷给其他企业的机会。这种被放弃了的机会被称为企业利用其自身先前形成的资金进行投资的**机会成本**（opportunity cost）。它等于企业若从银行借入资金（外部融资）所需支付的成本。因此，**机会成本**指的就是当企业不是把钱贷出去，而是把它用于投资（在这个例子中指购买一台机器）时所失去的机会的成本。

> **机会成本**是企业为了从事某项经营活动而放弃的最佳机会的价值。

无论企业选择以何种方式为投资融资，**总投资成本**（total cost of investment）都是用于投资的货币额（I）（在我们的例子中是购买一台机器），**加上**获得如此使用的资金的外在成本——或机会成本。这项成本等于 iI——每美元的成本（i）乘以投资所需的美元数（I）。因此，

> **总投资成本**由两部分构成：所购买的资本品的成本和用于购买资本品的资金的机会成本。

$$一项投资的总成本=I+iI \tag{11.13}$$

分析投资的潜在盈利能力的最后一步是估算**投资的预期利润**（减去成本）。利润可以通过此前的两个步骤来决定：用预期总回报（由第一步确定）**减去**投资的成本（由第二步确定）。这可以表示为如下公式：

$$一项投资的利润=投资回报-投资成本$$

根据式（11.3）和式（11.4），一项投资的预期利润就是：

$$R=(I+rI)-(I+iI) \tag{11.14}$$

其中，R＝预期利润；

I＝投资额；

r＝预期利润率；

i＝利率。

换言之，

$$R=rI-iI=(r-i)I \tag{11.15}$$

式（11.15）让我们得以聚焦于 r 和 i，即利润率和利息率，并将它们作为投资带来的总利润（R）的关键决定因素。在式（11.15）中，投资额 I 总是一个正值。但是（$r-i$）呢？这一项可能为正，也可能为负，取决于 r 和 i 哪一个更大。如果 r 比 i 大，（$r-i$）为正，企业将会得到充足的投资利润，大大超过向银行（或债权人）借钱所带来的利息支出（如果事实上它必须借钱投资）。即使在偿还利息后，企业也还有剩余，从而使投资有利可图。同样的逻辑也适用于企业以内部资金进行融资的情况。在这种情况下，只有当企业的投资较贷出的资金最终可获得更多的货币收入时，投资才是有利可图的。

257 如果 r 比 i 小，（$r-i$）为负，投资将使企业蒙受损失。即使利润率（r）为正，由于与获得的利润相比，企业必须支付更多的利息给银行（或债权人），因此企业也仍然亏损。如果企业是用自有的留存收益来投资，从效果上讲，它仍然是亏损的，因为如果它把投资的资金以现行利息率（i）借给其他企业，它会获得更多的收入。关键是，无论利润率（r）是多少，企业都必须比较 r 和 i，以判断一项特定的投资是否值得。

不幸的是，对于企业来说，它无法直接比较 r 和 i。当企业进行一项投资时，它不知道投资的结果会怎样。任何投资的回报都是不确定的，因此，投资必然要**承担风险**。企业通常知道投资的成本（I），也知道现行利息率（i）是多少。但是，正如上文所指出的，它无法确切地知道（未来）利润率（r）会是多少。

投资的预期利润率是企业对其能从投资中获得的未来利润率的一种估计。

在对未来**缺乏确定性**的情况下，当一个企业评价一项投资时——决定要不要投资——就得比较**投资的预期利润率**（expected profit rate on investment，可称为**预期** r）和现行利润率 i。预期利润率是企业认为或期望能达到的利润率；当然，这个预期利润率最终可能是也可能不是实际所达到的那个利润率。这样，以预期的利润率为基础，只有当投资的预期利润率高于现行的利息率时，企业才会选择投资：

$$\text{预期 } r > i$$

一般而言，是否进行投资的决定在很大程度上取决于投资者对未来是悲观还是乐观。一方面，如果他们很乐观，并对未来具有良好或更好的环境信心满怀，他们将倾向于更加积极地评估投资项目，看到正面的可能性而轻视危险；在这种情况下，**预期** r 在整个经济中就会趋高。另一方面，如果投资者很悲观，预期到前景艰难，他们就会更谨慎，担忧投资不会有回报；在这种情况下，**预期** r 就会趋低。投资者的乐观或悲观将决定投资额的大小。当然，每个投资者对于未来的看法都多多少少有些不同，有些人的预期最终会比其他人更为正确。

从我们对影响企业投资决策的各因素的分析中还可得出另一结论。考虑到 r 和 i（利润率和利息率）的关系如何影响投资的盈利性及投资意愿，我们可以看到作为一个整体的经济的投资水平受到利息率的影响。低利息率将会刺激投资，而高利息率将会抑制投资。这就把很大的责任赋予了一个国家的中央银行［例如，美国联邦储备系统（Fed）］，因为它有权将利息率上调或下调，从而抑制或刺激投资。

最后，企业承担的投资金额往往取决于其产能利用率。如果它小于100%（这意味着企业没有利用现有的资源进行尽可能多的生产），那么企业在决定投资新机器之前，任何可以购买的新机器都必须比现有的机器好得多。当一个企业没有使用它已经拥有的所有机器时，购买新机器显然是没有任何意义的，除非新机器更有效
258 率。唯一的例外是，企业相信消费者对该企业产品的需求会直线上升，要么是因为经济的刺激性增长，要么是因为其他原因——企业希望扩充自己的能力，以便满足它所期望拥有的所有订单。

竞争的动态

现在我们可以来看看投资和竞争之间的紧密联系。**投资是一个企业在未来继续进行竞争的方式**。而竞争，由于它迫使企业进行投资，因此在本质上是动态的。

考察我们先前提到的例子（见第8章），一个由大量生产同类啤酒的相对较小的企业组成的啤酒市场。每个企业都试图赚取尽可能多的利润，但是价格竞争将限制大多数企业，使其仅仅获得平均利润率。

在我们假设的啤酒行业中，企业的利润会被如何支配？企业主可以决定把利润花在非生产性活动上，例如奢侈品的消费。或者，他们可以将部分或全部利润进行再投资以提高在未来竞争中的地位。决定将利润进行再投资的企业主将把钱用在能降低企业生产成

本的事情上，例如研发、购买新机器和更有效地监督工人。

图 11.3 显示了在未来生产成本在以下两种企业间会如何不同：图（a）代表未曾将利润进行再投资的企业；图（b）代表将利润进行再投资的企业。我们可以看到，两类企业在第一年开始时成本都是每桶啤酒 70 美元。但是未将利润进行再投资的企业［显示在图（a）里］的生产成本仍然是每桶 70 美元，而那些进行再投资的企业［见图（b）］的生产成本则随着时间的推移而下降——第 2 年成本下降到每桶 50 美元，第 3 年下降到每桶 35 美元，等等。成本较低的企业将比成本较高的企业获得更多的利润。前者能为其产品设定更低的价格，卖出更多的啤酒，提高产能利用率（u）。此外，它们还可以利用成本优势享受更高的成本加成。无论属于哪种情况，它们都比对手更具竞争优势，这将使它们能扩大自己在啤酒市场上的份额。

进行再投资的企业也可以选择扩大其产出规模。用利润进行再投资的企业很可能会利用由此产生的成本优势来削弱成本较高的竞争者的实力，从而获得更大的市场份额，并增加自己的产出和销售额。低成本的企业将拥有成本较高企业所没有的投资机会：它们可以直接将投资用于扩大产出，而对于它们来说，扩大生产规模是有利可图的。

动态竞争倾向于产生不平等的结果：会有赢家，也会有输家。有一些企业是高效率的或幸运的，投资于有回报的事业；而其他企业可能是不成功的或不幸运的，从来没有看到它们所预期的更高利润的实现。而且，不是所有企业的地位都是平等的。有些企业可能有更好的获得所需原材料的途径（例如山泉水），更接近大的市场或者只是拥有更好的管理。地位好的企业会比地位差的企业拥有更高的利润率。在一个时期获得较高利润的企业将有更多的利润在下 259

一时期进行再投资。利润率越高，可供再投资的利润就越多；不成功的企业的利润率低，因此，可供再投资的利润也少。

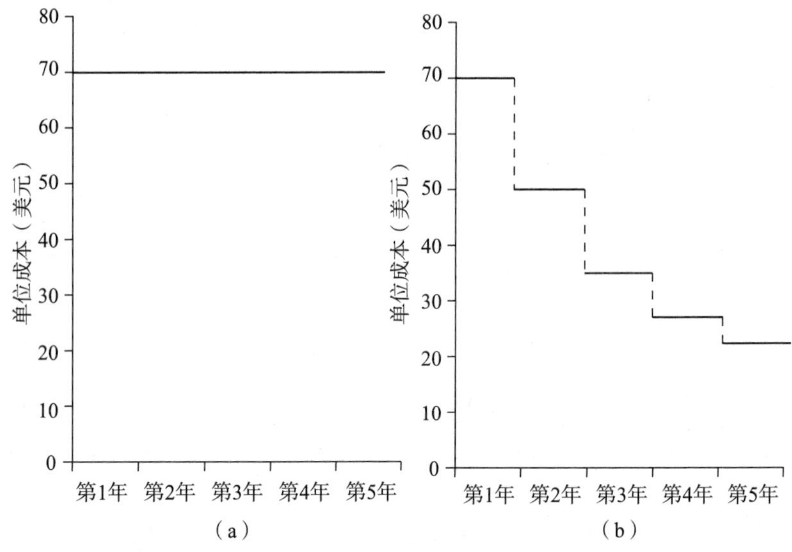

图 11.3　动态成本优势

图（a）显示了当企业未曾将利润进行再投资时所发生的情况。假设投入的价格（包括工资）保持不变，企业会发现它们的单位成本在各个时期都保持不变。图（b）则显示了当企业成功地将利润进行再投资（例如购买更好的设备）时会发生的情况。这些企业会看到它们的单位成本从一个时期到另一个时期是不断下降的——同样假设投入的价格保持不变。较低的单位成本将使企业获得更高的单位利润或使其能降低价格。更高的利润或更低的价格（或两者一起）会赋予进行再投资的企业相对于未投资企业的竞争优势。

对不断变化的、动态的、不平等的、破坏性的利润的追求的后果是什么呢？从最宏观的层面上讲，这个过程推动着资本主义社会特征的持续转变（见第 1 章和第 7 章）。更直接地讲，这个过程会对企业产生影响。它会倾向于带来企业间更为平均的利润率，然后又可能破坏这一平均利润率。它可能导致经济更加集中，然后又可能破坏这种集中。

利润率平均化？

在任何一个特定的时间，经济中都存在不同的利润率。一些企业的利润率低，而另一些企业的利润率高。竞争使利润率产生差异，利润率也会随着时间的推移趋于接近，即出现**利润率平均化**（equalization of profit rate）现象。

企业在一个既定的年份获得的利润率（r）取决于特定企业的利润率决定因素（见第 10 章）。企业如何能有效地控制其原材料和资本品的投入（M）、每小时从工人那里得到多少劳动付出（e），以及许多其他的会影响企业利润率的因素？有些企业能够妥善地控制至少一些利润率的决定因素（或者它们只是碰巧很幸运），其他企业则不能做到这样（或者说它们只是运气不好）。结果则是存在利润率的多样性，有些较低，有些稍高，有些更高，等等。

> **利润率平均化**是指这样一个过程，其中不同行业、不同地域、不同市场的企业所面临的竞争压力，将推动它们的利润率趋于一个共同的或平均的水平。

竞争的动态通过迫使企业投资于新的风险性项目，持续不断地 260
产生多样化的利润率新组合。例如，创新和垄断势力使得格外好的利润机会变得可能。与其他企业相比，取得创新或垄断势力的企业将有更高的利润率；与取得创新或垄断势力的企业竞争的企业，则会有较低的利润率。因此，取得创新或垄断势力的企业所享有的优势就是与之相竞争的企业的劣势。

与产生差异化利润率的那些方式相反，竞争还包含了使利润率趋于平均化的过程。价格竞争倾向于使利润率趋于平均化。另外，当企业进行投资和再投资时，它们将会撤离回报率低的市场、行业或部门，转而投向回报率高的市场、行业或部门。这个过程也趋向于带来更为平均的利润率。同跨行业或跨部门的情况一样，跨国、跨区域或者跨大陆的情况也是如此。

企业和投资从低利润领域流出并转向高利润领域的运动会产生两种效应，使利润率在两类领域之间更为平均。首先，对低利润领域来说，企业从该领域的退出将使行业的供给曲线向左移动。在图11.4（a）中，这表现为一个特定行业的供给曲线从 S_1 移到 S_2。供给曲线的这种移动将使该行业或该领域的市场出清价格（P_z）从 P_1 上升到 P_2。然而，这可能对留下的公司影响不大。由于一些公司的退出将降低该行业（或领域）的整体生产能力，而选择留下的公司的产品价格上涨所导致的需求量下降将被分配给比以前更少的公司，因此，综合起来这些公司的损失会很小。结果更高的价格（P_2）所产生的效应，是提高仍然留在低利润领域的企业的利润率。

261 其次，随着新企业进入高利润领域，该行业的供给曲线将向右移动，这显示在图11.4（b）中，一个特定行业的供给曲线由 S_1 移到 S_2。扩大了的供给量（在每一价格水平上）将使市场确立一个更低的出清价格，在11.4（b）中价格从 P_1 下降到 P_2 就说明了这一点。虽然更低的价格（P_2）将吸引更多的顾客到这一行业（或领域）中来，但企业必须与最近刚进入该行业的、新增的企业共享这些新顾客，从而在高利润领域带来利润率的下降。

当企业的投资在不同的领域或行业之间转移时，利润率往往会趋于相等，因为投资的退出会提高低利润率行业的利润率，而当投资流向高利润率行业时，则会降低这一行业的利润率。如果这一切都发生了，那么利润率可能就会趋同。但在实践过程中，企业的竞争策略似乎会导致利润率在行业或领域之间时而分化时而趋同。系统很少处于静止状态。

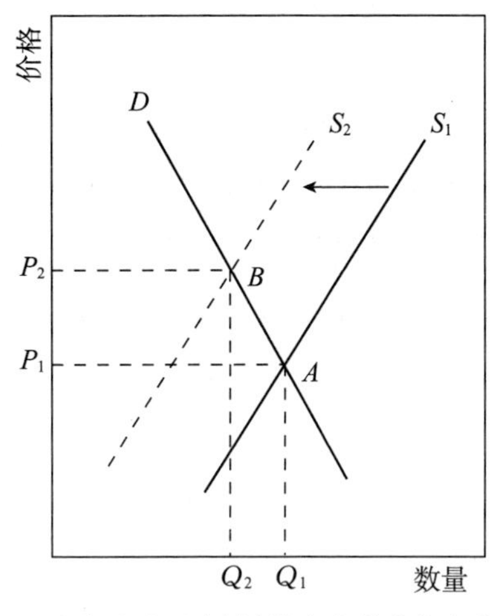

（a）企业退出低利润行业使价格上升

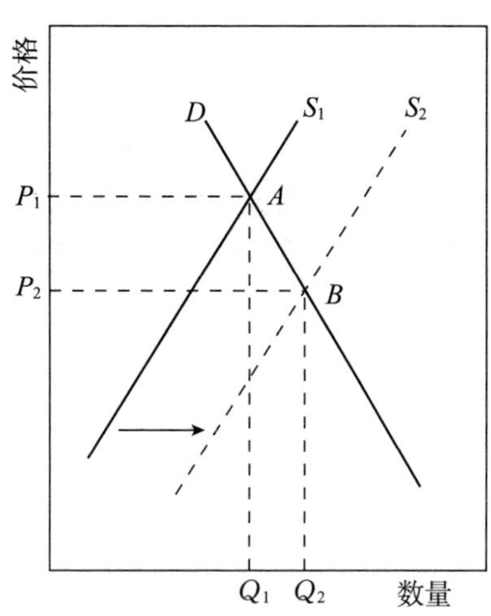

（b）企业进入高利润行业使价格降低

图 11.4　企业退出或进入市场会使利润趋于平均化

低利润将使某些企业退出原低利润行业。这种退出将使该行业的供给收缩，在图（a）中显示为供给曲线从 S_1 向左移到 S_2。这种转移将使留下来的企业能将价格从 P_1 提高到 P_2，从而使得利润增加。高利润行业的情况正好相反，如图（b）所示。高利润将吸引新企业进入该行业，新企业的产出增加了总体产出，供给曲线将向右移动，表明在每个价格上供给量都有所扩张。新企业的进入会迫使该行业的所有企业在一个更低的价格水平（P_2）下销售它们的产品，这会驱使利润率**下降**。这样，两个行业的利润率会趋于一致。

趋向经济集中?

> **经济集中**是指一个行业或整个经济中的经济活动被少数大型企业控制的程度。

经济集中（economic concentration）是指一个行业或整个经济中有多少是被少数大型企业所控制的。例如，考虑一下从销量来说规模相等的两个行业。其中一个行业有 100 个规模相等的企业，然而另一个行业只有四个企业。可以说第二个行业比第一个行业更加集中。衡量一个行业的集中度的常用方法是四企业集中度。其测算方法是将行业中四个巨头企业年产商品总值加总之后，除以全行业商品生产总值。比如，四巨头生产的早餐麦片的总产值占美国早餐麦片总产值的 80%，即四企业集中度为 80%（2007 年即为如此）。

具备规模经济的部门更容易有高集中度，比如汽车行业。实际上，在任何部门，如果你能说出领先的 3 个或 4 个企业，那么这三四个企业的集中度往往会比较高。同时，规模经济非常有限的服装行业（主要资本品是缝纫机，价格并不昂贵）往往集中度较低。我们一会儿会用数据来说明。

原则上，动态竞争会导致经济集中度提高或下降，就像利润率平均化那样，竞争既会催生经济集中，也会减少经济集中。竞争会带来集中，是因为更大的规模几乎总会增强企业提高利润率的能力，从而较大的企业通常能战胜较小的企业。有三种因素在这方面起着作用。

首先，如我们所见，由于规模经济，更大的规模带来了更低的成本和更多的利润。其次，更大的规模提高了企业实现垄断势力和创新的能力。最后，更大的规模提高了企业与劳动者、金融部门和供应商的议价能力，同时提高了企业与政府的议价能力。因此，大企业的成长常常以牺牲小企业为代价。我们已经明确了规模经济如何有利于大企业，并以汽车业为例进行了说明。那么大规模的其他优点是什么呢？

262 **大规模和垄断势力**

更大的规模使企业更容易实现垄断势力。如果一个企业大到可以控制一种产品的整个市场，那么它就是一个**垄断企业**，它就可以制定任意能给它带来最大利润的价格。高利润率也可以通过少数几个企业分享垄断势力来实现，这些企业就定价和其他事情相互勾结。

共谋　根据美国和欧洲的反垄断法，价格操纵和其他形式的共谋都是非法的，操纵价格的卡特尔是反垄断机构的主要调查对象。然而，即使企业高管和企业因违反了禁止价格操纵和其他形式的共谋的反垄断法而受到重罚，卡特尔的数量也仍在不断增加。

例如，1996—2006 年间，欧盟以操纵电视机和电脑显像管价格为由对七个企业处以约 15 亿欧元（当时约 20 亿美元）的罚款。这些企业的运作毫无遮拦：多年来，它们在不同的地方会面，明目张胆地讨论并决定价格。最后，其中一个卡特尔成员向反垄断当局告发了该卡特尔组织。欧盟有这样一项政策：如果卡特尔成员向反垄断当局告发一个当局未曾了解的卡特尔组织，这个成员就可以获得 100%的宽大处理，不必缴纳罚款。这就是本案所发生的事情。在 1993 年美国反垄断当局采取了类似政策之后，许多卡特尔组织被揭发并引发了许多新诉讼。它同样引领了一场革命。美国在 20 世纪 90 年代初决定与外国反垄断机构合作调查国际卡特尔，这一决定也提高了对卡特尔的起诉力度。

一个只有少数大企业的行业更容易形成和保持共谋。如果有许多企业，合作就会困难得多。因此，一个行业中只有少数几个大企业有利于形成和保持垄断势力从而实现高利润率。然而，即使在有许多小企业的行业，有时也会通过行业协会来实现共谋：协会本身也会宣布成员公司应遵循的政策。

开拓创新　较大的规模还会增强一个企业实现创新的能力，更重要的是，企业能从中获利。以技术创新为例。我们可能会预期大企业会将更多的预算用于研发，也许会更有效率地开展研究活动，因为这样的活动本身就可能具有规模经济。但这两种预期都没有得到事实的证明；实际上，中小型企业似乎更能产生创新成果。

大企业在所主导的行业中挖掘突破性的利润潜力：要想从创新中获利（例如个人电脑），就必须对新产品进行大量生产、广泛宣

传、广泛分销，还要防备潜在竞争者。例如，苹果公司和其他小公
263 司（现在已经被遗忘了）开创了小型台式电脑的先河，但是大企业实际上占据了此类电脑的大部分市场，并获得了大部分利润。

一个小企业，即便是一个有着重要创新成果和宏伟营销理念的企业，也往往不能成功地完成所有预期的营销活动，因为作为小企业，其利润有限，获得收获创新果实所需的巨额信用的能力也有限。事实上，银行或债权人只有在被赋予了对该项目的控制权时，才会提供充足的贷款。小企业通常没有现成的分销网络，它的名字还未广为人知，也没有资金做大规模的广告。在此情况下，很多小企业选择将创新成果卖给大企业。在其他情况下，小企业会将自身整体卖给大企业。虽然出售价格会为小企业带来很大的利润，但是此后从创新成果中汲取到的利润将由大企业获得。

政府补贴和政府合同　较大的规模有助于企业提高利润率的另一途径是提高企业的谈判力和政治势力。回想一下巴西福特卡玛萨里汽车装配厂初建时获得的超过 10 亿美元的补贴。自 1980 年以来，美国已经向外国汽车制造商支付了至少 36 亿美元（如果换算成 2015 年的美元价值，则更多）的政府补贴，用来帮助它们在各州（尤其是南部）建厂。一些特别大额的补贴包括 2006 年为起亚在佐治亚州西点（West Point）的工厂提供的 4 亿美元；2007 年为丰田在密西西比州蓝泉城（Blue Spring）的工厂提供的 3 亿美元；2008 年为大众在田纳西州查塔努加市（Chattanooga）的工厂最初提供的 4 亿美元（后来据称是 5.77 亿美元）。三个例子中的任意一个的补贴数额都达到了工厂计划投资的 20%～60%。

大企业通常有更强的谈判力，这使其得以更容易进入外国市场，或更容易从银行获得信用和较低的利率。政治权力可以转化成更容易获得政府合同的机会，在关税和出口政策方面得到更优厚的

待遇（如从进出口银行处获得补贴），以及优惠的政府贷款和贷款担保。因此，大企业完全有能力将政治权力转变成更高的利润。也许最好的例子就是军工综合体，即巨型公司和五角大楼的关系。这种关系使利润丰厚的合同源源不断地流向如洛克希德·马丁、通用动力、波音和哈立波顿这类企业。

要注意的是，当且仅当规模经济存在时，更大的运营规模才能**直接**转化为更高的利润。在所有其他情况下，更大的规模会提高一个企业在其他方面的行为能力（例如获取垄断势力），这些方面的能力又会进一步提高其利润率。企业的增长可能是因为所有这些因素混合在一起：基于规模经济的增长会强化垄断势力，创新利润可以为企业扩大融资并使它把握住规模经济的好处，等等。

竞争也会对经济集中起反作用。大企业获得的高利润率，就像经济中任何其他地方的高利润一样，吸引着竞争者。寻求新的利润机会的新企业或老企业，将试图进入利润高的行业，即使这个行业被少数几个大企业控制。同样，新企业的进入也会使主导企业有危机感，迫使它们合并来捍卫自己的主导地位。

总体经济集中度是指大公司的销售额、利润或雇员数量分别在经济的总销售额、总利润或总雇员数量中所占的比例。如果某大企业能够在某一特定市场上扩大其市场份额，而其他大企业不会失去它们在其他市场上的市场份额，该经济的集中度就会提高。因此，
每个行业以及整个经济的集中度将取决于彼此的相对力量哪边更 264
强——是那些趋于增加集中的力量（例如规模优势），还是那些趋于减少集中的力量（例如新企业的组建或者反垄断法的实施）。

集中的趋势

近年来，美国经济是否存在由于大型而公开的企业兼并而导致

的集中度上升的总体趋势呢？2016 年，一项研究发现，自 20 世纪 90 年代中期以来，超过四分之三的行业的集中度有所上升，主要是因为大企业通过兼并和收购变得更大了。该研究还发现，在那些集中度更高的行业里，平均利润率也更高并且股票收益也高于正常水平。①

图 11.5 说明了 1997—2012 年间所选行业的变化趋势，特别是一些集中度极高的行业。它显示了每个行业中的四企业集中度，计算了四个企业总产值占该行业总产值的比重，计算依据的是装运货物总值。

在 1997—2012 年间，一些行业（图的上半部分）的集中度升高。其他行业（图的下半部分）的集中度则有所下降。下降可能是因为新企业进入而加剧了竞争。不过，另一个可能的原因是一些大型企业将部分生产转移到了国外，而这部分不计入数据。具有讽刺意味的是，这些企业可能**获得了**美国市场的**销售**份额，但却不被包括在美国的**生产**份额之中，正如图 11.5 所计算的那样。类似地，福特于 2001 年在巴西开设了一个大型汽车装配厂。在那期间（其他美国汽车制造商也做出了类似的举动），图中呈现出美国汽车行业的集中度从 1997 年的 79.5%下降到了 2012 年的 60.2%。集中度的下降反映了“较小”的企业在美国汽车行业中所占的市场份额相对提高——可能主要是由于许多外资汽车工厂在美国的建立（常常是在政府的帮助下）。目前，在美国设厂的外资汽车企业包括丰田、本田、尼桑、斯巴鲁、现代、起亚、宝马和大众。

---

① Gustavo Grullon, Yelena Larkin, and Roni Michaely, “Are U. S. Industries Becoming More Concentrated?,” paper presented at the China International Conference in Finance, July 7 - 10, 2016.

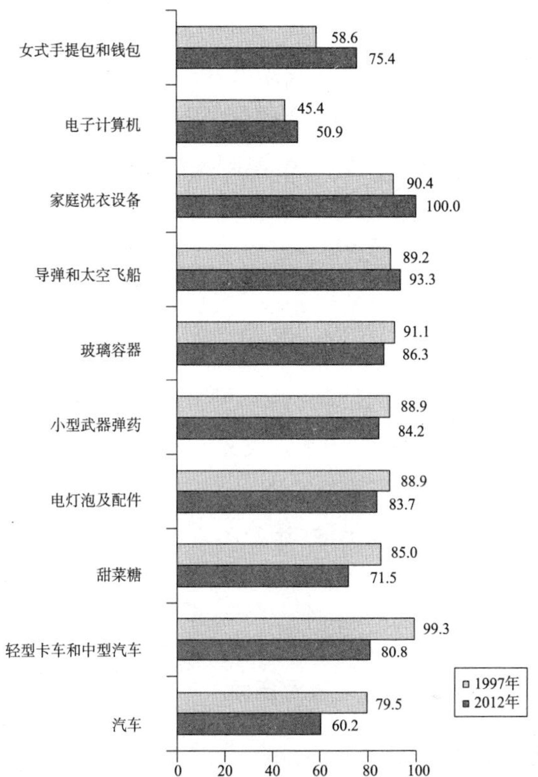

图 11.5　1997—2012 年行业集中度的变化趋势

按四企业集中度测算，在 1997—2012 年期间，部分行业的集中度上升，而其他行业的集中度则有所下降。这里的四企业集中度是指前四大企业的总产值占该行业总产值的份额。

变化趋势各不相同：集中度上升的行业被放在上半部分，而集中度下降的行业则被放在下半部分。为了表现各种产品及其趋势，我们根据 1997 年和 2012 年都适用的同一制造业细分标准（NAICS 六位码）选取了其中的一些行业数据。许多行业的四企业集中度呈现出更低的趋势（例如服装行业），不过，图中并未展现出来。细分行业（“甜菜糖制造业”而非“食品制造业”）呈现出集中度趋高的态势。

资料来源：U. S. Census Bureau，*American Factfinder*：Download the file “EC1231SR2-Manufacturing：Subject Series：Concentration Ratios：Share of Value of Shipments Accounted for by the 4，8，20，and 50 Largest Companies for Industries：2012” from https://factfinder. census. gov/faces/nav/jsf/pages/download_center. xhtml；and U. S. Census Bureau，*Concentration Ratios in Manufacturing*，1997 Census，Manufacturing，Subject Series，EC97M31S-CR，Issued June 2001，available at https://www. census. gov/prod/ec97/m31s-cr. pdf.

经济集中度的上升往往发生在并购浪潮中。20 世纪 90 年代末出现了一股巨大的兼并浪潮，在那几年里，每年的企业兼并总价值都超过了 1 万亿美元。例如，金融部门的放松管制导致了两大巨头花旗集团（银行）和旅行者（保险和金融服务）在 1998—1999 年的合并。石油公司埃克森和美孚在 1998 年实现了合并。2000 年，雪佛龙和德士古也合并了。

另一股酝酿中的兼并浪潮始于 2014—2015 年。正如反垄断局首席检察官助理比尔·贝尔（Bill Baer）于 2016 年 3 月向负责监督反垄断执法的参议院委员会作证时（见专栏“反垄断”）所说的那样：“兼并浪潮再次向我们袭来，关键时刻到了。”① 他在 2015 年证实了有 67 起并购交易的价值超过 100 亿美元，这一数字是 2014 年的两倍。其中，大型的意向合并发生在健康保险、农药（生物技术）和制药行业。

反垄断

新进入行业的小企业可能会分走原来由大公司占有的市场份
266 额，但也会刺激这些大公司通过合并来保持原有优势。有时，反垄断执法和政府政策措施会阻止这类兼并。

此外，那些不实施兼并的公司仍然可以通过操纵价格和投标过程、分割市场或者其他方式串通一气。反垄断执法如果有效，也可以阻止这类形式的垄断。

在 19 世纪最后 20 年，美国的几个主要行业——钢铁、石油和

① Bill Baer, Assistant Attorney General, Antitrust Division [Department of Justice], before the Subcommittee on Antitrust Competition Policy and Consumer Rights, Committee on the Judiciary, United States Senate. Hearing on “Oversight of the Enforcement of the Antitrust Laws,” March 9, 2016.

其他行业——建立了一系列强大的“托拉斯”或垄断组织。联邦和州通过了一系列法律用以打破垄断和约束卡特尔。

● 但反垄断执法真的效果显著吗？每隔两年左右，美国国会反垄断委员会就会听取反垄断执法官员的证词。在2016年3月，美国司法部反垄断局的首席检察官助理比尔·贝尔在参议院委员会举行的有关反垄断及相关问题的听证会上作证。他：

● 指控伊莱克斯（一个位于华盛顿州肯莫尔的电器商）控制了厨灶产品70%的市场，并勒令伊莱克斯停止购买通用电气公司的家电业务。

● 告知康卡斯特和时代华纳有线电视在其拟议兼并中存在什么样的反竞争问题，在那之后它们放弃了兼并计划。

● 披露花旗银行、摩根大通、巴克莱和苏格兰皇家银行等大型银行操纵价格的行为，最终这些银行承认了密谋操纵外汇现货市场的犯罪事实。

● 以共谋压低当地止赎拍卖的不动产为由，对超过100人提起诉讼。

● 控告公司高层执行官对汽车进行价格操纵。

贝尔指出，2012—2014年间，每年因反垄断违法而被处以罚款的总额超过10亿美元，在2015年达到了36亿美元的新高。因违反反垄断法被处以的刑期由1986—1995年间的7个月有期徒刑提升到2006—2015年间的24个月，其中处罚对象包括了公司CEO、总裁、副总裁和其他执行官及经理。

司法部部长期在全美国范围内起诉价格操纵和其他卡特尔行为，但到了20世纪90年代初，才决定追究国际卡特尔组织的责任，通常是与欧洲反垄断当局展开合作。一个卓有成效的策略是声明第一个向反垄断机构检举隐藏的卡特尔组织的成员将免于受罚。在这两个地方，这项新政策使得许多卡特尔成员揭露了卡特尔组织的存在。

资料来源：U. S. Department of Justice：Bill Baer，Assistant Attorney General，Antitrust Division，before the Subcommittee on Antitrust，Competition Policy and Consumer Rights，Committee on the Judiciary，United States Senate，Hearing on "Oversight of the Enforcement of the Antitrust Laws，" presented on March 9，2016；Margret C. Levenstein and Valerie Y. Suslow，"Price-Fixing Hits Home：An Empirical Study of US Price-Fixing Conspiracies，" *Review of Industrial Organization* 48（April 2016）：361－379（published online April 27 2016，DOI 10.1007/s11151-016-9520-5）.

---

267 在健康保险领域中，五个大型企业就发起了两起并购提议。安泰保险想要收购哈门那（Humana）保险，安森（Anthem）意欲收购信诺（Cigua），这会使两个巨型保险公司在特定保险市场上占据压倒性的优势。在农用化学品领域，六个大型企业中有两个准备合并：孟山都想收购拜耳（Bayer），陶氏化学（Dow Chemical）想收购杜邦公司。美国反垄断协会指出，合并后的两个企业将分别控制四分之三的玉米市场和三分之二的大豆市场。[①]

在制药行业，有一桩并购交易是由大型制药公司辉瑞（Pfizer）和艾尔建（Allergan）共同完成的。然而，2015 年秋季和 2016 年春季美国财政部的政策变化使得该并购交易所取得的巨大税收优势化为泡影，随后该项并购交易被取消。

一些兼并和收购活动的影响或许可以解释图 11.5 中的趋势。比

---

① American Antitrust Institute，"American Antitrust Institute，Food & Water Watch，and National Farmers Union Urge the U. S. Department of Justice to Challenge the Dow-DuPont Merger，" May 31，2016，available at http://www.antitrustinstitute.org/content/aai-fww-and-nfu-urge-us-department-justice-challenge-dow-dupont-merger.

如，惠而浦（Whirlpool）在 2006 年收购了美泰格（Maytag），从 1997 年到 2012 年，家庭洗衣设备制造业中的四企业集中度从 90.4%上升到 100%。同样地，军工制造业的一系列合并以 1995 年洛克希德（Lockheed）兼并马丁・玛丽埃塔（Martin Marietta）（它们分别是当时第二大和第三大武器制造商）为顶峰，现在它们合并后组建的企业洛克希德-马丁是最大的军工制造商，这或许可以解释导弹制造业中的高集中度（1997 年和 2007 年）。

反垄断的执行

反垄断执法者主要做两件事：一是调查发布兼并或收购声明的企业是否有“反竞争”方面的问题，或告知两个企业，目的是与它们达成和解，让它们出售某些业务，以防止垄断和消除反竞争问题。二是调查企业之间的非法共谋。专栏“卡特尔”列举了一些被发现违反价格操纵法或其他反垄断法的卡特尔的案例。

卡特尔

卡特尔在许多行业中操纵价格，或以其他违背反垄断法的方式沆瀣一气。在过去的十年里，有五十多个公司被美国司法部指控进行共谋以操控价格，在那之后，反垄断的步伐渐渐加快：仅在 2013 年，就有 21 个公司和 34 个个人因违反反垄断法被起诉。下表列出了被起诉案例的关键数据。表中列出的最近两起案件均来自欧盟。

欧盟反垄断机构越来越活跃，2005—2014 年间，平均每年罚 268
款超过 20 亿美元。仅电视机和电脑显像管一项，该部门对卡特尔的罚款就超过 15 亿欧元（约 20 亿美元）。2012—2014 年间，美国司法部的反垄断部门以操纵价格为主要缘由对卡特尔组织征收了每年超过 10 亿美元的罚金，这一数字在 2015 年达到 36 亿美元。除了表中所列的案件，在美国和欧洲，垄断价格的卡特尔组织频繁活跃在化工行业。例如，在 1993—2013 年美国反垄断当局提起的所有案件中，这类案件占了六分之一。

行业	时期	公司母国	公司数量	市场份额	市场
水泥	1983—1994	欧洲	33	80%	欧洲
白糖	1986—1990	爱尔兰、丹麦、英国	2	90%	英国
塑料管道	1986—1995	瑞士、美国	3	95%	美国
塑料餐具	1991—1992	加拿大、美国	2	90%	美国
维生素	1990—1999	加拿大、德国、日本、瑞士、美国	3	超过 75%	全球
核苷酸	1992—1996	日本、韩国	1	45%	全球
啤酒	1993—1998	比利时	2	70%	比利时
美术品	1993—1999	美国、英国	2	95%	全球
电视显像管和电脑显示器	1996—2006	N/A	7	低于 80%	欧洲
交流发电机和起动器	2004—2010	日本	3	N/A	欧洲

资料来源：Margaret Levenstein and Valerie Y. Suslow, "Contemporary International Cartels and Developing Countries: Economic Effects and Implications for Competition Policy," 71 *Antitrust Law Journal* 801 (2003 - 2004). European Commission, EU, 1. Cartel statistics, 1. 2. Fines imposed (not adjusted for Court judgements) —period 1990 - 2016, available at http://ec. europa. eu/competition/cartels/statistics/statistics. pdf. "Antitrust: Commission fines producers of TV and computer monitor tubes € 1. 47 billion for two decade-long cartels," available at http://europa. eu/rapid/press-release_IP - 12 - 1317_en. htm? locale=en.

结　论

正如我们所看到的，市场力量有推动经济集中的能力，其他市场力量则会加剧竞争。然而，最终结果取决于关于以下问题的相关规则：存在什么样的反垄断法？用什么法规和司法解释来阐明其含义？这进一步取决于反垄断机构之间的合作程度，以及它们能否形成高效的内部结构（比如，如何鼓励卡特尔成员首先自首，以免于罚款）。这些力量和相反力量的存在，似乎拟议兼并的浪潮仍不断奔涌，但经济集中依然是一个有争议的问题。

一个重要的问题是传媒行业的集中度。巨头企业已经开始主导 269
这个行业。不幸的是，一些试图增强市场力量的尝试以失败告终，尤其是 2003 年美国在线-时代华纳的兼并案，这通常被看作一个重大失败。可是，这个行业的集中度越高，那些提供互联网服务、期刊出版、电影发行放映等的小企业就越是难以为继。主要的图书出版商不到六家。尽管许多小型出版社仍设法生存了下来，但读者、观影者、互联网用户和普通公民的注意力越来越集中，他们在艺术表达、观点和看法上的余地可能越来越小。此种集中会限制信息和意见的多元化，人们需要通过一种消息灵通的方式参与政治进程。随着公司的不断壮大，与个人相比，它们在政治进程中的影响力也会更大。

推荐阅读文献

Benjamin Bagdikian, *The New Media Monopoly*, 20th edition (Boston: Beacon Press, 2004).（巴格迪基安. 新媒体垄断. 北京：清华大学出版社，2013.）

Michael Best, *The New Competition: Institutions of Industrial Restructuring* (Oxford:

Polity，1990).

John Kenneth Galbraith，*American Capitalism*：*The Concept of Countervailing Power* (Piscataway. NJ：Transaction Publishers，1997).（加尔布雷思. 美国资本主义：抗衡力量的概念. 北京：华夏出版社，2008.）

David Kotz，*Bank Control of Large Corporations in the United States* (Berkeley：University of California Press，1978).

LeClair，Mark S.，*Cartelization*，*Antitrust and Globalization in the U.S. and Europe* (Routledge，2013).

Margaret C. Levenstein and Stephen W. Salant (eds.)，*Cartels* (Cheltenham，UK：Edward Elgar，2007).

Morgan Lewis (law firm)，*2016 Global Cartel Enforcement Report* (published 2017，available at https://www.morganlewis.com/~/media/files/publication/report/2016-year-end-cartel-report-january-2017.ashx).

Barry C. Lynn，*Cornered*：*The New Monopoly Capitalism and the Economics of Destruction* (New York：Wiley，2011).（林恩. 新垄断资本主义. 北京：东方出版社，2013.）

Joseph Schumpeter，*The Theory of Capitalist Development* (Cambridge，MA：Harvard University Press，1934).

Carl Shapiro and Hal R. Varian，*Information Rules*：*A Strategic Guide to the Network Economy* (Boston：Harvard Business School Press，1999).（夏皮罗，瓦里安. 信息规则：网络经济的策略指导. 北京：中国人民大学出版社，2000.）

Helen Shapiro，*Engines of Growth*：*The State and Transnational Auto Companies in Brazil* (Cambridge，UK：Cambridge University Press，revised edition，1994).

Stork，Joe，*Middle East Oil and the Energy Crisis* (New York：Monthly Review Press，1975).

第 11 章附录

270 图 11.1 (a) 是 Sweets 面包店的布朗尼蛋糕的需求曲线。图 11.1(b)是可供面包店店主选择的定价及对应的利润率。本附录详细解释了这个计算过程。假定制作布朗尼蛋糕的单位成本 $uc=1$

美元。

需求曲线方程［见图 11.1(a)］为 $P_z=3-0.005Z$，解出 Z 然后将其简化为：

$$Z=(3-P_z)/0.005=600-200P_z \tag{11A.1}$$

从式（11.3）可知，总利润 R 可以写成 $R=(P_z-uc)Z$，现在我们把 Z［即式（11A.1)］代入，同时 $uc=1$：

$$R=(P_z-1)(600-200P_z)=-200P_z^2+800P_z-600 \tag{11A.2}$$

现在可以计算不同价格所对应的收益 R，并发现（如正文中有关“价格竞争”那一节给出的利润表所示）利润最大化的价格水平在 2.00 美元附近。

或者，通过积分，使利润最大的价格 P_z 的一阶条件 $\mathrm{d}R/\mathrm{d}P_z=2(-200)P_z+800=0$，解之得

$$P_z=2$$

将这一结果代入式（11A.2)，得到 $R=-200\times2^2+800\times2-600$，即

$$R=200$$

通常，如果需求曲线 $P_z=a-bZ$，我们可以将 Z 转换为

$$Z=a/b-(1/b)P_z$$

用同样的方法，在本例的基本假设之下，我们可求出使利润最大的价格是：

$$P_z=\frac{1}{2}(a+uc) \tag{11A.3}$$

与之相对应的利润为：

$$R=(P_z-uc)Z=\left[\frac{1}{2}(a+uc)-uc\right]\left\{\frac{a}{b}-\left(\frac{1}{b}\right)\left[\frac{1}{2}(a+uc)\right]\right\}$$

或者

$$R=\frac{1}{2}\frac{(a-uc)^2}{b} \tag{11A.4}$$

将 a、b 及 uc 的值代入，可得使利润最大化的价格 $P_z=2$，此时总利润 $R=200$。

从式（11A.3）中我们可以发现单位成本 uc 降低会使利润最大化的价格水平降低；从式（11A.4）中我们可以发现单位成本 uc 降低会使总利润提高。然而，只有当竞争对手们在 Sweets 面包店降价时不追随降价，这两个规律才可能成立。如果竞争对手们降价（很有可能），Sweets 面包店的需求曲线将会移动，情况也将变得不同，所以我们无法预测未来会发生什么。在多数情况下，在竞争中克敌制胜的主要方法还是想办法缩减成本。

第 12 章

工资与劳动

我们的社会常常被描述为一个消费者社会，人们通过消费来表 271
达他们的创造性及享受自由的感觉。我们去逛街或网购，选择适合自己的外套或衬衫，期望这样的穿着会显示出自己的身份和个性。我们中的一些人甚至以疯狂购物来打发无聊和烦闷。

如果说消费是资本主义经济的光明面，生产则通常被认为是其黑暗面。人们不会说："我感觉有点沮丧，我想我得去办公室工作一会儿!"确实，在我们的社会里，劳动是不受欢迎的。伟大的美国小说家威廉·福克纳（William Faulkner）曾这样表达我们对劳动的普遍灰暗的看法："你不能一天吃八小时的饭，不能喝八小时的水……你一天能做八小时的事就是工作。这就是人们使自己或他人痛苦和不快乐的原因。"①

福克纳说的也许有点道理。虽然一般来说被人雇用是一件好事，一份工作也许不过是赚到所需的钱以供日后消费的途径。劳动是必要的，或者劳动比什么都不干要好，但在很多情况下，它的确不能使个人感到富有创造性和成就。相反，却常常使人进行重复劳动，并把人置于令人不快的上级的权威之下。

然而，尽管有不足之处，劳动仍然是人们生活的重要方面。诚

① 引自 Studs Terkel, *Working* (New York: Pantheon Books, 1972), ix。

然，人们靠工作来获得收入。但是，对我们当中的许多人来说，劳动也是身份的主要方面：它使我们得以说出我们是谁。我们把醒着的大部分时间都用在劳动上了，所以无论劳动是一种愉快的还是焦虑的体验，无论它带来的是厌烦、憎恨、担心还是骄傲，都会影响我们整个精神状态。我们劳动的地点也许就是我们在世界上的“位置”，它会给予我们对共同体的体验，它当然也会是我们认识其他人的场所，并且极有可能是我们结识朋友的地方。甚至，我们的工作会给我们提供机会（无论如何有限）来发挥责任感、表
272 现创造力或接受努力工作的挑战。由于所有这些原因，劳动和劳动的条件对我们大多数人来说都是极其重要的。

然而，许多人都不肯承认这一事实：他们对劳动中要做什么以及怎么做几乎毫无选择。为什么生产要自上而下地组织？为什么几乎每一个劳动过程都要受到执行官、经理、主管、组长等其他有权力的人的监督？劳动自上而下的控制以及劳动被细分为重复性的任务是现代技术的一个必然结果吗？或者，劳动的不愉快是“自然的”，这也许是因为劳动需要付出？

如果一个人的工作常常是个问题，那么没有工作就更成问题。20 世纪英国经济学家琼·罗宾逊（Joan Robinson）曾经这样嘲讽道：比被雇主剥削更糟糕的唯一事情，就是不能被任何人剥削。而且，失去工作不仅会给一个人带来金钱上的灾难，而且会给个人带来创伤。自杀率、婚姻破裂和精神疾病，与寻找工作未果的人数密切相关。

本章考察劳动的组织及其报酬。第 7 章曾经提到，在美国，绝大多数人都是为某一雇主——一个人、一伙人或一个公司——而劳动。我们在第 5 章里也解释了，雇主和工人之间的关系是一种阶级关系，雇主和工人形成不同的阶级。雇主与工人之间的关系与我们

在上一章所考察的关系——雇主与雇主的关系——是不同的。雇主之间的关系和工人之间的关系是水平的，而雇主和工人之间的关系则是垂直的，关系到经济中的统制维度。阶级之间的关系是垂直的，其含义是：在这些关系中，人们作为上级和下级彼此相关联，在等级制中一些人处于较高层次，而另一些人则处于较低层次。当然，大多数人在一个等级制中**既是**上级**又是**下级，他们拥有针对位居其下者的权力，而同时又不得不服从位居其上者。

许多经济学家并没有考虑过雇主-工人的关系与其他经济关系（例如顾客买东西时发生的经济关系）的不同之处。这些经济学家隐含地假设资本家购买劳动力的方式无异于购买原材料和机器。换言之，他们假定工人和雇主事前已经就每小时要进行的劳动所需付出的量（e）达成了一致，而且工人承诺了预期的劳动付出。因此，他们只是把劳动当作另一种买来的生产过程投入品。的确，20 世纪备受推崇的经济学家之一保罗·萨缪尔森曾经说过："在竞争模型中，是资本雇用劳动还是劳动雇用资本并无差别。"①事实上，其间的差别很大。

本章关注工人与其雇主之间的关系。本章的主要思想是：(a) **雇主和他们的雇员在工作场所中存在着根本的利益冲突**；(b) **雇主以自上而下的等级制方式组织劳动，借以从其雇员那里榨取劳动并获得利润。**这些中心思想可以表达为以下六个要点：

---

1. 生产物品的活动——**劳动**——并非天然就是枯燥的、压迫性的或限制性的，也并非天然就是有趣的和解放性的。劳动并非"天然地"就具有某种性质。劳动是什么样的——人们对它的体验及反

① Paul A. Samuelson, "Wages and Interest," *American Economic Review* 62, no. 6 (Dec. 1957): 894.

273 应——在许多重要方面取决于劳动过程的组织方式、社会其他领域的组织方式以及我们在哪些地方适应于劳动过程。

2. 资本主义企业——一家“厂商”——是一个权力自上而下实施的**统制系统**。在市场上，人们与企业主要通过自愿的报价和协议来相互作用；而在企业内部，主要的相互作用形式包括管理者施加于工人之上的权威。
3. 在**雇主和雇员**想从劳动过程中得到什么的问题上，双方存在着冲突。这个冲突有关利润率的两个最重要的决定因素，即工资和劳动速度。雇佣双方的冲突源于他们在劳动过程中相互对立的立场，并且这个冲突内在于一个适合于利润创造的系统。
4. 资本主义企业按照等级制组织起来，自上而下地实施控制，以增强雇主**榨取**雇员劳动的能力。对于一些工作，雇员作为独立的合同方只用完成合同内特定的任务即可。但是对于普通雇员而言，工作并不是（也不会是）提前在合同中约定的特定任务，雇主必须榨取劳动，因为劳动并不能由合同获得。
5. 雇主可以向工人施加权力，既因为好工作是稀缺的，又因为在劳动市场上总是存在着过剩的劳动供给——**失业**。劳动市场与其他市场的运行方式不同，其他市场会“出清”，从而消除过剩供给。而劳动市场的一个长期特征就是过剩供给（失业人口想要工作）。
6. 劳动市场之所以会出现过剩供给，是因为雇主想要凌驾于工人之上来运用权力。为了实现这种权力，他们给雇员支付超过雇员所能接受的最低水平的工资，这样就使工人陷入了如下局面：如果他们被解雇，就会“有所损失”。类似的没有工作的工人会乐于在更低的工资水平上接受雇主的工作。因此，没有工作的工人属**非自愿失业**。

在本章，我们考察劳动过程的组织和工作场所中的冲突。为什么劳动以等级制方式组织起来？冲突究竟围绕着什么进行？为什么会存在冲突？在下一章，我们将探讨雇佣双方如何对这一冲突做出反应。

劳动、懒惰与社会组织

尽管一些人能从工作中享受到乐趣，但其他人只有在下午下班后才开始他们的生活，并且时刻都在对周末的期盼中打发时光。许多人认为，他们的日子被分为“劳动”和“闲暇”两部分——前者是必须忍受的“坏事”，为的是能得到消费这件“好事”。

传统经济学家认为，人们从消费中获得“效用”，而从劳动中获得“负效用”。这种观点无疑表达了许多人对劳动的感受。但是，从两个方面来看，这个观点是不完全的。首先，它意味着劳动**天然**就是 274
“坏事”，从其本质来说就是令人不快的。其次，它忽略了劳动的许多方面，这些方面使劳动对人们来说是一种重要的和积极的体验。

诚然，劳动的确占用时间，而每天只有 24 个小时。因此，劳动总是有**机会成本**的。如果你现在劳动，你不可能同时在海滩上（除非你是救生员）。当然，在这方面，劳动与其他任何活动（包括去海滩）没有什么不同：每当我们花时间做某事时，我们为这件事所花的时间可以用来做其他的事。

那么，为什么唯独劳动受人蔑视呢？人们通常给出的一个原因是，人类天生就有懒惰的倾向，不喜欢做需要努力的事情。另一个观点认为，人们对劳动的厌恶源于不愿接受他人的权威。第三种看法是，人们憎恨劳动，因为劳动需要不断地重复那些有限的任务。但事实上，这些问题并非植根于人类的本质或内在于劳动本身。

认为人天生就懒惰的观点，和许多人因置身运动及其他休闲活动而获得乐趣的事实是相抵触的。大多数人都能想起这样的场合：他们非常努力地工作，即使是极度费力的任务也能从中大获乐趣。例如，为自己的居所搭建一间新屋子的人，可以在周末花很长的时间来做这件事。但如果办公室或工厂也要求员工或工人达到这一强度的话，这个劳动强度肯定会招致怨恨。再举一个例子，父母从事的在体力、智力和情绪上最具挑战性的任务之一是抚养孩子，但他们发现，这个过程是有回报的。

至于人们不喜欢被迫接受权威，可以想象这样的情况：一个在工作中怨恨监督的人，却会喜欢在一个有才华的乐队指挥的带领下演奏，或者对一位经验丰富的足球教练言听计从。因此，讨厌接受权威并不具有普遍性。

最后，当工作包括重复进行同样的任务时人们会不喜欢工作，这一点是完全可以理解的。但同样，这种情形并非内在于劳动本身。

这样看来，问题似乎不在于劳动天然就是令人不快的和枯燥的，而在于某些类型的劳动是令人不快的。上文提及的例子表明，由于劳动的组织方式和为谁而劳动的问题，它的确会令人感到不快。无论是运动、筑屋、演奏还是抚育孩童，只要是人们所选择的、所信仰的、可以从中获益的或为关爱的人所从事的，人们往往乐于接受，甚至会喜欢上体力的消耗、纪律以及责任。

认为劳动是“坏事”或产生“负效用”的观点，从另一个理由来说也是错误的。人们常常会从生产有用的物品、发展他们的技能或在劳动场所与他人的联系中获得满足。尊重、友谊、自豪感和成就感都是——至少潜在是——人们劳动的副产品。

如果有许多人将劳动视为不受欢迎的活动，那是由生产的组织方式、谁控制了生产、来自生产的利润如何分配这些原因导致的。

在今天的美国，实际上在所有的资本主义经济中，除了在家抚养孩子和操持家务之外，大部分劳动都是在企业里进行的。因此，如果我们要理解劳动，就要先理解企业的组织。

论人类劳动

通过劳动，人类不仅改变了自然，使之适应自己的需要，而且 275
获得了作为一个人应有的成就。实际上，从某种意义上说，使他“更像是一个人”……（但是）众所周知，劳动可能会以各种方式被利用来与人作对……劳动可以变成一种压迫人的手段，可能通过各种方式榨取人类的劳动，这里指的就是——工人。

很明显，当我们谈到劳资对立时，我们要解决的不仅仅是抽象的概念或“非人的力量”……两个概念（劳动和资本）的背后都是人，是活生生的、实实在在的人。一方是从事劳动却不是生产资料所有者的人，另一方是那些拥有这些生产资料的人或代表生产资料所有者的人。

由于资本这一概念不仅包括供人类支配的自然资源，而且包括人类占有和改变自然资源的全部手段……因此，必须直接指出的是，所有这些手段都是人类劳动的历史遗产的结晶。

况且，在教会的教义中……（生产资料）不能被为了与劳动相对立而占有，也不能为了占有而占有，因为占有它们的唯一合法的资格——不管是以私人产权形式还是以公共或集体产权形式——就是它们应该服务于劳动，并且通过服务于劳动使下述成就成为可能……善的普遍目的和对生产资料共同利用的权利。

——《论人类劳动》，教皇约翰·保罗二世，1981 年 9 月 14 日

作为统制经济的资本主义企业

资本主义经济是由企业和市场共同组成的。市场，如我们所知，包括商品与货币以及货币与商品的**交换**，并且这些交换绝大多数都是自愿的（见第 8 章）。

统制关系是指上下级之间的关系。在这种关系中，上级可以对下级施加相当大的权力。

然而，企业与之不同。在企业内部——办公室门后或工厂大门内——人们之间通常并不会将一种活动与另一种活动进行交换，相反，他们的相互作用受制于**统制关系**（command relation）：他们下达且接受命令。因此，我们可以将资本主义企业描述为一个“统制经济”（该词常用于指集权化经济体制）。

可以把资本主义经济比作海洋，其中点缀着大大小小的岛屿。海洋是市场，每个岛屿是生产某一特定商品的企业。岛屿之间相互交换各自的商品，同时它们也向海洋中的个人售卖商品。这种介于岛屿之间以及岛屿与个人之间的交易是（水平的）市场交换；但在岛屿内部，生产则是通过（垂直的）统制关系组织起来的。

对资本主义企业的一个重要方面以简单的方式进行描绘，便是指出资本主义企业是一个生产的社会组织，在此组织中，一些人试图使另一些人从事劳动。把政治经济学方法与传统教科书所提供的
276 经济观区别开来的是，在整个谋取利润的过程中，政治经济学把生产的社会关系纳入进来——将企业视为一个统制经济。

如同在政治经济学中那样（见第 11 章），在传统经济学家看来，能谋取到利润是因为一些企业家对下述情形能比其他人预料得更准确：比如在哪些领域需求会较供给增长得更快，在哪些领域一项新

产品或生产工艺（一项突破或技术创新）会带来相对于竞争者的优势，在哪些领域会取得一定程度的垄断势力。换句话说，他们的成功源于充满智慧或熟练的管理而不是对权力的行使。当然，传统经济学家也将利润看作是投资者和企业所有者因承担风险而得到的回报。但传统方法会系统性地忽略统制关系。

有必要重申的是，如图 10.1 所示，一个资本主义经济同时包含着交换关系、竞争关系和统制关系。上一章所关注的是企业之间在产品市场上的竞争，这些企业寻求销量和利润的最大化（图 10.1 中的第 2 次交换）。此处我们考察的则是劳动市场的交换关系（包含于图 10.1 中的第 1 次交换），以及劳动场所中的统制关系（图 10.1 中的“生产领域”）。

当然，说企业是一个统制经济，并不意味着某个特定企业发出的所有命令都会被心甘情愿地遵守。雇主通常会占上风，但并不总是能得到他们想要的。

工人与雇主间的冲突

工人和雇主在生产过程中处于不同的地位。他们的利益不同，因此常常发生冲突。这一点在企业家主要想赚钱而不是想生产出好产品时更为明显。正如我们在第 10 章中所见到的，资本主义鼓励企业主积极思考如何创造利润，更甚于鼓励他们制造 T 恤、布朗尼蛋糕或者钢铁。工人从事的劳动必须生产出什么来，雇主根据其劳动时间支付工资。雇主雇用工人，在劳动场所指挥工人劳动，并拥有出售企业产品的权力。

工人想从工作中得到什么呢？他们希望工作不会过分劳累；希望工资越高越好；希望从事有趣的劳动；希望在安全而健康的劳动

场所中劳动；希望拥有弹性工作时间；希望拥有对劳动场所如何运行的发言权；希望拥有长的假期；希望在孩子生病或出生时有待在家里的权利；等等。为了简单起见并抓住要点，我们在这里的讨论将只集中于两个问题：(a）工作的劳累程度；(b）劳动的报酬。工人希望 e（每小时劳动付出）不要太高，而(小时工资）尽可能高。

雇主又希望得到什么呢？一些雇主为了生产某种特定产品而创立企业，但绝大多数雇主寻求的是企业利润率 r 的最大化，而且那些有着其他目标的雇主往往会在竞争中输给那些只想要实现企业利润最大化的雇主。有很多方式可以实现这个目的（见表 10.3)，不过，本章只涉及小时工资和每小时劳动付出。我们想知道二者是如何被纳入工人行为和雇主策略中去的。仅关注这两个变量，我们首先需要做两件事。第一是搞清楚 w 和 e 应该放在利润方程式的哪个
277 位置，第二是要明白我们假设这种情况仅仅是为了聚焦于 w 和 e。

首先，我们知道，雇主总是追求最大化利润率 r，我们同样知道利润率 $r=R/K$。也就是说，利润率是用总利润 R 除以企业所拥有的资本品 K 的价值。不过，在本章中我们关注的不是 K 的变化。所以为了简化接下来的表述，我们认为 K 在几个月里甚至几年里都是一个常数，因为在许多企业里，K 的变动往往发生在管理层决定进行一些重大的新项目投资时。由于一个重大投资可以让生产中断，所以它往往会一次性完成。为了提高效率，至少要安装几台新机器，工厂布局也可能要重新安排。因此，投资项目只会隔段时间进行，间隔在数月或者数年之间。由于我们在这里关心的是工资和劳动付出（而不是 K 的变化），所以我们限定我们的分析在没有投资项目进行的情况下进行，所以 K 不会发生变化。

因为 $r=R/K$，限定 K 为一固定值就保证了每当总利润 R 提高时，利润率 r 就会随之提高；同样地，当 R 下降时，r 也会随之下

降。也就是说，二者对利润上升或下降的测度是同方向的。这也就意味着，企业主为了使利润率 r 最大化，只需要想办法提高总利润 R。

为了进一步简化问题，我们对第 11 章中所描述的固定成本避之不谈。将固定成本考虑进来不会对我们的结论产生任何影响，但它可能会让我们更加难以理解这个论述。

我们回想一下［见式（10.4）］总利润 R 可以表达为产出总值 P_zZ 减去所有成本，即原材料成本 P_mM 加上劳动成本 wH：

$$R=P_zZ-(P_mM+wH) \tag{12.1}$$

其中，R＝总利润（以美元计）；

P_z＝单位产出价格；

Z＝产量；

P_m＝原材料价格和资本品磨损；

M＝原材料消耗数量和资本品折旧；

w＝每小时劳动报酬，包括小时工资和福利；

H＝所有雇员工作总时长。

我们已经说过雇主追求最大化总利润 R，但我们可以通过将产量转化为单位产出来进一步简化问题。接下来的讨论类似于式（10.1）～式（10.9），还有式（11.1）～式（11.3）；回顾这些章节的相关内容或许能有所帮助，虽然大部分概念将在下面总结。我们可以把总利润 R 的方程转化为单位产出的利润方程，即把方程（12.1）两边除以产出 Z，如方程（10.7）那样：

$$\text{单位产出利润}=\text{单位产出价格}-(\text{单位原材料成本}+\text{单位劳动成本}) \tag{12.2}$$

或者

278
$$\frac{R}{Z}=P_z-\left(\frac{P_m M}{Z}+\frac{wH}{Z}\right) \tag{12.3}$$

在之前的章节，我们注意到，对于所有产品来说，单位产出的原材料成本都是一样的，因为同样的要素进入单位产出当中，同样的设备也用同样的方式生产单位产出。正如第 10 章那样，我们用 *umc* 来表示**单位原材料成本**，类似地，因为生产所有产品需要同样的劳动过程，我们将单位产出的劳动成本视为所有产品所共有的，并称其为**单位劳动成本**，记作 *ulc*。这让我们得以写出一个表示单位产出利润的更为简单的表达式，见式（10.8）：

$$\frac{R}{Z}=P_z-(umc+ulc) \tag{12.4}$$

其中，$R/Z=$ 单位产出利润；

$umc=$单位原材料成本（每单位产出的原材料成本，即 $P_m M/Z$）；

$ulc=$单位劳动成本（每单位产出的劳动成本，即 wH/Z）。

同样，为了简化问题，在本章中我们将把 P_z 和 *umc* 都视为固定不变的。我们将 P_z 视为固定值是因为调价策略我们已经在第 11 章中讲过（所以本章不再赘述）。我们同样认为单位原材料成本已经由技术和原材料价格决定，所以 *umc* 也是固定不变的，至少在进行新机器设备的重大投资之前，资本品不会发生变动。

在价格和原材料成本固定的情况下，企业主或管理者可以通过降低 *ulc* 来提高单位产出利润 R/Z。当然，我们也需要从工人视角来考虑 *ulc*。单位劳动成本可以表达为每小时工资与工人平均每小时产出的比值：

$$单位劳动成本=\frac{wH}{Z}=\frac{w}{Z/H}=\frac{每小时工资}{每小时产出}=\frac{w}{z} \tag{12.5}$$

其中，ulc=单位劳动成本；

z=每小时产出，以实物表示，$z=Z/H$。

这就是说，单位劳动成本是通过每小时工资（w）除以每小时产出（z）得到的。注意，虽然我们将 ulc 用两个以**小时**为单位的量表达出来，但“小时”被抵消，其结果是 ulc 并非以小时计量。**单位劳动成本**是为生产每单位产出而支付的劳动报酬数量。接下来我们会把它写成更有用的形式。

在第 10 章嘉渔公司的例子中，我们知道了每小时单位产出数量 z 可以视为（1）**劳动付出**和（2）劳动付出转化为产出的速度，或者说是**劳动效率**的结果。这些变量根据**每小时劳动付出（e）**和**劳动效率（f）**来定义和度量。我们还从第 10 章中了解到，把这两个数量相乘，我们可以得到**每小时产出**（Z/H）$=z=ef$。我们用它来 279
改写单位劳动成本的表达式（其中包括每小时工资 w 和每小时劳动付出 e）：

$$ulc=\frac{w}{z}=\frac{w}{ef} \tag{12.6}$$

其中，e=每小时劳动付出；

f=劳动效率。

在第 10 章嘉渔公司的例子中，每小时劳动付出 e 按照一个工人每小时撒网捕鱼的次数来衡量，劳动效率（f）则按照每撒一次网能捕获的鱼的数量来衡量。当一个工人每小时撒网五次（e=5 次/小时），平均撒一次网所能捕获的鱼为 5 磅（f=5 磅/次）时，每小时捕鱼产出（z）为：

$$每小时产出=z=ef=5\times5=25\text{ 磅(每小时捕鱼量)} \quad (12.7)$$

每小时工资 w 为 18.5 美元，所以每小时劳动成本 ulc 为 $w/z=$ 18.5/25=0.74 美元/磅（见表 10.2）。如果嘉渔公司可以使工人每小时撒网次数达到 6 次，利润率的其他决定因素不变——尤其是如果每网捕鱼量不变——他们将在每小时捕获 30 磅鱼，利润率也会提高。

然而，要记住一个变量在方程中的变化和其计算结果也许不会完全在现实中实现。如果在每小时工资水平不变的情况下，你被要求工作更快，你会做何反应？会觉得这公平吗？工人们也许会放慢工作速度而不是加快，或者他们的工作质量会下降。有时，雇主用奖励来代替鞭打会是更加明智的选择。

一个公司可以通过找到降低单位劳动成本（ulc）的方式来提高利润率（假定其他利润率的决定因素不发生变化）。如方程（12.6）所示，降低 w，增加 e，提高 f，或三者结合起来，都可以降低 ulc。因此，试图提高利润率的雇主会尽力去降低 w 及增加 e 和（或）提高 f。

就单位劳动成本的两个因素而言，雇主和工人所希望的恰恰是对立的事情：雇主希望更低的 w 以及更高的 e，而工人却希望更高的 w 和更低的 e。对于 ulc 的第三个决定因素 f，雇主的利益与工人的利益是一致的，这一点将在下一章讨论。

这样，在 w 和 e 方面，工人和雇员之间的冲突就是直接而明显的。一个公司只能通过使其工人更加努力（或更快）地劳动来增加 e，也只能通过减少工资来降低 w。

那么什么决定了 e 和 w 的水平呢？二者在很大程度上都是由工人——个人或集体——和他们的雇主的相对议价能力决定的。例如，在男子职业篮球比赛中，美国篮球运动员协会（National Basketball Player Association）会集体与以 NBA 总裁为代表的球队老板谈判，讨论每支球队在球员工资上必须花多少钱。

先来看看工资 w。在 16 个私人部门（即 280
非政府部门）中，有 15 个部门中工人的工资谈判几乎就是个别工人与其雇主之间的事。因为在 16 个私人部门中，只有 1 个部门的工人属于某一工会。当工人由工会代表时，那么谈判就发生在工会谈判者与雇主代表之间，这就被称为**集体谈判**（collective bargaining）。例如，在美国东部的矿区，美国矿工联合会（UMW）就代表该地区加入工会的煤矿工人，而矿主委员会则代表煤矿公司进行谈判。

在就工资和其他雇佣条件进行谈判时，工会集体代表工人，雇主或许也由雇主协会集体代表，这时就发生了**集体谈判**。

单位劳动成本

在 2013 年，据工业咨询公司奥洛克集团称，对一件由孟加拉国服装厂生产的普通针织马球衫支付的价格为 12 美分。这就是衬衫的单位劳动成本。它的零售价为 14 美元。

在孟加拉国，最低月工资是 68 美元（2013 年），而在美国，以八小时计的平均月工资达 1 260 美元。因此孟加拉国制衣工人每小时赚到 68/1 260×7.25＝0.40（美元）。显然，制成一件马球衫需要 0.3 小时（18 分钟），每名工人每小时能够缝制 3.33 件马球衫。

如果我们从每小时制成 3.33 件马球衫和每小时工资为 0.4 美元入手，可计算出每件马球衫包含的单位劳动成本为：$w/z=0.4\div 3.33=0.12$（美元/件）。

但是如果一件马球衫的售价为 14 美元，谁又得到了剩下的 13.88

美元呢？如果不是服装厂的工人又会是谁？下面的表格给出了答案。

注意，下表中明确指出单位劳动成本既不是马球衫的原材料生产成本，又不是加工成本（比如，运用涂层技术而使熨烫变得不必要）。

服装厂支付了布料、棉花、其他原材料以及成品过程（即它所购买的商品和服务）的成本，但服装厂并不知道或不关心纺织厂还有其他供应商的劳动成本是多少。这样的间接成本是不会被服装厂视为生产马球衫的劳动成本的：服装厂只关注每匹布料的价钱和机器在生产特定数量马球衫后的磨损程度。因此，孟加拉国生产马球衫宣称的单位劳动成本低估了实际生产的单位劳动成本——虽然可能只有几美分的差距。

2013 年，孟加拉国生产一件马球衫的成本为：

3.69 美元	原材料和加工
0.12 美元	劳动成本
0.07 美元	工厂经常性费用
0.18 美元	代理经销
0.58 美元	工厂利润
1.03 美元	货运/保险/关税
5.67 美元	零售商总成本
14.00 美元	零售商售价（150%的成本加成）

资料来源：O'Rourke Group，Partners LLC，maclean.ca，April 2011，available at http://www.ecouterre.com/infographic-how-much-does-that-14-t-shirt-really-cost/14-t-shirt-2/?extend=1.

281 在集体谈判中能“赢”得什么，这取决于雇佣双方都无法控制的许多因素。雇主不能任意设定工资。如果雇主提供的工资过低，企业将难以吸引和留住工人。因此，劳动市场的状况——类似工作的工资水平，尤其是失业率——会给雇主愿意提供的工资水平设置界限。

同理，一个工会，无论它有多么强大，也不能任意要求或预期得到某一工资。举一个极端的例子，如果工会所要求的工资使单位劳动成本（ulc）高于产品价格，即使没有其他成本，雇主也不可能从雇佣劳动中谋取到利润。在这种情况下，追求利润最大化的雇主连一个工人都不会雇用。

工资谈判会在一个可能的工资范围内达成，这个范围受到劳动市场的状况、劳动生产率（z）和产出价格（P_z）的限制。如果雇主占上风，工资便会倾向于该范围较低的那一端；如果工人（通常是当他们组成工会时）更强大，工资便会倾向于该范围较高的那一端。然后，工资谈判形成正式的合约，其中规定了每小时报酬率（w）以及一些劳动条件（如预留午餐时间）。

所有者与工人的谈判力

一个独立工作的工人，有时也有能力自行购买原材料并维持自己的生活，一直到作业完成。他兼有劳动者及雇主的身份，享有全部劳动生产物……可是，这种实例不多。就全欧洲来说，其比例是，在老板下面工作的工人有二十个，自己独立工作的工人只有一个……

劳动者的普通工资取决于劳资双方所签订的契约。这两方的利害关系绝不一致。劳动者盼望多得，雇主盼望少给……

但在一般的争议情况下，要预知劳资双方谁占据有利地位，谁能迫使对方接受自己提出的条件，绝非难事……在所有的争议中，雇主总比劳动者能坚持更长时间。地主、农场主、制造者或商人，纵使不雇用一个劳动者，也往往能靠已蓄得的资本维持一两年生活；失业劳动者能维持一星期生活的已不多见，能维持一个月的更少，能维持一年的简直没有。就长时期来说，雇主需要劳动者的程度也许和劳动者需要雇主的程度相同，但雇主的需要没有劳动者那样迫切。

——亚当·斯密：《国富论》，1776 年

商业机构的业主和他们的工人之间是不平等的，他们的利益在某种程度上是相互冲突的。前者自然期望从其雇员身上获得尽可能多的劳动，而后者常常恐惧遭到解雇，进而服从雇主的管制。这些管制，据法院公正地做出的判断，对劳动者是有害的……换句话说，业主制定规则，而劳动者实际上除了服从之外别无选择。

——美国最高法院，1898 年

资料来源：Adam Smith，*An Inquiry into the Nature and Causes of the Wealth of Nations*（New York：The Modern Library，Random House，1937），Book I，Chapter VIII；U. S. Supreme Court，*Holden vs. Hardy*，169 U. S. 366（1898）.

劳动纪律：胡萝卜与大棒

282 同工资一样，工人每小时的劳动付出（e）也取决于谈判过程。这个谈判过程虽然每天都在发生，但却从未达成合约。这是为什么呢？

一份雇佣合约常常要确定三个条件：（1）工资率；（2）劳动小时数；（3）在劳动时间内雇主指挥工人使其付出劳动的权利。前两个条件可以事先精确地加以说明。例如，每小时的工资率常常会精确到多少美分。同样，小时也可以精确到分钟，明确规定小憩时间、午饭时间甚至在某些情况下，还会规定洗澡往返的时间。

雇佣合约的条件（3）尽管赋予了雇主支配工人的权利，但通常事先很难精确地规定工人要付出多少劳动。一个工人的劳动必须达到何种卖力程度？工人应当在何种程度上服从雇主的命令？在工人受雇时，雇主只能设立一个最宽泛的限制。一种极端情形是，工人尽其所能地去做雇主交代的任何事。另一种极端情形是，他们所做的工作量仅限于保证不会被解雇。在这个范围内，实际结果会是什么，在劳动开始之前是无法明确下来的。

雇主在劳动市场上购买的是**潜在的**劳动服务的权利。但稍做思考，我们就会发现这根本不是雇主所需要的。雇主所需要的是实际的人类生产活动——真实的**劳动**——而不仅仅是当工人身处劳动场所时指挥他们劳动的权利。只有人的劳动付出本身才能生产出商品，企业则必须销售商品而谋取利润。

换种方式讲，雇主在劳动市场上购买的是**劳动时间**（labor time）。正如我们之前所强调的，它与使生产得以发生所必须从事的实际**劳动**是不同的。为了获取利润，雇主必须想方设法确保在已购买的劳动时间内会产生一定的劳动量。因此，雇主必须有能力从其工人身上**榨取劳动**。

> **劳动时间**衡量的是劳动的小时数；它并不衡量完成了多少劳动，因为可能存在着不同的劳动付出水平（劳动强度）。

工人则从另一角度来看待这一情势。雇佣合约明确规定的工资将得到支付。而工人实际要完成的劳动量则是一个变数。实际完成的劳动量取决于诸多因素，如工人对劳动的喜好程度，工人对劳动的憎恨程度，以及雇主对工人从事了多少劳动进行监督的难易程度。根据这些因素，工人可对其从事的劳动量进行选择：大于、等于还是小于雇主所期望的劳动量。当然，雇主也有许多可用的方法来确保工人努力劳动，我们在下一章会考察其中某些方法。这里的要点是，除非工人愿意从事雇主所期望的那么多的劳动，否则雇主和工人之间围绕劳动付出（e）的水平将存在冲突。

这种冲突的原因之一是，工人从事劳动，而雇主最终占有了生产出来的东西。那么，如果工人拥有原材料、机器和生产所用的其他资本品，会发生什么情况呢？生产者就不必为他人劳动了，而是可以选择为自己劳动。他们可以作为独立的商品生产者进行生
283 产——譬如，就像资本主义的生产组织方式占据主导地位之前，美国的“老中间阶级”所做的那样（而且在某种程度上，他们现在仍然是这样；见第 7 章）。

或者，希望为自己劳动的人也可以组织一个由工人所有和控制的企业（见第 5 章专栏“拥有你的工作，选择你的老板”）。无论是作为独立生产者、工人/所有者抑或自我雇佣的劳动者，都不仅拥有生产中所利用的资本品，而且占有生产出来的产品。因此，他们会有努力劳动的兴趣，或者至少有兴趣确认其同伴没有偷懒。许多观察者发现，那些为自己劳动并享有自己的劳动成果的人同那些由雇主支付小时工资的人相比，劳动起来更为努力。

然而，如我们在表 7.3 中所了解到的，在像美国这样的国家里，绝大多数在外劳动的人都不是独立的生产者，而是为雇主在劳动，以赚取工资或薪水。为此，在今天大多数高度发达的经济中，工人和雇主之间的冲突广泛存在。

雇主将**劳动时间转化成生产性劳动**的过程被称为**从工人身上榨取劳动**（extraction of work from workers）而不是**与工人交换劳动**，因为该过程赖以发生的条件不同于市场中通行的条件。为了控制劳动过程并榨取工人的劳动，雇主以等级制的方式组织劳动。总裁位居顶层，其次是副总裁，一条统制链条一直向下延伸到从事实际生产的工人。位于不同层次的老板、工

> **从工人身上榨取劳动**是将雇主购买的劳动时间转变为实际付出的劳动的过程。

头和监督者构成了一个企业的**管理层**，而管理结构使雇主得以榨取工人的劳动。正是由于管理层在劳动榨取过程中的这种中心作用，雇主和工人间的关系有时被称为“劳资关系”。

当然，管理层所做的不仅是榨取工人的劳动。经理及其下属还必须组织对工人的雇用、协调企业的运行、进行投资决策、安排产品的销售。即使在劳动过程中，经理们所做的也不仅仅是组织对劳动的榨取。一方面，在囊括了高度专业化的任务和复杂的分工的劳动过程中，需要对雇员进行协调。例如，在一个鞋厂里，必须把缝纫工所需的皮革的数量和形状通知裁剪工。但另一方面，许多劳动过程也不需要老板来协调。还是以鞋厂为例，鞋厂的缝纫工有可能就其对皮革的要求直接与裁剪工进行沟通。

注意到下面一点是有趣的：需要等级制的权力关系以确保投入转变为产出只适用于一种投入品，即劳动。当一吨钢或一台新机器被购买时，人们可以准确地预测这些投入如何带来产出，一吨既定类型和质量的煤在一个特定的炉子里燃烧会产生确定数量的热量。钢铁和机器没有自己的意志；当老板下达命令时，它们不会违抗。当然也不需要有一排失业的机器“站”在工厂门口，以使里面的机器努力地工作！

有一句古老的谚语“一分耕耘，一分收
获”，这句话的两边都受制于谈判和冲突。
当然，在工人被雇时（或经工会谈判的合约
需要重续时），工资（“一分收获”）就需 284
要谈判并写进合约。但是，“一分耕耘”
的内容却无法写入合约，只能由此后的劳
动过程来决定。我们称之为**不完全劳动合**

不完全劳动合约是雇主和工人之间的合约（意义明确的或不明确的），其不完全性的含义是，它只确定了工资率，而没有确定要由工人执行的确切的任务或所提供的劳动付出量。

约（incomplete labor contract），是为了强调劳动合约只包含工资（因此可由法院强制执行），但合约并没有包含要由工人提供的劳动付出的量（因而必须由双方日常的意志冲突来决定）。

对所从事劳动给予确定的合约是雇主和工人之间的协议，它确定了对实际劳动活动而非劳动时间的报酬。

计件工资是这样一种工资支付形式：工人根据生产出来的每单位产出而非劳动时间来得到支付。

为了避免管理难题，雇主为什么不支付实际劳动而支付潜在劳动呢？为什么不支付劳动而支付劳动时间呢？解决这个问题的办法之一，就是雇主在雇佣合约中详细确定工人所要完成的所有任务。这种合约常被称为**明确规定工作内容的合约**（contract specifying work to be done），适用于一些诸如割草和整理草坪之类的非常明确的工作；在这些情况下，报酬要在工作完成后才能支付。对于某些此类任务，就像用计算机程序来明确完成那样，企业可以和单个契约方签订明确的合约。另一种方法是**计件工资**（piece rate）制，雇员每完成一份劳动（如在一件衬衣上缝上一个衣领），就可获得一定数目的货币（如 0.5 美元）。在这两种方法中（当然还有其他的方法），雇主支付的都是实际的劳动，而不是潜在的劳动，并且不需要统制型关系。

尽管详尽的合约和计件工资制这两种劳动报酬方法有时被使用，但每一种方法都存在着实际的困难。首先，合约的方法不灵活，且成本高昂。试想一下，拟就一份合约，其中要确定完成一项工作所需的每一种活动。单是要列出所有的工作任务，就需要长长的文件。而且，即便是一份冗长的合约，也无法完全列举出工人为了创造利润所要做的一切事情。事实上，工人进行抗议的一种有效形式就是“照章办事”，也就是说，严格遵守劳动规则和规章，其结果则是生产的显著降低。

合约方法带来的另一个问题，是如何确定合约所规定的劳动量业已完成。人们一眼就可以看出草坪有没有被修整过。但在很多情况下，要准确地判定每个工人从事了多少劳动（以及属于哪种类型、具有何种质量），会是一个代价高昂的过程。况且这由谁来决定呢？工人和雇主都各执己见。而且，每当有新任务要做或工人需要被重新安排时，还需拟就新的合同。

出于同样一些原因，计件工资制也存在缺陷。一个问题是，它无法运用于许多劳动过程。如果要按计件工资制对一个工人进行支付，那么他/她的生产贡献必须有可能从其他工人的生产贡献中分离出来；只要工人在一个复杂的生产过程中进行合作（如在一个汽车厂或沃尔玛商店），就不可能将一个工人的贡献与其他人的区分开来，因此就不能运用计件工资制。另一个困难是，只有当工人反复从事某个特定的工作任务时，才能按既定的计件工资率付以工资。在更为复杂的工作中，每份任务都会有不同的计件工资率。最后还存在着劳动速度的问题。从表面上看，雇主似乎并不在乎采用计件工资的工人的劳动的快慢（因为雇主只按产出而不按时间来支付）。但事实并非如此。工人要利用如建筑物这样的资本品，为此雇主必须支付固定成本，从这个意义上讲，工人的劳动速度将影响
企业的利润率。（这是因为，更高的产出率会削减每劳动小时的固 285
定成本。）在此情况下，雇主会得益于确保其工人的劳动效率，因此，榨取劳动的问题仍然会存在。

基于这些及其他一些原因，无论是合约方法还是计件工资制在今天都没有得到广泛运用。合同制（以分包制的形式）有时被运用于雇用电工、管道工及其他高技能工人，但在其他情况下，其应用则非常有限。计件工资的使用较为广泛，尤其是在制造业和某些农业工作中，但对计件工资的利用仍然是很有限的。一般而言，雇主

已经发现了其他更为有利可图的劳动过程的组织方式，因为这些组织方式使得将劳动时间转化为劳动变得更容易了。

然而，工人通常会抵制那些使他们的劳动节奏快于他们眼中的正常速度的做法。为了应对不合理的要求，他们会形成个人的抵抗策略，会联合组成非正式的劳动团体，或通过其工会公开进行抵制。我们将在下一章更详细地探讨劳动场所中的各种冲突。

劳动市场、工资与劳动强度

在**劳动市场**上，工人们出卖他们的劳动时间（而非劳动本身）以换取工资；雇主是劳动时间的需求者，工人则是供给者。

通过**劳动市场**（labor market），雇主雇用工人，工人找到工作。在这个市场上，雇主是劳动时间的需求者，工人是劳动时间的供给者。跟所有市场一样，存在着**自愿的交换**；没有谁有义务或被迫签订一项合约。而在劳动场所，为了榨取工人的劳动，雇主必须针对工人运用某些权力。雇主具有这样做的能力，这源于劳动市场的特殊性。劳动市场的运行不同于其他市场。两者的某些特征虽然相同，但又有根本的区别。

劳动市场在竞争和冲突的特征上与其他市场并无二致。如前一章我们所看到的，商品市场包含着程度不等的竞争。劳动市场总体上看是富有竞争性的：通常有许多劳动时间的需求者，而且在大多数情况下，也有许多劳动时间的供给者。

商品市场是企业针对消费者或其他企业为竞争优势而战的战场，然而劳动市场却是另一种类型的战场。在这里，冲突存在于雇主和工人之间，针对的是工资、劳动强度、劳动场所的安全程度以及医疗和退休金等其他问题。

在雇主的"军火库"中，一个关键的武器是其能提供（或夺走）工人所需要的工作。虽然雇主和工人彼此需要，但通常雇主在没有工人的条件下比工人在没有雇主的条件下能持续更长时间。正如亚当·斯密所说："就长时期说，雇主需要劳动者的程度，也许和劳动者需要雇主的程度相同，但雇主的需要没有劳动者那样迫切"（见专栏"所有者与工人的谈判力"）。如果一个工人碰巧是工会中的一员，那么他/她可以在短期内得到工会罢工基金的资助，但这种基金很快就会告罄。因此，工人不得不主要靠工作来获得收入（工会会费就是从收入中支付的），而雇主常常会有其他的支撑手段（如来自其他投资的财产性收入）。

正是雇主对资本品的所有权——而工人没有这种所有权——使 286
得前者对后者的生计能进行一定程度的控制。原因有二：第一，资本品所有权所产生的特权之一，就是雇主有权准许（或排除）他人利用其所占有的财产。这项特权赋予雇主以雇用或解雇工人的权利。第二，因为工人们普遍不占有工具和原材料，他们没有选择，必须为了自己而加入企业。所以，为了谋生，他们必须为某一雇主劳动。

既然资本品所有者有权雇用或解雇工人，雇主就有权控制工人的收入。因失去工作所导致的收入的损失被称作**失业成本**（cost of job loss，或 *cjl*）。一个雇主对一个工人有多大的控制力，在很大程度上取决于工人所面临的失业成本的大小。失业成本越高，雇主对工人的控制力就越大。倘若一个工人有了其他生活来源，譬如有可能换份工作，或有丰厚的失业救济金，则失业成本较低，雇主对其的控制力也就会减小。这样一来，雇主和工人之间围绕着决定失业成本高低的那些因素——如能否找到别的工作、能得到多少

失业成本：工人因辞职或遭解雇而导致的收入损失。

失业救济金等——就存在着直接的利益冲突。

其他一些因素也会对雇主和工人间的冲突产生影响。例如，工人若属于某一工会，雇主就不得不应付罢工和怠工的问题。当然，雇主无法真正对那些拥有技能的工人以解雇相威胁，这些技能对于企业的运营来说是必需的，而且要花很大的成本才能教授给其他员工。工资率和劳动速度的变化还经常受到被普遍认同的价值观的限制，这些价值观涉及工人所从事的劳动与雇主所应付的报酬之间的公平关系。这样的价值观被称为**劳动和报酬的准则**。

政府是影响劳动速度和工资率的另一个重要因素。政府可以制定最低工资政策，确立劳动场所的卫生及安全条件的标准，以及制定一些规章，从而对工人组织和加入工会的权利产生影响等。几乎没有一个市场不受政府政策的某种形式的影响，劳动市场也不例外（第 19 章将详细考察政府和经济之间的关系）。

失业成本

在大多数情况下，失业成本（cjl）是决定劳动强度（e）和工资率（w）的最重要的因素——这个成本的大小至少在一定程度上可以较为准确地估算。如果一个工人遭到解雇，他将会面临一个时期的失业。如果满足必要条件，他将从政府获取相当于原工资一部分的失业救济金。在失业期间，他当然会去寻找一份新的工作，而且可能会在某个时候找到。暂且假设他最终获得了一份与原来薪水相同的工作。基于这一系列事件，我们可以将失业成本表示如下：

287 $$cjl=(ww-ui)ud \qquad (12.8)$$

其中，cjl＝失业成本；

ww＝失业前的周薪（税后）；

ui＝每周可获得的失业救济金；

ud＝预期失业周数（持续时长）。

式（12.8）意味着，失业成本（cjl）等于原来的周薪（ww）与眼下每周的失业救济金（ui）之差，再乘以预期的失业周数（ud）。当工人找到了另一份工作时（假设他能找到），失去前一份工作的成本实际上就知道了。

例如，考虑有一个被解雇的工人，他在失业前每周挣 400 美元（税后）工资。如果该工人有资格领取失业救济金（对这一资格的要求各国有所不同，但通常来说，要获得该资格，一个工人在此前一年必须是为同一雇主工作，并挣得一定数量的工资，从原因上来讲是由于下岗而不是被解雇），他/她将有权获得譬如每周 200 美元的失业救济金。（救济金的数额一般会比原工资少得多，比如在美国，政府只支付 26 周这样的救济金。）如果工人可以在 20 周（即 5 个月）内找到另一份工作，那么这个例子中的失业成本就可以计算如下：

$$cjl=(400-200)\times 20=4\ 000(\text{美元})$$

如果工人没有被解雇，他的税后年收入就应该为 20 000 美元。但是，因为有 20 周的失业，这个工人的税后年收入为 16 000 美元。

在前述例子里，我们假定被解雇的工人可以找到另一份工资水平相同的工作。这个假设中存在一个问题，比如在美国，制造业部门已经在萎缩［见图 7.1（b）］。因此，失去制造业部门工作的工人常常不得不在扩张的服务业部门里接受报酬较低的工作。对这些工人来说（实际上也是对所有那些不能在新工作中得到相同或更丰厚的工资的工人来说），失业成本比式（12.8）所表示的要高得多。总的失业成本不仅应该包括失业期间的收入损失，而且应包括工人的新旧工资水平之间的现行差额。

从其他方面来看，我们的简单例子也低估了失去工作的成本。第一，由于严格的资格标准和最长20周的失业救济金的期限，在任何既定时间，美国大多数失业工人实际上并不能获得失业救济金。因此，对于大多数失业者来说，每周收入的净损失恰好等于失业前的周工资。第二，失业救济金只取决于之前的工资而不是工人之前所获得的补助。但是许多工人的损失超过了工资本身：由前任雇主
288 提供的一切医疗保险也会丧失［或者在短期内，他们还有一种选择就是，每月支付奇高无比的失业后的健康保险（COBRA费用）来将之前拥有的保险期限延长一年或者更多］。第三，还有失业的非经济成本，包括各种不便、焦虑、受到的羞辱及个人的精神创伤。一个人的自尊是和拥有一份工作紧密相连的。因此，即便在解雇引起的创伤有所缓和后，一个失业者还是会觉得他失去了他人对他的尊重（见第16章专栏“失业所带来的伤害”）。

规避失业成本

对一个工人来说，在多大程度上值得去规避失业的成本——即使我们仅考虑经济成本？确定这一点的方法之一是去了解，在工人对失去工作变得满不在乎之前，现行工作的工资能低到什么程度。在这样的工资水平上，工人很可能决定辞职。但在决定辞职之前，他们会估算一下失业成本，并考虑诸如这样一些问题：另找一份工作要花多长时间？在那段时间内潜在的失业成本会是多少？（请牢牢记住一个辞职者是不能获得失业救济金的。）从事新工作是否挣得更少、医疗保险更低或与当前的工作相比更不令人满意？可以假定，至少工人愿意接受将现行工作的工资削减一定数额，以避免预估的失业成本。例如，一个工人目前每小时挣16美元，在其工资降

低到每小时 10 美元之前，他会愿意继续从事现有的工作。在 10 美元的工资水平上，保有目前的工作并不比被解雇和辞职更好。这个较低的工资，即每小时 10 美元，被称为工人的**保底工资**(fallback wage)。从工人的立场看，保底工资反映了他在失去现有工作时的预期（包括失业成本）。因此，保底工资衡量了一个工人保有其现有工作的机会成本。

> 在**保底工资**水平上，相对于被解雇或辞职，工人对保有其现有工作已无偏爱；随着在失去现有工作时工人的预期收入的变化，保底工资也会变化。

如果雇主提供的只是保底工资，工人将不再在乎自己是否会遭到解雇。在工人看来，此时失业成本（cjl）为零。并且，由于这个只得到保底工资的工人对被解雇满不在乎，他们会随心所欲地有时松懈有时勤快地工作。（当工资低于保底工资时，工人就不会自找麻烦再来工作了，也不会形成任何产出。）如果雇主只付给工人保底工资，但同时却试图以解雇来威胁工人，以期得到更多的劳动付出，那是不会有任何效果的。在工资只有每小时 10 美元时，工人会对任何解雇的威胁报以如下回应：“还我自由！”

若某个雇主想从雇员身上获得高于最低限度的劳动量，他必须支付高于保底工资的报酬。只有得到更高的工资，保有其工作对雇员来说才是重要的。工资越高，雇员的损失就越大，也就越有可能按照雇主所要求的那样努力地劳动。既有威逼（可能失业），又有利诱（高工资），雇员就会努力劳动。的确，随着工资的每一次相继增长，工人会更努力劳动，生产出更多的产出。

但这使雇主面临着如下两难：在已描述的这种情况下，只有支 289
付给工人的工资高于保底工资才能激励雇员努力劳动——而使工人努力劳动是谋取利润所必需的。可是，付以更高的工资将会增加主要成本，该成本在计算利润时必须从总收入中扣除。雇主应支付多少工资？他必须在高工资对劳动强度（e）的正效应与支付更高的工资率（w）这一成本之间进行权衡。

雇主可以通过聚焦于单位劳动成本（ulc）最小化的目标来解决该付多少工资率这个难题。使单位劳动成本最小化有着使利润率最大化的效果［参见本章稍前在式（12.1）～式（12.4）的段落中对这种关系的解释］。通过聚焦于这个变量，雇主就可以准确地规定能使企业利润率最大化的工资。

回想一下，根据式（12.5），单位劳动成本（ulc）等于工资率（w）除以每劳动小时的产出（z）。再回想一下式（12.6），每小时的产出（z）等于劳动强度（e）乘以劳动效率（f）。这样，我们得到：

$$ulc = w/z = w/ef$$

那么，雇主怎样才能实现使单位劳动成本（ulc）最小化的目标呢？在寻求问题的答案时我们假定，工资率变化时劳动效率 f 不发生变化。这是一个合理的假设，因为 f 取决于雇员劳动时所使用的设备的数量和品质，而这在此处考虑的时期内不会变化。因此，单位劳动成本（ulc）的变化方向将完全取决于工资率（w）和劳动强度（e）之间的关系。

设想一种情况，此时雇主仅支付保底工资（用 $\underline{w}$ 表示）。在这种情况下，雇主提高工资率就能有所收益。为什么呢？随着工资的增加，e 会以更高的比例增加，进而 ulc 会降低，利润率会提高。而且，在这种情况下，雇主通过不断提高工资率还会持续得益。与 w 相比，只要工资的增加能引起 e 以更大的比例增加，这种情况就会持续下去。只要是这种情况，w 的增加就会使 w/ef 中的分母上升得比分子快（因为 e 增加得比 w 快），从而降低 ulc。其结果自然是利润率的提高。

然而，这也有一个难题：一个人劳动的努力程度是有极限的（而且，一个人越努力劳动，就越接近极限），随着对劳动付出的极限的接近，一个工人因工资增加而提供的劳动付出的追加量将逐渐变得越来越少。在某一点上，继续提高工资将不再有利于雇主。当增加工资带来的劳动付出的增长没能大到足以削减单位劳动成本时，追求利润的雇主就会停止增加工资：在这一点上，增加 w 将不会提高利润率。也正是在这一点上，雇主向工人支付的是使企业利润最大化的工资。（一些经济学家将此称为“效率工资”。）

为了形象地说明上述分析，我们给出如下（假设的）个案研究。设想一个企业通过多年的观察发现，当工资率提高时，其雇员每小时会生产更多的产出。产出增加是因为工人在更高的工资率水平上更卖力地劳动：这个反应既源于“胡萝卜”，即工资率提高；又源于“大棒”，即在较高的工资率水平上，损失也会更多（潜在的失业成本）。表 12.1 提供了在我们考察的这个假想的企业中，工资率和工人的每小时产出之间的关系。

表 12.1　工资-产出关系

工资率（美元）	每劳动小时产出（单位）	290
10	20	
12	34	
14	46	
16	56	
18	64	
20	70	
22	74	
24	76	

这里假定，除非工资至少为每小时 10 美元，否则产出为零。这

是保底工资。但随着工资率的上升，雇员会提供更多的劳动付出，每小时产出（z）也会增加。起初，工资增加会带来每小时产出的实质性增加。然而，随着工资进一步增加，因所付工资的每一次增加所带来的每小时产出的增长可能变得越来越小。最后，进一步提高工资对雇主来说变得得不偿失，因为当工资超过某一特定水平时，增加工资会降低利润率。

劳动榨取曲线描绘了在每个工资率上工人愿意付出的劳动强度。

图 12.1 呈现了一种每小时产出（z）如何随工资（w）上涨而变化的典型路径。这条曲线被称为**劳动榨取曲线**（labor extraction curve）。劳动榨取曲线表示，在每个可能的工资率（w）水平上，每小时有多少产出（z）被生产出来。以每小时产出（z）为纵轴，以工资率（w）为横轴，这条曲线可以在图上被描绘出来。像这样一条曲线的最重要的方面是沿曲线每一点的斜率。斜率是用 z 的变动量除以 w 的变动量得到的，是沿着曲线的切线。这可以被看作是**所付每美元工资的边际产出增量**。

假设我们所考察的企业只支付每小时 10 美元的保底工资（在图 12.1 中，在横轴上用 $\underline{w}$ 表示）。如果该企业将工资提高到每小时 12 美元，每小时产出将增加 14 单位，工资支付带来的（边际）产出增加（z/w）为每美元 7[＝14/(12－10）] 单位。可是，如果企业已支付的是每小时 22 美元的工资，并且把工资从每小时 22 美元提高到每小时 24 美元，每小时产出仅会增加 2 单位，即所付每美元工资的边际产出增量为每美元 1 单位。这是因为，由于前面已经提及的原因，工资增长对每小时产出增长的影响在逐渐减弱。

在这里描绘的过程中，有两个决策需要单独进行。首先，雇主做出对所提供的工资率（w）的选择。其次，工人做出对特定劳动强度（e）的选择，或者说，如果得到雇主所提供的某一工资，工人的劳动的努力程度如何。雇主断定，支付更高的工资会让他们从工人身上榨取更多的劳动，这种认识可以用图 12.1 中的劳动榨取曲线来表示。

291

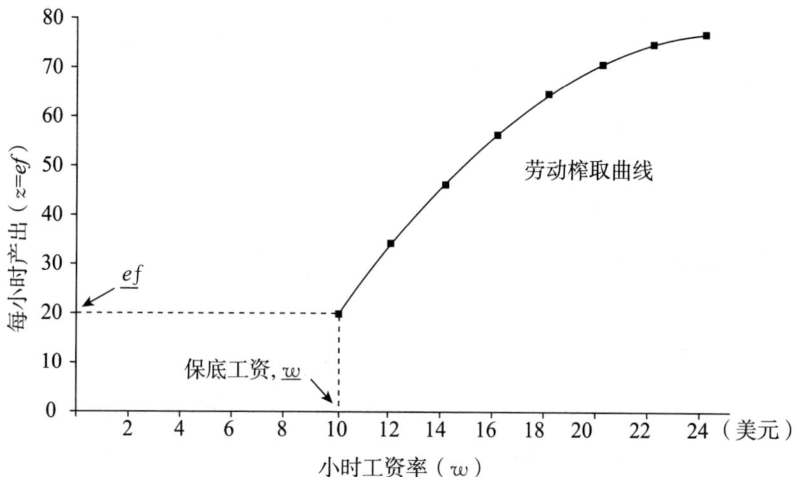

图 12.1　工资率和劳动强度

本图中的劳动榨取曲线显示了与所提供的每一工资率（w）相对应的每小时产出（z）。每小时产出表示在纵轴上。由于 $z=ef$，因此纵轴也表示了 ef。由于 f（劳动效率）不变（在短期的分析框架里，不可能有生产技术上的变化），因此纵轴上的任何向上或向下的移动都完全归因于劳动强度（e）的变化。

横轴表示的是小时工资率（w）。保底工资是 $\underline{w}$，在这个工资率上，工人的劳动付出（e）为最低水平。既然工资率下降到这个水平（$\underline{w}$）（在这个水平上，保有工作或失去工作对工人来说已没有区别），工人就选择了这一劳动付出水平。当工资处于保底工资水平时，工人的劳动付出量也位于最低水平，相应的每小时产出（z）（在图中表示为 $\underline{ef}$）也会处于最小值。因此，如果雇主支付的工资等于 $\underline{w}$，工人的劳动付出将是 $\underline{e}$，产出则是 $\underline{ef}$。

超过保底工资的工资率增长会带来更多的每小时产出：由劳动榨取曲线上的点表示的每小时产出水平随着工资的增加变得越来越高。但在超过一个特定点后（劳动榨取曲线变得水平的那一点），工资的增加将不会带来每小时产出的增加，因为工人的劳动付出已臻极限。

工资增长在带来工人产出的增长方面的影响力递减（所付每美元工资的边际产出增量递减），这在劳动榨取曲线中也得到了反映。

如图 12.1 所示，劳动榨取曲线在起初迅速升高，随着工资率上升变得渐渐趋于平缓。正如前文所注意到的，该曲线不断下降的斜率反映了这样一个事实：工人在劳动不太努力的时候能够较容易地增加产出，但在他们已经很努力地劳动时，增加产出就没那么容易了。因此，给定 f（劳动付出量既定时能生产出来的产出）是不变的，劳动榨取曲线的形状将由与每一工资率（w）相对应的劳动付出量（e）来决定。

如果一个追求利润最大化的企业有表 12.1 所提供的、图 12.1 所表示的劳动榨取数据，它要提供的工资率是多少？我们可以通过等式（12.5）来尝试回答这个问题。该等式表明，单位劳动成本 ulc 等于 w/z。但除此之外，我们还需要记住这样一个事实：在单位劳动成本最小化时，利润率实现最大化。将这两点结合起来，我们可以看出，要让**利润率最大化**（ulc 或 w/z 最小化），需要使 z/w（每小时产出除以小时工资率）或 ef/w（因为 $z=ef$）**最大化**。换句话说，当 z/w（或 ef/w）尽可能大时，企业就会实现利润率的最大化。这一点具有直观的意义，因为对于任何既定水平的
292 f，当所付工资增加到使工人为了取得每美元工资尽可能地付出最高水平的劳动时，企业的利润才会最大化。在此情况下，企业就从每美元工资中获得了最多的每小时产出（z）。

这个分析逻辑可以再次通过图 12.1 中的劳动榨取曲线予以说明。不过，现在我们需要为该图的工资-产出曲线增添一些东西。首先，我们需要绘制一张新图，即图 12.2，其两条轴上的两个变量与图 12.1 一致，即每小时产出和工资率（纵轴是 z 或 ef，横轴是 w）。我们从原点（横轴与纵轴的交点）出发，在该图上画一条直线——任意一条直线即可。用数学语言来表达，这样的一条直线被称为“射线”，其斜率是 z/w 或 ef/w。由于是直线，因此线上任何

一点的斜率都相同。它的经济含义是，直线的斜率——不管我们怎么画它——表示所付每美元工资的平均产出（z/w）。它表明，在横轴的任一特定的工资率（w）上，企业从一美元工资支付中能得到的每小时产出有多少。

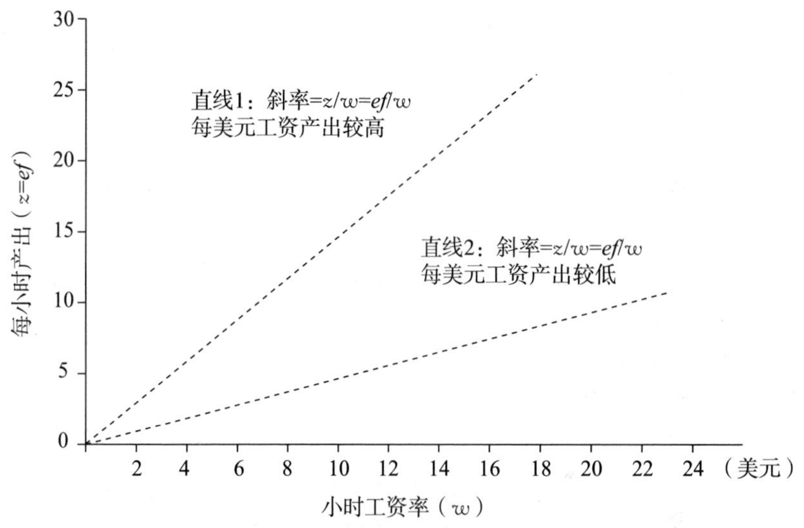

图 12.2　所付每美元工资的产出

本图表明，由原点绘出的射线具有不同的斜率。一条射线上的各点斜率均相同。在图中，射线的斜率表明，对于所付的每美元工资而言，能取得的每小时产出有多少。在数学上，图中射线的斜率为 z/w（每小时产出除以工资率）。射线的斜率愈大，所付每美元工资带来的每小时产出就愈多。

在图 12.2 中，**陡峭的**射线（如直线 1）表明，对于所付的每一美元工资来说，劳动付出（e）和每小时产出（z）都会更**大**。因此，一个追求利润最大化的雇主会偏爱两条可能的线中更为陡峭的那一条。如何定义“可能的”呢？答案是只有劳动榨取曲线上的点才是有可能的，因为劳动榨取曲线表示当工人面对特定工资水平（w）时所付出的劳动强度。图中曲线上表示的点不会真的发生。雇主必须把所选择的工资水平对工人的劳动付出的影响考虑在内。图 12.2 告诉我们，雇主更喜欢直线 1 上的点，在工资率为 10 美元时，雇主可以得到 15 个单位的产出。而直线 2 则表示，在相同的工资率水平上，雇主只能得到 5 个单位的产出。但雇主只能**在劳动榨取曲线上**选择一点。

293 我们可以从另一个角度来看待这个问题。寻求 e/w 最大化的雇主同时也在寻求 w/e 最小化，即寻求 w/ef——单位劳动成本（记住，我们假设 f 是给定不变的）最小化。在式（12.5）中，我们看到单位劳动成本（ulc）被定义为单位产出的工资成本 w/z，而这恰好是图 12.2 中一条射线的斜率 z/w 的**倒数**。这意味着，射线越陡峭（斜率越大），单位劳动成本**越低**。这是有意义的，因为我们知道，雇主所做出的**使利润最大化**的任何努力，同时也是**使单位劳动成本最小化**的努力。

图 12.3 使我们看到，一个欲使其利润最大化的雇主将选择支付工资 w^*，因为这是劳动榨取曲线相切于可能最陡峭的射线时的工资。这条射线的斜率比其他任何一条与劳动榨取曲线相交的射线的斜率都要大。

看一下图 12.3 中劳动榨取曲线上的 A 点。在这一点上，工资为每小时 12 美元，有 34 单位的产品被生产出来。在该点上，每美元工资的产出是多少？要回答这个问题，可以从原点画一条经过劳动榨取曲线上 A 点（横坐标为 12 美元、纵坐标为 34 单位）的直线，并考察由原点出发的这条直线的斜率。如果这样做，我们就会发现其斜率没有那么大。该斜率的数值约为 2.8（$=34\div12$），这意味着所付的每美元工资会有 2.8 单位的产出。

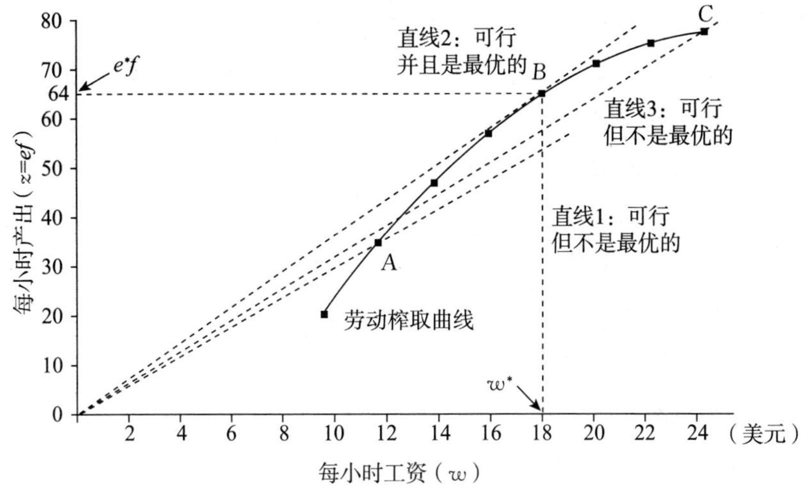

图 12.3　劳动榨取曲线与利润最大化

劳动榨取曲线告诉我们，在工资高于保底工资的各个水平上有多少产出。而各条射线表明每美元工资能换来多少小时产出。一个利润最大化的企业偏爱更陡峭的射线，因为射线越陡峭，所付的每美元工资就会有越多的产出。此外，在射线更陡峭时，单位劳动成本将更低，因为 *ulc* 被定义为 w/z，即射线的斜率（z/w）的倒数。但是，没有一个企业会位于劳动榨取曲线之上的射线上。这是因为，劳动榨取曲线表明了当所付工资高于保底工资时可能达到的产出范围。想实现利润最大化的企业的目标，在于找到那条斜率最为陡峭的射线（即对于所付的每美元工资，每小时产出最大），该射线同时又和劳动榨取曲线相切。站在企业的立场上，最优的射线是与劳动榨取曲线在图中 B 点相切的那条射线。由于与 B 点相对应的工资是利润最大化所趋向的工资，它被标示为 w^*（这里是 18 美元），而 e^*f 则是工资为 w^* 时的每小时产出（这里是 64 单位）。因此，当工资率为 w^* 时，单位劳动成本将最小，而利润最大，e^*f 则是对应的每小时产出。所有其他通过劳动榨取曲线上的某一点的射线都更平缓，单位劳动成本也更高。

因此，由 B 点代表的 w^* 和 e^*f 的特定组合向雇主提供了可能的最低的单位劳动成本和最大的利润率。

如果雇主把工资率提高到每小时 14 美元，会发生什么情况呢？ 294
随着工资的增长，企业的产出将增加到 46 单位（见表 12.1），经过劳动榨取曲线上的对应点的直线变得更陡峭。斜率增至大约 3.3，这意味着对所付的每美元工资而言，生产出来的产出为 3.3 单位。很清楚，雇主通过向其工人支付更多的工资而得益，但其利润率还未达到最大。如果雇主继续提高工资率，当每小时工资达到 18 美元时，每小时单位产出将变为 64 单位。每美元工资带来的产出为 3.6 单位，比此前两个点都要高。雇主通过提高工资增加了利润，因为每次劳动成本的增加都会带来产出的增加。然而，最大化利润已经达到了，如果雇主进一步提高工资水平将无利可图。在这一点上，从原点出发经过劳动榨取曲线的直线（直线 2）已变得无法再陡峭，并与劳动榨取曲线相切。此时工资率为 w^*，因为这是追求利润最大化的雇主要选择的工资。

然而，如果雇主没有了解曲线形状并继续增加工资，又会发生什么情况呢？劳动榨取曲线上的 C 点就代表了这种情况。此时，工资率为每小时 24 美元，产出率为每小时 76 单位。经过该点的直线（图 12.3 中的直线 3）没有经过 B 点的射线那么陡峭。因此，在此工资率水平上的利润率要低于 B 点工资率为每小时 18 美元时相应的利润率。这（再次）表明，如果雇主支付的工资均低于或高于每小时 18 美元，企业的利润率就不会达到最大化。显然，追求利润最大化的雇主不会想要工资水平过高或是过低，而是会选择支付每小时 18 美元的工资。

注意一个有关 w^* 的重要事实：它高于 $\underline{w}$（保底工资）。换句话说，在工资率为 w^* 时，雇员更情愿保住工作而不是失去它。这一点是相当明显的，但这个事实还有另一层含义：在工厂大门外，在办公室门外，甚或在企业内部，还有其他的工人，他们也想得到（但得不到）工资为 w^* 的工作。这些工人也许是失业者，也许是那些现在被雇用但对目前工作不太满意的人。如果目前拥有工资 w^* 的工人要辞职或被解雇，他们会乐意接过这一工作。

表 12.2 与表 12.1 有同样的信息，但增加了两列。第三列计算出每个工资率（w）所对应的每美元工资产出。在这一列，最大值

出现在雇主支付每小时 18 美元工资、每美元工资的产出为 3.6 单位 295
时。该表还显示，在这一点之前，每美元工资的产出持续上升，但到达此点后就开始下降。

表 12.2　工资率、每美元工资产出与单位劳动成本

工资率（美元）	每小时产出（单位）	每美元工资产出（单位/美元）	单位劳动成本（美元/单位）
10	20	2.0	0.500
12	34	2.8	0.353
14	46	3.3	0.304
16	56	3.5	0.286
18	**64**	**3.6**	**0.281**
20	70	3.5	0.286
22	74	3.4	0.297
24	76	3.2	0.316

同样需要注意的是，表 12.2 的最右侧一列中的单位劳动成本 295
（与第一列中的工资率相对应）随着工资率从保底工资每小时 10 美元上升到每小时 24 美元，先下降然后上升。在工资率为每小时 18 美元时，可以预知，单位劳动成本达到最低（每单位 28.1 美分）。这当然毫不足怪，因为如先前所解释的，在利润率最大时，单位劳动成本最小。

这里提供的追加数据使我们得以绘制出图 12.4，从而以另一种方式说明只有当每美元工资产出线相切于劳动榨取曲线（上半部分）时，单位劳动成本才能达到最小（下半部分）。

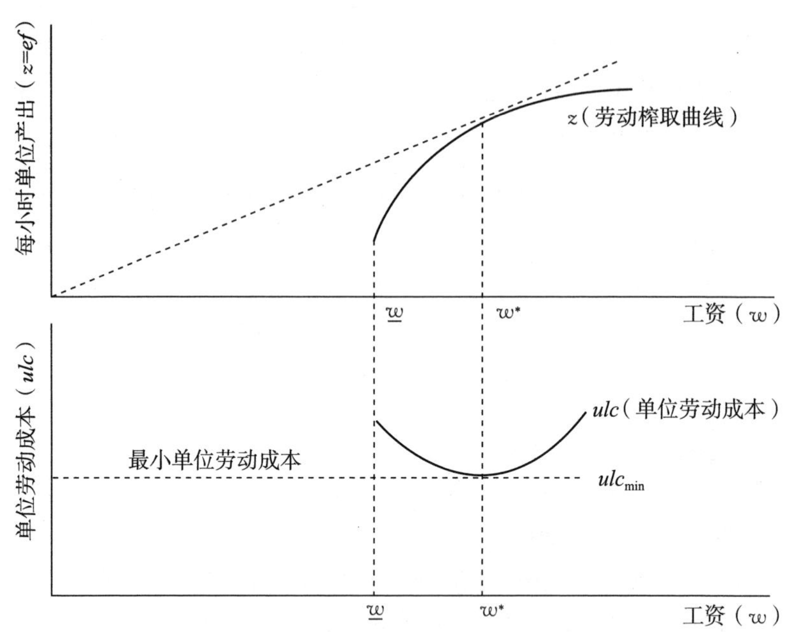

图 12.4　工资、劳动榨取、单位劳动成本和利润最大化

本图以一种不同的方式说明了以下思想：劳动榨取曲线与斜率为 z/w 的射线的切点，实际上就是单位劳动成本最小的那一点。图中绘出的这一点，和表 12.2 的数字是一致的。表 12.2 和本图都表明，当工资率为 w^*（表中的 18 美元及正文中举出的例子）时，单位劳动成本最小。

劳动榨取曲线的其他含义

本章关注工资率（w）与劳动强度（e）的关系，并**假定工资率是影响劳动强度的唯一因素**。下一章将放弃这个简单化的假定。但首先，还应该考虑劳动榨取曲线的另外三个含义。

第一，如果雇主能够通过各种方式增强其对工人的监管——例如亲自或雇用他人来进行严密的监督——单位劳动成本就会降低。当然，只有在增加了的监督成本被工人更高的劳动付出所产生的收
296 益抵消时，这种情况才会发生。近年来变得常见的是，越来越多的雇主使用监控摄像或其他技术来监督其工人在工作中的绩效（见第

13 章专栏“再次上路——带着一个盒子监视我”）。监管的增强会使劳动榨取曲线上移。这样的移动说明，在严密的监控下，工人在每一个工资率水平上会提供更多的劳动付出（及产出）。但是，正如我们所注意到的，对很多劳动过程来说，特别是对那些需要知识技能或包括大量思考的劳动过程来说，监督的增强可能不会提高 e，甚至会使它降低。

第二个含义可由图 12.5 看到。工人保底工资的任何增加，均会使整条劳动榨取曲线向右移动，这意味着对于任何给定的工资，劳动付出及相应的产出都会更低。例如，倘若更容易找到工资更高的工作，或者更容易得到失业救济金，以及这一救济金的水平被提高，就会发生这样的情况。

图 12.5 表明，当失业救济金有每小时 2 美元的增长时，会发生什么情况。失业救济金以这个幅度增加会使整个劳动榨取曲线向右移动 2 美元。这是因为，雇主若要榨取既定的劳动，就必须支付比以前多 2 美元的小时工资。保底工资从每小时 10 美元（图中的“原$\underline{w}$”）增加到每小时 12 美元（“新$\underline{w}$”），因为工人现在愿意在每小时 12 美元工资时被解雇（或辞职），他损失的 2 美元由失业救济金的额外增加部分（2 美元）弥补。现在，从雇主角度来看的最为有利可图的工资增加了（20 美元而非 18 美元），并表示为图中的“新 w^*”。而且，使利润最大化的这一新工资包含一个更高的单位劳动成本，因为经过 B 点的射线的斜率小于经过 A 点的射线的斜率。（在本章的所有图中，具有更低斜率的射线代表更高的单位劳动成本。）这个例子说明，为什么美国的雇主通常会利用他们在华盛顿的说客来反对失业救济金的任何提高。

297

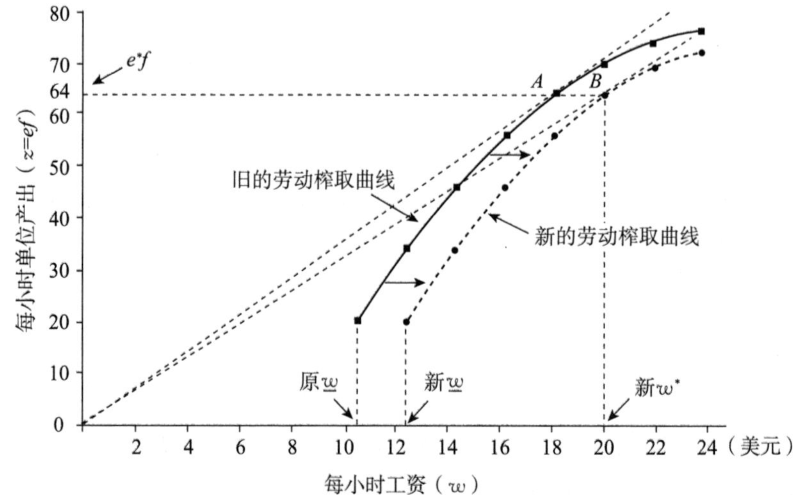

图 12.5　更多失业救济金带来的效应

随着失业救济金水平的提高，以及该救济金更容易被获得，工人的保底工资就会上升（每小时 2 美元），整个劳动榨取曲线将向右移动。这是因为，每个工资率上的失业成本减少了 2 美元。由于提高了的失业救济金有更多的缓冲效应，雇主必须提供更高的工资以榨取之前在较低的工资率上就能榨取到的劳动量。要注意，为了获得跟以前一样多的产出率（e^*f），企业必须支付每小时 20 美元而不是以前支付的 18 美元的工资。结果，在这个新的带来利润最大化的工资支付水平（新 w^*）上，单位劳动成本将上升：经过 B 点的射线的斜率要小于经过 A 点的射线的斜率。

劳动榨取曲线的第三个含义已简要地提到过：即使从雇主的立场来看，工资也可能太低。如果雇主提供的工资低于 w^*，单位劳动成本就会太高而非太低，而这意味着利润会减少。这是因为，工资的节约不足以补偿更低的劳动付出（e）。由于这个原因，在工资低于 w^* 时，失业工人不可能成功地从雇主那儿得到工作并提供劳动。这样的要求将遭到拒绝——失业工人会扭头离开——因为雇主将看到：更低的工资水平意味着更高而不是更低的单位劳动成本。这个结论是重要的，因为它支持了宏观经济学理论之父凯恩斯的论点（将在第 16 章探讨），即在一个资本主义经济中，通常会有一定数量的**非自愿性失业**，也即是说，即便失业工人愿意降低他们对工资的预期，失业也不可能减少。

失业工人即使愿意为低于现行水平的工资率而劳动也不能获得工作这个事实，意味着他们会继续失业。这还意味着，即使劳动市场上存在着过度供给，工资也不会降低：失业工人找不到接纳他们劳动的人。实际上，无论是工人还是雇主，他们单独行动都无法改变这种状况。

一旦达到工资率 w^* 和相应的劳动付出水平 e^*，就会存在许多经济学家所称的均衡状态。回想一下，在第 8 章，均衡被定义为这样一种局面：除了偶然的力量或来自经济系统之外的力量（外生力量），没有其他力量倾向于改变该局面。第 8 章中的均衡涉及的是啤酒的价格和数量；而这里的均衡则是劳动强度与工资率水平之间的关系，但在这两种情况下均衡的概念是相通的。

一方面，雇主控制着工资率（w），一旦找到 w^*，他们就无意于改变它。这当然是因为 w^* 是使雇主实现利润率最大化的工资。而另一方面，工人选择以多大程度努力劳动就决定了 e^*。但类似地，劳动付出 e^* 一经提供，对工人而言他们就不再有动机去改变其劳动速度，因为 e^* 是与 w^* 相关联的劳动付出水平，w^* 是均衡工资率。最有可能的是，工人宁愿不那么努力地劳动，却得到更多的工资，但这个选择是不可能的。类似地，雇主也会乐意支付更少的工资而得到更多的劳动，而这也是不可能的。因此，在劳动榨取曲线既定时，雇主和工人都没有动机偏离 w^*/e^* 这个均衡点。即使有一个失业者愿意接受低于 w^* 的工资，也无法改变这种局面：正如我们所见，这样一个人将不会被提供工作。因此，这些就是形成下面这种特殊局面的因素，在该局面中，工资率为 w^*，劳动付出水平为 e^*，从而形成了均衡。

然而，第 8 章的啤酒市场和本章所分析的劳动市场之间有着重要的区别。在均衡状态下，啤酒市场是出清的：既没有过度供给，
298 也没有过度需求。而在劳动市场上，即使该市场处于均衡状态（在该市场上没有任何力量推动其变化），劳动的供给也大于劳动的需求，即有正的失业率。这样一来，我们便有了市场没有出清的均衡。

这两个市场有明显区别的另一原因在于人非啤酒。但和这个简单的陈述相比，其中的区别要更为复杂。当某人付出一美元购买一瓶啤酒时，他就得到了他所买的东西，并有权以任何一种合法的方式来使用它。买者可以将啤酒一饮而尽，或者将它倒入排水道，或者将它泼到他人的脸上。

当雇主用 10 美元或 15 美元购买某人的一小时劳动时，他或她并没有最终得到能完全置于自己掌控之下的东西。其中的原因是，雇佣合约本身并不能促使工人努力劳动。我们曾经说过，雇佣合约是不完全的。雇主所拥有的是针对另一个人的劳动时间的权威，那个人也许会、也许不会像雇主所期望的那样努力地或认真地劳动。雇主所付的工资高于一个失业者愿意为之劳动的工资，因为更高的工资是取得对雇员的足够控制权的一种手段，为的是确保带来符合预期的数量和品质的劳动。没有人会为啤酒付出高于他所需要支付的价钱的价格。啤酒在被人消费时不会抵抗；然而劳动却必须被榨取。

尽管劳动榨取曲线形象地说明了围绕劳动和工资的冲突的一些重要方面，但没有一个简单的模型能把握雇佣关系的复杂性。为了更充分地理解劳动过程，我们必须将企业视为一种社会组织，它由有血有肉的人组成，这些人的行为不能简单地用一张图来概括。这是下一章的主题。

推荐阅读文献

George A. Akerlof and Robert J. Shiller, *Animal Spirits: How Human Psychology Drives the Economy, and Why It Matters for Global Capitalism* (Princeton: Princeton University Press, 2010), esp. Chapter 8: "Why Are There People Who Cannot Find a Job?"(阿克洛夫，席勒. 动物精神：人类心理如何驱动经济、影响全球资本市场. 北京：中信出版社，2016.)

Harry Braverman, *Labor and Monopoly Capital* (New York: Monthly Review Press, 1974). (布雷弗曼. 劳动与垄断资本. 北京：商务印书馆，1979.)

Jeremy Brecher, *Strike* (San Francisco: Straight Arrow Books, 1972).

Michael Burawoy, *Manufacturing Consent* (Chicago: University of Chicago Press, 1981). (布若威. 制造同意. 北京：商务印书馆，2008.)

Richard Edwards, *Contested Terrain: The Transformation of the Workplace in the 20th Century* (New York: Basic Books, 1979).

Louis Putterman, *The Economic Nature of the Firm: A Reader*, 2nd ed. (Cambridge: Cambridge University Press, 1996). (普特曼. 企业的经济性质. 上海：上海财经大学出版社，2000.)

第 13 章
劳动场所中的技术、控制与冲突

299 2015 年，在阿巴拉契亚地下工作的美国煤矿工人平均每小时可以开采 3 吨煤。矿工的每小时工资为 30.59 美元。

美国的矿工经常每周劳动超过 40 个小时，在额外的时间里“超时”劳动以增加工资收入，并把钱存入银行，以备失业期间的生存所需。不过，如果一个矿工在某个特定年份里平均每周工作 40 小时，他在该年的税前工资大约会有 63 600 美元。完税后（税收会因其他家庭成员的收入等因素的变化而变化），他将剩下 50 000～60 000 美元以维持生活。众所周知，矿工的工作既脏又累还危险。除了面临采矿事故的危险之外，那些在矿里待了几十年的人还面临着患上肺部疾病的风险。当然，煤矿工人希望能够获得更高的工资，也同样希望他们的工作具有安全性。

但是煤炭公司有不同的观点。它们认定，提高矿工工作的安全性需要在安全设备上额外投资，还可能要求更慢的劳动速度。使用现有的机器，并让采煤更为安全，意味着降低劳动速度以建立额外的安全程序，而这会导致减产，进而意味着收入和利润的减少。支付更高的工资也将通过直接增加成本而减少利润实现。

如果矿工每小时开采 3 吨煤并得到 30 美元，一吨煤的单位劳动成本将是 30/3 美元，或 10 美元/吨。2015 年，一吨煤的市场价格因煤种不同而存在很大的差异，但大概在 38 美元/吨。基于这样的价格和人工成本，平均每吨煤煤矿公司就有超过 28 美元的资金可用于更换破损的机器（折旧）、支付监督成本，并进行新的投资以产生新的利润。

但是，如我们所见，欲使煤矿工人的劳动更为安全，要么需要额外的投资，要么需要放慢劳动的速度。如果其他变量保持不变，任何一种使矿工的劳动变得更安全或者报酬更高的方法，都将增加单位劳动成本并降低利润率。由于这个原因，矿工和煤炭公司的利益往往是直接对立的。

矿工和煤炭公司之间在利益上的根本冲突，已经将这个国家的 300
矿区变成了激烈、痛苦、旷日持久的冲突的中心。事实上，冲突往往转化为暴力。例如，在 19 世纪 70 年代，宾夕法尼亚州绞死了 19 个“莫里·马奎尔斯”（Molly Maguires）——他们是富于斗争性的矿工，试图建立在当时仍属非法的工会。1914 年，科罗拉多州的民兵镇压了一场在由洛克菲勒所有的煤矿发生的罢工：在这场被后世称为拉德洛大屠杀（Ludlow Massacre）的事件中，民兵杀死了 21 人，其中包括 11 名儿童和 2 名妇女。在肯塔基州，“血腥的”哈兰县（Harlan County）见证了煤炭公司和矿工之间长达几十年的暴力冲突。即使在今天，工会的组织者仍经常面临骚扰、恐吓以及暴力威胁。

暴力是雇主与雇员间持久冲突的最极端但却非最普遍的表现形式。若不采取暴力，资本家和工人之间彼此冲突的利益该怎样解决呢？雇主打算如何榨取雇员的劳动？工人该怎样做以维护他们的利益？本章将考察这些问题。

本章的主要思想是，**每一个资本主义劳动过程均必然把一种社会组织和一种生产技术结合在一起；这两个因素塑造了雇主和雇员间关于工资、劳动强度及劳动条件的冲突，同时又为这些冲突所塑造。**

这一思想可表达为六个要点：

1. 雇主以他们相信能使企业利润最大化的方式在劳动场所组织生产。**劳动过程的社会组织**源于雇主对利润的追求，尤其是源于他们从雇员身上榨取劳动的努力。雇主在劳动场所建立**控制体系**以增强他们榨取劳动的能力。
2. 已知的和可得的**生产技术**对于雇主怎样组织生产施加了某种限制。关于实际使用何种现有技术以及开发何种技术的决策，受工人和雇主间的冲突影响。
3. 雇主和雇员试图在劳动过程的社会组织和技术框架内，增进他们围绕工资、**劳动强度**和**劳动条件**的**彼此冲突的利益**。工人以多种方式维护他们的利益——例如试图组成工会，而雇主同样也制定各种策略以维持或提高其利润率——例如，偶尔利用存在于工人中的基于种族和性别的紧张关系。
4. 雇主寻求以最**有利可图**的方式组织劳动过程，但这不必是最**有效率的**方式。效率不同于盈利能力，当二者之间产生冲突的时候，资本家之间现行的竞争会迫使他们选择盈利能力，而不是效率。
5. 在资本主义牟取利润的过程中，**市场**和**等级制**是相互增进的因素。尽管有时两者被认为是组织社会关系的相互替代和相互对立的方法，但事实上，它们都是资本主义企业所必需的。
6. 资本主义企业的一个替代方案是**民主企业**。民主企业由雇员所有，并由雇员选出来的人管理。民主企业尽管有着很多优点，但由于所涉及的风险和在募集必需资本上存在的困难，还是经常发现自己难以生存。

301 和前几章中一样，牟取利润的过程对于理解这里所讨论的话题至关重要，因为正是牟取利润引起了雇主和雇员间的冲突。有时这种冲突表现为单个雇员和老板间的冲突；有时这种冲突明显地存在于企业主与雇员集团乃至全体雇员间的谈判和斗争中；在其他情形下，冲突在工人阶级和资本家阶级的重要群体间变得更加普遍。

劳动场所中的社会组织

雇主试图以一种能够产生最高利润率的方式组织劳动场所。他们的这一目的（利润）与其他行动中的目的（如第 10 章和第 11 章中所讨论的）没什么两样。雇主怎样组织劳动场所以及他们与雇员的直接关系，通过劳动强度（e）、劳动效率（f）以及工资率（w）诸方面直接地影响着利润率。正如我们在前面各章里所看到的，如果一个雇主能够提高 e 或 f，并降低 w，在其他要素保持不变时，其利润率将提高。

雇主及其管理者、经理和工头在劳动场所中行使权力的最基本方法，如我们在前几章中所看到的，是经由雇用和解雇的权力来实现的。站在工厂大门外的后备工人使工厂内的雇员努力劳动。

如果劳动场所中所有或多数雇员的表现不能达到雇主要求的水平（例如，假设雇员属于一个工会，并抵制提高劳动速度），雇主就会遇到大麻烦。雇主面临着几种可能性。譬如，雇主可以采取措施挑起一场罢工，并将雇员锁在劳动场所外。在这种情况下，雇主可以关闭工厂，锁上大门，等待雇员感觉到有经济压力并期待雇员最终同意依照雇主的条件劳动。这被称作**雇主停工**（lockout）。

雇主停工是指这样一种情况：雇主把工人锁在劳动场所外，并停止生产，以迫使工人接受雇主提出的工资、劳动速度及其他劳动条件。

> **逃逸工厂**是这样一个劳动场所：雇主已经从一个工人强大的地方转移到了一个工人弱小的地方，以避免被迫满足工人的要求。

还有一种选择，企业主可以将他的工厂转移到雇员更为顺从的地方。例如，和工业化的中西部以及东北部的大部分地区相比，美国南部各州、新罕布什尔州和落基山脉各州的法律和政治氛围在历史上一直对工会更有敌意。类似地，面临一个强势工会的公司可以转移——或者威胁要转移——到工资更低、工会处于弱势地位甚至被禁止的外国。这里的关键是，资本家可以**逃逸**到某个别的地点，碰巧那里比他们目前所在的地方对企业更为友好。由于拥有资本品，资本家便可以随其喜好在其中意的地方自由地投资（建立新工厂）或撤资（关闭现存的工厂）。**逃逸工厂**（runaway shop）使其原先的雇员失去工作。即使是工厂迁址的威胁也会使雇员感到恐惧，从而接受雇主的条件。

> **并行工厂**是由同一雇主所有的、为削弱工人集体谈判的能力而位于不同的地理区域但生产相同产品的工厂。

大企业可用以组织劳动场所的第三个策略是**并行工厂**（parallel plant），这些工厂位于国内或世界上的不同地方，但生产相同的产品。对于并行工厂，雇主可以告诉一个工厂的员工，除非他们同意低工资的待遇或增加工作量，否则他将会把生产转移到另外一个工厂，然后会将同样的话告诉在其他工厂工作的雇员。除非这些相隔遥远的工厂的雇员能以某种方式共同行动（这是一件非常艰巨的任务），否则他们将处于谈判劣势。

炼钢：三种观点

302 **工人：**

有人建造了金字塔、帝国大厦——但这些东西不是从天而降的。其背后是艰苦的劳动。我愿意见到一座大厦，比如帝国大厦，我愿意见到一面从上到下仅一英尺宽的墙上写着每个泥水匠的名字、每个电工的名字甚至所有人的名字。因此，当一个家伙经过的时候，他可以叫住自己的儿子，说，看，我的名字在第45层呢！是我把钢梁插进去的！毕加索可以指向一幅绘画。我能指向什么呢？……每个人都该能指向点什么。

我们每天搬运4万到5万磅的钢……你不会有比这更骄傲的了。要为一座你永远不会走过的桥、一扇你永远不会打开的门而骄傲是很困难的。你在生产大量的东西，你永远也看不到它的最终结果。

——迈克·勒菲弗尔，钢铁工人，引自 Studs Terkel，*Working* (New York：Pantheon Books，1972)

人事管理顾问：

我可以毫不犹豫地说，处理生铁的科学是如此高深，以至适合以处理生铁为其日常劳动的人可能理解不了这门科学……适合在任一特定职业上劳动的人如果没有得到接受过完全不同教育的人的帮助和协作，就不能理解这一职业的科学。

——弗雷德里克·温斯洛·泰勒，科学管理方法的创始人，1912年在国会委员会的证词，引自 F. W. Taylor，*Scientific Management* (New York：Harper，1947)，p. 49

资本家：

管理层的职责就是赚钱。我们的主要目标不是制造钢铁。

——戴维·罗德里克，美国钢铁委员会（现在的USX）前主席，在影片《美国的企业》中接受采访时如是说（1984年）

雇主维持其优势的方法全然源自所有者的以下权力，即拥有让

谁能在他自己的劳动场所里工作以及谁不能工作的权力。正如我们所见，私有财产包括排除他人使用财产的权利，同时，对生产中所使用的资本品的私有权带来了雇用和解雇的权利。当然，雇主停工、逃逸工厂和并行工厂也给企业主施加了成本，所以他们也会选择不使用这些手段来驱使工人。雇主还必须提供工作条件，以使其招到足够的工人。如果其他雇主要求的劳动速度更慢或者提供的工资更多，这将限制该雇主的行动，除非有一个很大的失业工人队伍。最后，某些劳动场所，特别是提供服务的劳动场所，可能无法迁移（一家波士顿宾馆所有者在面临雇员罢工时并不能把宾馆迁到香港而仍然能为波士顿的消费者服务）。这些考虑约束了雇主的行动。

劳动场所的社会组织指的是界定工作、分配劳动任务、授予监督权力，以及在其他社会领域组织劳动场所的方式。

等级制是上级可以命令下级的一种权力组织。

雇主的权力通过**劳动场所的社会组织**（social organization of the workplace）——工作被组织的方式——得到进一步增强。通常，企业的组织是**等级制**（hierarchy）的。劳动场所中的等级制建立在雇主拥有雇用和解雇这一权力的基础上，但它也允许进行微调式控制。雇主不能经常因为一些琐碎的、常规性的问题而以解雇来威胁工人。这种威胁，如果使用得过于频繁，将不再可信。即便为了使威胁可信，雇主的确经常解雇工人，太高的离职率也很有可能会扰乱企业的正常
303 运行。成功的雇主发展了其他一系列激励措施——各种奖励和惩罚——来补充和增强其最终拥有的解雇工人的权力。

雇主通过对劳动过程的社会组织来管理劳动场所。他们界定了不同的工作及其责任；他们解释了工作规章和工人的权利；他们确立了管理者和工头的权力；他们设计了对出色工人的奖励和对相反情况的惩罚。

博弈：全球经济中的所有者、工人和纳税人

北美沃尔沃卡车公司（一家瑞典跨国公司的附属公司）决定在弗吉尼亚州的都柏林扩张业务之前，曾要求弗吉尼亚州分担一部分成本。由于沃尔沃的工厂遍及世界，所以和沃尔沃需要弗吉尼亚州相比，弗吉尼亚州更需要沃尔沃。因此，弗吉尼亚州急切地想谈成这笔生意。最终，州政府给该公司提供了一系列税收减免及其他鼓励性政策，这些政策将使弗吉尼亚州的纳税人花费 5 420 万美元。作为回报，公司承诺在未来六年中新雇用 1 277 名工人。（这样一来，州政府为沃尔沃所创造的每一个工作支付了超过 42 000 美元!）但是，与全国汽车工人联合会（UAW）进行的有关雇用新工人的谈判遇到了麻烦：沃尔沃打算给这些工人支付的起始工资比先前低 30%，而且工人在 10 个月之后才能获得医疗保险。1999 年 1 月 13 日，当地的工会成员拒绝了拟议的合约。

沃尔沃对工人的还价不是让步，而是最后通牒：要么接受新合同，要么我们离开这里。沃尔沃的经理们访问了两家位于墨西哥的工厂，以寻找可替代的厂址。在都柏林的沃尔沃工厂，生产工人的平均工资为每小时 12 美元，而在墨西哥，制造业工人的平均工资不到这一工资的五分之一，这一点在都柏林并不是秘密。工人只被允许有两天时间就是否接受最后通牒进行投票。1 月 29 日，他们俯首屈尊，同意了沃尔沃的条件。

特拉华州多佛一家工厂的 548 名工人经历了相同的事情，但事情的结局却有所不同。这家工厂由德莱赛工业公司所有，后者是提供油田服务的跨国公司——哈利伯顿公司的一个分公司。工人们生产加油泵，多数工人已加入 UAW。2000 年 7 月，在合同期满而新

合同的谈判破裂了的情况下，工人们举行了罢工。争执的焦点是养老金和医疗保险。哈利伯顿和德莱赛已经在考虑工厂迁址（可能迁去墨西哥），而罢工又强化了它们迁址的决心。在一轮讨价还价被拒绝之后，哈利伯顿于2000年10月13日宣布关闭多佛的工厂。

在谈判中，那个不遭受损失就能离开的人居于控制地位。当工会成员与他们的雇主进行谈判时，面对的可能是如沃尔沃、哈利伯顿这样的不受厂址约束的企业，也可能是某个发现难以迁址的雇主，如宾馆、餐馆、医院、公立学校，这两种情况有着巨大的差别。

随着企业在世界范围内建立办公室和工厂，它们正变得越来越不受厂址的约束。结果，这些行业中的工会就难以有效地在提高工资上发挥作用。最近有一项研究量化了全球化对工会谈判力量的影响。为了在一个特定行业里量度全球化，该研究者计算了该行业的美国各公司在其他国家雇用的工人数量，并与这些公司在美国雇用的工人数量进行比较。按照这种量度，更为全球化的行业包括医药业、烟草业、汽车和卡车业以及肥皂、清洁剂和其他洗漱用品业。

研究发现，一个行业越是全球化，工会提高工资的能力就越弱；而且当一个行业变得更为全球化时，工会的谈判力量——根据其对工资的影响来衡量——便下降。例如，把肥皂、清洁剂和其他洗漱用品这一全球性行业与一个其他条件相同但没有全球雇员的行业相比，前者的工资大约要低五分之一。

资料来源：Jeffery P. Carpenter and McAndrew Rudisill，“Fairness，Escalation，Deference and Spite：Strategies Used in Labor-Management Bargaining Experiments with Outside Options，” *Labour Economics*. 309（2003）：1 - 16；Minsik Choi，“The Threat Effect of Capital Mobility on Wage Bargaining，” in Pranab Bardhan，Samuel Bowles，and Michael Wallerstein，eds.，*Globalization and Egalitarian Redistribution*（Princeton，NJ：Princeton University Press，2005）；

U.S. Department of Labor, Bureau of Labor Statistics, "International Comparisons of Hourly Compensation Costs for Production Workers in Manufacturing, 2002," Release 03 - 507, September 26, 2003.

这样的社会组织可以被看作一个**控制体系**(system of control)。这是雇主管理劳动场所的手段。一个资本主义的劳动场所几乎从来就不是民主地组织起来的；它自上而下地运行。既然雇主组织劳动的原因是生产商品以获得利润，控制体系就被设计用来增强雇主榨取工人劳动的能力。 304

> **控制体系**是雇主治理劳动场所，以利于从工人那里榨取劳动的策略或方法。

雇主在企业内部发展了几个不同的控制体系（见表 13.1）。每一个都反映了在劳动场所内榨取劳动或降低单位劳动成本的独特策略。在控制工人的许多方式中，使用最广泛的是如下几个。

简单控制

雇主降低单位劳动成本的一个策略是支付尽可能低的、勉强超过 w 的工资，并利用管理者和工头来恐吓、诱惑、哄骗、激励或驱策雇员努力地劳动。这一策略，即**简单控制**（simple control）或**驱策控制**（drive control），旨在使工资维持在尽可能低的水平，同时迫使雇员提供高水平的劳动付出。如果这种策略是成功的，它将使单位劳动成本（*ulc*）最小化［见前一章的式（12.6）］。

> **简单控制**是这样一种控制体系：它着重于通过管理者个人在劳动场所实施的奖励和惩戒来维持劳动速度。

一家小型纺织厂或一家麦当劳餐厅是简单控制的例证。企业支付的工资非常接近法定最低水平；工资本身也不会为雇员提供多少激励，以使他们的劳动付出高于那个仅使其免于被解雇的最低劳动付出。

这些企业的雇主如何使雇员努力劳动呢？雇主（或者被聘请的经理）将亲自指挥劳动、监督雇员、评价他们的劳动，并相应地予以奖励或处罚。例如，雇主会这样奖励一位勤勉的工人，即把他或她安排到一个更好的班次或更令人愉快的工作岗位上。相应地，雇主也可能这样来惩罚一位被认为表现不佳的雇员，即通过增加他或她的劳动时间或为其安排一个肮脏或令人讨厌的工作。不言而喻，被解雇的威胁始终存于雇员的脑海中。

老板也许既卑鄙又专制，也许会通过魅力和其人格力量来激励工人。不管是通过哪种方法，其结果都是通过驱使工人提供更多的劳动付出来降低单位劳动成本。快捷的劳动和低廉的工资带来了低水平的单位劳动成本。

技术控制

> **技术控制**是这样一个控制体系：它将所设定的劳动速度纳入参与生产的机器中。

另一个可选策略则旨在通过不同的手段以达到相同的结果。如式（12.6）所表明的，$ulc=w/(ef)$。这里和先前一样假定：支付最低可能工资（w）将使等式中的分子变小。然而，在**技术控制**（technical control）的条件下，分母中的劳动付出（e）将提高，这并非因为一直存在督促雇员的监督者，而是因为生产过程中的机器的速度提高了。机器本身推动雇员快速地劳动。同样重要的是，在生产过程的速度由机器设定的情况下，要想监督工人是否按标准劳动，就更为容易了。那些一直落后的人将被识别出来，要么接受惩罚，要么被解雇。

例如，在一条汽车装配线上，是装配线本身的速度设定了劳动的速度。美国典型的汽车装配线每小时生产 60 辆汽车，所以在

这种情况下，每个工人必须在下一个底盘到来前在 60 秒内完成自 305
己的工作。因为装配线自己设定了速度，老板就不用站在工人面前进行指导和监督了。类似地，在第 1 章所描述的呼叫中心里，有些软件是处理呼入电话的线路的，这些软件也可以用来记录雇员处理每个呼叫电话所花费的时间。使用这种技术，监督者就可以监控接线员处理电话的速度（也许是通过查看一天结束后电脑的打印结果），然后告诉雇员要么干得更快些，要么被解雇。

技术控制并没有消除对监督的需要。如果一名雇员拒绝“服从”装配线将会出现什么情况？在装配线上或者在其他由机器设定速度的工厂或办公室里，老板仍然需要从事以下任务，即评价雇员的劳动，并惩罚那些没有达到预期标准的雇员。在第一个例子里，劳动速度仍然是由物质生产技术控制的。

技术控制也没有解决由谁来决定装配线的速度（或者任何其他由机器定速的生产系统）的问题。一方面，当雇员处于弱势地位且没有组成工会的时候，老板无须征求雇员的意见就可决定生产线或机器的速度。[这类情形在查理·卓别林（Charlie Chaplin）的电影《摩登时代》（*Modern Times*）中被滑稽而准确地表现了出来。] 另一方面，如果雇员是高度组织化的，则往往由工人和雇主间的谈判来设定装配线的速度。然而，即使该速度是由谈判设定的，装配线也会将集体认同的劳动速度强加给每一个雇员。

因此，在技术控制的条件下，雇主设计和运用物质生产技术的权力，提供了另一种形式的统制。雇员被束缚在以既定速度运行的装配线或机器上，他或她必须跟上这一速度。

科层控制

科层控制是这样一个控制体系：它利用职位阶梯、资历报酬和其他组织激励来榨取工人的劳动。

科层控制（bureaucratic control）是实现低单位成本的另一个策略。在一个科层制企业中，雇主支付相对较高的工资，更为重要的是，所支付的工资根据雇员在企业内的资历以一种可预见的方式增长。一直被企业雇用的工人可以期望在未来获得更高的工资，也许还会得到其他利益。

技术控制：肉类加工业

半个世纪以前，肉类加工业集中在美国中西部和西部，靠近芝加哥的历史中心。肉类加工本身被认为是一个非常好的行业：工人具有高水平的技能并获得相对高的工资，行业工会化程度高，人员流动率低。但这一切已经改变了。

20 世纪 60 年代到 80 年代，一家名为艾奥瓦牛肉包装厂（IBP）的企业签署了一份名为《IBP 革命》的声明，这是肉类生产过程中的一次大规模变革。IBP 革命始于 IBP 将其屠宰场设在美国农村，远离那些传统上工会较强且更有组织的城市中心。20 世纪 60 年代后期，IBP 完全取消了工会。牲畜被置于装配线上，在那里根据一个事先设定的系统它们被屠宰和分割。工人的任务变得非常简单，
306 而且是组织严密的和重复性的。一个一度是技能型的工作，同时包含着对一件复杂任务的构想和执行（对动物的屠宰、切割以及包装），被分割成细小琐碎的杂事。这些工作有这样一些名字，像屠宰工、挂钩工、去杂工及剔骨工。一个 IBP 经理这样评价这个系统：“我们试图把技能从每一个步骤中去除。”

装配线和去技能化的劳动的结合，意味着劳动速度（e）直接

由企业控制。在 20 世纪 60 年代，一个肉类加工厂每小时能够加工 50 头牲畜。今天，在农村地区的大型加工厂每小时能够加工 400 头乃至更多的牲畜。在高峰时期，装配线运转得如此之快，工人每 6 秒钟就能屠宰一头牛。

今天，肉类加工业高度集中，有着可观的利润。排名前四的公司控制了 60%的市场。周转率很高；平均而言，工人在三个月后就会辞职或者被解雇。很多人都是没有技能的移民，有些人几乎不会说英语。去除通货膨胀因素后，现在的实际工资比 50 年前低了三分之一。

但最糟糕的是，装配线的疯狂运转使得工作变得困难和痛苦，并且使许多工人罹患疾病，特别是肌肉骨骼损伤，如腕管综合征引起的手和手臂疼痛。这通常来自在家禽加工业中做同样的动作和过度运动，每天多达 20 000 次，并且发生的伤害是永久性的。为了使鸡肉保持新鲜所需的低温加剧了这个问题。

自 2004 年以来，官方报告的受伤率一直在下降，但接受采访的工人说，报告受伤将增加被解雇的风险。美国职业安全与健康管理局（The Occupational Safety and Health Administration）的负责人指出，家禽加工业工人因微操作而遭受重复性劳损的比例是美国其他工人的 10 倍。其他政府机构（包括美国国家职业安全卫生研究所和美国政府问责局）也发现，与其他行业相比，肉类包装仍然是一个危险的工作。

资料来源：Eric Schlosser，*Fast Food Nation*（New York：Harper Perennial，2002）；Oxfam America，“Lives on the Line：The Human Cost of Cheap Chicken，” Oxfam Research Report，2015，available at https://www.oxfamamerica.org/publications/lives-on-the-line/；Southern Poverty Law Center and Appleseed，*Unsafe at These Speeds：Alabama's Poultry Industry and Its*

Disposable Workers，2013，available at https://www.splcenter.org/sites/default/files/Unsafe_at_These_Speeds_web.pdf；U. S. Government Accountability Office，"Workplace Safety and Health：Additional Data Needed to Address Continued Hazards in the Meat and Poultry Industry，" GAO-16－337，April 2016，available at http://www.gao.gov.

高工资和不断增长的工资怎样才能**降低**单位劳动成本呢？如果高工资能带来劳动付出（e）的进一步增长，比工资（w）的增长速度更快，就能实现这一点。在这种情况下，决定着 ulc 的 w 和 ef 之间的比值将会变小（f 不变），促使单位劳动成本降低，如果其他要素不变，将提高利润率。（见第 12 章的图 12.1 至图 12.4 及相关讨论。）因此，如果劳动付出有了更大的提高，提高工资就能降低 ulc。这就是"胡萝卜"的方法：有了高工资和不断增长的工资，雇员就会十分喜爱他们的工作，十分希望能保住他们的工作，对他们的雇主会有足够的积极态度，从而提供数量不断增加的劳动付出。

不过，在科层控制中也有一个重要的"失业惩罚"。一个雇员在企业中获得更好职位的唯一途径就是增加资历（见表 13.1）。但是随着雇员取得了资历，他在特定工作职位中的"投资"也就越大。而且，与资历加深和工资提高相伴而来的是雇员被解雇时的失业成本的增加。这样一来，他在一个特定企业的工作时间越长，失业惩罚就变得越大！

表 13.1　雇主的控制体系

307

控制体系	工资	监督
简单控制	低，对于长期服务几乎没有回报	老板直接观察
技术控制	低，对于长期服务几乎没有回报	机器控制着劳动速度：由机器发现落后者；较少直接的监督

续表

控制体系	工资	监督
科层控制	高，随着服务期的延长而增加	在企业内部根据“规则”晋升或被解雇

由于雇主和雇员间的利益存在着冲突，企业的盈利能力取决于其对劳动过程拥有有效的控制体系。表中提供的三种控制体系在不同的产业按不同程度被利用。随着时间的流逝，在整体经济中，这些控制体系在或大或小的程度上得到了利用。

职位阶梯将一系列相互关联的工作联系在一起，在这个阶梯上，工人从一个职位攀升到另一个职位，并通过首先胜任较低的职位来取得阶梯上的较高职位。

通常，依靠这一策略的企业会设置明确的工作规章和程序，以确立复杂的激励机制。与仅仅作为雇员不同，科层控制下的工人受雇于特定的工作职位，该职位有一个头衔，同时还存在着对该职位工作的正式描述。对这份工作的职责和任务是有规定的，雇员的业绩也将根据预先规定的职责来衡量。

企业会利用**职位阶梯**（job ladder）来组织一个科层控制体系。职位阶梯将一系列工作联系在一起，每一项工作都是梯子上的“一阶”。比如，档案管理员、普通打字员、秘书、私人秘书以及行政秘书会在同一个职位阶梯上被联系在一起。雇主从企业外部雇用求职者从事最底层的工作（比如档案管理员），雇员则被鼓励凭借其在较低职位上的出色业绩攀升到阶梯上的更高职位。这样一来，雇员获得一个更好职位的途径，就是在其现有职位上努力工作。这是带来更高的 e 的另一根胡萝卜（正面激励）。

不过，仅靠建立职位阶梯以及对工作加以描述，并不能保证其有效。因此，无论科层控制还是技术控制都不能消除对老板的需要。老板仍然监督劳动、指挥工人，并且评价工人的表现。他们还要决定提拔谁、解雇谁、奖励谁、惩戒谁。在实行科层控制的企业中，老板通过“运用公司政策”来进行管理。由于他们只是执行公司的规章，因此他们与其下属之间的权力关系是被嵌入企业的组织结构中的，其结果就更为隐蔽。

这里讨论的不同种类的控制——简单控制、技术控制和科层控制——只是企业内部的权威关系或统制关系的不同制度形式。它们在表 13.1 中得到了总结。每一个工作场所和企业对这些控制形式都有自己的组合。然而，尽管存在着多种控制体系——有许多我们还没有讨论——但它们的存在都是为了实现雇主的一个目标：降低单位劳动成本。

技术与劳动过程

技术，如我们在第 4 章所定义的，是一个劳动过程中的投入和产出之间的关系。技术变革则是投入和产出间的关系上的变化。每当一项新技术既可获得，经济上也可承受，又能提高利润率时，雇主就会推行技术变革——例如，引入新型机械，或改变生产方法。

308 技术变革能通过降低单位劳动成本（ulc）来提高利润率。尤其是，技术变革能提高劳动效率（f），以及——如我们将要看到的——增大劳动强度（e）或降低工资（w）。在其他条件不变的情况下，这些因素中的每一个都会降低单位劳动成本，并提高利润率。为此，雇主就能把技术变革看作更高利润的潜在来源。

在任何特定的时间，已知且可得的技术对于雇主能做什么施加了限制或约束。例如，现有技术可能会规定，要生产一吨铁至少需要三吨铁矿石；不管雇主多么渴望减少对这一投入的使用，现有技术都不允许它发生。

类似地，现有技术对于劳动场所的社会组织也施加了限制。例如，某些生产过程，像装配线，需要很多人在一起工作；而其他工作，像电话接线员，主要涉及个人任务。而且，尽管某些工作几乎不需要什么技能和经验，但根据现有技术的要求，其他工作却可能要求雇员拥有广泛的技能和丰富的经验。这样一来，现有的技术就限制了雇主如何组织劳动。

不过，由已知且可得的技术所设定的限制通常相当宽泛。相同的产品（如碱性钢）往往是由不同的企业生产的，这些企业采用不同的控制体系、拥有不同比例的熟练工人和非熟练工人、在老板和工人之间存在着不同的关系、具有不同的工资结构。大多数汽车制造商的装配线上囊括了高度细分的工作，而其他汽车制造商则采用“团队生产”的方式。电话接线员的工作也许是无保障的，没有前途而且工资低廉，并以受到严格监督为特征（简单控制）。同时，它也可能是职位阶梯上的入门职位，该职位可能会带来更有保障、薪酬更高的职位（科层控制）。

所以，当技术对劳动的组织施加了某些限制的时候，组织劳动场所的很多不同方法常常是与现有技术相适应的。当然，现有技术是不断变化的。而且，由任何给定技术带来的限制随着时间的推移可能变得不那么重要了，因为雇主实施一种控制体系的需要塑造着技术开发的路径。

寻求技术变革以提高利润率的雇主，和其他人相比自然会对某些类型的技术变革更感兴趣。例如，假设一个企业主打算投资于开发一项新技术的研究。企业的研究人员提出了两种方案。第一种方案会开发这样一种新技术：将大大减少投入到每单位产出中的材料（M/Z），但同时会降低雇主榨取雇员劳动（e）的能力，因为它需要工人独立地工作，从而使得监督变得困难。第二种方案使 M/Z 减少的程度不如第一种，但不会削弱雇主对劳动速度（e）的控制。企业主将更可能资助第二种方案。

因此，雇主榨取雇员劳动的需要就能影响技术变革的方向。的确，技术变革的过程是有偏向的：试图使利润最大化的雇主鼓励某些类型的技术变革（即与最大限度地榨取劳动一致的技术变革），而阻碍另一些技术变革（那些危及其权力的技术变革）。

在任何特定时间，已知且可得的那些技术都是持续的技术变革
309 过程的产物。但如果这个过程是有偏向的，在特定时间存在的那些技术将部分地反映这种偏向。不仅现存的技术，而且未来的技术变革，都会被生产的社会组织以及雇主对劳动场所中的权力的需要（为使其利润最大化）所塑造。

劳动场所中的冲突

正如我们已看到的，雇主和雇员围绕着劳动速度（e）、工资（w）以及劳动条件进行谈判。结合了社会组织和技术的劳动场所就是他们斗争的主要阵地。（他们也会在别处为这些事进行斗争，例如试图由政府对安全性或其他劳动条件进行管制。）

雇主和雇员在他们的冲突中使用完全不同的手段来维护和促进他们各自的利益，或者换种说法，他们行使的是不同类型的权力。首先，是雇主建立起斗争的战场，因为是他们为既定的劳动场所雇用员工并组织生产过程。尽管雇员会以个别的或集体的方式通过辞职或罢工选择退出这一战场（劳动场所），但他们从来就没有或鲜有机会自行组织生产。

一方面，因为是雇主而非雇员组织生产，所以雇主就有权力发

起行动或者改变环境。另一方面，雇员本质上处于防御性地位，针对雇主的行动做出反应以保护他们的利益。这种地位上的差异明显地表现在雇主将厂址迁往他处或建立控制体系的策略中。另外，还表现在技术变革会以何种方式影响劳动场所中的冲突。

技术变革与劳动场所中的冲突

技术变革会通过三种主要方式影响工人。首先，技术变革在不增加其劳动量的情况下能提高工人的劳动生产率。在前一章的式（12.6）中，f 被用来表示“劳动效率”，换句话说，每单位劳动付出所生产的产出量。特定的 f 值反映了当前使用的技术，因为是这种技术决定了以既定的劳动量能够生产多少产出。正如从式（12.6）中可以看到的，第一类技术变革通过提高 f 降低了单位劳动成本，即使所提供的劳动付出量（e）保持不变，也是这样。

提高劳动效率　看看下面的例子。一个鞋厂工人使用一种简单的电动缝纫机，并按一种惬意的速度劳动，他在一小时内能生产出两双鞋。因此，z（每小时产出）$=2$。如果我们假设，就这类工作而言，该工人提供的劳动付出量属于正常水平，我们便可以说 $e=1$。既然我们知道 $z=ef$，而 $z=2$，便可知制鞋工的劳动效率 $f=2$。现在假设鞋厂的所有者开展一项投资，为雇员配备了由电脑控制的缝纫机（以取代简单的电动机器）。这种技术变革意味着制鞋方式改变了，所以即使工人并未更努力地劳动（e 仍为 1），他现在每小时也能生产 5 双鞋。因此，这种技术变革——制鞋方式的改变——使 f 由 2 增加到 5。

提高了 f 的技术变革能削减单位劳动成本，而无须雇员更努力 310
地劳动或降低其工资。因此，当有可能进行这类技术变革时，就不存在工人与其雇主之间的内在冲突。对于这些工人来说，w 和 e 都是不变的。然而，只要总销售额能提高到原来水平的 2.5 倍，一些工人就会被辞退，因为同样的产出现在可以由 2/5 的工人来完成。如果工人能够团结一致，他们或许会抵制这样的变革。

所以，即使在这种情况下，雇主和雇员还是可能围绕 f 而斗争。例如，在一个特定的企业，工资不够高的雇员会认为，故意妨碍生产可能是争取更高工资的途径之一，这样一来就会降低 f。尽管这种行动没有为雇员带来直接利益，但的确给雇主增加了成本。如果这种成本大于雇员所追求的工资增长，该策略可能促使雇主同意增加工资。

举一个具体的例子，如果一个汽车制造厂的雇员感到愤愤不平，当汽车在装配线上经过时，他们偶尔会将汽水瓶扔进车门里。由于这会产生响声，在汽车被送到经销商那儿之前必须消除这种响声，为此就要另外安排雇员（更多的劳动付出）卸下车门并取走瓶子。这种“蓄意破坏”降低了“劳动效率”（f），因为现在生产相同数量的汽车需要更多的劳动。类似地，当雇员在生产中“意外地”损坏了原料或者破坏了工具时，也会放慢生产并降低 f。世界产业工人联盟——“Wobblies”——一个于第一次世界大战中成立的具有战斗性的工会，在一个著名的口号中把握到了这一想法：“要么优厚的工资，要么低劣的劳动！”

> **加速**是雇主提高劳动速度的努力。

加速　技术变革还能以第二种方式影响劳动场所的冲突。它能为雇主提供一种手段，以**加速**（speedup）劳动（提高 e），从而降低单位劳动成本。雇主以技术来控制雇员的最显著的手段，就是利用技术控制和用机器设定劳动速度。当汽车公司引进装配线时，装配线立刻就为雇主提供了一种新的方法来控制和加速劳动。今天，技术使雇主能够阅读雇员的电子邮件，听取他们的电话谈话，记录接线员处理呼入电话所用的时间，了解打字员能以多快的速度打字，对司机而言（见专栏“再次上路——带着一个盒子监视我”）就是监控公司车辆的速度和位置。所有这些使得雇主能从雇员那里取得更多更好的劳动。

爆裂：“要么优厚的工资，要么低劣的劳动！” 311

2000 年 8 月，费尔斯通公司召回了它生产的 1 440 万个轮胎，因为其制造缺陷会导致“胎面分离”，而这可能引起轮胎爆裂。一个月后，美国国家高速公路交通安全管理局宣布，费尔斯通轮胎因涉及 271 起死亡事故和 800 多起伤害事件而被调查。这场公共关系灾难使世界最大的轮胎制造商——自 1988 年被一家大型日本轮胎生产商购买后，其正式名称为布莱克斯通-费尔斯通——考虑放弃费尔斯通这个名字。但此次事件对该公司来说并不只是困窘，还是一个谜团：费尔斯通是怎样使这么多轮胎在公路上发生爆裂的？

两位经济学家（具有讽刺意味的是，他们与普林斯顿大学费尔斯通图书馆的产业关系分部有联系）发现了一些线索，这些线索将他们引向 20 世纪 90 年代中期某两年间的一家工厂。这个明显的“犯罪现场”——费尔斯通在伊利诺伊州迪凯特的一家工厂——是生产被召回的那种轮胎的三家工厂之一（其他两家位于北卡罗来纳州的威尔逊和加拿大魁北克省的若列特）。与该厂在其他年份生产的轮胎相比，或者与若列特和威尔逊工厂在任何年份生产的轮胎相比，胎面分离更有可能发生在 1994—1996 年间迪凯特工厂生产的轮胎上。费尔斯通的工程师进行的实验室测试也证明了存在相同的发现：迪凯特有过两个非常糟糕的年份——不同于其他工厂和该工厂在其他年份的记录。

20世纪90年代中期的迪凯特有什么特别之处呢？答案似乎是劳工斗争。

早在1994年，公司提议将轮班时间由8小时增加到12小时，工厂24小时运转，工人分日夜轮班。费尔斯通还想给新工人少付30%的工资，并削减养老金和其他救济金。1994年4月，4 200名雇员举行了罢工。费尔斯通以更低的工资替换了罢工工人，随后宣布这个替换是永久性的；在需要追加劳动时，罢工者可以在已降低的工资水平上寻求重新被雇用。

接下来的一年，很多人接受了这个条件，但是劳动条件非常艰苦。根据工会的一份报告："罢工者被迫与占据了他们工作的未参加罢工的人一起劳动……被分派给罢工者的是在最差的机器上的最艰苦的工作，而不是他们已经干了10年、20年乃至30年的工作。公司监工召开现场会，为微不足道的过失而骚扰、威胁或开除工会成员。"制造合格的轮胎也许不是工人优先考虑的事情。

两位经济学家为其研究得出了结论："当布莱克斯通-费尔斯通要求工人在合同上做出让步时……当新替换的工人和被召回的罢工者肩并肩地一起劳动时，除非能找到其他因素来解释轮胎缺陷的骤增，否则我们认为有说服力的证据指向了劳工斗争，并且是很多有缺陷的轮胎的根源。"他们估计，在那些斗争的年份，迪凯特工厂生产的有缺陷的轮胎至少导致了40起死亡事件，这个数字是没有召回罢工者时的两倍。

一个世纪以前，世界产业工人联盟（IWW）——一个激进的美国劳工团体，要求"公平的劳动，公平的工资"，并直截了当地威胁："要么优厚的工资，要么低劣的劳动！"如果费尔斯通认识到这些要求的力量，就会节省很多钱（和挽救许多生命）。

资料来源：Alan Krueger and Alexandre Mas，"Strikes，Scabs，and Tread

Separation: Labor Strife and the Production of Defective Bridgestone/Firestone Tires," *Journal of Political Economy* 112, no. 2 (2004): 253 - 289.

装配线彻底改变了劳动过程。在制造业中有过这样的情况，劳动对象（正在被制造的特定对象）是固定的，工人来回走动以取得工具或零件，或者将已完成的劳动对象移交给其他工人。装配线的引进扭转了这一情况：它使劳动对象成为移动的，而工人是固定的。雇员不再有许多机会来回走动、结交工厂中的其他雇员；他们必须一整个工作日都在一个“工作站”上劳动。结果，雇员彼此间变得更加孤立了，组织集体抵抗以应对提高劳动速度的挑战变得更为困难。的确，从雇主的立场出发，装配线的主要优点之一是能增强雇主对劳动速度和雇员行动的控制。可是，雇主随后就发现引入装配线好坏参半，因为它使得相当小的一群工人就能中断整条装配线。这确实在 20 世纪 30 年代后期发生过，那时著名的“静坐罢工”导致了美国汽车工人联合会的成立，以及雇主对它的承认。

去技能化　技术变革可用于控制工人的第三种方式是**去技能化**（deskilling）。去技能化意味着改变生产方法，为此只需要更少的熟练工人，而更多地依靠非熟练工人。 312

> **去技能化**意味着改变生产过程，使得雇用具备较少技能的工人成为可能。

雇主通常支持去技能化，因为熟练工人在抵抗劳动加速以及就高工资进行卓有成效的谈判时一般处于最强势的地位。熟练工人是那些经过特殊训练、拥有特殊知识或证书的人。熟练工人的供给少于非熟练工人，因为熟练工人通常可以从事非熟练劳动，而非熟练工人一般不能或者不被允许（不被他们的工会允许）从事熟练劳动。而且，获得一种特殊技能或证书既困难又昂贵，或者需要耗费大量时间。由于熟练工人的数量少于非熟练工人，一般而言要替换熟练工人就更为困难。出于所有这些原因，熟练工人通常比非熟练工人拥有更强的谈判地位。

当雇主寻求降低单位劳动成本的时候，他们自然会关注熟练工人。毕竟，熟练工人是企业中工资最高、影响力最大的雇员。如果生产过程的变革能使其不再需要熟练工人，雇主就能雇用非熟练工人，这些非熟练工人的成本更低，抵抗加速劳动的能力更弱。通过去技能化，雇主可以轻易地以较便宜的非熟练工人替代目前的熟练工人，因为在大多数劳动市场上，可用于替代的非熟练工人的现有供给大于熟练工人的供给。

再次上路——带着一个盒子监视我

美国文化——例如威利·纳尔逊（Willie Nelson）的西部乡村音乐《再次上路》（*On the Road Again*）中所表达的——经常歌颂牛仔的自由及其当代的化身：长途卡车司机。不过，当美国货运公司在 20 世纪 80 年代安装了车载电脑时，卡车司机们遭遇了自由的骤减。这是因为，基于电脑的“行车记录仪”极大地提高了公司监控司机行为的能力。行车记录仪向公司提供关于速度、休息时间以及其他有关卡车操作细节的可靠信息。该记录仪的唯一功能，就是使公司能够监视司机在以下方面的行为，在这些方面司机和公司之间存在着利益冲突。

在安装行车记录仪之前，司机喜欢休息很长时间，然后通过开快车来弥补，开快车的速度快于使燃料成本和卡车磨损最小化的速度。由于卡车散布于全国，公司没有办法强制其司机放慢速度。与此相反，卡车自营者——拥有自己卡车的司机——得自己支付汽油费和维修费，所以他们开得较慢。结果，他们就能利用货运公司和司机间激烈的利益冲突成功地同货运公司展开竞争。

在引入行车记录仪之后，货运公司就能和司机这样来签订合同，即明确规定卡车的行驶速度，开得太快的司机将受到处罚。结果，超速驾驶者如今挣得少了。最终，行车记录仪具有两种效果：第一，使得装有行车记录仪的卡车的司机减慢了速度；第二，降低了卡车自营者的市场份额，因为后者相对于货运公司的成本优势消失了。

"地上飞行员"便如此被时代淘汰了。

资料来源：George P. Baker and Thomas N. Hubbard, "Contractibility and Asset Ownership: On-Board Computers and Governance in U. S. Trucking," *Quarterly Journal of Economics* 119, no. 4 (November 2004): 1443－1479.

技术变革可以增加生产中所需要的技能，但它常常减少了对技 313
能的需要。当技术变革减少了对技能的需要的时候，它就为雇主提供了使劳动过程去技能化的手段。

雇主使劳动去技能化的一种途径，是将整个劳动过程分解为很多细小的任务，然后为每个雇员仅指派一种（也可能有几种）反复从事的任务。由于每个雇员现在只需知道如何从事为数不多的任务，对特定岗位新工人的培训很快就能完成。

将工作细分及去技能化的一种最普遍的方法，被称为使劳动中的**概念与执行相分离**（separation of conception from execution）。**概念**意味着为工作制订计划，在头脑中或在书面计划中筹划怎样将产出生产出来。**执行**则是根据概念完成所计划的劳动。在较早的时候，高技能工人，像车床工，既有能力计划自己的劳动，也有能力执行其计划；来自工作的一部分享受，就是计划其劳动，并目睹该计划在自己手中实现。今天，小农、外科医生、父母、艺术家、自我雇佣的建筑者、电工以及其他行业的人仍继续做这两方面的工作，将概

概念与执行相分离是使劳动去技能化的一种方法，根据这种方法，为生产编制计划的工人不同于执行该计划的工人。

念与执行相结合。

与传统的生产过程相反，大多数现代劳动过程越来越使得概念和执行相分离。一方面，规划、设计和工程部门的雇员决定了生产的组织，他们除了规划或设计以外几乎不生产任何东西。另一方面，执行发生在工厂里，在那里实际生产产品的雇员只从事体力劳动。他们不参与规划和改进他们所制造的产品。结果，概念（“白领劳动”）在办公室里被设计，而执行（“蓝领劳动”）常常在位于完全不同的地方甚至不同的国家的工厂里进行。

近期的发展是，甚至白领的劳动也受到去技能化的影响。像书记员、制图员、档案管理员及销售人员这样的雇员也目睹了他们的工作的电脑化和去技能化。他们也基本上沦为电脑、带有视频播放器的设备或其他办公机器的操作员。他们更像工厂的工人了，在许多工作中运用头脑技能的需要——或机会——减少了。

总之，技术变革是一个多方面的过程。一方面，它可以在既有利于雇主但也不伤及雇员的利益的条件下被引进；在此情况下，雇主和工人有可能共享技术进步的收益。另一方面，技术变革也能被雇主用来使劳动去技能化，或者引入对劳动的新控制（以提高劳动付出水平），在这两种情形下，其意图都是为了削弱工人的谈判力。当技术变革有可能损害工人的利益时，雇主会试图对现有雇员掩盖一项新技术的潜在效果，这是因为，如果工人了解到新技术使雇主有能力提高劳动速度、消除对其技能的需要或以其他方式损害其利益，便更可能抵抗引进任何新技术。

新技术的引进常常导致雇主与雇员间的争论、冲突和谈判，这一切并不奇怪。当雇员力量弱小、尚未组成工会的时候，他们也许没有能力去抵御有损其利益的变革。当雇员力量壮大时，比如，如果他们隶属于某个工会，他们也许就有能力进行谈判，阻止实施有损其利益的技术变革。这样一些冲突带来的结果是，那些对工人和雇主均能产生潜在收益的新技术的引进，往往被延迟，甚至被阻止。

对技术变革的控制从来就不是平等的。无论雇员的力量弱小还 314
是强大，企业主都保留了投资与否的权力，这使他们能够决定是否、何时以及在何地投资于新技术。技术变革需要巨大的投资，无论是对于研发阶段还是对于建设和安装新设备的阶段都是如此。只有资本家能够进行大规模的投资，所以他们握有发起（或阻止）技术变革的权力。工人，即便在最好的情况下，也只能寄希望于影响或阻碍技术变革。仅在罕见的情况下，他们才处于发动技术变革以促进其利益的地位。

工　会

工人组织并加入**工会**（union）以增强他们同雇主的谈判力量。工会的原则简单明了。如果每个工人作为个体同他或她的雇主谈判，每个工人就会与其他工人展开竞争。其结果必然会由下述这类工人来决定，这类工人（无论出于什么原因）愿意接受最低工资、最快的劳动节奏以及最差的劳动条件。雇主会直接与他们达成协议，然后替换或不雇用所有那些坚持更好的就业条件的人。可是，如果所有或者大多数雇员决定通过一个工会来展开集体谈判，工会也许就能为一个既定企业或产业中的所有或多数工人争取到比他们用其他方法所能争取到的更好的结果。

> **工会**是一个工人组织，其成立旨在提出一致而强有力的吁求从而代表工会成员的利益。

因此，工会是减少工人之间的（水平的）竞争的手段。如果工会是成功的，它将在劳动市场上赋予其成员以一定程度的垄断势力。恰恰由于这个原因，很多雇主（譬如以达美航空公司为例）成功地抵制了工会的形成。工会在今日的存在及其权力，是拥护工会的工人和反对工会的雇主之间长达一个多世纪的艰苦斗争的结果。反对工会的雇主先是为了阻止工会的形成而斗争，此后是为了不让工会威胁到利润而斗争。

劳工想要什么

劳工想要什么？我们想要土地以及土地上的丰裕……我们想要更多的校舍，更少的监狱；更多的书籍，更少的军火库；更多的知识，更少的恶行；更稳定的工作，更少的犯罪；更多的闲暇，更少的贪婪；更多的正义，更少的复仇；事实上，我们想要的是更多的机会以陶冶我们更美好的天性。

——美国劳工联合会首任主席塞缪尔·龚帕斯（Samuel Compers）1893 年 8 月 28 日在芝加哥世界博览会上对世界劳工联合会的致辞

工会成员最近的趋势　20 世纪 50 年代，工会代表了 35%的美国非农业部门的劳动力。但在 2014 年，仅有 11.1%的美国工人隶属于工会，私人经济部门的工会人数仅为该部门工人总数的 6.7%。自 20 世纪 50 年代中期以来，美国工会衰落的主要原因在于，工作岗位由经济中工会强大的制造业部门向工会弱小的服务业部门大规模地转移（见图 7.1、图 7.2 和图 7.7）。1955 年，将近一半的私人
315 部门劳动力受雇于产品生产部门（采矿、建筑及制造业），另一半受雇于服务业（运输和公共事业；批发和零售贸易；金融、保险和房地产；以及健康、教育、社会领域）。但是到了 2015 年，超过 71%的美国劳动力受雇于私人服务业部门或批发零售业，剩下的劳

动力中有一半受雇于产品生产部门，另一半受雇于政府部门。

美国工会成员的减少在 20 世纪 80 年代尤为迅速。在那一时期，美元被高估，这就使得美国和其他国家的工资水平差距更大了，同时也让美国的公司有了从外国获取生产性资产和转向海外经营的动力。同时，由于美国国内以钢铁为原材料的制造商增加了对海外低成本钢铁的进口，大范围的裁员在美国钢铁工业间弥漫开来。

与此截然不同的还有两个主要趋势。其中一个是包括警察、消防人员等在内的公共部门劳动者组成工会，随着政府雇员由 1955 年的 700 万增加到 2015 年的逾 2 200 万，他们加入了像美国州县和市政工人联合会（AFSCME）这样的公共部门工会。这方面的努力使得特定类别的公共部门人员在一些州得到了新的州法授权的集体谈判的帮助。还有其他由联邦政府部门人员、邮政人员、教师组成的工会。在 2014 年，35.2%的政府员工属于一个工会。

第二个趋势是全美护士联合会十分成功地组建起来了。这个联合会采取了一种创新策略：它不仅为更高的薪水和更好的护理工作环境而努力奋斗，也为更好的病人护理和重建整个医疗体系而发声。它广阔的愿景和动态信息吸引了护士，其成员数在 2016 年迅速扩张到 185 000 人。

工会活动　工会从事两种不同类型的活动。在与雇主的谈判中，它们作为成员的代理人而行动。对于一个工会化企业的雇员来说，工会就合同展开谈判，该合同规定了工资率，在合同期内，工人将得到实际的雇用。基于行业以及工会的力量，合同会确定每种工作所需的一般劳动付出水平（标准或速度）、引进新技术及创造新的（不同的）工作的程序、把雇员分派到不同工作岗位上的方法。合同通常也会规定一个申诉程序，在雇员认为雇主违反了合同的时候，对案件加以裁决。在这些方面，工会缔结的合同能保护工人免于受到雇主不受约束的统制。当然，工会提供有效保护的能力取决于工会有多么强大，这在续签合同的时候以及合同的有效期内都是如此：就前者而言，是使雇主同意一份恰当的合同，就后者而言，是看雇主是否按照合同的条件行事。

管理被取代的威胁　老板在围绕 e（劳动付出）和 w（工资率）的谈判中增强其力量的一种方法，是使每个工人都能轻而易举地被其他人取代。老板拥有的针对工人的终极权力就是解雇他们的权力。但是老板解雇工人的威胁可信吗？这取决于找到一个替代工人的难易程度。想象两种情况。

316 第一种情况涉及处于相对低失业时期的有技能的吊车操作工。在和这个工人谈判时，老板可能会威胁要找“真正想劳动的其他人来做这份工作”。然而，老板和吊车操作工大概都知道，几乎没有失业的吊车操作工；而且，工会可能就解雇进行抗议，甚至可能促使其他工人进行罢工。他们还知道，一个新的吊车操作工需要花费很长的时间来学习工作规程（这样一来，当新的操作工在学习的时候，会使得这一工作中的其他工人的效率下降）；吊车价格不菲，而且发生事故——当新手刚开始工作时更容易发生——的代价高昂。他们也知道，在任何情况下，吊车操作工都能轻而易举地找到另一份报酬相同或更高的工作。在这种情况下，工人处于谈判的强势地位。

相反，第二种情况涉及的是处于高失业时期的工厂的非熟练工人。在此情况下，当老板威胁工人，如果不同意为低工资而努力劳动就会把他或她解雇时，这种威胁就是完全可信的。事实上有很多能够胜任这份工作的人正在寻找工作。学会这份工作不需要花费很长时间，而且即使工人被解雇也没法得到工会的保护。此时，老板处于一个非常强势的地位。

老板和工人都意识到，他们的谈判力量取决于工人被取代的难易程度。老板越是容易替换掉工人，他就越强大。这对工会化和非工会化的工作场所都是成立的。这也就是为什么体育明星能够争取到如此高的报酬。最终会被替代的工人是那些一开始就被定义为临时工作者的人（参见专栏“零工经济中的工人”）。

零工经济中的工人

临时工作：一个半完成或者未完成的工作能带来可观的外快？40 年前，或许是这样；今天，情况就不一样了。虽然几乎可以接受任何工作总比没有工作要好，但在今天，26%的临时工人薪水微薄，尽管有资格参与医疗补助、食品券或者其他福利项目。对于长期工人来说，这一比例仅有 14%。

在美国，大约有 300 万名临时工，而且这一数字还在增加。在经济学家劳伦斯·卡茨（Lawrence Katz）和艾伦·克鲁格（Alan Krueger）最近的研究中，临时工和其他一些工作被归类在“可选择工作安排的劳动者”这一巨大范畴之中。他们定义的类别包括四组：临时救助机构的劳动者、随叫随到的劳动者、合同工以及独立承包者或自由职业者。这个范畴中的工作人员从 2005 年占总就业人数的 10.1%上升到 2015 年占总就业人数的 15.8%，增加了超过 900 万个工作岗位。令人惊讶的是，在这 10 年中，这占据了**全部**新增净就业。换句话说，在这 10 年间，**常规（非可选择）工作**完全没有任何增长。难怪社会学家盖伊·斯坦丁（Guy Standing）和其他人称今天的工人是“无产者”。

资料来源：Lawrence F. Katz and Alan B. Krueger, “The Rise and Nature of Alternative Work Arrangements in the United States, 1995 - 2015,” NBER Working Paper 22667, September 2016, available at www.nber.org/papers/

w22667；Guy Standing，*The Precariat：The New Dangerous Class*（New York：Bloomsbury Academic，2011）.

---

317 **推动社会变革以造福劳动者** 工会从事的第二个活动，涉及促进一般社会变革，这些变革将惠及所有工人，不仅包括工会自身的成员，而且包括其他工人，无论他们是否隶属于工会。例如，工会常常对联邦政府施加压力，使其通过最低工资立法（提高最低工资）、车间安全和环境保护法、社会安全和失业救济法、民权和反歧视法、所得税减免（针对低工资工人）政策、对无劳动能力者的收入资助，以及其他各种社会服务计划。

工作场所中的歧视

工会是克服工人之间的竞争的方法。相反，歧视，无论是来自企业、工会还是个人，都趋向于产生并加剧工人之间的分裂。

歧视意味着仅因为某人属于一个特定的集团，就予以有差别的对待。

歧视（discrimination）意味着仅仅因为某人属于一个特定的集团就有差别地对待那个人。今天，美国实行的最普遍的歧视形式是对妇女和少数民族的歧视。残疾人、同性恋以及年老的工人通常也是被歧视的对象。

歧视有各种来源——历史的、经济的、宗教的、政治的、社会的以及心理的——这里将不进行研究。与我们的讨论有关的是，资本家谋取利润的过程包含着各种涉及歧视的彼此相反的趋势：既有存续和强化它的趋势，也有侵蚀和消除它的趋势。

资本主义以两种方式影响着歧视。一种方式削弱它，而另一种方式强化它。当竞争性企业试图以可能有的最低工资率为其岗位雇用最好的员工并使其成本最小化时，歧视就受到削弱。种族和性别歧视通常意味着，工作机会特别是涉及高薪职位的机会，对妇女和少数民族当中那些称职并能完成该工作的人来说是有限的。但是，面对同样合格的工人，雇主倾向于雇用那些成本最低的人，也就是他们将会雇用妇女和少数民族，因此增加了对这些群体的劳动需求。

非歧视性雇用意味着妇女和少数民族有更多的工作机会，从而降低其失业率，并有可能提高他们的谈判力量和工资水平。它还意味着，采取非歧视性雇用行为的企业与实行种族和/或性别歧视的企业相比，将拥有竞争优势，因为前者比后者的劳动成本更低，有能力在为其产品制定更低价格的同时，谋取相同或者更多的利润。寻求雇用少数民族或女性工人并将他们提升到职权岗位的企业，会遭遇下述抵抗，这些抵抗来自现有的居于控制地位的男性和白人劳动力以及代表他们的工会。但是，以无偏见的方式成功地实施了雇用和晋升政策的企业，按照这样的推理路线，会将有偏见的企业驱逐出局，而歧视，至少在劳动市场上，将逐渐被消除。

此外，在与雇员就工资及劳动速度发生冲突时，雇主若试图利用歧视态度，歧视就持久化了。正如工人设法通过工会增强他们的谈判力量一样，雇主也想要通过在雇员间鼓励分化、加剧不团结来 318
削弱雇员的谈判力量。为了实现这一点，雇主会尝试助长和放大雇员间已经存在的分歧和冲突。既然西方社会历史上残留的各种种族、性别及其他形式的歧视仍然持续存在，雇主就会利用这些来分裂工人。资本家并未发明种族主义、性别歧视或者其他形式的歧视，但他们有时确实是利用了工人间原先存在的成见或偏见来分裂和削弱他们。在这一点上，雇主无异于那些白人男性工人，这些工人有时用相同的偏见以限制来自妇女、非洲裔美国人以及新移民的竞争。

事实上，也许个别雇主本人已完全摆脱了偏见，但是迫于竞争的压力，他也许会为了企业的生存而歧视。如果歧视是有利可图的，这就可能发生。由于获得更高利润的企业具有竞争优势，非歧视性企业就可能随着时间的推移而被迫退出经营。此外，如果歧视的成本超过了收益，雇主就可能停止歧视。

歧视怎样才能有利可图呢？为了回答这个问题，我们将比较两个虚构的企业。第一个企业同时雇用黑人工人和白人工人，并平等地对待所有雇员——例如，在支付工资时不考虑种族。这一企业中的工人（黑人和白人一起）组成了工会，该工会施压以争取更高的工资和更安全的劳动条件。

第二个企业也同时雇用黑人和白人，但是存在着歧视：把黑人分派到比白人工资低的岗位上。第二个企业的雇员试图组成工会，但这要比第一个企业更为困难。在第二个企业中，并非所有雇员都有相同的利益。黑人工人认为，拟议中的工会应该尽力迫使雇主消除企业在岗位分配和工资上的歧视。而白人工人则想获得更高的工资，但同时也担心企业会降低他们的工资。围绕这一点，白人工人可能会成立他们自己的工会而排斥黑人，以便致力于提高其自身的工资。（事实上，在纽约市的建筑业中这已发生了很多年，代表白人建筑工人的工会在工会成员和工作岗位上都把黑人排斥在外。）但是，当占优势的白人工会同雇主进行谈判的时候，雇主却威胁要雇用更多的黑人工人来替代白人工人。由于白人工人和黑人工人不能进行集体行动，他们会深陷低薪的困境（而他们本可以和不采取歧视做法的雇主谈判，即雇主不进行歧视），也会加剧工人之间的分化。

比较这两个企业，我们可以看到，在第一个企业中，雇主面对的是在提高工资（w）和削减劳动强度（e）方面拥有共同利益的工人（黑人和白人）。根据这些工人取得成功的程度，第一个企业的利润将下降。相反，第二个企业面对的是因为种族歧视而分裂的工人。这些工人难以组成工会。因此，这些工人更难在谈判中要求更高的工资和更低的劳动强度。

第二个企业会因为歧视而比第一个企业拥有更高的利润率。的确，如果第一个企业想在同一市场上与第二个企业展开成功的竞争，它将被迫开始实施歧视。

新古典经济学家［例如，米尔顿·弗里德曼在其《资本主义与自由》（*Capitalism and Freedom*）一书中］认为，歧视的成本是很高的，追逐利润的竞争将消除歧视。但这只是问题的一个方面，当 319
资本主义经济的水平维度即竞争成为关注的焦点时，这是唯一看得见的一面。在考虑到经济中的垂直维度或统制的关系时，不同的画面就出现了。当雇主实施歧视时，也许是因为歧视有利可图。若果真如此，竞争甚至会驱使那些本无偏见的雇主转而实施歧视。

如果非歧视政策比歧视政策更为有利可图，那么市场的运行将倾向于消除歧视。但是，如果歧视导致更高的利润，资本主义经济将倾向于维持甚至强化歧视。企业间追逐利润的竞争能够打破歧视的障碍这一事实，在下述事例中得到了强有力的证实：杰基·罗宾逊（Jackie Robinson）在半个世纪前破除了肤色障碍并成为布鲁克林·道奇（Brooklyn Dodgers）队的明星球员之后，大多数职业运动迅速地一体化了。但事情并不总是这样。克服歧视的更为直接的方式也许更有效，正如以下事实所显示的：美国联邦政府与其他主要的私人公司相比，在各个层面上都是更为种族一体化的雇主。在种族一体化方面，美国军队超过了《财富》500 强企业。

盈利能力与效率

盈利能力是指从一个劳动过程中所得到的利润。

盈利能力（profitability）是指从一个劳动过程中所得到的利润。利润是销售收入超过所购买的投入的成本。

技术效率：如果不增加至少一种投入就不能增加产出，那么这个生产过程就被认为是技术上有效率的。

技术效率（technical efficiency）是指一个生产过程的产出与其投入之间的关系。（关于效率的概念我们已在第 3 章中讨论过了。）给定现存的技术，如果不增加至少一种投入就不能使其产出增加，那么这个生产过程就被称为技术上有效率的。

技术变革可以通过减少每劳动小时所使用的原材料和机器的数量（m）、增加在给定劳动付出量（e）时的产出量（f）来提高技术效率。任何一种类似的变革都会减少为生产特定数量的产出所需的投入量。

更高的技术效率**可能**带来更高的盈利能力。在其他条件不变的情况下，效率的提高会减少一个企业生产其产出所需的投入量（按假设，也会减少成本），而不会影响企业得自该产出的收入。在这些情形下，效率上的提高会增加利润。许多观察这一联系的经济学家假设，盈利能力和效率是一样的。

缺乏效率的技术变革指的是，只有通过按比例地增加至少一种投入，才能带来一个生产过程的产出增加的技术变革。

然而，也有很多这样的情况：不那么有效率的技术是更加有利可图的。有利可图的东西不必总是有效率的，反之亦然。事实上，采纳一项新技术会提高盈利能力，与此同时又需要更多的某种投入——比如，劳动付出、中间产品或者生产资料。这样一种技术变革因而也许是**缺乏效率的技术变革**（inefficient technical change）。

一项缺乏效率的技术怎么会更有利可图呢？假设一种新的生产方法——如一条装配线——使雇主能够加速生产，并利用技术控制来增加每小时的劳动付出（e），以此增加每劳动小时的产出（z）。
320 再假设工资率（w）、劳动小时数以及劳动过程中的其他所有变量均保持不变。这一新技术将更为有利可图，但它也将更有效率吗？假设每小时的劳动付出随装配线的引进增加了 30%，每劳动小时的产出增加了 20%。在这种情况下，装配线技术将更加有利可图，因为凭借相同的劳动成本，企业获得了 20%的产出增长。但它并非更有效率的技术，因为每劳动小时的产出（z）与一种投入要素（在此情况下是每小时的劳动付出 e）的比值将有所**下降**（将会是原来 z/e 比值的 120%/130%=92%）。

如果装配线增加了每小时劳动的产出，而无须强度更高或更快的劳动，同时劳动过程中的其他一切都保持不变，技术变革无疑就是**更有效率的**。但在我们的例子里，装配线的引进使雇主可以提高劳动速度，而且新的生产过程需要**按比例地**增加至少一种投入，即劳动付出（e），以便实现产出（z）的增长。既然 e 增加得比 z 多，且没有其他条件的变化，装配线的引进就是一项**缺乏效率的技术变革**，尽管它提高了盈利能力。

缺乏效率的技术也许更有利可图

我们把现代技术看作解决问题的方法。的确，工程师们评估生产产品的各种方法的有效性，寻找那些在下述意义上最有效率的方法，即使用给定数量的投入也能实现最大数量的有用产出。但是，某些技术似乎并非合理。原因在于，技术的开发常常是为了赚钱，而不是要有技术合理性，这两者不是一回事。技术史向我们提供了许多例子。

在 19 世纪，在加利福尼亚的罐头食品业工作的主要是非熟练工人，但是给罐头加盖的任务——被称为压盖——则需要更多的技能。压盖工人是熟练工，且为数不多。在收获时节，他们能以罢工相威胁，轻易地从雇主那里获得较高的工资，因为此时如果不迅速装罐，新鲜的食物就会腐烂。当詹姆斯·考克斯（James Cox）发明了被称为考克斯压盖机的著名机器的时候，雇主们欣喜若狂，因为这使得替换熟练工人成为可能。但是，机器运转得不是很好，购买它的企业没有立刻将其投入使用。企业拥有这种机器只是作为一种针对熟练工人的看得见的威胁：如果工人罢工，机器将取而代之。

考克斯自己也明白他的发明的吸引力：它在被发明出来的时候，还不是给罐头加盖的最佳方法，但它的确使熟练的加盖工难以以黑工相威胁。在它被发明的26年后，他在写作中提到了熟练的压盖工所曾有的强势地位，以及罐头制造商相应较弱的谈判地位："罐头制造商的无助……使其成为每一项机械工具的欣然拥护者。而且，经过频繁的失败和巨大的损失，使得目前正在使用的经过改善的机械工具的出现成为可能。"

技术的合理性和盈利性之间相矛盾的一个现代例子，是用来储存音乐的光盘（CDs）。这种光盘可能以如下方式制造：它们能被轻易地复制，从而使大家能够享受储存在其中的音乐。但是，生产这些光盘的公司花费了成百上千万美元来开发那些使光盘难以被复制的技术。这些技术使音乐公司生产的光盘更有盈利性，但对听众来说却不那么有用。

资料来源：Martin Brown and Peter Philips，"The Historical Origin of Job Ladders in the U. S. Canning Industry," *Cambridge Journal of Economics* 10 (1986)：129－145.

---

321 在此，使盈利能力有可能偏离效率的，在于实际进入生产过程的劳动付出（或**劳动**）与所购买的**劳动时间**的量并不一致。在装配

线这个例子中，如果雇主必须为装配线所需的额外劳动付出多支付30%，而产出仅实现 20%的增长，装配线的引进就不是有利可图的。在这种情况下，缺乏效率的技术变革就不会发生。

对于资本主义企业来说，重要的是利润率，而不是效率。因此，企业会试图引进那些最有利可图的生产方法，而罔顾这些方法是否为可用方法中最有效率的。当企业主投资时，包括他们投资于研究和开发新技术时，他们会投资于最有利可图的技术，无论这些技术是否同时更有效率。

因此，传统经济学提出的下述观点就未必是正确的，即目前正在使用的技术和正在开发的技术就是“现代科学所提供的最好的技术”。今天的技术——以及目前企业对新技术的研究——反映了这样一个事实：在很大程度上，科学受到了盈利能力的标准的束缚。如果采用不同的标准，例如，使生产必需的产品及服务所耗费的劳动付出最小化，可能出现的技术或许就会大不相同。

市场与等级制

市场和等级制有时被认为是组织社会的替代方式。市场被认为确立了（水平的）平等的条件：一方面，买者和卖者间的自愿交换意味着，如果任何一方选择，他或她可以退出交易，因此在他们之间存在着一种公平。另一方面，等级制依赖于（垂直的）不公平的存在：统制关系需要有上级和下级，老板对其下属享有权力。

因此，市场有时和等级制相对立，似乎一个经济体系必须由两者之一来组织。汽油零售被看作是市场型的交易，而美国军队和天主教会则被认为是依等级制组织起来的。正统经济学家将资本主义定义为一个市场体系，而采用中央计划的经济体系被认为是等级制经济或者统制经济。然而，我们在本章已经看到，谋取利润的企业，在努力取得针对其市场对手的竞争性优势的时候，建立了庞大而复杂的等级制。

的确，当市场开始采用代替奴隶制和封建制的等级制时，它们在一定程度上缓和了传统的统制关系。但更重要的事实是，市场带来了一个由老板和工人、上级和下级组成的复杂体系。资本主义体系对等级制的需要引致了崭新的研究领域（以及与之相关的专家）：
322 工业心理学、人事管理、职业测试以及工业工程。企业将剩余产品的很大一部分投资于开发和完善各种维持等级制的技术。资本主义的确废除了前资本主义等级制，使个人自由地缔结自愿性契约。但是我们现在发现，资本主义经济里的大多数人事实上在按照等级制组织起来的工作中度过了全部劳动生涯。找工作通常并不是以平等的地位缔结一份契约。相反，最经常的是选择在哪个等级制中或者在哪个老板手下工作。找工作也演变为努力变成老板而非去当下属。

因此，在一个资本主义经济中，市场与等级制并不是相互替代和相互竞争的组织方法，更不必说是不同类型的经济制度了。其水平和垂直的维度，即竞争和统制，是整个体系的彼此强化、互为补充的因素。

民主企业

企业必须自上而下地经营吗？或者，企业可以按民主的方式经营，即由雇员共同拥有企业，选举管理层，参与涉及技术、劳动安全、产品设计、劳动时间、工资以及诸如此类的重要决策吗？几乎所有企业都有一个权威的结构，其中一些人下达命令而另一些人接受命令。使一个企业被认作民主企业的原因在于，雇员通过每个人都有平等投票权的选举，选择拥有权威的人物。（见第 5 章的专栏：

“拥有你的工作，选择你的老板”。）

我们知道**民主企业**（democratic firm）是可能的，因为存在着成千上万这样的企业，其中有很多还非常成功。这类企业不仅成功和民主，而且可能有合理的大规模。

民主企业是由其雇员占有并由雇员选举出来的人经营的企业。

很多人出于道德和政治的原因支持民主企业，理由是企业和拥有权力的其他机构一样，应该民主地运行。支持民主企业也有经济方面的原因。

一个由工人所有并以民主方式经营的企业，其经济优势是一目了然的。因为工人是其所有者，他们的收入直接取决于企业的生产率。由于这个原因，他们有兴趣采纳那些能促进公司资源（包括他们自己的时间和精力）有效利用的技术、劳动方法和组织形式。工人对企业的所有权并没有改变下述事实，即努力工作是辛苦的，人们或许愿意让他人承担更繁重的生产任务。但它并没有从根本上改变对工人的激励，即出色地完成工作以使企业的所有者受益，所以当工人是所有者时，他们就有强烈的动机想看到劳动是以一种最有效的方式完成的。

劣势也同样一目了然。大多数工人没有充足的财富来购买“他们的”企业的股份，所以要实现完全的工人所有是困难的。银行通常不愿意借款给工人所有和经营的机构。也许最重要的是，工人要拥有他们自己的企业，就应将他们的大部分财富（如果不是全部）投资于他们自己的企业。因为工人将所有鸡蛋放入一个篮子里，他们在决策时就会非常谨慎：如果他们的企业失败了，他们不仅会失去工作，也会失去大部分财富。结果，拥有自己企业的工人在为产品设计和生产工艺的创新进行必要的冒险时就会小心翼翼。

相反，一个资本主义企业的所有者（股东）通常将他们的资产 323

投资于许多企业。这样一来，他们的财富就不只依赖于任何一个企业的成功或失败。与民主企业的工人所有者不同的是，资本主义企业的所有者中的大多数都是富人。出于这些原因，资本主义所有者比工人所有者更能宽容他们所有的企业里经理们的冒险和创新。此外，资本主义企业的所有者比工人所有者更可能采用最新的技术（正如前面所讨论的），以便从其雇员那里榨取更多的劳动付出。因此，和工人所有的企业相比，资本主义企业倾向于拥有更低的单位成本，在产品市场上也更有竞争力。

尽管有很多研究指出，工人所有以及民主参与企业的决策既提高了生产率，又提高了工人的满意度，但工人所有和经营的企业在资本主义经济中却属例外。事实是，民主企业在获得资本方面缺乏渠道，对冒风险持有偏见，加之对体面的劳动条件的承诺，使其在与资本主义企业的竞争中处于不利地位。

建议阅读文献

Eileen Appelbaum，Annette Bernhardt，and Richard J. Murnane，eds.，*Low-wage America：How Employers Are Reshaping Opportunity in the Workplace*（New York：Russell Sage Foundation，2003).

Eileen Appelbaum and Rosemary Batt，“A Primer on Private Equity at Work：Management，Employment，and Sustainability，” Center for Economic and Policy Research，February 2012，available at http://cepr.net/documents/publications/private-equity-2012-02.pdf.

William J. Baumol，Alan S. Blinder，and Edward N. Wolff，*Downsizing in America：Reality，Causes，and Consequences*（New York：Russell Sage Foundation，2003).

Alan Blinder，*Paying for Productivity*（Washington，DC：The Brookings Institution，1990).

Edna Bonacich，“Advanced Capitalism and Black/White Race Relations in the United

States：A Split Labor Market Interpretation，" *American Sociological Review* 41，no. 1（February 1976）：34 - 51，available at http://www. radford. edu/～junnever/articles/blackwhite. htm.

Edna Bonacich，"A Theory of Ethnic Antagonism：The Split Labor Market，" *American Sociological Review* 37，no. 5（1972）：547 - 559.

Harry Braverman，*Labor and Monopoly Capital*：*The Degradation of Work in the Twentieth Century*（New York：Monthly Review Press，1998）.（布雷弗曼. 劳动与垄断资本. 北京：商务印书馆，1979.）

Jessica Gordon Nembhard，*Collective Courage*：*A History of African American Cooperative Economic Thought and Practice*（University Park，PA：Penn State University Press，2014）.

Henry Hansmann，*The Ownership of Enterprise*（Cambridge，MA：Harvard University Press，1996）.

Simon Head，*The New Ruthless Economy*：*Work and Power in the Digital Age*（New 324
York：Century Foundation/Oxford University Press，2003）.

David Noble，*The Forces of Production*（New York：Knopf，1984）.（诺布尔. 生产力. 北京：中国人民大学出版社，2007.）

Guy Standing，*The Precariat*（New York：Bloomsbury Press，2011）.

William F. Whyte and Kathleen K. Whyte，*Making Mondragon*（Ithaca，NY：ILR Press，1988）.

第3篇

宏观经济学

第 14 章

不平等面面观

1998年，盖洛普（Gallup）民意研究公司调查了 5 001 个 325
美国人，问题是：“在人的一生中，为什么有的人能抢占先机并获得成功，有的人却不能?”公司提供了 12 个可能的答案，要求被调查者对这些答案依据其重要性从“最重要”到“一点都不重要”排序。这 12 个可能的答案是“运气好”“努力工作”“继承财产”“社会关系”“教育程度”“不诚实”“父母和家庭环境”“与生俱来的才能”“愿意承担风险”“长得好看”“一个人的种族”和“性别”。被调查者一致认为教育、努力、一个人的家庭环境、社会关系和运气是重要的。

但还是存在一些重要的差别。收入较高的人认为努力工作更重要，而收入较低的人则认为运气、社会关系、遗产、不诚实和性别更重要。与白人男性大不相同，女性和黑人都认为一个人的性别和种族是抢占先机的重要因素。与妇女和黑人一样，所有收入较低的被调查者都比境遇较好的白人和男性更看重教育的作用。显然，就为什么有的人能抢占先机而其他人却不能这个问题，存在着不同的观点。

因为成功人士总是比其他人获利更多，因此，人们对是什么因素导致一些人成功这一问题的兴趣一直在增长。其实，人们一直存有这样的担心：虽然竞技场从来就不是完全公平的，但它却越来越向不利于穷人的方向倾斜。甚至纽约联邦储备银行行长威廉·麦克多诺（William McDonough）在约翰·霍普金斯大学2003届高级国际研修班毕业典礼上的演讲都发出这样的警告：极度的不平等会瓦解社会的结构，它在“一个民主社会里是不可能持久的”。

“长得好看”使你有可能比在其他方面都和你类似的人有更高的收入，这**公平**吗？（顺便说一句，这对于男人和女人而言都是事实，甚至对于那些不需要在工作中展示其外表的人而言也是事实。）如果你认为这是可以接受的，那么对于胖女人和矮男人挣钱少（这也是事实），你有何感受？大多数人会认为工作勤奋和受过教育的人挣钱多是一件**好**事。那么，种族、性别和一个人父母的财富又该
326 当何论？这些因素确实能帮助一个人取得成功的事实（这确实是**事实**），作为一种不公平打击了许多人。而且，如果拥有较高质量的教育是人们在经济阶梯上向上移动的一个途径（它确实是），那么，许多人会认为富裕家庭的孩子拥有更多的教育是不公平的。

一些人有闲又有钱，这允许他们对诸如住在哪里、追求什么样的兴趣这类事情做出真正的选择。另一些人要么没有收入，要么没有时间，或者两者都缺乏。一些人经历了种族的侮辱、性别的骚扰和伤人尊严的轻蔑，但另一些人则不必经历这些。一些律师可以凭借他所提供的服务每个小时挣1 000美元，而餐馆的厨工（在不那么令人愉悦的环境下同样努力地工作），却仅仅得到那个数字的1%的一半。

我们为什么把一些差别称为不平等，感到不能接受，并倡导通过一些政策来消除它们？为什么我们同时又觉得另外一些差别是无害的，甚至是有益的？因为它们促进了“多样性”。答案很简单：让人难以接受的不平等是那些不公平的差别。然而判断**什么**是不公平在有些时候却很难。

要判断什么是不公平通常需要先知道那些差别是如何产生的。如果一个律师的高收入是他在学校努力学习的结果，而厨工的低收入是因为她懒惰，那么，这种收入差别似乎就比来自种族歧视或因为律师是男性、厨工是女性而造成的收入差别更容易被人接受。在这里，公平与否的关键是第 3 章里提到过的**机会平等**。

如果我们从“是什么不平等”追问到“**什么人之间**存在不平等”，更深层次的困难就出现了。美国厨工每小时的最低工资是其他一些国家农业工人工资的 5 倍，而正是这些工人生产出供她此刻在厨房烹饪的食品，这样的现象是否公平？为什么我们会为高收入的律师而不安，却不为墨西哥或南非那些收入低得多的农民而不安呢？

在前面两章我们解释了资本家阶级和工人阶级这两个阶级如何在劳动市场上和企业里相互作用。资本家阶级被定义为资产的所有者阶级，对生产中所使用的资本品拥有所有权和控制权，对生产出来的剩余产品拥有支配权。工人阶级则被定义为没有这种所有权和支配权的阶级。但若把经济作为一个整体来考虑，这幅画是不完整的。有大量管理人员，他们没有巨额财富，但能够控制其他人的劳动。正如第 7 章所述，这些经理构成了新的中间阶级。同时，也有这样一些人，他们被认为是老中间阶级，因为他们拥有资本品、需要亲自干活，但既没有老板，也不是老板。

然而，阶级结构不是一组文件架，可以依据积累过程把人分成四类同质的人群，即工人、资本家、新中间阶级和老中间阶级，然后贴上标签再放入这些文件架当中。更恰当地说，存在着一个在许多方面都不平等的连续的序列：所有权的、收入的、权力的，所有这些都带有男女之间、种族之间和民族之间的差异。此外，还有一个依赖性人群：靠政府的**转移支付**生存、住在一些机构里（比如医院和监狱）、以犯罪为生或者在上述阶级结构之外以其他方式存在。

本书还考虑到了四个阶级内部存在的一些主要的差别。在雇主当中，既有最大的企业的所有者，他们雇用成千上万的员工，也有只雇了几个人的农场主、建筑商和店主。雇员之间的差别也同样巨
327 大。美国劳动力中大约有2%的人的工资处于或低于联邦最低工资水平，他们勉强维持生计，这取决于他们是否全年全职工作，以及他们有多少家眷，这可能将他们置于贫困线以下。（那些工资高于联邦最低工资的人的境况要稍微好一点。）如果他们全年没有全职工作，他们更有可能落在贫困线以下。相比之下，少数工人阶级成员一个月挣的比最低工资工人一年挣的还多。

在这一章，我们讨论收入和财富的不平等，而不是健康、幸福或其他人皆渴求之物的不平等。我们这样做的原因在于有关收入和财富的信息特别详细和全面，同时，财富和收入的数据能帮助我们认识那些重大的不平等。有了更多的收入和财富，就有更多的机会获得商品和服务，有更多的个人独立性，有更多的机会获得健康和幸福。那些收入和财富较少的人往往拥有的这些东西较少。

这就引出了本章的标题。马赛克［mosaic（面面观）］是一种古老的艺术形式，在这种艺术形式中，一幅图画——例如，一个人或动物的图像——是由不同颜色的小块瓷砖拼接而成的。从远处看，图像清晰可辨，但近距离看，你看到的只是碎片。同样，不平等的许多方面——种族、财富、性别、教育等——构成了一幅“马赛克”。在本章，我们不仅研究那些重要的碎片，也研究那整幅大图。

本章的主要观点是：（a）**在美国，就决定一个人在经济上是否成功的众多因素而言，一个人的种族、性别和父母的收入是非常重要的；**（b）**从几乎所有的衡量标准来看，自20世纪70年代初以来，收入不平等现象在近半个世纪里急剧上升，且一直居高不下。**

这些主要思想是通过以下五点来表达的：

1. 生活水平不仅仅是物品的问题。人们的福利取决于他们的健康、物质享受以及能否享受到有助于个人全面发展的社会及自然环境。当经济提供了实现这些目标所必需的商品和服务时，当它塑造了对人们的福祉至关重要的社会和自然环境时，它就对人们的福祉做出了贡献。
2. 从 20 世纪 70 年代初开始的近半个世纪里，收入和财富的不平等在加剧，且一直居高不下。
3. 高收入家庭的孩子长大后更有可能获得高收入，而贫困家庭的孩子长大后更有可能获得低收入。富裕家庭的孩子享有较高的教育水平（以及逐年提高的教育质量）是造成这些差异的部分原因，但并不是问题的全部答案。
4. 黑人和女性一直比白人和男性挣钱少。从 1939 年到 1979 年，黑人的收入与白人相比有更为明显的增加，但这种增加没能延续到今天。
5. 美国经济中的职业是高度分割的："女性的工作"往往得到较低的报酬，即使做相同的工作，女性的收入也低于男性。

福利与不平等

我们经常这样说，"埃尔南德斯家比琼斯家富""瑞典人比墨西哥人过得好"或者"我现在的生活水平比我大学刚毕业的时候要好得多"。当我们用**富裕**、**过得好**、**生活水平**这些词的时候，想表达的是什么呢？这些词指的是影响一个人的福利的所有因素。 328

影响福利和经济的因素

影响福利的一个重要因素是人们能否获得衣、食、住、行、卫生保健和其他生活必需品。同样重要的还有人们是否可以享受到一些令人愉悦的事物和奢侈品，这些东西可能会使我们感觉活得挺好，或者至少不比周围的人差。此外，一个人对福利的感觉不仅有赖于得到别人的尊重，而且关系到对某个群体的归属感，无论它是家庭、邻里、工作团队、宗教还是国家。失去了这种归属感，生活就变得没有意义。

生活水平也取决于在完成了一天的工作之后，是否有足够的闲暇和精力来享受生活。一个每年挣 120 000 美元却没有自由时间的工作狂，可能不比一个一年挣 40 000 美元却享有充足闲暇的人生活得好。同样重要的是具备做出一些重要抉择的能力，这些抉择关系到诸如教育和实现个人生活目标的其他手段。我们工作体验的好坏也是影响我们福利状况的重要因素：很少有什么能像每天早上憎恨上班那样让人沮丧了。另一个影响我们福利的因素是自然环境的质量，以及它在多大程度上使我们保持健康并享受许多有赖于自然环境的快乐。当然，我们中的每个人如何看待这些因素对福利的影响会因为我们价值观的不同而不同。但无论我们对它们如何排序，福利的最基本的组成必须不仅包括物质的东西，而且包括诸如健康、自由、尊重和归属感这类东西。因此，生活水平既有赖于有形的东西，也有赖于无形的东西，这两者共同决定了生活的质量。在图 14.1 中，我们概略地画出了一些能够影响个人福利的因素。

显然，我们的福利主要取决于经济。正是通过劳动过程，我们才有了食物、衣服、住所、便利设施和奢侈品，生活才有了可能和乐趣。不那么明显但同样重要的是，经济的组织方式影响着幸福生活的各个方面：健康、自由、尊重和归属感。这是有原因的。

第一，经济的组织方式影响人们的健康状态。一些社会在不考虑人们的支付能力的情况下给所有人提供足够的卫生保健；而在另一些社会，只有那些付得起钱的人才能得到适当的卫生保健。无论如何，在一些经济中，工人必须以紧张的节奏工作，因而压力成为一个重要的健康问题。而在另一些经济中，工作节奏对工人会友好一些。在自由放任的资本主义经济中（允许公司不受政府管制、可无限制地追求利润），环境污染可能会损害人的健康。

第二，经济的结构也会影响到我们能在多大程度上自由地做出或影响那些跟我们的生活息息相关的重要决策。一个人的自由可能被一种经济制度剥夺——如苏联的经济制度——这种制度会决定一
个人的工作地点或限制一个人就他或者她的财产能干些什么。一个 329
人的自由也可能因为收入不足而受到限制，这便使之除了设法保持收支平衡外不能再有任何真正的选择。

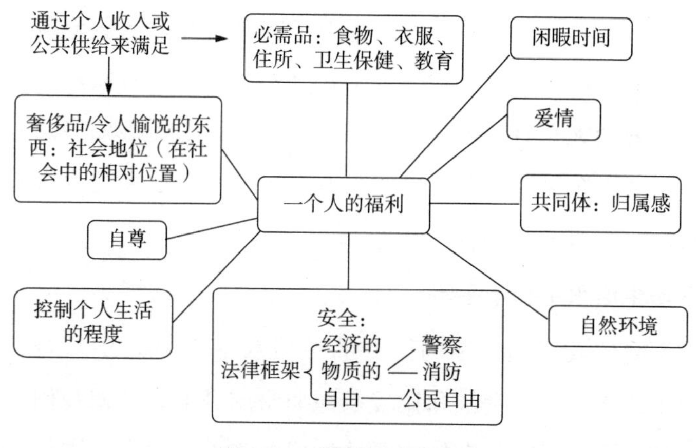

图 14.1　福利的决定因素

本图以图解的方式展示了所有社会中构成福利的一些必要条件，但没有概括出所有的方面，也没有指出每个决定因素之间的相对重要性。

第三，虽然人与人之间彼此感受到的尊重可以归因于他们互

不相同的成就和特点，但是如果一个人比别人穷很多，即使他可以得到生活必需品也很难得到尊重。比如一个有两个孩子的女性，一年挣18 000美元。在美国，她的收入处于贫困线以下，但同一名女性如果在孟加拉国获得同样的收入并抚养两个孩子，就会被认为相当成功（她的收入将是那个国家一个三口之家平均收入的两倍）。关键不在于她可以在孟加拉国买到更多的东西（实际上她会发现，她的钱在孟加拉国比在美国可以多买到某些东西，但对另一些东西则买到的更少），而在于她会感觉自己过得不错，因为她可以拿自己和其他经济状况更差的人进行比较，其他人也会做同样的比较。因此，一个人对福利水平的感觉至少部分地取决于一个人的收入和其他人的收入的比较。

第四，和被尊重的感觉紧密相连的是对某个群体的归属感。一些经济是围绕着持久的邻里关系和家庭而组织起来的。而在另一些经济中，人们为了找工作或者由于工作的缘故经常从一个地方搬迁到另一个地方，结果邻居们甚至常常互不相识。有时候，工作场所本身就像一个大型社区，里面的人关爱他人，也得到别人的回报。但在另一些工作场所，人们可能仅有点头之交，甚至是带着敌意的竞争者。

度量生活水平和不平等

在不同的人之间、不同国家的平均水平之间以及不同时期之间，对生活水平进行度量和比较都是非常困难的。即使我们能够就
330 许多影响生活质量的因素的重要性达成共识，要对它们进行度量也很困难。一加仑牛奶与一磅虾相比，对福利所起的作用孰大孰小？传统经济学家的回答是虾更值钱，因为人们愿意为一磅虾付出 15 美元，而花不到 5 美元就可以得到一加仑牛奶。

在经济学上，度量一个人的生活水平的最常用方法是看他或她的收入是多少，然后用另外一些单独的指标说明健康状态、相对收入、自然环境及社会环境的质量等。类似地，一国的生活水平通常由该国的总收入除以总人口来度量，即人均收入。**经济增长**被定义为一国人均收入的增长。因为收入大体反映了可获得的商品和服务的数量，所以用它作为度量指标是有意义的。但是把收入作为度量福利的指标存在着许多问题。

第一，只度量收入而不考虑闲暇，使我们漏掉了福利的一个主要的决定因素——可自由支配的时间。如果用收入作为标准，上文提到的工作狂比那些工作强度是他的一半却仅仅少挣一点钱的人生活得好。但以大多数人的标准来看，额外的睡眠、有自由支配的时间来享受朋友之谊和天伦之乐以及其他类似的快乐，会让收入低却有闲暇的人生活得更好。例如，在过去的半个世纪中，瑞典雇员的人均收入增长速度仅比美国雇员略快一点（见下一章的图 15.6）。但瑞典雇员的平均休闲时间增长却快得多，因为瑞典减少了相当于两个月的工作时间，而美国的工作时间减少了不到瑞典的一半。因此，我们可以看到，收入指标本身低估了瑞典人在这一时期相对于美国人在福利方面的改善。

第二，收入可以度量一个人获得商品的权利，但许多重要的产品和服务不是商品，比如在家里做饭和所有其他家务劳动（打扫卫生、照看孩子等）。另外一些非商品型产品和服务的例子是公共教育、警察保护和其他政府服务。即使简单地用享有产品和服务的权利这种狭隘的方法来定义福利，迁往一个有更好的学校和更好的警察保护的城镇，无疑是生活水平的提高。然而这种迁移不能用可度量收入的任何变化来反映。

第三，产品和服务的价格常常不能衡量出它们对人的福利所做的贡献。例如，四分之一磅虾和一加仑牛奶可能花同样多的钱，但是大多数人会同意，从某种意义上讲，牛奶比虾对人的福利更有必要。原因在于牛奶是必需品而虾是奢侈品。对于一个花 15 美元买一磅虾的人来说，少了虾可能没有什么困难。但对于大多数人来说，少了牛奶情况就不一样了。显然，用收入度量福利水平是不够的，因为人们为不同商品支付的价格——一磅虾 15 美元，一加仑牛奶 4 美元，等等——可能无法正确地估算出每种商品对福利的贡献。

因为不太富裕的人会在必需品上花费更多的收入，而在奢侈品上花得较少，因此，就给定数量的收入而言，如果更多的收入流向处境较差的人，那么它对社会平均福利的贡献可能就会更大一些。由于这个原因，某个国家在某个时点的平均生活水平（或福利）就不仅仅依赖于它的平均收入。我们还需要知道收入的分配是平等的还是不平等的。另外，我们对收入分配感兴趣的原因是它反映了在何种程度上经济的结果是公平的。（见第 3 章关于公平的讨论。）

度量收入分配的不平等与度量收入本身一样困难。一种常用的
331 方法是把所有家庭或个人按照收入多少从最贫穷的到最富裕的进行排序，并分成五等份——每个等份占总人口的五分之一。然后我们求出总收入并计算每个等份的人口获得的收入占总收入的比重。根据美国人口普查局（U. S. Census Bureau）公布的最新数据，2014 年，最底层五分之一人口的收入是全国总收入的 3.1%，下一个五分之一是 8.2%。因此，最穷的 40% 的人的收入占总收入的 11.3%，依此类推到最高的五分之一，他们的收入占总收入的 51.2%。最富有的 5%的人的收入占总收入的 22.4%。（见图 14.4 的资料来源。）

扩大的不平等

与之前相对平等的趋势相比，近期收入不平等加剧的趋势尤其引人注目。图 14.2 显示了过去一个世纪美国最富有的 1%的人的收

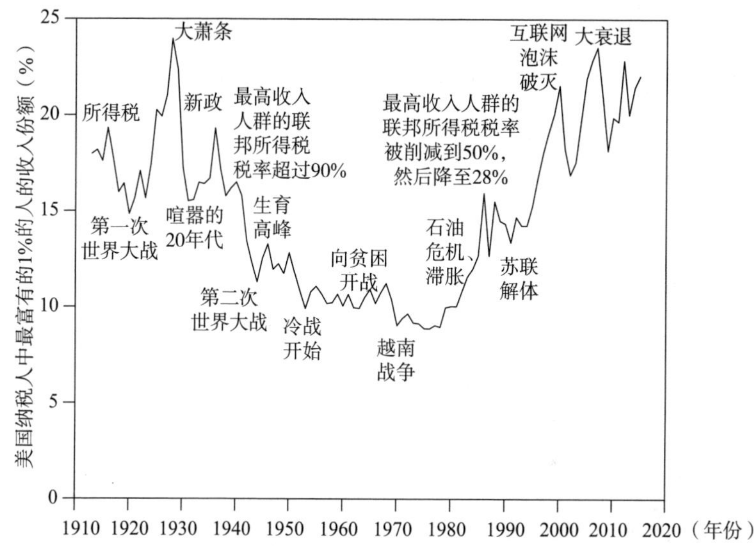

图 14.2　幸运的少数人：美国纳税人中最富有的 1%的人的收入份额（1913—2015 年）

份额的计算方法是，将收入最高的 1%的人的总收入（包括资本利得）除以所有人的总收入（包括资本利得）。如果不包括资本利得，也可以用同一来源的数据来计算份额；然而，差别并不大。

资料来源：Data from Emmanuel Saez, "Income Inequality in the United States, 1913 - 1998," with Thomas Piketty, *Quarterly Journal of Economics*, 118, no. 1 (2003): 1 - 39 (Tables and Figures Updated to 2015 in Excel format, June 2016), Table A3: Top fractiles income shares (including capital gains) in the United States, available from https://eml. berkeley. edu/～saez/.

332 入占总收入的比例。自第一次世界大战前夕到 20 世纪 70 年代，除了几次轻微的波动，富人的收入份额始终处于下降的趋势。如果你特别富有，20 世纪 20 年代会格外兴旺发达（roaring），但在紧接着的几十年里，最富有的人在收入蛋糕中的份额有了显著的下降——在很大程度上可能是因为从 1932 年到 1981 年，最高收入人群的边际联邦所得税税率为 63%或更高，而从 1944 年到 1963 年，这一税率为 91%或更高。（这种税率并不针对非常富有的人的全部收入，而只针对某一相当高水平的收入。）1970 年，最富有的 1%的人获得了总收入的 9%，这意味着这一群体中典型个人的收入大约是普通人收入的 10 倍，所以富人的那部分收入并不是那么少。最富有的 1%的人的收入份额从 20 世纪 20 年代末 25%的高点下降到 70 年代末 9%的低点。1981 年罗纳德·里根（Ronald Reagan）当选总统以来，开始为高收入人群减税，并放松对经济的管制，最富有的 1%的人的收入份额开始上升。

在那些“幸运的少数人”中，当然有大公司的首席执行官（CEO）。图 14.3 展示了 1965—2015 年间，美国 CEO 的薪酬与公司员工平均薪酬之比的变化。这个比例从 1965 年的 20∶1 变为 1989 年的 59∶1，再变为 2015 年的 299∶1。

图 14.4 以另一种方式展示了最近收入不平等状况恶化的数据。从图中我们可以看出，1967 年，美国收入最高的 20%家庭的收入占全国总收入的 43.8%，而收入最低的 20%家庭的收入占全国总收入的 4.0%。近半个世纪后的 2014 年，最富有的五分之一人口的收入所占的比例上升到 51.2%，而最贫穷的五分之一人口的收入所占的比例则降低到 3.1%。另一个明显的事实是，除了最高的五分之一外，其余所有等份的收入所占的比例都下降了。

如果将“中等收入”定义为第二、三、四个五分之一，那么从1967 年到 2014 年，中等收入家庭的收入占总收入的比例从52.3%下降到 45.7%。恰处于中位的那五分之一，即第三个五分之一家庭的收入占总收入的比例从 17.3%降至 14.3%。

333

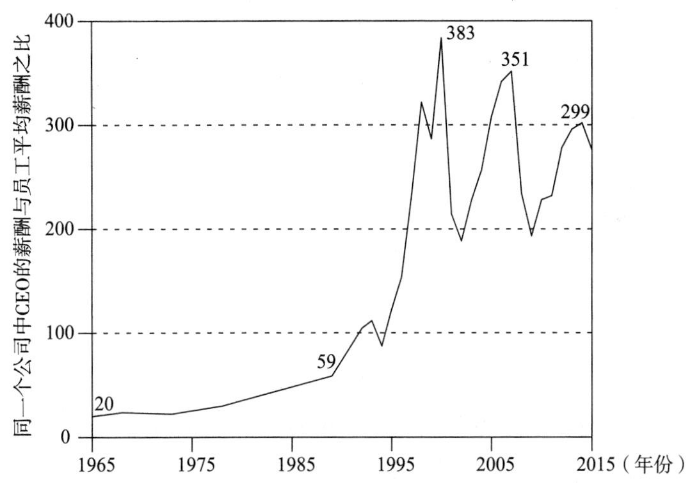

图 14.3　美国 CEO 的薪酬与公司员工平均薪酬的比值（1965—2015 年）

研究人员利用美国劳工统计局（U. S. Bureau of Labor Statistics）和美国经济分析局（Bureau of Economic Analysis）的数据，对每个公司的 CEO 进行评估，并评估其所在关键行业中一个典型的生产/非监管工人所获得的总薪酬（工资加上福利）。用 CEO 的薪酬除以这个工人的估计平均总薪酬，就得到该公司的比值。然后，每年对特定公司的这些比值进行平均，以得到所示的比值。

资料来源：Lawrence Mishel and Jessica Schieder，“CEO pay remains high relative to the pay of typical workers and high-wage earners，” July 26，2017，available at http://www. epi. org/130554. 参考方法引自该文献。

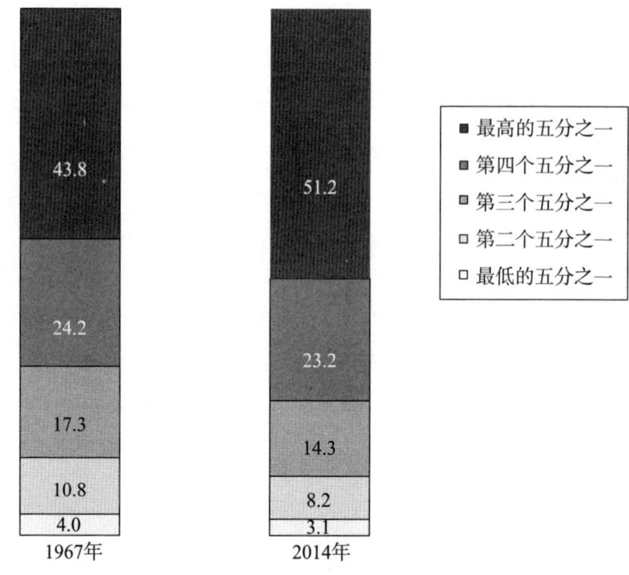

图 14.4　美国每五分之一家庭的收入所占份额（%）

本图显示了 1967—2014 年美国家庭收入不平等的加剧。每一年，根据家庭收入排序，然后分成五组（五等分）。例如，2014 年，最贫困的五分之一家庭的收入占总收入的 3.1%（低于 1967 年），而最富裕的五分之一家庭的收入占总收入的 51.2%，比 1967 年高得多。

资料来源：U. S. Census Bureau，Historical Income Tables—Households. Table H－2：Share of Aggregate Income Received by Each Fifth and Top 5 Percent of Households，All Races：1967 to 2014，available at http://www. census. gov/hhes/www/income/data/historical/household/.

图 14.5 显示，1966—1979 年，各个五分之一家庭的收入增长速度相似，但 1979 年以后，收入增长率出现了分化，最富有的家庭的收入增长速度比最贫穷的家庭快得多。该图明显揭示出，不平等程度的加剧并非不可避免；事实上，其他资料显示，在 1947—1973 年间，收入不平等程度基本上没有加剧，尽管图 14.5 只显示了

1966 年以后的数据。对高收入人群征收高所得税可能是防止这个时期不平等加剧的关键。最高税率在 1963 年降至 77%，1965 年降至 70%，1982 年降至 50%，后来进一步降低。 334

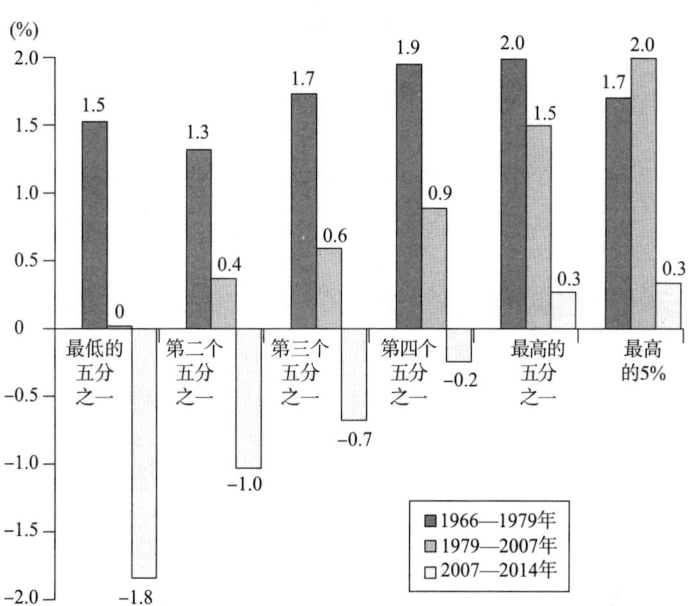

图 14.5　家庭收入增长率，按每五分之一家庭计算（1966—2014 年）

本图显示了 1966—2014 年的三个不同时期，每五分之一家庭的平均收入的增长速度。尽管每五分之一家庭的收入增长率在 1979 年之前相似，但在 1979 年之后出现了分化，不平等程度加剧导致的戏剧性变化如图 14.4 所示。

资料来源：U. S. Census Bureau，Current Population Survey，Annual Social and Economic Supplement，Table F－3：Mean Income Received by Each Fifth and Top 5 Percent of Families，All Races：1966 to 2014，available at http://www.census.gov/data/tables/time-series/demo/income-poverty/historical-income-families.html.

财富的不平等

> **财富**（或**净资产**）是指一个人拥有的资产总额减去这个人未偿还的债务或负债总额。

收入是一个人（或家庭，或家族）在一段时间内（如一个星期、一个月或一年）获得的金钱。它是一种**流量**，以时间为单位来衡量（“我**每个月**挣3 000美元”）。相反，**财富**（wealth）或**净资产**（net worth）是在某个时点进行衡量的，是你拥有的（**资产**）减去你欠的（**负债**或债务）：

净资产＝资产－负债

所以有人会说：“我拥有价值 12 万美元的资产而我的总债务是 7 万美元，所以我的**净资产**是 12 万－ 7 万＝ 5 万(美元)。”**财富**是**存量**，不是流量。当收入流入你的手中时，你的财富就会增加——直到你把它花掉。想象一条小溪流入池塘：在单位时间内，从河岸边经过的水量是流量，而池塘里的水量是存量。

我们所说的是拥有什么样的资产？资产主要有两种类型。第一种是**非金融资产**，如土地、房屋或其他建筑物（包括租赁财产）、汽车、家具、宝石、赛马、有价值的字画、游艇等。第二种是**金融**
335 **资产**，如股票、债券、其他证券、非法人企业和知识产权（专利、版权、商标）。经济学家有时认为一个人的技能和健康状况是一种财富，称为**人力资本**，但这主要表现在对教育及其影响的研究上；在这里我们所讨论的财富仅指非人力资本。

很多种财富既可以产生收入流，也可以产生通过出售获得收入的服务流。拥有像房子和汽车这样的东西就会产生住房和交通服务，如果没有这些，人们将不得不租房子、打出租车或乘公共汽车出行。债券等金融资产的所有权通常会给所有者带来收入。拥有价值增值速度至少与通货膨胀一样快的资产（如土地或某些时期的股票）是一种相当安全的持有财富的方式。资产所有权可以提供经济保障，因为拥有大量财富的人可以出售一些资产来获得应急所需的收入，或在经济不景气时帮助自己渡过难关。

图 14.6 显示，相对于较不富裕的人而言，最富有的人通常持有不同的资产组合。2010 年，在美国最富有的 1%家庭中，有 75.9%的财富被投资于公司股票或非法人企业股权，而只有 9.4%的财富被投资于住宅所有权。但在同一年，处于中间位置的五分之三家庭（不含最高和最低的五分之一）在财富分配中，以自用住房所有权的形式持有其大部分财产，公司股票和商业所有权占其总财富的比重平均仅为 12%。

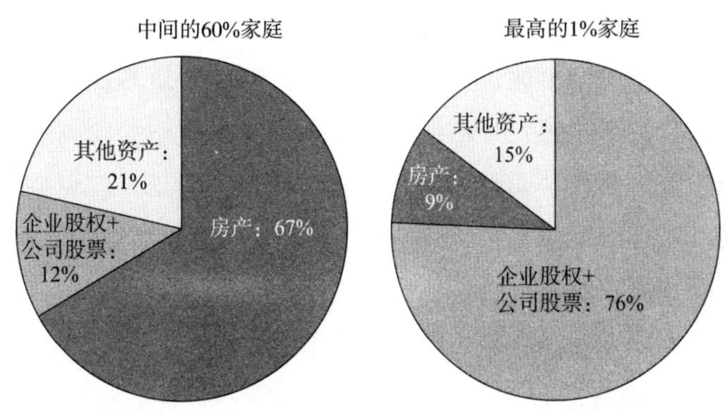

图 14.6　美国不同财富水平家庭的财富构成（2010 年）

本图对比显示了 2010 年在财富分配中位居中间五分之三的家庭是如何持有它们的财富的（左边的饼图），以及在当年财富分配中位居顶部 1%的家庭是如何持有其财富的（右边的饼图）。本图用到的三类财富分别是：(1) 房产所有权；(2) 企业股权、公司股票、金融证券、共同基金、个人信托的所有权；(3) 所有其他资产，包括养老基金、流动资产（银行存款、货币市场基金、人寿保险退保金）、汽车、家具、个人物品等个人财产。

资料来源：Data from Edward N. Wolff, "The Asset Price Meltdown and the Wealth of the Middle Class," National Bureau of Economics Research (NBER) Working Paper 18559 (2012), Table 5: Composition of Household Wealth by Wealth Class, 2010, available at www.nber.org/papers/w18559.

336 富人和不那么富的人的财产构成有重大的经济和社会意义。这是基于这样一个明显的事实：拥有一所住房本身并不能使一个人成为可以让别人为他工作的雇主。要想成为一个雇主或者能够自己雇用自己，一个人需要有除了住房以外的其他财产。一个拥有一家小商店的雇主，比方说，雇用 10 个人可能需要拥有至少 25 万美元的资产。有了这些钱才能购买雇用工人所需要的机器设备。同样重要的还有，它能够增加雇主向银行或其他贷款者借贷额外资金的机会。

因此，虽然拥有住房的所有权可以增进一个人的个人自主权，但只有拥有其他资产的所有权，尤其是生产中使用的资本品的所有权，才允许其拥有真正的经济自主权——自由地为自己工作、自由地雇用别人或者自由地选择根本不工作。建立对资本品的所有权的一个方法是拥有公司发行的股票并在股票市场上进行交易。这些股票不仅能带来收益，而且如果你拥有足够多的股份，就可以控制一个公司。正如第 5 章和第 10 章所解释的，股票的收入以股息的形式存在，公司可以决定是否分红。如果分红，公司将决定每股支付多少红利。图 5.2 显示，公司股票主要由富人持有：2011 年，美国最富有的 10％家庭持有超过 80％的公司股票，而最不富裕的 90％家庭持有的公司股票不到 20％。

2011 年美国非住房资产的分布（即除住房所有权外的所有资产和除住房抵押贷款外的所有负债）如图 14.7 所示。这表明，美国家庭的非住房净资产可能更多，户主的受教育程度越高，家庭收入越高。此外，白人家庭和男性家庭可能拥有更多的非住房资产。

在图 14.7 中，右下角的部分显示，收入较高的美国家庭往往拥有更多的财富。这正是人们所期望的，因为财富通常会带来收入，而收入如果存起来，就会增加财富。然而，值得注意的是，最富有的

337

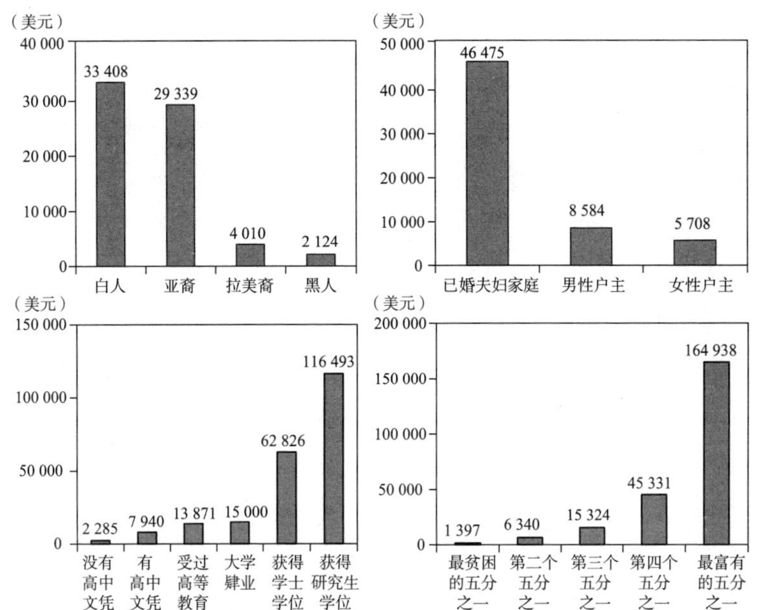

图 14.7　按种族/民族、性别、受教育程度和收入划分的美国家庭非住房净资产的中位数分布（2011 年）

本图显示了 2011 年美国家庭的净资产（不包括住房所有权）分布情况。一个家庭的净资产是其拥有资产的价值减去其所欠债务的价值。中位数是指在非住房净资产排名中处于中间位置的家庭的资产数。

资料来源：U. S. Census Bureau，Wealth，Asset，& Debt of Households Detailed Tables：2011，Wealth and Asset Ownership by Year，Table 1，Median Value of Assets for Households，by Type of Asset Owned and Selected Characteristics：2011（from Survey of Income and Program Participation，2008 Panel，Wave 10），available at https://www.census.gov/data/tables/2011/demo/wealth/wealth-asset-ownership.html.

五分之一家庭与其他家庭在资产所有权方面的差异大小：2011 年，最富有的五分之一家庭的非住房净资产是最低的五分之三家庭的非住房净资产总和的 21 倍。在受教育程度方面也存在类似的差异：大学毕业生的非住房净资产大约是高中毕业生的 8 倍。同样引人注目的是种族和民族的差异。2011 年，白人家庭的非住房净资产是黑人家庭的 15 倍以上，是拉美裔家庭的 8 倍以上。由已婚夫妇和其他家庭成员组成的家庭，其平均非住房净资产是单身男性家庭成员（有或没有其他家庭成员）的 5 倍以上，是单身女性家庭成员（可能有其他家庭成员，如孩子）的 8 倍以上。

度量财富分配的一种常用方法，是看一个国家的财富有多少是由不同的人口阶层拥有的。如图 14.8 所示，1969—2010 年，美国最富有的 10%家庭的财富占总财富的比例从 68.7%上升到 76.7%。同一时期，美国最贫穷的 60%家庭拥有的财富占总财富的比例从 6.4%下降到 1.7%。换句话说，整体的财富不平等一直与收入不平等齐头并进。

338

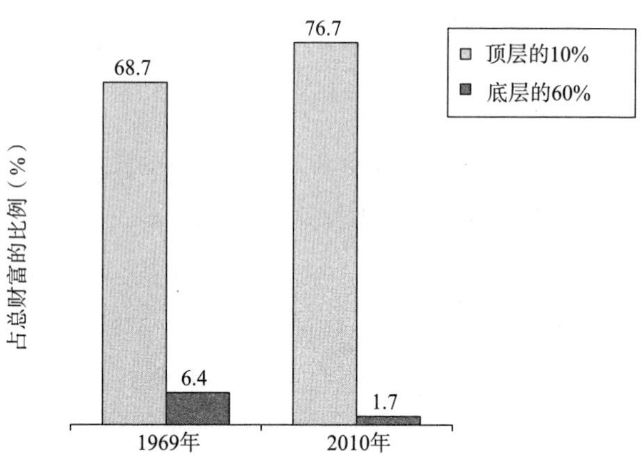

图 14.8　美国不断加剧的财富集中（1969 年和 2010 年）

1969—2010 年间，美国家庭拥有的财富（净资产或资产减去债务）变得更加集中。左边的一组柱状图表示，1969 年美国最富有的 10%家庭拥有美国 68.7%的财富，而底层的 60%家庭拥有 6.4%的财富。右边的一组柱状图显示，到 2010 年，最富有的 10%家庭所拥有的财富份额提高到 76.7%，而最贫穷的 60%家庭所拥有的财富份额下降至 1.7%。

资料来源：Data from Edward N. Wolff，"The Asset Price Meltdown and the Wealth of the Middle Class," National Bureau of Economics Research（NBER）Working Paper 18559（2012），Table 2：The Size Distribution of Wealth and Income，1962 - 2010. Available at http://www. nber. org/papers/w18559.

机会的不平等

在盖洛普民意调查问及在美国是什么导致一个人抢占先机时，被调查者认为父母、良好的教育、社会关系和遗产都是寻求经济成功的好东西。他们的看法没错。

美国人有一种久远的文化观念，即美国是一个“充满机会的国度”，在这里，一代人到另一代人，通过雄心、汗水和运气的某些组合，可能赢得财富，也可能失去财富。这个观念源于 19 世纪，当时的美国接纳了来自等级森严的欧洲社会的贫困移民。他们中的许多人找机会获得了土地所有权、企业家身份并解决了子女的学校教育问题等，其规模和程度在他们的祖国是不可想象的。美国梦意味着你在生活中走多远不取决于你的父母而取决于你自己的能力和你的努力程度。

但是，最近的一项关于父母与其成年子女后来的收入之间关系的研究表明，富裕的父母能够使子女的收入提高。图 14.9 展示了最近的一项研究数据，它表明：第一，美国富裕家庭的子女有多大的可能性使自己也最终富裕；第二，贫穷家庭的孩子有多大的可能性最终依然贫穷。研究结果的细节在图下方的说明性文字中给出，但最引人注目的发现是，最富有的 10%家庭的子女，有超过 40%的机会最终成为最富有的 20%的人，而最贫穷的 10%家庭的子女，有超过 50%的机会最终成为最贫困的 20%的人。 339

图 14.9 还显示，最贫穷的 10%家庭的子女中，只有 1.3%的人在成年后成为最富有的 10%。如果竞争环境是公平的，子女的收入就不该受到父母收入的影响，他们中的 10%就应该成为最富有的 10%。最贫穷的 10%家庭的子女仅有 3.7%的机会进入收入分配的前 20%。相比之下，最富有的 10%家庭的子女中，有超过 20%

（22.9%）的子女成年后将会成为最富有的10%，而这些富人的后代中，有40%的子女成年后将处于收入分配的前20%。该图还显示，富人的子女不太可能最终成为穷人，而穷人的子女，有一半以上的可能会沦落到收入最低的20%。

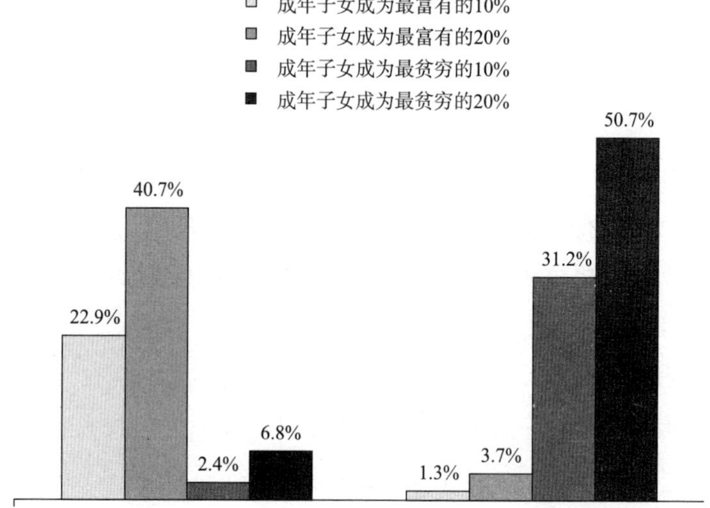

图 14.9　机会的不平等：美国人的家庭背景与经济成就

富有父母的成年子女贫穷的比例是多少？贫穷父母的成年子女富有的比例是多少？本图使用了密歇根大学收入动态研究小组（PSID）自1968年以来收集的具有代表性的个人和家庭样本的数据来回答这些问题。

左边一组的四个柱状图显示了美国人口中最富有的10%家庭的子女的情况。在这些孩子中，40.7%的人在成年后成为最富有的20%，只有2.4%的人成为最贫穷的10%。右边一组的四个柱状图显示了最贫穷的10%家庭的子女的情况，成年后有31.2%的人会成为最贫困的10%；仅有3.7%的人会成为最富有的20%。

资料来源：Data from Samuel Bowles and Herbert Gintis, "Intergenerational Inequality," *Journal of Economic Perspectives* 16, no. 3 (Summer 2002): 3-30.

因此，最富有的10%家庭的子女成年后进入收入分配前10%的可能性是最贫穷的10%家庭的子女的20倍。而最贫穷的10%家庭的子女进入收入分配最后 10%的可能性是最富有的 10%家庭的子女的 15 倍。在跻身富人行列的争夺战中，穷人的处境非常不利，而富裕家庭的子女却很少沦为穷人。

与在加拿大、瑞典以及其他许多国家所做的类似的研究相比，美国远非是许多人所期望的“充满机会的国度”。是什么导致了财富与贫穷在代际的这种延续呢？有两种解释得到了广泛的支持，但是没有一种是完全充分的。

根据第一种解释，经济上的成功之所以能够在代际传递，是 340
因为高收入的父母把他们的财富传给了他们的子女（回想一下图 14.7，高收入的家庭确实有比别人多得多的财富）。因为低收入的父母缺少财富（还是见图 14.7），所以他们的子女就不得不白手起家。这是真的，它解释了为什么富裕家庭的成年子女也往往比较富裕。但是它不能解释为什么那些比较富裕的家庭的子女也会比较富裕，至少会比贫困家庭的子女要富裕。他们中的大部分人继承了除父母住房之外的遗产。该图显示：仅次于最富有的五分之一家庭的人口拥有的财富（除了住房之外）仅为 45 000 美元。这个数量的财富仅够应付老年父母的医疗保险和家庭看护。

根据第二种解释，用盖洛普民意调查的话来说，起作用的是“一个人与生俱来的才能”。这不是指高收入的父母传承给子女的储蓄，而是指赚大钱的基因。（贫穷的父母被认为遗传了他们的“劣质”基因。）当然，并不存在高收入基因这样的东西，虽然在某种程度上像智力、精明、个人魅力、毅力这样的品质是可以遗传的，并且这些品质中的每一种都会对父母及其成年子女的收入产生影响。

得到最普遍认同的可通过基因遗传的赚钱品质是智商（IQ），

即一个人在智力测验中的得分。当然，学校教育的质量和数量、家庭环境以及其他一系列因素都会影响智商，但是和后天因素一样，先天因素也会对智商有影响。我们是从基因相同的双胞胎比普通的兄弟姐妹（或异卵双生的双胞胎）有更相似的智商得知这一点的。但是这种解释甚至不如遗产更有根据。原因在于智商并不是决定一个人的收入的特别重要的因素：一个人所受教育的质量和数量及其财富这类因素才是更重要的。

那么，用什么解释代际的不平等呢？高收入家庭的子女受到更多和更高质量的教育这一事实是问题的一个重要部分。还有一种可能性就是成功的家长会有意识地或者通过言传身教的方式向他们的子女传授有助于成功的性格特点和行为模式。这些特点和模式包括节俭、更看重未来、社交技巧以及个人努力会改变命运的信念（与此相反的是宿命论）。健康是另一个原因：低收入家庭的孩子经常会出现健康问题，这些问题在成年后会恶化，而这些疾病会影响收入。其他重要的影响源于他们所属的人口统计学群体和社会群体。父母住在贫困街区或地区的人可能会继续住在那里，这造成了他们
341 低收入的长期化。如果他们属于一个受歧视的群体，他们的子女很可能也属于同样的群体。当谈及通常所说的种族时，这一点尤其正确。

种族与不平等

许多美国人——尤其是白人男性——在谈及种族歧视时以为那是过去才发生的事情。今天，在一些岗位招聘、入学资格申请以及其他宝贵资源的争夺中，确实也存在着对白人或男性不利的现象。

但是对确实存在这种现象的事例的大力宣传，却是对普遍存在的事实的一种误导。

“种族”：生物现象还是历史现象？

当大多数人使用“种族”这个词时，指的是由基因造成的永存特点而被区分开来的人群，但这种意义上的种族并不存在。当非洲人、东亚人或欧洲人的祖先被划分为不同种族时，区分他们的是物理标志，例如肤色和面部特征。这些标志在这些人群中的确显著不同，而且这些特征是由基因遗传的。

然而，在一个说“白人和黑人是不同的”的人的心目中，通常有些超过明显可见的特征的东西。他们的心目中有诸如文化、个性、平均收入和特殊才能之类的东西。但是从生物学观点来看，除了那些用来定义种族的表面的差别之外，不同祖先的群体之间的差别是非常小的。说到人类大部分基因的构成，种族内部成员之间的差异与不同种族成员之间的差异一样大。用一个普遍接受的标准来衡量，人与人之间超过 90％的基因差异存在于拥有相似祖先的族群之内，而不到 10％的基因差异存在于不同的族群之间。

有一些原以为是一个种族特有的基因特点，比如流行于非洲人后裔中的镰状细胞贫血症，实际上和特殊的气候有关。例如，来自撒丁岛的欧洲人的后裔和非洲人有同样高的镰状细胞贫血症患病率。这种现象与非洲血统没有关系。我们在那些祖先生活在过去疟疾流行地区的人中发现了这种病。这些地区不仅包括撒丁岛和西非，而且包括印度的部分地区。

造成种族间差异的原因除了这些身体的标志之外，还有历史原因：在一个很长的时期里，不同祖先的人一直生活在不同的环境中。非洲裔美国人就有这样的经历：其祖先中的许多人是戴着锁链被带到美国并且是作为奴隶受到剥削的。

我们从中得出的结论不是种族无关紧要，很不幸，它确实极其重要。我们的结论是：种族不是一个生物学的事实。更确切地说，它是不同祖先的人的生活方式以及彼此对待方式的历史产物。这就是我们为什么不把高个子的人看成是一个种族的原因。身高与肤色一样既是一种重要的基因构成又非常显而易见。但高个子剥削矮个子的事虽然会在约会竞赛和篮球场上发生，却不是历史故事中的主要情节。

资料来源：L. Cavalli-Sforza，*Genes*，*Peoples and Languages*（Berkeley：University of California Press，2000）；Noah Rosenberg，Jonathan Pritchard，James Weber，Howard Cann，Kenneth Kidd，Lev A. Zhivotovsky，and Marcus Feldman，“Genetic Structure of Human Populations，” *Science* 298（2002）：2381－2385；Marcus Feldman，R. C. Lewontin，and Mary-Claire King，“Race：A Genetic Melting Pot，” *Nature* 424（July 24，2003）：374.

雇佣歧视

342 2001—2002年间，芝加哥大学和麻省理工学院的教师在芝加哥和波士顿做的一个实验表明：种族歧视依然存在于劳动市场。实验开始时，他们先从网上下载了一些简历，然后对其中的一些进行了修改——增加经验、证书和其他资格，这样一些简历的质量就会比另一些高；并去掉了简历中任何可识别初始提供者身份的信息。接着，他们给这些简历随机分配一些“听起来像白人”和“听起来像黑人”的名字。这些名字是从出生历史记录中获得的，并根据他们在黑人家庭和白人家庭出现的频率挑选出来。然后，把这些简历发送到波士顿和芝加哥地区的 1 300 个潜在的雇主手中。

每个雇主都收到四份简历：一份高质量的“听起来像白人”名字的简历、一份高质量的“听起来像黑人”名字的简历、一份低质量的“听起来像白人”名字的简历以及一份低质量的“听起来像黑人”名字的简历。结果证明，如图 14.10 所示，仅一个因素——一个“听起来像白人”的名字还是一个“听起来像黑人”的名字——就解释了公司向那些投简历的人（想象中的）回电并请他们参加面试的概率的大部分差别。无论是男性还是女性，“听起来像白人”名字的简历都比“听起来像黑人”名字的简历更有可能被回电通知面试。“布拉德”（Brad）被回电通知面试的可能性是“拉希德”（Rasheed）的 5 倍，而“克里斯滕”（Kristen）被回电通知面试的可能性是“艾莎”（Aisha）的 6 倍。

图 14.10 所示的研究结果设计得非常好。但在其他一些关于种族歧视的研究中，其他方面完全相同的白人和非洲裔美国人购车者、寻找公寓者和贷款申请者都受到了不同的待遇。在“听起来像某个种族的名字”的实验中，一个令人困惑的方面是：当涉及劳动市场上的机会时，虽然资历确实重要，但它的重要程度却深受种族的影响。图 14.11 显示，名字“听起来像白人”的高质量简历比名字“听起来像黑人”的高质量简历被回电的概率高 30%。此外，名字“听起来像黑人”的高质量简历并不比名字“听起来像黑人”的低质量简历引起更多的回电。因简历的质量而引起的回电率的提高是如此微小，以至其发生只能算是意外。

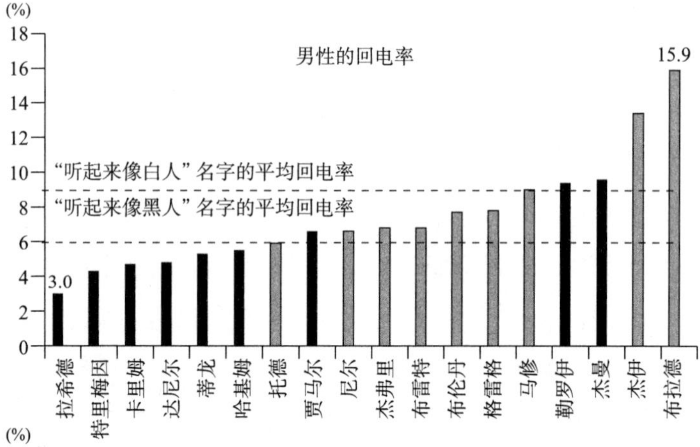

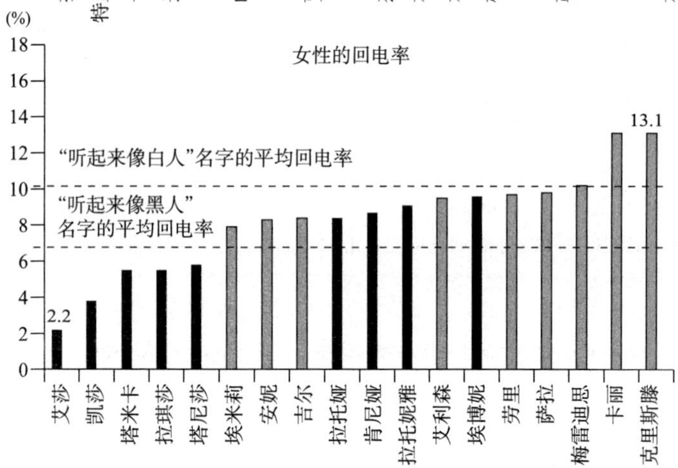

图 14.10　改头换面的种族主义：美国劳动市场上的歧视（2001—2002 年）

本图展示的是 2001—2002 年在芝加哥和波士顿做的实验的结果。这两幅图显示无论男性还是女性，一份"听起来像白人"名字的简历与一份"听起来像黑人"名字的类似简历相比，前者得到积极答复的概率都要大得多。（请参见正文对这个实验的更完整描述。）

资料来源：Marianne Bertrand and Sendhil Mullainathan，"Are Emily and Greg More Employable than Lakisha and Jamal? A Field Experiment on Labor Market Discrimination，" *American Economic Review* 94，no. 4（2003）：991 - 1013. Available at http://www.jstor.org/stable/3592802.

344

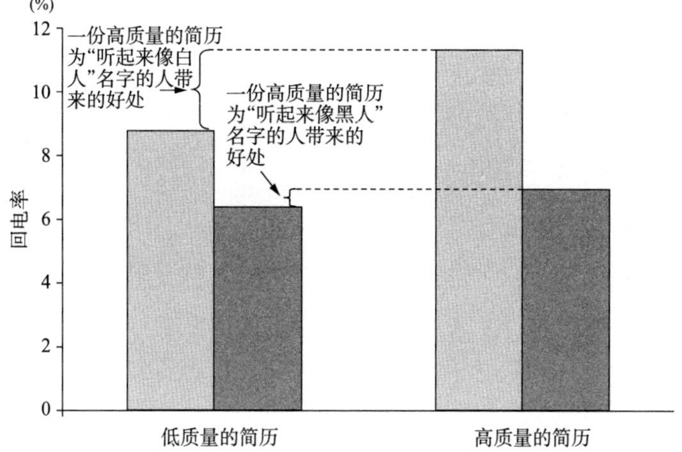

图 14.11　美国劳动市场上的歧视：好简历会有好报酬，如果你的名字没有问题的话（2001—2002 年）

伯特兰和毛拉内森（Bertrand & Mullainathan）的实验还表明，虽然资历会影响一个人在劳动市场上的机会，但这种机会在很大程度上受到种族的影响。如果是高质量的简历，“听起来像白人”的名字的回电率会高出 30%。而对于“听起来像黑人”名字的简历，有一份高质量简历并不能在回电率上带来统计学意义上的重要改进。

资料来源：Marianne Bertrand and Sendhil Mullainathan，“Are Emily and Greg More Employable than Lakisha and Jamal? A Field Experiment on Labor Market Discrimination，” *American Economic Review* 94，no. 4（2003）：991 - 1013. Available at http://www.jstor.org/stable/3592802.

差别工资问题

除了在雇佣方面的歧视，还有一个长期存在的问题，就是工资差别。如图 14.12 所示，近半个世纪以来，种族和性别薪酬差异一直令人沮丧地持续存在。也有更早期的数据，这些数据可能表明，与早期更大的工资差距相比，最近或许有所进展——但是这些数据没有足够的可比性，我们无法确定这一点。即便如此，有几个历史事件应该是缩小了黑人工人和白人工人、女性工人和男性工人之间

345

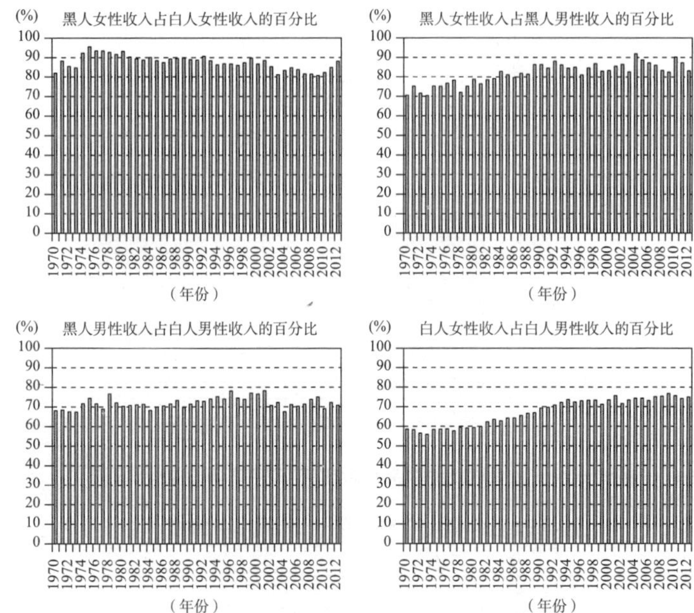

图 14.12　美国向“色盲”和“性别中性”

经济的发展步伐放缓（1971—2011 年）

本图显示了 40 多年来，各种群体的收入相对于其他群体的收入的变化情况。所有按比例计算的收入都是全职雇员的年收入中位数。这有助于纠正不同群体在从事全职或兼职工作上的差异。但是，如果任何一组中的低收入群体每周工作少于 35 小时或每年工作少于 50 周（或两者兼而有之），那么实际收入差距将大于此处所示的差距。显然，没有收集到 1970 年以前的可比数据。

资料来源：U. S. President's Council of Economic Advisors，*Economic Report of the President*（*ERP*），various issues；for 1971：*ERP 1993*，p. 381：Table B－28，available at https://fraser. stlouisfed. org/docs/publications/ERP/1984/ERP_1993. pdf，and available at http://www. gpo. gov/fdsys/browse/collection. action? collectionCode＝ERP&browsePath＝2013&isCollapsed＝false&leafLevelBrowse＝false&isDocum entResults＝true&ycord＝0；for 1981 and 1991：*ERP 1997*，Table B－31，and for 2001：*ERP 2003*，Table B－33，and for 2011：*ERP 2014*，Table B－9：Median money income（in 2012 dollars）and poverty status of families and people，by race，2003－2012，all available at https://www. gpo. gov/fdsys/browse/collection. action?collectionCode＝ERP&browsePath＝2014&isCollapsed＝false& leafLevelBrowse＝false&isDocumentResults＝true&ycord＝195.

的工资差距。一个是第二次世界大战，当时战争造成了平民劳动力的短缺，吸引了非洲裔美国人和妇女加入劳动力大军，并赋予他们新的技能。另一个是 1964 年《民权法案》（Civil Rights Act）的颁布，该法案禁止基于种族、肤色、宗教、性别和国籍的歧视。

图 14.12 跟踪了自 1971 年以来消除种族和性别歧视的进展情况。所有四个部分显示的百分比都是基于全职雇员的年收入中位数，因此，举例来说，它并没有反映出非洲裔美国人比白人更可能失业的事实。（收入指工作收入，即工资、薪金和其他工作报酬。）如果低收入非洲裔美国人或女性工人恰巧发生了从半年就业转为全年就业的进展，这种进展将不会反映在图 14.12 中。

左边的部分显示，2010—2012 年全年全职的黑人与白人之间的收入差距与 1970—1972 年两者之间的收入差距大致相同，尽管中间有短暂的改善期。在这两个时期，黑人女性的收入是白人女性的 85%，而 1970—1972 年黑人男性的收入是白人男性的 68%，2010—2012 年略高，为 71%。

相比之下，右侧的部分显示，1970—2012 年，非洲裔美国人和白人之间的男女收入差距确实都大幅缩小。1970—1972 年，在黑人工人中，女性的收入是男性的 72%，到 2010—2012 年，这一比例上升至 87%；然而，大部分的变化在 20 世纪 90 年代早期就已经发生了。1970—1972 年，在白人工人中，女性的收入仅为男性的
58%，到 2010—2012 年，这一比例上升至 75%，也有相当大的增 346
长。然而，到 1994 年，几乎所有这些变化都已经发生，此后进展甚微。

尽管劳动市场上的种族歧视可以部分地解释图 14.12 中展示出来的种族间的收入差距，但并没有揭示出问题的全部。教育上的差别也很重要。虽然白人和非洲裔美国人所接受的学校教育的平均年

限是接近的，但教育的质量——例如以教育支出和教师的质量来衡量——在种族之间是不同的。最后我们还可以看到，高收入的父母对一个人获得较高的收入有促进作用，但非洲裔美国人很少有高收入的父母。

女性的工作与工资

为什么按性别划分后我们会看到如此持久的收入差距？女性收入低于男性的一个原因是**职业隔离**。女性往往和男性从事不同种类的工作，而且女性的平均工作薪酬低于男性。例如，秘书、小学教师和护士通常是女性，而在 2015 年，99％的木工、93％的机械工程师、91％的飞行员和飞行工程师是男性。机械工程师的周薪超过 1 500 美元，飞行员和飞行工程师的周薪超过 1 800 美元，但是木匠——一个涉及面更广、技能层次更广的行业，他们的平均周薪略低于 700 美元。图 14.13 给出了其他一些例子，说明了大多数女性从事的工作和大多数男性从事的工作的薪酬情况。同样，我们只考虑全年工作的全职员工。

事实证明，在以女性为主的工种中，周收入中位数的上限似乎低于以男性为主的工作。对于男性和女性而言，从事一份主要由女性担任的工作往往只能获得相对较低的薪酬。然而，反过来情况就并非如此了：从事一份主要由**男性**担任的工作并**不能**保证获得相对**较高**的薪酬。男性在一些薪水相当低的职业中占主导地位，例如体力要求很高但几乎不需要教育或培训的工作。

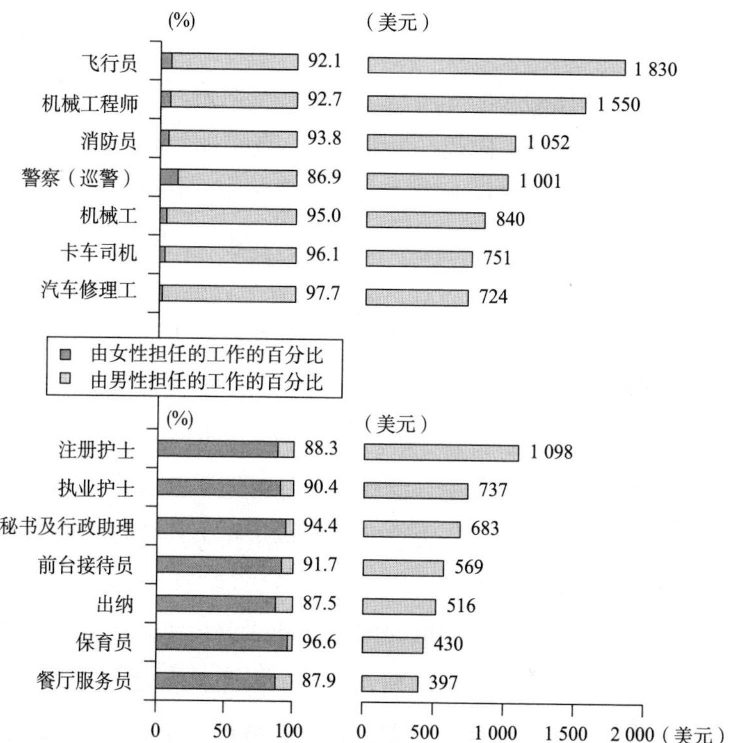

图 14.13　女性的工作与工资：美国的性别职业和收入不平等（2015 年）

在某些职业中，几乎所有员工都是女性，而在另一些职业中，几乎所有员工都是男性。这里展示的职业包括一些最性别化的职业。图中列出了每个职业的周收入中位数、全职带薪工人的周收入中位数、占主导地位的性别的周收入中位数。（在许多情况下，其他性别的数据没有在数据来源中报告。）

资料来源：U. S. Bureau of Labor Statistics，"Labor Force Statistics from the Current Population Survey，" Household Data，Annual Averages，Table 39：Median weekly earnings of full-time wage and salary workers by detailed occupation and sex，available at http://www.bls.gov/cps/cpsaat39.htm.

职业隔离甚至发生在职业和行业的内部。比如，在一些行业中，有些公司雇用的大部分是男性，而另一些公司，在那些**相同**的工作岗位上，雇用的大部分却是女性。甚至在同一个公司，特别是如果它在一个国家的不同地区设立工厂，就可能一个工厂雇用的大部分是男性而另一个工厂雇用的大部分是女性。男性收入高于女性的薪酬差异通常伴随着这种隔离。图 14.14 说明了其中的一些差异。

为什么女性的工资比男性低是一个有争议的问题？平均而言，女性没有经历过非洲裔美国人所经历的许多经济上的劣势；男性和女性之间的教育质量没有什么差别，女性的父母也不比男性的父母更贫困（基于明显的理由）。一个原因是较高的报酬是用来奖励工作经验的，而在许多工作中，女性的工作经验不如男性。这部分地归因于女性离开了付薪工作去养儿育女或承担了其他较少由男人承担的家庭责任。

有些人将男女同工不同酬归因于女性体力较差或技不如人。然而那些需要体力的工作——例如，农业工人和仓库管理员——在男女之间几乎显现不出什么工资差别，尤其是在与律师、内科医生和保险精算师这些不太注重体力的工作相对比的情况下。对许多工作来说，是歧视增加了性别隔离，从而增加了男女员工之间平均工资的差异和其他的不平等。

有关“适合”女性的工作的社会规范也在起作用。包括马萨诸塞大学（University of Massachusetts）的南希·福尔伯尔（Nancy Folbre）在内的一些经济学家认为，存在一种“照顾惩罚”——涉及照顾他人的工作的报酬相对较低。

但事实是，从事卡车驾驶或汽车修理等“男性”工作的女性有时会被认为缺乏魅力。另一项由福尔伯尔和李·巴德盖特（Lee Badgett）

348

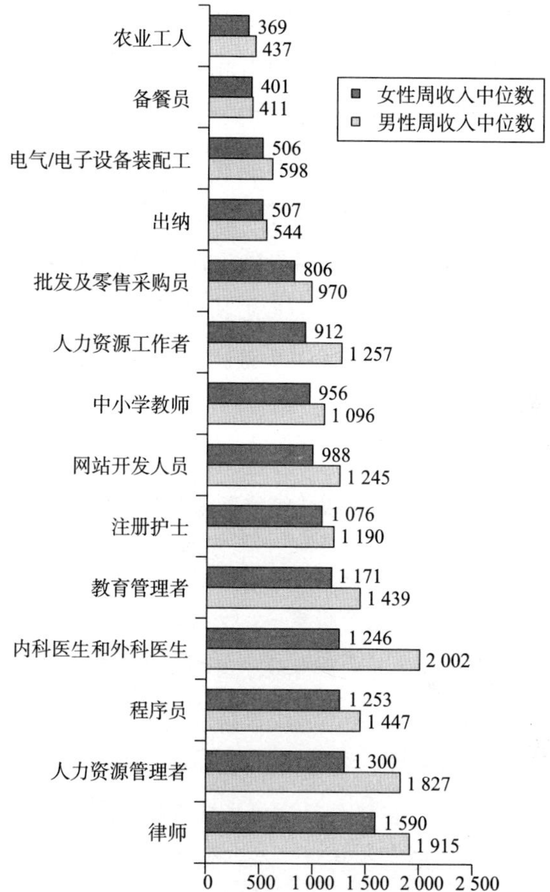

图 14.14　美国特定职业中男性和女性的周收入中位数（2015 年）

本图表明了一个事实，在几乎所有职业中，男性的周收入中位数都高于女性，很少有例外。这包括绝大多数由女性担任的工作，比如注册护士。请注意人力资源管理者巨大的性别薪酬差距。

资料来源：U. S. Bureau of Labor Statistics，"Labor Force Statistics from the Current Population Survey，" Household Data，Annual Averages，Table 39：Median weekly earnings of full-time wage and salary workers by detailed occupation and sex，available at http://www.bls.gov/cps/cpsaat39.htm.

（同样来自马萨诸塞大学）进行的“回电”实验证实了这一点。[①] 研究人员要求被调查者对一些虚构的男性和女性的征友广告依据他们可能收到的肯定性回电的数量排序。广告中所描绘的人，无论男女，只要从事的是与性别不相符的职业，比如女电工或男护士，都比在其他方面有着相近的业余爱好、人际关系偏好和身体素质，但从事与性别相符的职业的人排名更低。没受过多少教育又从事与性别不符的职业的女性在交友市场上尤其要付出更高昂的代价。这种动态过程可能使一些女性不愿从事男性主导的工作，而一些男性不愿从事女性主导的工作。

如果他掌权，她能否得到善待?

349 在世界范围内，女性在政治上是未被充分代表的。例如，2015 年，在美国国会等世界各国的议会机构中，女性只占 22%。但是，女性在世界立法机构中的代表性不足是否导致了有利于男性利益的政策?

印度这个世界上人口最多的民主国家，在 1993 年宪法修订后成为研究这一问题的实验室，宪法要求每个邦的地方政府委员会中女性领导不少于三分之一。在许多邦，一些被随机选出的村庄——从该邦所有村庄的名单中每隔三个选出一个：第 1 个、第 4 个、第 7 个——被要求必须选举一位女性担任普拉丹（pradhan）（委员会负责人）。

一项关于西孟加拉邦（West Bengal）和拉贾斯坦邦（Rajasthan）261 个村庄的详细研究调查了与其他贫困村庄相比，新当选的女普拉丹所在的贫困村庄的政策受到了怎样的影响。所有被研究的村庄都缺乏公共服务。只有十分之一的拉贾斯坦邦村庄和二十分之一的西孟加

① Nancy Folbre and Lee Badgett, “Job Gendering: Occupational Choice and the Marriage Market,” *Industrial Relations* 42 (2): 270 - 298 (2003).

拉邦村庄提供自来水。西孟加拉邦不到十分之一的村庄和拉贾斯坦邦不到一半的村庄有公共卫生设施。

研究人员研究了男性和女性在委员会会议上提出的问题。在这两个邦，女性都比男性在缺乏自来水的问题上更频繁地表示不满。这并不奇怪：在没有自来水的地方，女性不得不头顶着水壶走很远的路去取水。在西孟加拉邦，女性承担了大部分有偿的道路养护工作，因此女性比男性更经常抱怨道路状况。而在拉贾斯坦邦，道路养护工作是由男女分担的，而男人必须经常外出找工作。由于这个邦的男人从事至少一半的道路养护工作，所以他们更倾向于赞同改进路况。

当委员会中有新当选的女普拉丹成员时，会采纳符合女性利益的政策。西孟加拉邦和拉贾斯坦邦在水供应方面，比起没有选举女普拉丹的村庄有更大的投资。在西孟加拉邦，女普拉丹领导的委员会在道路上的投资更多一些，而拉贾斯坦邦对改善道路的投资则相对较少。

这项研究带来了关于民主的好消息：谁当选确实有影响（参见第 19 章的专栏“民主脱节”）。因此，随着女性在世界各地的立法机构中获得与其人数成比例的代表权，至少女性的利益将得到更好的保护。

资料来源：Raghabendra Chattopadhyay and Esther Duflo，“Women as Policy Makers：Evidence from a Randomized Policy Experiment in India，” *Econometrica* 72，no. 5（September 2004）：1409－1443；United Nations，Millenium Development Goals Chart 2015，available at http://www2.unwomen.org/～/media/headquarters/attachments/sections/library/publications/2016/mdg-gender-chart-2015-for-web.pdf?v=1&d=20160222T174956.

结　论

350 为什么美国有些家庭的收入比其他家庭高得多？为什么家庭之间的收入差距会随着时间的推移而改变，像 20 世纪最后 30 年那样加大，或像之前 40 年那样缩小？

回答这个问题的一种方法是在一个家庭和一个农民之间做一个类比。农民的收入取决于他能在市场上出售的各种农作物的数量以及每种农作物的价格。家庭的收入是由同样的方法决定的。像农民和他的农作物一样，家庭也有一系列潜在的可获得收入的资产：家庭成员的技能和可供支配的时间，也许还有一些直接拥有的或通过股票所有权拥有的土地或其他资本品。在特定的某年中，家庭会把这些资产中的一部分投放于市场：出租土地、以工资作为回报向某个雇主出售其部分技能和时间等。与农民一样，这个家庭的收入取决于它必须向市场投放的东西、每一种能卖出多少以及以什么样的价格出售可给其带来收入的资产。

建议阅读文献

Lee Badgett and Nancy Folbre, "Job Gendering: Occupational Choice and the Labor Market," *Industrial Relations* 42, no. 2 (2003): 270 - 298.

Samuel Bowles, *The New Economics of Inequality and Redistribution* (Cambridge, UK: Cambridge University Press, 2012).

Samuel Bowles and Herbert Gintis, "The Inheritance of Inequality," *Journal of Economic Perspectives* 16, no. 3 (2002): 3 - 30.

Samuel Bowles, Herbert Gintis, and Melissa Osborne, "The Determinants of Earnings: A Behavioral Approach," *Journal of Economic Literature* 39 (December 2001): 1137 - 1176.

Samuel Bowles，Herbert Gintis，and Melissa Osborne，eds. *Unequal Chances*：*Family Background and Economic Success*（Princeton，NJ：Princeton University Press，2004).

Angus Deaton，*The Great Escape*：*Health*，*Wealth*，*and the Origins of Inequality*（Princeton：Princeton University Press，2013).（迪顿. 逃离不平等：健康、财富及不平等的起源. 北京：中信出版社，2014.）

Len Doyal and Ian Gough，*A Theory of Human Need*（New York：Guilford，1991).（多亚尔，高夫. 人的需要理论. 北京：商务印书馆，2008.）

Barbara Ehrenreich，*Nickel and Dimed*：*On*（*Not*）*Getting By in America*（New York：Henry Holt，Metropolitan Books，2001).（艾伦瑞克. 我在底层的生活. 北京：北京联合出版公司，2014.）

Robert Frank，*Luxury Fever*：*Why Money Fails to Satisfy in an Era of Excess*（New York：Free Press，1999).

Katherine Newman，*No Shame in My Game*：*The Working Poor in the Inner City*（New York：Vintage，2000).

Michael Omi and Howard Winant，*Racial Formation in the United States*，3rd edition（New York：Routledge，2014).

Kate Pickett and Richard Wilkinson，*The Spirit Level*：*Why Greater Equality Makes Societies Stronger*（New York：Bloomsbury Press，2011).

Thomas Piketty，*Capital in the 21st Century*（Cambridge：Belknap Press，2014).（皮凯蒂. 21 世纪资本论. 北京：中信出版社，2014.）

Robert Pollin，Mark Brenner，Jeannette Wicks-Lim，and Stephanie Luce，*A Measure of Fair-* 351
ness：*The Economics of Living Wages and Minimum Wages in the United States*（Ithaca，NY：Cornell University Press，2008).（波林，布伦纳，威克斯-利姆，等. 衡量公平：生存工资与最低工资经济学：美国的经验. 辽宁：东北财经大学出版社，2012.）

Joseph E. Stiglitz，*The Price of Inequality*：*How Today's Divided Society Endangers Our Future*（New York：W. W. Norton，2013).（斯蒂格利茨. 不平等的代价. 北京：机械工业出版社，2013.）

Edward N. Wolff，"Changes in Wealth Inequality in the 1980s and 1990s in the U. S." in Edward N. Wolff，ed.，*International Perspectives on Household Wealth*（Northampton，MA：Edward Elgar，2006).

第 15 章

世界范围内的进步与贫困

352 6个世纪以前，阿拉伯探险家、地理学家伊本·白图泰的足迹遍及亚洲、非洲、中东、俄国与西班牙。他也考察了现在被称作孟加拉国的国家，这是今天世界上最贫穷的国家之一，有超过三分之一的人口营养不良。白图泰这样描述他在当地水路上的旅行："在村庄与绿草如茵的田园间游弋""我们仿佛正在经过一个集市"。他评论说："这是一个盛产稻米的国家。"①

和伊本·白图泰考察过的世界其他地区相比，14 世纪的孟加拉国是相对富裕的。对比之下，欧洲的许多地区正在一场致命的黑死病的冲击下发生着动荡，这场瘟疫夺走了占人口总数四分之一的人的生命。除了少数富有和幸运的人，饥饿与为了生存而绝望地挣扎是所有其他人终日乃至毕生的命运。而欧洲的这种窘境并非不寻常：贫穷是已经延续了数千年的生活模式。在 14 世纪，相对富裕的孟加拉国是一个例外，而不是常态。

与美国、日本和少数其他国家一道，现在的欧洲是一个例外。它是生活水平最高的地区之一。可获得的商品和服务的数量超过了几个世纪前任何人可能有的想象力。在一些国家，人们可以维持很

---

① Henry Yule, *Cathay and the Way Thither* (London: Haklyut Society, 1916), 80, 91.

高的生活水平，但比以前工作更少的时间。比如，2016 年，丹麦的每周平均工作时间为 32 小时，而美国超过 38 小时。

然而，在今天的欧洲，甚至在美国，有些人仍然极度贫困。2015 年，美国超过五分之一（22%）的儿童生活在贫困中。2010 年（可获得的最新数据），孟加拉国有 32%的人是穷人，只有极少数人能过上可与欧洲、美国的富人相比的富裕生活。

廉价香蕉和外逃工厂：我们的富裕是因为他们的贫穷吗？ 353

“**我们**的富裕是因为**他们**的贫穷吗？”这是一个生活在收入水平比穷国高出数倍的国家的人经常浮现于脑海的问题。

解决这个问题的方法是提出另一个问题。如果穷国的人能够成功地使其收入大幅提高，是否会迫使典型的富国居民减少其收入？这个问题的答案至少包含两个方面。

一方面，穷国工资低这一事实（见图 15.8），意味着这些国家的生产成本低，这转化成了富国人购买商品的低廉价格。因此，生活在欧洲、美国和其他富裕国家的人得到的是廉价的鞋、服装和香蕉。从这个意义上讲，富国的居民从世界其他国家的贫穷中得到了好处。

另一方面，当这些廉价的商品被进口到富国时，美国和欧洲生产鞋、服装、电器设备、汽车和许多其他产品的工人常常会因为消费者购买其他地方生产的廉价商品而失业。当富国的企业如美国的企业，在低工资国家扩大生产而关闭在本国的工厂（见第 7 章专栏“全球化：美国的赢家和输家”）或向低工资国家“外包”软件业开发或医疗记录处理（medical records processing）等业务时（见第 13 章专栏“博弈：全球经济中的所有者、工人和纳税人”），非洲、亚洲和拉丁美洲大部分地区的低工资会损害富裕国家一些群体的生活水平。

在美国和其他富国，一些人受益于“廉价香蕉”，而另一些人的工资会被“外逃工厂”的威胁所侵蚀。许多汽车工人和软件工程师如果仔细察看自己身上穿着的衣服的标签，就会发现他们既受益也受损。重大的问题鲜有简单的答案。

今天，从世界范围来看，贫穷不是妨碍人们达到一个像样的生活水平的唯一障碍。甚至那些有着足够收入的国家现在也发现生活的质量甚至生命本身也正遭受着威胁，这些威胁来自艾滋病和其他传染病、经济的快速增长导致的有毒环境、在管理新技术方面的失败以及日益频繁的内战等。

这种生活水平上的巨大进步和明显的不平等是如何产生的呢？这些对我们的福利构成的新的威胁是如何形成的呢？答案的一部分若用一个词来概括就是资本主义。我们在第 1 章已经看到，自资本主义在欧洲和北美扎根以来，人均产出有了显著变化，实际工资也在增长。但正如我们在前一章所看到的，工资与人均产出水平只是构成我们经济福利的一个部分。我们需要去了解一些国家和一些人变得富裕而其他一些人依旧贫困的整个过程，也需要去了解是哪些因素决定了一个人和一个国家的生活水平。（见专栏“廉价香蕉和外逃工厂：我们的富裕是因为他们的贫穷吗?”）

在这一章中，我们将重点讨论世界经济。我们已经看到，资本主义是一个国际导向的经济体系：追逐利润的企业一旦发现哪里有利可图，是不会让国界阻挡其道路的。我们在第 1 章中看到，自资本主义早期以来，世界上的不平等现象有所加剧。在一些章节中，包括第 13 章，我们看到，随着企业将生产业务转移到国外，它们的外国子公司

往往既能支付比美国更低的工资，又能威胁将美国工厂撤出美国，以 354
迫使美国工人接受更低的工资和更恶劣的工作条件。我们借鉴其他国家的经验，并研究从一个国家到另一个国家的投资过程，以此为基础提出我们的观点。

本章的主要观点是：**世界范围内收入水平的巨大差异，既反映出资本主义经济制度有巨大的生产潜力，又反映出资本主义的经济增长过程会带来分配不均的后果。增长和分配反过来又取决于调节国际投资、生产、税收和影响发展的其他活动的规则和制度。**

这一核心思想可以表述为以下七个要点：

---

1. 在世界各地，人们的收入和生活水平在国家内部和国家之间有很大差异，并随着时间的推移以不同的方式演变。换言之，几乎所有国家的经济制度都以资本主义为主，但各国存在**不平衡发展**。因为对一个国家来说，实行资本主义制度并不能保证其经济发展。
2. 有几种因果关系倾向于创造**良性循环**（繁荣导致进一步繁荣）与**恶性循环**（贫困导致进一步贫困）。两个后果是，富国和穷国之间的技术差距和权力差距往往会持续下去。
3. 较早开始经济发展进程的国家往往比后来者具有优势，部分原因在于规模经济，部分原因在于技术差距（穷国人民不容易获得的知识和技能），部分原因在于**权力差距**（强大国家和行业对各级规则和制度演变的影响不成比例）。
4. 各国经济之间的主要区别与允许、塑造或限制各种经济活动的**规则和制度**有很大关系。这包括各国政府以及国际协定和国际组织制定的规则。这些规则可以促进或抑制生产率的提高，也可以打破或强化贫困的恶性循环。

5. 穷国通常可以通过学习和使用新技术来大幅提高生产率。外国投资有可能通过向当地管理人员和工人转让技术来提供帮助；但要实现这一潜力，往往需要适当的政府政策。《世界贸易组织协定》(World Trade Organization Agreement）和其他最近达成的协定缩小了这种政府政策的范围。
6. 在提高生产率方面最成功的国家，往往是那些政府在经济中发挥了重要作用的国家。
7. 跨国公司的投资有时可以促进发展，但其实际效果往往好坏参半。美国企业的外国投资有一半发生在避税天堂，它们的外国利润有一半在这些避税天堂报税，尽管那里通常没有生产，几乎没有就业。

贫困与进步

355 当今世界，经济最引人注目的一个方面是不平等的严重程度。在美国，最富有的五分之一家庭的收入是最贫穷的五分之一家庭收入的 28 倍以上。然而，更令人震惊的是，在考虑到两国收入购买力的差异之后，美国最富有的 5%家庭的平均收入大约是孟加拉国平均收入的 75 倍。孟加拉国虽然很穷，但并不是世界上最穷的国家。刚果民主共和国［简称“刚果（金）”］不幸有此“殊荣”，该国 2013 年的平均收入（考虑到各国购买力的差异）约为孟加拉国的五分之一，约为美国的八十四分之一。

1700 年，墨西哥的人均收入与后来成为美国前 13 个州的英国殖民地的人均收入相当。古巴和巴巴多斯明显要富裕得多。大约 1800 年，古巴的人均收入略高于美国，海地可能是世界上最富有的社会（按人均计算，包括奴隶）。然而，自 1820 年以来，世界上最富有的 10%人口（他们几乎全部生活在北美或欧洲）的收入份额上升了，而最贫穷的 60%人口（他们几乎全部生活在亚洲、非洲和拉丁美洲）的收入份额则下降了。到 2000 年，墨西哥的人均收入（按购买力平价计算，见本章专栏“一个汉堡包值多少钱?”）不到美国人均收入水平的三分之一，海地的人均收入水平甚至更低；这两种情况在今天仍然存在。

近年来，世界范围内富国和穷国之间收入差距逐渐扩大的这个进程已经开始放缓，甚至可能逆转。原因在于，作为世界上人口最多的国家，中国在过去 20 年里经历了异常快速的收入增长，其增长速度甚至远超英国作为 19 世纪工业革命领袖时的增长速度。尽管中国国内的不平等现象也在加剧，但其令人瞩目的追赶的总体效应降低了世界的不平等程度。世界第二大人口大国印度也在迎头赶上，尽管速度较慢。与中国一样，印度国内的不平等也在加剧。然而，在世界范围内，最富有的人已经变得比世界其他国家和地区的人更富有。但收入和财富的差异只是部分原因。图 15.1 是关于收入和生活水平的一些其他方面的比较数据。

从图 15.1（a）中我们可以明显看出，美国的平均收入购买力远高于中国、印度和肯尼亚的平均收入购买力。事实上，2011 年美国的平均收入购买力也超过了瑞典和日本的平均收入购买力。（图中未显示孟加拉国的收入略高于肯尼亚。）

图 15.1（b）显示了一个人口健康状况的标准指标——出生时 356
的预期寿命，即新生儿的预期平均寿命。需要注意的是，尽管日本和瑞典的富裕程度不及美国，但它们的人口的寿命都比美国人口的寿命长。这些相对高收入国家（作为一个群体）与其他国家之间的健康差异可能大于或小于其收入水平的差异，这取决于具

体的衡量标准。例如，肯尼亚人的预期寿命超过美国人预期寿命的四分之三，而其平均收入仅为美国的十九分之一。然而，图 15.1（c）所示的**儿童死亡率**（每年每 1 000 名活产婴儿中，五岁前死亡的人数）的差异很大。按照这个标准，瑞典人和日本人比美国人更健康，但在肯尼亚出生的婴儿中，约有十九分之一在五岁前夭折（即 53‰）。

357

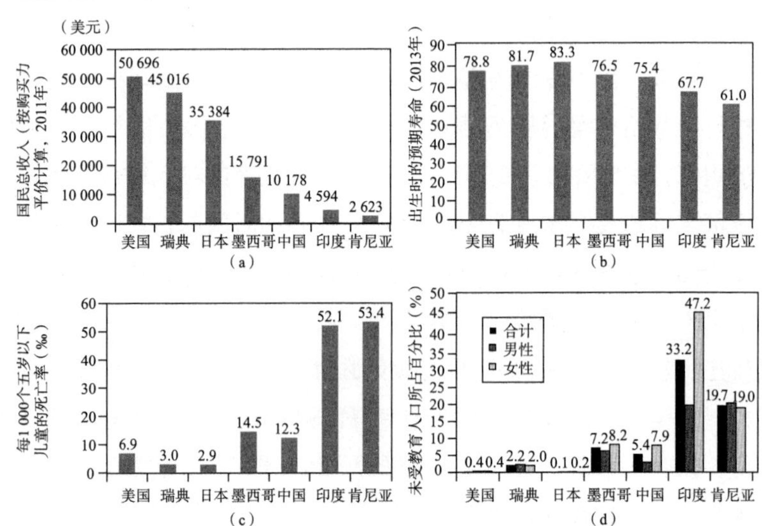

图 15.1　七个国家的收入、预期寿命、儿童死亡率和学校教育

图中的四个小图利用 2010—2013 年的数据，比较了各个国家在收入水平、预期寿命、儿童健康和受教育程度之间的不同。注意，人均收入和社会指标之间没有确切的对应关系。例如，2011 年，印度的人均国民总收入（按购买力平价计算）是肯尼亚的近两倍，但在 2010 年，15 岁或 15 岁以上的印度女性中有近一半的人没有上过学，而肯尼亚只有不到 20%的女性从未上过学。这两个国家的儿童死亡率几乎相同，即在每 1 000 名活产婴儿中，五岁以下儿童在一年内死亡的人数几乎相同。

资料来源：World Bank：World Development Indicators 2015；Robert J. Barro and Jong-Wha Lee，"A New Data Set of Educational Attainment in the World，1950 - 2010，" *Journal of Development Economics* 104（September 2013）：184 - 198，available at www. barrolee. com.

图 15.1（d）按性别显示了未受教育人口的比例。需要注意的是，印度近一半的女性根本没上过学，尽管今天印度的大多数女孩至少上过几年小学。

按购买力平价调整后的人均国民总收入（GNI）较高的国家（见本章专栏“一个汉堡包值多少钱?”）往往预期寿命更长、儿童死亡率更低，就不足为奇了。长期以来，富裕国家为更多的人提供了受教育的机会，因此成年人口中未受教育的比例较低。

在当今世界，比起美国、瑞典以及日本的生活条件，以印度、中国以及肯尼亚等国家为代表的生活条件更为普遍。（超过三分之一的世界人口居住在印度和中国；美国人口占世界人口的比重不到二十分之一。）图 15.2 反映了世界收入在不同收入的家庭之间是如何分配的。横轴表示的是将可比购买力单位（unit of comparable buying power）换算为美元后的家庭收入水平。纵轴表示的是达到横轴上相应收入水平的世界人口的百分比。左边的柱形所代表的人口大部分生活在印度（0～4 999美元）、中国（10 000～14 999 美元）以及一些大的穷国，如孟加拉国、尼日利亚、巴基斯坦和埃塞俄比亚。注意，在这幅图中，一个国家的所有人都被视为拥有该国的平均收入；图中没有反映国家内部的不平等。（图 15.3 给出了一个不同的视角。）

按照大多数衡量标准，世界上约四分之三的收入不平等发生在 358
国家之间，而不是国家内部。这意味着，即使每个国家的收入分配都是平等的，全世界的收入分配仍然非常不平等。然而，国家内部的不平等现象在许多国家很严重，例如美国和巴西。图 15.3 显示了 2011 年印度、巴西和美国每五分之一人口的收入水平。如图所示，美国最贫穷的五分之一人口的平均收入（最低的白色柱形）高于印度最富有的五分之一人口的平均收入（最高的黑色柱形）。

359 但巴西收入不平等的程度使得该国最富有的五分之一人口（最高的灰色柱形）的平均收入高于美国中等收入的五分之一人口（“巴西 5”灰色柱形略高于“美国 3”白色柱形）。与此同时，巴西最贫穷的五分之一人口（“巴西 1”）的平均收入仅略高于印度最贫穷的五分之一人口（“印度 1”，最短的黑色柱形）的平均收入。当然，如果我们将每个国家的收入划分为十分位数（十分之一），那么每个国家的柱形很可能从图的一端向另一端分散得更多。

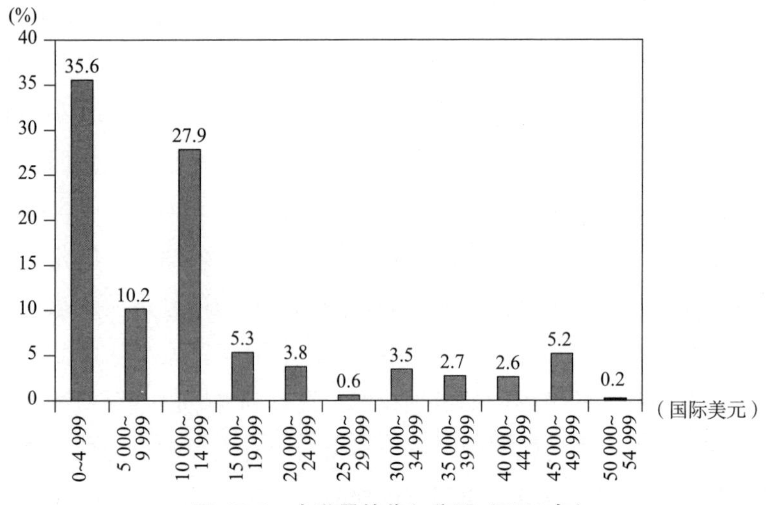

图 15.2　全世界的收入分配（2011 年）

本图使用 2011 年各国平均收入（人均 GDP）的数据。这些数据根据各国购买力的差异进行了调整（见本章专栏“一个汉堡包值多少钱?”）。每个柱形的高度表示拥有如横轴所示的年收入（以 2011 年国际美元计）的人口占世界人口的比重。印度的平均收入为 0～4 999 美元，而中国的平均收入为10 000～14 999 美元，这两个收入区间的高柱形说明了这一点。2011 年，中国和印度各有近 13 亿人口，分别占世界人口的近五分之一。在本图中，一个国家的所有居民都被视为拥有该国的平均收入。

资料来源：World Bank：World Development Indicators 2015.

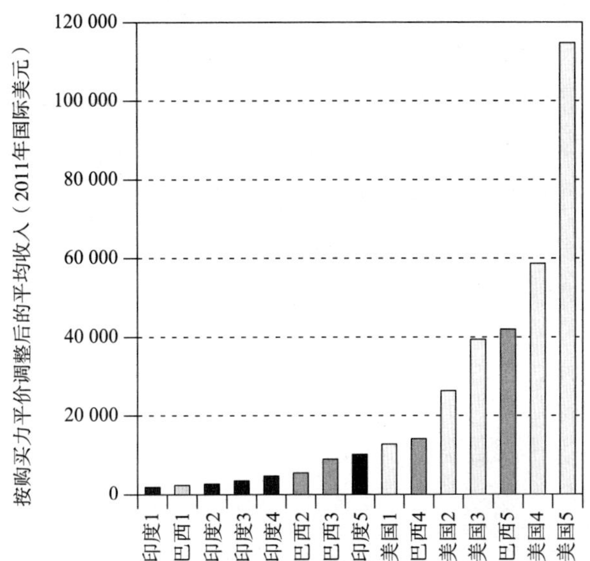

图 15.3　不平等的比较：印度、巴西和美国每五分之一人口的收入（2011 年）

本图比较了三个国家的收入水平，显示了每个国家每五分之一人口的收入分配情况，并将各个五分之一——无论来自哪个国家——按照每五分之一人口的收入排列在横轴上。每个标签代表五分之一："美国 5"指的是美国人口中收入最高的五分之一；"巴西 1"指的是巴西人口中收入最低的五分之一。每个柱形的高度表示的是实际收入（校正了通货膨胀），又按照各国货币单位的相对购买力进行了调整（通过购买力平价方法）（见本章专栏"一个汉堡包值多少钱?"）。美国的数据是 2010 年的，而不是 2011 年的。

资料来源：World Bank：World Development Indicators 2015.

全世界的生活水平都在提高吗？这取决于你看的是哪里以及看的是什么。几乎以任何标准衡量，平均生活水平都在提高。在大多数国家，人们享有的医疗服务、基本营养和教育的机会都有所改善。图 15.4 总结了自 1960 年以来取得的一些进展。用的是与图 15.1 相同的福利指标，但反映的是世界平均水平。该图显示出人们的收入和寿命都在增长，而儿童死亡率和未受学校教育的人口的比重都在下降。联合国及其成员制定了千年发展目标——旨在到 2015 年改善卫生、教育、性别平等和一系列其他指标——取得了可观但并非普遍的成功。最近，联合国及其成员制定了新一轮更加雄心勃勃的可持续发展目标，旨在推动各成员做出更大的努力，使世界上的每个人都更接近繁荣的生活。然而，大范围的干旱、暴力冲突以及由此导致的被迫移民，使世界许多地区难以实现这些目标。

360

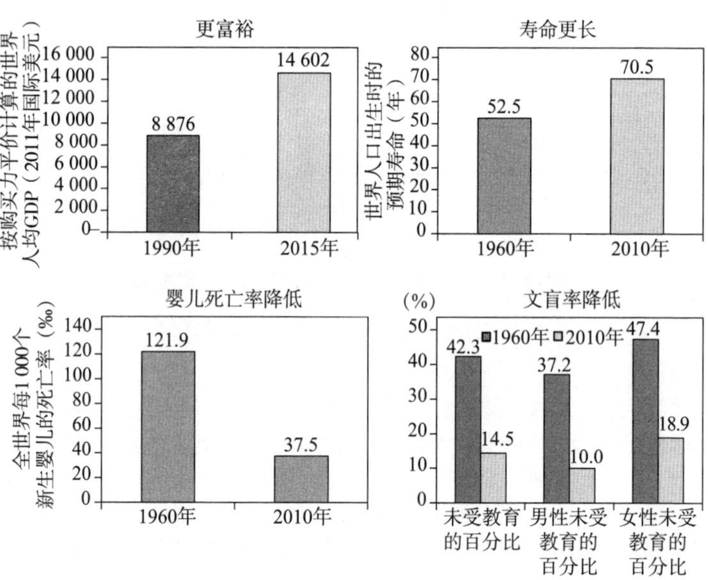

图 15.4　全球范围内的发展

本图中的数字是所有报告了相关信息的国家的平均值，这些国家的人口占世界人口的绝大多数。如图所示，健康和教育在过去 50 年里取得了显著进步。

资料来源：World Bank：World Development Indicators 2015；Robert J. Barro and Jong-Wha Lee，“A New Data Set of Educational Attainment in the World，1950－2010，” *Journal of Development Economics* 104（September 2013）：184－198，www. barrolee. com.

生产率与收入

经济发展的事实与国家间的不平等指出了一个重要的问题：为什么一些国家取得了如此显著的经济进步而有些国家却表现得如此糟糕？为什么国家之间的**不平衡发展**表现得如此明显？

在某些方面，发展中的不平衡是自我强化的。在很多情况下，“拥有的越多，得到的越多”“拥有的越少，得到的越少”。换言之，在发展过程中既有**良性循环**，也有**恶性循环**。

低生产率的恶性循环

恶性循环的一个例子是，在一个贫穷的国家，出现了使人极度衰弱的疾病，如第 9 章专栏“昏睡症：‘这真是资本主义的失败’”中所描述的。在一些国家，存在着由寄生虫传播的地方性疾病，很多寄生虫能在人体外生存。因此，即使一个人通过口服药物将寄生虫从他或她的身体中根除，他或她也很有可能再次从环境中感染寄生虫疾病。这是一种特殊的恶性循环，需要全面、精心地设计治理整个社区和环境的根除计划才能够解决。目前，这些项目由世界卫生组织主持，与其他组织合作实施。私营制药公司向这些项目捐赠了药品。

根除这种地方病对提高生产率有巨大的好处。当一个贫困家庭中有人病得很重时，这个人不仅不能工作，也不能为家庭收入做贡
献，而且另一个家庭成员也因需要照顾病人而失业。此外，看病 361
（以及看病的交通费）和药费对贫困且无法享有国家医疗保障体系的家庭而言异常艰难。但是，世界卫生组织主持的“被忽视的热带病项目”（在其他组织的帮助下）已经开始着手解决地方病的恶性

循环，并取得了显著成效。这说明，一些恶性循环可以通过政府或其他机构（如运作良好的援助组织）的主动行动来打破并解决。

竞争过程中也存在着良性循环和恶性循环。这一过程是累积的：每一轮比赛的获胜者在下一轮比赛开始时都比他们的竞争对手有优势。正如我们在第 7 章中所看到的，资本主义经济中的竞争游戏不像网球比赛，在网球比赛中，每个选手在一组比赛的开始得分都是 0。这更像是拳击，在第一轮中遭受了一些惩罚性打击的拳击手，在第二轮比赛开始时的战斗力较差，因此很容易成为对手的攻击目标。世界经济是优势和劣势的累积，但究竟是什么性质的优势或劣势，使后来者陷入了低生产率增长？

规模经济　正如第 6 章和第 7 章已经解释的那样，跨国公司在许多国家都有分支机构，它们的业务位于对公司的税后利润贡献最大的地方。发达国家，以及总部位于发达国家的跨国公司，可以在其以往成功的基础上享有其他国家无法比拟的良性循环。例如，如果它们的产业已经足够大，能够实现规模经济（见第 11 章），它们的单位平均成本就会很低，那么它们就可以在世界各地以小生产者无利可图的价格销售它们的产品。这样它们就可以在行业中保持主导地位，但这使穷国的发展举步维艰。

在穷国，产品不出口的生产者面临非常有限的市场，特别是在国家很小的情况下，这使得规模经济难以实现。当然，原则上贫穷国家可以出口它们的产品，从而通过增加产量来实现规模经济。困难在于，其他国家可能也在试图扩大本国的生产规模，因此可能会出台关税等保护主义政策，以限制进口、保护本国的幼稚产业。或者，如果竞争对手已经实现了规模经济，它们可能会以穷国生产者无法与之竞争的价格出售产品。

在发展中国家之间建立区域自由贸易协定，从而创造更大的市场，是摆脱这一恶性循环的战略之一。20 世纪 70 年代，南美洲西北部的几个国家为促进区域贸易和发展而缔结了《安第斯条约》(Andean Pact)。除其他事项外，成员国就哪个国家将首先建立拖拉机厂（委内瑞拉）做出了集体决定。这使该工厂有机会通过向整个地区销售来实现规模经济。因此，在区域协定范围内进行规划是一种可能的解决办法。

美国的汽车工业在世界汽车市场上占据了一段时间的主导地位，因为它实现了规模经济。然而，随着一些低工资国家（如韩国）的汽车工业在大规模生产方面变得同样高效，甚至更高效（回 362
顾第 11 章提到的现代汽车公司庞大的汽车装配厂），汽车行业的竞争变得相当激烈。正是由于规模经济，世界上的大多数地方都能买到相对便宜的美国汽车，这使得发展中国家新兴的小型汽车厂商的生产和销售更难盈利。对于发达国家来说，这是一个发展的**良性循环**；对于发展中国家来说，这是一个**恶性循环**。

韩国在 20 世纪 80 年代初就面临这一障碍，并设法打破了这一恶性循环，将现代汽车公司打造成一家有能力且不断成长的汽车制造商——但这需要政府的大力鼓励、压力和支持。关于这一话题，艾利斯・阿姆斯登（Alice Amsden）的《亚洲的下一个巨人》(*Asia's Next Giant*）中有一个更简短的版本（见本章末尾的推荐阅读文献）。

汽车和卡车生产的不平衡发展如图 15.5 所示：最初，它们在美国生产，并在日本实现产量增长；然后，美国和德国的汽车制造商在低工资国家进行了大规模的生产；在 20 世纪 60 年代和 70 年代，墨西哥，特别是巴西（均包括在“其他国家”里）发展了它们的汽车生产能力，但几乎完全以跨国公司子公司的形式进行。20 世纪 80 年代，韩国发展了本国汽车产业。到 21 世纪，所有这些国家的公司都已成为跨国公司，虽然母公司仍在输出国，但已在若干东道国开展生产（其中大多数包括在“其他国家”中）。最近，中国一跃成为主要汽车生产国。

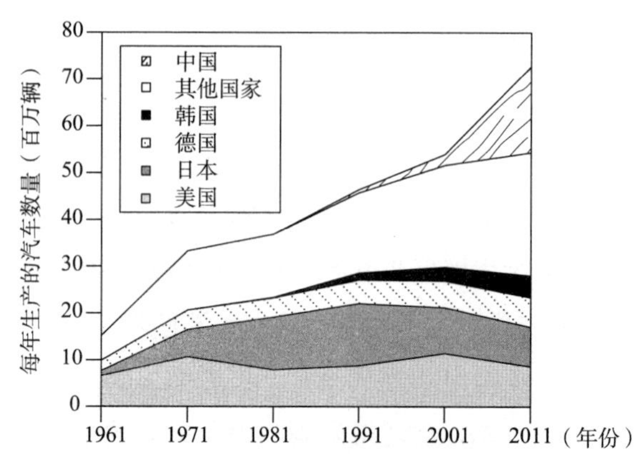

图 15.5 全球汽车产量（1961—2011 年）

自 1971 年左右以来，美国的汽车产量（最底层的浅灰色区域）基本持平，因为美国汽车制造商已将部分生产转移至其他国家。日本的产量最初有所增加，但自 20 世纪 90 年代开始下降，当时日本也将部分生产转移到了海外，包括美国。其他汽车制造商也做了同样的事情。直到 21 世纪，韩国的产量一直在快速增长，它也开始在包括美国在内的其他国家增加产量。由于类似的原因，中国以及其他国家（巴西、墨西哥、印度等）的产量也在迅速增长。

资料来源：U. S. Department of Transportation，Office of the Assistant Secretary for Research and Technology，Bureau of Transportation Statistics，Table 1 - 23：World Motor Vehicle Production，Selected Countries，available at http://www.rita.dot.gov/bts/sites/rita.dot.gov.bts/files/publications/national_transportation_statistics/html/table_01_23.html_mfd；data from WardsAuto.com，Motor Vehicle Facts & Figures（Southfield，MI：Annual Issues），14 and similar pages in earlier editions.

363 **技术差距** 存在贫困恶性循环的另一个原因是技术差距。企业通常没有分享其技术秘密的动机，因为它担心竞争对手会掌握这些秘密，并在此基础上进一步创新，从而成为新的行业领导者。对技术优势的严密保护，使来自拥有先进技术的富裕国家的跨国公司能够享受到技术优势的良性循环。同样地，技术远远落后的企业陷入了一个恶性循环：因为它们无法获得前沿技术，它们发现很难创新，也很难获得学习新技术所需的信息；由于缺乏操作这项技术所需的劳动技能，它们很难引进使用最新技术的制造工厂。然而，适当的政府政策可以帮助一个国家打破这样的技术差距。以下是几点说明。

各国政府经常在技术转让方面发挥主导作用，这是贫穷国家摆脱贫穷恶性循环并赶上较发达国家的少数途径之一。私人部门很难承担适应和引进新技术的过程，因为在这个过程中需要培养能够使用新技术的劳动力，这往往需要在很长一段时间内投入大量资金，需要冒巨大的风险且几乎没有立即盈利的机会。

在 17 世纪末，军事工业和造船业是现代技术的前沿（类似于今天的计算机设计），俄国沙皇彼得大帝乔装旅行，带着一批俄国造船商到英国和荷兰学习最先进的船舶设计和建造方法。19 世纪末，日本政府派遣无数的使团到欧洲学习新技术。政府用于发展和保持劳动力生产能力的卫生和教育支出，也在后来者追赶富国的战略中占有重要地位。

20 世纪 60 年代和 70 年代，韩国政府找到了一种有效的方法，在不付出过高代价的情况下，吸引跨国公司进行技术转让。一个或多个韩国本土公司试图说服外国专利持有者授权韩国公司生产该产品。许可协议明确规定，韩国公司必须达到严格的质量标准，但需要得到专利持有者聘用的工程师的大力帮助；在产品上使用专利权人的商标，并在指定市场销售，以免与其他国家的许可生产商或专利权人产生竞争。一旦签署许可协议，外国工程师在工厂建造和装备方面的教育、培训和技术援助对韩国公司来说便是无价的。

政府帮助解决了一个重要的问题。然而，如果不同的韩国公司为了同一个外国公司的许可协议而相互竞争，它们可能通过讨价还价把所有潜在的收益消耗掉，比如同意向专利权人支付高额专利使用费。因此，韩国政府接管了此类协议的谈判，这一策略使其能够达成比作为竞争对手的韩国公司可能达成的更好的协议。在这种情况下，中央政府进行许可协议谈判的做法大大影响了韩国经济发展的能力。这提供了一个例子来说明不同的规则和制度在发展中可以发挥多大的作用。

364 中国也成功地从外国投资者那里获得了技术转让。中国的市场规模和相对较高的教育水平和技能使其成为吸引外国投资的国家，从而能够对此类投资者实施强有力的技术转让政策。公司通常不愿意分享技术细节，因为它们担心那些了解这些细节的人会开发出一种更先进的技术，并在市场竞争中超越它们。然而，中国是外国投资者的主要投资地，所以公司遵守了制订明确的计划的要求，向中国管理人员和工人传授它们的技术原理和实践，然后实施这些计划。

然而，自 1995 年世界贸易组织成立以来，世界贸易组织成员不再被允许随心所欲地管理外国投资，因为它们受到《世界贸易组织协定》中新的投资条款的约束。因此，作为 2001 年加入 WTO 的一个条件，中国被要求正式取消其技术转让政策。然而，15 年后，研究人员报告说，中国仍然通过各种各样的方法，在很大程度上依靠外国投资者将技术转让给中国企业。就中国的情况而言，最初的技术转让规则也让中国获得了比单纯依靠自愿技术转让更多的技术。这再一次印证了规则和制度的重要性。同样地，世界贸易组织的成立及其所有相关协议也产生了重大影响，缩小了允许发展中国家做出政策决定的范围。

恶性循环和良性循环是存在的，但原则上通常可以通过政府或援助组织制定的正确的政策和方案来打破恶性循环。然而，有时跨国公司在追求有利于其长期盈利的新规则和新制度的同时，可能会削弱穷国的发展前景。一个很好的例子来自《世界贸易组织协定》下相对较新的规则。

知识产权

决定一个国家发展速度的一个因素是其出口价格相对于进口价格的比值。许多从富裕国家进口的商品都有专利或版权，这意味着它们可以以垄断价格出售。专利、版权、商标等统称为**知识产权**。政府可以以专利的形式授予具有明显新用途的产品或者工艺的发明人专利权。这样做的目的是奖励发明者，激励更多的创新。在专利有效期内，专利权人对产品的生产、销售享有专有权利。这意味着专利持有者能够为产品定价，而这一价格高于许多生产和销售该产品的公司在竞争性市场中所能承受的价格。专利持有者有时会将专利权授予其他人（如前文所述韩国的例子），允许他们生产产品，但通常是收费的。根据世界贸易组织的协议，专利权在世界范围内的统一期限为 20 年。

两种专利对发展中国家来说尤其麻烦。一个是种子专利。在 1980 年之前，没有任何生命形式获得过专利——包括种子、任何其他种类的遗传物质以及生物。1980 年，美国最高法院的一项裁决使美国专利局为一种活的有机体授予专利成为可能，随后，又将专利扩展到种子和其他生命形式。这使得像孟山都（Monsanto）这样的大型农化公司可以把种子卖给贫穷的农民，然后禁止他们将种子从作物中保存下来 365
以便在下一季种植，除非他们向孟山都（或者种子专利持有者）支付了额外的费用。在某些情况下，农民并没有故意耕种某种作物，只是未能积极地将其从自己的田地里铲除，但却被收取费用。美国农民曾在法庭上对此类指控提出质疑，但往往都以失败告终。

对发展中国家而言，知识产权导致的另一个大问题是，迫切需要的专利药物的价格往往远超其人民的承受能力。像艾滋病这样的毁灭性疾病不仅对病人，而且对照顾他们的人造成了巨大的痛苦和损失，减少了他们的工作时间并降低了他们的劳动效率。艾滋病一直是并将继续是撒哈拉以南非洲的一些国家的公共卫生危机，每年有 100 万人死于艾滋病，新增病例 150 万。在 2001 年左右，治疗一名艾滋病患者一年所需的抗反转录病毒药物的组合费用为 1 万美元，目前这一费用已降至每人每年 100 美元。费用下降有几个原因：一是 2001 年，在卡塔尔多哈举行的世界贸易组织部长级会议上，各国部长就各种发展问题进行了谈判，并发表了一份修改《知识产权协定》的声明。他们表示，成员有权宣布进入公共卫生紧急状态，并发放强制许可，要求制药公司在爆发公共卫生危机的国家以接近成本的价格生产这些急需的药物。在某些情况下，这种药物也可以从其他生产所需药物的发展中国家进口，这些发展中国家生产这些药物并用于应对本国公共卫生紧急状态。

随着世界贸易组织的成立，知识产权在全球范围内呈现扩大和加强的总体趋势，对于总部位于富裕国家的制药公司来说，知识产权已成为另一个良性循环，而对于发展中国家的人们来说，则是一个恶性循环。在发展中国家，人们买不起高价的品牌药物（对于没有参与国家卫生医疗体系的富裕国家的人来说也很昂贵）；发展中国家（自它们在 20 世纪 90 年代初签署了《世界贸易组织协定》以来）在大多数情况下只能在当地建立药品生产厂，生产专利期已过的药品，或生产根据上述 2001 年多哈宣言，政府宣布为应对公共卫生紧急状态所需的药品。

即便如此，制药公司已经制定了一系列策略来将它们的药物专利期限延长到 20 年以上，这些策略要么是官方的，要么是在给潜在竞争对手施加压力，比如迫使它们分别进行昂贵的临床试验，尽管一种化学成分相同的药物已经通过了此类测试。

当作为《世界贸易组织协定》的一部分的《知识产权协定》将这些权利扩大到它们以前无法触及的范围时，经济学家们估计，美国将是从规则变化中获益最多的国家，而且会有一些其他的赢家，以及许多小输家和大输家。预计美国将获得相当于今天 91 亿美元的收益，巴西将损失约 27 亿美元。损失是由于购买了更多的专利和版权产品，而收益则由拥有专利和版权的国家获得。①

促进发展的其他政府干预措施

在大多数初始贫穷劣势已被克服的国家，政府在为生产力的快 366
速提高提供条件方面发挥了重要作用。政府参与发展过程最早的例子发生在独立战争刚刚结束后的美国。那时，包括亚历山大·汉密尔顿（Alexander Hamilton）在内的许多开国元勋都认为，除非让美国的“幼稚产业”免遭竞争并给它一段创建时间，否则它们永远不可能和更强大、更有经验的对手英国竞争。汉密尔顿提倡重税——对从英国进口的制成品征收高关税，而且这项政策得以实施。对工业实施关税保护也是 19 世纪德国经济政策的一个突出特征，这一政策帮助它超越英国成为工业强国。

在其他国家，政府采取了不同的策略。除了上一节所述的技术转让政策外，在 20 世纪 60 年代初，韩国政府动用了警察和军队来帮助处于劳资冲突中的雇主。这使工资维持在较低水平，保证了公司的高利润（记住“不要在国内尝试这种做法”这个警告）。政府

① Keith E. Maskus，*Intellectual Property Rights in the Global Economy*（Washington，DC：Institute for International Economics，2000），181－186.

还阻止大多数公司将利润投资到韩国以外的国家。把财富转移到国外——一种大多数穷国的富人惯有的做法——被旨在控制“资本外逃”的资本管制措施所遏制。在政府的压力下，韩国各大银行将大量资金注入幼稚产业。在那些这种战略不能带来足够的私人投资的部门，政府干脆自己投资。例如，在国家所有制下韩国建造了世界上最高效的钢铁厂之一（浦项制铁公司，作为一家国有企业多年后，于2000年实行了私有化）。

经济发展的先决条件

经济发展需要什么？学者们已经确定了经济发展所需的八个基本要素。此外，还有一些其他因素可能在发展中发挥作用，包括自然资源禀赋。下面我们讨论这些基本要素。

八个基本要素

- **稳定与和平**：政治稳定，没有国内冲突，货币币值相当稳定，通货膨胀率不太高。
- 为启动发展**融资**。
- 一个**运行良好的政府**，基本上不会浪费或挪用公共资金，也不会因履行职责而向公众索贿。
- 工业、农业和政府所需要的**技能**——或获取技能的一些方法（包括那些只能在工作中获得的技能）。
- **教育**，如对工程师、经理和其他监督生产活动和开发新产品的人的教育（以及没有因受过教育的人迁移到较富裕国家而造成主要人才流失）。

367

● **基础设施**（infrastructure），如充足的电力供应、运输和通信。

● **没有重大公共卫生问题**，包括疟疾、昏睡病、埃博拉、艾滋病等致残性疾病；提供公共卫生服务，预防、监测和控制疾病的暴发。

● **可以进入外国市场**（没有令人望而却步的贸易壁垒）。

> 一个经济体的**基础设施**包括道路、铁路、机场、港口设施、桥梁和隧道、水和污水系统、电和电网，以及电话线和互联网等通信网络。

稳定与和平　政治稳定和国家货币价值的稳定对于降低新生产业务的风险很重要。它们允许潜在投资者提前几年计划未来，这是鼓励投资的关键。

为了降低潜在投资者的风险，和平也是必要的。如果内战迫在眉睫或已经在进行中，投资者很可能会因为所建的东西有被摧毁的危险而停止投资，或者由于必须远离可能发生抢劫或暴力的公共道路，经济活动将受到限制。

和平之所以重要还有另一个原因。内战有其自身的恶性循环，保罗·科利尔（Paul Collier）等在《打破冲突陷阱》（*Breaking the Conflict Trap*）（见推荐阅读文献）中有所描述。科利尔将恶性循环称为陷阱，并定义了冲突陷阱。他认为：一旦暴力的内部冲突开始，这些陷阱往往会使暴力的内部冲突持续下去。军事开支往往导致更多的军事开支。反叛组织的行为越来越像企业，它们不愿意放下武器，因为这意味着放弃过上好日子。此外，军事开支在内战结束后往往持续数年。换言之，需要持久的和平才能摆脱政府军费开支的增加，而在此期间，这将大幅削减发展开支。

至于货币稳定的目标，货币价值波动的原因往往是迅速的通货膨胀（大多数商品价格的普遍上涨），因此，那些控制货币体系的人需要表现出采取行动的决心，从而将通货膨胀控制在合理范围内。

融资 清单上的其他项目，如基础设施和教育，将要求政府支出，尽管部分费用可能由外国援助提供。然而，外国援助也有问题。包括外部专家在内的外国人有时会因为对当地情况了解不足而做出错误的决定。如果一个项目不是基于当地社区的实际需要，那么开发项目就不太可能很好地运作。而且分配和支出资金方面的腐败是一个长期存在的问题。

融资通常部分来自政府税收，但这往往是不够的。过去许多国家的税收主要来自进口关税，但随着贸易壁垒的消除和关税的降低，从这一来源流入政府金库的资金减少了。在穷国，征收其他税种的制度往往效率不高。这可能迫使政府在一定程度上依赖借款、外国援助或其他融资来源。

另一个资金来源，不通过政府，是汇款——在其他国家工作的移民寄回家乡的钱。例如，在墨西哥，许多移民到美国的人加入了“同乡会”，该组织汇集其成员的捐款，并将资金用于在家乡建设学
368 校、诊所或其他项目。与政府间的发展援助不同，这种融资方式通常可以避免资金流入腐败官员的口袋。不过，它不会为大坝或机场等大型项目提供资金。汇款也可以投资于私人领域（或仅仅用于消费或房屋维修）。

公共借款是实施重大发展项目的另一种融资方式。但借来的钱必须偿还，这最终需要缴税，这些问题已经被提及。腐败也是一个问题。从银行甚至从亲戚那里借钱投资也很常见。

在过去的几十年里，税收出现了一个问题：发展中国家之间为吸引外国投资而进行的税收竞争往往意味着向跨国公司提供税收优惠，这可能会大幅削减政府收入。同样的问题也存在于美国，各州为争夺汽车制造厂的建造权而相互竞争。但限制税收竞争的努力一直有限，而且基本无效。

另一个大问题是发展中国家大量的非法资金流出。挪用公款的公职人员已学会利用避税天堂将自己的财富置于税务和刑事执法机构无法触及的范围；那些已经拥有私人财富的人也学会了这样做，以避免政府对这些财富征税。例如，据估计，在非洲富人的总财富中，有 5 000 亿美元（即 30%）存在海外避税天堂的账户中，这意味着非洲国家将蒙受 150 亿美元的税收损失。①

运行良好的政府　一个运行良好的政府对任何国家的经济都至关重要。然而，在发展中国家，腐败的政府造成的伤害更大，因为当一开始就没有多少收入时，贪污或窃取政府收入的官员会让人们吃不饱、得不到足够的医疗和教育。政府官员的腐败也会破坏人们对政府的信心，阻碍援助、贷款或投资的流入。例如，捐助者可能会拒绝向他们认为将挪用资金给个人或捐助者无意提供资金的用途的政府提供援助。在这些方面，腐败会阻碍发展。小规模的腐败，以及对公共支出的管理不善，也常常是问题所在。

技能和教育　虽然教育传授知识，技能主要在工作中学习，但这是一个有关鸡生蛋还是蛋生鸡的问题：工业企业确实是唯一可以学习全部工业技能的地方，企业不太可能在缺乏这些技能的地方落户。

教育也很重要，而且可以由政府资助，但真正需要的知识和教授的知识通常不匹配。在许多发展中国家，大学毕业生很难找到工作。这可能会导致人才外流，那些拥有大学或研究生学位的人会为了找到一份合适的工作而离开本国。这为发达国家带来了另一个良性循环（受过良好教育的人高度集中，而雇用他们的企业又会吸引

① Gabriel Zucman, "Taxing across Borders: Tracking Personal Wealth and Corporate Profits," *Journal of Economic Perspectives* 28, no. 4 (Fall 2014): 121 - 128, Table 1.

更多受过良好教育的人），但对发展中国家而言则是一个恶性循环（受过良好教育的人的低集中率意味着他们到别处去找工作）。

369 **基础设施** 研究表明，扩大和改善基础设施与加快经济增长密切相关。状况不佳的道路会过早地毁坏车辆，减慢运输速度。太少的交通工具意味着现有的公共汽车和火车将超载并更频繁地发生故障。电力供应不足会导致频繁、突然的停电，从而中断生产，并可能损坏正在进行的生产和用于生产的机器。因此，良好的基础设施对发展至关重要。

公共卫生 流行病和地方病都是问题。有效的公共卫生措施原则上可以创造奇迹，提高劳动生产率，既可以使病人康复，使他们能够工作，又可以节省护理人员的时间、精力和金钱。［见推荐阅读文献中的“麦地那龙线虫根除运动”（Guinea Worm Eradication Campaign）］

可以进入国外市场 如果一个企业能够在不支付高额关税的情况下进入国外市场，这就增加了该企业实现规模经济、降低单位产出的平均成本并进行进一步扩张的机会。这也有助于发展。

发展中的其他因素

关于国家贫穷还是富裕的一个普遍看法是，富国是那些拥有丰富自然资源的国家。例如，人们往往将美国的财富归因于其庞大的资源基础。当然，丰富的自然资源是一种收入来源，而缺乏煤炭、铁和电力资源可能成为增长的障碍（见第 1 章专栏“英国经济为何起飞？竞争、煤炭还是殖民扩张?”）。

但丰富的资源基础很难保证富裕。阿拉伯联合酋长国是一个石油资源丰富的小国，其人均收入确实进入了世界最高行列，但是矿产丰富的刚果民主共和国的人均收入却是世界上最低的。人均收入高于阿拉伯联合酋长国的丹麦，其实是一个资源匮乏的国家。而日本——在 1950—1990 年间是世界主要经济体中增长最快的国家之一——实际上却几乎没有什么自然资源。日本没有铁矿石，没有石油，只有很少的煤炭，但它的钢铁产量却超过了美国。研究人员发现，资源丰富的穷国往往不民主、腐败，而且更容易发生内部冲突。困难之一是，如果政府完全依靠资源收入而不是通过对民众征税来获得支持，政府官员可能不会太关注人民的需求和观点。

事实上，仅仅拥有丰富的资源并以营利为目的进行开采和销售是不够的。一个国家需要的是从这些资源中获得可观的收入份额，然后将其用于精心设计的发展项目。这都是问题。从 20 世纪 40 年代到 60 年代，石油资源丰富的发展中国家开始坚决要求跨国石油公司为其开采的石油支付更高的特许权使用费。最后，有些国家干脆将石油公司收归国有。

1951 年，伊朗颇受欢迎的总理穆罕默德·摩萨德（Mohammed
Mossadegh）和伊朗议会确实将英伊石油公司（Anglo-Iranian Oil
Company）收归国有，但他们为此付出了高昂的代价。1953 年，美
国支持的政变推翻了摩萨德，石油又回到外国控制之下。然而，由
于在国外待了短暂时间后恢复王位的伊朗国王将大部分石油收入花
在武器上，大多数普通伊朗人仍然相当贫困。这最终促成了 1979 年 370
伊朗革命的爆发，其中包括伊朗夺回对石油的控制权，使 100%的
石油销售收入流向了政府。

换言之，关键不仅在于一个国家生产了多少剩余，还在于谁获得了剩余。资源可能产生大量的生产，但如果这种生产是由外国跨国公司发起和控制的，那么只有一小部分剩余可能留在该国，因此其对发展的贡献可能不大。

由本国国民拥有和控制的生产至少会让剩余流向这些国民。然而，即便如此，腐败可能也会导致这些剩余流出该国：用于欧洲的

房地产或巴黎购物之旅，或许是在首次存入离岸账户之后。因此，一个相对诚实、运转良好的政府对发展也很重要。

然而，虽然有一系列陷阱，发展却确实发生了，但各国之间存在着相当大的不平衡。图 15.6 显示了一些国家间生产率的长期增长率差异。

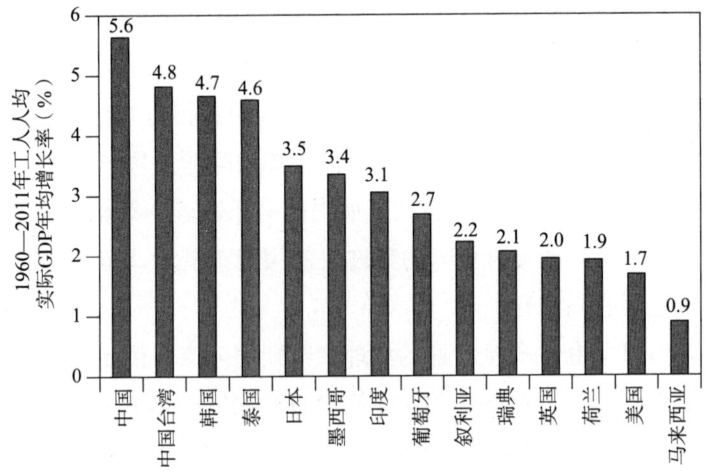

图 15.6　工人人均实际 GDP 的年均增长速度（1960—2011 年）

本图显示的是在过去的半个世纪里，不同经济体实际生产率的增长速度。"实际"意味着"名义"价值，即以"当前"美元计算的价值，已经根据通货膨胀进行了调整，在这种情况下，计算每个经济体的 GDP 时，就好像每年都以"不变"的 2005 年美元标价一样。生产率通常被定义为每劳动小时产出的数量，但并非所有国家都能获得关于工作时间的数据。另一种衡量方法是用一个经济体的总产值（GDP）除以给定年份的就业人数。这里用的就是这种方法，因此本图展示的各经济体生产率的增长，是该变量 1960—2011 年间逐年变化的百分比的平均值。

资料来源：Penn World Table，Version 8.1，University of Groningen，April 13，2015，available at http://www.rug.nl/ggdc/productivity/pwt/pwt-releases/pwt8.1（DOI：10.15141/S5NP4S）；Feenstra，Robert C.，Robert Inklaar and Marcel P. Timmer（2015），"The Next Generation of the Penn World Table，" *American Economic Review* 105（10）：3150－3182，available for download at www.ggdc.net/pwt.

一个汉堡包值多少钱?

我们如何比较两个经济体的生活水平?比如美国和中国。当 371
然,首先用每个国家的本国货币衡量其产出(收入)。虽然许多欧洲国家现在都使用一种共同的货币(欧元),可以直接衡量和比较各自的经济,但是为了对世界上大多数经济体进行比较,依然有必要解决多重货币这一问题。

例如,中国的 GDP 是以人民币计算的,而美国的 GDP 是以美元计算的。2016 年中,在互联网上搜索“美元兑人民币”,结果显示,当时 1 美元可以兑换 6.64 元人民币,这也被称为“美元兑人民币**汇率**”。2016 年中,一个巨无霸汉堡包在美国的平均售价为 5.04 美元,但在中国买一个巨无霸汉堡包只需要 2.79 美元(将人民币折合成美元)。正如 2016 年 7 月《经济学人》(*The Economist*)杂志的一篇文章所指出的,这表明以美元表示的人民币价值低于应有水平(人民币被**低估**了)。一个巨无霸在任何地方的价格不都应该一样吗?因此,以美元兑人民币汇率为基础来比较中国和美国的平均收入规模,在当时是一种误导。

虽然我们不能仅用巨无霸在不同国家的价格进行有效的国际比较,但巨无霸的故事包含了更多的真相。世界银行和国际货币基金组织多年来一直使用**购买力平价**(PPP)方法进行国际经济比较。

经济学家通常感兴趣的是比较一个国家和另一个国家的生活水平,而不是比较单个商品的价格。他们可能会问:“一个人在美国需要多少美元才能达到与中国平均生活水平相当的生活水平?”这种比较不仅需要考虑两国商品和服务的价格不同,还需要考虑两国人民吃不同的食物、穿不同的衣服、通常购买不同的商品篮子。**购买力平价**

比较方法试图把所有这些因素都考虑进去。汇率比较则不然。

PPP 方法的使用通常会极大地影响结果。以 2015 年为例，如果用人民币兑美元汇率来比较收入，中国的人均收入是美国的七分之一。然而，按购买力平价计算，中国的人均收入几乎是美国的四分之一。由于购买力平价指标是为比较生活水平而精心设计的，所以我们在本书中尽可能多地使用它。（见本章图 15.1、图 15.2、图 15.3 和图 15.7。）

资料来源："The Big Mac Index：Exchange Rates，to Go，" *The Economist*，July 21，2016，available at www.economist.com/content/big-mac-index；World Bank，World Development Indicators.

生产率增长率的变化

即使在发达的资本主义国家之间，生产率增长率也有很大的差别。从图 15.6 中我们可以看出，自 1960 年以来，美国的生产率（劳动力人均产出）增长一直落后于其他资本主义国家。韩国和日本的生产率增长异常迅速，因为在早期，它们能够从领先国家那里借用先进技术。大多数欧洲国家的生产率增长也高于美国。

372 如图 15.6 所示，半个多世纪以来，中国的生产率（按**工人人均产出**衡量）的年均增长率为 5.6%，而瑞典和英国的生产率增长率约为 2%，美国的生产率增长率甚至更低，为 1.7%。瑞典的生产率增长率相对较低，主要是因为在此期间，瑞典工人大大减少了他们每年工作的小时数，从而以更快的产出增长换取度假等休闲时间的显著增加。

富国政府经常采取阻碍穷国发展的政策。知识产权已经在前文提到了。当富国政府通过财政援助、军事援助、直接军事干预和其他手段保护穷国落后的传统精英的政治地位和经济特权时，穷国的发展也会受到阻碍。由于这些精英经常抵制经济和社会变革，他们的外部支持能有效地阻碍经济发展。

不平等加快了发展的进程吗？

几十年来，经济学家们坚信（并向他们的学生们传授）：生产力的快速增长和其他实现良好经济绩效的政策手段都需要高度的收入不平等。他们把这种观点称为“权衡”（trade-off）：如果你想要更大程度的平等，就必须以无效率和更慢的经济增长作为代价。他们的理由是，更高程度的不平等为努力工作、有效经营和承担创新所必需的风险提供了更强烈的激励。布鲁金斯学会（Brookings Institution）的经济学家阿瑟·奥肯（Arthur Okun）甚至在他的著作《平等与效率：重大的抉择》（*Equality and Efficiency*：*The Big Tradeoff*）一书中以标题的形式明文昭示。他写道：“公平与效率的矛盾是不可避免的。”这种所谓的“权衡”成为不平等的一个有力的辩护：一个更公正的社会很美好，只是代价太高了。

然而，且不说这种权衡是否真的不可避免，它在实践中其实是难以找到的。人们对其存在性的怀疑是由这样一个事实引起的：在 20 世纪的最后 25 年，日本、韩国和中国台湾是世界上收入分配最平等的经济体，但是这些经济体的生产力增长却远远超过了南非、巴西这些收入分配高度不平等的经济体，以及美国、英国等其他更不平等的经济体。

现在，许多经济学家认为，经济不平等是阻碍而非促进生产效率提高和生产力增长的。不平等经常会滋生一些像罢工这样的冲突，并且会造成雇主与工人关系的恶化，以非生产的方式浪费了产出和精力。机会的不平等，包括种族和其他形式的歧视，剥夺了许多人受教育的权利，从而使整个经济丧失了人才。当严重的财富不平等意味着大多数人缺乏独立创业所需的资金时，经济就丧失了管理和创新的能力，以及因劳有所获的激励而带来的好处。在这些情况下，不平等阻碍了进步。

资料来源：Luxembourg Income Study，available at：http://www.lisproject.org；Penn World Tables—International Comparisons of Production，Income，and Prices 9.0，Robert C. Feenstra，Robert Inklaar，and Marcel P. Timmer，"The Next Generation of the Penn World Table，" *American Economic Review* 105，no.10（2015）：3150 - 3182，available for download at http://www.ggdc.net/pwt；Samuel Bowles and Herbert Gintis，*Recasting Egalitarianism*：*New Rules for Markets*，*States*，*and Communities*（London：Verso，1999）.

富国的农业补贴长期以来一直是穷国发展的难题。当美国补贴
373 的玉米、水稻、小麦和棉花（以及欧洲和日本补贴的作物）充斥着世界市场时，许多发展中国家的小农饱受折磨——这个问题在世界贸易组织已经争论了十多年。然而，富国将此作为讨价还价的筹码，以获得其他领域的让步，而这些让步有时对穷国来说代价高昂。

总之，一个收入水平高、市场大、拥有数十年现代生产技术经验、有大量盈余可以投资于新设备、教育、研究和基础设施的国家，比一个资源不那么丰富的国家拥有巨大的竞争优势。随着富国利用其收益来维持其生产率增长，而穷国无法实现生产率的起飞，这种优势可能会随着时间的推移而增强。

当然，发展不平衡的事实并不意味着后来者永远赶不上。19世纪，德国和美国都是英国之后的后来者，但它们迅速克服了自身的劣势，现在其人均收入远远高于英国。再举一个例子，韩国是后来者，在20世纪六七十年代运用本章前面所述的政策实现起

飞。而且领先国家并不总是保持领先。美国超过了英国，中国现在的增长速度比日本快得多。但是，正如已经指出的那样，早期一些开放的政策大门已经被世界贸易组织和其他组织关闭了，留给发展中国家政府的政策空间更小了，因此摆脱低生产率增长的途径也更少了。

图 15.7 显示了半个多世纪的不平衡发展过程中成功与失败的巨大反差。在 1960—1980 年的 20 年间，非洲南部小国博茨瓦纳的人 374

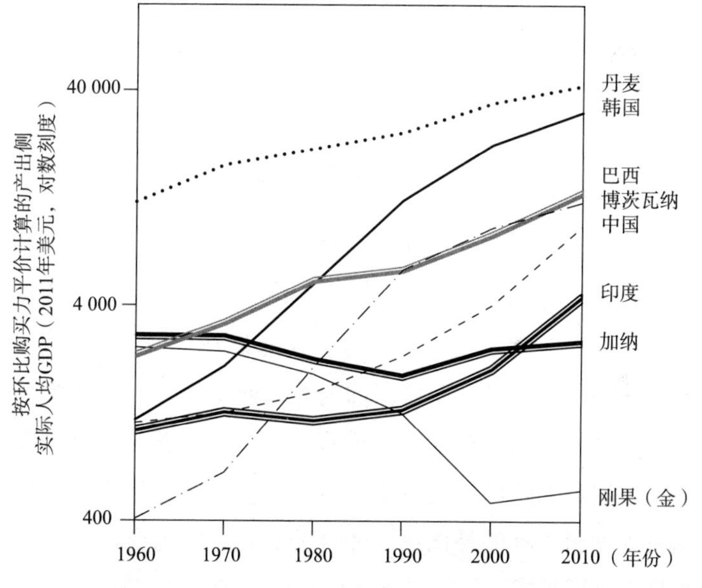

图 15.7　国家间的不平衡发展（1960—2010 年）

在本图显示的 8 个国家中，有四分之三的国家在过去的半个世纪里人均产出有所增加。刚果（金）经济增长的急剧下降主要是由激烈的国内冲突造成的。

资料来源：Penn World Tables—International Comparisons of Production, Income, and Prices 9.0, Feenstra, Robert C., Robert Inklaar and Marcel P. Timmer, "The Next Generation of the Penn World Table," *American Economic Review* 105, no. 10 (2015): 3150－3182, available for download at http://www.ggdc.net/pwt. Author's calculations from Table CGDPo (2011): Output-side real GDP at current PPPs (in mil. 2011 US$), divided by population. See also http://www.rug.nl/research/ggdc/data/pwt/.

均收入增长了 8 倍（受钻石发现的推动），而韩国的人均收入几乎增长了近 6 倍。然而，在 1960—2010 年的 50 年间，加纳的人均收入略有下降。影响更多人的一个反差是，在 1980 年之后，中国从落后国家走出来，并超越了印度：1980—2000 年，中国的平均收入增长了近 4 倍。纵轴是对数刻度，人均 400 美元到人均 4 000 美元的距离与人均 4 000 美元到人均 40 000 美元的距离相同。刚果（金）持续不断的内战，造成数百万人丧生，对经济造成了毁灭性的打击，使这个国家的经济发展倒退了几十年，该国这 50 年来的实际平均收入下降到不到 1960 年的四分之一。

外国投资与发展

发展中国家吸引外商投资是否总是有利于发展？在第二次世界大战结束后的 20 年里，许多欧洲国家的殖民地在经历了痛苦和代价高昂的民族主义斗争后获得了独立。在非洲和亚洲的新独立国家，领导人旨在满足其人民长期被压抑的对体面工作、收入和尊严的需求。许多领导人试图与在本国开采石油或矿产资源，但只向政府支付特许权使用费的跨国公司讨价还价。一些人坚持认为，今后只有对本国发展做出贡献的外国投资才会受到欢迎。为此，通过了新的法律来规范外国投资。

但是，尽管各国领导人在 20 世纪 70 年代一直坚持认为他们的政府有权对外国投资施加条件，但在许多国家，它们也积极寻求吸引此类投资。巴西在 20 世纪 50 年代及之后成功地建立了汽车工业就是一个例子；墨西哥在 20 世纪 60 年代也做出了类似的努力。毕竟，跨国公司拥有现代技术，发展中国家希望管理人员和工人都能通过在使用这项技术的工厂进行在职培训来学习这项技术。

因此，各国政府的行为似乎表明，如果监管得当，跨国公司的投资可以带来比成本更大的收益。到 20 世纪 80 年代，各国政府开始寻求吸引投资，尽管没有对其进行过多的监管。它们看到的好处包括（现在仍然包括）与现代技术相关的新知识和技能、员工薪酬，以及将这些资金重新投入当地经济的连锁反应。好处有时还包括增加对其他公司的吸引力，如供应商因在附近选址而创造出更多的就业机会和收入。

还有一些成本，包括任何政府补贴、生产类似产品的当地企业的搬迁以及任何没有得到清理或补偿的环境破坏等负面影响。后者的一个例子是，1964—1990 年，德士古（Texaco）公司随意处理石油和天然气开采所产生的废料，对厄瓜多尔本土造成了环境破坏。为了让雪佛龙-德士古公司（ChevronTexaco）支付清理费用，厄瓜多尔进行了数十年的诉讼，最终法院对雪佛龙公司做出赔偿 95 亿美 375
元的判决，而试图迫使雪佛龙公司实际支付这笔钱的法律诉讼还在继续。在世界其他地方，采矿作业产生的有毒径流污染了几个国家的水系统，引起了广泛的抗议。

另一个问题是，如果几个司法管辖区竞相吸引跨国公司的投资项目（如汽车厂），这些司法管辖区将相互竞争，抬高它们向外国投资者提供的补贴，甚至达到补贴吞噬了大部分预期收益的程度。如果官员们依赖跨国公司提供的信息，而这些信息更有可能高估而不是低估给区域带来的好处，那么区域甚至可能出价过高，其所放弃的收益将超过所获得的收益。不幸的是，一个项目的确切影响是很难衡量的，即使是在事后，所以我们从来无法确切地知道。

然而，由于跨国公司实际上是发展中国家获得最新技术、知识、设备、技能以及世界市场的唯一途径，因此跨国公司备受追捧，并被视为发展的核心。

跨国公司的投资决策

如上所述，跨国公司通过将其分支机构设在不同的国家，使每个分支机构以某种方式为其盈利能力做出贡献，从而实现全球利润。但是，关于在何处建立分支机构的决定并非都基于同样的考虑。（提供的补贴当然很重要，但我们现在关注的是影响决策的其他因素。）一个地区的主要优势可能是丰富的石油、矿产或其他自然资源；另一个地区的吸引力可能是靠近大型市场，或者拥有高技能水平的劳动力，或者拥有非常好的交通、通信和能源供应等基础设施，或者政府渴望引进外国投资者——或者以上几个方面的结合。美国的主要跨国公司通常在几十个国家开展业务，有些公司，如福特汽车公司，在100多个国家开展业务。如图7.3所示，国际业务利润相对于美国利润的重要性有所提高。

究竟是什么决定了生产经营的投资地点？以下是一些关键因素，不一定按重要性排序，也不一定每个行业都一样。请注意，从发展中国家的立场来看，其中许多都符合发展的必要条件：

- 劳动力有必要的技能；
- 对于采掘业（采矿、石油、天然气）有大量的资源储量；
- 政府提供稳定、良好的商业环境，几乎不存在政治动荡或币值不稳定变化的风险；
- 有良好的基础设施：运行良好的交通和通信系统，以及可靠、连续的电力供应；
- 没有暴力犯罪或国内冲突；
- 位置靠近主要市场；
- 相对于工人的技能水平而言，工资较低。

376 对于寻找生产经营场所的企业而言，只有工人已经具备了所需技能，或者要做的工作是低技能的，或者如果工人能够在他们已经具备的知识和技能的基础上，以相对较低的成本得到较快的培训，那么低工资才具备强大的吸引力。当然，充足的基础设施、政治和货币价值稳定，以及低廉的材料成本也是必要的。套用一句俗语来说就是：低技能或糟糕的基础设施带来的痛苦，在人们忘记低工资带来的甜蜜之后，久久挥之不去。图 15.8 显示，世界各地的工资差异确实很大。正如第 13 章所明确指出的，技术工人的相对重要性也因行业而异，而且随着时间的推移可能会发生变化（召回家禽加工厂）；有些工厂的工作需要相对较少的培训，而其他工作需要更多的技能和经验。

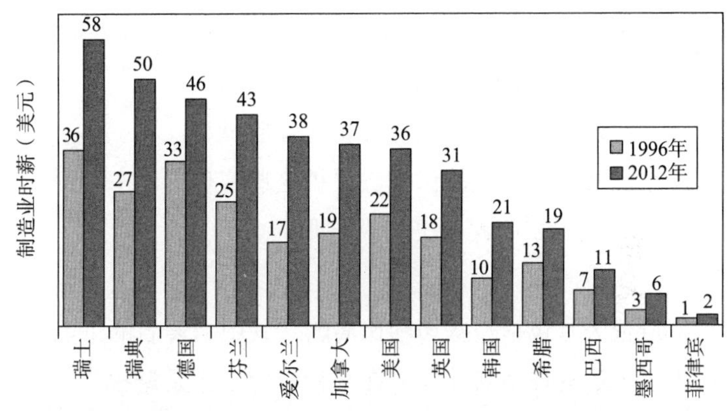

图 15.8　部分国家制造业的小时工资和福利（1996 年和 2012 年）

本图对比了 1996 年和 2012 年 13 个国家制造业工人的时薪。每个国家的薪酬首先以本国货币计算，然后按照每年的市场汇率兑换成美元。这种方法适用于比较不同国家雇主的每小时劳动力成本。比较不同国家制造业劳动收入的相对购买力是不合适的，因为换算成美元使用的是市场汇率，而不是购买力平价。

资料来源：U. S. Bureau of Labor Statistics，*International Labor Comparisons*，August 2013，Hourly Compensation Costs（Wages and Benefits），in the Manufacturing Sector，Report through 2012，Table 1：Hourly Compensation Costs in Manufacturing，U. S. Dollars，and as a Percent of Costs in the United States，ichcc. xls，available at：http://www. bls. gov/fls/#compensation.

美国企业在哪里投资？美国政府每年按国家收集美国公司的海外投资价值数据。这些数据是针对直接投资的，直接投资是指在另一个国家拥有的法人实体中持有至少10%的股权（通常足以构成控股权）。这些投资大多被投向了富裕国家，这可能会让人感到惊讶，因为前几章曾提到跨国公司通过向海外转移，以支付较低的工资。然而，这些富裕国家中有许多是一种特殊类型的国家——跨国公司利用它们来减少其所欠税款和所付税款。

跨国投资和避税天堂

377 公司将其分支机构设在它们认为有助于盈利的地方。但近几十年来，这往往意味着将相当大一部分分支机构设在**避税天堂**（tax haven，也称为离岸金融中心）。避税天堂有两个明显的特征：首先，政府对设在避税天堂的外资企业征收低税率或零税率；其次，严格的保密法保护这些实体的信息不受其他国家的税务机关或犯罪调查机关窥探。

避税天堂，或离岸金融中心，在这里被定义为一个司法管辖区，它提供严格的银行保密法，对外资进行的商业活动实行低税率或零税率。

这些避税天堂包括一些加勒比岛屿，其中最著名的可能是开曼群岛。世界上还有许多其他岛屿在某种程度上都是避税港——有些位于太平洋，有些位于英国海岸附近，有些位于其他地方。主要的和长期存在的避税天堂还包括一些欧洲国家，例如瑞士、荷兰和卢森堡，以及一些既不是国家也不是岛屿的司法管辖区，据一些研究人员说，包括特拉华州。

会计人员可以用来减少企业所得税的一个主要工具是**转移定价**。跨国公司在其母国有一个母公司，在其他国家有许多子公司，其中一个子公司经常向位于另一个国家的另一个子公司销售货物

（投入或产出）。跨国公司内部的销售不是“市场”或“公平交易”（跨国公司向自己销售），交易的定价可能不是商品在公开市场上的价格。公司可能不希望销售价格是商品的市场价格，这是有原因的。事实上，一个分支机构向另一个分支机构转移商品，原则上可以收取任何价格。因此，跨国公司的会计师会选择一个税率最低的价格。他们必须小心一点，因为根据美国国税局（IRS）的规定，如果价格与公开市场上的价格（即公平交易价格）相差太多，那么如果美国国税局发现这个公司违反了税法，该公司就会受到处罚。然而，美国国税局调查和起诉此类违法行为的成本高昂，难度也很大，而且美国国税局并不总能胜诉。在实践中，公司显然会进行大量的转移定价，以减少它们所欠的税款。

但这是如何实现的呢？诀窍是让跨国公司的利润出现在那些对利润征收低税率或零税率的地方（避税天堂），在这些地方，跨国公司的子公司受到当地法律保护，而在税率较高的国家则报告较低的利润。一个假设的例子可以说明这一点。假设一个跨国公司在加勒比海著名的避税天堂开曼群岛设有一个分公司。假设跨国公司的墨西哥分公司生产制成品，然后以略高于墨西哥公司生产成本的价格将这些产品卖给位于避税天堂的分公司（因此在墨西哥几乎没有利润记录）。之后，位于开曼群岛的子公司转而将产品以高得多的价格转售给美国母公司，从而在开曼群岛产生了巨额利润。这个美国公司稍微提高价格后将货物批发或零售出去，只留下少量利润记录。这种转移定价就像变魔术一样，把利润从墨西哥和美国转移到开曼群岛，墨西哥的企业利润税率为 30%，美国为 35%，而开曼群岛的企业利润税率为 0。请注意，以这种方式进行的利润转移**减少了在美国报告的利润**。因此，如图 10.2 所示，美国企业利润率下降的趋势在一定程度上是会计操作的结果，而不是经济活动的实际变

378 化。出于同样的原因，图 7.3 中所示的外国来源收入占美国所有企业利润的份额呈上升趋势，源于利润转移的会计做法，这种做法同时减少了美国的报税利润，增加了国外的报税利润，两者都减少了跨国公司的纳税义务。

还有更多的故事。**如果开曼群岛的利润被带回美国**，这个总部设在美国的跨国公司仍然必须为开曼群岛的利润缴纳所得税。但只要这些收益在美国境外再投资，纳税就可以无限期推迟。

这不是小事。据公民税收正义组织（Citizens for Tax Justice，CTJ）的监督小组估计，2016 年，仅《财富》500 强企业中的美国跨国公司在海外持有的未汇回利润就有 2.4 万亿美元。据 CTJ 估计，这部分利润的未缴税款高达 6 950 亿美元。甚至这些税款可能永远无法缴纳，原因之一是在跨国公司的压力下，2004 年国会宣布对在海外持有利润的公司提供税收优惠，大约 3 000 亿美元被汇回国内，公司（在免税期的法律规定下）支付了大约七分之一的税款。第 19 章将进一步解释，这种做法实际上是如何使问题恶化的，因为它促使**更多**的企业在几年或几十年的时间里持有**更多**的海外资金。

所以，美国海外投资的相当大一部分被投资于避税天堂，也就不足为奇了。在这种情况下，“投资”这个词应该谨慎使用。实际上在开曼群岛等地，公司建立了一个存在于网络空间中的实体，有一个当地地址，但没有雇用劳动力，没有其他可见的经济活动迹象，除了在开曼群岛的一幢楼（阿格兰屋）里，有一间 18 000 多个公司共用的小办公室（总部位于美国的公司占少数）。跨国公司的空壳实体报告的“活动”利润异常之高。

因此，当美国公司在国外建立分支机构时，其目的是多种多样的。一些子公司在国外提炼或制造产品并出售，它们对公司全球利润的贡献可能来自对规模经济的利用，或者来自对矿藏或化石燃料的开采，或者两者兼而有之。一些分支机构位于或靠近大型市场，从而有利于节省运输成本和交货时间。而一些分支机构通常通过将报税利润转移到税负很轻或根本不征税的避税天堂进行会计核算。

避税天堂的存在和企业对避税天堂的利用如何影响发展？第一，跨国公司可以利用避税实体贿赂发展中国家的官员。第二，这种做法特别有效，因为它为这些官员提供了一种隐藏非法资金的方法。第三，发展中国家的富人如果将资金藏匿在避税天堂，就可以很容易地为这些资金避税。第四，他们甚至可以建立一个避税天堂实体，在其母国政府看来，它是一个“外国投资者”，因此有资格参与政府的外国投资者补贴计划。所有这些战略都破坏了政府财政，助长了腐败，并损害了发展。

需要说明的是：大多数非金融跨国公司在海外既投资于生产经营设施，也投资于避税天堂。在美国，超过 70％的《财富》500 强企业拥有位于避税天堂的子公司，而这些子公司与熟练劳动力、市场和基础设施无关。在那里，主要考虑的因素是外国公司活动的税率（有时为零，但并非总是如此），对这些活动绝对保密的承诺，以及这种安排的稳定性。图 15.9 显示了美国经济分析局报告的几个避税天堂或避税天堂集团在美国海外直接投资总额中所占的份额。报告显示，这些资产的价值约有一半位于避税天堂。事实也确实如 379
此，据报道，美国跨国公司在海外报告的全部利润中，有一半以上来自避税天堂。①

① Gabriel Zucman，“Taxing Across Borders：Tracking Personal Wealth and Corporate Profits,” *Journal of Economic Perspectives* 28，no.4（Fall 2014）：121 - 128，Figure 2，128.

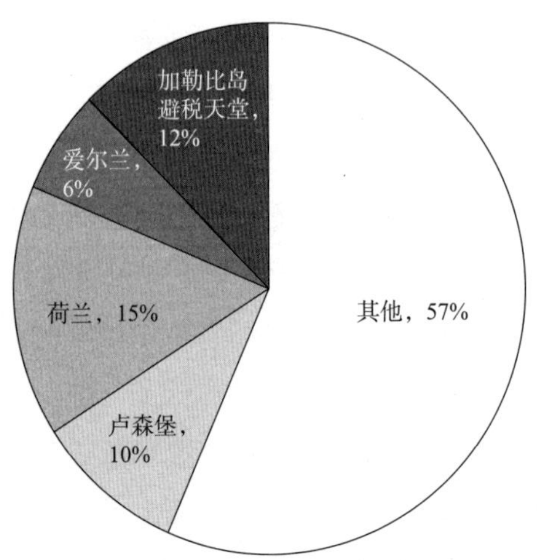

图 15.9　美国的对外直接投资（2014 年）

本图强调了避税天堂作为美国海外直接投资场所的重要性。加勒比岛避税天堂包括巴巴多斯、百慕大、巴哈马、开曼群岛、英属维尔京群岛等。爱尔兰、卢森堡、荷兰和瑞士也是避税天堂。还有几个避税天堂没有显示出来，但只占总数的一小部分。“直接投资”一词指的是拥有附属公司至少 10%的股份，通常拥有完全控制权。

资料来源：U. S. Bureau of Economic Analysis，“U. S. Direct Investment Abroad for 2012－2014：Detailed Historical-Cost Positions and Related Financial Transactions and Income Flows，” *Survey of Current Business*，September 2015，1－36，Table 14：U. S. Direct Investment Abroad：Selected Items by Detailed Country，2010－2014.

因此，美国公司（以及其他富裕国家的跨国公司）经常在富裕国家而不是在贫穷国家投资有两个明显的原因。第一个原因适用于投资于生产经营的公司。对于这些公司而言，其考虑的关键因素是：与大型市场的接近程度、高技能和受过良好教育的劳动力的可用性、优良的基础设施（电力供应、交通、通信、医疗体系），以及政治和货币的稳定性。政治稳定包括产权安全。当然，采矿和矿物燃料开采等采掘业是例外，它们必须位于发现资源矿床的任何地方，并将技术人员运送到那里或培训当地工人。第二个原因是一些富裕国家是避税天堂。

跨国公司进行生产经营的方式，或将部分业务外包给其他公司 380
的方式，也会影响发展，正如专栏“低价服装的高成本”中所说明的那样。

低价服装的高成本

服装行业竞争激烈。几分钱的成本差异就能决定服装生产商的成败，所以每一分钱都很重要。这助长了危险的工作环境：工人不仅面临着加快工作速度的压力，而且面临着受伤或死亡的过度风险，因为许多工厂老板不愿在安全措施上花钱。

1911 年，纽约著名的三角内衣厂（Triangle Shirtwaist Factory）火灾导致 146 人死亡，其中一些人因为锁着的门而无法逃脱。这场本可避免的悲剧促使制衣工人成立工会，并提高了对工作场所安全问题的认识。一个世纪后，历史在孟加拉国首都达卡重演，且死亡人数增加了 6.8 倍。2013 年 4 月 24 日，服装厂所在的八层大楼拉纳大厦（Rana Plaza）倒塌，造成约 5 000 名工人中的 1 135 人死亡，多人受伤。5 个月前，附近的塔姿琳时尚成衣厂（Tazreen Fashions factory）发生火灾，113 人丧生，并引发了极大的愤怒：据说有 10 万人参加了大约一半受害者的葬礼。拉纳大厦的情况更糟。

孟加拉国大约 80%的出口产品是服装，是仅次于中国的世界第二大服装生产国。火灾发生后，政府应对国内外关注的压力很大。维权组织（清洁服装运动、国际劳工权利论坛等）向塔姿琳时尚成衣厂和拉纳大厦的全球零售商施压，要求它们捐赠 3 000 万美元的资金，以补偿死伤者家属。有些做出了捐赠，有些没有。沃尔玛只捐出了 25 万美元，尽管这个美国最富有的企业拥有 1 300 亿美元的财富。到 2016 年中期，塔姿琳时尚成衣厂死伤工人的家庭获得了 220 万美元的补偿，对拉纳大厦的补偿也已经启动。

但是孟加拉国 500 万名服装工人需要的是安全的工作条件。这些灾难是可以避免的，而且不时发生其他较小的火灾。根据警方的报告，包括业主在内的 41 人在拉纳大厦事件中死亡。而在灾难发生的前一天，一位工程师对大楼进行了检查并认为它不安全：一个非法建造的高层建筑上有一台重型发电机在晃动，削弱了结构的稳定性，导致了许多裂痕，但经理告诉工人无论如何都要继续工作。而塔姿琳时尚成衣厂火灾发生的原因是易燃纱线和织物被堆放在发电机附近，而不是被堆放在法律规定的防火储藏室里。

主导安全违法行为的检查和整治的是与多方利益相关的《消防和建筑安全协议》（Accord on Fire and Building Safety）和孟加拉国工人安全联盟（Alliance for Bangladesh Worker Safety），二者覆盖了四分之一的制衣厂和全国一半的制衣工人。在政府和国际劳工组织的帮助下，超过半数的服装工厂在 2016 年中期接受了检查。对违反人身安全规定的整改行动进展缓慢，但第一批完成整改的 31 家工厂都是联盟和协议的供应商。拉纳大厦事件过去多年后，大部分整改工作仍未完成，制衣工人仍在冒着生命危险做一份每月最低工资仅为 68 美元的工作。

资料来源：Jim Yardley, "Horrific Fire Revealed a Gap in Safety for Local Brands," *New York Times*, December 6, 2012; Julfikar Ali Manik and Nida Najar, "Bangladesh Police Charge 41 With Murder Over Rana Plaza Collapse," *New York Times*, June 1, 2015; Alliance for Bangladesh Workers' Safety, *Protecting and Empowering Bangladesh's Garment Workers*, Second Annual Report, September 2015, available at http://www.bangladeshworkersafety.org; Ibrahim Hossain Ovi, "Only 31 RMG Factories Fully Remediated 3 Years after Rana Plaza Disaster," *Dhaka*

Tribune, April 23, 2016, available at http://archive.dhakatribune.com/rmg-factories/2016/apr/23/only-31-rmg-factories-fully-remediated-3-years-after-rana-plaza-disaster; "Rana Plaza Building Collapse," https://failures.wikispaces.com/Rana+Plaza+Building+Collapse.

结 论

在本章，我们提出了一些经济学中最难解决的问题，即有关经济增长和世界不平等的问题。长期经济发展问题——国民财富——是政治经济学创始人最关注的问题之一。这个问题至今仍是一个重要的问题。 381

我们已经看到，穷国和富国之间的技术差距和权力差距有一种持续存在的趋势，因为存在着难以逃脱的恶性循环。正如第 6 章一开始所解释的，管理经济活动的规则和制度（宪法、法律、规章、政策和程序）——包括国内的和写入国际协议的——都极大地影响生产什么、如何生产以及谁获得净产出。它们还影响到一个国家的政府能够获得多少收入，有时它们也影响到发展中国家的政府官员在多大程度上出于公共利益采取行动并选择有助于打破这种恶性循环的行动。乍一看，人们可能会认为，外国在穷国的投资往往会缩小生产率和收入差距，但缺点（基础设施落后、技能水平低）往往远远抵消了这些优势，而且跨国公司在海外持有的大量资产实际上是位于避税天堂，而不是在穷国。

我们将在第 19 章继续研究政府在经济中的作用。在接下来的三章中，我们将从宏观经济的角度来观察经济是如何运行的，从而为我们讨论政府的作用奠定基础。

推荐阅读文献

Alice Amsden, *Asia's Next Giant* (New York: Oxford University Press, 1992, paperback).

Samuel Bowles, *Microeconomics: Behavior, Institutions and Evolution* (Princeton, NJ: Princeton University Press, 2004).（鲍尔斯. 微观经济学：行为，制度和演化. 北京：中国人民大学出版社，2006.）

Samuel Bowles, Steven N. Durlauf, and Karla Hoff (eds), *Poverty Traps*, reprint edition (Princeton, NJ: Princeton University Press, 2016).

James Boyce and Betsy Hartmann, *A Quiet Violence: Life in a Bangladesh Village* (London: Zed Press, 1986).

James Boyce and Leonce Ndikumana, *Africa's Odious Debts: How Foreign Loans and Capital Flight Bled a Continent* (London: Zed Books, 2011).

Christopher Chase-Dunn, *Global Formation: Structures of the World Economy* (Oxford: Basil Blackwell, 1989).

Paul Collier, *The Bottom Billion: Why the Poorest Countries are Failing and What Can Be Done About It* (NY: Oxford University Press, 2008).

Paul Collier, V. L. Elliott, Håvard Hegre, Anke Hoeffler, Marta Reynol-Querol, and Nicolas Sambanis, *Breaking the Conflict Trap: Civil War and Development Policy* (New York: The World Bank and Oxford University Press, 2003).

Herman Daly and John Cobb, *For the Common Good: Redirecting the Economy toward Community, the Environment, and a Sustainable Future* (Boston: Beacon Press, 1989).（达利，柯布. 为了共同的福祉：重塑面向共同体、环境和可持续未来的经济. 北京：中央编译出版社，2017.）

382 Mostafa Elm, *Oil, Power, and Principle: Iran's Oil Nationalization and Its Aftermath* (Syracuse, NY: Syracuse University Publications in Continuing Education, Revised edition, paperback, 1994).

Alexander Gerschenkron, *Economic Backwardness in Historical Perspective* (Cambridge, MA: Harvard University Press, 1962).（格申克龙. 经济落后的历史透视. 北京：商

务印书馆，2012.）

"Guinea Worm Eradication Campaign," available at https://web.stanford.edu/class/humbio103/ParaSites2005/Dracunculiasis/eradication.htm.

James Heintz and Robert Pollin, *The Question of Sweatshops: Globalization and the Struggle for Decent Work* (New York: New Press, 2004).

Kenneth P. Jameson and Charles K. Wilber, eds., *The Political Economy of Development and Underdevelopment*, 6th ed. (New York: McGraw Hill, 1995).

Peter Lanjouw and Nicholas Stern, eds., *Economic Development in Palanpur over Five Decades* (Delhi: Oxford University Press, 1998).

Branko Milanovic, *Global Inequality: A New Approach for the Age of Globalization* (Cambridge, MA: Belknap Press, an imprint of Harvard University Press, 2016). （米兰诺维奇. 全球不平等. 北京：中信出版社，2019.）

Erik Reinert, *How Rich Countries Got Rich … and Why Poor Countries Stay Poor* (New York: Public Affairs, 2008). （赖纳特. 富国为什么富，穷国为什么穷. 北京：中国人民大学出版社，2013.）

Helen Shapiro, *Engines of Growth: The State and Transnational Auto Companies in Brazil* (Cambridge, UK: Cambridge University Press, 2006).

The World Bank, *World Development Report* (Washington, DC, and New York: The World Bank and Oxford University Press), available at http://www.worldbank.org/en/publication/wdr/wdr-archive.

Gabriel Zucman, *The Hidden Wealth of Nations: The Scourge of Tax Havens* (Chicago: University of Chicago Press, 2015).

第 16 章
总需求、就业与失业

383 要理解我们的经济，最困难的事情之一是理解这样一个事实，即通常（a）有许多工厂处于闲置状态，同时（b）有相当数量的人正在找工作，且（c）许多人的需求没有得到满足。这些事实中的任意两个都可以得到解释，但为什么这三者都是资本主义经济的典型事实则是一个谜。如果让失业的工人到闲置的工厂工作，那么，人们是需要他们生产出来的产品的。然而他们并没有被安排工作。

例如，2009 年美国经济实际缩水约 3%。年中，全国三分之一的工业产能处于闲置状态（产能利用率为 67%）。即便如此，那一年美国生产了价值约 4.5 万亿美元的商品（仅包括商品，不包括服务），但与前一年相比下降了约 1 万亿美元，比满负荷生产至少减少 2 万亿美元。如果当年美国的 3.07 亿人平均分配 2 万亿美元的新增产出，每人将得到价值 6 500 美元左右的新增商品。产出并不是因为劳动力短缺而减少：2009 年平均每天有 1 390 万名失业人员在找工作——比 2007 年增加了 700 万。这就是所谓的大衰退。

闲置的工具、失业的人口以及未得到满足的需求同时存在这一事实令人难以理解，因为这跟我们的个人经验并不一致。如果我们需要一个书架，而且我们有工具、木材和时间，我们就可以动手为自己做一个书架。当我们组织自身的生产活动时——无论以家庭的形式、小集体的形式还是我们自己——我们不会在仍然有闲置工具、闲置人员和未得到满足的需求的时候就停止工作。原因在于，当我们为自己生产时，我们的目的是制造我们需要（或想要）的东西。如果我们有未得到满足的需求，以及有工具、时间和材料（或购买它们的钱）来生产我们需要的东西，我们就会去做。

相比之下，资本主义经济的组织方式则大不相同。正如我们在第 5 章中所看到的，企业主生产商品不是为了满足需求，而是为了获取利润。如果指挥生产进程的雇主认为赚不到利润，他们就不会进行生产；他们会任其工具和工厂闲置，并停止雇用工人。也许有人需要这些可以生产出来的商品和服务，但这一事实对企业主来说无关紧要。资本主义的竞争制度迫使营利性公司的所有者在做决策 384
时只考虑收益率——至少在美国，法院已经裁定，如果公司领导人基于其他任何考虑做出决策，他们很容易被股东起诉。唯一的例外是，公司是以“公益企业”的组织形式存在的，这一概念将在第 19 章简要讨论。

这种利润驱动过程造成的一个后果是，在长期中，经济会在好时期和坏时期之间轮流交替。在第 7 章，通过对积累的社会结构进行连续的编年式记录，我们解释了美国经济在长期中存在繁荣与危机的交替。在图 16.1 中，我们展示了各个具体时期的长期波动，以及在连续的巩固期和衰退期内总产出的增长率。图中描述了四个长期波动，当然，在每一个长期波动中都有与经济周期（见第 7 章）相关联的不那么显著的上升和下降。如果说长期的繁荣和危机会持续数十年的时间，那么一般来说，一个特定的经济周期的扩张和衰退阶段会在不到十年的时间内完成。因此，在一个长期波动中可能有四个甚至更多的经济周期。

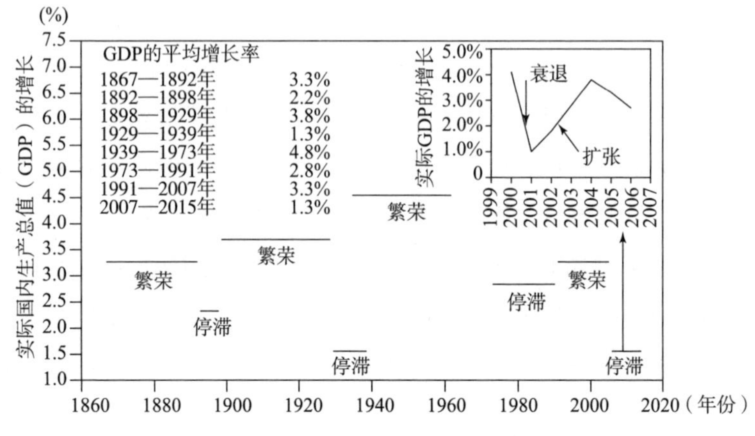

图 16.1　长期波动和经济周期

长期波动是在较长的时期内繁荣期和停滞期的交替进行，它可以持续 30～50 年的时间；经济周期是在通常不到 10 年的时间内（从一个顶峰到另一个顶峰）经济所经历的短期的上升和下降。本图显示了美国经济在 1867—1991 年经历的三次长期波动，而第四次波动似乎即将结束。第一次长期波动（竞争资本主义阶段）从 19 世纪 60 年代持续到 1898 年，其中 1867—1892 年是繁荣时期，1892—1898 年是停滞时期。第二次长期波动（公司资本主义）发生在 1898—1939 年，在 1929 年之前经济状况良好，随后是 20 世纪 30 年代的大萧条（Great Depression）。第三次长期波动（管制资本主义）发生在 1939—1991 年。1991 年左右，进入了第四次长期波动（跨国资本主义），此次繁荣持续到 2007 年，随后陷入停滞。

资料来源：U. S. Bureau of Economic Analysis, National Income and Product Accounts, Table 1. 1. 1: Percent Change from Preceding Period in Real Gross Domestic Product, available at http://www.bea.gov/iTable/iTable.cfm?ReqID=9&step=1#reqid=9&step=1&isuri=1.

每一个长期波动都始于一段长期繁荣，在此期间，积累的社会结构（SSA）（在其巩固阶段）使相对快速的增长成为可能，随后是一个停滞期（SSA 的衰退阶段）。经济周期既发生在长期波动的繁荣时期，也发生在停滞时期，产出率在短期内波动，而不改变长期趋势。图 16.1 中的插图描绘了一个相当典型的经济周期：高增长率在 1999 年急转直下，季度增长率为负（产出连续两个季度下降），直到 2001 年触底，随后在 2002—2006 年的繁荣时期经济加速增长。

(2001 年的增长率并没有下降到 0 以下，因为这次经济衰退是短暂的，只有两个季度的负增长和两个季度的更大的正增长。)

当经济在一个相当长的时期内处于扩张状态时，雇主就倾向于 385
雇用更多的工人，因而长期繁荣时的失业率通常会下降。相反，长期衰退的特征通常是失业率上升。美国 1890—2014 年的失业率如图 16.2 所示。就业市场的短期波动标志着长达十年的经济周期。虽然在和平时期的经济停滞或衰退阶段，失业率趋向于上升，但随着战争

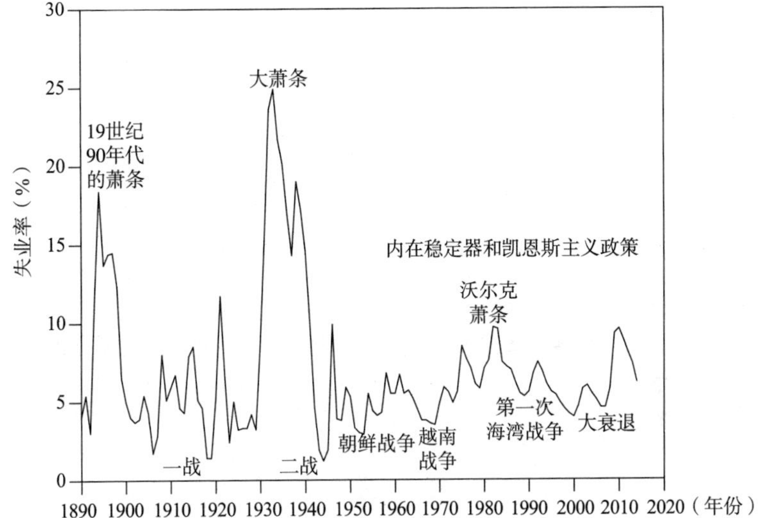

图 16.2　美国的失业率（1890—2014 年）

图中显示的失业率是官方统计的失业人数与民间劳动力人数的比值。19 世纪 90 年代，失业率达到约 18%，失业率在 20 世纪 30 年代的大萧条期间达到 25%的峰值。需要注意的是，在二战后的半个世纪里，由于凯恩斯主义政策和内在稳定器，如失业保险和作为 20 世纪 30 年代“新政”的一部分而建立的其他社会保险计划，失业率被控制在 10%以下。

资料来源：U. S. Bureau of Labor Statistics：Databases，Calculators，and Subjects，Labor Force Statistics from the Current Population Survey，series LNU04000000，available at http://data. bls. gov/timeseries/LNU04000000?years _ option = all _ years&periods _ option = specific _ periods&periods=Annual+Data.

的爆发，工人被雇用来生产军用物资，而且那些原本属于民用的劳动力也被征召入伍。例如，20 世纪 30 年代一直困扰美国的高失业率随着二战的爆发而急剧下降。特别是在最近几十年，失业率通常在衰退结束、经济再次开始增长之后才缓慢下降。

386 本章有两个主要观点：一是**就业和失业水平取决于对商品和服务的总需求**；二是**政府政策可以降低失业水平并平滑总需求的波动**。这些主要观点可以表述为如下七个要点：

---

1. 对商品和服务的总需求不一定等于一年的生产总值：总需求可能超过或者达不到供给。
2. 当对商品和服务的需求超过供给时，企业会雇用更多的工人；当需求达不到供给时，企业会解雇工人；当供给等于需求时，企业不会改变其劳动力规模。
3. 当对商品和服务的需求等于供给时（企业既不扩大就业也不裁员），通常会存在失业。
4. 政府对商品和服务的需求以及政府调控利率的政策会影响就业水平：政府赤字和低利率通常会导致对商品和服务的较高需求，因而会带来较低的失业水平。
5. 影响对商品和服务的需求的一个重要因素是收入在利润和工资之间的分配。这是因为工资率会影响对消费品的需求，而利润率会影响对投资品的需求。
6. 然而，提高工资可能导致工作岗位的增加、减少或不变，因为工资增加可能会提高、降低或者不改变对商品和服务的总需求。
7. 经济在就业和产出上表现出波动的特点，即经济周期。在经济周期的扩张阶段，产出和就业迅速增长，失业下降；在衰退阶段，产出下降，失业上升。政府政策可以抑制经济波动，从而把收入和就业维持在更加稳定的水平。

计算失业

俗话说，拥有一只表的人知道时间，但拥有两只表的人永远无法确定时间。2016 年 5 月，美国失业率（未经季节性调整）为 4.5%——也许是 9.4%——因为美国劳工统计局（Bureau of Labor Statistics，BLS）对其所谓的“劳动力利用率不足”有多个衡量标准。事实上有六个（从 U-1 到 U-6）标准，但我们只看两个最常被引用的。

劳工统计局每个月都会用 U-3 标准公布失业率。一些新闻稿将 U-3 称为“失业率”，尽管劳工统计局每月也公布其他五项指标的 387
新值。但一些经济学家认为，U-6 是一种更全面的衡量失业率的指标，值得更多关注。在 2007—2009 年的经济危机中，经季节性调整后的 U-3 达到了 10%，而 U-6 最高，达到了 17%。这是因为，根据 U-3 的定义，10%的劳动力处于失业状态，但还有许多人要么处于准待业状态，要么在寻找全职工作的同时做兼职。U-6 将这些人视为失业者，而 U-3 没有。2016 年 5 月，U-3 为 4.5%，而 U-6 为 9.4%。在衡量失业率时，工具的性质很重要，因此值得对这两个工具进行更仔细的研究。

每月对约 6 万个有代表性的美国家庭进行的专业调查，为劳工统计局提供了计算失业率和其他衡量指标的数据。根据他们对一系列详细问题的回答，年龄在 16 岁或 16 岁以上的非机构化的公民被分为就业人口、失业人口和非劳动力人口。如果我们用 E 表示就业人数，用 U 表示失业人数，那么失业率就是 $U/(U+E)$。因为劳动力的定义是就业人数加上失业人数，所以等价的定义是 $U/$(劳动力人数）。U-3 和 U-6 都是这样定义失业率的，而且都利用家庭月度调查中得出的相同数据。

但问题出在细节上：U-3 标准对就业或失业（或两者）的分类与 U-6 标准不同，这就是它们得出不同结果的原因。

一个区别是，U-3 将没有工作，尽管在过去 12 个月里积极找工作，但在过去 4 周里没有积极找工作，并表示愿意接受工作的人，归类为非劳动力人口。尽管许多人可能会认为这些“气馁的工人”属于失业者，但 U-3 标准不这么认为，而 U-6 标准确实把他们算作失业者——因此也算作劳动力。想象一下，一个没有住在大城市的人长期失业：他或她很可能会发现，很难每隔几个月就去找当地现有的几个雇主，反复询问工作机会，这样做只会屡遭拒绝。U-6 标准的“失业”范畴不仅包括“气馁的工人”，而且包括其他“待业劳动力”，这些人可能由于没有人帮忙照看孩子或缺乏可靠的交通工具而无法经常出去找工作，但他们确实想工作且愿意工作，这样就能负担得起儿童保育费和交通费。2016 年 5 月，U-6 和 U-3 之间的差异解释了 U-6 失业率（9.4%）和 U-3 失业率（4.5%）之间近 5 个百分点差距中的 1 个百分点。

其余的差距是由于两种方法对想要全职工作的人的分类方式不同（“全职”意味着每周工作 35 个小时以上）造成的。这些“为经济利益而兼职”的人被 U-3 统计为**就业**，而被 U-6 统计为**失业**。2016 年 5 月，这种定义上的差异占了 U-6 和 U-3 之间差距的大部分（约 4 个百分点）。表 16.1 显示了美国劳工统计局以 2016 年 5 月的数据，分别用这两个指标对失业率进行的统计。2016 年 5 月，U-6 失业率为 9.4%，而更常被引用的 U-3 失业率为 4.5%。（两项数据均未经季节调整：经季节调整后的数据与上述各项数据的差异

均不到三分之一个百分点。) 388

表 16.1　官方 U-3 标准和 U-6 标准度量的失业率（2016 年 5 月）

2016 年 5 月		
	就业（以 U-3 定义）(E)	151.6（百万人）
	为经济利益而兼职（PT）	6.2（百万人）
	失业（以 U-3 定义）(U)	7.2（百万人）
	待业劳动力（MA）	1.7（百万人）
U-3	$U/(U+E)$	4.5%
U-6	$(U+MA+PT)/(U+MA+E)$	9.4%

资料来源：U. S. Bureau of Labor Statistics, Department of Labor, Data Retrieval: Labor Force Statistics (CPS), data for “Employed” and “Unemployed” from Table A-1: Employment Status of the Civilian Population by Sex and Age (Not seasonally adjusted); data for “Part-time for economic reasons” from Table A-8: Employed persons by class of worker and part-time status; data for “Marginally attached to the labor force” from Table A-16: Persons not in the labor force and multiple jobholders by sex, not seasonally adjusted; and data for U-3 and U-6 unemployment rates from Table A-15: “Alternative measures of labor underutilization”; all tables available at http://www. bls. gov/news. release/empsit. toc. htm.

什么决定就业和产出?

理解失业率和产出波动的关键是经济中对商品和服务的总需求。为了理解整体经济表现的变化，我们需要关注总需求并研究其上升或下降的原因。

周期性过程的一个重要方面是，企业所有者在投资品上的投资金额逐年变化，而这些变化反过来又以更快或更慢的速度推动着资本积累。一套特定的社会制度在多大程度上为积累过程提供了有利的环境？美国资本主义的连续阶段和相应的经济表现的长期波动是根据不同的社会积累结构及其对投资的支持或抑制作用来定义的。

为简化本章的分析，我们忽略这样一个事实：总产出的一部分必须用于补偿生产中消耗的原材料和修复被磨损的资本品。这里，我们关注的是净产出，并假设每劳动小时的净产出（y）是常数。总净产出 Y 的定义见第 10 章，并在资本所有者和雇员之间进行划分。每劳动小时的净产出（y）等于劳动报酬（工资加福利）加上剩余部分，即每小时利润。（为了简单起见，我们不考虑利息、租金和税收。）在本章中，我们感兴趣的是宏观经济，所以我们用 N 来表示总的工作时间。（在前几章中，H 是在一个企业中工作的总小时数，但在这里我们不使用这个符号。）因此：

$$y=\frac{Y}{N}=w+\frac{R}{N} \tag{16.1}$$

其中，Y/N 是总净产出除以总工作小时数（N），w 仍然是工人的小时工资，R/N 是每小时的利润。

净产出将取决于雇用的劳动时间。为了简单起见，我们还假设
389 （在本章中，而不是在后面的章节中）找工作的总人数是给定的（并称之为“劳动力供应”，LS），价格是恒定的，工资不随就业水平的变化而变化。所有这些都使我们能够集中于本章的要点。

总供给与总需求

宏观经济学是关于经济中对商品和服务的总的供给（“总供给”）和对这些商品和服务的总的需求（“总需求”）的经济学，两者都以美元表示。简言之，我们经常谈论“产品市场”或“商品市场”，而实际上我们指的是“商品和服务市场”。

宏观经济学的一个基本问题是：在一年中，经济中对商品和服务的总需求是否趋向于等于当年的总供给？也就是说，需求是否足以购买所有生产的产品，而不会更多？还是商品市场会出现供过于求或供不应求的情况？

商品市场不存在需求过剩或供给过剩的情况被称为**宏观经济均衡**（macroeconomic equilibrium）。如果生产了价值 20 万亿美元的商品和服务，人们会需要价值 20 万亿美元的商品和服务吗？如果生产了 20 万亿美元的商品和服务，但有 21 万亿美元的需求，我们就说**需求过剩**。相反，如果只有 19 万亿美元的需求，一些商品就卖不出去，我们就会说**供给过剩**。如果有 20 万亿美元的需求，那么总需求等于总供给，我们说存在宏观经济均衡。这意味着，只要外部因素没有改变，经济就会在不久的将来继续以目前的水平生产。

> **宏观经济均衡**：存在于总需求等于总供给时（不存在总需求过剩或总供给过剩），除了偶然因素或外部因素外，没有任何力量倾向于改变这种情形。

第二个同样重要的问题是：如果商品和服务的需求与供给相等，那么总供给水平是否会大到让每个愿意按现行工资水平工作的人都能找到工作？我们可以用另一种方式问同样的问题：如果存在宏观经济均衡，它的特征会是**充分就业**（full employment）吗？所谓的充分就业是指几乎每个求职者都能找到工作的情况。

> **充分就业**是指几乎每个正在找工作的人都能找到工作的情形。

第一个问题——关于宏观经济均衡——涉及产品市场，而第二个问题——关于充分就业——重点在于劳动市场。即使（有时会发生）第一个问题的答案是肯定的（总需求等于总供给），第二个问题的答案通常也是否定的（不是每个愿意在当前工资水平下工作的人都能找到工作）。换言之，劳动市场将不会趋于出清。相反，通常会出现劳动供应过剩，也称为**失业**。

回想一下，第 8 章所研究的艾奥瓦市的啤酒市场均衡是指啤酒供应量等于啤酒需求量。在均衡状态下，啤酒市场出清，大多数产品市场也是如此。相比之下，在第 12 章中我们发现，即使劳动市场处于均衡状态，一般也不会出清。通常会有工人失业，他们没有办法改变自己的境遇，也不能指望雇主做任何事情以增加就业。

在本章中，我们将研究是什么因素决定生产多少、有多少工作岗位以及多少人无法找到工
390 作。我们研究产出、就业和失业的均衡水平。请记住，劳动市场通常不能出清。与宏观经济均衡状态相联系的就业数量被称为**均衡就业水平**(equilibrium level of employment)。

均衡就业水平是指与特定宏观经济均衡（当产品市场没有过剩需求或过剩供应时，所有这些综合在一起）相对应的就业数量。

考虑下面这个假想的例子。一个工人每小时生产价值 25 美元的产出。如果有 25 美元的产出被生产出来，那也就是为某人生产了 25 美元的收入。如果忽略产出的一部分将被政府用作公共产品和服务这一事实，我们就可以说，这个例子中价值 25 美元的产出最终会被摆在零售商店的货架上。现在假设每生产价值 25 美元的产出，工人得到 15 美元的工资，而雇主得到 10 美元的利润。是否有足够的需求来购买货架上的这些供给，取决于工人和雇主是否花费他们得到的收入。如果工人花光了 15 美元的劳动收入，而雇主只花了 10 美元的利润收入中的 5 美元（把剩下的储蓄起来），那么尽管货架上将会有价值 25 美元的供给，却只有价值 20 美元的需求。结果将是，产品市场上出现供给过剩。

反之亦然。雇主可能想花 15 美元，用他或她的 10 美元利润和从别人那里借的 5 美元，而工人仍花掉他或她的 15 美元工资。因此，将会有价值 30 美元的需求，而只有价值 25 美元的商品。其结

果将是产品市场出现需求过剩。

接下来，考虑一下如果一年内生产的产品价值大于销售的产品价值会发生什么。在这种情况下，总而言之有些商品未售出。如果是这样，我们就说产品市场出现供给过剩。此时卖家会以两种方式应对这种情形。第一种，卖家可能会降低价格，以吸引更多的顾客。第二种，卖家可能不会重新订购那么多的商品（或者可能暂时不会再订购），以防止它们堆积在货架上。随着订单的减少，生产商品的企业的经理们将不得不解雇工人，因此失业率将会上升。

需求过剩会造成恰好相反的后果：在订购的商品到货之前货架就空了。于是，卖家会下更大的订单。因此，雇主将雇用更多的工人来生产更多有需求的商品。

由此我们得到一个重要的结论：当产品市场存在供给过剩时，企业将雇用较少的工人（或削减现有工人的工作时间）；当存在需求过剩时，企业将雇用较多的工人（或增加现有工人的工作时间）。

当存在供给过剩时，雇用较少的工人会产生两个影响：首先，产量会减少，因此供给水平会下降；其次，只有较少的工人得到工资，由于被解雇的工人用来购买消费品的钱减少了，因此总需求水平会下降。在上面的例子中，如果一个工人被少雇用一个小时，那么产出就会减少 25 美元，需求也会减少。如果我们仍假设工人得到其生产的净产出中的 15 美元，并且把所有收入都花掉，那么总需求将会减少工人本应花掉的 15 美元。注意，供给的下降（25 美元）将大于需求的下降（15 美元），这仅仅是因为工人得到的补偿仅是他们生产价值的一小部分，否则，就不会有利润，资本主义企业就会立刻破产。

这些影响提出了一个棘手的问题：产品市场上的供给过剩所引

发的就业减少，会（通过减少供给）消除供给过剩吗？还是就业的减少会（通过对需求的影响）加剧供给过剩问题？答案很简单，且刚刚已经给出：每当出现供给过剩，工人因此下岗时，总供给的美
391 元价值就会比总需求的美元价值下降得更多。也就是说，在我们的例子中，一个工人被少雇用一个小时，总供给会减少 25 美元，但总需求每小时只减少 15 美元，因此每小时供给过剩多减少了 10 美元的差额。在这个非常简单的模型中，裁员应该会使宏观经济更接近均衡。

当存在需求过剩时，也会出现类似的问题：企业会雇用更多的人，增加供应，这样就会减少需求过剩。然而，新增的就业岗位将为工人带来更多收入，从而增加需求。从供给过剩的例子中我们可以清楚地看出，在这种情况下，雇用更多的工人将增加更多的总供给，而不是总需求，从而减少了需求过剩。

衡量总产出

设想一下，如果有人问你的手提箱里有多少东西，并假设你手提箱里的东西比他的多，你该如何确定你的答案？你可能会列出所有的东西——一本书、两件衬衫、一双鞋、一个吹风机等。但是这并没有真正地回答这个问题，因为这并没有描述出某个明确的量，以同他手提箱内容纳物的某个明确的量相比较。如果你只是想要一个总的数字，你可以称一称这些容纳物的重量，或者你可以说出每件物品的美元价值及其总价值。

如果量化一个人手提箱里的东西都如此困难，想象一下计算一个国家的总产出是多么不容易。一个国家任一特定年份的总产出通常被认为是这个国家生产的所有商品和服务的市场价值。在某些情况下，商品和服务不必出售也能被记入产出：家庭种植和

消费的农产品是典型的需要被计入产出的例子，即使其价值只是估算出来的。

因此，在衡量产出时，商品和服务的价值是根据其市场价格来计算的（或者，如果它们未被出售，就粗略地以它们可能的出售价格来计算中值）。不用于出售的服务——如家庭烹饪或家庭成员对父母或孩子的照顾——完全没有被计入。由于一直以来这类工作主要由女性完成，因此由女性承担的大量工作没有被计入官方衡量的国民产出之中。（见图 4.1 和图 4.2 关于生产和再生产对经济的重要性。）

衡量宏观经济的术语

经济学家用下面的一个或多个术语来描述一个经济体的总产出的值。

- 一个国家的**国内生产总值**（GDP）是其领土范围内生产的总产出（包括非居民劳动力或资本产出）。
- **国民总收入**（GNI）是另一种衡量总收入的指标，其概念是一国国民从其拥有的劳动力或财产中获得的收入，无论这些劳动力或财产是在国内还是在国外使用。它不包括居住在该国的外国国民的收入。因此，一个国家的国民总收入是从其国内生产总值中减去居住在该国的外国人所获得的收入，再加上该国国民从国外获得的收入（稍做调整）而得到的。一个密切相关的概念，**国民生产总值**，在今天很少被使用，但在几十年前被普遍使用，有时是可用的历史数据的主要形式。
- **国内生产净值**（NDP）和**国民净收入**（NNI）是用上面的值 392
（GDP 和 GNI）分别**减去折旧**（因生产造成的机器和其他资本品的磨损和破坏，相应的时间周期通常为一年）得到的。但是，对自然资源和环境所造成的损害，如土地的侵蚀、清洁空气和水的耗尽，在通常的国民产出指标中一般不予考虑。这意味着 GDP 或 GNI 的增长，甚至是 NDP 或 NNI 的增长——可能都无法准确地衡量我们在福利方面的变化。

请注意，以上所有概念都是使用增加值或我们所说的净产出来计算的。但是，为了充分贯彻这一概念，统计部门必须从每一个企业的总产值中减去生产所需的投入和机器的折旧。然而，“总量”指标只减去投入，但没有减去折旧（**使用**但未**耗尽**机器）。“净”概念（NDP、NNP 和 NNI）同时减去了投入的价值和资本设备的折旧，充分反映了“净产出”的概念，除了没有扣除环境资源的“消耗”之外。

在比较某个国家在不同时点的总产出时，我们通常会对衡量国家产出的方法做出两个修正：一个是校正通货膨胀，另一个是考虑人口增长。首先，设想一个经济发生了通货膨胀（价格上涨），但实际生产的商品和服务的数量并没有改变。在这种情况下，尽管没有发生实际变化，但总产出的市场价值将会上升。由于一个经济中几乎总有通货膨胀发生，所以以**当前价格**为基础来衡量的总产出的变化往往会高估产出的增长量。

如果对不同年份总产出的比较是在**不变价格**的基础上进行的，那么这种比较将更有意义。这意味着对一般价格水平的变化做了一个校正，通常的做法为：指定某个“基年”的价格水平，用这个相同的基准在一些年份之间做比较。在对总产出的衡量值用这种方式进行**通货膨胀校正**之后，总产出就被称为实际产量，或扣除通货膨胀影响因素的产量。（见第 17 章专栏“货币工资和实际工资”，它解释了如何对工资进行这种通货膨胀的校正。）

其次，我们有时以人均为基础来表示总产出指标。我们这样做是为了大致表明一个特定国家的典型个人的富裕程度，同时也考虑到该国人口的增长（或减少）。要计算这样一个数字，我们只需用总产出除以任何给定时间内该国的人口数量。其结果称为**人均**产出（或收入）。通过修正通货膨胀并将其除以人口来调整一个国家的国内生产总值（GDP），我们得出了许多经济学家认为衡量一个经济体健康状况的最佳指标：**实际人均 GDP**。从概念上讲，实际人均国内生产净值（NDP）可能是一个更好的衡量指标，但折旧很难准确衡量，因此许多国家根本不衡量它。

分析总供给和总需求

总供给是指在某个时期（如一年）生产的商品和服务的总的供给。

总供给（aggregate supply，AS）是指在某个时期（如一年）生产的商品和服务的总的供给。如果我们仍旧只考虑净产出，那么总供给等于一年内雇用的劳动小时数（N）乘以每劳动小时的净产出（y）。从而：

$$AS=\text{每劳动小时的净产出}\times\text{总劳动小时数}=yN=Y \quad (16.2)$$

例如，如果 $y=25$ 美元，而 $N=2\ 000\ 000$ 小时，$AS=50\ 000\ 000$ 393
美元。由于我们已经假定 y 不变，所以我们可以绘出 AS 关于 N 的图形——一条斜率为 y 的直线（见图 16.3）。

每生产价值 1 美元的 AS，就会有某个人得到 1 美元的收入——对于工人是工资，对于资本家是利润，也可能是二者的结合。这样，税前总收入（所有人收入的总和）等于 AS。换言之，**以美元计算的净产出等于以美元计算的收入**。这就是为什么经济学家经常把总产出和总收入混为一谈。原则上它们有相同的美元价值。

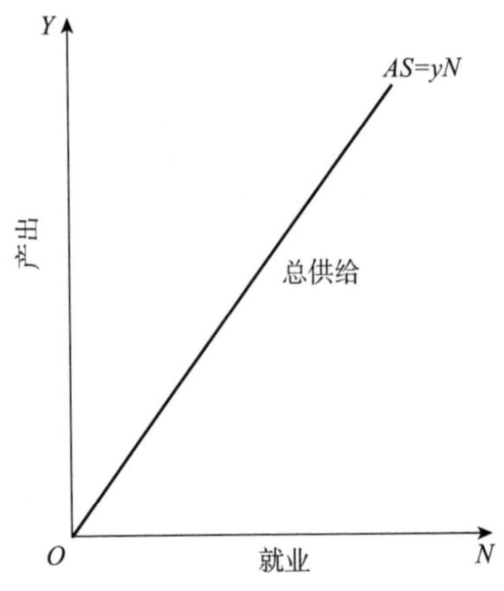

图 16.3　总供给

总供给曲线（AS）表示商品和服务的总量（以其当前市场价值计算），可以用任意给定的劳动小时数（N）来生产。用净产出或价值增加值来衡量产出 Y；事实上，纵轴上的“产出”指的是净产出。AS 的值等于 yN，即每劳动小时的商品和服务的净产出（y）乘以总劳动小时数 N。为简单起见，我们假设每劳动小时的净产出 y 是相同的。因为随着 N 的变化，y 是不变的，所以 AS 曲线是一条斜率为 y 的直线，AS 等于 Y。

> **总需求**是指在某个时期（如一年）对商品和服务的总的需求。

总需求（aggregate demand，AD）是指在某个时期（如一年）对商品和服务的总的需求。总需求的第一个组成部分是 C，即家庭用于购买食品、服装、电力和其他消费品的货币总量。消费支出（C）通常约占总需求的三分之二。

总需求的第二个组成部分是**投资**（I），即企业为维持或扩大生产而购买资本品所花费的金额。政府也在商品和服务上花钱——从学校到炸弹。政府总支出（对商品和服务的需求）记作 G。最后，外国人从我们这里购买产品（出口），我们从他们那里购买产品（进口）。

在计算总需求的组成部分时，我们感兴趣的是美国以外的人在美国生产的产品上花费的美元 394 比美国人在美国以外生产的产品上花费的美元多多少。当外国人购买美国人的产品多于美国人购买外国人的产品时，对美国产品的净需求就会增加总需求。我们将这些超额部分的美元价值称为**净出口**（net exports，X），也就是出口减去进口。当美国人购买外国人的产品多于外国人购买美国人的产品时，出口减去进口，或净出口 X，是一个负数，会减少总需求。在本章中，我们忽略了净出口，同时也忽略了政府支出。即假设 $G=0$，$X=0$，总需求 AD 等于消费加上投资：

> **净出口**等于商品和服务的出口总额的货币价值减去商品和服务的进口总额的货币价值。

$$AD=C+I \tag{16.3}$$

是什么决定了消费支出 C，也就是对消费品的需求？C 取决于两个因素：第一，收入**总额**；第二，收入在利润和工资之间的**分配**。收入总额很重要，因为人们的收入越多，他们在消费品上的花费就越多。收入的分配之所以很重要，是因为挣工资的人的消费占他们收入的比重往往高于获得利润的人。为什么？有两个原因。

第一，大部分收入是工资形式的人往往不如大部分收入是利润形式的人富有。尽管富人的平均消费远高于不富的人的平均消费，但是富人将收入的一小部分花在消费上，而把剩下的部分储蓄起来。因此，收入分配由利润向工资转移会提高消费支出（C）占国民总收入的比重。反之，正如近年来发生在美国的情况，收入分配由工资向利润转移，会削弱总需求并使经济增长放缓。

储蓄（saving）被定义为收入减去消费支出（“储蓄”本质上意味着不在消费品上消费；这些

> **储蓄**是指收入减去消费支出。

钱可以存入银行、藏在床垫下、埋在后院，或用于购买证券或股票）。从宏观经济的角度来看，一个国家的国内储蓄总额有三个组成部分（我们继续假设没有贸易）。第一部分是家庭的储蓄。第二部分是企业的储蓄，即企业没有将全部销售收入用于成本支出、向股东支付股息或回购股票。在这种情况下，如第 10 章所述，省下的钱被称为“留存收益”。第三部分储蓄发生在政府从税收中获得的钱多于支出的时候，当这种情况发生时，政府有**预算盈余**（与之相反的是**预算赤字**）。

如果一个家庭到年底在商品和服务上的花费不到其收入的 100%，那么这个家庭在一年内就会有**储蓄**流。如果消费后什么都不剩，那么那一年的储蓄就为零。如果这个家庭的支出超过了其所有收入（比如从前几年的收入中提取存款，或累积信用卡债务），那么其**净值**将会下降。这种情况要么是因为它出售了部分资产，要么是因为它背负了新的债务。在这种情况下，如果一个家庭的消费超过了收入，那么这个家庭就被认为存在**负储蓄**。

典型的家庭其成员在其工作期间依靠工资和薪金收入生活，并没有太多来自财产的收入（见表 5.2，“2011 年美国纳税人的收入来
395 源”）。绝大多数这样的家庭其成员在一生中几乎没有储蓄，因为他们在某些年份收支平衡，在某些年份储蓄（通常在中年），在某些年份需要动用储蓄（通常在 20 多岁和老年）。这种模式并不适用于富人，他们一生中通常会把收入的很大一部分存起来，因为他们的收入通常高于消费需求。

一个基本的宏观经济模型

为了解释基本的宏观经济概念，我们现在引入一个带有若干简化

假设的模型。设想在我们假设的经济中，每个人要么工作，要么失业，甚至连企业的所有者（雇主）都拿工资（他们作为管理者所做的工作）。为保持简化，我们假设所有雇员都得到相同的工资（w），无论他们是否也得到一份利润。那么，经济中的工资收入总额就是每小时工资（w）乘以工作小时数（N），即 wN。另一种形式的收入是利润收入，直接等于净产出（yN）减去工资总额（wN），可以表示成（$y-w$）N。很容易看出，工资总额加上利润总额等于净产出 yN（也就是总收入）。

为了反映富人比普通家庭储蓄更多的事实，我们再增加两个假设：第一，所有利润都被储蓄起来（富人完全用工资来支付他们的消费）；第二，工资的大部分——既包括雇主又包括工人得到的——被消费掉了。

如果人们将工资收入中的很大比例（c），如95%，用于购买消费品，而将剩余部分储蓄起来（包括他们得到的所有利润），那么对消费品的需求是比例 c 乘以总的工资收入（wN）。因此：

$$C=cwN \tag{16.4}$$

例如，如果在我们的模型中，$c=0.95$，$w=15$ 美元，$N=2\ 000\ 000$小时，那么 $C=28\ 500\ 000$ 美元。c 代表工资收入中用于消费品的比例，剩余部分被储蓄起来了。

对于什么决定投资我们稍后会考虑，但现在我们假定它只是一个给定的数量，用 I 表示。这样，总需求为：

$$AD=C+I=cwN+\underline{I} \tag{16.5}$$

总需求（AD）在图16.4中被表示为横轴上的就业（cwN 项中的 N）与纵轴上的总需求（$C+\underline{I}$）或（$cwN+\underline{I}$）之间的关系。

总需求随就业水平的上升而上升，因为随着更多的人有工作，就会有更多的工资收入用于购买消费品（因此 cwN 或 C 上升了）。从式（16.4）中我们可以看到，每增加一小时的雇佣劳动（N 增加一小时），对消费品的需求（C）就上升 cw 倍（花在消费品上的工资比例乘以工资率），因此总需求也会相应增加。用数学术语表达即为，曲线 C 和 AD 的斜率都等于 cw。

---

396 收入、消费和储蓄

总收入是所有赚取收入的人得到的收入（工资加上利润）之和。由于我们假设所有产出都被销售出去，因而 1 美元的总供给产生 1 美元的收入，我们已经知道我们可以将总收入记为 yN，即每劳动小时的净产出（y）乘以劳动小时数（N）。在我们的简化分析中，所有消费都是由工资收入（wN）支付的，而 c 是工资收入花在消费品上的比例。因此

总收入＝总供给＝yN

总消费＝ cwN

总储蓄＝总收入－总消费＝ $yN-cwN$

通过总储蓄等于所有的利润收入 $(y-w)N$ 加上工资中没有用于消费的部分［即 $wN-cwN$，可以写成 $(1-c)wN$］，我们可以得出相同的结果。因此：

总储蓄＝储蓄的工资＋全部利润收入

$$=(1-c)wN+(y-w)N$$

$$=wN-cwN+yN-wN$$

$$=yN-cwN$$

例如，如果工作时间为 90 小时，每劳动小时的净产出（y）为 25 美元，那么总净产出（yN）为 25×90＝2 250（美元）。如果小时工资（w）是 15 美元，花在消费品上的收入比例是 0.95，那么总消费（C）为 cwN＝0.95×15×90＝1 282.50（美元）。总储蓄是总净产出（2 250 美元）减去消费（1 282.50美元），为 967.50 美元。

我们假定（为保持简化），人们只从工资收入中拿出一部分来储蓄。这意味着，收入主要由利润构成的人将收入用于消费的比例比工人用于消费的比例小。例如，如果 c＝0.95，完全依靠工资生活的人将消费其收入的 95%，而将 5%储蓄起来。相比之下，如果一个人的收入有 80%来自利润，20%来自工资，那么他就会消费这 20%工资的 95%，或者说 95%×20%＝他或她总收入的 19%，将剩下的 81%用于储蓄。

为了使一年内生产的所有商品在当年售出（也就是说，为了使产品市场出清，也即既不存在供给过剩，又不存在需求过剩），总需求必须等于总供给。我们可以通过联立式（16.1）和式（16.4）来说明总需求等于总供给的条件：

$$AS = yN = cwN + \underline{I} = AD \qquad (16.6)$$

当总供给和总需求相等时，我们就实现了宏观经济均衡，在这个均衡中，所有生产的东西都被售出。在图 16.5 中，我们将总供给和总需求的方程式绘制在同一个坐标轴上。它们的交点告诉我们， 397
就业水平 N 需要满足总供给等于总需求。在该就业水平上（标记为 N^*），有足够的需求来购买 N^* 小时工作的产量。AS 曲线和 AD 曲线的交点是使 yN 等于 $cwN+\underline{I}$ 的就业和产出水平。在图中曲线的这一点上，式（16.5）表示的均衡条件得到了满足。

但是处于其他就业水平会怎样呢？首先考虑 N^+——高于N^* 的就业水平。在图 16.5 中我们可以看到，在 N^+ 的就业水平下，AS 曲线高于AD 曲线。因此，如果雇用了 N^+ 小时的劳动力，总供给将超过总需求。这意味着工人们生产的产品数量将超过销售量。当供应商注意到这一点时，它们就会减少就业，解雇工人。只要就业水平大于 N^*，供过于求就会持续，裁员也会持续，直到就业水平降低至 N^*。

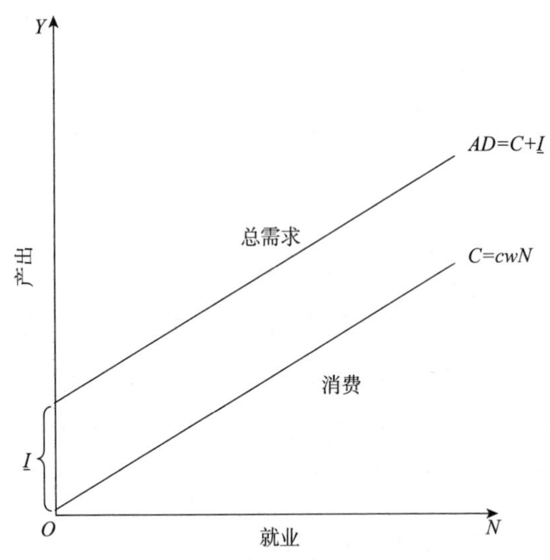

图 16.4　投资固定时的总需求

商品和服务的总需求（AD）等于对消费品的需求（C）加上对投资品的需求（I）。为了简化，我们假设对消费品的需求占工资和薪金收入的比例是一个固定值（c）。如果工资率（w）不变，则工资收入总额为 wN（N 为就业水平）。在任意就业水平（N）（以小时计）下对消费品的总需求为 cwN，即工资和薪金收入花在消费品上的比例（c）乘以小时工资率（w）再乘以总的工作小时数（N）。在任意就业水平 N 下，对消费品的总需求可以表示为一条斜率为 cw 的直线。最后，由于我们在此假设投资（$\underline{I}$）是一个固定值，总需求（$AD=C+\underline{I}$）可以表示为一条平行于 C 的直线，并且在所有就业水平（N）下比直线 C 高出距离 $\underline{I}$。AD 曲线的斜率也是 cw。

同样地，如果企业雇用 N^- 小时的劳动力，由于（见图 16.5）AS 曲线低于 AD 曲线，因此，所需要的产品就会比生产的产品多，需求就会过剩。此时，工人们生产的货物不够应付订单。在这种情况下，更多的工人将被雇用，就业水平将上升至 N^*，然后停止，因为此时所有生产出的产品都可被售出。

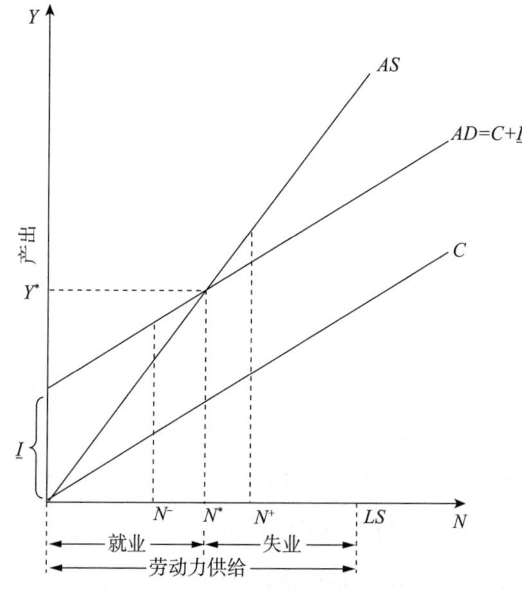

图 16.5　宏观经济均衡

本图显示了总需求（AD）与总供给（AS）之间的交互作用。它使用了与图 16.3 和图 16.4 完全相同的 AS、AD 和 C 曲线，并且再次基于这样的假设，即在所有就业水平（N）中，投资 I 都是相同的，实际上与图 16.3 和图 16.4 中的水平相同。当 AS 曲线和 AD 曲线相交时，总供给等于总需求，就业水平为 N^*，相应的产量为 Y^*。在交点处，$AS=yN=cwN+\underline{I}=AD$［见（式 16.5）］。因此，$N^*$ 和 Y^* 是就业和产出的均衡水平。当就业水平为 N^+ 时，一些生产出来的产品卖不出去：$AS>AD$，意味着产品市场上存在供给过剩。当就业水平为 N^- 时，生产出来的产品无法满足需求：$AS<AD$，意味着产品市场上存在需求过剩。LS 是总劳动供给，即如果有机会，人们愿意工作的总小时数。N^* 和 LS 之间的差额是失业，在图中画得比实际情况更大（为了清楚起见）。

因此，无论是在 N^+ 还是在 N^- 的就业水平，宏观经济都不会处于均衡状态。在 N^+ 处，就业率趋于下降（向左移动），直至 N^*；在 N^- 处，就业率趋于上升（向右移动），直至 N^*。

如果总劳动供给为 LS，则 N^* 与 LS 之间的差额为失业。一个经济体可以处于宏观经济均衡状态，如 N^* 和 Y^* 所表示的（总供给等于产品市场的总需求），此时劳动市场存在过剩的劳动力（失业）。顺便说一下，请注意，图中横轴上 N^* 与 LS 之间的距离较大，但这只是为了给图表标注空间，而不是反映经济中可能存在的普遍情况（大约有一半的劳动力失业）。

我们现在可以回答本章前面提出的那个棘手的问题了：当产品市场上的供给过剩导致工人下岗时，这会（通过减少供应）消除供给过剩吗？还是裁员（通过减少需求）会使供给过剩情况变得更
399 糟？根据我们的假设（c 和投资支出 I 都是固定的），第一个问题的答案是“是”，第二个问题的答案是“否”。当生产的商品多于销售的商品时，雇主解雇一些工人，这将缩小总供给和总需求之间的差距，推动经济趋于均衡，从而消除这种差距。届时，美国经济将在 N^* 的就业水平上运行。原因很简单，工人的工资只是净产出的一部分。假设（像以前一样）他们每小时生产 25 美元的净产出，但每小时的工资只有 15 美元，而且他们把 100%的工资都花了。那么将总工作时间减少 1 小时将减少 25 美元的总供给，但只会减少 15 美元的总需求。其结果将是两者之间的差距减少 10 美元，即减少 10 美元的供给过剩。

请注意，整个推理过程意味着，当宏观经济处于非均衡状态时，它趋向于均衡，即生产的美元价值与销售的美元价值相等。然而，如果我们改变 $\underline{I}$ 和 c 都是固定的假设，结果有时可能会不同。

就业水平 N^* 是**均衡就业水平**，相应的产出水平 AS^*（等于 yN^*）称为**均衡产出水平**。AS^* 是均衡产出水平这一事实并不意味着 AS^*

是任意给定时间段内生产出来的实际产出量，也不意味着 N^* 小时的劳动实际上被雇用。实际产出和就业水平可能高于或低于均衡水平。但是，正如我们刚才所看到的，经济将趋向于产出和就业的均衡水平。（例外情况将在本章后面关于“经济周期与内在稳定器”的一节中简要讨论。）

均衡这个词意味着一个向它回归的环形运动。当事物处于“均衡”状态时，人们往往想到和谐与平静，但是当均衡指的是宏观经济均衡时，这个印象会造成误解。其原因正如我们将要解释的，即使存在宏观经济均衡，通常也会有人失业。对失业者而言，他们的生活——尤其是其家庭财务——将不会处于均衡之中。

这里需要注意的是，均衡就业水平 N^* 通常不是**充分就业**水平。相反，失业存在于宏观经济均衡中。如果我们将均衡就业水平 N^* 与总劳动供给水平 LS（如图 16.5 中横轴所示）进行比较，我们可以看到这一点。当 N^* 低于总劳动供给水平 LS（N^* 在 LS 左侧）时，失业就会存在。在这个模型中，失业水平（如果存在）被表示为工人在劳动市场上提供但没有需求的劳动时间，或 $LS-N^*$ 。

从我们的简化模型中退出来，回想一下在资本主义经济中失业作为雇主对工人权力基础的重要性。如第 12 章所述，均衡的就业水平通常伴随着一定数量的失业。虽然失业的工人希望找到工作，甚至愿意以低于目前的工资水平工作，但他们找不到工作。这是因为，在任意给定的失业水平下，雇主都会支付特定的工资，但他们不会仅仅因为失业工人出现在招聘办公室并愿意接受更低的工资就选择降低工资。（正如第 12 章所讨论的，即使从雇主的角度来讲，工资水平也可能显得过低了。他并不想让工资降低到这样一个点：
工作成果的质量和数量即 e 大幅降低以致单位劳动成本升高。）因 400
此，在现实世界中，即使失业工人愿意以现行工资或低于现行工资的水平工作，失业率仍可能持续（见专栏“失业所带来的伤害”）。

失业所带来的伤害

失业者必须应对的问题不仅仅是薪水的丧失。对许多人来说，拥有一份工作对于自尊、别人的尊重甚至社会认同感都是至关重要的。

要知道失业可以造成怎样的破坏，只需要看看失业者在民意调查中对其生活质量的判断就行了。一项针对美国人的研究发现，寡居、离婚和分手的人比没有遭遇过分离的人不快乐得多。但是，失业造成的不快乐与丧偶同样大。

不快乐的人更容易失业，还是相反？这是调查要获取的信息吗？无须依据那种将相同的人在就业和失业时的状态进行比较的研究。人们提出，与有工作时接受面试相比，在失业的情况下接受面试要不快乐得多。正如上面所提到的，在这个研究中，失业的心理成本要超过丧失收入对快乐的影响。

资料来源：David G. Blanchflower and Andrew J. Oswald，“Well-Being over Time in Britain and the USA,” *Journal of Public Economics* 88，nos. 7 - 8 (2004)：1359 - 1386；Liliana Winkelmann and Rainier Winkelmann，“Why Are the Unemployed So Unhappy? Evidence From Panel Data,” *Economica* 65，no. 257，(1998)：1 - 15.

失业与政府财政政策

有什么可以减少失业吗？有。令人寄予厚望的这条消息是约翰·梅纳德·凯恩斯（John Maynard Keynes）的经济理论的主要内容。他是 20 世纪早期英国的经济学家，是宏观经济理论之父。

赤字支出是指政府通过向公众借款为其购买提供资金。

凯恩斯宏观经济政策的基本思想是，失业是消费者和企业支出不足的结果。在这种情况下，政府不仅可以通过税收收入，还可以通过向公众借款（比如出售政府债券）来增加支出，以增加总需求和降低失业率。当一个政府的支出大于税收收入时，它被认为拥有**赤字支出**（deficit spending）。通过增加或减少赤字支出，政府可以调节总产出和就业水平。当政府有意识地调控税率和支出水平时，我们就说它在实施**财政政策**（fiscal policy，“fiscus”在拉丁语中是“财政部”的意思）。

财政政策：政府利用税收和支出来调控总产出和就业水平。

政府支出可用于修建学校或制造武器。一方面，就政府支出对就业水平的影响而言（至少在短期中），支出的方式比支出本身的性质更重要。为了创造更多的就业机会，政府需要在不增加税收的情况下增加支出。如果政府增加支出却同时增加税收以偿付支 401
出，那么纳税的消费者和企业可支配的钱就会减少，由此导致的支出减少至少会部分地抵消政府支出的增加。

另一方面，如果政府决定在不增加税收的情况下增加开支，这将增加总需求（*AD*）并提高就业水平。如上所述，政府可以在不增加税收的情况下通过向公众借钱来增加支出。为了做到这一点，政府通常会在债券市场上发行新的国债。如果国债的利率高到足以吸引买家，人们就会用储蓄来购买国债。（国债是政府承诺在以后偿还债券面值，并在此期间支付利息的一种债券。）由消费者或企业储蓄起来并用于从政府处购买国债的资金可以增加政府支出。这类支出直接拉动了总需求。

政府也可以简单地通过印发钞票来增加支出，而无须增加税收。当这种做法在美国发生时，美国政府通过财政部（发行货币的机构）向中央银行即联邦储备系统借款。

赤字支出对就业的影响

要了解赤字支出将如何提高就业水平，我们需要回到总需求的公式即式（16.4）。政府对商品的需求一般用 G 表示，税收用 T 表示，所以政府借贷的水平——我们称之为 B，简单地表示为 $G-T$。因为我们在此关注的是政府税收和支出对就业水平的**净**影响，所以我们简单地做出不切实际的假设：没有税收，所有政府支出都是通过借债筹措的，所以 G 和 B 相同。我们将用 B（而不是 G）来提醒我们，我们考虑的是政府的赤字支出，而不是通过税收筹措的支出。

为了解赤字支出的影响，假设 B 是一个给定的量，然后将 B 加入式（16.4），则总需求变为：

$$AD = C + \underline{I} + B = cwN + \underline{I} + B \tag{16.7}$$

结果，如图 16.6 所示，总需求曲线向上移动了 B 的量。增加 B 可以产生更高水平的均衡就业 N^*。结论是，赤字支出可以创造更高水平的就业，从而降低失业率。

改写式（16.5）（定义宏观经济均衡的公式），通过加上政府借款（B），可以阐明赤字支出与就业之间的关系。

$$AS = yN = cwN + I + B = AD \tag{16.8}$$

如式（16.5）所述，这个宏观经济均衡的新公式仅仅表明了产品市场上总供给（AS）等于总需求（AD）的情形。

为了推导出与刚刚定义的宏观经济均衡相对应的均衡就业水平（N^*），我们从式（16.7）的两边减去 cwN，将 cwN 移到左边，并改变其符号：

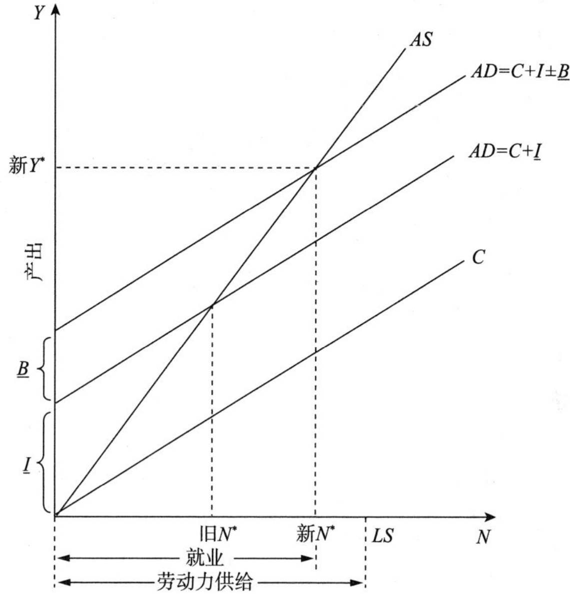

图 16.6　有赤字支出时的宏观经济均衡

本图与图 16.5 的唯一区别在于，本图将政府赤字支出（B）加到了总需求（AD）中。加上之后，$AD=C+I+B$。如果政府的赤字支出水平是 $\underline{B}$，那么在每个就业水平上，新的 AD 曲线都会比原曲线高出这个数量。其影响将使 AD 曲线向上平移 $\underline{B}$，从而使均衡就业水平从旧 N^* 增加到新 N^*。从图中可以看出，当就业低于预期水平时（例如，在旧 N^* 处），政府通过审慎的财政政策（包括赤字支出）可以提高就业水平（例如，在新N^* 处），从而降低失业率。

$$yN-cwN=I+B$$

这个等式可以改写成如下形式：

$$(y-cw)N=I+B$$

然后，两边同时除以（$y-cw$），得到 N^* 的方程：

$$N^*=\frac{I+B}{y-cw} \tag{16.9}$$

我们在这里给 N 加上星号，表示式（16.9）是**均衡**就业水平（N^*）的公式，此时产品市场的总供给和总需求相等，因此，与这
403 个宏观经济均衡相对应的就业水平也将处于均衡状态。公式右边表达式的分母（$y-cw$）是每劳动小时的净产出（y）减去 cw（用于消费品的工资占工资的比例 c 乘以工资 w）。由于工资必须小于每小时的净产出（否则将没有利润!），而且花在消费品上的工资比例（c）通常小于 1（至少在全国范围内是这样），因此（$y-cw$）是一个正数。

由式（16.9）和图 16.6 可知，投资 I 或赤字支出 B 的增长都会增加就业。政府赤字支出每增加 100 万美元将创造多少新的就业机会？当然，这取决于每劳动小时的净产出（y）。例如，如果 $y=$ 25 美元/小时，则要增加 100 万美元的产出就要求 $y(\Delta N)=$ 1 000 000（美元），即 25（ΔN）$=$1 000 000（美元），其中 ΔN 读作“delta N”或“N 的变化”，指就业的变化。显然，这意味着生产这些产出所需的劳动小时数的增加为 $\Delta N=1\ 000\ 000/25=40\ 000$（小时）。因此，需要 4 万小时的新就业机会才能使总供给增加 100 万美元。如果一份全职工作一年工作 2 000 小时，那么额外的 100 万美元支出将创造 20 份全职工作。

更一般地，如果我们将总需求的变化记为 ΔAD，总供给的变化记为 ΔAS，用工时数的变化记为 ΔN，则这种计算可以表示为 $\Delta N=\Delta AS/y=\Delta AD/y$。

额外的 100 万美元的政府赤字支出将增加 100 万美元的总需求，使宏观经济处于初始不均衡状态。正如本章前面所解释的那样，随后经济将趋向于新的均衡。

看起来，一旦这 100 万美元用于购买 100 万美元的新产品，宏观经济就会恢复均衡。事实上，影响还不止于此。原因是，新就业

的工人会把工资花在消费品上，从而创造更多的需求，进而创造更多的就业机会；然后**这些**新就业的工人也会消费，创造**更多**的就业机会；依此类推。

假设这 100 万美元被当地政府用来为当地中学建造一个新的体育馆。这笔资金将用于聘请建筑师和工程师来制订计划，并雇用工人开始施工。这笔钱还将用于购买建造体育馆所需的建筑材料。总之，该地区将花费 100 万美元来购买劳动力、工程师的设计、水泥、机械等投入。供应混凝土、工程机械和工程师的公司将会发现，对其产品的需求有所增加。它们会雇用更多的人来满足需求，或者要求现有员工加班。工作岗位不仅会在建造体育馆的过程中产生，还会在建造或生产完成该项目所需的投入品的过程中产生。

此外，为了建设体育馆而新雇用的工人以及加班的工人现在都有了更多的钱花。他们会光顾服装店或汽车经销商进行购买。无论他们买什么都将意味着某个公司会发现人们对其产品——服装、汽车等——的需求上升了。为了提高产量和满足需求，那个公司将雇用更多的人。依此类推，这些新雇用的人又会出去花更多的钱。

赤字支出的乘数效应

就业和支出如此多的增长会带来什么效应——首先是最初的政 404
府赤字支出的增加所带来的直接效应，然后是后续的就业和支出的增加效应——是这样吗？就像一个石子被扔进池塘之后在池塘表面扩散开来并且涟漪越来越宽一样，这种新增支出的效应将在整个经济中蔓延。那么，这些效应会停止吗？

这些效应最终会减弱并停止，因为在这个过程中的每一轮，都会有一些新获得的资金不被花掉，而是被人们储蓄起来。虽然新增一小时的工作需要额外 25 美元的支出，但被这项支出雇用的工人获得的工资低于 25 美元，而且不会被全部花掉。因此，每一轮支出都将逐渐减少，每一轮新增就业人数也将越来越少。

式（16.8）告诉了我们所有这些效应的总和。在我们的例子中，如果政府的赤字支出增加 100 万美元，我们就在式（16.8）的分子上加 100 万美元。N^* 会增加多少呢？答案是（100 万美元）/($y-cw$)，因为 N^* 的变化量等于支出的变化量（100 万美元）乘以 1/($y-cw$)。如果与前面相同，y 是 25 美元，c 是 0.95，而 w 是 15 美元，那么（$y-cw$）为 10.75 美元，100 万美元的赤字支出将创造 93 000（=1 000 000/10.75）小时的新就业。这相当于 46.5 个全年的全职工作岗位，每个工作岗位每年工作 2 000 小时。

图 16.7 显示了总需求的上升，这可能是由于投资支出的增加或政府赤字支出的增加。左下角是总供给曲线，4 万小时劳动产生 100 万美元的产出，因为每小时劳动的产出值为 25 美元。最初，经济在 A 点处于宏观经济均衡状态，20 万小时的劳动产出为 500 万美元。此时，AS 曲线和 AD 曲线相交，总供给等于总需求。

总需求增加 100 万美元，AD 曲线向上平移 100 万美元，变为
405 虚线 AD（新），如垂直箭头所示；AD 曲线的截距从 200 万美元增加到 300 万美元。现在，宏观经济均衡点将移到 B 点，在那里 29.3 万小时的劳动创造了 732 万美元的产出。

为了应对额外的需求，生产额外 100 万美元的投资品，一开始只需要额外的 4 万小时劳动。但在这个过程中，新的收入产生了更多的需求，因此产出继续上升。最终，100 万美元支出增加的连锁反应将均衡点移动到 B 点，此时劳动力需求为 293 000 小时，比 A 点增加了 93 000 小时。这里的就业乘数（就业变化除以产值变化）

为 93 000/1 000 000＝0.093。也就是说，政府或企业通过增加 100 万美元的支出，创造了 93 000（＝0.093×1 000 000）小时的新就业。如果每人每年工作 2 000 小时，这将创造 46.5 个新工作岗位。

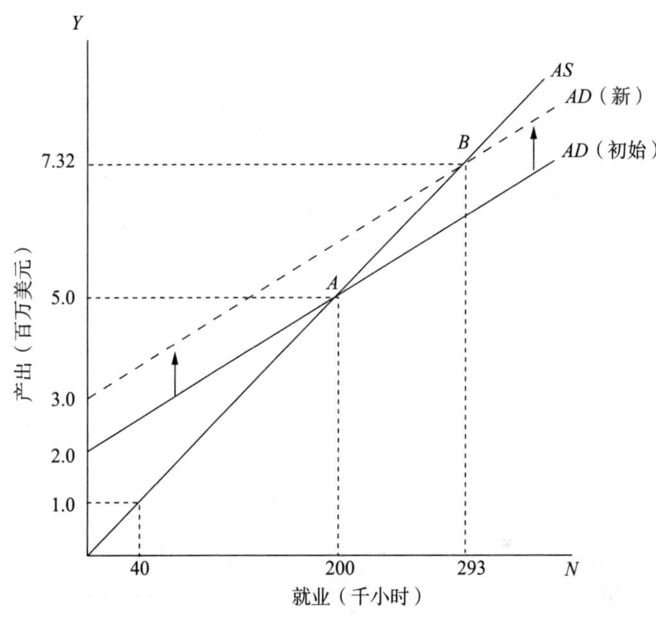

图 16.7　就业乘数

总需求增加 100 万美元（如投资支出增加）将在多大程度上促进就业？在本图中，增加了 9.3 万小时的均衡就业，因为经济从增长前的 A 点的均衡发展到增长后的 B 点的新均衡。就业时间从 20 万小时增加到 29.3 万小时。

> **就业效应**是指由企业投资或政府赤字支出的变动所带来的直接或间接效应而引发的就业小时数的变化。

请注意在这个例子中，政府额外支出（9.3 万小时）的总**就业效应**（employment effect）是直接就业效应（4 万小时）的两倍多。原因是，在第二轮、第三轮、第四轮等过程中，会产生额外的支出和就业。此外，增加 100 万美元的投资支出（I）与增加 100 万美元的政府赤字支出

(B) 所产生的效应完全相同［见式 (16.8)］。

> **就业乘数**是指通过增加投资或其他支出直接或间接创造的新的就业小时数。

我们如何确定就业效应有**多大**？要回答这个问题，我们必须引入**就业乘数**（employment multiplier）这一概念，它能让我们知道 I 或 B 的变化对 N^* 产生的总效应有多大。就业乘数的定义为，每增加一美元的赤字支出或企业投资，直接或间接创造出的新的就业机会有多大。从式 (16.8) 中我们可以看到，N^* 增加的金额恰好是 $1/(y-cw)$，因为分子上增加了 11 美元和 10 美元之间的差值，即 1 美元。由于就业乘数被定义为增加 1 美元 B 或 I 所导致的 N^* 的变化，我们可知就业乘数为 $1/(y-cw)$。因此，在该例子中，就业乘数为 1/10.75，即 0.093。

图 16.7 生动细致地表现了就业乘数是如何发挥作用的：N^* 从 20 万小时到 29.3 万小时的变化是总需求从 200 万美元（初始 AD 曲线）增长到 300 万美元（新 AD 曲线）所产生的效应——无论总需求 100 万美元的增长是由 B 还是由 I 的增长导致的，抑或是由二
406 者结合共同造成的都不重要。如果我们提前知道了就业乘数的值（经济学家通常试图估计该值），我们可以预知，总需求增加 100 万美元的就业效应将是 100 万乘以 0.093，即增加了 9.3 万工作小时。

最后一个问题：是什么决定了就业乘数的大小？简而言之，它取决于 AD 曲线的**斜率**与 AS 曲线的**斜率**之间的关系。回想一下，AS 曲线的斜率是 y（每劳动小时的净产出），而 AD 曲线的斜率是 cw（花在消费品上的工资比例乘以工资率）。但 y 和 cw 是 $1/(y-cw)$ 的分母中的两项。如果分母小，就业乘数的值就大（反之亦然），因此，若 cw 的值只比 y 的值小一点点，就业乘数会相对较大（所以 AD 曲线只比 AS 曲线平坦一点点）。在这种情况下，当 AD 曲线向上移动时，它与 AS 曲线的交点将沿 AS 曲线向上移动很长

一段距离，从而使均衡就业和均衡产出大幅增加。同样，当 y 和 cw 的差值相对较大时，就业乘数相对较小（所以 AD 曲线比 AS 曲线要平坦很多）。AD 曲线的斜率（即 cw）总是小于 AS 曲线的斜率（即 y），因为工人的消费通常少于他们的收入（$c<1$），他们的工资也少于他们的产出（$w<y$）。但如果 cw 略**小于** y，则就业乘数较大；如果 cw 比 y 小很多，就业乘数就很小。图 16.5 和图 16.6 说明了这些概念。我们用一个与上面的例子相反的例子进一步说明。

如果 y 是 25 美元，c 是 0.95 美元，w 是 15 美元（如前面的例子所示），那么（$y-cw$）等于 10.75 美元，就业乘数的值为 1/10.75，即 0.093。在这种情况下，正如我们所看到的，总需求增加 100 万美元，从而创造了 9.3 万个额外的就业机会。相反，想象一下这样一种情况：y 还是 25 美元，而 w 是 23 美元（几乎所有的净产出都以工资的形式支付给工人，只留很小一部分作为利润），c 是 1（工人把所有工资都花在消费品上）。在这种情况下，AD 曲线的斜率将非常接近 AS 曲线的斜率，就业乘数的值将大得多，为 1/(25－23)，即 0.5。在这些条件下，总需求增加 100 万美元，将创造出 50 万（＝100 万×0.5）小时的就业，是前一个例子中 9.3 万小时的 5 倍多。就业乘数的大小确实有影响！

尽管我们在这里关注的是总需求的增加（或减少）对经济中雇用的劳动小时数的影响——**就业乘数**——但是我们也可以计算出总需求的增长（或减少）对经济**产出**的影响。这被称为**产出乘数**（见专栏“产出乘数”）。

我们已经得出了三个重要的结论。第一，任其自行其是，私人经济一般不会为所有人提供工作，因为没有理由预期：当总需求等于总供给（宏观经济均衡）时，就业的均衡水平能使每一个愿意工作或找工作的人在当前的工资率下都能找到工作。

第二，政府支出可以产生更高的就业水平。有时人们会把这第二个结论理解为政府的财政政策可以实现**充分就业**。理由是如果赤字支出可以增加就业，而且如果我们知道每百万美元的赤字支出会
407 产生多少就业机会，那么政府可以简单地增加其支出（而不用提高税收），直至创造出足够的工作岗位，使每个找工作的人都能找到工作。在下一章我们将解释充分就业的结果为什么在一般情况下是不可能的。

产出乘数

就业乘数告诉我们就业如何随总需求的变化而变化，而产出乘数告诉我们产出如何随总需求的变化而变化。产出乘数被定义为总需求增加1美元所产生的额外产出。它等于就业乘数乘以每小时净产出（y），因为净产出随就业数量而变化，而就业乘数告诉我们支出（总需求）增加（或减少）1美元会导致工作小时数增加（或减少）多少。因此，

$$\frac{1}{y-cw}\times y=\frac{y}{y-cw}=\frac{1}{1-\frac{cw}{y}}$$

使用与正文例子中相同的数字，产出乘数的计算如下：0.093×25=2.32。这样，在我们的例子中，100万美元的新增支出导致了比230万美元多一点的新增净产出：每美元的新增支出产生了0.093个新的工作小时，而每个新的工作小时产生了价值25美元的新增净产出。

第三，政府支出或企业投资的增加所产生的总的就业效应比直

接效应大得多。这是因为，政府或企业做出的任何特定的支出决策都会产生连锁效应，这些效应可用就业乘数概念来表达。

在下一节中，我们将解释为什么在经济中出现的连锁效应是喜忧参半的。就像生活中一样，经济中也是如此：不可能一直只有好事。当就业乘数非常大时，经济就会像过山车一样忽上忽下。

经济周期与内在稳定器

在前资本主义时代的初级农业经济中，人们的收入是逐年波动的，有时是令人惊喜的丰年，有时则是艰难的荒年。这种不稳定主要是由天气造成的。适时适量的降雨意味着好收成和丰收年。在生长的季节中过多或过少的降雨、霜冻、冰雹或蝗灾，则意味着紧缩开支和难熬的冬季。

由于经济周期的缘故，资本主义经济中的人 408
也经历了类似的财富波动。**经济周期**（business cycle）指的是通常每几年就会发生的产出和就业的周期性扩张和收缩。在本章开篇处的图 16.1 中，插图展示了一个典型的经济周期。**经济周期的扩张**（business cycle expansions）以就业和收入的迅速增长为特征。**经济周期的收缩或衰退**（business cycle contractions，or recessions）是指失业率上升、总收入增长放缓、有时甚至是总产出下降的时期。在一般情况下，经济周期有它自己的规律，它会在 3～10 年内经历从扩张到衰退再回到扩张的过程。扩张的最高点称为经济周期

> **经济周期**是产出和就业的周期性扩张和收缩，通常发生在 3～10 年间。

> **经济周期的扩张**以就业和收入的迅速增长为特征。

> **经济周期的收缩（或衰退）**是指失业率上升、产出和收入下降的时期。

的**波峰**，最低点称为**波谷**。从失业率的上升和下降中我们也能观察到经济周期（见图 16.2）。

经济周期的好时期受人欢迎，而坏时期则是艰难的。但二者无法达到平衡；大多数人宁愿没有经济周期。它的循环往复是不可预测的。对于企业和家庭来说，经济周期中未预料到的低迷时期可能意味着财务灾难。对于家庭而言，它意味着失业或减少工作时间，以及预料之外的不得不在降低了的收入水平上量入为出的可能性。对于按消费者通常的需求量来制订计划的企业，它可能意味着生产出来的商品堆在货架上，几个月甚至几年都卖不出去。

就像海浪拍击海岸一样，每个经济周期都与上一个有所不同：有些温和，有些剧烈，有些较早达到波峰，有些则晚一些。衰退和繁荣可能只持续半年，也可能持续两年或更久。结果，没有人能预料到会发生什么；经济周期让每个人都失去了平衡。

在前面讨论的农业经济中，天气因素造成了经济上的不确定性。在资本主义经济中，不确定性的产生是因为共同决定总产出和就业的数百万个决策**都是独立做出的**。没有任何协调生产以及支出决策的工具，我们所在的经济往往会生产出对其需求而言过多或过少的产出。当总需求和总供给之间出现长期失衡时，经济就会陷入衰退（若需求过少）或扩张（若需求过大）。

要理解经济周期是如何运作的，请回想一下我们之前对就业乘数大小的讨论。使用与前面的例子中相同的数字（就业乘数为 0.093），如果由于某种原因（例如，即将发生战争的可能性），企业主决定将他们的年度投资（I）减少 100 万美元，想象一下会发生什么。在这种情况下，减少投资的直接影响将是减少 4 万小时的就业，其直接和间接影响加在一起将导致就业减少 93 000 小时。失去如此多的就业岗位可能会导致商业环境的恶化，而这反过来又可能导致投资的进一步减少，从而可能引发恶性循环，使经济陷入衰退（见本章随后的专栏“什么决定了投资?”）。

然而，如果就业乘数是 0.5，将会发生什么? 在这种情况下（如前所述），投资支出（I）减少 100 万美元的直接和间接影响将是减少 50 万小时的就业，从而大大增加衰退的可能性。因此，正如我们说过的，就业乘数大是一件喜忧参半的事情。一方面，这意味着任意给定数量的企业或政府的新增支出都会有一个相对较大的就业效应，从而创造出更多的新就业机会。但是另一方面，大的就业乘数会放大经济周期的过山车性质。

宏观经济政策的目标之一是消除经济周期的波动。旨在抑制经济周期波动的政策称为**反周期政策**（countercyclical policy）。它有两种类型，即有意识的政策变化和通过内在稳定器实现的自动变化，稍后我们将予以解释。

反周期政策是旨在抑制经济周期波动的政策。

有意识的政策变化

政府可以通过改变支出、税收或利率决策（如我们在下一节将 *409*
会看到的）尝试抵消消费者或企业支出的变化。例如，如果投资者决定将用于资本品的支出减少 100 万美元，那么政府可以多购买 100 万美元（记住建造那个需要花费 100 万美元的体育馆）。如果其他条件不变，结果将是总需求维持在相同水平，不会出现产出或就业的收缩。如果政府可以正确预测支出的每一次改变，而且，如果政府可以自由地通过改变支出水平立即做出反应，那么它就可以用这种方式消除（或抑制）经济周期。但是这些“如果”是很难实现的。

要计算企业和消费者的支出数量以及他们的决定会如何影响经

济，一般需要花费数月、有时是一年甚至更长的时间。如果连经济学家在经济是否会走向衰退（或经济周期的扩张是否很快见顶）这个问题上都不能达成一致（在这些问题上经常存在争论），那么政府就更不知道怎样才能足够准确地干预经济以抵消经济周期的波动了。在大多数情况下，即使政府有准确的信息，也无法采取足够迅速的行动。它必须起草新的税收和支出计划，经国会批准后执行——这个过程可能会持续几年的时间。

自动稳定器或内在稳定器

除了用有意识的政策变化来抵消私人支出的变化之外，人们还采取第二种反周期政策。可以精心设计政府支出和税收，让政府在经济收缩（和失业率上升）时**自动**增加支出并减少税收。这种想法是赋予经济一种类似于自动调温器的东西，使之自动进行自我调节以避免剧烈的经济周期。

经济自动调节机制的最佳例子是失业保险（UI），通过它，符合条件的失业工人可以获得至少部分工资补偿。随着失业率的上升，发放的失业救济金总额也会上升，这使得失业者即使没有工资也能消费。其结果是，对消费品的需求虽然会下降，但下降的程度会低于没有失业保险时下降的程度。例如，如果企业对投资品的需求下降，这些商品的生产商将不得不裁员，但比起没有失业保险的情况，这时的产出和就业的减少就会小一些。因此，失业保险具有降低经济周期波动的作用。

同样，如果政府支出的资金主要来自所得税，那么经济周期也会受到类似的影响。原因是，随着经济衰退期间收入的下降，征收的所得税也会下降。然后，如果政府支出保持在同一水平，而税收收入下降，政府支出将维持部分总需求，而所得税负担的下降将使家庭收入中用于维持其支出的比例上升。

事实上，如果所得税是累进的，也就是说，收入越高的人缴纳的税率越高（占他们收入的比例越高），那么随着收入的下降，纳税人的纳税等级就越低。这将比不实行累进税制时少缴纳的所得税还要多。这使得家庭可以保留和花费更多的税前收入，从而帮助更 *410*
多的人维持消费支出。

失业保险和所得税这类政府财政政策有助于稳定经济。它们减轻了由消费者和企业支出的变动所导致的剧烈的经济波动。这些政策被称为**内在稳定器**（built-in stabilizer），因为它们的稳定效应不需要特定的政府反周期政策。相反，这些效应是自动产生的，因为它们是政府支出和税收结构的一部分。

内在稳定器和有意识地调整政府支出和税收——这两种反周期的财政政策——在二战后的美国得到了非常有效的运用。如图 16.2 所示，在第二次世界大战后大约半个世纪的时间里，美国的经济周期波动要小得多。现在的失业率至少在某种程度上是可以预测的。然而，内在稳定器似乎没有过去那么有效了。目前，只有不到四分之一的失业者真正领取了失业救济金，这在很大程度上是由于各州有关谁有资格领取失业救济金以及领取失业救济金的期限的规定发生了变化。在 2011 年之前，所有州都要支付至少 26 周的失业救济金。但在 2011 年之后，9 个州缩短了福利的期限。例如，北卡罗来纳州将领取失业救济金的时间从 26 周缩短至 14 周。其中一个原因是，在大衰退期间，由于失业率很高，州失业基金已经部分耗尽。在这些基金得到补充或由联邦政府补充之前，一些州没有足够的资金来支付它们过去支付的

> **内在稳定器**是指在没有针对抑制经济周期这一目标的有意识的政策决定的情况下，通过政府支出和税收的自动变化来抑制经济周期，例如失业保险和所得税，尤其是累进所得税。

福利水平。① 同样地，所得税税率结构也远不如过去那样累进，因为富裕的纳税人的所得税税率与中等收入和低收入纳税人的税率差别不大，这削弱了税收作为内在稳定器的贡献。

在下一章，我们将看到反周期政策不能完全消除失业。

构成经济周期的许多波动来自企业投资支出的变化。要理解这种不稳定的根源，我们需要更仔细地观察投资过程。

投资、总需求与货币政策

货币政策是指政府对利率的影响，旨在调节投资、产出、就业水平和其他宏观经济结果。

在本章的开篇，我们假定投资水平是给定的，不随工资或就业水平而变化。这个假设是为了简化，但它并不符合现实。投资不仅会变化，而且会受到政府调控利率政策的影响。影响利率以调节投资、产出、就业水平和其他宏观经济变量的政府政策称为**货币政策**（monetary policy）。

411 对投资品的需求包括购买机器和软件以及建造工厂、办公室等。对经济学家而言，投资这个词并不意味着买卖股票或债券。它意味着维持和提高生产能力（见第 4 章）。企业购买投资品既是因为它们希望修补现有资本品的磨损和破坏（这称为折旧），也是因为它们想购买新设备以扩大生产（这称为净投资）。因此，

① Will Kim and Rick McHugh, "How Low Can We Go? State Unemployment Insurance Programs Exclude Record Numbers of Jobless," Economic Policy Institute Briefing Paper, March 9, 2015, available at http://www.epi.org/files/2015/how-low-can-we-go-state-unemployment-r3.pdf.

对投资品的总需求＝折旧＋净投资

正如我们已经看到的，投资是对商品和服务的总需求的重要组成部分，因此也是就业的重要来源。它对经济的重要性还有其他原因。最重要的是，投资通常会提高生产率，从而提高生活水平。它之所以可以实现这一点，是因为它要求在生产中使用更多更好的设备，从而使提高产出或增加闲暇或两者兼而有之成为可能。净投资对每劳动小时净产出（y）的长期影响将在后面讨论。

这里我们只关注投资水平（I）的变动对总需求（AD）及就业（N）的短期影响。因此，在本章中，我们把对建筑、计算机和软件这类物品的投资（即企业购买）视为对商品和服务的总需求的一部分；我们不研究一旦将其投入使用，这些资本品的新增数量对净产出的影响。

投资可以由政府或家庭来实施，但美国的绝大多数投资是由企业做出的。企业投资有一个主要目的，即赚钱，除非它们被法律强制要求投资设备以符合法律标准，如排放限制。正如第 11 章所解释的，投资对于企业在竞争中保持竞争力至关重要，因为只有更新和扩大用于生产的资本品，企业才能保护和扩大其市场份额。

然而，企业主并没有**被要求**投资。他们可以用他们的钱做很多事情。建造新工厂和购买设备只是其中两种可能性。如果不投资，他们可以选择把钱花在诸如奢侈品消费、游说政府改善他们公司的待遇或做广告等事情上。专栏“公司利润的投资与其他用途”列出了一些公司花费利润的可选方式（也可用于投资）。

一些本可用于投资但被用作其他用途如奢侈品消费的资金，有助于增加总需求。然而，贷款和偿还债务则不然。如果企业主把他们的钱主要花在投资上，那一定是因为他们期望从这种活动中获得比从其他可能的资金用途中更多的收益。

企业主通常根据预期利润率和利率来决定他们想要投资多少。如第 11 章所述，每一美元投资的预期利润（预期的 r）是决定投资量的主要因素之一。当然，没有人能事先知道任何一个投资项目的利润率会是多少。更没有人知道已购买的设备、建筑物和软件等资本品在整个使用期限内的利润率是多少（它们的寿命可能非常短，
412 也可能持续数十年）。因此，企业主必须根据估计、推测和预感做出投资决策。为了强调未来的不可预测性以及这种不可预测性对投资过程的重要影响，我们认为，投资部分取决于预期利润率减去用于投资的资金的利息成本。

为了确定预期利润率，潜在投资者必须估计两个主要变量的值：对产品的需求和生产成本。投资者必须推测是否有足够的需求来消化他或她准备生产的产品的数量，以及规划中的新生产能力可否被全部利用。

此外，在给定产品预期销售价格（P_z）的情况下，投资者还必须计算工资（w）、工作强度（e）、工作效率（f）和单位原材料成本（umc）等能否使单位生产成本（uc）足够低，从而使项目有利可图。投资者可以查看当前和近期的利润率，然后估算未来的利润率。因此，当前的利润率将对预期利润率，进而对投资者决定投资的金额（I）产生重大影响。

公司利润的投资与其他用途

当一个公司盈利时，在美国投资只是它能用剩余资金做的众多事情之一。公司可以以各种方式使用这些资金，如下表所示：

美国公司利润的用途	事例
1. 在美国投资	(IBM 公司) 在肯塔基州建造新工厂
2. 在别处投资	通用电气公司 (GE) 在亚洲建立装配厂
3. 贷出资金 (有利息)	埃克森美孚在欧洲美元市场放债
4. 偿还已有债务	美国国际集团偿还救助资金
5. 向股东支付红利	通用汽车公司宣布季度股息为每股 1.25 美元
6. 保留资金用于未来投资	福特增加其“未分配利润”账户的资金
7. 从其他股东手中回购自己公司的股票	辉瑞公司将超过一半的利润用于股票回购
8. 政治性支出	游说政治领导人；做电视广告

政治性支出可采取的形式有竞选捐款、向公职人员行贿、做广告以影响舆论等，其目的是从政府处获得更有利的待遇（如降低税收或减轻污染控制法的影响）。经济学家认为这些为达到政治目的而进行的任何支出都不是“投资”，因为这些支出不会提高或保持生产能力。然而，像托马斯·弗格森（Thomas Ferguson）这样的政治学家则把它们称为投资，因为它们是在有预期回报的情况下做出的。

除了预期利润率之外，投资水平的另一个主要决定因素是利率 413
(i)。正如我们在第 11 章所看到的，利率之所以重要有两个原因：第一，大多数投资至少需要一些贷款，高利率会增加投资成本、减少投资者可能获得的利润。第二，任何考虑投资的企业均必须确定把可用资金借给其他企业（可能通过银行等金融中介）是否比建设新的生产能力要好。如果利率高，投资的成本就高，借出资金的回报率也会高。在这种情况下，高利率与贷出资金的激励结合在一起，往往会阻碍投资。

投资的利润效应是指总利润每增长一美元使投资增长的数量。

鉴于预期利润率和利率作为影响投资水平的决定因素的重要性，我们现在可以用对投资问题的更为成熟的理解来重新考虑总需求和就业问题。对于任意给定的利率，对资本品的需求水平取决于预期利润率，而预期利润率反过来（如前文所述）取决于当前的和近期的利润率。利润率对投资的影响——利润增长 1 美元可以使投资增长多少——称为**投资的利润效应**（profit effect on investment）。我们用字母 j 来表示这种效应。例如，如果利润增长了 1 美元，结果投资增长了 50 美分，那么投资的利润效应是 0.5，因此 $j=0.5$。投资的利润效应也可能大于 1：利润增长 1 美元可能刺激投资者增加 1.50 美元的投资（投资者可以通过借债筹资以购买资本品），在这种情况下，投资的利润效应（j）是 1.5。

因此，我们可以说总投资（I）由两部分组成。第一部分受利率和其他非利润因素影响，在式（16.10）中用 $\underline{I}$ 表示。第二部分受利润影响，可以表示成 j 乘以总利润。

于是，由于 $R=(y-w)N$，我们可以说总投资是由下式决定的：

$$I=\underline{I}+jR=\underline{I}+j(y-w)N \tag{16.10}$$

利率的提高会使得 I 降低（通过降低 $\underline{I}$），而利率的降低会产生相反的效果。由于更高的就业水平会导致更高的产能利用率，它将提高利润率，反过来，这又可能刺激更多的投资。这些关系如图 16.8 所示。投资在图中表现为随就业水平提高而增长（因为刚刚陈述的理由），由利率变化而产生的投资变化在图中由虚线表示，在每一个就业水平上，高投资都与低利率相关，反之亦然。

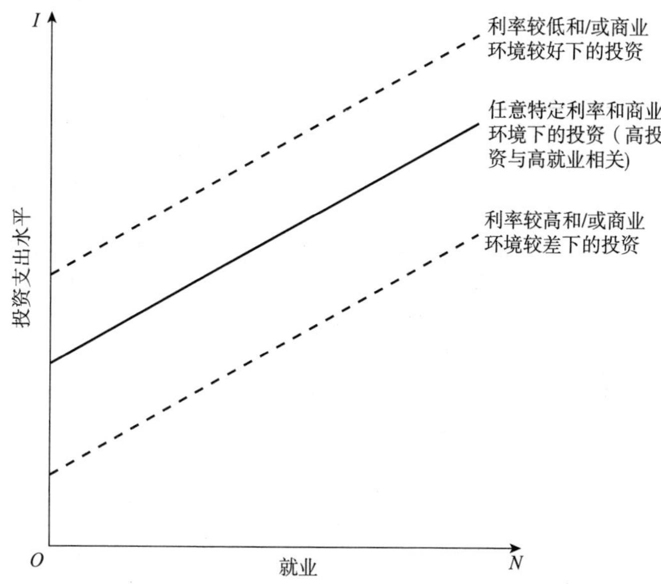

图 16.8　投资如何响应就业、利率和商业环境的变化

本图显示了投资支出实际上随着就业的增加而增加。在之前的图形中，为了简化，我们假设无论就业 N 如何，投资支出都将保持在同一水平，而这个假设将使投资与就业之间的关系呈现为一条水平线。但投资实际上往往随着就业的增加而增加（见专栏“什么决定了投资?”）。这是因为不断增加的就业会更多地使用现有的生产能力，利润也会增加，这些变化会促使一个好的管理者或所有者投资于扩大生产能力，以满足不断增长的需求。图中曲线的形状反映了式（16.10）。投资的支出函数也会随着利率或商业环境的变化而变化。利率的下降或商业环境的改善将鼓励投资支出，使投资函数向上移动到上面的虚线。利率上升或商业环境恶化将产生相反的效果，使投资函数向下移动到较低的虚线，并降低各个就业水平的投资支出。

还有一个因素会影响预期利润率。如果商界人士对未来变得更加乐观——可能因为一个亲商的国会当选，并且它很可能会颁布有助于商业发展的法律——预期利润率将会上升（即使当前利润率没有变化）。乐观情绪的增长与利率下降有相同的效应，但它是通过式（16.10）右边的 jR 项来发挥作用的（表明利润预期对投资的影响）。 414
当乐观情绪增长使预期利润率上升时，投资曲线将向上平移。当这种

> **商业环境**是指政治、意识形态、心理和其他因素对预期利润率的影响。有时被称为投资环境。

情况发生时，我们可以说投资曲线的上移是**商业环境**（business climate）改善的结果。随后所附的专栏描述了预期利润率、利率和商业环境对投资的影响（见专栏“什么决定了投资?”）。

为了集中讨论这里提出的观点，我们假设政府不涉及赤字支出，因此在接下来的讨论中，B（用于借款）为零。在图 16.9 中，我们展示了商业环境或利率的变化将如何改变就业的均衡水平（N^*）。与前文一样，宏观经济均衡——产品市场的总供给等于总需求——将决定劳动市场的均衡就业水平。

415

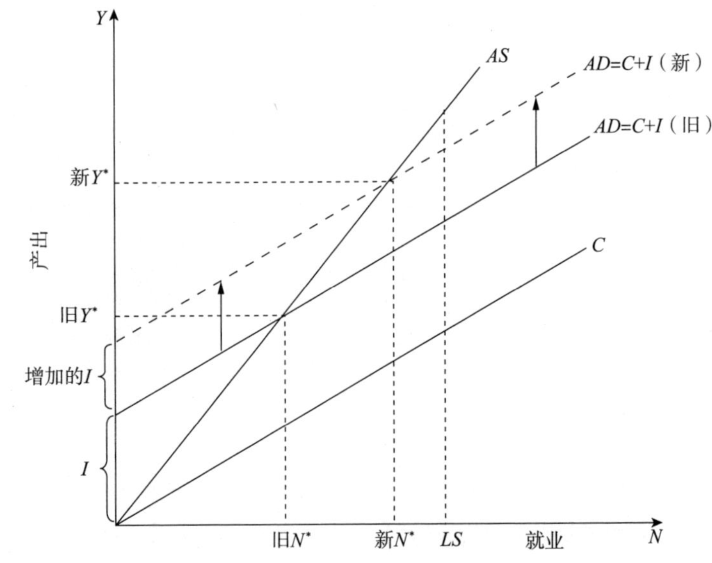

图 16.9　由于利率下降或商业环境改善而增加的投资效应

利率的下降或商业环境的改善（或两者兼具）将增加投资，因此总需求（AD）和就业劳动小时数（N）都将增加。为了简化，我们忽略了赤字开支。然后，由于 $AD=C+I$，I 的增加使 AD 曲线向上平移，从而提高了均衡就业水平（N^*）。新的 AD 曲线为虚线，均衡就业水平由旧 N^* 处移动到新 N^* 处。因此，降低利率或改善商业环境可以降低失业率。

如前文所述，均衡的就业水平低于总的劳动供给（LS），因此失业仍然存在。在上一节中我们说明了政府如何运用财政政策来创造更多的就业机会。现在我们来看看政府如何运用货币政策（在本章本节的前面部分曾经提到过）来提高均衡的就业水平。

各国政府对其经济的货币制度都有一定程度的控制。在美国，联邦储备系统（即美联储）以各种方式对私人银行进行监管，并制定规章制度（用以补充法律制度明确规定之外的事项）。美联储还借钱给私人银行。美联储可以通过其活动影响利率，使得私人银行向其客户的放贷变得更容易或更困难。美联储不能直接规定银行利率（或其他利率），但它可以影响这些利率，推动它们上升或下降。例如，美联储可能会购买银行或个人持有的部分美国国债，并用通过开支票的方式（只有美联储可以这样做）创造的资金支付。其影响是把更多的货币注入经济中（增加货币供给），这反过来又会压低利率。相反，如果美联储出售国债（财政部在过去某个时候发行和出售的国债），将推动利率上升。原因是利率是货币（借款）的价格。因此，货币供给的增加与产品市场上供给曲线的右移有相同的效应，都降低了产品的价格（或者在左移的情况下提高了产品的 416
价格），见下一章的图 17.5。

什么决定了投资？

经济学中最热门的争论之一是什么决定了投资支出水平，这一争论影响了促进投资的政策选择。大多数经济学家认为，预期利润率是一个重要因素，而对利润的预期在一定程度上要基于当前（或近期）的利润率。下图中的箭头表示因果关系。因此，最上面的箭头表明当前和近期的利润率影响或决定了预期利润率。

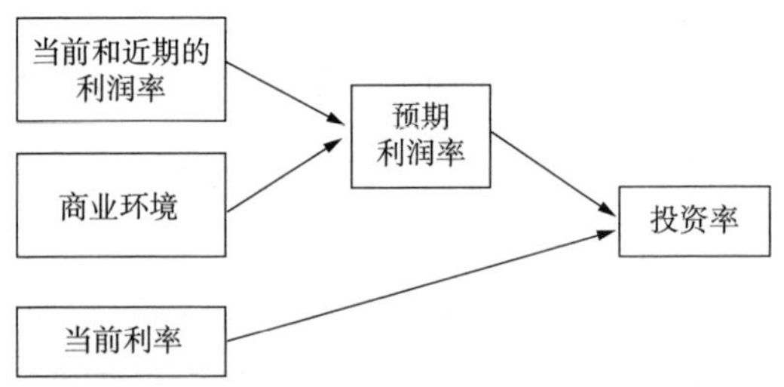

大多数经济学家认为商业环境很重要，但对于什么构成了良好的商业环境却没有达成一致。一些经济学家强调对企业有利的政策，如对利润征收低税或减少对环境监管的重视；另一些则强调稳定的市场环境的重要性，以便企业能够指望未来市场对其产品有足够的需求。

利率的重要性也引起了激烈的争论。保守派经济学家倾向于赋予它比自由派更大的作用，因为通过改变利率来影响投资率可以不必扩大政府规模或不需要政府进行赤字支出。有关利率重要性的事实证据是多种多样的，但非常高的利率的确会阻碍投资。

因此，当失业率较高时，美联储可以降低利率，提高投资水平，增加总需求（见图 16.9），从而提高就业水平。较低的利率也会导致消费支出的增加。在分析货币政策怎样影响就业这一问题时，重点在于政府，或者更准确地说，美联储——一个独立于总统和国会的机构——可以影响利率。

工资、总需求与失业

417 有些经济学家认为，如果失业是问题所在，那么降低工资就是解决方案。持这种观点的经济学家还将失业作为部分解决方案，因为他们认为，失业的存在往往会迫使工资下降，直至市场出清。但是这种降低失业率的方法有两处错误：第一，失业的存在并不意味着工资会下降；第二，如果工资确实下降了，结果可能是失业率上升，而不是下降。

失业的存在（劳动市场上的供给过剩）并不意味着工资会下降。即使存在失业，工资也可能保持不变。当牛奶市场上出现供给过剩时，牛奶的价格通常会下降，供给减少，需求增加，市场最终会出清。但是正如我们在第 12 章所了解到的，劳动市场是不同的。对买牛奶的人而言，他们永远不会觉得牛奶价格过低：价格为零也不错，谢谢。但是对雇主而言，可能会存在劳动力价格过低的情况。正如我们在第 12 章分析劳动榨取曲线时所看到的，工资必须高到不仅足以吸引工人，而且要足以激励他们努力工作才可以。如果一个企业付给工人的工资太低，以至他们并不介意失去这份工作，那么这个企业就不太可能盈利。正如在第 12 章所解释的，利润最大化的工资往往高于失业者愿意为之工作的工资，因为这种较高的工资会使单位劳动成本最小化，从而使利润率最大化。但考虑到特定的失业人数，工资将由雇主决定——或者由雇主和雇员共同决定，而且存在失业这一事实将不会引起工资的变化。因此，失业本身不会导致工资下降。

传统方法存在的第二个问题是，即使工资的确下降了，结果也可能造成更多的失业。这个观点比较难理解，因为它与我们的个人经验不一致。如果一个正在找工作的人要求 20 美元一小时，那么他或她可能必须花相当长的时间才能找到工作（或永远也找不到工作）。但是如果这个人愿意以每小时 10 美元的价格提供服务，那么他或她可能会更快找到工作。对**个人**来说，要求较低工资有时会增加他找到工作的机会。由此可以得出结论：如果**每个人**都愿意接受减薪，那么失业的人就会减少。但一般来说，这个结论是错误的。

如果每个人都接受减薪，结果可能是：(a) 失业率降低，(b) 失业率上升，或 (c) 失业率不变。结果不确定的原因可以用本章的宏观经济分析来解释。

雇主对劳动力的需求是一种**派生需求**，也就是说，它是由对特定公司生产的商品的需求派生而来的。但是对任一企业的产出的需求均取决于经济整体的需求水平，即总需求。较高的工资会增加受雇工人的收入，而这往往导致对消费品需求（C）的增加。结果可能是总需求（$C+I$）增加，从而就业增加。但是如果较高的工资减少了利润，那么投资（I）可能会下降。如果投资下降的幅度大于消费上升的幅度，结果将是总需求下降和就业减少（失业增加）。

问题是：工资（w）的上涨将如何影响总就业（N^*）？工资的
418 上涨会导致总就业增加还是减少取决于企业如何应对 w 的上涨。在雇员坚持较高工资的情况下，企业可能会预期利润较低，从而削减投资支出。如果这种情形在经济中普遍发生，就会导致投资（I）减少，并可能降低总需求（$C+I$）水平。但是如果企业预期工资上升会带来更多的总需求以及销售上涨（通过 w 对消费的影响），那么它们可能决定将 I 保持在现有水平甚至提高 I，结果将是就业的增加。

图 16.10 显示了工资（w）的增长如何导致就业的增长。它显示了即使 w 增长企业也不改变其投资水平的时候会发生什么。w 的增长将增加每一就业水平下对消费品的需求（C）。这在图中表现为消费曲线从 C（旧）曲线向上旋转至 C（新）曲线。C 曲线的斜率之所以上升，是因为它的斜率是 cw，而假定 c（花费在消费品上的工资的比例）没有显著改变，因此 w 的增长会使 cw 增加。同时，因为我们假设投资水平（$\underline{I}$）保持不变，AD 曲线也将向上旋转——从 AD（旧）曲线移动到 AD（新）曲线——其斜率始终与消费曲

线的斜率相同。随着 AD 曲线向上旋转，就业的均衡水平增加，从旧N^* 增加到新 N^* 。因此，在这种情况下，工资（w）的增长会导致就业人数的增加。

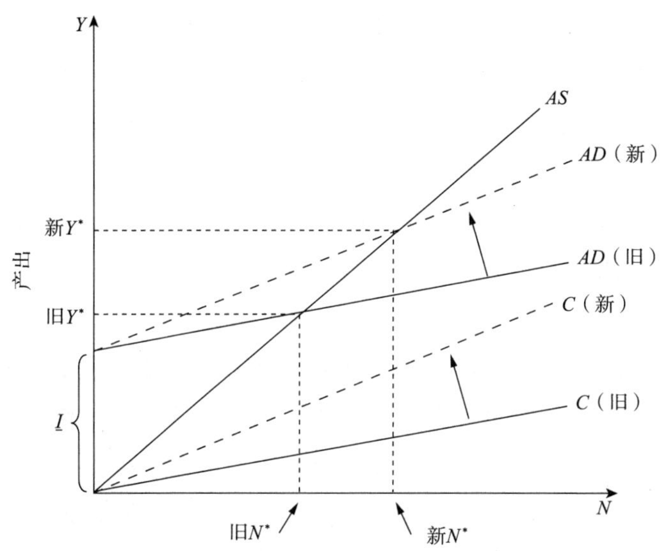

图 16.10　投资固定时工资导向的就业形势

本图显示了在某些条件下，工资的增长是如何增加均衡就业的。这里假设投资额为常数，这意味着它不受利润变化的影响，意味着它是 AD 曲线（"旧"和"新"）的垂直截距。工资（w）增长，C 曲线的斜率从 cw（旧）增加至 cw（新），但 AD 曲线的垂直截距仍与之前相同——因此 AD 曲线只是从实线 AD（旧）逆时针旋转到虚线 AD（新）。它与 AS 曲线的交点向上移动到 AD 曲线（新）和 AS 曲线的新交点，新的均衡就业水平新 N^* 高于旧的就业水平。产出和收入水平也从旧 Y^* 增加到新 Y^* 。

什么时候是工资导向的就业形势?

然而，从前面的讨论中我们知道，我们不能贸然得出这样的结论：工资（w）的增加**总是**会导致就业的增加。为了确定 w 的上升对就业何时产生积极影响，何时产生消极影响，我们必须考虑 w 的变化对投资（I）和消费（C）的影响。（我们知道，总需求是 $C+I$ 之和。）

419 由于 $C=cwN$，我们可以看到 w 增加 1 美元将使消费（c）增加 cN 美元。同样，如果 w 减少 1 美元，消费将减少 cN 美元。为了确定 w 的变化将如何影响投资（I），我们回到式（16.10）。在该式中，把 w 放在 wjN 项的右边，w 的前面是负号。因此，在保持其他所有变量不变的情况下，我们可以看到 w 增加 1 美元将减少 jN 美元的投资。同样，w 减少 1 美元将增加 jN 美元的投资。

我们现在可以看到工资（w）的变化将如何影响总需求。由于 w 增加 1 美元将导致消费（C）增加 cN 美元，投资（I）减少 jN 美元，因此，工资增加 1 美元对总需求的净影响为 $(c-j)N$ 美元。工资增加最终会使总需求扩张还是降低将取决于 1 美元工资中用于消费的比例（c）与投资的利润效应（j）哪一个更大。例如，如果 $c=0.95$，$j=0.5$，则工资增加 1 美元将使总需求扩张 $(c-j)N$，即 $(0.95-0.5)N$ 美元。因此，当 c 大于 j 时，工资的增加会扩张总需求，从而导致失业下降。换一种情况：如果 $c=0.95$，而 $j=1.5$，则工资增加 1 美元会使总需求降低 $(c-j)N$，即 $(0.95-1.5)N$ 美元。在这种情况下，工资的增加会导致总需求减少（因为 j 大于 c），从而导致失业率上升。

工资导向的就业形势是指工资上涨带动就业增加。

利润导向的就业形势是指工资上涨使得就业减少。

工资增加对就业的正面影响——c 大于 j——被称为**工资导向的就业形势**（wage-led employment situation）。工资增加对就业的消极影响——j 大于 c——被称为**利润导向的就业形势**（profit-led employment situation）。本书网站上的附录给出了一个工资导向的就业形势的示例，它比图 16.10 中所示的情况更现实，但稍微复杂一些。

在什么情况下工资的增长会对就业产生正面影响或是负面影响呢？答案可能是我们能够预料到的，即“视条件而定”。某些国家的某些时期存在工资导向的就业形势；其他国家的其他时期则存在利润导向的就业形势。在大部分工资和薪水收入者都很穷的地方，工资收入的消费比例（c）可能会比较高，因而很可能是工资导向的就业形势。在企业高度流动并能根据不同的利润率在世界任何地方重新部署的地方，投资的利润效应（j）有可能会较大，因此很有可能会是利润导向的就业形势。（然而，如果美国跨国公司将更多的生产转移到海外的部分原因是为了避税，那么即使能够提高美国的利润率，也可能不会激发更多的对美投资，因为增加美国的利润也意味着增加利润收入，而美国的企业所得税税率相对较高。）

一个国家与经济周期的关系可能也很重要。在低就业和低工资 420
水平下——例如衰退期的波谷——工资的增长很可能创造就业机会（工资导向的就业形势）。在高工资和高就业水平下——例如在经济周期即将结束时——工资增长很可能降低总需求并减少就业（利润导向的就业形势）。

为什么情况会有所不同？在低就业水平和低工资的情况下，用于消费的工资比例有可能高：对大多数人而言，当其家庭成员或自己失业时，是不可能进行储蓄的，因此，所有可用的收入都被花费在必需品上。在这种情况下，c 会很高，可能高达 1，甚至大于 1（当家庭成员借钱来维持其生活水平时）。

此外，在低就业水平和低工资水平下，利润对投资的影响（j）可能相对较低。原因是，在低就业水平下，企业可能会有闲置的生产能力：由于缺乏需求，它们会使机器或整个工厂都闲置。这样，萧条的经济状况可能就是 c 超过 j、存在工资导向的就业形势以及工资增长会创造就业。

相比之下，在高就业和高工资的情况下——例如在繁荣时期——人们将生活得更好，收入超过近年来的水平，甚至可能超过他们的预期收入。在这种情况下，他们会发现储蓄更容易，所以 c 会相对较低。同时，企业将发现，它们的大部分或全部已有的生产能力都被投入使用，因此，如果预期的利润率是正确的，它们就会追加投资。这样，投资的利润效应（j）会较高。在 c 低 j 高的情况下，将出现利润导向的就业形势，工资上涨可能导致更多的失业。

对经济政策的影响

对工资导向和利润导向的就业形势的分析，对经济政策有重要的影响。例如，当工资导向的就业形势占上风时，要求提高法定最低工资以促进就业的政策就有了更大的合理性。提高最低工资通常会导致各级工资的上涨。随着平均工资（w）的上涨，总就业也会增加，失业率也会随之下降。因此，在这种情况下，一项有利于提高低收入工人生活水平的政策将对劳动市场上的几乎每个人都有利。而当出现利润导向的就业形势时，以增加就业为由削减公司所得税就有了依据。在这种情况下，减税会增加税后利润，提高预期利润率，刺激投资，增加总需求，从而增加总就业并减少失业。

结　论

421 提高工资实际上会增加就业机会。有两个创造就业的选择——货币政策和财政政策——以及根据在某些情况下工资的增长可能有益无害这样一个事实，人们可能会认为，政府可以让失业成为历史，正如凯恩斯所希望的那样。

在凯恩斯看来，如果充分就业的**经济学**看上去是有希望的，那么充分就业的**政治学**看上去则更有希望。还有什么比通过提高工资和利润来促进充分就业、允许政府在不增加税收的情况下花钱（赤字支出）更接近政治家梦寐以求的施政纲领吗？

毫无疑问，凯恩斯提出的政策已经使经济避免了一些过山车式的颠簸（见图 16.2）。但事实证明，在通往充分就业的道路上布满的是荆棘，而不是玫瑰。我们重新审视的主要政策——赤字支出、降低利率和提高最低工资——经常是相互矛盾的。此外，正如我们所看到的，并非所有人都仅仅因为（几乎）其他所有人都有工作而受益。

而且，正如下一章将阐明的，凯恩斯的乐观主义忽略了许多对资本主义经济现实的考虑，特别是它忽视了这样一个事实：无论是在他的祖国英国还是在美国，持续的充分就业从来没有实现过。事实上，几乎没有什么国家实现了充分就业，那些已经做到的国家或者仅仅是在战时采纳了权宜之计，或者是通过改变资本主义经济的一些基本的游戏规则而使之更长久些罢了。

推荐阅读文献

George A. Akerlof and Robert J. Shiller, *Animal Spirits: How Human Psychology Drives the Economy, and Why It Matters for Global Capitalism* (Princeton: Princeton University Press, 2010).（阿克洛夫，席勒. 动物精神：人类心理如何驱动经济、影响全球资本市场. 北京：中信出版社，2016.）

Jared Bernstein and Dean Baker, *The Benefits of Full Employment: When Markets Work for People* (Washington, DC: Economic Policy Institute, 2003).

Robert L. Heilbroner, *Beyond Boom and Crash* (New York: Norton, 1978).

John Maynard Keynes, *The General Theory of Employment, Interest, and Money* (New York: Harcourt Brace Jovanovich, 1972 [1936]).（凯恩斯. 就业、利息和货币通论. 北京：商务印书馆，1983.）

Paul Krugman, *The Return of Depression Economics and the Crisis of 2008* (New York: W. W. Norton, Reprint edition, 2008).（克鲁格曼. 萧条经济学的回归和 2008 年经济危机. 北京：中信出版社，2009.）

Alejandro Reuss, Luis Rosero, Bryan Snyder, Chris Sturr, and the Dollars & Sense collective, eds., *Real World Macro*, 34th edition (Cambridge, MA: Dollars & Sense, 2017).

Thomas I. Palley, *Plenty of Nothing: The Downsizing of the American Dream and the Case for Structural Keynesianism* (Princeton, NJ: Princeton University Press, 1998).

Studs Terkel, *Hard Times: An Oral History of the Great Depression* (New York: Pantheon, 1970).（特克. 艰难时代：亲历美国大萧条. 北京：中信出版社，2016.）

第 17 章

宏观经济政策的两难选择

“上个月（美国工人）小时工资的大幅上涨，预示着一直困 422
扰着很多美国人的工资停滞不前的阴霾可能即将消散。”一家报纸于 1996 年 7 月报道。然而，就在同一天，该报又以《意外的增长信号导致市场不稳》为题进行了第二篇报道。这篇文章指出，在华尔街买卖股票和债券的人“对所披露的比预期水平高的就业率表现出警觉”。有关就业的新闻刚一出来，券商们就开始抛售客户的债券，同样，在股票市场，一开盘（就业新闻出来不久）股价就开始下跌。到当日收盘时，股市下挫两个百分点。①

然而，1995 年 2 月却发生了一连串恰恰相反的事件。当时，报纸报道 1 月的就业增长出现了未曾料到的疲软，结果，失业率升到了 5.7%（两年半内的最高涨幅）。大多数人认为失业率升高是坏消息，但华尔街是个例外。一天，当各种报纸纷纷报道失业率上升时，却出现了这样一则标题——《股票、债券市场大幅上涨》。以此为题的文章是这样开头的：“华尔街昨日欢欣鼓舞，主要街道显示出经济放缓和失业率上升的迹象。”②人们经常对这样的报道感到费解。

---

① *New York Times*, July 6, 1996.

② *New York Times*, Feb. 4, 1995.

在本章中，我们解释为什么资本主义经济不能承受过高的就业率（过低的失业率）。在第 18 章，我们将继续探讨实现充分就业的另一个障碍，即许多经济学家和政策制定者所相信的高就业会导致通货膨胀（在刚才提到的两个历史事例中，都包括了对通货膨胀的预期这一因素）。在这里，我们从失业谈起。

失业施加于社会的是两种类型的代价。第一种是它带来的浪
423 费——人们需要而且能够生产出来的商品或服务没有被生产出来；
第二种是失业带来的个人的不安全感和生活困难。工人从来都不知道失业将在何时何地降临；人们也不可能对它的发生做出预测并加以防范。

这种痛苦不仅仅是那些事实上正处在失业状态的人所承受的。即使是从未经历过失业的工人，也不得不担心**也许**在将来的某天他也会失业。最脆弱的自然是那些刚刚受雇的、没有什么技能的以及那些年轻的、年老的或少数族群的成员。但是很多其他人——资深汽车制造工人、飞速发展的公司里的电脑程序员、各种销售人员、看起来工作安稳的秘书、长期雇员、专业人员、技术人员以及经理——一定也在为被解雇而担心。

为什么失业是一个如此严重的问题？正如我们在第 16 章所看到的，毕竟财政政策和货币政策可以创造新的工作岗位以减少失业。所以，如果每 10 个工人中有 9 个被雇用，为什么不制定一种政策使 10 个人都有工作呢？为什么不减少工作周的长度，使公司如果想保持它以前同样的产量，就不得不雇用 10 个人？法国政府在 1998 年通过了一项法律，将每周工作时间限制在 35 小时以内，希望雇主能雇用更多的工人，降低失业率。关于法律是否应该维持原状或使其变得更加灵活，或者工作时间是否应该再次延长，仍然存在争议。然而，一项改变这一政策的提议在 2016 年激起了法国工人和学生的

抗议。

或者，也可以建立一个体系，为人们提供失业保险，就像为其他灾难——火灾、风暴、爆炸、事故等提供保险一样。当你的房子被烧毁时，你的保险公司会赔偿你的损失。为什么不为所有工人提供一个保险计划，这样如果一个人被解雇了，保险就会补偿他或她的工资损失？事实上，许多国家的政府确实提供了这种保险制度。

> **失业救济金**包括从雇主缴纳的政府保险基金中定期支付给一些失业工人的款项。

在美国，政府根据各个公司的职工人数按比例收取一定的小额费用，然后作为**失业救济金**（unemployment compensation，或**失业保险**，UI）付给失业的工人。然而，尽管各州的情况差别很大，支付给美国工人的失业救济金平均只占他们所损失工资的一半，且只有不到四分之一的失业者得到了补偿。这是因为工人必须符合领取这项福利的资格，而各州的资格规定也各不相同。即使一个人有资格领取失业救济金，最多也只能领取 26 周，所以失业时间超过 26 周的人在那之后就得不到失业救济金，除非全国失业率很高，**而且**国会要求延长失业救济时间。自 2010 年以来，有 9 个州收紧了领取失业救济金的资格，一些州缩短了领取失业救济金的期限；北卡罗来纳州将失业救济期限缩短至 14 周。2016 年中期，美国有 800 万人失业（根据最常用的 U-3 定义；见第 16 章“计算失业”一节）。然而，实际上只有 200 万人领取了失业救济金，其中一些人在很久以前就耗尽了他们的福利，一些人是因为他们在工资计算期间没有工作，还有一些人是出于其他原因。

失业救济金可以帮助人们暂时摆脱严重的困境，但这并不能减少人们对失业的恐惧。一个人对火灾后果的恐惧很难通过火灾保险来减轻，因为火灾保险不容易获得，而且只弥补了一半的损失。

424 如果有办法消除失业带来的不安全感，为什么不去实施呢？答案很简单。资本主义经济**需要**一定水平的失业和由此带来的不安全感。在本章我们将说明，如果由于某种原因（如战争）失业率持续处于低水平，结果是工人们失去了对失业的恐惧，那么经济就会恢复足够的失业率，从而使人们重新产生对失业的恐惧。

在前一章中，我们看到失业并不是因为社会的所有需求都得到了满足。如果是的话，可能就没有足够的工作岗位让每个人都有工作了。但正如我们所看到的，失业和未利用的生产能力可能与未得到满足的人类需求并存。在本章中，我们将展示，之所以存在失业及与之相伴的不安全感，不是因为我们想不出雇用每个人的方法，而是因为美国式的资本主义需要不安全感来保证其运行，而失业是不安全感的重要组成部分之一。

是否失业就像死亡和税收一样，是不可避免的呢？并非如此。图 17.1 说明了失业率在各发达资本主义国家相差甚远。在过去的 40 年中，有些国家失业率高，有些相对较低。一些国家是如何降低失业率的呢？图 17.1 所示的 6 个国家在许多方面类似：它们同样面临来自技术飞速变革和激烈的国际竞争的挑战，这些通常被视为实现充分就业的障碍。然而，一些国家确实为大部分工人在大多数年份中提供了就业机会，而其他国家则没有。

实现低失业率的关键在于用其他的管理工作和报酬的方法，来代替用工作的不安全感来鞭策劳动的方法。那些拥有较低失业率的资本主义国家，往往是通过企业、工人和政府的代表相互配合，以互相受益、相互谅解的方式达到的。

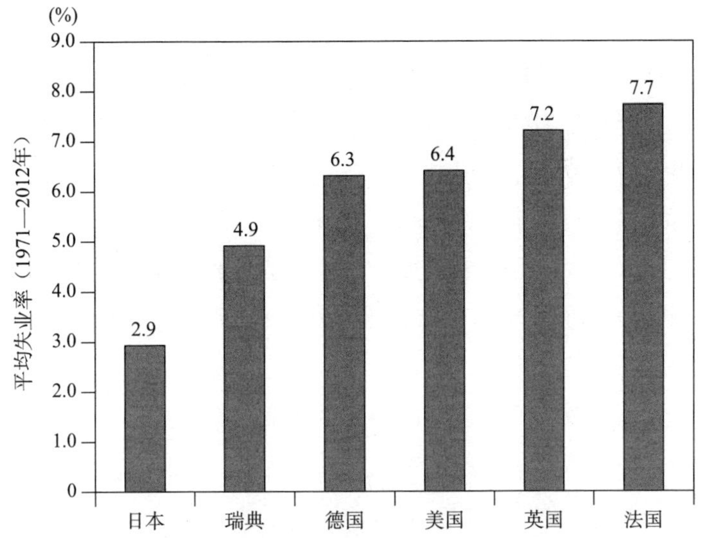

图 17.1　6 个国家的平均失业率（1971—2012 年）

本图表明，发达资本主义国家的失业率之间存在着显著而持久的差异。每个国家都有自己定义劳动力、就业和失业统计数据的方法，但美国劳工统计局已经根据美国的定义重新计算了这些国家的失业率。

资料来源：U. S. Department of Labor，Bureau of Labor Statistics，ILC Tables：Labor Force，Employment，and Unemployment，Annual labor force statistics，1970 - 2012，Full series and underlying levels，By indicator（XLS），"International Comparisons of Annual Labor Force Statistics，1970 - 2012，" June 7，2013：Table 1 - 2：Unemployment Rates，available at http://www. bls. gov/ilc/#laborforce.

在本章中，我们解释了为什么失业仍然是当今大多数资本主义国家面临的一个主要问题，尽管上一章中概述的理论知识，即如何利用宏观经济政策实现充分就业的知识是广泛可用的。本章的主要观点是：**如果不从根本上改变协调劳动过程和调节劳动市场的制度，宏观经济政策就无法持久地实现充分就业。**这一主要思想可以表述为以下四个要点： 425

1. 持续多年的高就业率（低失业率）往往会降低利润，这种现象被称为**高就业的利润挤压**（high-employment profit squeeze）现象。低失业率将权力的天平从雇主那里转向了工人，从而推高了工资和单位劳动成本，所以利润下降。
2. 任何国家的货物都有进口和外国市场，这进一步限制了旨在促进就业的宏观经济政策的效力。如果消费者和企业选择把增加的收入用于消费外国产品（增加外国就业），则旨在刺激国内产品需求的政策可能会失效。同样地，如果一个国家不采取保持高失业率和低商业成本的政策，使本国企业能够在全球市场上以有竞争力的价格出售产品，就不可能让外国人购买本国生产的产品（在国内创造额外的收入和就业机会）。
3. 创造就业的货币政策和财政政策工具都是有效的，但它们可能会产生相反的效果。因为政府因赤字支出而借款的财政政策，往往与降低利率以实现充分就业的货币政策产生相反的作用，所以其效果是有限的。
4. 持续的高就业水平和对经济周期波动的进一步抑制是有可能的，但是如果没有新的政策和制度上的根本变革，则是无法做到的。

在前面的章节中，为了简化，我们假设就业水平的变化不会带来人均每小时净产出水平（y）或工资水平（w）的变化，但是 y 和 w 确实随着就业水平不断变化。为了确认政策的制定者在寻求进一步提高就业水平的过程中所面临的困难，我们必须了解它们是如何变化的。然而，正如在第 16 章中一样，我们继续假设对投资品的当前支出——总需求的一个组成部分——不会促进生产力（z）的提高。虽然在本章结束时，我们列出了一些可能会使美国这样的国家降低失业率的制度性变革，但在这里我们继续假设整个经济的制度性框架——我们称为积累的社会结构——仍然是“跨国资本主义”（对积累的社会结构这一概念的阐述见第 7 章）。

高就业的利润挤压

当宏观经济政策和其他影响**确实**降低了失业率时，问题就出现 426
了。困难的根源在于此。正如工资和利润之间的收入分配的变化会影响总需求和就业水平一样（见第 16 章），这个过程同样能以相反的方式起作用：总需求水平和就业的改变也会影响工资和利润之间的收入分配。工资会随着就业率的上升（低失业率）而上升，从而降低利润率；反过来，工资往往会随着就业率的下降（高失业率）而下降。其中一个原因是，当只有一小部分失业人口时，受雇用的工人将有更大的议价能力，从而更有能力争取更高的工资。如果工资上涨，单位劳动成本（*ulc*），即单位产出的工资成本也会上涨，这将会降低利润率（见第 12 章）。利润率的降低往往会抑制投资，而这一过程可能会周而复始：如果投资者退缩不前，总需求将减少，总产出将下降，失业率将上升。

还有另一个原因也使得利润在高就业率（低失业率）的情况下减少：当总需求旺盛时，会出现高就业率。但是，如果总需求很大，经济的总产出很可能会迅速增长，而且对于生产中使用的原材料、能源等的需求也将增加。对投入品需求的增加（鉴于供应是有限的）往往会推高其价格，因此高就业率的另一个后果是单位原材料成本（*umc*）上升。

随着劳动力和原材料成本的上升，利润将会下降——除非企业能够通过提高价格来弥补成本的增加。但企业通常无法将所有增加的成本以涨价的形式转嫁给消费者，因为来自世界各地其他企业的竞争将阻止它们这样做。任何过分提高价格的个体企业都会发现，其市场份额、销售额、很可能还有利润都会下降。如果所有企业同时提高价格，其结果将是通货膨胀，即物价普遍上涨。在接下来的两小节中，我们将讨论两种降低利润率的成本增加类型。

实际工资，或**实际收入**，是指考虑到通货膨胀的影响而经过调整的工资或收入。

充分理解下面关于高就业工资推动的解释，有助于理解货币工资是如何根据通货膨胀进行调整的，以便我们可以及时比较不同时点的工资。经济学家使用“**实际工资**（real wage）”或“**实际收入**”（real income）来指考虑通胀的影响而调整后的工资或收入。当我们谈论实际工资的增长时，我们指的是实际（货币）工资的增长足够大，以至即使物价上涨，新的货币工资也能比旧的货币工资购买到更多商品。为了更好地理解我们所说的实际工资，请参见专栏“货币工资和实际工资”。

---

427 **货币工资和实际工资**

如果一个工人的小时工资从2016年的10.00美元上升到2017年的10.50美元，那么她在2017年的境况会更好吗？这取决于价格上涨了多少。她在2017年用2017年的工资能买到比2016年更多的商品和服务吗？如果是这样，那么她的实际工资（工资的购买力）从2016年到2017年确实上升了。

在这种情况下，她的工资上涨了5%[=(10.50−10.00)/10.00×100%]。因此，如果整体价格水平上升不到5%，那么在2017年，她可以用比以前更高的新工资购买更多的商品。假设在这两年里，她每月工作100小时，2016年每月收入1 000美元，2017年每月收入 1 050 美元。如果在 2016 年，她每个月花费 1 000 美元购买商品，而在 2017 年，这些商品的总价格上升到 1 025 美元，那么在 2017 年，她可以每个月购买同样的商品，还能剩下 25(=1 050−1 025) 美元来购买更多的商品。由于有代表性的商品的购买价格上涨了 2.5%，而她的货币工资上涨了 5%，2017 年她的实际工资更高。

消费者价格指数（CPI）是指相对于参考年（即基准年）相同或相似商品的价格，一个典型家庭购买商品和服务所支付的平均价格。

为了比较工资随时间的变化，我们将货币工资（“名义”或“现值”工资）转换为实际工资，使用**消费者价格指数**（consumer price index, CPI）来调整通货膨胀。要计算 CPI，政府统计人员首先要计算每年固定的一篮子典型消费品的价格。假设 1983 年的标准货币篮子价值 1 万美元，在 1995 年价值 1.5 万美元。同时假设 1983 年为基准年，将该年度的 CPI 设定为 100。根据定义，$CPI_{1995}/CPI_{1983}=P_{1995篮子}/P_{1983篮子}$。在这种情况下，

$$CPI_{1995}=(CPI_{1983})(P_{1995篮子}/P_{1983篮子})$$
$$=100\times(15\,000/10\,000)=150$$

下表显示了特定年份私营部门生产工人的时薪，以及 CPI-W（城市工薪阶层和文职人员的 CPI）和由此产生的实际工资。例如，4.14×100÷44.5=9.30（美元）。

年份	平均货币工资（美元）	CPI-W（1983 年 7 月=100）	实际工资（1983 年美元）
1973	4.14	44.5	9.30
1983	8.20	100.0	8.20
1993	11.05	142.1	7.78
2003	15.36	179.6	8.55
2013	20.14	230.1	8.75

以 1983 年美元表示的 1973 年的实际平均时薪为 9.30 美元，而 1973 年的平均时薪仅为 4.14 美元。从 1973 年到 1983 年，物价上涨快于工资上涨，因此实际工资下降。1973 年 4.14 美元的工资比 1983 年 8.20 美元的工资还高。1993—1995 年，实际工资进一步下滑，但随后上升，到 2013 年进一步接近 1973 年的水平。

资料来源：U. S. Bureau of Labor Statistics，Employment，Hours，and Earnings from the Current Employment Statistics survey（National），Average hourly earnings of production and nonsupervisory employees，total private，seasonally adjusted，available at http://data.bls.gov/timeseries/CES0500000008；and CPI - Urban Wage Earners and Clerical Workers，available at http://data.bls.gov/timeseries/CWUR0000SA0. In the data，the actual base "year" in the data is given as "1982 - 84." In the table，the CPI-W shown is for July of each year，since the BLS now reports July 1983 as the month in which the CPI-W was 100.1（its closest approach to 100.0 in any month in 1983).

高就业的工资推动

当就业率低、失业率高的时候，工人们会为自己有工作而感到
428 庆幸。他们可能不喜欢自己的工作，但对他们来说，另一种选择是根本没有工作——或者至少是长期失业。在这种情况下，工人们会愿意为相对较低的工资努力工作。他们不会倾向于要求改善工作条件，当然，他们的雇主也不太可能接受这样的要求。此外，当失业率高的时候，工会不太可能通过罢工来要求提高工资：因为在失业率高的情况下，会有很多失业者渴望取代那些罢工的工人。

然而，随着失业率的下降，情况会发生变化。工人们开始对找到新工作充满自信。雇主们都知道，要找人取代那些辞职或罢工的工人将会更困难。现在情况完全不同了：工人们可以要求更高的工

资，要求更安全的工作环境，坚持不那么累人的工作节奏。为了留住现有员工——尤其是那些被认为对公司盈利能力至关重要的员工——雇主必须愿意接受来自员工的部分要求，即使这样做可能会导致利润率下降。

为什么工人在就业率上升的时候有更强的议价能力呢？随着失业率的下降，工人们获得收入的机会也在增加，这提高了第 12 章所定义的“保底工资”（fallback wage）。回顾一下：保底工资以一个工人在其他工作中可以获得的工资为基础，同时受到这个工人在失业情况下预期获得的收入的影响。如果一个雇主只愿意支付保底工资，工人将不在乎他或她是否拥有这份工作；在这种情况下，工人对雇主提出的努力工作的要求也不太可能做出反应。

如果我们假设存在一个法定的失业救济金率（ui），并且工人可以预期在另一份工作中获得特定的工资，那么，这个工人的保底工资将依赖于他或她预期的失业时间的长短（见第 12 章）。这里的重点是预期的失业时间将会随着失业率的变化而变化。失业率越高，工人预期的失业时间越长，因此，保底工资也会越低。相反，随着失业率的下降，预期的失业时间将会缩短，因此保底工资将上升。

当保底工资上涨时，一个被称为**高就业的工资推动**的过程开始发挥作用。图 17.2 显示了这一过程是如何在 19 世纪 90 年代美国经济长期繁荣期间发生的。曲线左侧的第一个点代表 1992 年第二季度（4—6 月）。这一点表明，在 1992 年第二季度，就业率为 92.4%，失业率为 7.6%，实际工资为 7.79 美元。“实际”一词意味着在 1992 年第二季度获得的名义工资所能购买到的商品和服务的组合，在 1982 年需要花费 7.79 美元。（对于图 17.2 中使用的数据，政府统计人员用来计算实际工资的基准年是 1982 年。）

429

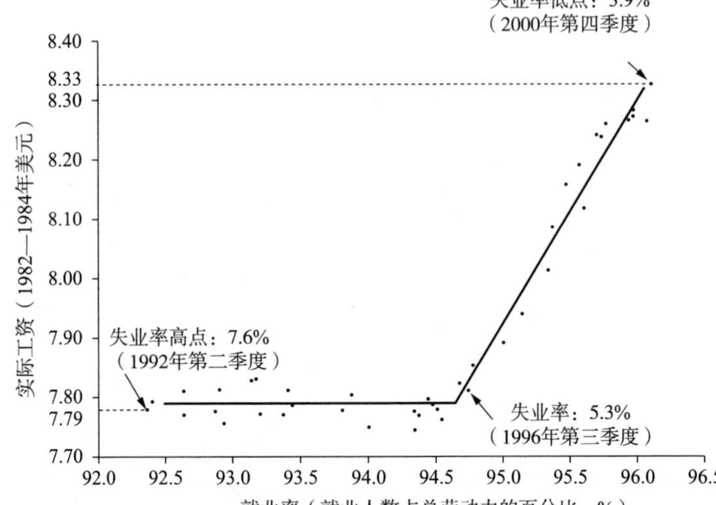

图 17.2　20 世纪 90 年代美国经济繁荣时期的就业和实际工资

本图表明，在 20 世纪的最后十年里，出现了“高就业的工资推动”。数据显示，1996 年第三季度后，当失业率降至 5.3%以下时，实际工资开始稳步上升。

图中纵坐标描绘了从 1992 年第二季度（失业率高达 7.6%，平均工资为 7.79 美元）到 2000 年第四季度（失业率达到 3.9%的周期性低点，实际工资为 8.33 美元）美国生产工人的实际工资（以 1982 年为基期）。1992 年第二季度 7.6%的失业率意味着当时的就业率是 100%−7.6%=92.4%，类似的计算方法也适用于图中关于特定季度失业率的其他表述。

资料来源：U. S. Department of Labor，Bureau of Labor Statistics，detailed statistics on “Employment & Unemployment，” “CPI-Urban Wage Earners and Clerical Workers (CPI-W)，” and “Compensation & Working Conditions，” available at http://www.bls.gov/data/home.htm. Calculations by Arjun Jayadev，University of Massachusetts，Boston.

当然，1992 年的名义工资高于这个水平——每小时 11.10 美元以上——但自 1982 年以来物价也在上涨，因此，11.10 美元在 1982 年的“实际”购买力大大低于 11.10 美元。（参见专栏“货币工资和实际工资”。）

要将 1992 年第二季度每小时 11.10 美元的名义工资换算成

1982 年的实际工资，首先需要知道，合适的消费者价格指数是城市工薪阶层和文职人员的消费者价格指数（CPI-W）。我们还需要知道 1992 年第二季度的 CPI-W 是 142.5。实际工资如下：

$$\frac{\text{1992 第二季度的实际工资}}{\text{(1992 第二季度的 CPI-W)/100}}=\frac{\text{11.10 美元}}{142.5/100}$$

实际工资为 7.79 美元，如图 17.2 所示。说 1992 年第二季度的 CPI-W 是 142.5，意味着该季度总体物价水平比 1982 年的平均水平增长了 42.5%。在 2000 年第四季度，生产工人的平均时薪为 14.5 美元，但是换算成 1982 年的实际收入，仅仅只有 8.33 美元。由此，如果你仔细考虑，也许能算出 2000 年第四季度的 CPI-W。

从 1991 年初到 2000 年底，美国经济稳步增长，就业率从 92.4%上升到 96.1%，失业率从 7.6%下降到 3.9%。如图 17.2 所示，一段时间后，失业率下降到足以让工人有力量推高工资的水平。因此，到 2000 年第四季度，实际工资从 7.79 美元上升到 8.33 美元。这是用曲线上最高最靠右的那个点表示的。 430

但请注意，在图 17.2 中，直到 1996 年下半年，实际工资几乎没有变化，一直徘徊在 7.80 美元左右。只有在 1996 年第三季度，实际工资才出现松动，并开始上涨。事实上，自 1991 年初开始的经济繁荣的前五年，美国工人的平均生活水平并没有得到改善。此外，如果经济增长和相应的失业率下降在 1996 年停止，他们的生活水平可能就不会有任何改善。只有在 1996 年第三季度失业率下降到 5.3%时，工人的工资才开始上涨（见图 17.2 中急剧向上的直线）。在这一点，实际工资开始上涨——在 1996 年第三季度达到 7.81 美元——并且继续稳步上涨，直到 2000 年第四季度达到 8.33 美元的峰值（本轮经济周期的峰值）。在 1996 年第三季度和 2000 年第四季度之间，实际工资的稳步增长可以归因于在此期间失业率从 5.3% 下降到 3.9%。

除非劳动生产率（每小时产出）的增长与工资的增长一样快（或更快），否则工资增长将推高单位劳动成本。但劳动生产率通常不太可能上升，因为在高就业率（低失业率）的情况下，工人就不那么担心失去工作了。因此，他们基本上不可能倾向于通过提高他们努力工作的程度（通过提高生产率）来抵消工资的增长。此外，较低的失业率通常意味着一些缺乏经验和技能的工人被雇用，在他们获得一些经验之前，生产率可能会较低。

高就业的原材料成本推动

正如高就业率会导致更高的劳动成本，原材料成本也会随着就业率的上升而上升。单位原材料成本（*umc*）的增加对利润率的影响也会产生如同高就业的利润挤压一样的影响。

当产量和就业增加时，为了增加产量，生产过程中必须使用更多的原材料。由于企业需要更多的原材料，原材料的供应商可能会提高价格。这样的价格上涨反过来又会压低利润率——高就业的原材料成本推动。

为了理解原材料的成本推动是如何运作的，考虑一种特定的投入品，例如，在大量的生产和消费过程中使用的石油。经济产出的增加不仅会创造更多的就业机会，而且需要使用更多的其他投入，比如石油，因此这些投入的需求曲线会向右平移。正如在第 8 章中所阐释的那样，这种移动的影响将会在投入品市场中创造超额需求，而这往往会推高原材料投入品的价格。其结果是，正如总需求增加所导致的就业增加往往会提高工资和挤压利润一样，对原材料投入品需求的增加往往会通过提高单位原材料成本产生同样的效果。

成本上升挤压利润

那么，雇主会希望就业率尽可能低（失业率尽可能高）吗？ 431
不，当然不是。的确，普遍的失业增强了雇主与工人及原材料供应商之间的议价能力。但是要想盈利，一个企业要做的不仅仅是以低廉的成本生产产品，它还必须生产和销售大量产品。

如果不雇用大量工人，就不可能生产出大量产品。此外，当很多人都有工作，能赚很多钱且花很多钱时，企业才更容易销售大量产品。在高失业率的情况下，许多工人的收入将会减少，由于工人也是消费者，对经济产出的总需求将相应地降低。显然，失业对失业工人的收入有直接影响；然而除此之外，高失业率也削弱了在岗工人的能力，并限制其工资的增长。因此，高失业率将压低所有工人的收入。

因此，我们可以得出结论：雇主将认识到，太低的就业水平将不能使其利润最大化，在这种情况下，消费者将没有足够的货币来购买他们的产品；类似地，雇主也将认识到，太高的就业水平也不能使其利润最大化，在这种情况下，工资和其他成本将过高。

当就业低于一定水平时，增加就业（减少失业）将会提高利润。然而，随着就业的增加，利润率会达到最大值，而进一步增加就业只会导致利润率下降。这是因为，除了利润最大化的就业率，工资和原材料成本的上涨也会挤压利润。当就业增长对利润率产生负面影响时，我们说存在**高就业的利润挤压**（high-employment profit squeeze）。

> 当对劳动力的高需求导致劳动力和原材料成本增加，进而降低利润时，就会出现**高就业的利润挤压**。

这就是高就业的利润挤压的运作方式。人们可能会直观地认为，雇用更多的劳动时间，就会生产出更多的产品，如果这些额外的产品可以被售出，总利润（R）就会增加。然而，即使这些额外的产品可以被售出，这种推理也存在一个问题：它基于这样一个假设，即生产额外单位产品的成本不会随着就业和产出的增加而上升。

在某些情况下，假设成本不变可能是合理的，在这种情况下，总利润肯定会随着就业和产出的扩大而增加。这可能发生在低就业率（高失业率）的情况下，对劳动力和原材料需求的增加不会导致工资或原材料成本的显著增加。再就是那种就业（N）增长最有可能对利润率（r）产生积极影响的情况。

然而，在其他情况下，假设劳动力和原材料成本不变是不合理的，因为事实上，这些成本会随着更多的劳动力和原材料被用于生产更多的产品而增加。最终，投入品成本的增加将超过就业和产出增加对利润率的积极影响。在这种情况下，就业（N）增加对利润率（r）产生的净效应将为负，因此将出现高就业的利润挤压。

432 图 17.3 显示了单位成本（uc）和单位产出（Z）这两个重要变量在不同就业水平下对利润率（r）的影响。图中最上面的图显示，随着就业的扩大（沿着横轴从左向右移动），单位成本（uc）先是缓慢上升，然后在较高的就业水平上上升得越来越快。因此，单位成本曲线在就业水平低的时候几乎是平坦的，然后随着就业水平的上升变得越来越陡峭。单位原材料成本（umc）上升是推动单位成本上升的一个因素，但单位成本上升的主要原因是前文讨论的高就业的工资挤压（ulc 上升），如图 17.2 所示。

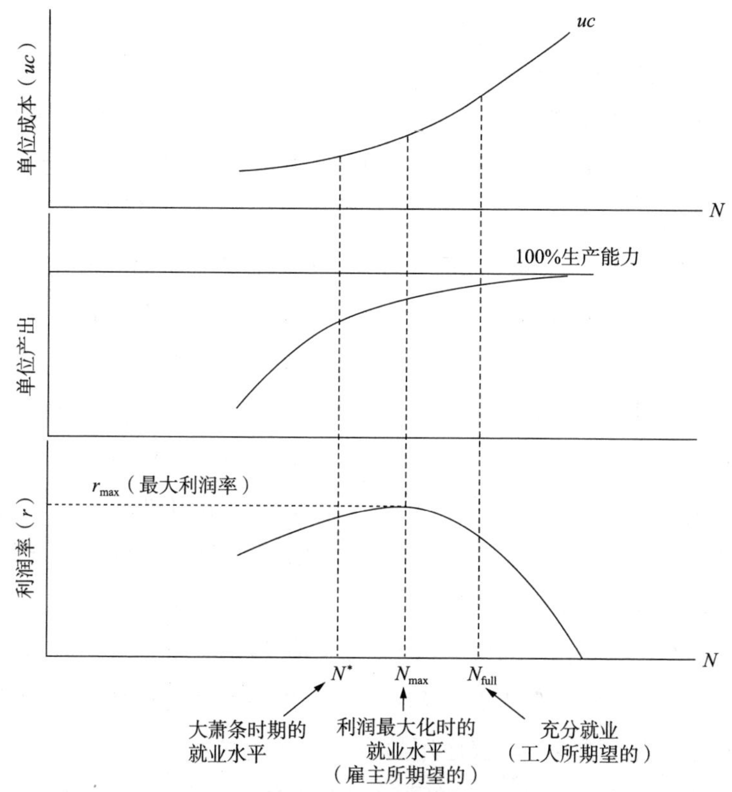

图 17.3　单位成本、单位产出和利润率

本图说明了劳动时间（N）的增加如何影响单位产出和单位成本，以及这些又是如何影响企业利润率的。在本图中，从左向右移动，最下面的图显示了，只要生产和销售更多产品对利润产生的正面影响（中间的图）大于单位成本上升对利润率产生的负面影响（最上面的图），利润率就会上升。当这些正面效应和负面效应达到平衡时，就业水平将处于利润率最高的那个点（N_{max}）。当就业增长超过这一水平时，单位成本的增速加快，而随着企业达到最大生产能力，产出增速将减慢，而且无法迅速扩大产能。单位成本的上升开始压低利润率，这不是雇主想要的。因此，使利润最大化的就业水平 N_{max}是雇主想要的，但它很可能没有实现充分就业（N_{full}）；有些人仍然失业。工人们更喜欢高水平的就业，但这并不容易实现。最下面的图中的就业水平（N^*）提醒读者，均衡就业水平取决于家庭、企业、政府和外国人的需求。原则上，根据这些因素，N^* 几乎可以是任何就业水平，尽管它通常低于 N_{max}。

433 图 17.3 中间的图显示，随着就业的增加，产出（正如人们所预期的）也会增加。起初，产出曲线较陡峭，表明每增加一个工时，产出就会显著增加。然而，随着就业水平的上升，就业增加带来的产出增长越来越小。随着企业接近最大产出（最大生产能力），产出曲线趋于平缓。

最后，图 17.3 最下面的图显示了这两种相互抵消的影响——一方面是产出增加的正面影响，另一方面是单位成本增加的负面影响——决定了不同就业水平的利润率。在低就业水平（高失业率）处，就业的每次增加都会带来产出的大幅增长（见中间的图），但单位成本只会小幅上升（见最上面的图）。因此，利润率随着就业的增加而上升。在该就业区间（最下面的图中的曲线是上升的），每增加一单位产出对利润的贡献，超过了因工人人数的增加导致的成本上升所带来的负面影响。

然而，随着就业的持续增加，新增的劳动时间带来的产出增量越来越小，因此产出曲线趋于平稳，产出对利润的贡献随着雇用更多的劳动力而减少。随着雇用的劳动时间的增加，单位成本上升的速度越来越快（见最上面的图中向上弯曲的曲线）。在某一点，成本增加的负面影响（单位劳动成本和单位原材料成本均上升）超过了更多产出对利润的（逐渐下降的）正面影响——此时利润率本身（见最下面的图）开始下降。在最下面的图中，利润率最高的就业水平被标记为 N_{max}。在该就业水平上，对利润率的两种影响正好抵消，超过了这一点，就业的任何增加均只会使利润率下降。

图 17.4 显示了美国 20 世纪 90 年代经济繁荣时期高就业的利润挤压：就业率上升最初导致利润率上升，但随着就业率的持续上升，利润率最终见顶并开始下降。我们从图的左下角 1992 年的数据点开始。该点显示，1992 年第三季度的失业率为 7.6%（就业率为 92.4%），

利润率为 5.7%。在接下来的五年里，随着就业率的上升，利润率也随之上升，如图 17.3 最下面的图所示。利润率在 1997 年第三季度达到 9.5%的峰值，然后，随着就业率的持续上升，失业率下降到 3.9%，利润率下降到 5.8%，再次遵循图 17.3 所示的模式。

434

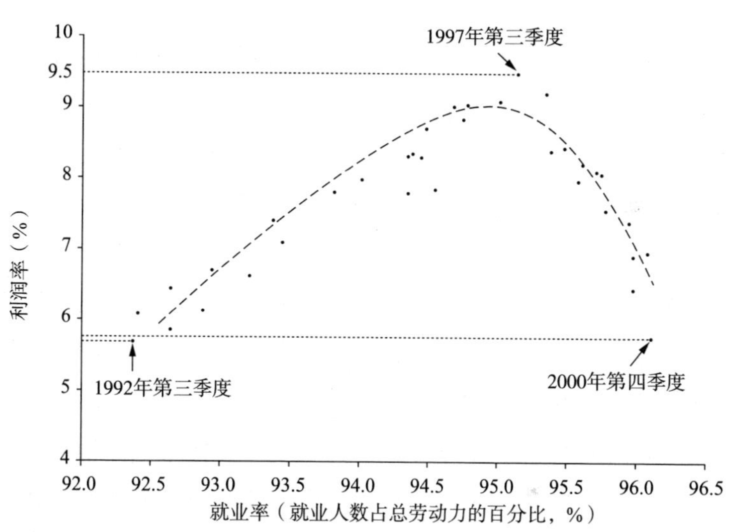

图 17.4　20 世纪 90 年代美国经济繁荣时期的就业率和利润率

本图反映了 20 世纪 90 年代美国经济繁荣时期利润率的起落，与图 17.2 涵盖的时期几乎完全相同。这两幅图中的数据都显示了 20 世纪 90 年代美国经济中发生的高就业的利润挤压。与图 17.3 所描述的模式一致，图 17.2 描绘了实际工资与就业率的关系，而图 17.4 描绘了利润率与就业率的关系。利润数据是针对美国非金融行业的；这一数据不包括银行，但占美国企业的 85%以上。

资料来源：U. S. Department of Commerce，Bureau of Economic Analysis，National Income and Product Accounts（NIPA），Table 1.14：Gross Value Added of Domestic Corporate Business in Current Dollars and Gross Value Added of Nonfinancial Domestic Corporate Business in Current and Chained Dollars，available at https://www.bea.gov/iTable/iTable.cfm?ReqID=9&step=1#reqid=9&step=3&isuri=1&903=55. Calculations by Arjun Jayadev，University of Massachusetts，Boston.

利润率的峰值出现在图 17.2 所示的实际工资上涨一整年之后（1997 年第三季度，而不是 1996 年第三季度）；这与图 17.3 的分析一致，解释了为什么即使工人成功地争取到更高的实际工资，利润率也可能继续上升。只有当劳动力和原材料成本的增长超过经济扩张的积极影响时，利润率才开始下降。在 20 世纪 90 年代的经济繁荣时期，成本的上涨使利润率在 2000 年第四季度下降到 5.8%，与 1992 年第三季度扩张初期的 5.7%几乎完全相同。到 2001 年第一季度末，美国经济停止增长并开始收缩，开始了短暂的经济衰退。

因此，寻求实现充分就业的政策制定者无法逃脱资本主义经济的逻辑。如果政策成功地将就业率提高到一定水平以上，最终将导致利润率下降。这将减少投资，从而减少就业。

除了资本主义的经济逻辑外，实现充分就业还有一个政治上的障碍。那些从利润中获得大部分收入的人，通常具有相当大的政治影响力（有钱能使鬼推磨!），他们中的许多人会抵制采用或执行任何可能削减利润的政策。（在第 19 章，我们将分析政府在资本主义经济中是如何运作的，包括金钱和政治之间的关系。）如果政府报告就业率上升时股市下跌，那么一些企业主会公开宣称，至少在某些情况下，失业率上升——即使是由经济衰退引起的——可能是一件好事，也就不足为奇了。

出口、进口与总需求

435 高就业的利润挤压并不是实现充分就业的唯一障碍。高就业政策在国际经济舞台上也会遇到问题。主要问题在于，降低国内失业率可能会与保持国际市场竞争力的需要相冲突。当国内失业率较低、工资开始上涨时，由于雇主试图保住利润率，物价将会上涨。因此，买方可能会发现其他国家生产的产品比国内生产的产品更便宜。

除非所有国家都实行充分就业政策，否则一个国家的高就业政策所造成的成本和价格上升可能意味着其商品和服务在国际市场上没有竞争力。其结果将是出口下降和进口激增，因为消费者和企业将避开价格高昂的国内生产的商品，转而购买价格更低的进口商品。部分原因可能是美国跨国公司将生产转移到海外以应对美国工资的上涨——但这当然也会减缓工资上涨的速度，甚至有可能扭转工资上涨的趋势。

于是出现了两个问题。首先，正如我们很快会看到的，出口下降和进口上升意味着对国内生产的产品的总需求将下降。其次，长期存在的现实问题是，从世界上其他国家和地区多买少卖的这种情况不能无限期地持续下去。在短期内，进口大于出口的差额可以通过借贷来支付，就像美国在 20 世纪 90 年代末和 21 世纪初的大规模借贷那样。但这些贷款迟早需要偿还。在这里，我们关注第一个问题，即贸易赤字对总需求的短期影响。

我们感兴趣的问题是对国内生产的产品的需求，不管这种需求来自国内还是国外。只有国内的产品生产才能雇用这个国家的工人，而我们所关心的是国内就业。所以，例如，美国出售美国制造的钻床给一个德国公司，以及出售一磅美国生产的小麦给孟买的一个家庭，都对美国的总需求和就业做出贡献。相反，亚特兰大的企业购买一台日本制造的计算机，或者芝加哥的居民购买一块瑞士巧克力，都不会在美国创造就业机会。这种购买将有助于增加其他国家的总需求，从而增加它们的就业。

一旦考虑进出口，我们就会发现，并非美国对消费品的所有需求都是美国总需求的一部分。如前所述，美国人购买瑞士巧克力就不属于美国的总需求。也不是所有对投资品的需求都是总需求的一部分。美国企业购买日本制造的计算机也不属于美国的总需求。因此，当考虑到国际贸易时，对**进口**商品的需求——不是直接针对国内生产的商品的需求——必须从总需求中**扣除**。而对**出口**商品的需求——外国人对国内生产的商品的需求——要**增加**到总需求中。

进行这种必要调整的一个简单方法是，用**净出口**这一术语来表示商品和服务的出口总值与进口总值之间的差额。如果一个国家的出口大于进口，则净出口为正——总需求增加；相反，如果进口大于出口，则净进口为负——它们减少了总需求。我们用字母 X 表示
436 净出口，则：

$$X=\text{净出口}=\text{总出口}-\text{总进口}$$

通过这种简化，只要把 X 添加到第 16 章中提出的总需求方程［式（16.7）］中，我们就可以把出口和进口都考虑进来：

$$\text{总需求}=AD=C+I+B+X \tag{17.1}$$

如前所述，C 表示对消费品的总需求，I 表示对投资品的总需求，B 表示政府赤字支出。由式（17.1）可知，正如 B、C 或者 I 的增加一样，X 的增加也会提高总需求并且会将就业提升到更高的水平（假设其他条件不变），而净出口的下降会产生相反的效果。

对出口和进口的需求

与投资和消费一样，我们需要知道净出口水平是由什么决定的。简言之，净出口水平由以下因素决定：(a) 国内和国外的收入水平；(b) 与国内可比产品相比，外国产品的价格。为了更全面地了解净出口价值是如何确定的，我们需要更仔细地研究它们之间的关系。

首先，考虑一个特定国家收入增长对该国净出口的影响。随着美国家庭和企业收入的增长，它们都将购买更多的商品，因为有更

多的钱可以支配。它们购买的商品中包括汽车、机械等进口商品。因此，当收入增加时，进口也会增加。然而，出口却不会因为收入的增长而增加。如果收入增加导致进口增加，而出口保持在现有水平，净出口会下降。

由于收入随就业的增加（或减少）而上升（或下降），仅通过观察就业率的变化就可以得出同样的结论。在就业水平较低的情况下，收入也会较低，因此，消费者和企业的支出——包括进口支出——将受到限制。但是，就业的增加将产生更多的收入，如前所述，一些新增的收入将用于进口商品的消费。因此，进口将会随着就业的增加而增加，随着就业的减少（失业率上升）而下降。除非出口水平发生变化，否则就业增加将减少净出口，而就业减少将产生相反的效果。

刚才我们假设一个国家的出口是不变的。当然，这是不现实的。正如一个国家本身的就业和收入水平的变化会影响其进口一样，其他国家就业和收入水平的变化也影响其出口。考虑一下美国的情况。如果世界其他地区失业率高、人民贫穷，对美国出口商品的需求就会下降。如果在同样的时间美国人很富裕，购买大量进口商品，净出口也会很低，甚至可能是负数。但是，其他国家收入的增加将导致美国出口和净出口的增加。

影响美国净出口水平的另一个主要因素是美国进口商品的价格
与国内生产的商品的价格之比。如果国内生产的商品比其他国家和 437
地区生产的便宜，那么进口就会少而出口就会多（外国人会发现从美国进口商品比在本国生产更有吸引力）。在这种情况下，美国的净出口很可能是正的。但是，当然，如果其他地方生产的商品相对便宜（或者说，美国生产的商品相对昂贵），那么美国进口的数量就会高于出口的数量。这是因为美国的买家（无论是个人还是企业）更愿意把钱花在外国制造的商品上，所以进口将会旺盛，净出口甚至可能为负。

然而，总部设在美国的跨国公司故意利用转移定价将利润转移到低税或零税的司法管辖区，从而减少纳税义务，这也是事实。一种做法是，它们在美国境外的分支机构对其在避税天堂持有的商品和服务（如使用知识产权的权利）向美国公司收取高额费用。它们也可以对它们在国外生产并运往美国市场的商品采取同样的做法：收取较高的价格，这将推高美国进口商品的申报价值。从 20 世纪 70 年代中期到现在，美国的商品贸易逆差不断扩大，这可能在很大程度上是由于美国跨国公司在海外的分支机构越来越多地采用这种做法。2015 年，美国年度贸易逆差约为5 000亿美元。

为了明确相对价格对净出口价值的影响，我们用 P_z 表示国内生产的商品的价格（如前几章所述），用 P_{im} 表示其他国家或地区生产的商品的价格（P_{im} 表示进口价格）。其他国家或地区生产的商品的价格与国内生产的商品的价格之比是进口商品的实际价格：

$$进口商品的实际价格=P_{im}/P_z \tag{17.2}$$

假设一个叫格林兰（Grainland）的国家出口粮食、进口犁，而另一个叫普罗兰（Plowland）的国家出口犁、进口粮食。再假设世界市场上的 1 张犁可以用 10 蒲式耳粮食买到。所以格林兰从普罗兰进口 1 张犁的实际价格是 10 蒲式耳粮食。用货币表示，符合这一假设的价格是 1 蒲式耳粮食的价格为 20 美元，1 张犁的价格为 200 美元。那么，从格林兰的角度来看，P_{im}/P_z 为 200 美元/20 美元，进口 1 张犁的实际价格是 10 蒲式耳粮食，即格林兰为了赚取购买犁所需的 200 美元必须出口的粮食数量。

如果进口一张犁的实际价格上升到 11 蒲式耳小麦（例如，如果犁的价格上升到 220 美元），这也会影响格林兰的剩余粮食规模。现在，格林兰每进口一张犁，就要多出口 1 蒲式耳粮食。如果没有其他变化，对那些控制生产过程的人而言，作为剩余产品留下来的总产出将越来越少。正如第 10 章所阐明的，当原材料投入品的价格上涨（其他条件不变）时，利润将下降。因此，一国进口投入品的实际价格上涨将减少该国的剩余产品。这就是它在我们假设的格林兰的例子中的原理。在一个真实的现代经济中，情况又会如何呢？

汇　率

想象一下，一个美国农民想从德国进口 1 张犁。购买进口犁（一笔很可能是由美国农业设备经销商进行的交易）需要两个步骤。第一步是卖出美元，买入欧元（在德国使用的货币），假设德国犁的生产者希望用欧元支付。第二步是美国经销商向德国生产商支付购买犁所需的欧元。交易中这一步的成本将取决于交易发生当天每 1 美元能够购买多少欧元。 438

因此，进口商品的美元价格取决于两个因素：首先，它取决于以欧元计价的进口商品的价格；其次，它取决于 1 美元能买多少欧元，即美元的价值（以欧元表示）或欧元兑美元的**汇率**（foreign exchange rate）。（也就是你在网上搜索“美元兑欧元”时得到的数字。）

> **汇率**是一种货币所能购买的另一种货币的数量。美元兑欧元的汇率是指 1 美元能购买到的欧元的数量，也称为“美元兑欧元的价值”。

当然，鉴于全球货币市场允许货币汇率波动的事实，美元所能兑换到的特定国家的货币量是不同的，而且汇率每天都在变化。比如，2016 年 8 月 6 日，1 美元可兑换 0.90 欧元、101.8 日元或 0.77 英镑。

以美元表示的进口商品的价格（P_{im}），等于以本国货币表示的进口商品的价格（P_{imf}）除以美元价值（v），v 表示 1 美元能够购买的货币单位数量（“美元兑欧元的汇率”）。① “P_{imf}” 中的 “f” 表示以“外国货币”本身表示的进口商品的价格，因此：

$$P_{im}=P_{imf}/v \tag{17.3}$$

如果这个例子中的犁是从德国进口的，知道了进口当天美元和欧元之间的汇率，我们就能计算出它以欧元表示的初始成本。如果犁是在 2016 年 8 月 6 日进口的，当时美元的价值（v）是 0.9 欧元，因此该犁（在美国的售价是 200 美元）在德国的价格应该是 158 欧元：200 美元＝180 欧元/(0.9 欧元/美元)。（为了简化，我们在这里做出如下不现实的假设：不存在交易成本，也没有农业设备进口商的加价行为。）如果犁的价格在德国保持不变，那么美元升值(意味着 1 美元可以买到比以前更多的欧元）会降低作为美国进口商品的犁的价格。按照式（17.3）可以得到这个结果，也可以通过直觉感知到：较高的美元价值意味着每一美元在其他国家能买到更多的商品，所以只需要更少的美元就能购买到犁。当美元升值时，美国人倾向于购买更多的外国产品（更多的进口）；当美元贬值时，情况正好相反。

20 世纪 80 年代初，美元的大幅升值导致钢铁和机械制造商以及农作物出口商抱怨它们在国际市场和国内市场都面临着艰难的竞争。而在 80 年代中期，当美元贬值时，这些问题在很大程度上得以缓解。

一般而言，当一个国家的货币升值（相对于其他货币），这个

---

① 注意，在 2000 年之前，大致可以说，文献对这些术语的使用显著不同。在更早的时期，经济学家们用“美元兑日元的汇率”来表示“用日元表示的美元价值”的倒数(以使两者的积为 1)。

国家会进口更多的商品，因为这些商品现在比以前便宜；而出口的商品会减少，因为对于其他国家的买家来说，商品比以前变贵了。 439

在下一节中，我们将解释决定特定国家货币价值的因素。到目前为止，我们已经确定，净出口需求是由以下因素决定的：

- 国内外家庭和企业的收入；
- 国内外商品的价格；
- 本币与各种外币之间的汇率。

有了这些信息，我们现在可以考虑进出口对就业和高就业政策的影响了。

国际贸易与宏观经济政策

当在一个与全球经济有着重大关联的经济体中实施高就业的宏观经济政策时，它们是如何发挥作用的？对国外产品的进口和对国内产品的出口是否限制了旨在促进就业的宏观经济政策的效力？在考虑国际贸易和宏观经济政策之间的关系后，人们面临两个基本问题：第一，旨在促进净出口的政策能否成功地实现高水平的国内就业？第二，为了在全球经济中具有竞争力，是否需要采取保持高失业率的宏观经济政策，以保持足够低的生产成本，从而使企业在产品定价上具有竞争力？

促进净出口

鼓励出口和限制进口（即促进净出口）似乎是促进国内就业的一个有希望的办法。如果能在不改变任何其他重要经济变量的前提下提高净出口，结果当然是能增加就业岗位。但是在现实的世界中，保持这些变量不变通常是困难的。

为了限制进口，可以对进口商品征税（关税），或者对可能从他国进口的商品实施数量限制（配额）。美国曾经用这种方法成功地限制了来自日本的汽车进口。在美国，有一些诸如“购买美国货”的运动也可能使人们降低对进口商品的需求。某个特定国家的政府可以通过偿付部分生产成本（如美国对其农产品的做法）或者劝说其他国家给予其优惠待遇（如帝国主义国家对其殖民地所做的）来促进出口。

旨在限制进口的政策在过去曾多次奏效。在19世纪，美国和德国都曾使用关税来保护国内工业，从而免受来自英国的低成本制成品的冲击。通过这种做法，它们可以发展自己的制造业，同时促进
440 本国的就业和经济增长。近几十年来，韩国和日本政府通过对本国产品的出口价格给予补贴，积极促进本国产品的出口。作为这种政策实施的部分后果，这两个国家都实现了高水平的就业率和快速的经济增长。

然而，促进出口和限制进口的战略并不适用于所有国家，更不可能同时适用于所有国家。毕竟，不止一个国家可以参与这个游戏，任何一个国家的成功都会受到其他国家的限制。

首先，其他国家可能会采取报复行动。例如，如果美国让巴西难以向美国出口鞋子，巴西可能会对美国向巴西出口的农业设备设置障碍。任何试图通过排斥他国商品来创造就业机会的国家，都可能发现自己的商品被排斥在他国市场之外。其结果可能是工作岗位的减少，而非增加。

其次，所有国家不可能同时扩大净出口。因为世界净出口总额必须始终为零，这是事实。想象一个由两个国家构成的世界，其中一个国家的净出口为正。在这种情况下，第二个国家的净出口必然为负。由于第一个国家的出口大于进口，第二个国家的进口必须大

于出口，而第二个国家负的净出口必须恰好与第一个国家正的净出口相平衡。对于一个由 200 多个国家或地区组成的世界来说，逻辑是相同的，这里所涉及的与报复无关，这是一个简单的算术问题。

最后，即使这两个国家设法增加对彼此的出口，也可能两国的净出口都不会增加，在这种情况下，两国的总需求和就业都不会增加。同样，这里没有涉及报复，但在任何一个国家，一个成功的出口促进战略都不会带来就业的增加。

设想一下，美国成功地向欧洲出口了化工产品，欧洲也成功地向美国出口了汽车。两个经济体的出口行业都将蓬勃发展，并将雇用更多的工人。美国的化工工人找工作不会有问题。欧洲的汽车工人不用担心失业。但这两个经济体的就业岗位会出现净增长吗？可能不会。欧洲的汽车出口将是美国的汽车进口，美国的汽车工人将被解雇。在欧洲，化工工人将遭受失业。美国从欧洲增加的进口将会减少美国的净出口，而欧洲从美国增加的进口将会减少欧洲的净出口。如果两国的出口都翻一番，欧洲和美国的**净**出口将保持不变。

注意，如果欧洲更擅长生产汽车，而美国更擅长生产化工产品，那么欧洲和美国的汽车和化工产品的**消费者**可能都会受益。在这种情况下，欧洲在汽车生产方面的日益专业化和美国在化工产品方面的日益专业化将导致这两种产品的总产出增加。因此，汽车和化工产品的总消费量可能会增加。

虽然增加净出口的战略不能适用于所有国家，但在某些情况下它们可能会奏效。如果采取这种政策的国家拥有一种或两种不同寻常的优势，那么促进出口和限制进口可以导致该国就业总人数的增
加。首先，如果这个国家非常强大，可以防止报复，那么这些政策 441
可能会奏效。其次，如果这个国家能够以当前的工资水平和现有的汇率，以比其他国家低得多的成本生产许多商品，那么促进净出口

的策略可能会成功。一个国家如果能声称拥有这两种优势中的任何一种，将最有可能成功地利用净出口促进战略来提高其在全球经济中的竞争地位。

在全球市场上竞争

一个国家有可能在不保持高失业率的情况下在全球市场上竞争吗？要在全球市场上竞争，一个国家必须能够以与其他国家产品的价格相竞争的价格销售其产品。但要保持低价，成本必须相对较低，包括单位劳动成本。然而，从本章前面关于高就业的工资推动的讨论中我们知道，当失业率下降时，单位劳动成本上升。那么，一个国家如何在实现高净出口的同时实施高就业的宏观经济政策呢？

这就是问题所在。失业率较高时产品价格低廉，因而一个国家的商品在世界市场上具有竞争力。出口将会繁荣，进口需求将会减少，因为进口商品无法与国内生产的商品竞争。在这种情况下，净出口将处于高位。但是较高的净出口会增加总需求，从而创造更多就业。

正如我们所看到的，就业增加将导致失业率下降和成本上升。在这种情况下，企业将尽可能地提高价格，以在成本上升的情况下保持利润率。但随着价格的上涨，出口将下降，进口将增加，最终进口将超过出口，因此净出口将为负。在这一点上，国际贸易将产生减少总需求和抑制就业进一步增长的效果。

成本和价格上涨对一国净出口状况的影响可以通过式（17.2）解释得更清楚。随着物价的上涨，进口商品的实际价格将下降（P_z 上升，P_{im}/P_z 下降）。由于其他国家和地区生产的产品价格更优惠，购买者会少购买国内生产的产品，而多购买进口产品。结果将是净出口的下降，甚至可能造成总需求的锐减，从而使就业不再增长。因此，随着进口上升、出口下降，结果将不是为本国而是为他国创造了就业岗位。

各国独立的宏观经济政策具有鲜明的“跟随”（after you）性质。每个国家都希望**其他**国家采取扩张性宏观经济政策——例如赤字支出和低利率——以便增加出口，为本国人民创造更多的就业和收入。其他国家较高的就业率和收入将增加对本国出口商品的需求，从而在本国创造就业机会。如果所有国家同时采取赤字支出政策，其效果将是相互支持的。但是，任何一个试图单独扩大就业的国家都可能面临通货膨胀、不断增加的进口以及几乎没有创造就业机会的局面。

我们刚才指出的困难来自两个方面：高就业的利润挤压，以及独自采取宏观经济政策的国家之间协调的缺乏。因此，高就业政策的成功需要两个条件：第一，必须找到一种方法来降低高就业率带 442
来的成本压力；第二，世界主要国家的政府必须采取相辅相成的而非竞争性的和弄巧成拙的宏观经济政策。这包括相互协调做出决策以扩大总需求，而不是阻碍进口或等待其他国家扩大其总需求。我们将在结论部分考虑一些用来实现这些目标的政策。但在思考这些选择之前，我们先分析宏观经济政策中最后一个重要的两难选择。

货币政策与财政政策的不一致

货币政策（央行对利率的影响）和财政政策（政府支出和税收的变化）都是增加产出和就业的有效工具。但是，它们的作用常常是相反的，一个的影响会抵消另一个的影响，因此，两者潜在的有益影响都会大大减少。

主要的问题在于，旨在增加总需求和创造更多就业机会的赤字支出需要政府借款——通常是大量的借款——以达到收支平衡。当政府借入大量资金时，其他人（例如，打算借款买车的消费者，或者是想用抵押贷款购买新机器的企业）就更难获得信贷。因为政府、企业和家庭借款的来源是相同的（都在同一个市场上），所以会出现信贷挤压；所有潜在的借款者之间彼此都存在着竞争。

这种竞争的结果是，一些想要借钱的企业和家庭无法获得贷款，而那些获得贷款的人最终要为贷款支付更高的利率。如果想要解决的是有效需求不足的问题，这恰恰是我们不想要的，因为正如我们所看到的，加息既不利于投资，也不利于消费者购买，因此会减少总需求。这种负效应至少会部分地抵消支出增长的正效应。

因此，政府的支出和借款可能会减少家庭和企业的支出和借款。这种现象被称为“挤出效应”：政府的借款行为把它在借款市场上的竞争者——家庭和企业“挤出”了市场，并且产生了降低家庭和企业支出的效果。因此，在衡量赤字支出对总需求的积极影响时，必须把它的挤出效应也考虑进去。

经济学家们对挤出效应的程度争论不休。显然，其影响取决于政府借款对消费者和企业信贷可获得性的影响程度，进而取决于信贷可获得性的降低对消费者支出和投资支出的影响程度。不幸的是，人们在这些问题上没有达成共识。

如果政府只是简单地靠印刷更多的钞票而不是借款为其支出筹资，它就不会在信贷市场上与家庭和企业竞争。尽管如此，挤出效应仍然可能发生，因为政府会花费它印出的钞票，而这些钞票会与家庭和企业在可供给商品和服务上展开竞争。正如我们在下
443 一章将解释的，当政府、家庭和企业或者通过借款，或者就政府而言通过印刷额外的钞票，使其支出超过自己的财力时，后果就很可

能是通货膨胀。这就是政府一般不通过印刷钞票为其支出筹资的原因。

利率是由什么决定的?

简单来讲，利率（i）就是租用货币的价格。如果年利率是 10%，借入 100 美元的借款人必须在年底偿还 110 美元。这 10 美元的差额就是 100 美元的年租金。

没有单一的利率。利率的变化取决于贷款的期限、用途以及借款人偿还贷款的可能性等。但是，由于所有利率往往会同时上升和下降，我们把利率当作所有利率的平均值来讨论。

简言之，和其他价格一样，利率是由供求决定的。在这里适用的供给是指可用于借贷的货币的供给，即**可贷资金的供给**。这里所探讨的需求指**可贷资金的需求**。因此，利率是由个人、企业和政府想要借款的数量以及个人、企业（尤其是银行）和政府想要借出的货币量决定的。

可贷资金的供给取决于影响国内外银行、家庭、企业和政府放贷的各种因素。这取决于如下因素：政府的政策，比如监管银行放贷行为的政策；家庭的行为——例如在不同利率下想要储蓄多少；以及海外有多少人或政府希望在美国市场放贷，例如购买政府或企业发行的美国债券。任何这些决定因素的改变都会改变可贷资金的供给曲线。

对可贷资金的需求取决于政府、家庭和企业的借款规模。政府通过借款来弥补赤字或对现有债务进行再融资，以建设学校或供水系统等地方基础设施。家庭通过借款购买商品（汽车、房屋等）；企业通过借款进行投资或为运营融资。任何这些决定因素的变化都会导致可贷资金需求曲线向左或向右移动。

在给定的任意一天，无论这两条曲线出现在什么位置，利率都将趋向于市场出清水平，即两条曲线相交，可贷资金的供给等于可贷资金的需求（各经济主体希望借到的资金量）。

简言之，利率是借来的钱的价格，这个价格的决定方式与其他大多数市场的价格的决定方式相同。决定供给曲线或需求曲线位置的任何因素的变化——例如，个人、企业或政府对贷款或借款数额的决定的变化——将导致市场出清利率上升或下降。

图 17.5 显示了对可贷资金的需求和供给是如何相互作用从而决定利率的。可贷资金需求曲线表示在每一个利率水平上所有潜在的
444 借款者想要借的货币量。例如，在这幅图中，如果利率为 $a\%$，借款者想要借入的货币量是 Da 美元。对可贷资金的需求产生于许多不同的来源。这些来源包括：想借钱买车或是通过抵押贷款买房的消费者；想要借钱投资（比如建造新工厂）的企业；以及想要超出税收进行（赤字）支出的政府（地方政府、州政府以及联邦政府）。企业需要足够的资金来维持经营，消费者必须有足够的资金来维持收入和购买之间的资金流。有时他们需要借钱来达到这些目的。企业可能还想借钱购买另一个企业，或出于投机目的购买土地（个人也可能这样做）。这样的例子不胜枚举。如果利率下降，对可贷资金的需求将增加，这是由需求曲线向右下方倾斜的事实所表明的。

图中还显示了可贷资金供给曲线。对它的解读方式与可贷资金需求曲线相同。如果利率是 $a\%$，个人、企业（包括银行）和政府想要借出的货币总额为“Sa”美元。如果利率上升，他们会借出更多，因此供给曲线向右上方倾斜。

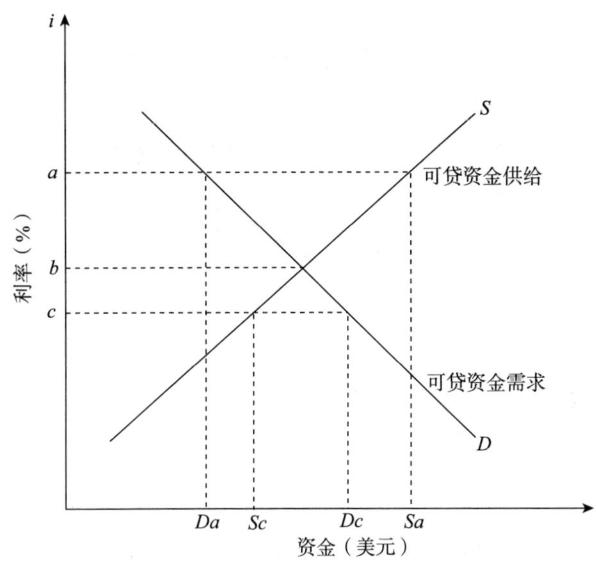

图 17.5　利率的决定

本图显示了利率（i）是如何由可贷资金市场的供求关系决定的。像大多数商品和服务的供给曲线一样，可贷资金供给曲线是向右上方倾斜的，表明利率上升会增加可贷资金的供给（个人、企业和政府将愿意借出更多的资金），而利率下降会导致可贷资金供给的紧缩。可贷资金需求曲线向右下方倾斜，表明当利率下降时，可贷资金的需求增加（个人、企业、政府会寻求借入更多的资金），反之，当利率上升时，可贷资金的需求下降。

借款人和贷款人不必是同一个国家的公民、企业或政府，他们 445
可能来自世界各地。例如，美国可贷资金的供给（以及需求）并不仅仅取决于美国的情况。一方面，如果美国的利率很低，许多外国借款人可能会选择在美国借钱，而不是在自己的国家。这将增加美国对可贷资金的需求。另一方面，当美国的利率很高时，外国银行和其他来自国外的贷款人会想要把钱贷给美国的借款人，从而增加了美国可贷资金的供给量。

决定可贷资金供给的一个非常重要的因素是一个国家的中央银

行，例如，英国的英格兰银行和美国的联邦储备系统（美联储）所实施的货币政策。（加入欧盟的国家的货币政策由欧洲央行执行。）美国中央银行（美联储）和其他国家的中央银行一样，是一个完全独立的机构。其理事会完全有权决定美国的货币政策。美联储理事会也不是一个经选举产生的机构。这个机构唯一（间接）民主的一面是，它的主席每四年由美国总统任命一次（在总统选举年的前一年）。理事会的所有其他成员要么是美联储地区分支机构的代表（他们也不是民选产生的），要么是现任理事选出的个人（通常是银行家）。

一个国家的中央银行管理着国内其他银行，并有能力影响一个经济体中可供借贷和消费的货币总量（货币供给）。特别是，中央银行可以让银行和其他贷款机构发放贷款更容易或更困难，这直接影响到可贷资金的供给。因此，任何特定一天的可贷资金供给曲线的位置都会受到货币政策的强烈影响。

正如第 18 章将阐释的，一国中央银行的行长通常把可能的通货膨胀威胁作为他关注的首要问题。他可能会认为，当选的国家领导人——比如美国国会的成员——正在进行如此多的赤字支出（B）以至总需求各组成部分的总和（$C+I+B+X$）超过了当前经济中商品和服务的供给能力。在这种情况下，央行可能会试图通过限制国家货币供给的增长来遏制通胀。这将阻止可贷资金供给曲线向右移动，甚至可能使其向左移动。无论如何，随着可贷资金需求曲线向右移动，就像经济增长时那样，结果将是利率上升。如前所述，利率的上升将倾向于抑制消费者和企业的借贷和支出决定，从而削弱总需求，减缓或逆转就业增长。通过这种方式，美联储可能会强化（已有的）对扩张性财政政策的反向操作，影响可贷资金市场。

可贷资金的供给和需求以下列方式决定利率。回到图 17.5，假

设利率为 $c\%$，可贷资金的需求为 Dc 美元，而供给为 Sc 美元。因
为 Dc 美元大于 Sc 美元，一些借款者将无法以这个利率借到他们想
要的金额。注意到这种未被满足的需求后，银行和其他贷款机构会
认为它们可以收取更高的利率。随着银行提高利率，可贷资金的供 446
给将会增加，而需求将会减少。与第 8 章阐述的均衡过程类似，利
率将趋向于上升到 $b\%$，即需求量和供给量相等的水平。在这一点
上，可贷资金市场将会出清：既不会有过剩的供给，也不会有过剩
的需求。

除了利率以外，还有很多其他因素影响着可贷资金的供给和需求。供给者或需求者对就业率、增长率、通货膨胀率和各种其他变量的预期，包括政治稳定和未来的战争或和平，将影响他们贷款的意愿或他们对借款的渴望。当供给者对这类事情的预期发生变化时，结果将是可贷资金供给曲线的变化；当需求者的预期改变时，结果将是可贷资金需求曲线的变化。

借款与汇率

政府借款即使没有抑制对消费品和投资品的需求，也会对支出产生负面影响。政府借款会减少一个国家的净出口，因为它会抬高一个国家的汇率（以美国为例，即美元的价值），从而阻碍出口、鼓励进口。例如，当美元升值时，美国的净出口将会下降，因为这会使美国出口的产品对世界其他国家的买家来说更贵，而从世界其他国家进口的产品则更便宜。

某个特定国家的政府借款如何提高该国的货币价值？我们已经看到，大规模的政府借贷，例如美国政府的借贷，将会提高美国的利率。高利率会导致世界其他地方的个人和企业想要把他们的钱投资到美国，以获得更高的财富回报率。但是，举例来说，为了投资

美国证券，他们将不得不在全球货币市场上购买美元。这样做会增加对美元的需求，这将使美元的需求曲线向右平移。除非同时美元供给增加（人们希望卖出美元并购买其他货币），否则美元需求的增加将推高美元相对于其他货币的价值。经常发生的情况是，当美国的利率上升时（可能是政府借贷增加的结果），外国投资者寻求购买美国国债，因为此时美国国债的利率高于其他证券的回报。这意味着他们增加了对美元的需求，他们会用他们的英镑、日元、欧元或其他货币来兑换美元——这抬高了美元的价值。这种情况发生在1979年前后，当时利率大幅上调。1994年，这种情况再次发生，联邦基金利率从7.2%上升到9.2%。有时这类事件会导致大量资金流入美国，导致资金流出国出现货币危机（本币价值急剧下降）。1994年底，这种情况曾在墨西哥发生，造成墨西哥比索价值的巨大损失，导致严重的经济危机。

简单看一下借贷和汇率之间的关系，我们可以得出另一个重要的结论。一个国家的政府借贷提高了国内利率，它也倾向于提高该
447 国货币的价值，进而会增加进口，提高出口难度，抑制净出口，减少总需求（净出口是总需求的一个组成部分）。其结果是，为赤字支出提供资金所需的借贷效应，往往会抵消其创造就业效应。

货币政策与财政政策之间的冲突

两种宏观经济政策之间的冲突可以概括为以下几点。当政府进行赤字支出（财政政策）时，它必须从可贷资金市场上借入足够的资金来弥补赤字（假设政府不会仅仅依靠印刷货币来获得所需资金）。这种借款是在同一个市场上与消费者和企业进行竞争，这提高了利率，并且至少“挤出”了一些非政府借款者。利率的提高不仅会通过压制个人和企业在消费品和投资品上的支出而减少总需

求，而且往往会提高这个国家的汇率，从而鼓励进口，抑制出口——随之而来的净出口的减少也会降低总需求。对总需求的这两个负面影响往往都会抵消最初的赤字支出所带来的创造就业效应。

此外，如果中央银行（在美国是美联储）认为赤字支出的数额有引起通货膨胀的危险，这些抵消作用就会被放大。在这种情况下（事实经常如此），中央银行将通过限制货币供应量的增长来限制可贷资金的供给。教训很明显：政府借款可以对总需求和就业水平产生积极影响，但这种财政政策的有效性可能会被其他影响部分抵消。如果美联储采取的货币政策的效果是提高利率，甚至超过政府在可贷资金市场上借款的效果，那么扩张性财政政策对就业率的积极影响可能会被抵消。

实现充分就业的制度

通过实施宏观经济政策——特别是财政政策——而获得的潜在的好处是前一章的重点。在本章，我们分析了这些政策在实践中遇到的困难。我们现在权衡利弊。在这方面有许多有争议的问题，但有一些要点是清晰的。

第一，如果没有政府促进高就业的政策，资本主义经济中的失业有时可能会达到令人无法接受的高水平。而且，失业给人们带来的负面影响将被与经济周期相关的不确定性放大。

第二，政府政策能够影响总需求水平，从而降低失业率。政府的政策至少能在一定程度上缓解经济周期的波动。

已达成共识的第三点是，单靠财政政策或货币政策不能带来就
业的持续增长（减少失业）。若没有制度性的变革，充分就业政策 448
仍将面临本章所述的如下障碍：

- 高就业的利润挤压；
- 高就业水平下的通货膨胀压力；
- 高就业对净出口的负面影响；
- 货币政策与财政政策间的紧张关系。

此处回顾的所有障碍都可能在资本主义经济中出现，但与近几年的美国相比，仍然有一些国家已经实现了更低的失业率。图 17.1 显示，从 1971 年到 2012 年，瑞典和日本的平均失业率远低于美国、英国和法国。与其他国家的比较提醒我们，失业并不像天气一样，是我们不得不接受和忍受的事情。有些国家在相当长的一段时间内失业率较高，那是它们的制度和政策使然。那么，要实现更高的就业水平，需要做出哪些改变呢？

充分就业的制度障碍

要解决制度变革的问题，我们必须准确地了解在美国式资本主义经济中哪种制度结构该为持续的高失业率负责。主要有两个方面：

一是**经济决策的私人性和不协调性**。每个人决定买多少产品，每个雇主决定生产多少产品及雇用多少人的决策都是独立做出的。我们没有理由期望所有这些独立做出的决策能产生适量的总需求，而该总需求水平需要的就业小时数恰好等于工人希望工作的小时数。

然而，经济决策的不协调性本身并不意味着失业的必然存在，而只是说明了对劳动力的需求通常不等于劳动力的供给。供给过剩（失业）是一种可能性；而需求过剩则是另一种可能性，尽管我们没有专业的术语来描述它。

劳动市场的独特本质在这里十分显著。其他市场能够通过供给者和需求者之间的竞争消除过度供给或过度需求（回顾第 8 章对啤酒市场的分析）。劳动市场与其他市场的不同，有助于解释为什么经济参与者们互不配合的决策不太可能使该市场出清。（见第 12 章对劳动市场的分析，特别是对企业为什么通常选择支付高于市场出清工资的工资的讨论。）

另一个在资本主义经济中不利于实现充分就业的重要制度结构与生产中使用的资本品是私有的这一事实有关（见第 5 章）。由于资本品的所有权高度不平等（见图 5.2），资本主义经济中的工人一般 449
为别人工作，而不是为自己工作。此外，生产的产品或服务归资本品所有人（公司所有人）所有而不是归其雇员所有。当工人们不拥有他们生产出来的产品时，除了为保住饭碗所必需的工作以外，他们没有理由做得更多。只有失业的威胁才会让他们警觉。

如果工人拥有他们所从事工作的工具，从而能够为自己工作，那么每个工人都能从自己的辛勤劳动中获得更高的收入。出于同样的原因，每个工人都要为在工作中偷懒付出收入减少的代价。我们可以把这些观点概括为：失业存在的原因在于**生产过程的阶级性**，也就是说，失业对于激励和控制那些没有自己劳动产品的工人是必要的。

总之，在资本主义经济中，失业持续存在的主要原因有两个：第一，经济决策的私人性和不协调性导致**劳动市场的供需不匹配**；第二，生产过程的阶级性要求把失业作为调节**资本和劳动力之间的冲突**的一种方式，而这种冲突通常对企业有利。

劳动市场的供需不平衡，乍一看似乎只是意外（由失调所致）。而且，在某些情况下，从所有有关方面的观点来看，提高就业率是可取的。雇主希望看到就业率的提高，因为这样的提高意味着更高的产能利用率（u），从而意味着更高的利润率（在其他条件相同的情况下）。从工人和消费者的角度来看，就业率的提高意味着更多的就业机会和更多可享用的消费品。

然而，正如我们所看到的，就业率的提高并不是在所有情况下对各方都有利。这是因为就业率的下降——失业率的提高——有时是企业主所希望的，他们希望通过失业率的提高打破劳动力和资本之间的权力平衡，偏向资本一方。在这种情况下，失业不仅仅是一个错误：因为它的目的是限制工资增长，并迫使雇员为每一美元的工资付出最大的努力。因此，它以牺牲工人和消费者的利益为代价使企业受益。

握手：实现充分就业的途径

造成失业的两个原因要求截然不同的解决方案。解决第一个问题的方案是协调经济决策以消除这种错配。因此，当错配发生时，政府可以采取一些干预手段来消除它。约翰·梅纳德·凯恩斯提出的并被很多政府采纳的解决方案是，让经济决策保持私人性，但允许政府通过财政政策（赤字支出）对总需求水平进行全面调节，因而可以纠正过于严重的错配。

对于失业的第二个原因——生产过程的阶级性——的解决方案更为困难。只要宏观经济政策可以保证对产品有一个稳定的需求水平，企业所有者便乐于让政府在经济中发挥作用。然而，企业家们往往会反对失业率的持续下降，特别是在失业率已经非常低的时
450 候。当然，他们还反对改变生产过程的阶级性，因为正是这一点赋予了他们雇用和解雇员工，并拥有员工生产出来的产品的权力。

在美国，宏观经济政策对处理劳动市场上由供给和需求的不匹配带来的失业很有效。但是对于消除失业，它就无效了——也不打算有效，因为如果它成功地消除了失业，这将使权力的天平向有利于劳动力的方向倾斜。宏观经济政策已经成功地缓和了经济周期，

但未能成功地消除失业。

总之，失业是一个经济问题，但它的解决却部分地是政治问题。如果像亚当·斯密自由放任政策的追随者们所期望的那样什么也不做，失业就会是资本主义经济中一种持久而令人痛苦的资源浪费。

无论是在纳粹德国，还是在今天的瑞典，抑或是二战期间的美国，失业在很大程度上都已经被消除，但这并不是通过亚当·斯密的“看不见的手”实现的。相反，充分就业是通过“拳头”（如纳粹德国）或看得见的“握手”（如瑞典）实现的。“拳头”是指企业利用国家的强制性权力，而不是以失业相威胁，迫使工人以可接受的条件工作的权力。“握手”是指企业和劳动者之间达成的协议，以公平和允许有足够高的利润率来刺激投资的方式分享与更高就业相关的产出增加。

如果“看不见的手”的方法不能解决问题，而拳头又不公平、不民主，那么握手是实现充分就业的唯一可行途径。但是握手方法主要的构成要素是什么呢？

握手方法的第一个要素是，为了实现高就业，必须消除高就业的利润挤压及其相关的通货膨胀后果。但是，只有当失业不再被用来调节工人和雇主之间的阶级冲突时，这两种威胁才能被消除。

调节阶级冲突的一种方法是为雇主和雇员找到一种方法来共同决定报酬和工作的努力程度，而不是依赖工人对失业的恐惧。例如在瑞典，工资和工作规则是由工会的领导人和雇主代表协商决定的。在高就业时期，工会有能力获得更高的工资，但它们通常不会这么做。其理由在于，它们这样做可能使瑞典商品的价格过高而被逐出世界市场，最终造成工人的收入损失。瑞典工会在经济繁荣时自愿进行自我约束，是因为在经济不景气的时候，它们有能力要求雇主也不使用解雇工人和降低工资的权力。因此，瑞典的失业率非常低。

调节阶级冲突的另一种方法是改变生产过程的阶级性。这将意味着超越握手的方法，但它可以做到保持经济决策的分散性，并作为一种资源分配方式保持市场竞争。不同的是，生产将在工人所有的、实行民主管理的公司中进行，如第 13 章最后一节所述。既然工人是他们和他们的同事生产的产品的所有者，那么当失业率降低时，他们就没有理由不努力工作或要求加薪。如果他们推卸太多责
451 任或要求过多，他们就是在用自己的议价能力跟自己作对；如果他们挤压利润，就会降低自己的收入。如果一个经济体中的大多数工人都在自己的公司里为自己工作，那么高就业的利润挤压将会大大减弱。

然而，即使在民主经济中，也必须明智地使用宏观经济政策。如果赤字支出将总需求扩大到所有工人都有工作、所有生产能力都得到利用的程度，结果很可能就是通货膨胀。在这种情况下，对许多产品的需求将超过现有的供给，于是，由工人所有的企业会像资本主义企业一样，可能会提高其产品的价格。这极有可能导致更普遍的通货膨胀。因此，职场民主并不是包治百病的灵丹妙药。

用握手方法实现充分就业的第二个要素是，必须为劳动市场上雇主和工人的利益冲突找到一个公平的解决方案。如果工人决定放弃高就业带给他们的议价能力，雇主也必须放弃高失业给予他们的议价能力。工人在“握手”中所同意做的，企业一方必须有相应的承诺来匹配——否则交易将无法达成。雇主必须承诺提供就业保障，这既是企业层面的（承诺避免裁员），又是一项宏观经济策略（支持政府实现高就业的政策）。

握手方法的第三个要素是扩大内在稳定器，例如失业保险。这

不仅会加强收入支持项目，而且具有自动抑制经济周期波动的效果，因为这些项目在工资收入萎缩时会向消费者注入更多的钱，在情况相反的时候它们会起相反的作用。也可以用更多深思熟虑的反周期（宏观经济）政策，例如通过立法改变税收或支出计划，来维持稳定的总需求水平。在存在一揽子“握手”妥协的情况下，这些政策的实施几乎会使所有人受益，因此企业和工人都应该能够就它们达成一致。

握手方法的第四个要素来源于这样一个事实：资本家和工人在谈判桌上握手是不够的，跨国界的握手也是必要的。追求高就业政策的国家间的协调必须通过主要国家间的国际协定来实现。

为求有效，国际宏观经济政策协定必须阻止某些战略，即一个国家试图通过促进出口或限制进口来将其失业问题输出到另一个国家，以保证本国经济中更高的就业。这些协定必须能够协调各国扩大总需求的政策，以使每个国家的扩张性政策都有助于其他国家类似政策的成功。

握手方法的第五个也是最后一个要素涉及促进经济调整的政策，但又不能把这种调整的代价加在特定工人或失业人群的身上。一些行业或部门会扩张，而另一些则会收缩。在应对不断变化的经济环境时，经济必须具有灵活性，但其灵活性的成本必须公平分配。

为了提高灵活性，充分就业经济的一项基本原则是，每个找工
作的人都有权被雇用，但并不是永久地停留在他或她现有的工作岗 452
位上。经济必须适应新技术，适应消费者偏好的变化，适应第 15 章中所描述的国际和其他新形式的竞争。这意味着许多工人将不得不从一个工作岗位转移到另一个工作岗位，从一个行业转移到另一个行业。但政府可以确保任何失去工作的工人在从一个工作岗位过渡到另一个工作岗位期间都能获得收入支持，能够就新工作得到适当

的培训，并在必要时获得从本国一个地区转移到另一个地区所需要的支持。这些项目——在瑞典被称为“积极的劳动市场政策”——的成本，应该从一般税收收入中筹措。事实上，一个国家的所有个人和企业都受益于经济的持续现代化，而只有特定的工人才能感受到现代化的负面影响。所以，让那些灵活经济的受益者出钱资助那些为灵活经济付出了诸如失业、收入损失、自尊的丧失以及与工友、邻居的友谊的丧失等代价的人，这才是公平的。（当然，我们必须谨慎行事，以确保此类支持项目受到限制和监控，以防止它们被滥用。）

当然，握手并不意味着国家之间或阶级之间冲突的结束。但与拳头或“看不见的手”相比，这种调节冲突的方式没有那么浪费和残忍。

结　论

除了握手方法的第四个要素，即在制定宏观经济政策方面的国际合作之外，在一些国家，实现充分就业的其他制度和政治先决条件已接近实现。挪威、奥地利和瑞典就是例子。因此，这些国家的失业率非常低。不幸的是，许多其他国家的情况并非如此。

从 1994 年开始的十年间，美国实现了相对较高的就业水平（低失业率），这不是通过握手实现的，而是通过“看不见的手”的一种变体实现的。图 17.2 和图 17.4 显示，在 20 世纪 90 年代的经济扩张中，高就业的工资推动和高就业的利润挤压直到失业率降到 5%以下的扩张时期才出现。因此，经济扩张可以不受这些高就业的常见障碍的干扰而继续进行。

美国经济体制的三个方面提高了失业率较低时工人提高工资的

难度。一是工会成员的减少（见第 7 章）。这削弱了工人通常可以运用的与低失业相伴而来的议价能力。

二是劳动市场的持续分割和工人收入不平等的加剧。初级劳动市场上的工人——例如那些在制造业中收入相对较高的工人——被解雇或下岗后，不可能指望找到与他们收入和福利相当的工作。这些工人很可能会经历一段时间的失业，然后在工资低得多的二级劳动市场上再就业。

三是社会保障体系的整体下降，比如当人们失业时给予他们收入和其他形式支持的项目。自 20 世纪 90 年代中期取消了受抚养儿童家庭援助项目后，现在的福利计划远不如过去慷慨，而且对家庭 453
的支持也比以前更少了。2016 年，残疾津贴被削减。平均而言，失业救济不像过去那么慷慨，在一些州，失业救济持续的时间也比过去短。

劳动市场分割加上社会保障体系削弱的一个重要后果是，现在失去一份初级劳动市场上的工作的代价非常高——**即使是在失业率很低的情况下**。就算是在经济周期的顶峰，在核心的商业部门，用解雇威胁员工仍然是雇主手中强有力的武器。丢掉一份机械师的工作很可能会是一场财务危机——即使这个机械师知道自己可能在超市里找到一份收银员的工作。

很少有政府对充分就业的目标做出长期承诺。正如我们所看到的，失业不仅是一个可以通过政府行为纠正的错误，它还是一个工人和雇主之间冲突的武器。企业主不希望低失业率成为被用来对付他们的武器，他们偶尔会敦促政府采取提高失业率的政策。

第 18 章将讨论 2007—2009 年大衰退的原因和影响，以及危机的一般情况。在第 19 章，我们将进一步探讨资本所有者和工人之间关于政府在经济中的作用的冲突问题。

推荐阅读文献

Roger Alcaly, *The New Economy* (New York: Farrar, Straus & Giroux, 2003).

Duncan Foley, *The Unholy Trinity: Labor, Capital and Land in the New Economy* (London: Routledge, 2003).

Doug Henwood, *After the New Economy* (New York: New Press, 2003).

Paul Krugman, *The Great Unraveling: Losing Our Way in the New Century* (New York: Norton, 2003).

Robert Pollin, *Contours of Descent: U.S. Economic Fractures and the Landscape of Global Austerity* (New York: Verso, 2003).

Joseph E. Stiglitz, *The Roaring Nineties: A New History of the World's Most Prosperous Decade* (New York: W. W. Norton, 2003).（斯蒂格利茨. 喧嚣的九十年代. 北京：中国金融出版社，2005.）

第 18 章
金融危机与经济危机

20 世纪 30 年代的大萧条让一代人伤痕累累。股票市场在 1929 454
年崩盘，经济全面崩溃，人们的平均收入连续四年急剧下滑，经济低迷一直持续到第二次世界大战。到了 1933 年，银行系统停止了工作，灾难发生时每四名劳动力中就有一名失业。人们离开家园，流落街头；有的住在帐篷里，而更多人几乎没东西可吃，只能依靠其他人的慷慨解囊。

这导致了巨大的变化，新法律规范了银行系统，创建了社会保障和失业保险，并成立了监管公司业务的证券交易委员会。20 世纪 30 年代中期，《瓦格纳法案》保护了全国各地的劳工组织。然而，随着第二次世界大战的到来以及欧洲对美国战略物资供应的新需求，美国经济才真正摆脱了萧条。

但大萧条是一次性事件吗？很难说。在 19 世纪，几乎没有类似的经济崩溃。非政府组织美国国家经济研究局（NBER）称，美国经济在 1865—1879 年的三分之二的时间里处于衰退，包括 1873 年大恐慌之后的 1874—1878 年的整整五年。在 1893 年的恐慌之后，又发生了所谓的“大萧条”，导致了股市崩盘、银行倒闭、高达 20％的失业率以及大范围的贫困。

然而，20 世纪 30 年代以后，过了 40 多年才出现了一次类似严重程度的衰退。1982—1983 年的经济衰退相当严重，尽管经济从未处于严重、痛苦的崩溃边缘。但 2007—2009 年的大衰退是第二次世界大战以来最接近大萧条的一次。2008 年 9 月中旬出现了一个可怕的时刻，当时许多人真的相信金融行业可能会崩溃（可能在数小时或几天内），并将整个经济拖垮。政府的干预避免了总体经济的崩溃，但其后果仍然是毁灭性的：900 万人成为新失业者，大约同样
455 数量的人落在贫困线以下。几家大型金融机构破产（净值为负），要么被收购，要么被迫关闭。住房建设和房屋销售降至几十年来的最低水平。

这些灾难使多年或几十年来为建立企业、创造就业、培养技能和产生稳定需求而进行的努力前功尽弃。因此，我们迫切需要了解它们为什么会发生以及如何预防。

本章有两个目的：一是追溯大衰退的演变过程及其原因和后果，给出一个资本主义经济中如何发生重大危机的详细案例；二是解释为什么资本主义经济总体上容易出现危机和衰退，尤其是当它们拥有规模庞大、监管宽松的金融部门时。对这场危机的详细描述将解释为什么经济行为人会基于他们所面临的经济激励因素做出他们所做的决定。后面的部分将考虑危机历史，并解释为什么在资本主义经济中危机发生得如此频繁。本章最后将给出更好的政府对金融业活动的监管将有助于降低未来发生这类重大危机的可能性的诸多原因——以及金融部门强烈抵制重新监管并取得了某些成功的原因。

本章有几个主要观点。第一，资本主义制度容易出现不稳定和危机，而这些不稳定和危机往往源于金融部门，较少源于那些受到监管的部门。第二，尽管监管以及合理的财政和货币政策可以降低发生危机的风险，但仍有一些持续的力量试图抵消此类监管。当这些力量最终占上风时，就会让经济面临重大动荡。第三，

就像过去几十年所发生的那样，财富和权力的日益集中，尤其是在金融部门，会使情况变得更糟。这些观点主要体现在以下八个方面：

---

1. 房价泡沫是市场失灵的一种表现。给定面临的激励结构，决策者会做出可以预期的决定，但这些激励并不会让他们做出有益于社会的决定。相反，激励结构使所有人都在创造泡沫中发挥作用，泡沫的破裂造成了巨大的破坏。
2. 除此之外，这些激励结构让欺骗成为至少三个集团的获利策略：抵押贷款发放机构、被称为**衍生品**的证券的发行机构以及对这些证券的风险进行评级的信用评级机构。人们早就认识到，在资本主义经济中，如果不加以管制，欺骗往往是有利可图的。因而政府监管对于预防这种情况至关重要。
3. 金融企业的活动没有受到充分监管的国家很容易受到这些企业不计后果的行为的影响，导致经济危机。19 世纪和 20 世纪 30 年代的长期萧条最终导致了对美国金融部门的监管，第二次世界大战期间和之后大约 40 年时间里，监管在减少经济衰退的持续时间和严重性方面发挥了巨大的作用。20 世纪 80 年代开始的金融放松管制打开了不计后果的金融交易的潘多拉盒子，强化了发生严重危机的趋势。
4. 危机也可能起源于非金融部门，例如，由于住房建设等主要行业的过度投资，创造了超出满足现有需求的生产能力（或产出）。这种过度投资在资本主义经济中很容易发生，因为企业之间不对投资支出进行协调。造成停滞或危机的一个相关因素可能是收入 456
不平等加剧、消费需求增长放缓以及由于消费不足而导致的衰退——另一种供需不匹配。

5. 经济学家海曼·明斯基（Hyman Minsky）解释了为什么从长期来看，深度危机往往会重演：深度危机会催生新的监管，这些规定很快就会降低危机的深度和长度。但这反过来又会导致自满、放松监管、不断增加的企业风险行为和不断增加的企业负债。最终，业务失败会触发债务违约，其多米诺骨牌效应会引发另一场危机。这就是明斯基的**金融脆弱性假说**。
6. 由于兼并和收购产生了少数几个大企业，特别是在金融部门，这些企业获得了日益增长的政治权力，利用它来加速放松管制。企业规模和权力的增大也导致了**道德风险**："太大而不能倒"的企业更加无所顾虑，为高回报冒高风险，因为如果它们的战略失败，政府将会为它们兜底。
7. 危机造成的损害在一定程度上取决于社会保障体系的强大程度：失业保险、福利待遇、养老金、良好的个人破产法、合理成本下的医疗保障等。近几十年来，美国的社会保障体系被大大削弱。
8. 尽管强有力的政府监管可能会将一场源于金融部门的新危机发生的可能性降至最低，但强有力的金融企业一直在对抗《多德-弗兰克法案》（Dodd-Frank Act）及其补充规则的重新监管，对彻底废除该法案施压。部分经济学家敦促通过限制银行资产与 GDP 的比例来拆分"太大而不能倒"的银行。另一些人则提议为了某些目的而设立公共银行，或将一些现有的银行国有化。

大衰退与次贷危机

美国国家经济研究局将 2007 年 12 月至 2009 年 6 月正式确定为

大衰退（Great Recession）的时间。① 但直到 2008 年 9 月 15 日——金融巨头雷曼兄弟破产的那一天——大多数人才受到金融市场即将跌落悬崖的冲击。许多金融机构濒临破产，股价大幅下跌，这引起了公众对形势严重性的关注。

图 18.1 显示了 GDP 的突然下降。危机最终导致按 U-3 官方标准衡量的失业率提高到 10%，而按照一些经济学家更常用的 U-6 标准，则是 17%（见第 16 章）。自 2009 年 1 月到 2012 年 2 月的每个月中，都有 1 300 万～1 600 万人失业。即使在经济衰退正式结束之

457

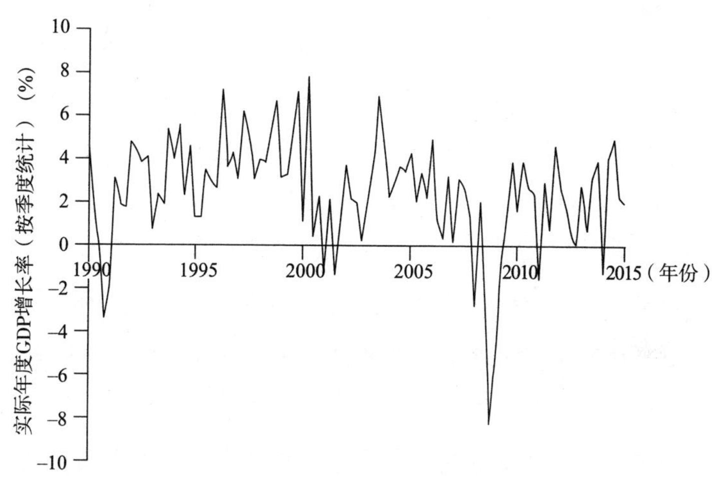

图 18.1　实际季度 GDP 增长率

经济衰退是指国内生产总值下降了长达两个季度。然而，美国国家经济研究局（可追溯到经济衰退期间）并不总是遵循这一定义，而是在制定决策时考虑各种指标。

资料来源：U. S. Bureau of Economic Analysis, National Income and Product Accounts Table 1. 1. 1; available at http://www. bea. gov/.

---

① 美国经济分析局（Bureau of Economic Analysis，BEA）只按季度报告 GDP 数据，但美国国家经济研究局使用了未广为使用的月度数据序列来确定经济衰退开始和结束的月份。

后，多年来 GDP 的平均增长率仍然低于之前的经济周期（见图 16.1）。

当雷曼兄弟破产时，其他大型金融企业和银行（贝尔斯登、美林、华盛顿互惠银行、瓦乔维亚银行等）资不抵债，被其他大企业收购。许多濒临破产的主要金融企业和银行得到了财政部和美联储的救助。各类证券市场被冻结，随后又得到美联储的救助。美国财政部和美联储为救助陷入困境的银行以及其他金融和非金融机构共花费了 14 万亿美元。然而，公众却深受其害：从 2007 年到 2010 年，有 900 万人加入了贫困人口的行列。由于大多数普通家庭最大的投资是房子，许多家庭失去了它们的积蓄：2007—2011 年间，四分之一的美国家庭损失了至少 75％的财富，超过半数的家庭损失了至少 25％的财富。对一些人来说，他们不能再按计划退休；对另一些人来说，上大学不得不推迟；还有一些人失去了对房屋的所有权。①

危机分三个阶段发展。最初，房价开始迅速上涨，因为许多家庭被说服去申请中途可能无法负担的抵押贷款。接下来，房价趋于稳定，然后开始下跌，这导致证券市场崩溃，持有这些证券的金融机构则被推到了破产的边缘。最后，就是刚刚提到的救助和复苏阶段。在整个过程中，伴随而来的是对普通民众的打击，比如丧失抵
458 押品赎回权、房屋被收回、失业、贫困和其他社会问题，这些都在社会保障体系薄弱的经济中造成了损失。最近的一项法律变化也使人们更难申请破产。

---

① Fabian Pfeffer, Sheldon Danziger, and Robert Schoeni, "Wealth Disparities before and after the Great Recession," University of Michigan, April 1, 2013, available at https://www.russellsage.org/sites/all/files/PfefferDanzigerSchoeni_InterimReport_2013.pdf.

在某些方面，这场危机持续了 10 年甚至更久。至少早在 2005 年房价就开始下跌，当时房价在 2001 年快速上涨后开始企稳，但直到 2007—2008 年，这些问题才成为头版新闻的常客。然而，早在 2002 年、2003 年甚至更早的时候，许多州的监管机构就已经发现了一个日益严重的不公平（甚至可能是非法的）贷款行为问题，并试图对此类犯罪行为进行监管、调查和起诉。但各州的执法努力在很大程度上受到了联邦政府的阻碍。鉴于此，或许可以认为，早在 2003 年，危险的房价泡沫和最终的灾难就已经蓄势待发。

按照官方的衡量标准，这种痛苦在经济衰退结束后持续了很长时间。失业 15 周或以上的人数占民间非机构化劳动力（civilian noninstitutional labor force）的百分比，从 2007 年 3 月的 1.5%上升到 2010 年 3 月的 5.9%的峰值，并在 2014 年 3 月依然高达 3.5%，高于 1994—2008 年的任何时候。2010 年，有 4 600 万人处于贫困状态，比 2007 年增加了 900 万人；到 2014 年，贫困人口仍为 4 600 万。简而言之，尽管股市在 2013 年已经恢复，但危机的破坏性后果却远未结束。2014—2015 年，新住房建设仍处于历史低位，长期失业率居高不下，利率接近零，美联储很难刺激投资支出。

理解大衰退

由于最近的危机是由房价泡沫破裂引发的，所以要真正理解这场危机，就需要理解人们如何及为什么买房，以及他们可以通过哪些不同的方式借钱买房。我们从这里开始，然后探讨是什么导致了危机，它是如何展开的。我们研究了每一个关键经济行为人群体面临的激励结构，以及他们为什么这样做。在本章后面部分，我们将更深入地探讨这些事件发生的原因，并得出资本主义经济尤其是监管宽松、金融部门庞大的资本主义经济更容易发生危机的结论。

为什么要买房?

如果买得起的话，许多没买房的人可能也想要买房。作为房主，我可以很自由地随意装饰、随意使用我的家，并按照我的要求进行改造（当然是符合建筑规范，并在获得建筑许可后）——简而言之，自由到不必在意房东。另一个优点是，美国税法允许购房者从他们的应税所得中扣除他们支付房屋抵押贷款的利息，这可以大大减轻所得税负担，特别是在 30 年期抵押贷款开始时，大部分按月支付的抵押贷款都是包含利息的。同时每月支付的抵押贷款通常以货币形式固定下来，因此在 30 年期抵押贷款期间，抵押贷款支付占买方收入的百分比可以大大降低。

从历史上看，买房会产生合理的年度回报，是一种可以持有的
459 财富形式，因而被视为一项合理的投资。部分原因是房价在几十年内稳步上涨，与整体价格水平上涨得一样快。这意味着房屋的实际价格——用同样的钱可以买到一篮子商品的价值——至少保持不变。图 18.2 显示了一种被称为“实际房价指数”的测量方法，这是通过消费者价格指数（CPI）来衡量房屋名义价格的方法，该指数将 1890 年设为 100。如果房屋价格的平均涨幅高于用于计算 CPI 的一篮子商品的价格，该指数就会上升。该指数在 1997 年的水平与 1947 年的水平大致相同，这一事实意味着，在这 50 年里，平均房价的上涨速度与其他所有东西的价格的上涨速度差不多。当然，在某些时期和某些地区，房价上涨得更快，在这些时期和地区，与持有财富的其他方式相比，买房是一个有吸引力的选择。

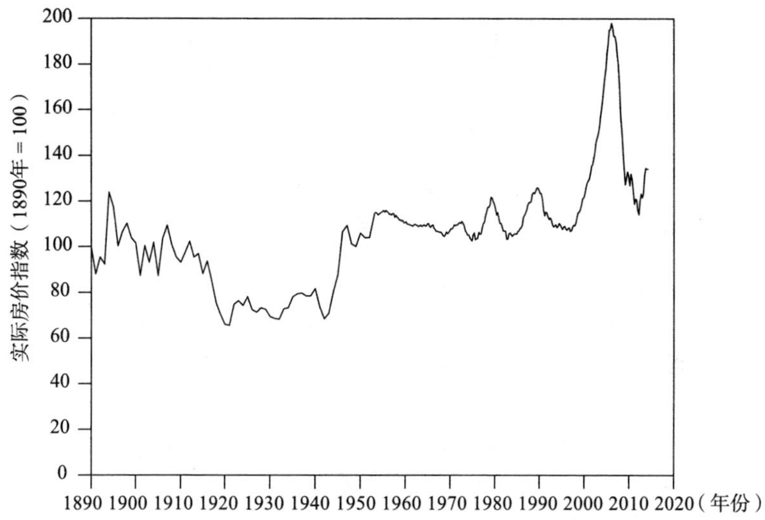

图 18.2　实际房价指数（1890—2014 年）

最近几十年由联邦住房金融局（Federal Housing Finance Agency）编制的名义房价指数被 CPI-U（城市消费者价格指数）拉低了。基准年选为 1890 年。

资料来源：The data are for part of Figure 2.1 in Robert Shiller, *Irrational Exuberance*, 2nd edition (Broadway Books, 2005). Available updated by Shiller at http://www.econ.yale.edu/~shiller/data.htm.

房价开始上涨

20 世纪 90 年代末期，房价开始大幅上涨。虽然上升趋势在 2001 年经济衰退之前的几个月内停滞不前，但很快就恢复了。2001 年初，美联储将联邦基金利率从 6%以上降至 2%以下，以帮助经济加速复苏（见图 18.3）。联邦基金利率是一个关键利率，即银行间拆借利率。这使得传统抵押贷款利率从 2000 年的 8%以上降至 2003 年 1 月的 6%以下。这使得房屋的购买成本更低，加之新型的且具有显著吸引力的贷款类型的积极市场营销，有助于加快新房销售，如图 18.4 所示。 460

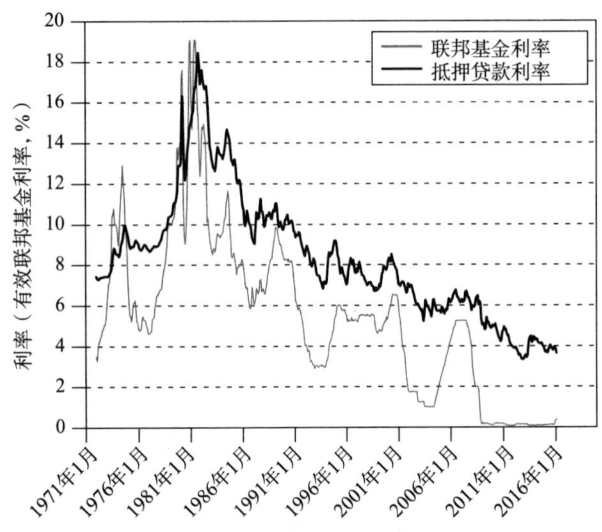

图 18.3　利率（1971—2016 年）

灰线是联邦基金利率即银行拆借利率；黑粗线为传统 30 年期抵押贷款利率。

资料来源：Federal Reserve Economic Data，FEDFUNDS：Effective federal funds rate，monthly (first day of the month)，not seasonally adjusted；MORTG：mortgage interest rate，monthly (first day of the month)．Available at https://research.stlouisfed.org/fred2/series/FEDFUNDS and https://research.stlouisfed.org/fred2/series/MORTG.

461 图 18.4 显示，独栋住宅的年销售量在 2005 年达到顶峰，达到惊人的 1 530 万套。但随后就迎来了一个令人心惊肉跳的下降，为至少 47 年来的最低水平。尽管经济衰退在 2009 年中期正式结束，此后 GDP 稳步增长，但新房销售长期保持在历史低位：2009 年到 2015 年，每年售出 600 万套或更少的新房，其中两年（2010—2011 年）的销售量不到 400 万套。这导致建筑业就业人数出现了 75 年以来的最大降幅，从 2006 年的 770 万高峰降至 2010 年的 550 万，损失了 220 万个建筑业就业岗位（见图 18.5）。甚至在 2015 年，建筑业就业人数仍比峰值低 100 多万，落后的建筑业拖累了 GDP 的增长。

20 世纪 90 年代后期，新房购买量的增加提高了房屋拥有率，即所有购买或已经购买并支付房屋价款的美国家庭占总家庭数的百分比。在 1995—2005 年的 10 年间，房屋拥有率从 64%上升到 69%，然后又反转了步伐，到 2015 年下降至不到 64%，许多购房者由于拖欠抵押贷款被剥夺了抵押品赎回权从而失去了住房，从而使新的购买量下降到低水平。

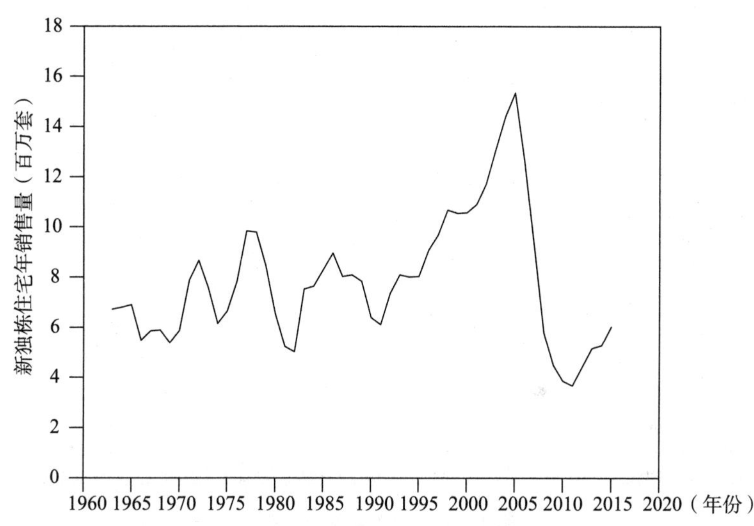

图 18.4　新独栋住宅年销售量

房屋销售是顺周期的：它们在经济繁荣时增长，在经济衰退前不久和衰退期间通常会下降。2007—2009 年的大衰退也没有什么不同，只是房屋购买量的下降比至少 1963 年以来的任何时候都要严重，而且到 2016 年初，在 2009 年经济衰退正式结束后，这种情况已经持续了至少 6 年。2012 年，新独栋住宅的销售量确实开始回升，但到 2015 年，甚至还没有回到 1991 年的前一低点。当然，二手房也在销售，但正是新房的销售刺激了经济，从而刺激了建筑业的就业，并促进了为建筑业提供投入的相关产业的发展。

资料来源：Federal Reserve Economic Data，annual data aggregated from HSN1F：New One Family Houses Sold：United States，Thousands，Monthly，Seasonally Adjusted Annual Rate. Available at https://fred. stlouisfed. org/series/HSN1F.

史无前例的是巨大的房价泡沫。图 18.2 显示，实际房价指数从

1997 年的 108 急剧上升到 2006 年第一季度的 198 的峰值。但随后它短暂地徘徊，2007 年初泡沫破裂，指数下跌，回到 127。泡沫的规模是不正常的：在整个 125 年的历史中没有出现过如此规模的泡沫。但是，为什么在这个时期会有房价泡沫？为什么泡沫那么大？泡沫破灭的原因是什么？它是如何以及为什么如此严重地影响着其他经济体？了解这一切，有助于了解如何购房。

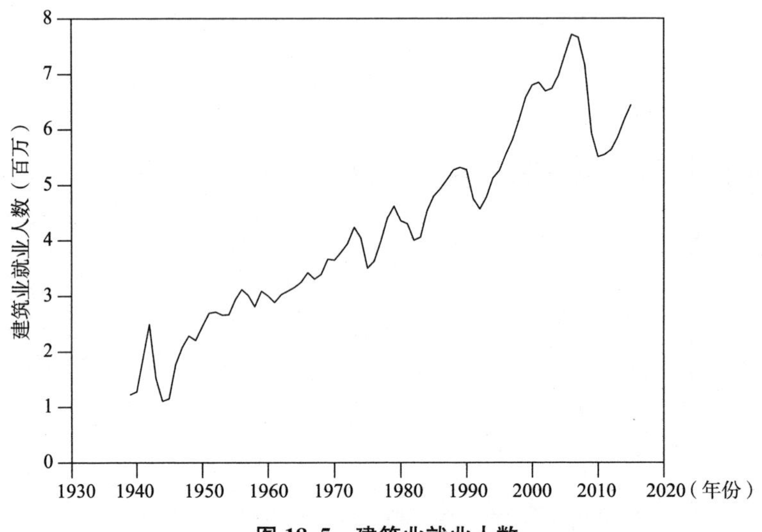

图 18.5　建筑业就业人数

在 20 世纪 90 年代末和 21 世纪初，新房销量激增。部分是由于放宽了房屋贷款的资格标准，部分是由于新的抵押贷款类型，如可调利率抵押贷款（ARMs）在上升到更高水平之前的几年里提供低月供。所有这些都刺激了新房建设，也增加了建筑业的就业。图 18.5 显示的是每年 7 月 1 日的数据。

资料来源：FRED，series USCONS：“All Employees：Construction，Thousands of Persons，Monthly，Seasonally Adjusted，” available at https://fred.stlouisfed.org/series/USCONS.

如何购房

462 在过去，一个标准的经验法则是，一个家庭应该储蓄足够的钱来支付其欲购房屋的 20%的首付。然后它们可以向银行或其他抵押贷款机构借入剩下的 80%。20%的首付保护了贷款人免受房价高达 20%的下跌——这鼓励贷款人第一时间批准贷款。

但是如果买主只用自己 5 000 美元的钱来买售价 100 000 美元的房子呢？买主将借入剩下的 95 000 美元——包括 80 000 美元的第一抵押贷款，再加上 15 000 美元的额外贷款（第二抵押贷款），以便能够支付除 20 000 美元首付款之外的其余四分之三。如果房屋价格降到 95 000 美元以下，借款人就不会拥有房屋的任何价值（不会拥有房屋的**资产净值**）。如果发生这种情况，一种可能性是借款人可能决定停止偿还贷款。虽然这种情况很少发生，但确实在 2007 年及以后相当大规模地发生了。

如果借款人不从自己的资金中支付全部首付款，贷款人通常倾向于通过要求借款人购买抵押贷款保险来保护自己免受这种可能性的影响。抵押贷款保险的部分要求是使贷款人能够将贷款出售给其他大型政府担保企业（GSE）和住房抵押贷款经纪人，即众所周知的房利美（联邦国民抵押贷款协会）和房地美（联邦住房抵押贷款公司）。对于贷款人来说，转售抵押贷款的一个好处是贷款人可以使用这些钱来进一步提供住房抵押贷款。

当买方借入首付款时，如果买方已经用现金或支票支付了 20%的首付款，那么这个第二抵押贷款将导致更多的月供。当然，从原则上来说，买家需要选择一个价格足够低的房子，这样他或她就能负担得起月供。人们可能会认为，贷款人会希望借款人不要购买那些借款人实际上无力支付月供的房子；直到 21 世纪初基本上都是这样的，但几年之后，情况发生了变化。根据州监管机构的说法，许多贷款机构故意把钱借给它们明明知道在贷款的整个期限内都难以支付得起月供的借款人。

抵押贷款证券化

为什么会发生这种情况？主要是因为在这个时期内，所有抵押贷款中越来越多的份额正在被**证券化**：部分抵押贷款（借款人的支付流）与其他抵押贷款的支付被捆绑在一起，形成**抵押贷款支持证券**（mortgage-backed security，MBS），然后将其在证券市场上出售给养老基金和其他组织和个人——任何购买它们的投资者。通过将抵押贷款出售给抵押贷款支持证券发行人，在借款人未能按时偿还每月的抵押贷款时，抵押贷款的贷款人就可避免遭受损失。一旦贷款人把抵押贷款卖给其他人，通常是在一个月左右的时间内，延迟付款就成了抵押贷款或抵押贷款支持证券的新的所有者的问题了。

信用评级机构 不幸的是，抵押贷款支持证券的潜在投资者很难发现它们到底有多危险。这些证券的发行人确实经过了知名信用评级机构的评级，但是，这些机构进行信用评级的时候往往不查看
463 能揭示风险水平的有关潜在抵押贷款的数据。如果评级机构没有考虑到（甚至不知道）基础抵押贷款的风险就给予它们 AAA 评级，那么抵押贷款支持证券的潜在投资者就没有办法知道这一点。因此，出售抵押贷款支持证券比出售个人抵押贷款更容易。潜在投资者几乎没有关于这方面的任何信息，他们可能很明智，根本不会购买。但是，信用评级是由穆迪（Moody）、标准普尔（Standard & Poor）和惠誉（Fitch）这类著名机构做出的，并由其他受尊敬的金融企业推广，多年来没有人认为这会有什么问题。

抵押贷款是如何随时间推移而变化的？为什么有时候购房者会接受如此高风险的抵押贷款呢？要理解这一点，有必要了解抵押贷款中的一些技术术语和程序。

优质抵押贷款和次级抵押贷款

对一个拥有好工作、高收入、足够资产和良好信用历史的借款人的标准抵押贷款被称为**优质**抵押贷款。这种贷款的利率是当前可用的最佳利率（在 2016 年为 3%～4%，但是在 2001—2006 年从 5%到 8%不等，如图 18.3 所示）。在许多优质抵押贷款中，借款人同意在抵押贷款期限内（通常为 30 年）按月支付同等的款项。少数优质抵押贷款是利率较低的可调利率抵押贷款（ARM），几年后利率可能会升到较高水平，这取决于市场利率大体上发生的情况。可调利率抵押贷款的优点和缺点将在下面描述。

如果一个购房者的信用度对于优质抵押贷款来说太低，她有可能有资格获得**次级**抵押贷款，次级抵押贷款种类繁多。在一种类型的次级抵押贷款中，借款人必须支付高得多的利率，从而支付更高的月供，但这种抵押贷款在其他方面是正常的：固定利率，月供相等，期限为（比如说）30 年。但有多种**次级**抵押贷款的月还款方式在抵押贷款期内可能会改变，或者确实发生改变。其中许多是各种类型的可调利率抵押贷款。一些贷款人在头几年里提供的是“刺激性”低利率，在规定年限之后，利率可能或将突然上升到更高，这样月供将迅速增加（或“被重置”）。

有些抵押贷款在最初的一段时间只支付利息，推迟支付本金，并让借款人有了这样的希望：在支付本金前，房屋的价值就会上升，而购房者可以重新申请贷款以降低月供。但**再融资**到底是什么呢？

再融资

为什么这么多购房者同意接受月供在几年后迅速增加的贷款，比如可调利率抵押贷款和仅付利息抵押贷款？从表面上看，如果一个购房者实际上只能支付前两三年的较低月供的抵押贷款，而且在恢复到较高的月供后将无力支付，那么为什么购房者会同意接受抵押贷款呢？

答案在于在房价不断上涨的世界里**再融资**的运作方式。再融资指的是，通过申请一笔数额相当的新贷款来全额偿还现有的贷款。购房者有时会发现这样做很有用，主要有两个原因。其一，新的贷款可能比现有的贷款提供更好的条件——更低的利率，或者固定的月供，而不是几年之后突然增加的月供。专栏“房屋再融资”就是
464 一个成功再融资的例子。

房屋再融资

如果运气好，为房屋再融资是一种把糟糕的抵押贷款条款转换成更好的条款的方法，或者可能是一种从房子里拿出一些钱来资助某些东西，比如大学教育的方法。假设戴利亚拥有一般的信用评分、收入和资产，花 10 万美元买了一套普通的房子。下面表格的左边显示了她是如何为购房进行融资的，她一开始有多少权益，以及她欠了多少钱。假设两年后房价涨到 12 万美元。右边显示的是两年后她如何再融资，以及她的权益和她所欠的金额如何变化。

在购买时，她用自己的资金支付 2 000 美元的首付款，这是她最初在房子中的权益（她实际拥有的房屋价值的一部分）。假设两年内房价上涨了 2 万美元，这就增加了所有者权益。她每月支付月供（大部分是利息，很小一部分是本金），所以也许她在两年内只支付3 000美元的本金。（表格中没有显示利息。）到 2004 年，她拥有 2.5 万美元的权益（2 000 美元的首付款＋3 000 美元的已付本金＋2 万美元的房价上涨），还欠 9.5 万美元的抵押贷款。她以更优惠的条件申请了一笔 9.5 万美元的新贷款，还清了原来剩下的 9.5

万美元贷款，开始每月为新的 30 年期贷款还款。但是现在，因为她拥有 2.5 万美元的房屋净值，相当于房屋价值的 20%，这部分权益提高了她的信用度，使她得以以较低的利率贷款。因此，她从再融资中获益。

但如果在她拿到最初的抵押贷款后，房价反而下跌了呢？如果在她办理了最初的抵押贷款后，房价下跌了 5 000 美元（至 95 000 美元），她可能会失去 2 000 美元的首付款和两年后支付的 3 000 美元本金。如果房价进一步下跌，她的权益将为零甚至为负数。她无法再融资，因为贷款人没有缓冲来应对房价的进一步下跌。

购买（2002 年）		再融资（2004 年）
100 000 美元	房价	120 000 美元
20 000 美元	首付款	权益＝20%＝25 000 美元＝20 000 美元涨价＋2 000 美元首付款（2002 年）＋3 000 美元已付本金（2002—2004 年）
80 000 美元	第一抵押贷款	95 000 美元
＋		
18 000 美元	第二抵押贷款	不需要
＋		
2 000 美元	现金首付	不需要
100 000 美元		120 000 美元

其二，当房价已经上涨了好几年，买家倾向于假设最好的情 465
况：价格将继续上涨，因此他们以后能够以更优惠的条件为任何他们现在同意的带有不良条款的抵押贷款进行再融资。有了这样的预期，乐观的购房者，甚至普通的购房者，都可能同意接受可调利率抵押贷款，甚至相当糟糕的条款，比如两三年后月供的大幅增加。

抵押贷款机构很少警告人们，房价不可能持续不停地上涨；其销售人员为了得到报酬尽可能发放更多的贷款，而不是阻止人们购买他们负担不起的抵押贷款。尽管许多州都有法律禁止贷款人发放贷款给那些负担不起的借款人，但在实践中，联邦政府阻止各州执行这些法律，正如我们将看到的。

但为什么**贷款人**会同意接受这种高风险的抵押贷款呢？人们可能会认为，抵押贷款机构是目光敏锐的商人，它们严格根据购房者的支付能力发放贷款，即使购房者自己也愿意接受一笔沉重的贷款。部分答案已经给出：抵押贷款机构计划迅速将抵押贷款出售给其他人，然后将其打包成抵押贷款支持证券再出售。让我们来阐明抵押贷款支持证券的历史演变，然后找出进一步强化这些趋势的两个原因。这将明确不同角色期望得到什么好处，以及他们做了什么来确保他们能够得到这些好处。

放松监管

从 1934 年到 1999 年，大萧条时期的《格拉斯-斯蒂格尔法案》(Glass-Steagall Act) 将银行分为两类。商业银行吸收公众存款，向个人和企业发放贷款。投资银行为公司出售证券，并投资于证券。《格拉斯-斯蒂格尔法案》规定，商业银行不能做投资银行做的事，投资银行也不能做商业银行做的事。两者是截然不同的。

1934 年的法律是有充分理由的。美国参议院佩科拉委员会(Pecora Commission) 的一项调查发现了一些令人尴尬的做法。一些银行曾建议客户购买外国证券。有证据表明，这些银行知道这些证券一文不值，或者可能很快就会一文不值。在某些情况下，这些银行已经购买了那些外国证券，希望将其脱手。换句话说，接受公共存款的银行为了增加自己的利润，有时似乎给客户提供了错误的投资建议。揭露这种令人发指的做法有助于促使国会将商业银行与投资银行分开。

这种分离在 20 世纪 80 年代和 90 年代逐渐被削弱。在 20 世纪
80 年代，房利美和房地美被授权发行抵押贷款支持证券。它利用自
己拥有的抵押贷款创造出这些资产，将一组抵押贷款的付款流打包
在一起，出售给投资者。出售住房抵押贷款支持证券被视为从银行
和抵押贷款机构以外的来源获得更多用于住房贷款资金的一种方
式。向房地美出售抵押贷款的贷款人可以利用出售所得贷款给更多
的购房者，从而允许更多的人买房。事实上，几年前，私人实体也
被法律授权发行类似的抵押贷款支持证券。20 世纪 80 年代后期法 466
律的变化为抵押贷款支持证券市场的进一步发展奠定了基础。早在
1987 年，47%的抵押贷款就已经被打包成证券了。

另一个重大变化发生在 1999 年。1998 年，花旗集团（Citicorp）与另一个巨头旅行者集团（Travelers Group）合并，组建了一个名为 Citigroup 的新公司。但根据《格拉斯-斯蒂格尔法案》，该合并并不合法，因为花旗集团是商业银行，而旅行者集团拥有一家投资银行。在现行法律下，合并后的企业要在几年内把投资银行业务出售才不违法。不过事实恰恰相反，经过对国会的大力游说，该公司使得国会在 1999 年废除了《格拉斯-斯蒂格尔法案》。这使得这项合并完全合法了，从那以后，合并后的银行既可以转售抵押贷款，也可以将它们重新打包成抵押贷款支持证券，还可以交易各种证券。在许多情况下，贷款人允许在发放抵押贷款后的几周内转售抵押。所以它们中的大多数也都这样做了。

芝加哥联邦储备银行在 2010 年的一项研究中发现，在 2004—2007 年间发放的很大一部分次级抵押贷款中，有 60%～70%在不到一个月的时间内就被转售出去了。这造成抵押贷款的贷款人几

乎没有什么动力去检查借款人的信用。这就是为什么《格拉斯-斯蒂格尔法案》的废除普遍被视为导致房地产价格泡沫和随之而来的灾难的一个关键原因。

抵押贷款增长如此迅速的另一个原因是，它起初似乎不存在什么问题。最初，仍有许多借款人有资格以最优惠的条件获得抵押贷款。即使是那些获得次级抵押贷款的借款人，2001 年的**拖欠**率和**违约**率也很低（拖欠一般指逾期还款；违约则更为严重，可能意味着还款至少晚了 60 天或 90 天，或者导致房屋被收回的止赎程序已经启动）。因此，购买抵押贷款支持证券的买家和发放抵押贷款的贷款人（这些贷款被转手用于构建抵押贷款支持证券）都没能看清一个正在发展的问题。

此外，抵押贷款支持证券的销售也很活跃。在 1999—2001 年互联网泡沫的破灭中受到重创的投资者乐于投资于其他类型的资产，如抵押贷款支持证券。当时，随着房价的上涨和房屋销售的增长，抵押贷款支持证券看起来是不错的投资。

另外，当抵押贷款支持证券的发行人与信用评级机构签订对这些证券的风险进行评级的合同时，发行人明确表示希望获得高评级，否则就找其他评级机构。的确，正如证券交易委员会后来所解释的那样，当信用评级机构收了证券发行人的钱以后，“就产生了潜在的利益冲突”，“信用评级机构可能会受到影响，为了留住客户，就给了它们更有利的（比如更高的）评级”①。

这就产生了一个大问题（抵押贷款支持证券的买家并不一定会

① SEC，Office of Investor Education and Advocacy，Investor Bulletin，“The ABCs of Credit Ratings，” p. 3，available at http://www.sec.gov/investor/alerts/ib_creditratings.pdf.

得到提醒)：信用评级机构给这些抵押贷款支持证券的评级是 AAA 级（无风险），而实际上它们的风险很高，其价值的最终崩溃就是铁证。事实上，当评级机构的评级员要求查看这些证券的实际抵押贷款以评估其风险时，他们不仅会被告知这些信息是不可用的，而且会被告知不需要他们对这些证券进行评级。而被评为 AAA 级的抵押贷款支持证券很容易出售，这意味着发行人不断寻求购买更多新的抵押贷款，以便将其分割成资产支持证券。因此，贷款机构积极寻找潜在借款人，发明新型抵押贷款，删减或伪造贷款文件。

骗子贷款

一旦信誉最好的借款人已经办理了抵押贷款，剩下的借款人的 467
质量就下降了，贷款标准也会随之下降。贷款机构没有减少抵押贷款的数量，也没有将抵押贷款转售给抵押贷款支持证券的发行人，而是把更多的抵押贷款转售给信用较差的借款人。从 2002 年到 2005 年，有证据表明，次级抵押贷款在所有抵押贷款发放机构中所占的比例很高。更糟的是，贷款人有时会为借款人填写不完整的贷款申请，或没有文件证明借款人的资格，或填写错误信息，夸大借款人的收入或资产。贷款销售人员不需要记录或核实收入或资产文件的原因之一，是为了避免因掠夺性贷款的违规行为被成功起诉，因而他们宁愿要不完整的文件，而不要完整的虚假文件。

因此，**骗子贷款**（liar's loans）这个词在业内变得常见，**忍者贷款**（ninja loan）（“没有收入，没有工作，没有资产”）也是如此。从贷款人的立场看，只要抵押贷款能迅速转卖，这就不是个问题；风险会被转嫁到抵押贷款支持证券的购买者身上。抵押贷款支持证券的发行人显然不太关心借款人是否有高风险，因为发行人将抵押贷款重新打包成了抵押贷款支持证券，这样就掩盖了它们的风险。而且信用评级机构在任何一种情况下都不断给它们中的大多数以很高的评级，以次充好。贷款人积极劝说那些无偿付能力的人去申请贷款。

在此之前，已经有一些州的法律规定禁止掠夺性贷款，而且在2002—2003年，很多州通过了防止掠夺性贷款的法律。**掠夺性贷款**并没有一个明确的定义——但它意味着给某人一笔贷款对这个人来说显然没有好处，因为根据借款人的收入、净资产和信用评分，不可能合理地预期他会偿还贷款。本章的“掠夺性贷款”专栏描述了各州解决这个问题的努力以及接下来发生了什么。简而言之，一个联邦机构要求停止对州一级掠夺性贷款的调查和起诉，直至起诉州政府官员以停止此类调查和起诉。掠夺性贷款在很大程度上被允许继续进行，尽管州监管机构做出了创造性的努力，试图找到绕过联邦政府限制的办法。

如上所述，对这个时期抵押贷款演变的研究表明，大多数抵押贷款被转卖给了证券机构，如图18.6所示。在正常情况下，只有符合特定质量标准的贷款才可以被转售给房地美、房利美这样的GSE进行证券化。低质量、高风险的抵押贷款通常只能被出售给私营证券机构。2010年的研究数据显示，在2004—2006年间发放的优质抵押贷款中，有70%～83%的贷款在一年内被出售给了GSE。在同期发放的次级抵押贷款中，约90%在一年内被卖给了私营证券机构，几乎没有被卖给GSE。在所有情况下，一年后贷款人持有不到10%的抵押贷款。数据还显示，在次级抵押贷款中，60%～70%的贷款在发放后的第一个月内就被出售给了私营证券公司。

468 在同一项研究中，与优质抵押贷款相比，属于次级抵押贷款的风险较大的ARMs所占比重要大得多。2004年，73%的次级抵押贷款是ARMs，而优质抵押贷款中只有26%为ARMs。因某个原因，这个比重在2007年下降了。随着时间的推移，优质和次级抵押贷款（无论是否为 ARMs）的违约率都在上升，但次级抵押贷款的违约率要高得多。对于 2004 年的次级抵押贷款，只有 23%在贷款发

469

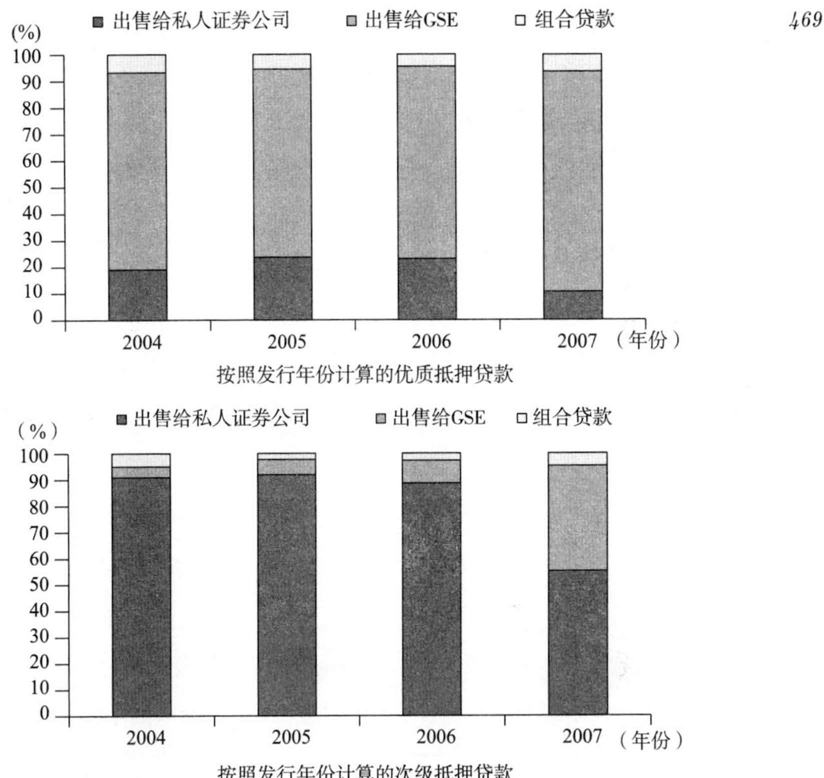

图 18.6　在发行后 12 个月被出售给其他金融机构的优质和次级抵押贷款

2010 年的一项研究发现抵押贷款机构在 2004—2007 年间，在抵押贷款发放的一年内，几乎卖掉了它们得到的所有抵押贷款。然而，它们把优质抵押贷款卖给政府支持的房利美和房地美，向私营证券公司（灰色）主要出售次级抵押贷款。可能是因为房利美和房地美不愿意购买缺乏有效文件和充满风险的次级抵押贷款。2006—2007 年间，次级抵押贷款的发放数目下降了一大半，在很大程度上是因为私营证券公司大大减少了对次级抵押贷款的购买。

资料来源：Gene Amromin and Anna L. Paulson, "Default Rates on Prime and Subprime Mortgages: Differences and Similarities," *Profitwise News and Views*, September 2010, Consumer and Community Affairs Division, Federal Reserve Bank of Chicago. Available at https://www.chicagofed.org/publications/profitwise-news-and-views/2010/pnv-september2010.

放21个月后违约，而对于2006年的次级抵押贷款，有44%在贷款发放21个月后违约（见图18.7）。当然，这意味着后者在房价实际开始下跌后违约。对于优质抵押贷款，违约率要小得多，但从2004年

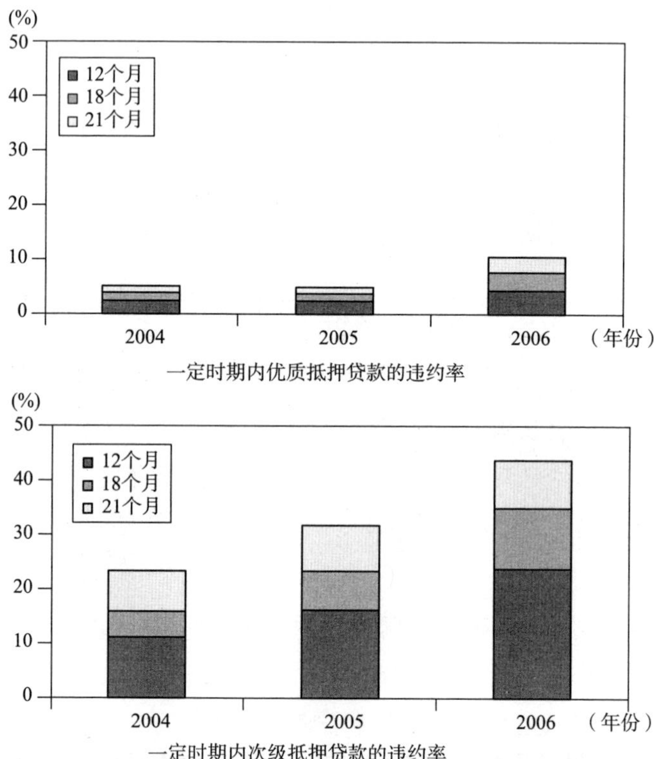

图18.7　2004—2006年优质及次级抵押贷款违约率的增长

对于优质抵押贷款和次级抵押贷款，每一列都显示了在发行年份，在贷款发放12个月后，有多少抵押贷款处于违约状态（图中深灰色部分）；在贷款发放18个月后，同年发放的抵押贷款中有多少处于违约状态（浅灰色部分）；在贷款发放21个月后，同年发放的抵押贷款中有多少处于违约状态（最浅色部分）。该数据库只包括由大型抵押贷款服务机构提供服务的贷款。

资料来源：Gene Amromin and Anna L. Paulson，"Default Rates on Prime and Subprime Mortgages：Differences and Similarities，" *Profitwise News and Views*，September 2010，Consumer and Community Affairs Division，Federal Reserve Bank of Chicago. Available at https://www.chicagofed.org/publications/profitwise-news-and-views/2010/pnv-september2010.

到 2006 年也有所上升。这场愈演愈烈的风暴警告潜在的 MBSs 买家，抵押贷款支持证券正在成为不良投资。

附带伤害

每月新出售的独栋住宅数量在 2005 年中期达到峰值，在年底开 470
始大幅下降。实际房价在 2006 年第一季度达到顶峰，随后也开始大幅下跌。突然间，再融资就不可能了。从 2007 年到 2010 年，抵押贷款拖欠率急剧上升，如图 18.8 所示。对于前 100 大银行来说，拖欠还款的抵押贷款上升到它们所持有的全部抵押贷款的 12%，而对于较小的银行来说，这一增幅仅略高于 4%。一个主要原因是，随着经济危机的蔓延，失业人数激增。①

到 2007 年，私营公司发行抵押贷款支持证券的市场已经枯竭。 471
房利美和房地美收购了一些剩余的次级抵押贷款，这些贷款在早些年可能被出售给私营证券公司。当然，由于抵押贷款借款人能够继续定期还款的可能性越来越小，也由于借款人可以进行再融资以继续负担月供的可能性越来越小，现有抵押贷款支持证券的价值开始下降。因此，持有抵押贷款支持证券作为资产的机构眼睁睁地看着这些资产急剧贬值，包括美国国内和国外的银行、其他金融机构、养老基金公司、企业和各种政府机构。

2006 年第二季度，名义房价指数是 190，在不到三年的时间里下降到 129。这意味着，比如一个人在 2016 年 5—6 月花费 19 万美元购买房子，在 2009 年初房价会跌到 12.9 万美元。在 2009 年末，美国 25%的抵押贷款都跌价了。(甚至在 2015 年仍然有 13%的抵押贷款是严重下跌的，也就是说，贷款总额比房屋的市场价值高出

① Alan S. Blinder, *After the Music Stopped* (New York: Penguin Books, 2014).

25%或更多。①）

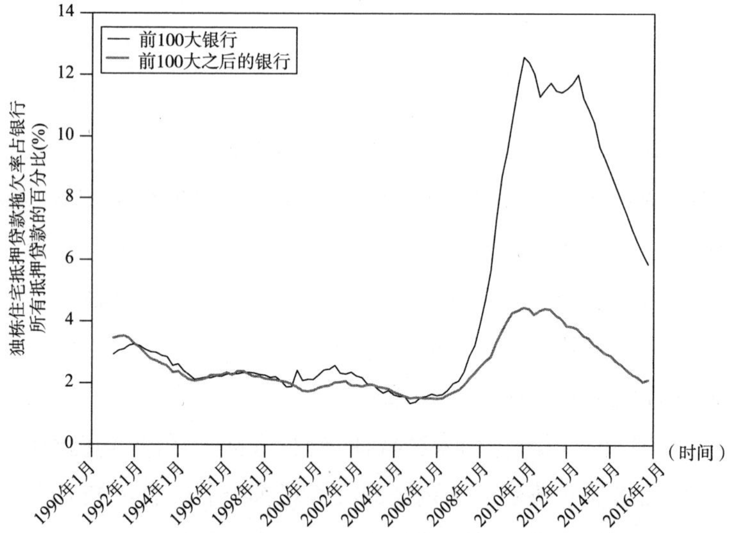

图 18.8　按银行规模划分的独栋住宅抵押贷款拖欠率

图中数字显示了独栋住宅抵押贷款的拖欠率占银行所有未偿还抵押贷款的百分比。粗线表示前 100 大银行的拖欠率，细线表示前 100 大之后的银行的拖欠率。2005 年房价停止上涨后，所有抵押贷款的拖欠率都上升了。但前 100 大银行持有的抵押贷款的拖欠率比较小银行持有的抵押贷款的拖欠率增幅更大。

资料来源：Federal Reserve Economic Data (FRED)，"Delinquency Rate On Single-Family Residential Mortgages，Booked In Domestic Offices，Top 100 Banks Ranked By Assets，Percent，Quarterly，Seasonally Adjusted，" available at https://fred.stlouisfed.org/series/DRSFRMT100S; and "Delinquency Rate on Single-Family Residential Mortgages，Booked in Domestic Offices，Banks Not Among the 100 Largest in Size (By Assets) (DRSFRMOBS)，" available at https://fred.stlouisfed.org/series/DRSFRMOBS.

① Data from RealtyTrac，as reported in Diana Olick，"13 Percent of Homeowners Are 'Seriously' Underwater on Mortgages，" available at http://www.nbcnews.com/business/real-estate/13-percent-homeowners-are-seriously-underwater-mortgages-n401081.

其他类型的衍生品

衍生品是一种契约——一种证券——从潜在的实体衍生而来。抵押贷款支持证券是一种衍生品，源自抵押贷款。但是还有很多其他对于导致危机来说很重要的衍生品。抵押贷款通过证券化（打包）成为抵押贷款支持证券，抵押贷款支持证券本身有时也通过证券化进一步发展为更复杂的衍生品，被称为担保债务凭证（collateralized debt obligation，CDO）。抵押贷款通常和其他种类的债务（信用卡债务、学生贷款等）一起打包。买家很难评估它们的价值，因此买家不得不相信信用评级机构对它们的评级。

衍生品的风险往往格外高，因为它们的价值取决于被打包进去的那些债务的收入流——而这些收入流的信息通常很少，或者根本没有它们的信息。缺乏衍生品价值的信息是当新信息曝光时它们的市场价值突然发生变化的原因之一，这让它们天生就有风险。20 世纪 90 年代末担任美国商品期货交易委员会（CFTC）主席的布鲁克斯利·博恩（Brooksley Born）警告称，衍生品理应受到监管，并要求国会让 CFTC 负责监管。相反，国会在 1999 年明确禁止对衍生品进行监管。博恩因此辞职不干。

抵押贷款支持证券或担保债务凭证的持有者通常通过购买信用违约互换（credit default swaps，CDSs）（AIG 出售的一种保险产品）来为衍生品价值下跌提供保险。但是当房价泡沫破裂后大量借款人停止偿还他们的抵押贷款时，AIG 突然因为这些索赔而欠下了巨额债务，但也没钱来赔付。最后，因为 AIG“太大而不能倒”，联邦储备委员会和国会从问题资产救助计划（TARP）中拿出了1 820亿美元来拯救它。联邦政府用其中的一部分购买了 AIG 的股票，到 2010 年，财政部实际上持有 AIG 92%的有投票权的股票。[1] 实际上，它被国有化了，虽然只是暂时的；然而，据报道，到2012年，财政部已经卖掉了自己的股份，获得了利润，AIG被再次私有化。

472

掠夺性贷款

有一种贷款方式叫作掠夺性贷款，即向可能无法偿还贷款的潜在借款人大力推销贷款协议。美国约有一半的州通过某种形式的法律来禁止掠夺性贷款，其中一些法律早在21世纪初就已经存在了。包括佐治亚州和北卡罗来纳州在内的几个州就在那个时期通过了新的法律。那么，究竟发生了什么？各州是否仅仅只是忽视了这些法律的执行？不完全是。

2003年4月，对掠夺性贷款增长感到震惊的州政府官员前往华盛顿，通知货币监理署（Office of the Comptroller of the Currency, OCC）的负责人约翰·D. 霍克（John D. Hawke），并要求他采取行动。尽管官员们提出了请求，但霍克否认了存在的问题，随后通知所有50个州，根据1863年的法令，只有联邦政府有权调查国家特许金融机构可能提供的掠夺性贷款。时值某些州试图调查国家特许的抵押贷款机构，国家特许的抵押贷款机构收购了其中一些贷款机构，并且OCC不允许各州监管这些贷款机构。然而，OCC并未对全国性特许金融机构的掠夺性贷款进行调查。

纽约州州长艾略特·斯皮策（Eliot Spitzer）在2008年2月写了一篇专栏文章，希望引起人们关注联邦政府伪善的一面。斯皮策一直以“廉洁先生”的形象闻名于世，他通过检举公司的违法者，

---

① Steven Davidoff Solomon, “Who Owns A. I. G.? A Continuing Story,” October 7, 2010, http://dealbook.nytimes.com/2010/10/07/who-owns-a-i-g-a-continuing-story/?_r=0. See also Alan S. Blinder, *After the Music Stopped*, 136-137.

从地区检察官晋升为特别检察官，进而由司法部部长晋升为州长。

2003 年，当斯皮策担任纽约州总检察长时，他和其他州的总检察长注意到，抵押贷款发放机构经常“歪曲贷款条款，发放贷款时不考虑消费者的偿还能力，发放贷款的利率带有欺骗性，使贷款数量急剧膨胀，打包贷款不公开手续费和其他费用，甚至支付非法回扣”。部分州政府与当地银行达成和解，后者同意停止这种做法；如上面提到的那样，一些州通过了新的法律。但是，斯皮策写道：

> 2003 年，在掠夺性贷款危机最严重的时候，OCC 援引 1863 年的《国家银行法》(National Bank Act) 中的一个条款，对所有州的掠夺性贷款法律发出正式意见，从而使其失效。OCC 还颁布了一些新规定，禁止各州对全国性银行实施任何消费者保护法。联邦政府的举措是如此惊人以及前所未有，以至全部 50 名州总检察长和全部 50 名州银行监管人员都剧烈反对这个新规定。

他说 OCC 实际上对斯皮策办公室提起了联邦诉讼，要求他们停止对抵押贷款的歧视性调查。

然而，斯皮策的专栏文章并没有以他希望的方式被他的目标读者看到。2 月 13 日，新闻媒体曝光了斯皮策多次在本州以外的地方嫖娼的丑闻。这则耸人听闻的故事让斯皮策成为笑柄，迫使他辞去州长职务。因此，当 2 月 14 日这篇专栏文章发表时，几乎没有引起人们的注意。

资料来源：Eliot Spitzer，“Predatory Lenders’ Partner in Crime，” Op-Ed，*Washington Post*，February 14，2008；Robert Berner and Brian Grow，“They Warned Us：The Watchdogs Who Saw the Subprime Disaster Coming—and How They Were Thwarted by the Banks and Washington，” *Business Week*，October 20，2008，36 – 42.

473 发生在 AIG 身上的事情是**道德风险**的一个典型例子：一个人或企业在购买保险后的行为与未购买保险相比更加鲁莽。例如，租车的人必须为租车购买保险。但一旦买了保险，他就不会小心驾驶了，从而给保险公司带来了道德风险问题。

很多大型金融企业也是这样，因为它们确信自己“太大而不能倒”，就像政府为它们买了保险一样。它们进行有风险的投资，因为它们相信年景好的时候可以盈利，如果风险策略带来了灾难性的失败，则它们会得到救助，不会有损失。在多数情况下，它们总是对的。

救助和收购

救助支出总共约 14 万亿美元，其中一半来自美国财政部，一半来自美联储。某些救助是贷款，不过最后都免除偿付了。

在房价泡沫和抵押贷款支持证券价格泡沫破灭之后，大型金融机构还发生了一系列其他崩溃。像美林、华盛顿互惠银行、瓦乔维亚银行和乡村银行这样的大型金融企业（银行、经纪公司、抵押贷款发放机构等）被其他大型银行收购，艾伦·布林德（Alan Blinder）的《当音乐停止之后》（*After the Music Stopped*，2014）一书详细描述了这一过程。但在 2008 年 9 月 15 日大型金融机构雷曼兄弟宣告破产，因为即便是以最低价格，也无法说服其他金融机构对其进行收购。因此，雷曼兄弟的破产，令其他投资者感到不安，并扰乱了市场。股市开始迅速下跌，金融业的困境也开始影响制造业、就业和整体经济。

导致经济衰退加剧、失业率上升的一个因素是，随着经济下滑，州政府和地方政府的收入也在下降。许多州依法律规定要维持平衡预算，因此它们无法再继续维持以前的支出水平。它们被迫减少与当地企业的合同，有时甚至裁员。

失业和贫困

在 2007 年 5 月仍处于 4.4%的低水平的标准 U-3 失业率，一开始的时候增长非常缓慢，但在 2008 年 5 月开始快速上升，从 2008 年 5 月的 5%上升到 2009 年 10 月的 10%（见图 18.9）。与此同时，U-6 失业率也超过了 17%，U-6 失业率把有兼职工作但想要全职
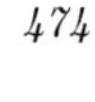

工作的人计算在失业人口内，预期前景黯淡的工人也被计算在内（见第16 章）。

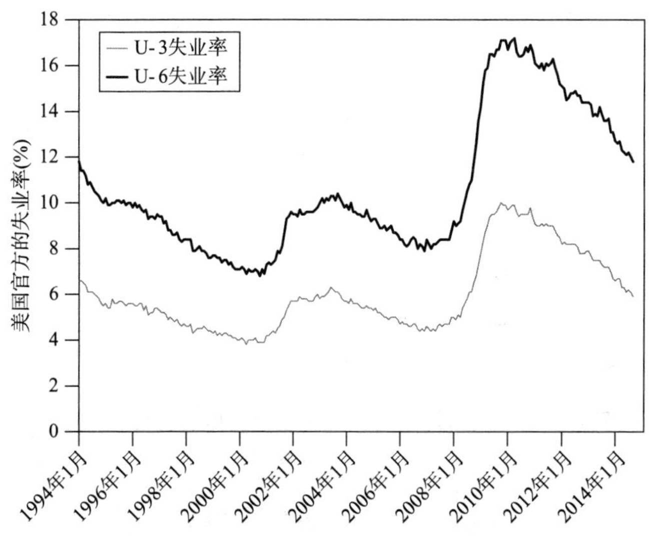

图 18.9　美国的两个官方失业率

美国劳工统计局计算了六种不同的失业率。通常引用的是 U-3 失业率（灰线），它将能够并且愿意工作但没有工作且在过去四周内寻找工作的人算作失业者。较高的 U-6 失业率还包括想要全职工作的兼职工作者和待业劳动力，包括那些在过去一年里找过工作，但在过去四周内没有寻找工作的人——U-3 标准认为这些人不属于劳动力群体（因此不包括在劳动力队伍中）。

资料来源：Vernon Brundage，“Trends in Unemployment and Other Labor Market Difficulties，” Department of Labor，Bureau of Labor Statistics，*Employment & Unemployment* 3，no. 25（Nov. 2014）. Available at http://www.bls.gov/opub/btn/volume-3/trends-in-unemployment-and-other-labor-market-difficulties.htm.

2007—2010 年，美国有 900 万人处于贫困中。2010 年，有 4 600万人生活在贫困线以下，贫困率从 2000 年的 11%上升到 15%。尽管在过去两次衰退期间或衰退后不久（1982—1983 年以及 1993 年），贫困率也从 11%上升到 15%，但在这两次衰退之后贫困率都迅速下降，如图 18. 10 所示。然而，在大衰退之后，2015 年的贫困率仍然保持在 14. 8%。

475

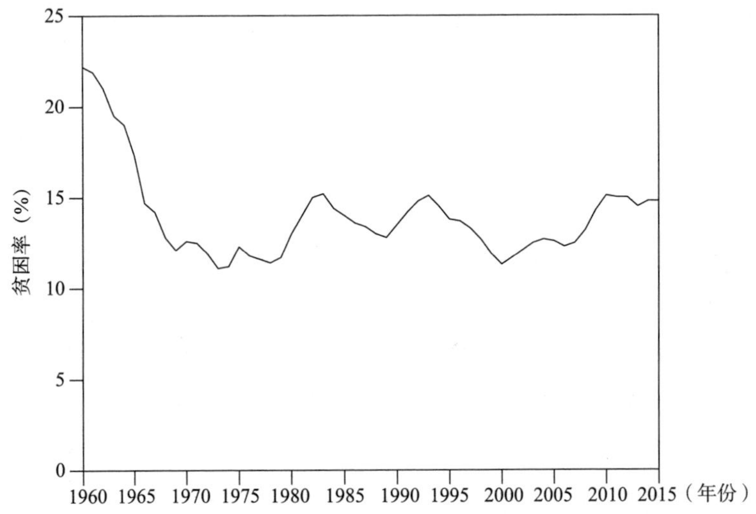

图 18. 10　美国的贫困率：贫困人口占所有人口的百分比

贫困率的上升导致了 1982—1983 年的严重衰退，贫困率在 1990—1991 年的衰退期间也在上升，并且在衰退结束后的 1993 年达到了顶峰。引人注目的是，在贫困率达到这两个高峰之后，随着经济的复苏，贫困率立即下降。但是，贫困率在 2007—2009 年的大衰退期间上升，并在 2010 年达到 15%，而且在接下来的四年里几乎一直保持在这个水平。

资料来源：U. S. Census Bureau，*Income and Poverty in the United States，2014*，pp. 44，60 - 252，Appendix Table B-1：Poverty Status of People by Family Relationship，Race，and Hispanic Origin，1959 to 2014. Available at www. census. gov/content/dam/Census/library/publications/2015/demo/p60 - 252. pdf.

经济危机的历史教训

资本主义经济很容易发生危机。自 19 世纪中叶以来，美国经济在两次衰退之间的间隔从未超过 10 年。是什么导致了这样的经济衰退或危机？监管和适当的政策选择能在多大程度上解决它们？我们现在就要讨论这些重要问题。

在过去的一个半世纪中，只有在 1940—1980 年期间，经济危机持续的时间比整个时期的平均水平更短、影响的深度更浅。政府对金融业的监管是这一变化的主要原因。在战后的几十年里，20 世纪 30 年代对金融部门实施的监管仍然很严格，执行也相当严格。在 20 世纪 80 年代和 90 年代，一旦监管逐渐放松，金融部门的动荡就加剧。结果是，许多储蓄和贷款机构在 20 世纪 80 年代末破产，随后又接受了数千亿美元的救助。之后，2000—2001 年，互联网泡沫破灭，经济再次陷入衰退。正如我们所见，放松对抵押贷款的监管和拒绝监管衍生品是次贷危机和大衰退的重要原因。

资本主义经济的另一种趋势强化了发生周期性危机的趋势，即财富和权力集中于极少数人手中的趋势，尤其是在金融部门。事实上，如果没有反托拉斯监管，这种集中将发生得更快，正如在第 6 章中讨论 19 世纪末托拉斯（垄断组织）的兴起时所表明的那样。由此产生的大型金融企业的政治影响力助长了政府放松管制的强烈倾向和经济学家海曼·明斯基所称的**金融脆弱性**。金融脆弱性产生于这样一种情况，即企业（包括金融企业）为了获得更大的利润，倾向于冒相对于其净值来说更大的风险（债务或风险资产的形式）。当许多企业以同样的方式过度扩张并且彼此欠下巨额债务时，整个金融系统将变得脆弱，并增加了某个企业破产使整个系统崩溃的危险。 476

为了解释危机发生的原因，我们首先探讨起源于非金融部门的危机，这种情况甚至在金融部门受到高度监管的情况下也会发生，比如第二次世界大战后的几十年。接下来，我们将讨论为什么多数源自金融部门的危机的规模可能更大、破坏性更强，这在很大程度上是因为资产市场与商品市场的不同。然后，我们继续考察具有巨大政治权力的大型企业的出现如何加剧了这些问题，使它们更难逆转。一个例子是金融企业对2010年旨在重新监管金融部门活动的《多德-弗兰克法案》的强烈抵制。

危机的非金融原因：过度投资，消费不足

危机可以通过几种方式起源于非金融部门。首先，我们在第17章中已经看到，当高就业和工资上涨挤压利润时，可能会引发危机。

起源于非金融部门的危机也可能起因于一个主要部门的产能和需求之间暂时但有时严重的不匹配，这种不匹配会影响经济的其他部分。这种不匹配通常以**过度投资**的形式出现。

资本主义经济本质上并不能协调不同企业在投资上的支出。因此，当汽车需求增长时，汽车制造商可能会全力扩大市场份额（它们的销售额占整个行业销售额的百分比）。它们会投资于增加生产设施，试图比竞争对手销售更多。但是，该行业的总投资可能会创造出比满足需求所需的更多的总产能。当一些企业发现自己过度投资时，它们可能会在相当长的一段时间内停止进一步投资，等待需求赶上产能。但在一个大型、关键的经济部门，如新建住宅部门或汽车生产部门，这样的投资停顿可能会产生巨大的连锁反应，导致整体经济下滑。事实上，在美国，房屋建筑行业的衰退往往发生在经济衰退之前。

停滞或危机的原因：消费不足

过度投资会造成供需之间的持续不匹配，而需求增长缓慢有时也会造成这种不匹配。收入不平等的加剧可能是原因之一。假设一个贫穷家庭损失了一美元收入，而一个富裕家庭得到了一美元。贫穷家庭将会花掉大部分钱，而富裕家庭通常会少花很多。这意味着，从穷人到富人的收入转移将会减缓消费支出的增长甚至使消费支出停止增长。

消费需求的缓慢增长也会打击企业投资新产能的积极性，因为它们怀疑消费者需求是否会增长到足以卖出更多的产出。停滞的消费需求及其对抑制投资支出的影响，往往会导致普遍的经济停滞，从而可能助推危机的发生或者延长危机。在这种情况下，停滞或危机可归因于收入不平等加剧导致的**消费不足**。

近几十年来，由于家庭债务水平不断上升，工资收入停滞不前 477
对消费水平的影响被掩盖或推迟。这延缓了消费不足的危机，但当危机到来时，它也会使危机恶化。

资产市场有别于商品市场

还有什么能使资本主义经济趋于陷入危机？一个因素是金融资产市场尤其是衍生品市场的发展壮大。

资产市场尤其是金融资产市场，与商品市场在许多重要方面都存在差异，而这两个市场的表现则截然不同。在商品市场上，潜在买家通过查看商品或在网上或报刊上寻找评论，比较容易确定商品的价值。可以合理地假设，生产者以确定的规格大批量生产产品，以至对产品质量来说，对同样产品有体验的所有人都是其他人的很好的向导。

相比之下，通过目测检查一项金融资产只能得到一点点信息。它的价值在很大程度上取决于经济状况，这种状况可能迅速地改变——就像 2005—2008 年所发生的那样。由于资产提供了未来的收入流，它们的价值取决于未来的经济状况——我们可以试着做出明智的猜测，但必须预料到，这些猜测往往是错误的。

当然，房屋等商品的实用性和耐用性可以通过检查确定——但从房屋的**资产**角度来说——它的价格在未来可能上涨多少是不容易确定的；往往任何人都不知道，因为我们无法预知很远的未来。

因为资产的质量或价值不像商品的质量或价值那样透明，所以在资产的价值上卖家更容易故意欺骗潜在买家。例如，抵押贷款支持证券和担保债务凭证在被信用评级机构高估的时候就发生了这种情况。如果这种欺骗是有利可图的，并且没有得到充分的监控或监管，它就很有可能会发生，正如我们在本章中看到的那样。

信息缺乏也增加了价格上涨趋势突然逆转的风险。当潜在买家所能获得的信息有限且模糊时，额外的一条负面信息很容易将市场的乐观情绪转变为市场的悲观情绪。就像那些炒股的人所说的那样，贪婪会突然变成恐惧，把上涨的价格趋势突然变成下跌的价格趋势。资产价格的波动是固有的趋势。

例如，房价泡沫的增大在很大程度上是建立在房价将继续上涨的假设之上的。但当房价停止上涨时，支撑房价上涨的抵押贷款也基本上停止发放。然后再融资变得几乎不可能，房贷拖欠率和违约率就会上升。随着房价开始下跌，购房者在未来继续每月定期偿付抵押贷款的可能性就会进一步降低，因为再融资不再是他们的一种选择。这就降低了由抵押贷款偿付流所支撑的抵押贷款支持证券的价值。

资产市场中引发危机的不一定是住房市场，也不一定是基于住房的证券市场。有时引发危机的是股票市场价格泡沫的破灭，就像1929年或1999—2001年互联网泡沫的破灭那样。金融资产往往是滋生危机种子的土壤。专栏“泡沫问题”列出了几个世纪以来发生在美国和世界各地的主要资产价格泡沫。

478 **泡沫问题**

第一次重大资产价格泡沫发生在资本主义经济占主导地位之

前：几乎同时发生了两个事件，电影《货币的崛起》（*The Ascent of Money*）和历史学家尼尔·弗格森（Niall Ferguson）的同名著作叙述了17世纪法国的密西西比泡沫，以及英国的南海泡沫。最常见的资产价格泡沫是股市泡沫和房地产价格泡沫（住宅或商业地产，或两者兼而有之）。以下是这类泡沫的简短列表。

时间	名称	地点
1719—1720 年	密西西比泡沫	法国
1720—1721 年	南海泡沫	英国
（直到）1837 年	1837 年恐慌（房地产）	美国
19 世纪 40 年代	铁路泡沫	英国
（直到）1873 年	1873 年恐慌（铁路证券）	美国
1921—1926 年	房地产泡沫	佛罗里达
1925—1929 年	股市泡沫	纽约
1986—1992 年	房地产和股票价格泡沫	日本
1996—1997 年	房地产泡沫	泰国
20 世纪 90 年代末至 2001 年	互联网泡沫	美国
2001—2009 年	房价和衍生品泡沫	美国
2000—2015 年	房地产价格泡沫	许多欧洲国家
2015—2016 年	股市泡沫	中国

资料来源：Robert Z. Aliber and Charles P. Kindleberger, *Manias*, *Panics*, and *Crashes*, 7th edition (John C. Wiley & Sons, 2015); Niall Ferguson, *The Ascent of Money* (New York: Penguin, 2009). *Financial Times*, various issues.

为什么资产市场容易出现价格泡沫

为了清楚地了解资产价格泡沫为什么会发生，有必要更深入地探讨资产与商品的区别，以及资产市场与商品市场的区别。商品不同于资产的一个重要方面是我们购买它们的原因不同。我们购买商品是为了使用：食物用来吃，笔用来写字，足球用来玩，家具用来坐，汽车用来开，书用来读。相比之下，我们购买资产不是因为它们有用，而是因为我们相信它们将提供源源不断的收入，或者它们是一种安全的持有方式或增加财富的方式。

人们可能会购买股票以获得股息，或者购买债券以获得每年固定的利息支付。他们可能会购买一幢公寓大楼（如果他们能负担得起）来获得租金收入，前提是租金收入足以抵扣税金和维护费用。

购买资产的第二个理由是预期其价格将上涨，从而可以出售资产以获得**资本收益**。第 10 章给出了商人贱买贵卖的例子，而且提到
479 投资者经常投机（买卖）金融资产（股票、证券、其他金融资产）。他们希望他们购买的资产的价格会比其他所有资产的价格上涨得更快。如果它的价格上涨速度与 CPI 一样，那么它就是一种相对安全的储存财富的方式。如果利率上升得更快，那么它就可以被出售以获得资本收益，或者用作抵押以得到贷款来购买更多资产。

资产价格的波动幅度大于大多数制成品的价格波动幅度。为什么会这样？有两个主要原因。正如上面所提到的，一个原因与信息有关。查明一件商品的真正品质往往比查明一项资产的真正品质容易。商品的潜在买家可以在商品销售的地方检查，或者在网上或出版物上查看评论。制成品通常是以旨在确保每单位产品都与其他产品相同的方式生产的。质量是经过测试的，有缺陷的部件要返工或者被拒收。显然，这在一定程度上是因为有产品安全法等法规的管制。同时，生产商也可能担心自己品牌的声誉，例如，一辆众所周知存在缺陷的汽车的销量会锐减。

同样，如上面所简单提到的，金融资产的价值通常不能靠观察来评估，而主要根据交易环境的变化来评估。如果房价上涨，抵押

贷款支持证券看起来就是一种有价值的资产；但是如果房价随后下跌，抵押贷款支持证券就没有价值。因此，资产的价值取决于整个经济环境——而且很难预测这些环境将如何演变——而商品的价值则不然。

由于缺乏关于资产价值的充分信息，投资者倾向于跟随当前的趋势。资产价格上涨是买入信号，资产价格下跌是卖出信号。但这造成了剧烈的波动。由于缺乏信息，市场参与者可能倾向于认为其他人拥有这些信息。或者他们只是简单地认为，如果他们在别人购买的时候没有购买，他们就会错过获得资本收益的机会；当别人在卖而他们却卖不出去的时候，他们很可能持有价值极低的资产。凯恩斯将股票市场的参与者的行为描述为“羊群行为”。这种行为很少发生在价格稳定得多的制成品市场上；如果这种行为发生在商品市场上，通常是因为这种商品在某种程度上具有某种资产的性质，哪怕只是暂时的。

事实上，在某些情况下，商品也可以是资产，要么是暂时的，要么是持久性的。如果一件商品是买来使用的，不过它的价值也会随着时间的推移而提高，有时这是可以预见的。在这种情况下它就是一种资产。比如一幅好画。我因为喜欢它的艺术性而买了这幅画，想把它挂在客厅里展示给客人看。从这个意义上讲，它是一件商品。但如果画家得到了越来越多的认可，随着时间的推移，这幅画的价值可能会上升，这时它就会被视为一种资产。大多数买房者既把房子看作商品，也把房子看作资产，而在房地产市场上，也有一些参与者主要将房地产视为资产。

为了进一步解释图 18.2 所示的房价泡沫，我们转向反馈环路的解释。

反馈环路

我们看到，最初卷入房价泡沫的人所面对的激励结构都是朝着推动房价上涨的方向发展的。资产价格泡沫的动态是一个**反馈环路**（feedback loop）的例子。

480 反馈环路的经典例子来自一个声音系统，在这个系统中，麦克风被错放在连接它的扬声器（扩音器）前面。当它被打开时，我们听到一个震耳欲聋的声音，因为放大的声音再次进入麦克风，并被再次放大，这在一瞬间重复了很多次。因果关系自我循环，形成了一个闭环：

麦克风把输入的声音转换成电子信号

→扩音器把声音放大

→麦克风再将其转换成电子信号

…… ……

一般来说，当 X 引起 Y，Y 又引起 X，这就形成了一个反馈环路。因果关系链也可以有两个以上的元素（例如 $X\rightarrow Y\rightarrow Z\rightarrow X$），但必须循环回到第一个元素来构成反馈环路。反馈环路的另一个名字是**恶性循环**或**良性循环**——尽管从经济中的某些角度来看，可以将同一个反馈环路看作是良性循环，但从另一些角度来看却是恶性循环。识别恶性循环的一个关键目的是确定，需要外部干预才能打断恶性循环并防止其带来的不幸后果。

对于房价泡沫的积极一面，反馈环路——至少是暂时性的——是这样的：

房价持续上涨

→借款人愉快地借款，投资者愉快地购买抵押贷款支持证券

→抵押贷款机构愉快地出借
→更多的房子被购买
→房价持续上涨

潜在借款人愿意以不利条件接受抵押贷款，因为房价正在迅速上涨，他们相信自己可以在两到三年内转售或再融资，从而获得更有利的条件。抵押贷款机构（银行或者其他机构）急于向这些借款人放贷，只要房价在迅速上涨，就很容易将抵押贷款以一个好价格转售给抵押贷款支持证券的发行人。借贷越多，购买就越多，这导致了房价的持续上涨，而房价的上涨反过来又鼓励了抵押贷款支持证券的销售，从而导致了更多的抵押贷款。

但房价最终达到了一个很少有潜在房屋购买者能够负担得起的水平。合格的借款人越来越少；贷款标准恶化；抵押贷款提供的条件更具风险；抵押贷款经纪人签了更多的“骗子贷款”；支撑房价上涨的良性循环（或反馈环路）很快就变成了房价下跌的恶性循环（另一个反馈环路）。当房价下跌时，一些买家要么违约，他们的房子被取消抵押品赎回权，要么试图在失去所有权益之前卖掉房子。止赎房屋的销售和购房者的销售都加速了房价的下跌。如果资产价格泡沫最终以这种反馈环路或恶性循环告终，那么，什么样的外部力量能打断它们呢？答案是政府监管，我们就此做简要讨论。

反身性

在金融市场上有一种特殊的反馈环路，它也给资产价格泡沫提供了动力。亿万富翁兼慈善家乔治·索罗斯（George Soros）称之 481
为**反身性**（reflexivity），它与现实世界和人类对世界的感知之间的相互作用有关（参见推荐阅读文献中索罗斯的相关文章）。

房价泡沫积极的一面是，许多人买了房子，每一套房子的价格在购买后都会上涨。一旦房价上涨，抵押贷款机构就会将房产视为其内在价值在上涨，而不是投机泡沫暂时推高了其市场价格，而这种投机泡沫很可能在未来破灭并使房价下跌。现在，贷款人将房价视为代表着新价格的抵押品价值，并在此基础上发放比以前更多的抵押贷款，从而使购房成为可能。

但是，价格泡沫持续的时间越长，每一套房子的价格超过它在非泡沫市场上的价值就越高——在未来，房价就越有可能突然回落到那个水平（甚至低于以前的水平）。

这种现实与感知之间的相互因果关系，即价格上涨提高了抵押品的感知价值，从而使贷款人愿意发放更多的抵押贷款，被索罗斯称为**反身性**。这也促成了房价泡沫的形成。任何资产价格泡沫中都会出现同样的情况。主要的观点是因果关系贯穿于现实和感知的双向变化之中。当经济发生变化时，它也改变了可能对经济采取行动的人的观念；他们改变的观念也因此影响经济自身。

误导信息

前几章已经讲了很多关于资本家为了盈利是怎样做的。不过，有一种策略没有讨论太多，那就是他们可以夸大自己出售的资产的价值。广告往往包含一些小小的夸张。过分夸大，等于完全的欺骗，被定义为欺诈，这显然是非法的。

有时，这些法规被严格地执行从而使得欺骗潜在客户无利可图。但是历史上充满了资本主义企业出售危险或不健康产品的例子，仿佛这些产品完美无瑕，它们以此获利。不幸的是，竞争会驱逐诚信。当一个企业在不告知公众的情况下通过生产有害产品来偷工减料时，那些在同一个市场上花费成本和精力生产和销售安全产品的企业将会付出更高的成本，从而利润也更低。

因此，政府监管是必要的。这就是要成立联邦、州和地方机构来检查食品、药品、玩具、汽车、建筑等的安全的原因。即便如此，偶尔也会有一些大企业爆发肉类污染事件，根据它们的电视广告，药品也被证实具有严重的副作用。随着时间的推移，有可能发生**监管俘获**，即被机构监管的行业通过结交机构中的朋友，或影响机构的运作，削弱了执法力度。为了公众利益，资本家从欺诈中获利的倾向必须通过有效的监管来反击，但是企业经常抵制这种监管。事实上，关于食品是否应该标明含有转基因生物（GMOs）的争论就是一个资本主义企业认为不告知消费者所售商品详情会更有利可图的很好的例子。

此外，每个国家都有骗子，对他们来说，欺诈可以带来高额利 482
润。2008 年秋季股市的大幅下跌迫使著名投资基金经理伯尼·麦道夫（Bernie Madoff）承认，多年来他一直在欺骗客户。他多年来给客户高昂且稳定的年回报率的投资基金是一个骗局，即它根本不拿客户的基金去投资，而只是操作所谓的庞氏骗局，即对现有客户的回报完全是由新客户投资的资金支付的。只要生意在增长，他就能保守这个秘密。但随着股市和其他市场在 2008 年秋季崩盘，麦道夫再也找不到足够多的新客户来继续他的骗局，于是他供认不讳，自首并被判入狱。这与房价泡沫有一种不紧密的对应关系。只要有新的资金流入并推动房价上涨，一切都很顺利；但当新的资金枯竭时，整个局面就崩溃了。

在资本主义制度下的不受监管的市场中，当夸大事实有利可图且不会受到惩罚时，事实往往就会被夸大。正如我们所见，在房价泡沫中，欺诈是抵押贷款和抵押贷款支持证券销售中的因素之一。消费者常常被引导去相信他们寻求的抵押贷款的风险小于实际风险，与此同时，抵押贷款支持证券的购买者被告知这些证券的风险小于实际风险。此外，到2007年，绝大多数房地产估价师报告称，他们曾面临来自贷款机构的压力，这些机构要求他们以高于他们认为合适的价格对房产进行估价。

彻头彻尾的欺诈也是引发次贷危机的因素之一，就像20世纪80年代的储贷危机一样。作为储贷危机的后果，储蓄机构监管局（监管储贷的机构）的工作人员负责分析导致1 000多起与欺诈相关的重罪的定罪证据。① 2000年后，对大企业抵押贷款欺诈的起诉不多，尽管在官方认为的大衰退结束的几年后，许多大银行确实与政府达成了数十亿美元的和解，以避免被起诉。

放松管制与金融脆弱性

经济学家海曼·明斯基在论及数十年时间跨度并以约翰·梅纳德·凯恩斯的著作为基础的著作中，解释了资本主义易发生危机的另一个原因。他最著名的著作于20世纪80年代出版。明斯基观察到，一场重大危机通常会清除经济中的大量债务，而且通常会导致政府实施旨在防止类似危机发生的新监管。例如。在大萧条时期，银行业受到监管，联邦存款保险公司（Federal Deposit Insurance Corporation）成立以保护消费者的银行存款，证券交易委员会成立以监管公司行为和报告，等等。然而，在危机结束后，随着时间的推移，这些趋势逐渐逆转：企业倾向于积累债务，而监管机制也趋于被削弱。

危机发生后不久，企业对举债和从事高风险交易变得更加谨慎。
483 但随着时间的推移，企业越来越愿意借款和为了不错过有利可图的机

① William K. Black, "How to Rob a Bank," TedX talk, video, Kansas City, Missouri, https://www.youtube.com/watch?v=-JBYPcgtnGE.

会而承担风险。危机发生几十年后，谨慎情绪消退，监管似乎没那么必要了。随着新的盈利机会的出现，来自企业的压力迫使政府放松管制。当新的金融资产被创造出来的时候，就像在不同种类的衍生品上反复发生的那样，政府开始相信它们根本不需要被监管。

监管越来越松让企业可以承担更多的债务，或持有更多的风险资产，或采取高风险的商业策略，同时保持比过去更低的资本储备以弥补损失的风险。强化这一进程的是现有法律执行的减弱，以及执行这些法律的条例的改变，这些改变在某些情况下实际上开始扭转现有法律的意图。（参见本章后面的专栏“空手套白狼：漏洞吞噬规则”。）

随着时间的推移，放松管制与企业内部和企业之间风险越来越大的金融结构的结合导致了明斯基所说的**金融脆弱性**：在这种情况下，每个企业的负债几乎都达到了它在景气时期所能应付的限度。此外，各企业都被债务网络联系在一起，以至如果一个企业破产，多米诺骨牌效应会导致许多其他企业倒闭。一个重大的破产就会危及整个金融部门。金融脆弱的状况往往会在几十年内重现，并引发危机。（原则上，这样的一个债务网络在非金融企业也是可能的，但金融部门更容易受到此类问题的影响，而且一直是引发危机的市场地震的震中。）

大企业加剧了这一问题

这就是资本主义经济通常更易受到周期性危机影响的原因。不过，对于危机趋势为什么在当前时期更糟，且除非采取适当的监管措施，否则可能变得更糟这个问题还有一个解释。在资本主义经济中，财富和权力高度集中于少数几个非常大的企业是一种长期趋势。这在金融部门尤为明显，这个部门企业的大型化有两个巨大优势。

第一个优势是，一个规模庞大的金融企业几乎肯定会被视为

“太大而不能倒”，因此，如果它面临破产，肯定会得到政府或美联储的救助。众所周知，这就产生了之前提到的经济学家所谓的**道德风险**：企业的经理和其他人员知道，如果他们冒了很大的风险，要么获得高额回报，要么在面临巨额亏损时获得救助。面对成功带来的巨大收益和失败带来的最小损失的可能性，这些公司的高管们将倾向于选择高风险、高回报的策略。这种情况也使得大型银行可以以比规模较小的竞争对手更优惠的利率发放贷款。

第二个优势是，经济权力集中在大型金融企业手中，这促使它们寻求获得更大的政治影响力。这种影响力既能使它们实现放松监管，也能使它们成为未来救助的主要对象。第 11 章讨论了**规模经济**优势，其基础是巨额固定成本和小得多的固定边际成本，这解释了企业为什么能做大。而在获得政治权力方面也可能存在规模经济。发起游说活动或
484 建立政治献金机构可能需要相当大的启动成本，但多接洽一名参议员或多推动一项立法的边际成本会很小，而且回报可能是巨大的。

金融部门（即金融、保险、房地产或 FIRE）用于游说国会的总支出从 1998 年的每年 2 亿美元增长到 2010—2015 年的每年近 5 亿美元。竞选资助经费也在迅速增长。图 18.11 显示了金融部门竞选捐款的快速增长，两年总统选举周期的捐款与两年非总统选举周期的捐款分开显示。20 多年来，捐款大幅增加，主要集中在关键的委员会上。在 2014 年的选举周期中，众议院金融服务委员会（House Financial Services Committee）37%的竞选捐款（8 400 万美元中的 3 100万美元）来自 FIRE 部门（既有 PACs，也有个人）。参议院银行、住房和城市事务委员会的竞选捐款中 FIRE 所占的份额为 25%，即 1.93 亿美元中的 4 800 万美元。① 的确，看到这种巨大的政治优

① Center for Responsive Politics at https://www.opensecrets.org.

势，企业会抓住机会通过兼并和收购来发展，这样它们就能拥有更大的影响力。

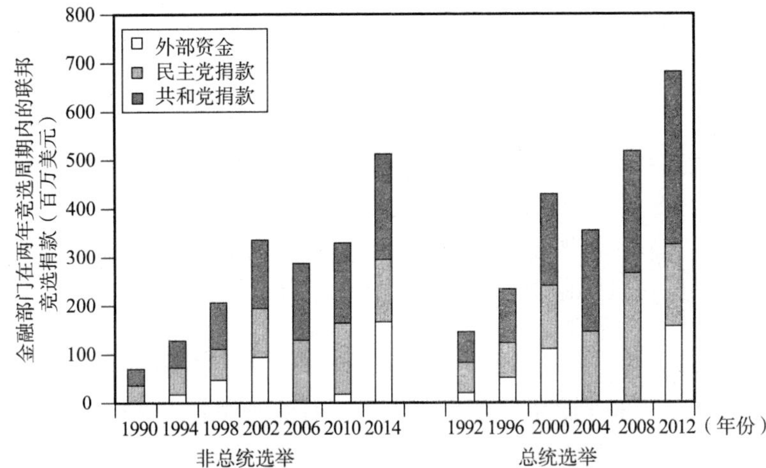

图 18.11 在两年竞选周期内，金融部门向联邦候选人和软货币组织及外部货币组织提供的竞选捐款

资料来源：Center for Responsive Politics，Finance/Insurance/Real Estate：Long-Term Contribution Trends，available at http://www.opensecrets.org/industries/indus.php?Ind=F；https://www.opensecrets.org/industries/totals.php? ind=F；House Financial Services Committee，114th Congress，2014 election cycle，available at https://www.opensecrets.org/cmteprofiles/overview.php?cmteid=H05&cmte=HFIN&congno=114&chamber=H；and Senate Banking，Housing，and Urban Affairs Committee，114th Congress，2014 election cycle，available at https://www.opensecrets.org/cmteprofiles/overview.php? cmteid=S06&cmte=SBAN&congno=114&chamber=S.

私营部门和公共部门之间也有一扇频繁开启的旋转门*，金融部门的主管在行政部门担任高级职务，政府官员在私营金融部门担任利润丰厚的职务。财政部部长一职此前一直由高盛前高管罗伯特·鲁

* 旋转门（revolving door）现象是指个人在公共部门和私人部门之间双向转换角色、穿梭交叉为利益集团牟利的现象。例如，政府官员退休或离职之后进入企业、学校任职，或高校教授担任政府职务等。——译者注

宾（Robert Rubin）担任（1995—1999 年），他在离任后加入花旗集
485 团；担任这一职务的还有另一位高盛前高管亨利·保尔森（Henry Paulson，2006—2009 年）；约翰·斯诺（John Snow，2003—2006 年）辞去财政部部长一职后，成为赛伯乐资本管理公司的董事长。

金融部门与政府之间的“旋转门”为金融公司带来了好处，这一点在一定程度上可以从美国财长罗伯特·鲁宾废除《格拉斯-斯蒂格尔法案》和他随后在花旗集团担任领导职务中得到证明。将政府对 20 世纪 80 年代末储贷危机的应对与它对次贷危机的不同应对进行比较，进一步证明了政府影响力对金融企业的益处。在储贷危机中，美国储蓄机构监理局与联邦调查局合作，调查储贷官员，并对 1 000 多名官员提起刑事诉讼，他们在超过 90%的案件中被定罪。然而，在最近的危机之后，没有华尔街公司的高管被起诉。相反，企业同意达成数十亿美元的和解协议。与抵押贷款危机相关的和解协议的实际支付总额尚不清楚，一些研究估计超过 1 000 亿美元。与此同时，华尔街的奖金继续保持在高位，如图 18.12 所示。

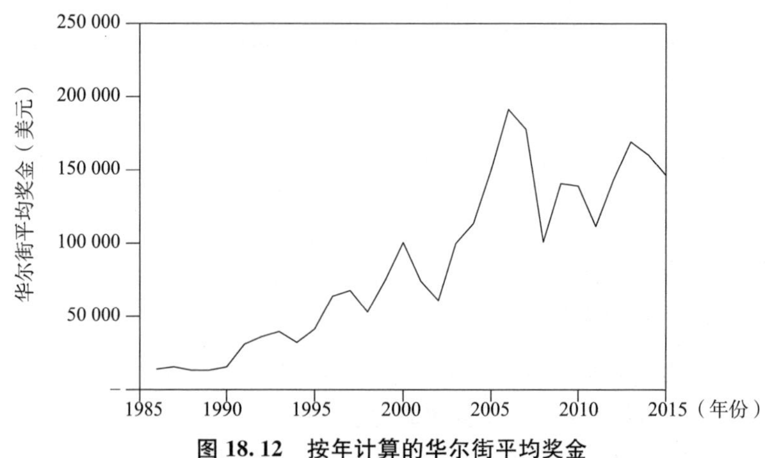

图 18.12　按年计算的华尔街平均奖金

所有员工都被纳入统计，但许多高管实际上获得了数百万美元或数千万美元的奖金，有时甚至更多。

资料来源：New York State Comptroller，“New York City Securities Industry Bonus Pool.” Available at http://www.osc.state.ny.us/press/releases/mar16/nyc_security_bonus_pool.pdf.

削弱社会保障网络

在过去的 20 年中，随着对金融部门的放松管制的迅速推进，当个人或整个经济领域处于危机时，人们可以依靠的社会保障网络已经被削弱。20 世纪 90 年代中期，随着受抚养儿童家庭援助项目（Aid to Families with Dependent Children，AFDC）的结束，代之以贫困家庭临时援助项目（Temporary Aid to Needy Families，TANF)，这个福利体系就被削弱了。AFDC 下的家庭在需要时就可 486
以得到福利补助，而在 TANF 下，补助金额上限被限制在职业生涯中收入最高的 5 年获得的报酬。一些州规定的上限比 5 年更短。

在 2005 年，国会减少了可供家庭申请破产和摆脱债务的选择。新法律在第 7 章限制了债务人提出个人破产以此来摆脱所有债务的情况，第 13 章规定了债务人申请破产的条件是偿还部分债务后才能免除剩余债务。该法律生效后，个人破产率降到 1‰以下。但大衰退接踵而至，使得每年的个人破产率再次上升到约 2‰，2009—2011 年一直保持在这个水平，然后在 2012 年慢慢地开始回落到大约 1.5‰。因此，许多本来可以在早些年申请破产、清偿债务并重新开始的人，在危机爆发时，面临新的障碍。许多家庭成员看到他们的个人计划被打乱，因为他们失去了学业或退休储蓄，没有了医疗保险，在他们无法偿还汽车贷款时失去了他们的汽车，丢了工作，并且随着财务状况接近灾难边缘而变得焦虑不安。

根据官方的宣布，大衰退已于 2009 年结束，但它的影响对数百万人来说是严酷而持久的。从 2007 年到 2010 年，有 900 万人加入了失业大军，其中包括许多建筑工人。它导致数百万人失业多年，400 万想要或需要全职工作的人在做兼职。当他们不得不放弃正在购买的房子时，他们的积蓄就被抢走了。它使 900 多万人陷入贫困，这些人在贫困中生活了多年；降低了家庭收入中值，并导致家庭净资产中值急剧下降，影响了那些收入处于中等收入区间的人以及许多收入低于和高于这个区间的人。

资本主义经济中的监管

应该怎么做？如果在可预见的未来，大多数国家都将实行资本主义经济制度，那么很明显，一个必要的策略就是严格监管，尤其是对金融部门的监管。

第二次世界大战后的几十年里，美国金融部门一直非常温和。大多数州的法律将利率限制在相当低的水平。州际银行业务受到严格监管。商业银行和投资银行严格分离。几乎没有什么奇异的、难以理解的、难以估价的金融资产。当地银行发放当地的抵押贷款，并紧紧抓住不放。银行业是幸运的，正如经济学家杰拉尔德·爱泼斯坦（Gerald Epstein）所描述的那样，它们“很乏味”。最大的银行是众所周知的，而且有相当大的影响力，但在规模和影响力上都远不及今天最大的银行。“从乏味的银行业到喧嚣的银行业”（爱泼斯坦的说法）的转变，对普通民众不仅没有（如果有的话）什么好处，而且带来了许多困难。

监管金融部门

金融部门不受监管的行为就是定时炸弹，除非受到严格监管，否则几乎确定无疑它们将引发进一步的危机。那么需要什么样的监管呢？

487 为了终结“太大而不能倒”的现象，许多经济学家和政策制定者都提出了分拆大银行和其他大型金融机构的建议，这是可行的。

如果规模是问题的一部分，那么规模可以缩小——只要能够克服大型银行的政治抵制。根据美国会计标准，2015 年四家最大的银行的总资产约为美国 GDP 的一半（与危机期间大致相同）。麻省理工学院经济学教授、国际货币基金组织前首席经济学家西蒙·约翰逊（Simon Johnson）表示，这些银行“太大而不能倒”。他和合作者詹姆斯·夸克（James Kwak）建议，只需对任何一家银行的资产规模设限，并为它设定一个达到这一上限的程序［《13 个银行家》（*13 Bankers*），2011］。毕竟，100 多年前，为了公众利益，标准石油公司就被法院依反托拉斯法拆分；这不是一个新概念。约翰逊和夸克建议将商业银行资产限制在 GDP 的 4%，将投资银行资产限制在 GDP 的 2%（因为它们的活动风险更大）。

此外，如果在获得利润时奖励风险行为，并且在造成巨大伤害时不对其进行惩罚，那么最明显的解决方案是改变行为人面临的激励措施。有很多方法可以做到这一点，其中全部或者大部分都可以使用。对于主要金融机构的最高决策者的风险行为（无论是对他们个人来说还是对他们的公司来说），监管机构都应该让他们付出足够高的代价，从而使他们不敢去冒这些风险。在繁荣时期，决策者们得到了高薪和巨额奖金；在经济崩溃期间，他们却既没有支付任何罚金，也没有因欺诈等罪行而面临起诉。虽然这些机构本身（而非从中获利的个人）后来向政府支付了数百亿美元的和解金，这些和解金与它们导致危机的活动有关，但这些和解金是否具有很大的威慑价值值得怀疑。

应该采取措施限制高风险证券的设立，以及阻止那些买方信息过少、无法评估其价值的证券的出售。除非经严格的审批程序的明确允许，否则新设立的证券可能被禁止出售。银行可能被要求对其发行的衍生品进行更为严格和现实的尽职调查，包括在普遍崩盘的情况下进行压力测试。（尽职调查是指对潜在投资或交易的利弊进行细致的检查。）这样的过程可能会使得设立最高风险的证券变得无利可图（也许不是坏事）。衍生品场外交易可以被禁止，也就是说，所有衍生品都只能在交易所交易，这可以确保只有最透明的证券才能被交易。同样，如果增加的成本使一些有风险的证券无利可图并导致其消亡，那可能不是一件坏事。

为了确保高风险证券的巨额损失不会导致银行破产，银行可能被迫持有相当于其大量股份的资本储备——有些银行被建议持有8%左右的资本储备，有些则被建议持有更高的资本储备（无论是资产负债表内的还是资产负债表外的）。这样的要求可能会削弱银行持有高风险、高回报证券的动机；那不是一件坏事。然而，当雷曼兄弟破产时，它有大量的资本储备，但还不足以防止破产。

金融机构的高管们可能会被要求返还他们在繁荣期得到的巨额奖金或过高的薪酬，因为那些为公司带来暂时高额利润的决策，
488 在后来的几年里导致了巨额亏损。如果公司要求并接受政府救助，他们也可能需要缴纳大笔款项。这可能有助于阻止不计后果的决定。

投资银行应该受到积极的监管，而不仅仅是被要求自愿遵守标准（就像美国证券交易委员会在危机爆发前所做的那样）。一些专家建议建立公共银行，让邮局承担某些银行职能，或者将一家或多家银行收归国有。（正如我们所看到的那样，AIG 在获得救助时实际上被收归国有了，但一旦可行，它就会被重新私有化。）

《多德-弗兰克法案》

2010 年，国会通过了《多德-弗兰克法案》，这是一部旨在监管金融业的新法律。原则上它的规定的确降低了未来危机发生的可能

性或严重性，但有两个重要的局限。一是其中一些条款不够有力，不足以阻止危险行为。二是金融部门可以让政府实现最终监管而执行这项法案的过程延缓很多年——通过向机构发放数千份冗长文件来征求对法案的公共意见，而阅读这些意见必须在法律进程开始执行之前。这种策略将一些监管规定的发布推迟了 5 年之久。甚至到 2016 年初，许多最终的法规还没有发布，金融企业正在施压要求废除整个法案。然而，从长远来看，也许更重要的不是监管的放缓，而是监管的弱化。

原则上，《多德-弗兰克法案》改善了这种情况。它授权负责重组破产银行的联邦存款保险公司清算其他类型的破产金融机构。原则上，它禁止用纳税人的钱救助那些所谓对“太大而不能倒”的机构。它让美联储负责监管所谓的“系统重要性金融机构”，这是对“太大而不能倒”的委婉说法。它还成立了消费者金融保护局 (Consumer Financial Protection Bureau)，截至 2016 年，该机构已经对超过 100 多万起投诉做出了回应，并向受到金融机构错误对待的消费者提供了 120 亿美元的救助。

经国会通过后，《多德-弗兰克法案》要求风险高的抵押贷款支持证券的发行人自己至少持有 5%的此类证券，原则上这会迫使它们更加谨慎，这实际上是要求它们“风险共担”。然而，随着相关法规的出台以贯彻该法律，政府扩大了现有的漏洞，将一大类证券定义为豁免证券。见专栏“空手套白狼：漏洞吞噬规则”。

不平等、集中与危机

为了避免或至少最小化危机，民主政府需要认识到谁是能够从危机中获利的少数人，谁是遭受危机损失的绝大多数。在一个民主国家，政府应该代表大多数人。但是，当收入和财富集中在一个非常小的群体中时，这个群体可以更容易地确保从导致危机的资产价格泡沫破裂中受益（或不受损失）。金融部门规模的不断扩大及其在政府中的影响力的不断增大已经改变了重心，加速了明斯基认为
489 的危机后金融脆弱性逐渐重现的恶性循环。这构成了财富和权力的反馈环路：拥有巨额资产和利润的企业既能够、也有动力去保证政治影响力，这种影响力进而保护和扩大了它们的利润。企业无疑将此视为良性循环，但从公众的立场来看，这更像是恶性循环。

空手套白狼：漏洞吞噬规则

那些决心对金融业进行有效监管的人，成功地在2010年生效的《多德-弗兰克法案》中加入了一项规定，即发行抵押贷款支持证券的银行或金融机构必须持有这些证券的5%。这是为了激励此类机构避免设立风险太高的证券，因为它将使得发行人与证券投资者共担风险。

然而，在2014年，《多德-弗兰克法案》中的一个漏洞［正如共同提案人巴尼·弗兰克（Barney Frank）所说的那样］“吞噬了规则”。这个漏洞是一些抵押贷款——那些因为需要大量首付款而被认为特别安全的贷款——将被免除5%的风险共担要求。发行人可以将它们重新打包成抵押贷款支持证券，而无须保留其中任何一个。这种“超级安全”的抵押贷款方式被称为合格住宅抵押贷款（QRMs）。

但经过积极的游说活动，2014年发布的最终规定将多数抵押贷款归入豁免类别。它甚至允许没有首付款的抵押贷款被称为合格住宅抵押贷款，这显然是相当有风险的抵押贷款，这意味着尽管存在风险，但证券机构不会被迫持有其中一部分证券。不幸的是，这为

当初导致次贷危机的鲁莽行为打开了大门。明斯基是对的：危机过后，主张放松监管的力量变得越来越强大，但他肯定没有想到这个过程会如此之快。

资料来源：Floyd Norris，"Banks Again Avoid Having Any Skin in the Game," *New York Times*，October 23，2014，available at http://www.nytimes.com/2014/10/24/business/banks-again-avoid-having-any-skin-in-the-game.html?_r=0.

有些人会认为，危机问题以及其他问题最好的解决办法是财富和收入的实质性重新分配，这将大大缩减政治发挥作用的领域，同时伴随着政府和选举的改革，大多数人将被更好地代表。第 19 章将讨论政府在资本主义经济中的职能，它如何得到资金支持，以及它是如何随着时间的推移而变化的。

推荐阅读文献

Anat Admati and Martin Hellwig. *The Bankers' New Clothes*：*What's Wrong with Banking and What to Do about It*（Princeton：Princeton University Press，2013).

William K. Black，*The Best Way to Rob a Bank Is to Own One*：*How Corporate Executives and Politicians Looted the S&L Industry*，with postscript on current crisis（Austin，TX：University of Texas Press，2013).

Alan S. Blinder，*After the Music Stopped*：*The Financial Crisis*，*the Response*，*and the* 490
Work Ahead（New York：Penguin Books，2014).（布林德. 当音乐停止之后：金融危机、应对策略与未来的世界. 北京：中国人民大学出版社，2014.）

John Cassidy，*How Markets Fail*：*The Logic of Economic Calamities*（Picador，2010).

James Crotty and Gerald Epstein，"Crisis and Regulation：Avoiding Another Meltdown，" *Challenge* 52，no.1（January/February 2009)：5 - 26.

Gerald Epstein，"From Boring Banking to Roaring Banking"（July/August 2015），http://www.dollarsandsense.org/archives/2015/0715epstein.html.

Charles H. Ferguson，et al.，*Inside Job*，video（Culver City，CA：Sony Pictures Home

Entertainment, 2011).

Mark Jarsulic, *Anatomy of a Financial Crisis: A Real Estate Bubble, Runaway Credit Markets, and Regulatory Failure* (New York: Palgrave Macmillan, 2010).

Simon Johnson and James Kwak, *13 Bankers: The Wall Street Takeover and the Next Financial Meltdown* (New York: Vintage, 2011).（约翰逊，郭庚信. 13 个银行家. 北京：中信出版社，2010.）

Robert Z. Aliber and Charles P. Kindleberger, *Manias, Panics, and Crashes*, 7th edition (New York: Palgrave Macmillan, 2015).（阿利伯，金德尔伯格. 疯狂、惊恐和崩溃：金融危机史：第 7 版. 北京：中国金融出版社，2017.）

David M. Kotz, *The Rise and Fall of Neoliberal Capitalism* (Cambridge, MA: Harvard University Press, 2015).

Chris Martenson, "Bubbles," https://www.youtube.com/watch?v=0F7SCbrU5sQ (n.d.).

Hyman Minsky, *Can "It" Happen Again?* (New York: Routledge, 1982).

Hyman Minsky, *Stabilizing an Unstable Economy* (New Haven, CT: Yale University Press, 2008).（明斯基. 稳定不稳定的经济. 北京：清华大学出版社，2010.）

Matthew Sherman, "A Short History of Financial Deregulation in the United States," (Center for Economic and Policy Research, July 2009) http://cepr.net/documents/publications/dereg-timeline-2009-07.pdf.

George Soros, "Fallibility, Reflexivity, and the Human Uncertainty Principle," *Journal of Economic Methodology* vol. 20, no. 4, special issue, "Reflexivity and economics: George Soros's Theory of Reflexivity and the Methodology of Economic Science," http://dx.doi.org/10.1080/150178X.2013.859415.

George Soros, *The Crash of 2008 and What It Means: The New Paradigm for Financial Markets* (New York: PublicAffairs, 2009).

Jennifer Taub, *Other People's Houses* (New Haven, CT: Yale University Press, 2015).

Martin H. Wolfson and Gerald A. Epstein, eds., *The Handbook of the Political Economy of Financial Crises* (New York: Oxford University Press, 2014).

第 19 章
跨国资本主义中的政府与经济

2012年，居住在纽约的编辑兼作家安德烈·希夫林（André 491
Schiffrin）得知自己患有四期胰腺癌。他开始在世界著名的癌症中心——纽约的纪念斯隆-凯特琳（Memorial Sloan Kettering）癌症中心接受化疗。但是他想去巴黎过夏天，他和家人在巴黎拥有一套公寓。所以他和妻子去了巴黎，并且在法国的医疗体系内继续进行化疗。他的女儿阿妮娅·希夫林（Anya Schiffrin）写下这次经历并投稿给了路透社。

她的母亲担心他们不懂法语，可能会使安排治疗变得困难，但是很快他们发现法国的普通单一付款人医疗制度（single-payer care）比美国的制度更便于患者就医。她的父亲能够接受任何法国人都能够得到的“普通”护理，很容易就找到合适的专家，并得到治疗。

在纽约，阿妮娅和她的母亲每周都要在候诊室里度过一整天，包括：等待她父亲验血、等待结果，然后进行化疗。医生总是迟到。但是在法国，护士会在化疗前两天到他们的公寓，为她父亲采血。不需要去候诊室，也不需要等候。在医院的化疗时间只需要 90 分钟，当他们到达医院时，医院已为她父亲做好了一切准备。如果化疗结束需要让专家看诊，医护人员会带他到一个房间，让专家来看诊，医护人员之间通过相互协调来照顾他，这在美国医院是罕见的。当化疗药物失效后，医生转而使用希夫林的（另一种在纽约的保险计划中不承保的药物）。当他无法行走时，医生为他提供了一辆轮椅，并免费送他到公寓。医院提议每天派人到他家，为他按摩脖子以缓解疼痛。与医生约谈了 45 分钟关于她父亲的治疗计划只花了 18 欧元（在 2013 年约为 25 美元）。从他虚弱到无法去医院开始，医生每周都会进行几次家访，直至他于 2013 年 12 月去世。①

法国的医疗体系类似于全民医疗体系，即公共和私人混合，单一
492 付款人和私人医疗混合。（在一个纯粹的单一付款人制度中，政府征收税款并将其用于为每个人提供医疗保健。）在现存制度下，任何人都能够接受医疗保健。法国的医疗体系在成本和效果上都很出色。2014 年，法国医疗支出总额占 GDP 的 11.5%，美国是 17%，为世界最高。这就是说在法国医疗支出是 4 508 美元/人，但美国是法国的两倍多（9 403 美元/人）。每人每年相差近 5 000 美元。法国的医疗体系通过在病人需要的时候尽早提供医疗服务的方法，避免了大多数可以避免的住院治疗——在这方面法国是世界领先的。在美国，每 10 万人中可避免的住院率是法国的 2.5 倍，美国在这一指标上排名第 19 位。（排名靠前的国家，比如法国，通过更早、更及时地提供治疗，使得可以避免住院的病人很少入院治疗。）②

---

① Anya Schiffrin, "The French Way of Cancer Treatment," Reuters, February 12, 2014, available at http://blogs.reuters.com/anya-schiffrin/2014/02/12/the-french-way-of-cancer-treatment/.

② Anne Underwood and Sarah Arnquist, "Health Care Abroad: France," *New York Times*, September 11, 2009, available at http://prescriptions.blogs.nytimes.com/2009/09/11/health-care-abroad-france/?_r=1#h%5BIqtTas,2,3%5D&mtrref=undefined&gwh=50D69DED54C1C0B540A6FF963BA24C57&gwt=pay#h[IqtTas,2,3]; and World Health Organization data at http://www.who.int/countries/usa/en/and http://www.who.int/countries/fra/en/.

为什么美国人在医疗保健上花费那么多，收益却那么少？这个问题很值得探讨，因为解决这个问题并且使得美国的医疗体系像法国的医疗体系一样运转良好，对美国的每一个男人、女人和孩子而言，相当于每年实现 5 000 美元的医疗价值。但是医疗保健问题只是政府与经济之间关系的整体图景中的一部分，政府和经济之间的关系问题才是本章的主题。事实上，这涉及三个主体：政府、私营企业和公民。

将企业与政府的关系与公民与政府的关系进行比较是很有用的。二者有许多相似之处，也有重要区别。公民和企业都向政府纳税。公民有时候会获得政府的转移支付，如社会保障福利、失业救济或福利；企业有时候会获得政府补贴。政府规制公民和企业的活动。公民和企业都试图影响立法机构、政府官员或法院的决定。政府职员提供服务并领取工资，与政府签订合同的企业也提供服务并收取报酬。政府与公民和企业都有这些关系。

然而，民主投票权完全属于人——公民，而不是企业。民主是大多数公民的意愿在政府决策中得到表达的过程。民主的关键是公民选出一个政府，然后政府应该做对全体人民最有利的事情。企业没有直接的民主代表权，尽管在法律上，它们有权表达自己的观点。然而，在某些方面，特别是在某些特定领域，多年来政府与企业之间的关系日益主导着这一三角关系。

在第 6 章中，我们看到 19 世纪早期的企业最初是暂许经营的，并且（原则上）期望以一种对社会有益的或者至少是无害的方式行事。但随着时间的推移，企业获得了更多的自主权。政府原则上负责监管它们，但是企业发现，迫使政府支持它们的利益是有利可图的，并通过竞选捐款和其他奖励对政府予以支持。

因此，政府往往服务于企业的利益，而不是把公众利益放在 493

首位。**监管俘获**一词已经司空见惯：那些企业反而成功地获得了政府机构（旨在对企业进行监管）的有效控制权，从而该机构不再对它们进行有效监管。本章将讨论企业影响政府的一些例子。主要思想体现在以下九个方面：

---

1. 有时候企业通过花费一些钱来影响政府规则或政府的合同决策所得到的利润，远高于把钱投资于提高产品和服务的质量或降低成本所获得的利润。因此，它们花在影响政府决策上的钱越来越多。最高法院的判决，如 2010 年美国公民联合会（Citizens United）的裁决，允许企业和富人的大笔捐款影响政治竞选，加速了这一趋势。
2. 随着时间的推移，企业影响力在三个主要领域有所增强：税收政策和执法、监管制度和政府合同。
3. 反馈环路至少存在于税收和监管领域：企业获得税收优惠或更有利的规则，利润增加，用于竞选捐款、雇用说客、操作**旋转门**（雇用以前监管它们或管理它们的合同的政府官员）的资金也会增加。所有这些都有助于企业获得更有利的政策变革，并增强企业对政府的影响力。
4. 由于这种反馈环路的部分原因，税收负担继续从企业和富人转移到工薪家庭。与此同时，政府支出的好处在一定程度上从工薪家庭转向企业和富人，部分通过政府与私营企业签订合同的渠道实现。这可能有助于解释为什么那么多人认为政府“太大”：他们通过缴纳税款得到的服务或福利比他们应该享有的服务和福利要少。
5. 在政府将合同外包给产品和服务供应商后，它很少有动力对产品和服务质量进行密切监控。这给了承包商动力来通过偷工减料降低成本并增加利润，同时寻求更有利可图的合同类型。例如：补偿所有成本并基于这些成本支付固定利润的成本加成合同，或者无论企业是否实际提供了符合支付水平的服务，政府均保证向企业支付一定额度款项的合同。

6. 随着公司规模的扩大，竞标人越来越少，而**单一来源的合同**（与单一公司的合同，没有竞标过程）越来越多，对政府合同的竞标竞争越来越不激烈。**串通投标**（投标人之间非法勾结，针对某个合同预先确定好投标过程的结果）也是一个长期存在的问题。竞争的削弱阻碍了质量的提高和成本的降低。
7. 最新的研究表明，经济精英的政策偏好反映在政府的政策中，而普通公民的政策偏好却没有反映在政府的政策中。
8. 国际机构和国际规则的增加增强了跨国公司对各国政府的影响， 494
并缩小了民主决策的范围，部分是通过在各种双边和多边协定中引入**投资者-国家争端解决**规则，部分则是通过世界贸易组织的规则。
9. 原则上，一个真正民主的社会将选举出代表大多数人利益的代表，这意味着要选择防止不平等加剧的规则。在实践中，日益加剧的不平等可能会使政治进程受到企业和富人的极大影响，以至 99%的人的利益对规则制定的影响力日渐下降。例如，因为代表那 1%的人的利益的代表改变了规则制定过程的规则，这很可能发生。

更多的花费与更少的医疗保健服务

在本章前文中，我们曾经提出过为什么法国人在医疗保健方面比美国人少支付 5 000 美元/人，但似乎能得到更好的照顾。其实不仅仅是与法国相比，美国支付了更多的医疗保健费用，获得的资源更少，美国在许多方面的结果比任何其他平均收入水平类似的国家都要差。图 19.1 显示了与 2015 年医疗支出低于美国的国家相比，美国的医疗支出（包括公共支出和私人支出）占 GDP 的百分比。美国与其他国家之间的差距在 1992 年已经很大了，但在 2000 年以后又开始持续扩大。

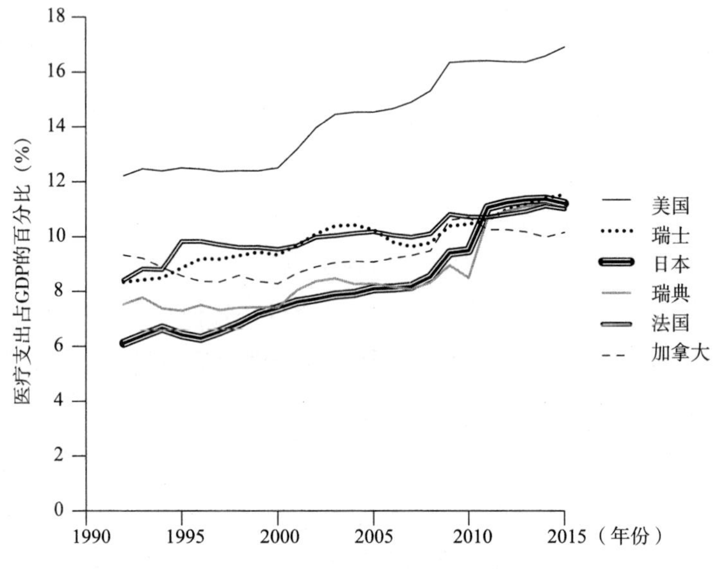

图 19.1　六个国家的医疗支出占 GDP 的百分比

美国在医疗保健上的支出占 GDP 的比例（包括公共支出和私人支出）远高于其他经合组织国家。在 1970 年，它也是最高的，但只高出一点点，医疗支出占 GDP 的 6%。但它的领先地位逐年增长。到 2015 年，美国在医疗方面的支出占 GDP 的 16.9%，而排名次之的四个国家在医疗方面的支出占 GDP 的 11.1%～11.5%。同年，加拿大在医疗保健上的支出仅占 GDP 的 10.2%。

资料来源：OECD Health Statistics 2016，Frequently Requested Data，available at http://www.oecd.org/els/health-systems/health-statistics.htm.

495 如何解释如此巨大的医疗支出差距？美国公共部门和私营部门之间的权力平衡是答案的关键。其中一个因素是美国与其他国家在人均药品支出方面存在巨大差距。图 19.2 将美国与经合组织

（OECD）成员国在这一类别上的人均消费额除美国外排名前五的国家进行比较。经合组织主要由欧洲国家组成，但也包括美国、加拿大和澳大利亚等前英国殖民地，以及韩国和墨西哥等少数中上等收入的发展中国家。因此，与美国相比，这是一组优秀的国家。与整体医疗保健一样，随着时间的推移，美国与另外五个国家在医疗保健方面的支出差距也在扩大。一种解释可能是，美国在 1997 年成为少数几个允许在电子（网络、有线）和播放（广播、电视）媒体上“直

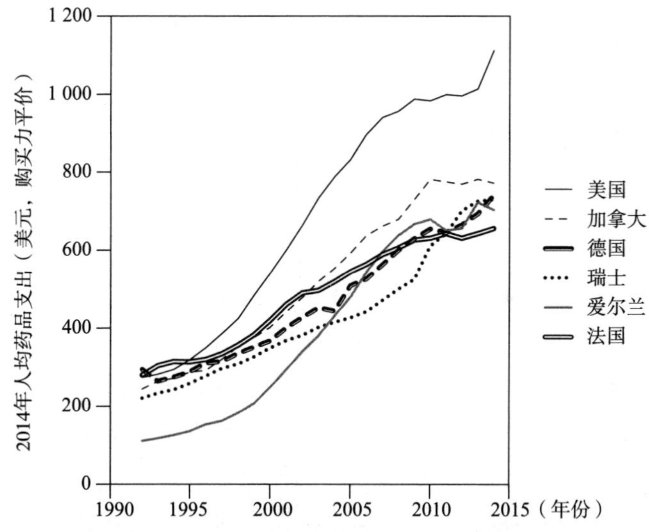

图 19.2　按购买力平价以美元计算的人均药品支出

图中显示了人均药品支出最高的 6 个国家。1992 年，除爱尔兰外，美国人均药品支出与大多数国家大致相同；但自 1996 年以来，美国一直是人均药品支出最高的国家。一个可能的原因是，从 1997 年开始，美国成为少数几个允许在电视上直接面向消费者投放药品广告的国家之一。2014 年，美国人均药品支出为1 112美元，加拿大约为 772 美元，法国最低，为 656 美元。

资料来源：OECD Health Statistics 2016，Current expenditure on pharmaceuticals (prescribed and over-the-counter medicines) and other medical non-durables，per capita，US＄ purchasing power parities (current prices，current PPPs)，available at http://stats.oecd.org/Index.aspx? DataSetCode=SHA.

接面向消费者”（DTC）投放药品广告的经合组织国家之一。研究表明，这有效地刺激了药品销售。（如果没有，制药公司不可能做那么多广告。）

尽管美国人均医疗支出很高，但与许多经合组织国家相比，美国实际上拥有的各种医疗资源更少。2012 年，美国每 1 000 人只有 2.3 名内科医生，低于大多数经合组织国家；每 1 000 人只有 0.31 名全科医生，而加拿大有 1.24 人，法国有 1.55 人。（难怪预约这么难！）2013 年，美国每 1 000 人只有 2.7 张病床，远低于经合组织国家 4.7 张病床/千人的平均水平。美国人的健康状况也更糟。在经合组织国家中，有 16 个国家的预期寿命更长，除 3 个国家外，其他所有国家的婴儿死亡率都较低。

496 美国医院床位和医生的短缺往往会推高价格，从而提高保险费。像美国那样，严重依赖个人保险的医疗体系也必然更加昂贵，仅仅是因为它需要一个劳动密集型计费过程，这估计占美国医疗保健支出的 15%①——大约为 5 000 亿美元/年。如果医疗保健费用只是从税收收入中支付，然后免费提供给所有人（全民单一付款人医疗保健），则不需要计费。许多其他国家都有某种形式的全民医疗保健。然而，在 20 世纪 90 年代，当全民医疗保健制度（尽管不是单一付款人医疗保健制度）在国会被提出来时，医疗保健和保险业举行了大规模游行，并在 1994 年抵制成功。奥巴马总统的《平价医疗法案》（ACA）引入了一些受欢迎的变化：将 26 岁以下住在家里的孩子纳入父母的健康保险保障范围，并且禁止保险公司因被投保

① Aliya Jiwani, David Himmelstein, Steffie Woolhandler, and James G. Kahn, “Billing and Insurance-Related Administrative Costs in United States Health Care: Synthesis of Micro-Costing Evidence,” *BMC Health Services Research* 14 (2014): 556, available at http://www.biomedcentral.com/1472-6963/14/556.

人投保前已经患有疾病而拒绝承保。但它的成本仍然高于必要水平，部分原因是账单成本和药品成本。参议员伯尼·桑德斯（Bernie Sanders）在他的总统竞选中提倡全民医保（“人人享有医疗保险”），这一要求在 2017 年有关医保立法的史诗般的斗争中得到了草根反对派的响应。

美国政府：太大？

许多美国保守派人士声称政府“太大”。这通常伴随着私营部门应该在经济中发挥更大作用的说法。保守派人士格罗弗·诺奎斯特（Grover Norquist）因说过他“想让政府变得足够小，以便将政府淹没在浴缸里”而闻名。

当然，将政府淹死在浴缸里会引发一系列问题：大多数道路、桥梁、港口和机场将如何建设和维护？学校将如何建设，教师的工资将如何支付？是否有一半缺乏养老金的老年人会重新陷入贫困？那些身患重病的人是否会面临贫困或早逝？各级政府发挥着重要作用，包括：保护公众免受食品、药品、空气、水和土壤的污染。私营部门只有在有利可图的情况下才会做这些事情——难道它们不会这样做吗？经济将如何促进一般福利？

政府支出：将美国与其他国家比较

与其他收入水平相近的国家相比，看看美国政府支出占 GDP 的比重到底有多大是很有用的。图 19.3 中使用的衡量标准包括联邦政府和下级政府的支出。

497

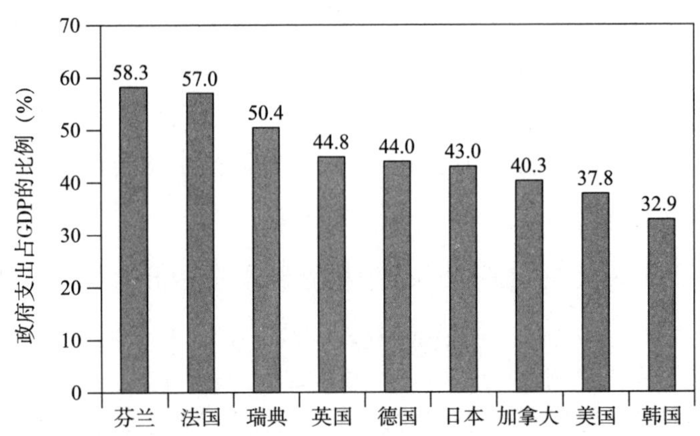

图 19.3　2015 年政府支出占 GDP 的比例

美国政府支出包括联邦政府、州政府和地方政府的支出，2015 年，美国政府支出占 GDP 的比例低于报告了这一统计数据的 32 个经合组织成员国中的 26 个国家。只有拉脱维亚、澳大利亚、爱尔兰、瑞士和韩国的政府支出占 GDP 的比例低于美国。

资料来源：Organization for Economic Co-operation and Development，Economic Outlook 2015，Table 29：General Government Outlays as a Percent of GDP（variable YPGTQ），available at http://stats. oecd. org/Index. aspx?DataSetCode=EO#.

美国政府支出中联邦政府支出的比例是由**可自由支配支出**（discretionary spending）来衡量的，2015 年的可自由支配支出为 1. 1 万亿美元。可自由支配支出来自一般税收，主要是个人和企业所得税，并在每年国会通过的预算法案中得到授权。（联邦预算中**不可自由支配**的部分是社会保障、联邦医疗保险等长期项目，这些项目的条款是提前几年制定的，不过原则上国会有权随时修改这些条款。）

在 2015 年公布数据的 32 个经合组织国家的全部名单中，将政府支出占 GDP 的比例（包括联邦政府、州政府和地方政府）从最高到最低排序，结果显示美国在 32 个国家中排名第 27 位。与收入水平相当的国家相比，美国政府并不算大。事实上，美国联邦政府的可自由支配支出在所有政府支出中所占比例一直在下降。在第二次世界大战期间，联邦政府支出超过所有政府支出的 90%（包括州政府和地方政府），但是到 1996 年，这一比例降至 40%以下，此后基本一直保持在这一水平。

联邦政府的就业率也非常稳定。尽管美国人口几乎翻了一番，498
但 2010 年文职行政部门的联邦雇员人数（280 万）低于 1970 年的人数（300 万）。这是某些职能的计算机化、外包和向州政府转移某些职能相结合的结果。图 19.4 显示，联邦文职人员就业人数占美国总就业人数的比例从 1970 年的 3.8%降至 2010 年的 2.0%。同一时

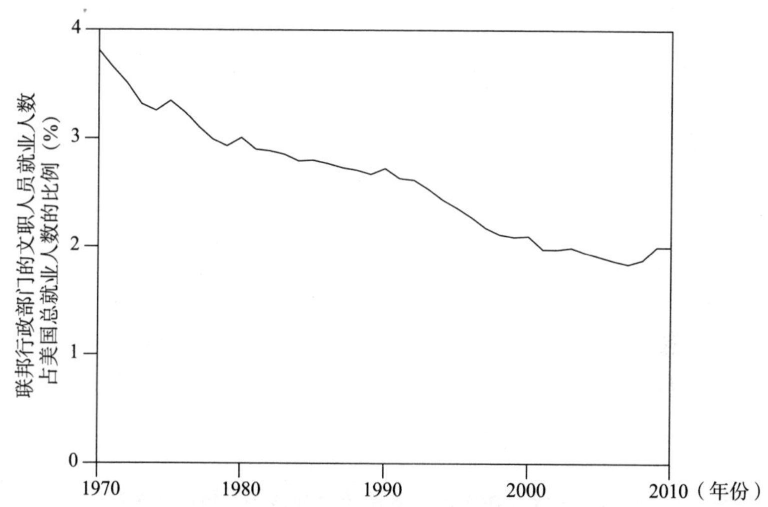

图 19.4　联邦政府文职行政部门的就业人数占美国总就业人数的百分比（1970—2010 年）

联邦文职人员就业总数在 1970 年和 1989 年达到顶峰，略高于 300 万，但是占总就业人数的比例从 3.8%稳步降至 2010 年的 2.0%。造成这一趋势的一个重要原因是联邦政府服务外包，另一个原因是联邦资金已经被授权给州政府来运作许多项目。

资料来源：U.S. Statistical Abstract 2012（131st edition），Table 496：Federal Civilian Employment and Annual Payroll by Branch：1970 to 2010. Available at https://www.census.gov/library/publications/2011/compendia/statab/131ed/federal-govt-finances-employment.html.

期，穿制服的军人人数也有所下降，特别是在20世纪90年代，由于在伊拉克和阿富汗战争中许多军事职能被外包，军人人数保持在相当低的水平。

美国政府的支出模式与其他国家不同。值得注意的是，美国军费支出占GDP的比例超过了除以色列以外的任何其他经合组织国家。图19.5还显示，自第二次世界大战以来，美国的军费开支从未低于可自由支配的联邦预算的60%。

499

图19.5　1929—2014年美国国防支出占联邦消费和投资支出的百分比

1943—1944年，美国国防支出占联邦可自由支配支出的比例为97%，自第二次世界大战以来，这一份额一直超过60%。根据美国经济分析局的数据，2014年联邦消费和投资支出为12 200亿美元，国防支出为7 480亿美元。国防支出占联邦消费和投资支出的61%。这些类别与官方联邦预算中列出的类别略有不同。

资料来源：U. S. Bureau of Economic Analysis，National Income and Product Accounts，Table 1. 1. 5：Gross Domestic Product（national defense spending divided by all federal consumption and investment spending），available at http://www. bea. gov.

某些国家的税收很高，在社会服务方面的支出也很高，但由于这些支出是用于为家庭带来明显且相当慷慨的福利的项目，因此人们对税收水平的抱怨比美国少。2016 年，美国庞大的军事预算超过 7 000 亿美元①，只留下约 4 000 亿美元用作联邦政府服务的可自由支配支出。

养老金

一项重要的福利是养老金。经合组织的数据显示，不同国家的福利水平差别很大，美国提供的养老金低于大多数收入水平相当的国家。图 19.6 显示了中等收入男性工人的养老金支付水平占收入的百分比。（大致说来，年收入处于中等水平的人的养老金支付低于 49.9%的高收入者，并高于 49.9%的低收入者。）2013 年，美国养老金支付只有收入的 41%。而经合组织成员国的平均养老金支付占收入的 57.9%，对于包括荷兰、以色列和丹麦在内的少数国家，这一数字超过了 80%。换言之，在美国，一名曾经年收入为 5 万美元的退休人员，平均每年只能获得 41%（20 500 美元）的社会保障福利。在荷兰，同等收入水平的人的退休金为 45 700 美元。

美国人缴纳的个人所得税比其他地方要少一些，但是他们从这些钱中获得的实际收益也低于许多欧洲国家的居民所获得的收益。这可能有助于解释为什么那么多人认为美国政府“太大”：他们认为基于自己缴纳的税款，他们在服务或福利方面得到的回报低于应有水平。这可能是因为：(1) 工薪家庭所得税在所有所得税（个人所得税和企业所得税）中所占比例越来越大，而企业所得税占比有所下降；(2) 管理经济的规则越来越倾向于向有利于企业盈利的方

① 这一数据来自美国经济分析局，其他来源所计算出的军事预算或许略有不同，但趋势仍然是相似的。

向转变，而不是向促进普遍福利的方向转变；（3）当政府将服务外包给企业时，通常会比政府自己提供服务时支付更多。

500

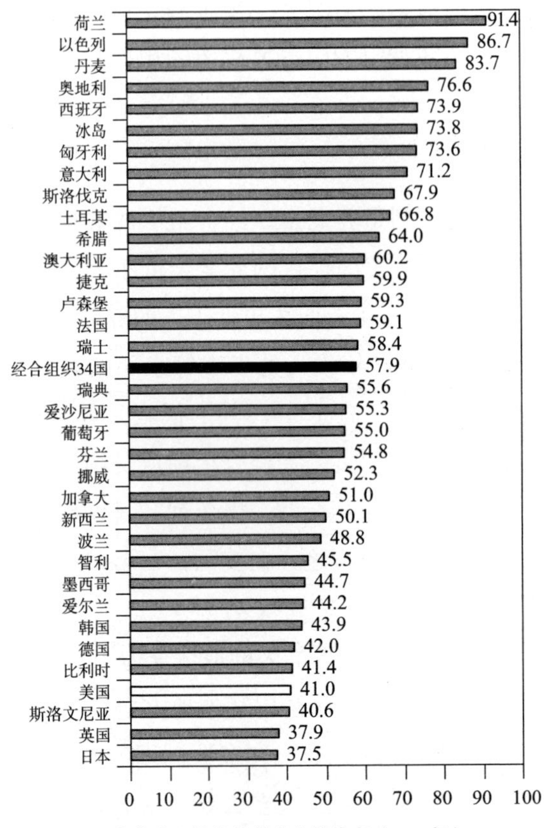

图 19.6　2013 年经合组织国家的养老金替代率

2013 年，对于一般的经合组织国家，养老金替代率为 57.9%。在美国，为 41.0%。只有三个国家（斯洛文尼亚、英国和日本）养老金替代率比较小。

资料来源：*Pensions at a Glance 2013*：*OECD and G20 Indicators*，OECD Publishing，Paris，Chapter 4，Table 4.1，Gross Pension Replacement Rates by Earnings，available at http://dx.doi.org/10.1787/pension_glance-2013-en. Data table alone is available at http://dx.doi.org/10.1787/888932907224.

影响规则

如果企业成功地影响了行业运作的规则，它们通常可以提高盈利能力。回顾第 6 章，国会于 2003 年通过了创建医疗保险的法律，即医疗保险 D 部分（医疗保险的药品保险部分），其中一项条款禁止联邦政府与制药公司就折扣价格讨价还价。根据以前的法律，一些联邦机构已经制定了一份折扣药品价格清单（联邦供应计划表），退伍军人管理局（Veterans Administration）、国防部（Department of Defense）、公共卫生服务部（Public Health Service）、监狱管理局（Bureau of Prisons）和其他机构可以从中购买药品。这本来可以扩展到医疗保险，但是没有。例如，退伍军人管理局支付的价格仅为按照医疗保险 D 部分条款支付的 58%。一位研究人员估计，如
果医疗保险能够通过谈判降低药品价格，每年可以节省约 200 亿 501
美元。①

为了得到这些结果，制药行业不仅利用游说和竞选捐款，还利用政府官员受雇于制药行业、行业高管任职于政府部门的“旋转门”。2003 年的投票结束后，国会议员比利·陶津（Billy Tauzin）被认为是法案获得通过的推动者。2004 年，他被任命为制药行业的首席说客，据称该工作的薪水约为 200 万美元。② 长期以来，包括

---

① Walid F. Gellad et al.，“What if the Federal Government Negotiated Pharmaceutical Prices for Seniors? An Estimate of National Savings，” *Journal of General Internal Medicine* 23，no. 9（June 2008）：1435 - 1440，available at http://www.ncbi.nlm.nih.gov/pmc/articles/PMC2517993/pdf/11606_2008_Article_689.pdf or DOI：10.1007/s11606-008-0689-7.

② “The Drug Lobby Scores Again，” *New York Times* editorial，December 17，2004.

军火工业在内的几个行业都成功地采用了这种策略。虽然有一些法律旨在阻止这种旋转门，但这些法律通常只会在政府官员辞去政府工作和为私营企业开展全方位游说活动之间创造一个短暂的等待期。

同样地，如第 18 章所述，一些行业在将其高管任命为政府官员方面相当成功——尤其是金融行业。而且这种任命通道是双向的——有时同一个人从政府部门转到工业部门，然后又回到政府部门。迪克·切尼（Dick Cheney）曾是国会议员，然后在 1989—1993 年间升任国防部长，后来成为哈里伯顿公司（Halliburton Corporation）的首席执行官，再后来成为乔治·W. 布什（George W. Bush）总统的副总统。在他 2001—2009 年的任期内，哈里伯顿的子公司 KBR 成为伊拉克和阿富汗战争中最大的政府承包商（400 亿美元）。① 私营部门和公共部门之间的旋转门是公司利益日益影响政府决策的一种方式。（2008 年，在政府审计机构发现 KBR 的业绩存在诸多问题后，哈里伯顿卖掉了 KBR。）

甚至在旋转门之外进行游说也是一种有效的策略，这有助于解释为什么据报道，在册说客的总花费从 1998 年的 15 亿美元增至 2009 年的 35 亿美元，增加了一倍多，之后在 2015 年回落至 32 亿美元。

在联邦竞选活动的开支方面，总统竞选和国会竞选的花费合计从 2000 年的 31 亿美元增加至 2012 年 63 亿美元，增加了一倍多，之后还在持续增加。企业对这些活动的贡献从 2000 年的 12 亿美元

---

① Commission on Wartime Contracting in Iraq and Afghanistan, *Final Report to Congress*, August 2011, available at https://cybercemetery.unt.edu/archive/cwc/20110929213815/http://www.wartimecontracting.gov/.

增加至 2012 年的 27 亿美元。[①]（这些数据都没有根据通货膨胀进行调整。）最高法院的公民联合会裁决有可能使这一数字增长得更快。

一些商业部门在游说、竞选捐款和启动旋转门方面的支出远远超过其他部门。除了制药行业，金融行业也是一个大买家。它从规则的改变中获得了可观的利润，比如废除《格拉斯-斯蒂格尔法案》、禁止监管衍生品，以及从次贷危机中获得紧急救助。军事用品和服务行业是另一个在游说上花费巨大的行业，如图 19.7 所示。

税　收

税收是政府制定规则的另一个领域，自第二次世界大战以来，企业利润就受其影响，联邦企业所得税收入在所有联邦所得税收入中的份额下降就表明了这一点。部分原因在于越来越多的企业利用避税天堂来避税，部分原因在于其他减税措施，部分原因在于美国 502
国税局（IRS）减少了审计最大的企业和最有可能欠缴附加税的企业的努力。

在第二次世界大战期间，企业所得税收入短暂地超过所有所得税收入（企业加个人）的 60%。二战后不久，这一比例降至 40%左右，然后随着时间的推移稳步下降，直到 1983—2015 年的 30 多年间，这一比例平均仅为 18%。（包括社会保障工资税等在内的税种占所有联邦税收的百分比，通常都是个位数。）

① Center for Responsive Politics, available at https://www.opensecrets.org/lobby, https://www.opensecrets.org/overview/cost.php, and https://www.opensecrets.org/overview/blio.php.

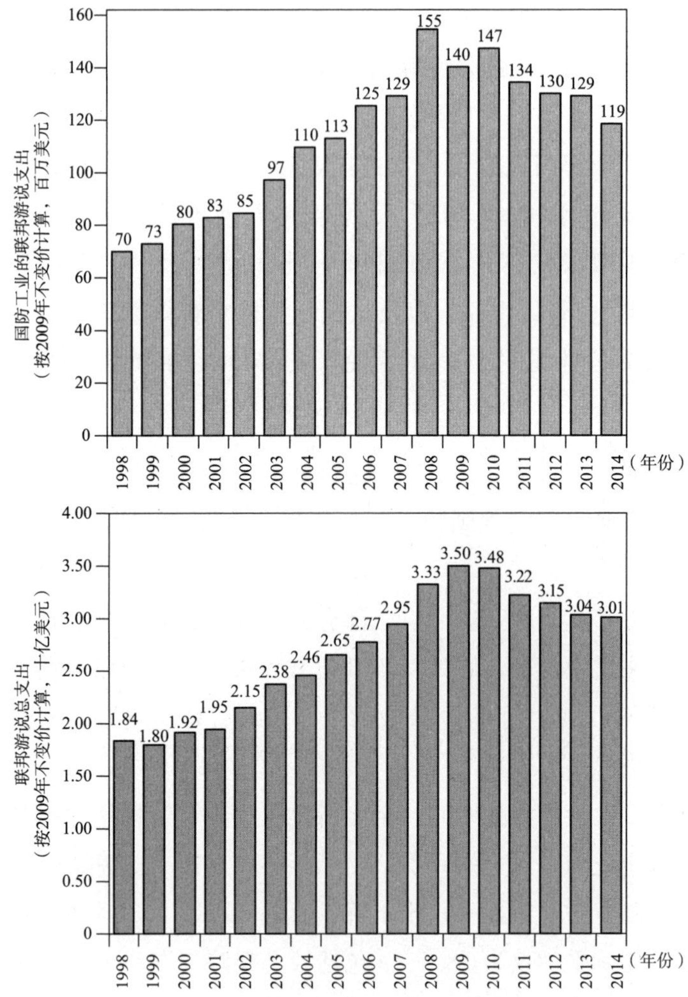

图 19.7　1998—2014 年国防工业的联邦游说支出（上图）以及联邦游说总支出（下图）

政治响应中心根据游说者提交给美国参议院的信息汇编了这些数据。

资料来源：Center for Responsive Politics，Lobbying Database，available at https://www.opensecrets.org/lobby/.

造成这种下降的原因之一是近几十年来企业所得税税率的下 503
降，尽管与此同时最高收入者的个人所得税税率也在一定程度上下降。超过 1 万亿美元的联邦可自由支配支出来源于一般税收收入，主要来源于三种税收：个人所得税、资本增值税（在美国国税局公布的数据中，资本增值税是个人所得税的一部分）以及企业所得税。

税率和向联邦政府缴纳的税款 一个多世纪以前，美国的所得税税率很低，在战争和大萧条期间有所上升，近几十年来，公司、高收入纳税人和资本利得税的税率都有所下降，尽管总体上还没有达到 1913 年或 20 世纪 20 年代的历史最低水平。

19 世纪，低个人所得税曾被短暂征收过，然后在 1895 年被最高法院宣布为违宪。1913 年，宪法修正案将所得税合法化，同年最高收入者的个人所得税税率被确定为 7%。由于需要为第一次世界大战筹集资金，最高边际税率（对最高收入者最后一美元征收的税率）在 1918 年迅速升至 77%，并且一直保持这一水平直至 1921 年。到 20 世纪 20 年代末，这一比例回落至 25%左右。在大萧条和二战期间，这一比例再次上升：高收入纳税人报告的最高收入阶层的最高税率在 1944—1945 年间高达 94%，在 1951—1964 年间仍高于 90%。此后，这一比例分几个阶段从 70%降至 50%，1987 年之后又降至 40%以下。

企业所得税和资本增值税在第二次世界大战期间和之后也较高，现在则低于自第二次世界大战以来的水平。在 1913—1921 年间，没有单独的资本增值税；它的税率与最高的个人所得税税率相同，并在 1918 年达到了 77%的峰值。1921 年，它成为一个单独的税种，税率降至 12%；此后，它通常低于而且通常远低于最高个人所得税的一半。自 2003 年起，大多数纳税人的资本增值税税率为 15%，比 20 世纪 30 年代以来的任何时候都低。

起初，企业所得税是这三种税中最低的，然后在1922—1933年，接近资本增值税，为12%左右。它在大萧条期间有所提升，但增速缓慢。在20世纪40年代的大部分时间里，最高税率仍为40%或更低，不到最高个人所得税税率的一半。在20世纪50年代到70年代的大部分时间里，企业所得税的最高税率接近50%，然后又降至35%左右，从20世纪80年代末到2016年，这一税率一直保持不变。

换言之，这三种税率最初都很低，在战时较高，从20世纪30年代或40年代左右到70年代左右相对较高。自20世纪80年代开
504 始，这三种税率都出现了大幅下降，只是幅度有所不同。目前这三种税的税率均与20世纪一样低，只不过在20世纪20年代末，这三种税率都曾短暂低于目前的水平。

税收规则和执行　仅法定税率并不能说明全部问题。税收规则的制定和执行也是关键。在过去的半个世纪里，税务会计师和律师发明了许多方法来避免或减少个人所得税和企业所得税。各种各样的**避税**措施——某些类型的减税计划——运用多种法律策略来降低收入者的税收负担。此外，国会近几十年来减少了国税局的资金和人员，尽管这样做会增加政府赤字，因为这会导致税收损失超过国税局节省的预算资金。

在企业所得税方面，存在许多避税安排，并被企业广泛采用。（类似的避税策略也适用于那些富裕到足以负担得起财富管理师、专业税务会计师或律师服务的个人。**偷税漏税**一词是指通过非法途径缴纳较低的税款；**避税**是指利用合法的方法减少税收。）许多公司对避税天堂加以利用。例如，制药公司可以在**避税天堂**设立一个子公司，并将其药品专利的所有权转让给该子公司；然后，该子公司向美国公司收取使用这些专利的高额年度使用费，而这个美国公司则从应税收入中扣除使用费，从而减少了它所应缴纳的税款。流

向避税天堂子公司的费用在当地的税率很低，通常为零。通过这种方式将应税收入转移到避税天堂，跨国公司减少了纳税总额，从而增加了其全球税后利润总额。图 7.3 所示的趋势是，美国公司的国际利润占其全部利润的比例上升，部分反映了生产的转移，部分反映了作为避税策略的一部分，美国公司有意将利润转移到海外。

另一种避税策略是美国跨国公司将其资金投入一个设在避税天堂的子公司，然后该子公司将资金贷回给美国公司，产生年度利息支付，而这些利息可以从该公司在美国的应税收入中扣除。这被称为**收益剥离**，是减少税收负担的另一种方式。美国对在海外赚取并保存在海外的收入的征税也将无限期推迟，即使最终没有欠税，也会减少缴纳的税款。在本章的后面部分，我们将看到美国的跨国公司如何试图利用其未汇回国内的利润，让国会通过免税期规定，并取得一些成功。如图 19.8 所示，由于非常有效地使用了这些策略和其他策略，联邦企业所得税收入的份额下降幅度很大。

削弱执法　此外，近几十年来，美国国税局的执法力度一直在削弱。部分原因是国会通过了限制国税局活动的法律，比如在 20 世纪 90 年代。部分原因在于它们越来越不愿意揭露和追究财务欺诈，因为有来自多方面的压力，包括：一些国会议员、一些富有的纳税人和一些有组织的施压团体。

近几十年来，美国国税局改变了对税法的执行方式，减少了对 505
高收入纳税人的审计，增加了对中低收入纳税人的审计。[①] 此外，美国国税局的可用资金已大幅减少，部分原因是，对大企业的审计

① Charles Lewis，Bill Allison，and the Center for Public Integrity，*The Cheating of America*（New York：William Morrow，2001）.

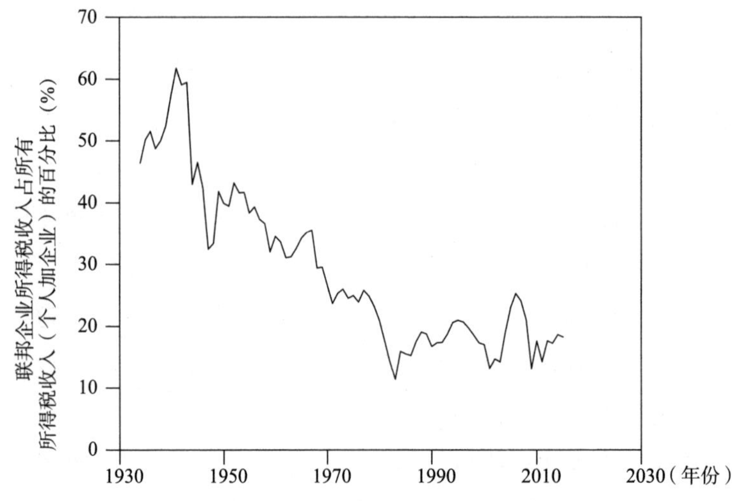

图 19.8　1934—2015 年联邦企业所得税收入占所有所得税收入（个人加企业）的份额

资料来源：U. S. Office of Management and Budget，Historical Tables，Table 2. 2：Percentage Composition of Receipts by Source：1934 - 2021，available at https://www. whitehouse. gov/omb/budget/Historicals.

已经放宽。尽管在国税局目前的支出水平上，该机构每支出 1 美元，就会产生远远超过 1 美元的额外税收收入，因此削减资金实际上会加剧预算赤字，但这是事实。2015 年 9 月，由于预算削减，国税局的税务员比 2010 年减少了 27%。（税务员负责审计复杂的业务回报。）国税局局长约翰·科斯基宁（John Koskinen）在 2016 年对无党派税收政策中心（Tax Policy Center）表示，人员削减在 2010—2015 年间造成了 70 亿～80 亿美元的税收损失，远远超过削减的约 4 000 名税务员的薪水。① 如果国会根据每一美元支出所能带来的最

① “IRS Auditing of Big Corporations Plummets：Potential Annual Revenue Loss ＄15 Billion，” TRACIRS，Syracuse University，March 15，2016，available at http://trac. syr. edu/tracirs/latest/416/.

大化税收收入来确定国税局的可用资金，那么它将会增加国税局的预算，直到用于执法的一美元会带来一美元额外税收的水平。

美国国税局还减少了对大公司（资产至少 2.5 亿美元）和巨型公司（资产至少 200 亿美元）的审计。2015 财年，税务员用于审计大公司的时间比 2010 财年减少了 34%，建议对它们征收的附加税从 237 亿美元降至 85 亿美元。针对巨型公司，税务员的审计时间同期减少了 47%，建议征收的附加税减少了 71%。

国会授权的国税局预算和人员削减是如此之大，以至 2015 年 11 月，七名任期从 1961 年到 2002 年的国税局前局长联名写信，对削减的幅度表示担忧，并呼吁恢复国税局的预算。① 然而国税局对大企业和富人的审计削减从 20 世纪 90 年代就开始了，部分原因在于国会和公众的压力，部分原因在于新的法律使得国税局更难调查和起诉那些纳税人（企业或个人），虽然这些纳税人最有可能产生附加税收益，因为他们有相当可观的收入。②

影响企业成本与利润的规则

企业不仅试图影响政府，以减少它们缴纳的税款；它们还希望 506
那些影响其成本和经营条件的规则尽可能有利于提升其盈利能力。一些企业高管反对提高最低工资，不愿被迫安装污染控制设备，不愿面对集体诉讼、歧视投诉、健康和安全检查、环境影响报告书的要求等。然而，所有这些都是保护公众免受真正危险的规则的结果。对于什么规则将决定企业与政府之间的关系，以及这些规则将被执行到何种程度，存在着不可避免的持续争论。在后面的部分中，我们将进一步讨论影响特定部门的各种规则。除了寻求影响规

---

① “IRS Auditing of Big Corporations.”

② David Cay Johnston, *Perfectly Legal* (New York: Penguin Group, 2003).

则之外，一些企业希望影响政府的另一种方式是，它们寻求成为政府承包商，这是我们接下来要讨论的话题。

政府服务外包

当政府机构雇用员工提供服务时，政府直接提供许多服务，但各级政府也将一些商品和服务外包给私营企业。镇政府可以与企业签订合同，由企业在冬天清除街道上的积雪。州或联邦机构可以与企业签订合同，由企业接听公众电话，回答公众就其服务提出的基本首要问题。

但外包可能要复杂得多，需要技术熟练的人员：美国情报机构定期外包情报活动，超过40万个情报承包商拥有绝密的安全许可［告密者爱德华·斯诺登（Edward Snowden）也是如此］。美国国防部（DOD）预计，新型F-35联合攻击战斗机［与洛克希德·马丁（Lockheed Martin）公司和其他公司合作］的开发、生产和维护合同金额在飞机的使用寿命中将达到1万亿美元左右。参议员约翰·麦凯恩（John McCain）在2016年11月的一封信中提到“该项目表现不佳，存在持续的延误和持续的成本超支”，2016年美国政府问责局（U. S. Government Accountability Office）认为，该项目仍面临“支付能力和监管方面的挑战”。① 政府问责局的报告认为，

① Ana Radelat, “Pentagon-Lockheed Fight over F-35 Price Doesn't Extend to Pratt,” CTMirror, November 4, 2016, available at http://ctmirror.org/2016/11/04/pentagon-lockheed-f-35-contract-fight-doesnt-extend-to-pratt/; U. S. Government Accountability Office, “F-35 Joint Strike Fighter: Continued Oversight Needed as Program Plans to Begin to Develop New Capabilities,” GAO-16-390, April 2016, available at http://www.gao.gov.

鉴于这一点，国会应该为该项目未来的各个方面选择合同安排，在这些方面需要更多而不是更少的监督。但所有这些立法都需要游说，游说国防部合同通常意味着向国会议员指出，如果合同未获批准，他们所在地区的哪些工作将受到影响。通常这种游说是非常有效的。

在 2014 财年（2013 年 10 月—2014 年 9 月），美国国防部签署了价值 2 850 亿美元的合同，这一金额远远超过当年国防部总开支的三分之一，占联邦政府总支出的 8%。这也占所有联邦政府机构
签订的4 450亿美元合同总额的近三分之二，所有这些合同都被记录 507
在政府系统中进行跟踪监控。

在战争中签订军事服务合同特别困难。为了加快获得服务或商品的进程，通常会有压力要求签订唯一来源或无投标合同。但是，如果没有竞争性的竞标，服务价格可能会变得非常高。在成本难以预先确定的情况下，合同通常被构造为“成本加成”合同：承包商报告成本并得到补偿，再加上成本之外的固定利润。据报道，在伊拉克战争中，这种安排导致承包商通过在奢华的度假胜地培训员工，以高昂的食品和娱乐开支来抬高成本；以远高于购买价格租赁汽车；洗一个人的一洗衣袋衣服收费 100 美元；并且因轻微缺陷而报废昂贵的车辆和设备。①

从 2002 年到 2011 年，国防部为美国在伊拉克和阿富汗的军事行动向承包商支付了大约 2 000 亿美元。2011 年，伊拉克和阿富汗战时合同委员会（Commission on Wartime Contracting in Iraq and Afghanistan）的最终报告显示，一些承包商存在“大量浪费、欺诈和滥用”。据保守估计，在 10 年时间里，这些“浪费、欺诈和滥用”

---

① Robert Greenwald，*Iraq for Sale*：*The War Profiteers*，video，2006.

的开支为310亿～600亿美元，占总开支的15%～30%。①

政府有时有充分理由将商品或服务外包出去。然而，其中也有陷阱。没有人能保证通过签订外包合同来省钱：据报道，情报承包商的成本大约是政府雇员的两倍，而军事合同雇员，至少那些拥有美国籍的军事合同雇员，通常比穿制服的士兵的工资要高得多。

如果国防采购合同中的问题如此明显，那么它们显然也会影响到其他各种政府合同，因为通过向政府出售合同所产生的激励在许多情况下存在根本性问题。

政府合同：利润与公共利益

几十年前，在旧金山湾区的快速交通系统中，运送乘客的列车上持续不断地发生破坏事件。座椅不时被毁坏，一位私人承包商负责对其进行有偿修理。但是毁坏座椅的方法和时间存在奇怪的一致性。最终，保安队开始产生怀疑，因而加强了监视。然后，你猜对了，他们的怀疑被证实是对的：这些座椅破坏者正是负责有偿修理座椅的同一个承包商派来的。这个真实的故事表明，某些政府合同中存在不当激励。

在大多数情况下，利润动机在扩大政府支出方面的作用并不十分明显。如果政府承包商只是通过更有效地运作、更好地使用技术、更好地激励和培训工人来实现利润最大化，那就没有问题。但承包商有时会找到利润最大化的方法，结果却与公众利益相悖。

一个关键问题是竞争。在一个真正竞争激烈的市场上有许多小公司，对于它们来说，在短期内实现利润最大化的一种方法就

① Commission on Wartime Contracting, *Transforming Wartime Contracting: Controlling Costs, Reducing Risks*, Final Report to Congress, August 2011, available at www. wartimecontracting. gov, p. 5.

是以尽可能低的成本生产与其他公司相同的产品。但是，除非一
个公司能以某种方式将自己与其他生产商区分开来，否则它的利 508
润永远不会很大。它可以通过制造更高质量或更令人满意的产品或服务，或在不降低质量的情况下找到一种独特的削减成本的方法来做到这一点。或者，它也可以通过进入一个竞争不那么激烈的小众市场来做到这一点：例如，根据初始合同将产品卖给政府，然后游说可能有权决定是否续签合同的政府官员。它可以通过鼓励立法或法院裁决来寻求业务扩张，为其销售的任何产品寻找更多或更有利可图的机会。这正是制药行业在医疗保险 D 部分立法中所做的，该立法禁止联邦政府与制药公司就折扣价格进行谈判。

政府合同竞争性招标的减少

至少在欧洲国家，近年来无竞标和单一竞标的政府合同越来越多。由于公司规模和投标合同规模都有所上升，政府收到单一竞标申请书后所授予的合同的美元价值也有所增加。由于缺乏竞争，商品或服务的质量很难得到保证，成本控制也很难。

在基于超过一定阈值金额的政府合同的数据中，在意大利，仅收到单一竞标的此类合同的份额翻了一番，从 2006 年的 15％增加至 2015 年的 30％；同一时期，这一数据在西班牙、比利时、法国和英国至少同样翻了一番，截至 2015 年，这四个国家此类合同的份额从 10％增加至 23％。① 数据显示，平均而言，规模较大的投标项目确实收到较少的竞标申请书，而且大型投标项目的竞标人通常是大公司，它们更有能力参与竞标。

美国也有类似的担忧。2011 年战时合同委员会认定的许多有问

① "Government Contracting Is Growing Less Competitive, and Often More Corrupt," *The Economist*, November 19, 2016.

题的合同都是无竞标合同，这些合同从一开始就没有进行过竞争性招标。然而，即使所需商品或服务的紧迫性导致最初没有时间进行竞争性招标，政府也可以（而且往往应该）拟定合同，以便随后尽快开展竞争性招标，从而以合理的成本确保未来商品和服务的质量。2011 年，美国国防部提供了价值 1 150 亿美元的单一竞标合同，占所有联邦无竞标合同的绝大部分。

政府与私营企业签订监狱经营合同时也出现了类似的问题：利润最大化可能与服务于公共利益相冲突。

私营监狱服务的政府合同

近几十年来，政府将监狱管理外包给私营企业的决定引发了相当大的争议。在过去几十年中，美国相对于世界其他国家的一个独特标签是它的被监禁人口比例很高。被关在私立监狱或拘留中心的人数比例也不同寻常地高。

40 年前，美国在这方面并不突出；从 20 世纪 80 年代到 2008 年左右，美国监狱的监禁率和监狱服务的外包率都出现了惊人的快
509 速增长。从 1925 年到 1972 年，各州和联邦监狱的囚犯数量稳定在每千名成年人中约有 1 名囚犯，这一比例与其他国家大致相当。但此后，州和联邦囚犯人数以及被监禁的总人数（包括地方监狱和拘留中心）开始稳步快速增长。尽管在 20 世纪 90 年代初期至中期，财产犯罪和暴力犯罪开始呈现长期下降趋势，并在 2015 年达到很低的水平（以每 10 万人的犯罪率来衡量），一个自 20 世纪 60 年代以来从未见过的低水平，但州和联邦囚犯人数以及被监禁的总人数仍然呈现增长趋势。

被监禁人数增加的主要原因不是犯罪率的上升，而是导致监禁的犯罪数量增加以及刑期的大幅延长。这是由于管理量刑决定的规

则发生了戏剧性的变化，以及其他决定量刑和警察优先级的规则、程序和优先事项的变化。这些变化是作为 20 世纪 80 年代开始的“禁毒战争”的一部分而被引入的。

量刑的法律规范

法院的判决和新法律都推动了这些变化。在 20 世纪 80 年代早期和中期，最高法院在两起涉及贩卖可卡因的首次毒品犯罪案件中做出了很长刑期的判决（其中一起案件判 40 年，另一起判终身监禁）。1984 年通过的联邦《量刑改革法案》（Sentencing Reform Act）中有一项条款常被称为“量刑确定性”（truth in sentencing）条款，规定联邦囚犯在获得释放资格之前至少要服够 85%的刑期。许多州通过了类似的“量刑确定性”法律，以适用于州法律下的定罪。对联邦囚犯的假释也于 1987 年结束，这延长了监禁时间，同时增加了囚犯数量。①

1986 年，国会通过的《反药物滥用法案》（Anti-Drug Abuse Act）规定，对于相对轻微的联邦毒品犯罪，如出售少量可卡因和持有快克可卡因，必须判处 5 年或 10 年的最低刑期，尽管在大多数高收入国家，此类罪行的刑期不到一年。同样，“三振出局”（three strikes and you're out）的法律导致一些人在第三次犯罪被定罪后被处以数十年至终身监禁的严厉的强制性刑罚，而第三次犯罪本身最多可能导致几年的刑期。②

这三个变化叠加在一起，增加了囚犯总数，大大增加了每个囚

① Michelle Alexander, *The New Jim Crow: Mass Incarceration in the Age of Colorblindness*, revised edition (New York: The New Press, 2012).

② American Civil Liberties Union, *Banking on Bondage: Private Prisons and Mass Incarceration*, November 2, 2011, available at https://www.aclu.org/banking-bondage-private-prisons-and-mass-incarceration.

犯被关押的时间，使各州现有公立监狱根本不够用。这使私营监狱运营商既能增加业务量，又能保持较高且相对可预测的设施利用率。① 图 19.9 显示了 1988 年和 2012 年联邦平均监禁时间的跃升。比较这两年中每一年获释者的总服刑时间可发现：在所有类型的犯罪中，平均监禁时间增加了一倍多，从 17.9 个月增至 37.5 个月。在那些年里，联邦监狱中被监禁的人数的增长速度与服刑时间的增长速度相当。

2014 年美国全国共有在押人员 230 万人，其中州立监狱 135.1 万人，联邦监狱 21.1 万人，地方监狱 64.6 万人，其他各
510 类机构约 9 万人，其中移民拘留中心 3.3 万人。当地监狱中的大多数人还没有被定罪，有些人仅仅是因为无力支付小额罚款而被拘留。②

美国成年人口的总监禁率接近千分之十，是世界上监禁率最高的国家。如果我们只计算**囚犯**人数，即那些被关押在专为已被判处一年或更长刑期的人设计的州或联邦监狱中的囚犯的人数，那么 2014 年这个数字是 156.1 万人，约为每千名成年人中有七人。

营利性监狱中的在押人员从 1999 年的 6.9 万人迅速增加到 2012 年的 13.72 万人；在这一高峰年，近 9%的囚犯被关押在私营监狱中。这包括移民拘留中心：一半的移民拘留者被拘留在与联邦政府签订了合同的私营拘留中心。

---

① Alexander, *The New Jim Crow*.

② Peter Wagner and Bernadette Rabuy, "Mass Incarceration: The Whole Pie 2016," Prison Policy Initiative, available at http://www.prisonpolicy.org/reports/pie2016.html.

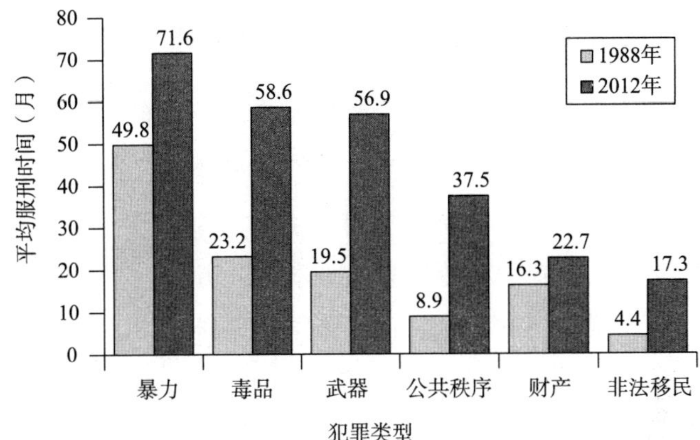

图 19.9　1988 年和 2012 年联邦监狱平均服刑时间的增长

美国联邦监狱管理局（Federal Bureau of Prisons）的报告显示，2012 年获释的囚犯在联邦监狱的实际服刑时间平均是 1988 年获释囚犯的两倍。在所有类型的犯罪中，这个数字从 1988 年的 17.9 个月上升到 2012 年的 37.5 个月。六个犯罪类型中有四个（毒品、武器、公共秩序和非法移民）2012 年的监禁时长是 1988 年的 2.5～4.2 倍，对于暴力犯罪和财产犯罪，这一数据的增加不足一倍。公共秩序犯罪包括违反税法、诈骗、敲诈勒索、贿赂、做伪证等。

资料来源："Prison Time Surges for Federal Inmates：Average period of confinement doubles，costing taxpayers ＄2.7 billion a year，" Issue Brief，November 15，2015，Public Safety Performance Project，Pew Trusts，available at http://www.pewtrusts.org/en/research - and - analysis/issue-briefs/2015/11/prison-time-surges-for-federal-inmates. Based on Bureau of Justice data sources.

禁毒战争的一个重要影响是，许多非洲裔美国人和拉丁裔美国人被归为重刑犯（即使他们的罪行是非暴力的），因此他们在许多州被禁止投票。州法律对重刑犯是否可以在服刑期满后投票的规定各不相同。（事实上，有些州还禁止监狱里的任何人投票，即使他 511
们只被判犯有轻罪。）2015 年，由于这些规定，每 13 名非洲裔美国成年人中就有 1 人无法合法参与投票。而且由于被监禁者中绝大多数是男性，因此被禁止投票的非洲裔美国人比例更高。那些不被允许投票的人通常也不被允许进入陪审团。①

反思私营监狱与大规模监禁

在过去十年左右的时间里，各州和联邦政府都开始担心为这么多囚犯提供住房的成本不断上涨。它们越来越意识到，研究结果表明，提前释放许多非暴力罪犯可能不会对公共安全造成任何危害，甚至可能通过让获释囚犯更容易地重新融入劳动大军，进而使其融入社会，从而增加公共安全。正如美国皮尤研究中心（Pew Center for the States）的公共安全绩效项目（Public Safety Performance Project）所指出的，在一些州，这种做法已经相当成功。②

到2007年，有几个州已经成功地努力开始减少监狱人口。一些州修改了囚犯必须服满85%的刑期的法律规定，例如允许有例外情况，允许官员在个别案件中使用他们的判决来减刑。2007—2010年，州囚犯人数稳定在140万左右，然后开始下降。2012—2013年，联邦监狱的囚犯数量达到峰值，约为22万人，随后也开始缓慢下降，但在2013年，仍有约3万名联邦囚犯被关押在私营监狱中，这一数字自2003年以来一直在上升。③

2016年8月，美国司法部（DOJ）宣布，联邦监狱系统应该减少与私营监狱公司的合同。在实施降低对低级别非暴力毒品罪犯的判刑等措施，使囚犯总数从2013年的22万人降至2016年的19.5

① Katie Rose Quandt, "1 in 13 African-American Adults Prohibited from Voting in the United States," March 24, 2015, available at billmoyers.com/2015/03/24/felon-disenfranchisement/.

② See http://www.pewtrusts.org/en/projects/public-safety-performance-project/research-and-analysis for numerous such reports.

③ Sally Q. Yates, Deputy Attorney General, "Phasing Out Our Use of Private Prisons," Department of Justice, August 18, 2016, available at https://www.justice.gov/opa/blog/phasing-out-our-use-private-prisons.

万人之后，美国司法部决定尽量减少使用营利性监狱关押联邦囚犯。它宣称，私营监狱既不提供与公立监狱同等水平的惩教服务，也不提供与公立监狱同等水平的安全保障。它们缺乏教育、职业培训和康复计划来帮助囚犯在被释放后重新融入社会——这些计划在公立监狱中得到了很好的发展——因此，它们无法像公立监狱那样维护公共安全。它们的攻击率也高于公立监狱。①

美国司法部的政策变化是在没有任何预警的情况下做出的，因此引发了主要惩戒服务供应商美国惩戒公司（Corrections Corporation of America，CCA）和GEO集团股价的突然下跌。但司法部采取的行动相当温和。没有任何合同会提前终止，但是合同会缩减，有些合同则停止续签。到2017年5月1日，私营监狱关押的联邦囚犯数量比2013年减少了一半。私营监狱考虑进一步“裁
员”。这项指令只直接影响到一小部分私营监狱“市场”——联邦 512
囚犯——但也可能对其他部分产生间接影响。

司法部提出的问题在所有类型的私营监狱中都普遍存在。仔细研究私营监狱运营商的运作方式，我们就会知道出现了哪些问题，以及为什么会出现这些问题。许多适用于监狱管理外包的原则更广泛地适用于各种服务的外包，甚至适用于某些商品的生产，如军工用品和服务。

卖给政府，实现利润最大化

当传统的经济学教科书描述供给方和需求方的行为时，它们主要谈论的是向家庭销售产品的企业。它们对向政府销售产品的企业

① U. S. Department of Justice，Office of the Inspector General，“Review of the Federal Bureau of Prisons’ Monitoring of Contract Prisons，” August 2016，available at https://oig. justice. gov/reports/2016/e1606. pdf.

只字未提。然而，政府合同是一项大生意——仅 2014 年一年，美国联邦政府的合同金额外加州政府和地方政府的合同金额就达 4 450 亿美元。

当企业向政府出售产品时，它们有相同的利润动机，由相同的总利润 R 决定因素驱动，如第 10 章所述。但是当企业寻求与政府签订合同时，它们可能会采取其他策略来影响这些决定因素。在试图增加总产出（Z）方面，广告的重要性较小；游说、竞选捐款和有利的智库报告更为重要。一个企业可以通过获得更多的合同或者获得更有利的合同来增加销售量。本章后面的一个例子描述了一些私营监狱运营商是如何赢得有利的合同的，这些合同通过保证它们的收入来降低它们的风险，即使它们的囚犯很少。

出售惩教服务的营利性企业与任何其他营利性企业一样。它通过成本最小化来实现利润最大化，通过提高价格来增加利润，并试图提高设施利用率——增加某一时刻的关押囚犯数量——通过试图在所运营的现有设施条件下填满每一张监狱床位来实现。这些方法与我们在第 10～12 章中所看到的最大化利润的方法相同，使用利润率的决定因素。

一个不同之处在于，政府承包商出售服务的对象不是那些会仔细检查自己购买的产品的个体家庭或企业，而是一个不太可能像其他买家那样仔细检查其“产品”的政府。许多政府服务都是如此，但在惩教服务中，部分原因在于政府不是这些服务的接受者，囚犯才是。这就产生了信息问题和动机问题。

政府面临的信息问题是，监狱服务是在公众视线之外提供给囚犯的。那些对其中发生的事情最了解的人是囚犯自己（还有那些因担心失去工作而不愿揭露其缺陷的工作人员）。囚犯对承包商是否提供适当数量和质量的服务有充分的了解。但是，囚犯几乎没有直接的发言权或没有权利来决定如下问题：是否与私营监狱运营商续约，是否提前终止合同，或者该运营商是否因提供的服务不足而应受到公开谴责。

然而，囚犯通常有一些间接的发言权，比如申诉权，他们有时行使这项权利。申诉记录可供政府调查人员使用。如果受到政府监察小组的直接询问，囚犯或许有机会揭露问题；但这样的调查往往只是间歇性的。原则上（如果犯人能聘请律师），他们有权起诉。 513
在某些情况下，此类诉讼产生了重大影响。

囚犯有时通过反抗（“暴动”）来行使这项权利——但这往往使他们付出巨大的代价，因为有些人通常会受伤，有时伤势很严重，甚至会死亡。暴动引起了公众和政府官员的注意，经常引发对监狱条件的调查。如果罪犯因伙食不好或供应不足、医疗条件恶劣而造反，监狱的运营商可能会被追究责任，其股价有可能下跌。如果政府发现患有急性疾病的囚犯没有得到紧急医疗服务，或者患有慢性疾病的囚犯没有得到充分和持续的照顾，原则上可能导致合同不再续签。

但是，除了一些引人注目的事件或者一些有进取心的记者或宣传团体对其的揭露之外，政府的监控往往达不到让当局警惕管理不善或促使它们采取行动进而纠正缺陷的效果。当然也有例外，例如，2013 年 1 月，在美国惩教公司从俄亥俄州买下伊利湖惩教所作为私营监狱运营一年后，一位政府官员突然对俄亥俄州伊利湖惩教所进行了一次暗访，该事件引发了一些关注，并因此而制作了一部反映那里存在的问题的纪录片。① 在后续视察中，政府发现情况有所改善。

---

① Craig Knowles, *Prisons for Profit*, video, ACLU of Ohio, 2013, available at http://www.acluohio.org/prisons-for-profit. See also Correctional Institution Inspection Committee, Report on the Inspection and Evaluation of the Lake Erie Correctional Institution, January 22 - 23, 2013, available at http://www.acluohio.org/wp-content/uploads/2013/02/2013_0123LakeErieCorrectionalInstitutionFullReport.pdf.

因此，政府面临的信息问题是，私营监狱的运行情况主要由监狱工作人员和囚犯所知悉。政府可以定期或偶尔进行评估。但当外包的全部目的是省钱时，更多的监控（由政府买单）将增加花费，并可能使外包成为比内部提供服务更昂贵的选择。

营利性监狱通常每天为每个囚犯支付固定的费用，其利润取决于几个因素：第一，监狱的入住率。第二，对移民拘留者收取的固定费用水平。相较于其他类型的监禁机构，私营公司对移民居留者收取更高的费用，所以这些设施的利润通常更高。第三，惩教所提供的服务。如果营利性监狱提供较少的康复服务、教育项目等，它的利润将会更高。第四，它付给工人的工资和为提供食物所支付的费用。营利性监狱有时人手不足，而且往往流动性很高，因此大多数员工的入门级工资很低。

决定承包商利润的第五个因素是它能从囚犯身上赚多少钱。一种方法是安排囚犯要么在监狱里工作，要么参加工作释放项目（work-release program）。囚犯的工资率远低于最低工资，在一些州，囚犯的工作可能是强制性的，但完全没有报酬。监狱公司通常会扣除相当大的一部分工资，作为住房和伙食费的补偿。对囚犯来说，最终每小时的工资低于（通常远低于）1 美元是很常见的。2016 年秋季，美国多个州陆续发生了一系列囚犯罢工事件，提出低工资等问题。私立监狱运营商增加利润的另一种方式是，安排一个电话公司以非常高的成本提供付费电话，然后要求该电话公司向监狱管理公司支付一部分通话收入。

514 我们可用第 10 章的利润率决定因素分析来总结这些选择：为了实现利润最大化，企业可以提高 P_z 或 Z，或两者都提高；降低 P_m 或 M，或两者都降低。（如第 10 章和第 11 章所述，提高 P_z 并不总是有利，但存在可以提高利润的情况。）另一种可能性是从其他来源获得收入，比如电话收入或获得囚犯工作报酬的一部分。

私营监狱的医疗服务

在成本因素中，一个相当重要且可能影响很大的因素是囚犯得到的医疗保健的质量和数量。医疗费用包括 $P_m M$（设备、用品）和 wH（监狱的普通医务人员，如护士或医生，以及急救的人工成本）。

许多私营监狱运营商比公立监狱有成本优势，因为它们通常在合同中规定不接收有特殊医疗需求的囚犯。① 这使得它们可以避免公立监狱将不得不承担的费用。这也意味着，任何声称私营监狱比公立监狱的人均成本低的说法都必须考虑到公立监狱所承担的更大的责任。

至少从 20 世纪 90 年代开始，就出现了许多关于营利性监狱医疗服务管理不善或滥用职权的报道。囚犯应该得到适当的医疗照顾，费用由他们的监护人承担。由于囚犯往往患有更多的慢性病、更严重的疾病，存在更多的药物滥用问题和其他情况，他们需要申明这些情况并获得适当的监测和治疗计划。但在一些报道的案例中，营利性监狱推迟或拒绝向明显有需要的囚犯提供紧急医疗服务，导致他们在某些情况下死于可治疗的疾病。它们有时也未能向它们知道患有慢性病的囚犯提供适当或持续的医疗照顾，也导致了

① Katie Rose Quandt, "Why There's an Even Larger Racial Disparity in Private Prisons Than in Public Ones," *Mother Jones*, Feb. 17, 2014, available at http://www.motherjones.com/mojo/2014/01/even-larger-racial-disparity-private-prisons-public-prisons.

其中一些人死亡。

追求利润最大化往往会导致这种成本削减策略。私营监狱通过雇用知识和经验水平过低的医务人员来处理危及生命的紧急情况或处理精神卫生问题来节省资金，这是很常见的。例如，最大的营利性监狱运营商美国惩教公司（CCA）在田纳西州经营一个农场。当一名怀孕的囚犯报告说她非常痛苦时，在场的唯一一名医务人员是一名仅受过一年培训的持证实习护士，但这名护士拒绝把她送到急诊室。12 个小时后 CCA 的官员才允许把她送进医院——但是太迟了，导致她死于未经确诊的妊娠并发症。①（CCA 于 2016 年更名为 CoreCivic。）

2016 年司法部决定减少与私营监狱的合同，该决定得到了司法
515 部检察长发布的一份报告的支持。报告回顾了司法部的监控程序，以及用于评估私营监狱承包商业绩的数据。报告发现，这些私营监狱偷工减料，提供的医疗保健服务太少，聘用的员工缺乏培训且经验水平较低，所提供的帮助囚犯重新融入社会的康复项目很少。总体而言，它们提供的服务质量低于公立监狱。②

改变规则

正如我们所看到的，改变政府规则（法律、法规、政策和计划）是企业实现利润最大化的策略之一。从 20 世纪 80 年代开始，

---

① E. Bates, "Prisons for Profit," *The Nation* (January 5, 1998): 13－14, cited in Elizabeth Alexander, "Private Prisons and Health Care: The HMO from Hell," in *Capitalist Punishment*, ed. Alan Coyle, Allison Campbell, and Rodney Neufeld (Atlanta, GA: Clarity Press, Inc., and London: Zed Press), 67－74.

② U. S. Department of Justice, Office of the Inspector General, "Review of the Federal Bureau of Prisons' Monitoring of Contract Prisons," August 2016, available at https://oig.justice.gov/reports/2016/e1606.pdf.

私营惩教服务公司受益于三大规则的变化，即强制性最低量刑法则“量刑确定性”法则以及“三振出局”法则，这三大法则的执行使得私营监狱运营商既容易填满床位，又容易预测满床率。① 高产能利用率是保持高利润的一种方式。

写入合同的规则　近年来，另一种新型的合同条款越来越受欢迎，有助于解决产能利用问题：“占用保证”或“锁定配额”。公共利益倡导中心 2013 年的一项研究发现，在它审查的私营监狱合同中，有一半以上的合同都有一项保证条款，即保证特定设施中一定比例的床位将一直被占用；通常保证的最低限额是 90％或更高，一些合同规定的最低限额是 100％。② 这意味着政府将会把足够的囚犯送到私营监狱来填补配额——或者如果政府不能填补这些床位，私营监狱公司将会得到和床位被填满时一样的报酬。

以南得克萨斯州家庭居住中心（South Texas Family Residential Center）的一个移民拘留中心为例，一份为期 4 年的合同保证按照 100％的满床率来支付费用。实际上，美国惩教公司每月收取固定的设施运营费。因此，在 2016 年初，尽管监狱里 2 400 张床位只有一半被占用，但美国惩教公司却收取了 2 400 名囚犯的费用。所以，2015 年美国惩教公司在美国运营的 74 家监狱中，有 14％的利润来

① American Civil Liberties Union，*Banking on Bondage*：*Private Prisons and Mass Incarceration*，November 2，2011，available at https://www.aclu.org/banking-bondage-private-prisons-and-mass-incarceration.

② In the Public Interest，“Criminal：How Lockup Quotas and ‘Low-Crime Taxes’ Guarantee Profits for Private Prison Corporations，” September 2013，available at https://www.inthepublicinterest.org/wp-content/uploads/Criminal-Lockup-Quota-Report.pdf.

自这家监狱，也就不足为奇了。[①] 对于这样的安排的唯一可能的解释是，这可以降低美国惩教公司向司法机构游说以拘留更多移民或延长拘留时间的动机；有了这样的合同，美国惩教公司关押的囚犯减少了，但显然能赚更多钱。（但是，如果能签订更多同样的合同，它仍然有动力建造更多的拘留中心。）但是，政府运营的拘留中心也会做同样的事情：它们也缺乏鼓励更多和更长时间拘留的动机；合同外包在这方面没有优势。

516 简言之，我们发现把监狱外包给私营监狱产生了以过高价格提供低劣惩教服务的问题，这对公众没有明显的好处，而且很可能造成重大损害。

向跨国公司征税：谁在控制

通常很难知道哪一方更有控制力：政府还是企业。正如政府承包商通过游说、竞选捐款和旋转门获得控制权一样，私营监狱运营商有时似乎也在控制本应监控它们的政府官员，我们在国际舞台上也发现了类似的趋势。

2004 年，国会通过了《美国就业创造法案》（American Jobs Creation Act），其中的条款旨在促进对美国生产活动的投资，以创造更多的就业机会。其中一项规定宣布了免税期，以鼓励跨国公司将其在国外的利润汇回国内，并继续推迟对这些资金的征税。不幸

---

① Chico Harlan, "Inside the Administration's $1 Billion Deal to Detain Central American Asylum Seekers," *Washington Post*, August 14, 2016, available at https://www.washingtonpost.com/business/economy/inside-the-administrations-1-billion-deal-to-detain-central-american-asylum-seekers/2016/08/14/e47f1960-5819-11e6-9aee-8075993d73a2_story.html?utm_term=.7c0fe92aa743.

的是，免税期实际上在未来10年**减少**了政府收入，也未能产生投资或创造就业机会。

回顾本章前面的内容，在美国境外经营的公司每年必须申报其海外收益应缴纳的税款，但可以推迟缴纳这些收益的税款，直到将这些收益作为股息返回美国才缴纳。只要这些钱存在海外，就可以再投资于海外，所欠税款的缴纳也可以无限期推迟。公民税收正义组织（Citizens for Tax Justice）在2016年估计，这些收入中至少有2.4万亿美元被存放在国外，递延未缴税款约为7 000亿美元。[①] 在企业利用免税期的那一年（主要是2005年），法律规定将企业在那一年汇回国内的每一美元税款降至仅15美分。立法者的部分期望实现了，数千亿美元确实被汇回了国内。但投资和就业目标都没有实现。据参议院常设调查小组委员会（Senate Permanent Subcommittee on Investigations）和美国国会税收联合委员会（U.S. Congression Joint Committee on Taxation）2011年进行的详细研究[②]，大公司没有把这些钱用于投资或创造就业机会，而是解雇了成千上万的工人，并花钱回购自己的股票。

正如我们在第7章中所看到的，当一个公司回购自己的股票时，它的主要股东，如首席执行官和其他高管，会获得可观的资本收益。

---

① Citizens for Tax Justice, "Fortune 500 Companies Hold a Record $2.4 Trillion Offshore," March 3, 2016, available at http://www.ctj.org/pdf/pre0316.pdf.

② "Repatriating Offshore Funds: Tax Windfall for Select Multinationals," United States Senate Permanent Subcommittee on Investigations, Committee on Homeland Security and Governmental Affairs, Majority Staff Report, December 14, 2011, available at http://www.gpo.gov/fdsys/pkg/CPRT-11SPRT70710/pdf/CPRT-112SPRT70710.pdf; and Letter from Thomas A. Barthold, Chief of Staff, U.S. Congress Joint Committee on Taxation, to U.S. Representative Lloyd Doggett (4/15/2011), available at http://doggett.house.gov/images/pdf/jct_repatriation_score.pdf.

图 19.10 显示了 2002—2007 年间，18 个公司每年用于回购美国股票
的金额，这些公司在免税期从海外汇回的利润最多。股票回购的增长
从 2005 年一直持续到 2007 年。仅在 2006 年，宝洁、IBM、惠普和辉
517 瑞就总共花费了 400 亿美元用于回购股票。图 19.10 还显示了这类公
司每年在海外赚取的利润在免税期前后的增长情况。

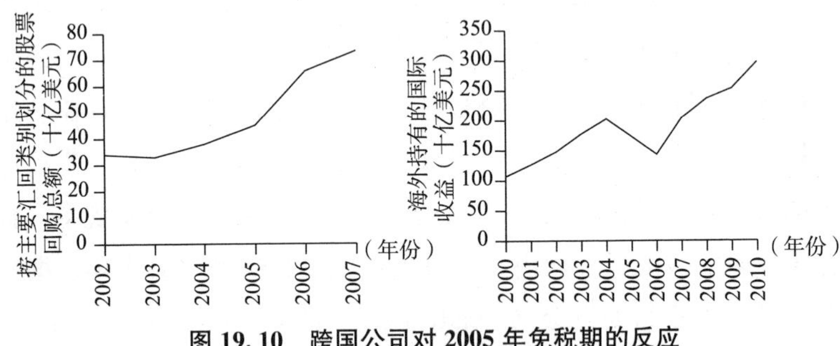

图 19.10　跨国公司对 2005 年免税期的反应

2004 年通过的《美国就业创造法案》允许在海外持有未汇回利润的美国跨国公司将这些资金汇回美国，并只需缴纳所欠税款的 15%。国会认为这笔钱将被用于投资和创造就业机会。然而事实正好相反，许多公司解雇了员工，并且正如左图所示，这些公司花费大量资金回购自己的股票。随后，如右图所示，美国跨国公司增加了它们在海外持有的全球利润的美元数额。

资料来源：U. S. Senate Permanent Subcommittee on Investigations，Committee on Homeland Security and Governmental Affairs，Majority Staff Report，"Repatriating Offshore Funds：Tax Windfall for Select Multinationals，" United States Permanent Subcommittee on Investigations，Committee on Homeland Security and Governmental Affairs，Majority Staff Report，October 11，2011，available at http://www.gpo.gov/fdsys/pkg/CPRT-112SPRT70710/pdf/CPRT-112SPRT70710.pdf.

美国国会税收联合委员会的一项研究发现，后期海外未汇回利润的增长及相关税收的递延，大大抵消了 2005 年税收收入的增长——税收减免带来的净税收损失。跨国公司很可能已经意识到，将更多利润留在海外，将提高它们在美国国会议员中的影响力，并使它们能够在以后获得额外的税收优惠。但是"愚弄我一次，可耻的是你；愚弄我两次，可耻的是我。"当 2014 年提出新的免税期时，

2004 年的免税期未能兑现增加投资、就业甚至税收的承诺，这一事实足以阻止国会批准新的免税期。

民主与不平等

为了使民主更好地发挥作用，政府必须回应社会大多数公民的意见。但当资本所有者（富人）的权力和影响力扩大，而普通公民的权力和影响力缩小时，民主的效果就不那么好了。专栏“民主脱节”描述的研究发现，普通人的意见对决策没有明显影响，而精英人士的意见与实际选择的政策非常相似。

民主脱节 518

乔或约瑟芬的公众意见是否影响立法？

普林斯顿大学政治学家马丁·吉伦斯（Martin Gilens）和本杰明·佩奇（Benjamin Page）在 2014 年发表的一份研究报告中称，公众意见对立法几乎没有影响，但高收入群体的意见确实很重要。

这两位研究人员使用吉伦斯的数据库对 1981—2002 年间的 1 779 个不同的公共问题进行了民意调查，人们被问及自己的观点和收入水平。当被问及对具体政策变化的观点时，受访者被要求用“是”或“否”来表明自己的立场。吉伦斯和佩奇以及他们的研究助理分别就1 779个问题确定了在民意调查之后的几年里，政策变化是否真的发生了。

他们针对这些数据提出的问题集中在两组人身上：中等收入的“普通人”（在按收入排名的受访者中处于中间位置）和收入处于第 90 个百分位的“经济精英”（收入高于 90%但低于 10%的受访者）。

他们的统计分析提出了两个关键问题。第一个问题是：“赞成一项新政策的普通人所占的比例影响这项政策成为法律的可能性有多大?”他们的统计分析显示，答案是“几乎没有”。第二个问题是：“赞成一项新政策的经济精英的比例影响该政策成为法律的可能性有多大?”他们发现，第二个问题的答案是：“支持一项政策的经济精英的比例越大，该政策被采纳的可能性就越大。”

下图中的左图显示了他们的发现：如果5%的普通人倾向于改变政策，那么这种改变被采纳的可能性大约为30%；如果大多数普通人倾向于改变政策，那么这种改变被采纳的可能性同样为30%。被大多数普通人所支持的政策被采纳的可能性并不高于被少数普通人支持的政策被采纳的可能性。

右图显示，对于经济精英（收入排在第90百分位）而言，情况完全不同。只有5%的经济精英支持的政策很少被采纳，而有95%的经济精英支持的政策则有60%左右的可能性被采纳。因此，要么是经济精英的观点直接影响了政策制定者，要么是政策制定者倾向于以与经济精英相同的方式看待世界。

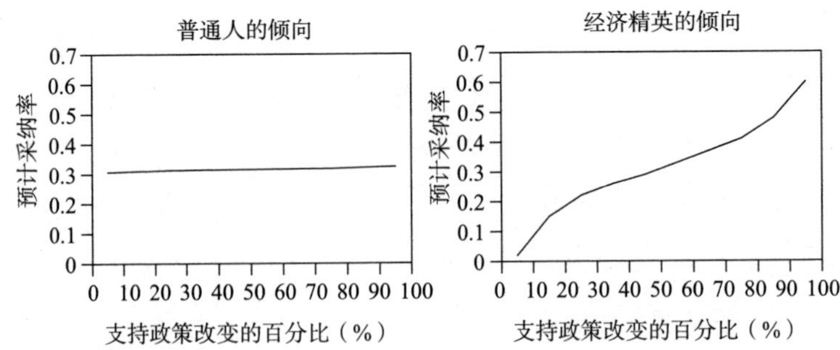

资料来源：Martin Gilens and Benjamin Page，“Testing Theories of American Politics：Elites，Interest Groups，and Average Citizens，” *Perspectives on Politics* 12，no. 3（2014）：564－581.

不平等与权力之间的反馈环路

美国的不平等程度已经上升到 20 世纪 20 年代的水平。如此严 519
重的不平等势必会削弱民主。专栏“民主脱节”显示了结果，但其动力究竟是什么？我们是怎么走到这一步的？这取决于两大因素：谁交税？谁从政府支出中获益？

税收负担已经从企业和富裕家庭转移到中间阶级和贫困家庭。这在一定程度上是所得税制度累进性大幅下降的结果。在第二次世界大战期间以及之后的几十年里，每个人的收入都在提高。但随着富人越来越多地将财富和收入转移到避税天堂，他们缴纳的税款也越来越少。对资本利得征收的税率降至 15%，然后，对冲基金经理的收入被变相定义为资本收益。因此，这些管理者，其中一些年收入超过 10 亿美元，向国税局缴纳的税率低于普通中间阶级。或者，正如富有的利昂娜·赫尔姆斯利（Leona Helmsley）在 20 世纪 80 年代对一位为她工作的女性所说的那样：“我们不纳税，只有少数人纳税。”正如我们所看到的，减税计划激增，国税局减少了对企业和富人的审计。

不平等的加剧让多数人更难表达自己的观点，同时让企业和富人更容易表达自己的观点。普通家庭拥有的资源比过去更少：实际工资自 20 世纪 70 年代以来一直停滞不前，2008—2009 年的大衰退导致中等收入者和中间阶级人数锐减。不仅很多人的钱变少了，平均而言，很多人的闲暇时间也比过去少，因为工资较低，很多人不得不设法通过加班谋生。富人和资本所有者现在有更多的钱用于表达他们的观点，并向那些愿意这么做的候选人捐款。

超国家规则的改变

企业还通过国家间的国际协议获得了对各国政府的影响力。到目前为止，当我们谈到政府时，我们指的是联邦政府、州政府和地方政府。但是，尽管没有这样的世界政府，但长期以来一直存在国际协定，以及执行这些协定的国际组织，它们能够限制各国政府可以做什么。特别是 1995 年成立的世界贸易组织，允许企业限制外国政府对其投资活动的管制，使它们比过去更自由地追求最大利润，且较少顾及公共利益。国际协定有时也为外国公司提供了一种方式，以避开长期的民主进程并以使美国公司受益的方式对美国政府施加影响。

我们从第 15 章已经知道，《世界贸易组织协定》中的知识产权条款增加了美国国内外制药公司和其他公司的利润。跨国公司还受益于世界贸易组织的投资规定，这些规定限制了各国政府对外国投
520 资者的要求。20 世纪 50 年代，巴西政府禁止进口外国汽车，从而说服汽车制造商在巴西设厂，成功地发展了它的汽车产业；如今，此类策略已被世界贸易组织宣布为非法。

跨国公司对外国政府决策的控制

从 20 世纪 80 年代末开始，许多贸易和投资协定中都规定了**投资者与国家之间的争端解决**（ISDS）程序，这是让公司制衡政府的一种重要规则。下面我们用一个例子来解释这些规则。

美国和墨西哥都是《北美自由贸易协定》（NAFTA）的签署国。《北美自由贸易协定》第 11 章（ISDS 条款）允许外国投资者对其投资所在国的政府提起诉讼并寻求损害赔偿，前提是该国政府采

取“相当于没收”投资者财产的行动。

《北美自由贸易协定》于 1994 年生效，不久，美国公司 Metalclad 买下了墨西哥圣路易斯波托西市一个小镇上的一个有毒垃圾场，并计划进行运营。尽管当地政府拒绝给它颁发许可证，但是 Metalclad 已开始在工地上施工。该镇的要求是，在获得建筑许可之前，必须先清理前业主遗留在垃圾场中的有毒废物容器，因为泄漏的化学物质被认为是导致该镇居民癌症、皮疹和其他疾病急剧增加的原因。①

Metalclad 并没有清理烂摊子，而是根据《北美自由贸易协定》第 11 章的条款对墨西哥提起诉讼，要求赔偿因许可被拒绝而造成的预期利润的损失。《北美自由贸易协定》第 11 章规定，此类案件应由从指定的“国际专家”名单中选出的仲裁小组裁决。整个程序完全在国家法院系统之外进行；诉讼程序不公开，且公众既无权看到听证记录，也无权提交庭审顾问（“法庭之友”）简报。最后，墨西哥被迫支付了 1 600 万美元给 Metalclad。

在另一起案件中，加拿大政府向美国化学品制造商乙基公司（Ethyl Corporation）支付了 1 300 万美元的和解金。由于乙基公司的燃料添加剂具有环境毒性，加拿大决定禁止其使用。这一禁令将会减少公司的预期利润，尽管加拿大确信这一禁令是保护公众健康所必需的，但为了避免听证程序，加拿大决定取消这一禁令。虽然这两种情况下的和解规模很小，但根据各种协议，在其他一些 ISDS 案例下，和解规模更大。

ISDS 的概念起源于**国家征用权**（eminent domain）的古老法则：政府有权为公共目的征用财产，只要向业主支付公平的补偿。

---

① Bill Moyers, *Trading Democracy*, video, 2002.

为了修建一条公共道路，政府可以征用道路上的私人土地，并提供公平的补偿。如果土地所有者证明其支付低于财产价值，法院可以向上调整支付。

国有化或征收都属于同一类别：只要是为了公共目的，并支付了公平的补偿，就是合法的。1938 年，墨西哥没收了美国石油公司的业务；二战后，英国将煤炭公司国有化；法国将雷诺汽车公司国有化。上述案例中政府均支付了赔偿金。然而，在一些这样的案例
521 中，公司表达了愤慨，至少在一个案例中（危地马拉），政府征用了一个美国公司（联合水果公司）的财产，不久之后该政府就被美国政府支持的政变推翻了。公司已寻求更多的保护以防止被征用。

但现在许多贸易和投资协定中的 ISDS 条款则更进一步。第一个创新之处在于，“等同于没收”被解释为不仅指有形资产或金融资产，而且无形资产——企业预期利润——也是资产，均受防止因政府决策而导致价值缩水的保护。这种观点的历史渊源显然在于加拿大 1980 年宣布的一项国家能源计划，除其他外，该计划通知在加拿大东部某一地区进行钻探的石油公司，如果它们发现石油，必须把其中的 25%交给加拿大石油公司，即“皇冠公司”（类似于一个国有企业）。这一声明激怒了大多数已经在该地区开采石油的美国石油公司，因为这降低了它们的价值。它们为扭转这一政策进行了激烈而成功的斗争，美国随后坚持在 1988 年的《加拿大-美国自由贸易协定》（Canada-U. S. Free Trade Agreement）中加入 ISDS 条款。这一条款被复制到美国与加拿大及墨西哥签署的《北美自由贸易协定》中，并且实质上被复制到与其他国家签署的协定中。①

---

① Stephen Clarkson, *Canada and the Reagan Challenge: Crisis and Adjustment, 1981 - 1985*, new updated edition (Toronto: James Lorimer & Company, 1985).

第二个创新之处在于，只有**外国**投资者——来自某一特定贸易/投资协定缔约国的投资者，以及投资于该协定缔约国的投资者——才有权根据 ISDS 条款提出申诉。

第三个创新之处在于，审理案件的地点与东道国的司法制度完全分离，在不考虑听证小组成员可能存在的利益冲突的情况下运作，不涉及任何国内法律原则，不需要或不允许除原告和东道国政府以外的任何其他来源提供意见，以及不经过国家最高法院的审查。

因此，贸易和投资协定中的 ISDS 条款为跨国公司提供了一种新的工具，使它们在某些情况下能够废除或防止削减其利润的规则发生变化。面对跨国公司的投诉，政府有时干脆不战而退，而公众对此几乎闻所未闻。企业利用 ISDS 条款试图击退许多有利于公众的政府政策，包括环境保护、要求“绿色”商业行为的地方和州法律、政府补贴的包裹递送、要求在香烟上贴上吸烟有害标签的法律等。民主因此受到损害。

规则的冲突

由立法机构、司法机构和行政部门决定的规则决定了资本主义
企业能做什么和不能做什么，也决定了工人和公民能做什么和不能
做什么。正如我们所看到的，这意味着资本家在原则上有充分的理
由对所采用的规则施加政治影响。大多数企业，尤其是大型企业，
发现通过花费精力和资金来影响规则是有用的。它们的方法包括游
说、竞选捐款、旋转门、支持保守派智囊团撰写报告、支持有利于
增加企业税后利润的规则、通过密集的媒体宣传活动来推销它们的
观点，以及其他手段。在本章中，我们看到了药品、武器生产和外 522
包、税收、监狱运营以及国家和超国家层面的例子。同样，富有的
个人也寻求制定这样一些规则，这些规则有助于将他们所欠的税款

降至最低，保护他们的投资，并增加他们扩大财富的机会。因此，财富带来权力，包括影响经济规则的权力；同样，权力也会带来财富。这往往会造成财富和权力的不平等日益加剧。

然而，尽管这种趋势可能很强大，但它们并非不可避免或不可逆转。有时，会出现反对它们的广泛共识，或者会有处于权力机构内部的人认真采取行动制止滥用或过度行为。在本章前面提到的2011年战时合同委员会的破坏性报告之后，某些类型的国防合同减少了。一些州政府还扭转了过去十年监禁增加的趋势，并得以实现监狱预算的削减。联邦监狱也开始减少被监禁人数，主要是释放非暴力罪犯。同时，当选举改变了那些控制政府的人时，这些反向态势本身也有可能被逆转。

当然，不仅资本所有者有动机影响规则制定过程，99%的人同样有充分的理由动员和施加政治压力来支持如下事项：规则的制定（以及公职人员的任命），包括维持和加强卫生保健和教育，为年老、残疾或处于困难时期的人提供收入支持；清洁的空气和水；劳动者的权利，包括加班费、带薪病假、带薪休假、带薪生育假、职业健康安全假；以及为所有人带来更好生活的其他方法。

2017年，针对规则改变的抗议异常广泛，多数人认为这不利于他们的利益，比如废除《平价医疗法案》，以及削减医疗补助、联邦医疗保险和社会保障。

刚才讨论的当代资本主义的各种问题，让许多人提出疑问：能否改变经济体系的规则，让我们获得更多的好结果，而减少一些坏结果？例如，我们能否引入一些改变，让我们能够继续享受资本主义创造的高生产率和商品的多样性，而不遭受其严重的不平等和环境破坏？很简单，有什么规则能比当前经济的运行规则更好呢？

替代规则提案

近年来，至少有三位杰出的经济学家著书呼吁对美国经济的管理规则进行全面改革，并通过采取新的规则，扭转财富和权力不平等加剧的趋势，从而更广泛地分享经济增长带来的好处。

诺贝尔经济学奖获得者、哥伦比亚大学教授约瑟夫·E. 斯蒂格利茨（Joseph E. Stiglitz）（以及与罗斯福研究所相关的其他作者）所著的《重构美国经济规则》（*Rewriting the Rules of the American Economy*）一书就提出了这样的问题，并提出了替代规则。作者写道：

> 今天的不平等并不是资本主义进化的必然结果。相反，管理经济的规则把我们带到这里。我们可以改变这些规则……

他们补充说，不平等是一种选择：许多其他国家拥有资本主义 523
经济和某种形式的民主，但比美国拥有更多的社会福利和更少的不平等。因此，通过民主进程，美国不平等加剧的趋势应该是可逆转的。

例如，这些作者建议对金融部门进行重新监管，这样做既能够减少再次爆发像 2008 年那样的灾难性金融危机的可能性，又能够为规模较小的金融公司创造公平的竞争环境。作者还建议提高最高收入者的边际所得税税率。他们呼吁对企业的全球收入征税，这可能会消除通过避税天堂进行的避税行为，并促使企业支付公平份额。他们提倡提高最低工资标准，把充分就业作为宏观经济政策的目标，建立全民医保。

加州大学伯克利分校教授、克林顿政府劳工部部长罗伯特·B. 赖克（Robert B. Reich）是《拯救资本主义：重建服务于多数人而非少数人的新经济》（*Saving Capitalism: For the Many, Not the Few*,

2015）一书的作者。该书的主题同样是：经济管理规则的中心地位，以及采取有利于更广泛地分享经济增长带来的好处的规则的必要性。赖克提出的规则与斯蒂格利茨所提的规则类似。其中一个目标是通过缩短专利和版权的期限，规范药品专利，以降低必需药品的价格；禁止制药公司向非专利药品生产商支付费用，以推迟销售更便宜的非专利药品（这一禁令在其他国家很常见）。他还呼吁更严格、更全面的反垄断法和执法。他提议通过立法禁止公司要求员工、加盟商或承包商签署同意任何争议只能通过仲裁解决的协议。他将最低工资定为中等工资的一半，然后定期调整，以保持其购买力。

赖克还提出了“重塑公司”的建议，以限制首席执行官的薪酬，并鼓励与生产率增长成比例的加薪。他建议效仿德国“劳资协同经营制度”的做法，要求企业决策委员会中的一半由员工代表组成。事实上，赖克呼吁建立一种“利益相关者社会”：公司治理要考虑到所有利益相关者（工人、社区和环境）——所有受公司活动影响的人——的利益，而不仅仅是考虑寻求高稳定股息或股价上涨的股东的利益。一项战略是鼓励成立“福利公司”（一种已经存在的类别），其章程规定它们将考虑所有利益相关者。另一种想法是改变规则，将拥有宪法权利和有限责任的公司法人资格完全授予与员工分享权力的组织。

赖克还提议为每个人提供全民基本收入（UBI）保障，使人们得以过上体面的生活。他指出，这个想法是保守派经济学家 F. A. 哈耶克（F. A. Hayek）于 1979 年提出的。一些人主张 UBI 只是为了防止技术变革和日益增长的机器人化使低技能工人沦落到赤贫的地步。支付给每个人基本收入将只有非常低的管理成本，而且不需要对受助者的生活进行侵入性调查。

华盛顿特区智库经济政策研究中心（Center for Economic and Policy Research）联合主任迪恩·贝克（Dean Baker）撰写了第三本此类书籍：《操控：全球化与现代经济规则如何构建以使富人更富》（*Rigged*：*How Globalization and the Rules of the Modern Economy Were Structured to Make the Rich Richer*，2016），并提供了类似的批评和解决方案。许多提议与赖克的类似。贝克主要关注五个方面：将充分就业作为宏观经济政策的主要目标；消除金融部门的浪费；终止专利和版权垄断；改革公司治理并限制 CEO 薪酬； 524
以及允许医生服务市场有更多的竞争，比如允许医疗保险基金用于美国以外的医疗过程。贝克估计，这些政策每年可能产生 2.0 万亿～3.7 万亿美元的新福利——其中一半来自充分就业目标，即每人每年 6 000～12 000 美元。

资本主义与不平等

资本主义经济中是否存在一种加剧不平等的内在趋势？本章和前几章中提供的许多信息表明，答案是肯定的。也就是说，资本主义本身没有一种机制能够确保大多数结果是平等的，正如我们所看到的，许多机制往往会产生、强化和加剧不平等的结果。因此，需要制定具体的规则和制度——如累进税、最低工资法、遗产税、公共教育和医疗保健服务——来对抗资本主义的不平等倾向。除美国以外的其他资本主义经济体实现了更大的平等，主要是因为它们采用了更多的法律、规范和制度来抵消财富和权力两极分化的趋势。

政府干预可能会给每个孩子提供健康成长和接受良好教育的机会，增加所有孩子成年后过上好日子的机会。美国最高法院法官索尼娅·索托马约尔（Sonia Sotomayor）就是一个很好的例子：她的母亲在她还是个孩子的时候就丧偶，靠努力工作和公共援助抚养她长大。但是，美国，尤其是在过去 20 年里，在给所有儿童提供良好的健康和教育方面所做的远远少于其他收入水平相近或更低的国家。图 19.11 显示了 2009 年每个国家贫困儿童所占的百分比。在这

525

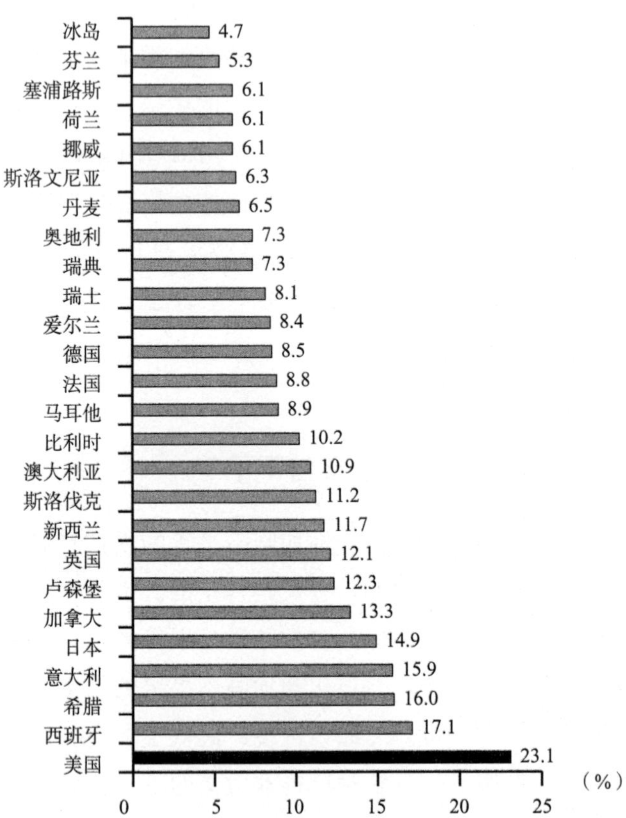

图 19.11　2009 年几个经合组织国家的儿童贫困率比较

2009 年，美国的儿童贫困率远远超过了收入水平相近甚至更低的国家。在该数据中，如果儿童所在家庭的收入低于中等收入家庭的 50%（经家庭规模调整后），该儿童就被定义为贫困儿童。生产率不到美国一半的国家的数据被剔除。

资料来源：Economic Policy Institute，*The State of Working America*，2012，from UNICEF Innocenti Research Centre Report Card 10（Adamson 2012），Figure 1b，“Child Poverty Rate.”

幅图中，贫困的定义是相对的：如果一个孩子所在的家庭的收入经过家庭规模的调整后仍低于中等家庭收入的 50%，那么他就生活在贫困中。在美国，2011 年有 23.1%的儿童生活在贫困中，而在加拿大，这一比例仅为 13.1%，甚至像希腊这样更贫穷的国家，儿童生活在贫困中的比例也低于美国。

在许多资本主义经济体中，政府的政策和项目长期以来一直在以一些方式帮助贫困家庭，比如以免费或几乎免费的方式提供全民医疗保健，这些医疗保健费用主要由政府从税收中支付。这是一个高度再分配的项目，与普及公共教育一起，致力于促进一般福利。这两个项目共同帮助并确保大多数儿童有健康成长并接受良好教育的机会。这对儿童和社会都是有益的，因为良好的人生开端有助于儿童在以后的生活中避免失业和贫困。有利于儿童的良好社会政策使许多人得以脱贫。

在美国，为儿童提供最低限度的支持，以确保良好的营养和体面的生活是受抚养儿童家庭援助项目（AFDC）的基础，该计划于 1935 年与社会保障一起受到立法支持。但 AFDC 于 1996 年终止，取而代之的是不那么慷慨的贫困家庭临时援助（TANF）计划。正如我们在第 7 章中所看到的，1995 年，美国 62%的贫困儿童得到了公共援助，而到 2014 年，这一比例下降到只有 17%。

简言之，市场经济往往会产生贫困和不平等，除非管理经济的规则防止这种情况发生；政府还可以将收入和服务直接提供给穷人和劳动人民，从而促进平等。帮助所有儿童充分发挥其潜力，使其成为社会上具备生产力的成员是实现这一目标的一个途径。

民主与不平等

显而易见，财富带来权力，包括改变规则的权力，而权力反过来又带来财富。但是，难道不可能通过民主进程制止和扭转这种态势吗？从表面上看，几十年来，大多数人几乎没有分享过经济增长带来的好处，他们应该有充分的理由投票支持平等主义政策，即将财富、收入和社会服务重新分配给同样的大多数人。为什么最近几十年没有发生过这种事？是什么阻碍了一个充满活力的民主国家控制富人的权力？

526 答案包括很多因素。媒体行业的集中度是一个因素。另一个是不公正地划分国会选区，允许在一个州获得少数选票的政党在州立法机构和众议院获得多数席位。① 推荐候选人的复杂策略和指导性规则的变化，也使选民更难通过投票来保护自己的利益。近几十年来，美国的政治文化也在退化，候选人很少在政治纲领上表明对问题的明确立场，而且往往根本不讨论议题。相反，竞选活动会塑造形象并渲染情绪。政客们一旦上任就会放弃承诺。当选民被蒙在鼓里时，他们无法理性地选择对他们有利的候选人。通过任意清除选民名单和烦冗的选民身份要求来压制选民；投票点不足而排长队也是问题；许多选民干脆待在家里。而长期以来有助于确保人人享有投票权的《投票权法案》（Voting Rights Act）在 2013 年被废除，因为当时最高法院决定废止其中一项关键条款。然而，选举获胜者的行为就像他们获得了授权，来批准他们在竞选期间很少或从未提倡过的立法。

其他国家有更好的安排吗？围绕民主选举的其他规则是否会产生更好的结果？有人会说，允许较小党派和联盟参与的议会制比排斥第三方的两党制更有优势；另一些人则指出，这种体系有时会产

① Rob Richie, “Republicans Got Only 52 Percent of the Vote in House Races,” *The Nation*, November 7, 2014.

生不幸的结果。许多收入水平与美国相似的国家都为竞选开支提供公共援助。在某些情况下，还提供免费的电视广播时间（否则，禁止所有候选人在电视上做广告）。这可能是一种进步。[①] 最近的民意调查显示，所有政治派别都支持竞选资金改革。

结　论

一个经济体系是由管理其经济交易的规则所塑造的。但是，这些规则反过来又受到管理其政治体系的规则以及决定谁对规则制定过程影响最大的经济和政治权力结构的影响。这就是为什么我们需要通过一个政治经济学分析——一个不仅考虑竞争，而且考虑统制和变革的分析——来全面理解经济运行和演变的方式。

长期以来，人们一直对某种替代体系抱有好感。有些人提倡社会主义，他们的意思是社会主义可以指各种各样的经济和社会安排，包括以通过平等方式组织的合作社生产单位为主要生产形式的 527
社会。有些人提倡共产主义（“各尽所能，按需分配”）、无政府主义（最低限度的政府）或乌托邦社区。虽然可能性似乎很大，但我们不会在这里一一尝试。这样的分析仍需要考虑本书的原则。

推荐阅读文献

Michelle Alexander, *The New Jim Crow*: *Mass Incarceration in the Age of Colorblindness*, revised edition (New York: The New Press, 2012).

Eileen Appelbaum and Rosemary Batt, *Private Equity at Work*: *When Wall Street Mana-*

① Paul Waldman, “How Our Campaign Finance System Compares to Other Countries,” *The American Prospect*, April 4, 2014, available at http://prospect.org/article/how-our-campaign-finance-system-compares-other-countries.

ges Main Street (New York: Russell Sage Foundation, 2014).

Dean Baker, *Rigged: How Globalization and the Rules of the Modern Economy Were Structured to Make the Rich Richer* (Washington, DC: Center for Economic and Policy Research, 2016); available at http://deanbaker.net/books/rigged.htm.

Andrew Coyle, Allison Campbell, and Rodney Neufeld, eds., *Capitalist Punishment: Prison Privatization and Human Rights* (Atlanta, GA: Clarity Press, Inc.; London: Zed Books, 2003).

Joel Dyer, *The Perpetual Prisoner Machine* (Boulder, CO: Westview Press, 2000).

Thomas Ferguson, *Golden Rule: The Investment Theory of Party Competition and the Logic of Money-Driven Political Systems* (Chicago: University of Chicago Press, 1995).

David Cay Johnston, *Free Lunch* (New York: Portfolio, Penguin Group, 2007).

David Cay Johnston, *Perfectly Legal* (New York: Penguin Books, 2003).

Charles Lewis, Bill Allison, and the Center for Public Integrity, *The Cheating of America* (New York: William Morrow, 2001).

Robert S. MacIntyre, Matt Gardner, Kayla Kitson, Alexandria Robins, and Michelle Surka, *Offshore Shell Games 2016: The Use of Offshore Tax Havens by Fortune 500 Companies* (Citizens for Tax Justice, October 2016, ctj.org).

Nancy MacLean, *Democracy in Chains* (New York, Viking, 2017).

Jane Mayer, *Dark Money: The Hidden History of the Billionaires Behind the Rise of the Radical Right* (Anchor, 2016).

Robert B. Reich, *Saving Capitalism: For the Many, Not the Few* (New York: Alfred A. Knopf, 2015).

T. R. Reid, *The Healing of America: A Global Quest for Better, Cheaper, and Fairer Health Care* (New York: The Penguin Press, 2009).（赖克. 拯救资本主义：重建服务于多数人而非少数人的新经济. 北京：中信出版社，2017.）

Kenneth Sheve and David Stasavage, *Taxing the Rich: A History of Fiscal Fairness in the United States and Europe* (Princeton, NJ: Princeton University Press, 2016).

528 Peter Singer, *Corporate Warriors: The Rise of the Privatized Military Industry* (Ithaca, NY: Cornell University Press, 2007).

Joseph E. Stiglitz，*The Price of Inequality*：*How Today's Divided Society Endangers Our Future*（New York：W. W. Norton，2013）.（斯蒂格利茨. 不平等的代价. 北京：机械工业出版社，2013.）

Joseph E. Stiglitz，with Nell Abernathy，Adam Hersh，Susan Holmberg，and Mike Konczal，*Rewriting the Rules of the American Economy*：*An Agenda for Shared Growth and Prosperity*（New York：W. W. Norton，2015）.

Richard Wilkinson and Kate Pickett，*The Spirit Level*：*Why Greater Equality Makes Societies Stronger*（New York：Bloomsbury Press，2011，reprint edition）.

Mark Zepezauer，*Take the Rich Off Welfare*（Cambridge，MA：South End Press，2004）.

变量表

一、价格

P_z＝单位产出价格。

529 P_m＝生产过程中使用的原材料和损耗的机器、建筑、设备的价格。

w＝“工资率”＝支付给工人每劳动小时的报酬（工资＋福利）。

P_{im}＝以进口国的货币表示的进口商品的价格。

P_{imf}＝以生产国的货币表示的进口商品的价格。

二、总量

（一）流量

给定时间段（比如 1 年）内一个企业或者整个经济的实物或货币总量。

Z＝1 年内生产的**总产出**实物量，用价格乘以数量（P_zZ）就是总产出的货币价值；Z 适用于企业，也适用于整个经济。

Z^*＝**潜在产出**，即**企业利用现有产能**在 1 年内**能够生产的总产出**实物量，用价格乘以数量（P_zZ^*）就是潜在总产出的货币价值。

M＝1 年内使用的**原材料实物量**加上**机器、建筑和设备的折旧值**。

H＝1 年内**企业雇用的劳动小时**。

Y＝企业或整个经济 1 年内生产的**净产出**的货币价值，$Y=P_zZ-$

P_mM，其中，P_zZ 是总产出价值，P_mM 是 1 年内用掉的原材料和损耗的机器、建筑、设备的价值。Y 被称为**净产出或价值增值**。当 Y 用于整个经济的时候，也被称为**国民生产净值**。

W＝1 年内支付的总**工资、薪金**和福利；对企业而言，$W=wH$；对整个经济而言，$W=wN$。

R＝企业 1 年内创造的总**利润**（货币价值）＝$Y-W$。

F＝固定成本或营业成本＝产出数量 Z 变化时不随之变化的所有成本总额。 530

N＝经济 1 年内**雇用的劳动小时**总量。

LS＝**劳动供给**＝1 年内有可能工作的工人总劳动小时。

AD＝**总需求**。

AS＝**总供给**。

C＝1 年内整个经济中的**消费品和服务**的货币价值。

I＝1 年内企业花在**投资品和服务**上的货币价值。

G＝1 年内**政府在商品和服务**上的支出的总货币价值。

B＝1 年内**政府**为其支出融资而向公众**借款**的货币价值。

X＝**净出口**的货币价值＝1 年内的出口总值减去进口总值。

（二）存量

存量是特定时刻（比如 2017 年 1 月 1 日）的量，由实物或货币单位来度量。

K＝**资本存量**的货币价值。

三、比率

比率等于总量除以其他总量；也可以解释为“每单位 A 的 B 数量”（比如 X/Y 的意思是“每单位 Y 的 X 数量”）。

z＝每劳动小时产出的货币价值＝$P_zZ/H=ef$。

m ＝每劳动小时的机器、建筑、设备折旧加上原材料消耗

＝$P_m M/H$。

y＝每劳动小时的净产出的货币价值＝Y/H。

e＝每劳动小时内的劳动付出或所做的工作；劳动强度。

f＝劳动效率＝每单位劳动付出的产出价值。

r ＝利润率＝利润货币量除以拥有的资本品价值

＝$R/K=(Y-W)/K$。

atr＝税后利润率＝(利润－税收)/K。

i＝利息率（%/年），比如为投资而借入货币的借款成本；i＝所付利息的货币价值/贷款本金。

u＝产能利用率＝一段时间内实际产出占潜在产出的百分比，或 Z/Z^*。

531 ulc ＝单位劳动成本＝单位产出的工资成本＝$wH/Z=W/Z$

＝$w/z=w/(ef)$。

umc＝单位原材料成本＝$P_m M/Z$。

uc ＝单位成本＝生产每单位产出的平均成本＝$(P_m M+wH)/Z$

＝$umc+ulc$。

up＝单位利润＝$R/Z=P_z-uc$。

c ＝工资和薪金收入花在消费品和服务上的部分

＝C/W（假设利润获得者仅从工资和薪金收入中支付消费品）。

j＝利润对投资的影响＝当总利润（R）增加一单位（用货币计算）时，总投资（I）增加多少（用同一货币计算）。

v＝美元价值＝汇率＝一单位外国货币在世界货币市场上和 1 美元交换，可以换得多少。

四、其他

ww＝周工资。

ud＝失业期（以周计）。

ui＝周失业保险金。

cjl＝失业成本。

经济信息来源

532 本书所用的大量现实资料出自以下来源，包括：美国联邦政府机构和美联储；国际组织，诸如经合组织、联合国及其附属机构、世界银行；一些学术组织和非政府组织。一个极有代表性的网站不仅提供数据，而且提供对数据的延伸讨论，也包括其他可用数据的建议。要找到已消失的链接，可以学习使用 Wayback Machine，上面有海量过期网络数据，包括过去可以查看的网页。更多信息参见 https://archive.org/about/faqs.php。

美国联邦政府机构与美联储

美国总统经济顾问委员会：《总统经济报告》（*Economic Report of the President*，华盛顿：美国政府印刷所，年刊，现刊和过刊获取网址为 https://www.gpo.gov/fdsys/browse/collection.action?collectionCode=ER）。

美国人口普查局（**census.gov**）：提供按种族、性别、年龄和其他人口统计特征归类的人口、收入和贫困数据；收入来源；全部规模的企业。（1）《美国统计摘要》（*Statistical Abstract of the United States*，华盛顿：美国政府印刷所，年刊，2012 年停止出版，网址为 https://www.census.gov/history/www/reference/publications/statistical_abstracts.html）。（2）《美国历史统计：从殖民时代到 1970》（*Historical Statistics of the United States: Colonial Times to 1970*，华盛顿：美国政府印刷所，1975）。

美国商务部经济分析局（**bea. gov**）。

美国劳工部劳动统计局（**bls. gov**）：提供按照种族、性别和其他劳工主题划分的工资和就业数据。

美国国会预算办公室（**cbo. gov**）：提供立法被批准和实施前后的经济影响的信息和分析。

美国国会研究服务部：提供政策问题的专业报告，不直接向公众提供。

美国政府问责局（**gao. gov**）：进行政府项目效率分析，有线上报告。

美联储（**https://www. federalreserve. gov/**）：提供货币和银行 533
业数据。

美联储经济数据（FRED，**https://fred. stlouis. org**）：提供大范围的美国经济数据和图表；提供某些国外数据。

国际组织

联合国（**un. org**）：见各专门机构，比如：

联合国开发计划署（**undp. org**）：《人类发展报告》（*Human Development Report*，纽约：牛津大学出版社，年刊，网址为 http://hdr. undp. org/en/global-reports）。

联合国粮农组织（**fao. org**）：提供按国家和农作物划分的农业和食品的数据及报告。

国际劳工组织（**ilo. org**）：提供就业、工作条件、劳工权利和其他劳工问题的数据和报告。

世界银行（worldbank. org）

（1）《世界发展报告》（*World Development Report*，纽约：牛津大学出版社，年刊，网址为http://www. worldbank. org/en/publication/wdr/wdr-archive)。

(2) 世界发展指数数据库，网址为 http://databank.worldbank.org/data/reports.aspx?source=world-development-indicators。

国际货币基金组织（**imf.org**）：提供从阿富汗到津巴布韦的国别数据，网址为 http://www.imf.org/external/country/index.htm。

经济合作与发展组织（**oecd.org**）。

成员国统计数据：**http://stats.oecd.org/**。

非政府智库与研究所

经济政策研究会（**epi.org，http://www.epi.org/data/**）：提供数据和政策分析。

预算和政策优先权研究中心（**cbpp.org**）：提供有关当前预算问题的报告、数据。

经济和政策研究中心（**cepr.net**）：提供有关经济问题的报告和数据。

责任政治研究中心（**opensecrets.org**）：提供有关货币政策的数据。

税收正义研究中心（**ctj.org**）：提供对税收问题的分析，以及公司对避税天堂的运用。

政策研究所（**ips-dc.org**）：提供关于不平等的数据和论文。

税赋和经济政策研究所（**itep.org**）：提供对税收问题的分析。

公民、贸易数据中心（**https://www.citizen.org/our-work/globalization-and-trade/trade-data-center**）：提供与贸易有关的失业数据。

税收正义网（**taxjustice.net**）：提供有关税收问题的报告，包括避税天堂。

税收政策中心（**taxpolicycenter. org**）：提供关于当前税收政策问题的报告。

城市研究所（**urban. org**）：提供关于当前广泛的政策问题的报告。

世界观察研究所（**worldwatch. org**）：提供环境问题的在线信息，以及《世界状况》（*The State of the World*）系列出版物的纸质报告。

学术信息与数据资源

布伦南正义中心（纽约大学）（**https://www. brennancenter. org/**）：提供关于犯罪、刑事司法和监禁的信息。

NBER（**nber. org；nber. org/data**）：提供产业数据和宏观经济数据，比如每次衰退的开始和结束的数据，工作论文和其他资源。

格罗宁根大学格罗宁根增长和发展中心（**http://www. rug. nl/** *534* **ggdc/productivity/pwt/**）：提供 182 个国家自 1950 年以来的投入、产出、收入和生产率数据。

得克萨斯大学不平等项目（**utip. lbj. utexas. edu**）：提供世界不平等数据。

经济学家网络资源（**rfe. org**）：为师生和经济学工作者设计；提供经济学学术项目、组织、会议等资源的链接。

数据可视化网络（某些可互动）

国际货币基金组织数据映射器（**imf. org/external/datamapper**）

经济复杂性观察站，MIT（**atlas. media. mit. edu/en**）

可视经济学（**visualizingeconomics. com**）

世界银行数据（**worldbank. tumblr. com**）

报纸与期刊

《金融时报》（**ft. com**）、《纽约时报》（**nytimes. com**）、《华盛顿邮报》（**wapo. com**）、《洛杉矶时报》（**latimes. com**）、《华尔街杂志》（**wsj. com**）、《经济学家》（**economist. com**）、《美元与意识》（**dollars-andsense. org**）、《美国前景》（**prospect. org**）、《挑战》（**tandfonline. com/toc/mcha20/current**）、《彭博商业周刊》（**bloomberg. com/businessweek**）、《财富》（**fortune. com**）、《福布斯》（**forbes. com**）。

其 他

马萨诸塞大学阿默斯特分校大众经济学中心（**www. populareconomics. org**）：提供一周时间的夏季课程和其他时间的周末课程，倡导变革性地讲授对当前经济和政治问题的分析。

economicsnetwork. ac. uk/links/data _ free. htm：提供英国经济数据链接。

Understanding Capitalism: Competition, Command, and Change, Fourth Edition by Samuel Bowles, Richard Edwards, Frank Roosevelt, and Mehrene Larudee
9780190610937

图书在版编目（CIP）数据

理解资本主义：竞争、统制与变革：第四版/（美）塞缪尔·鲍尔斯等著；孟捷等主译. --北京：中国人民大学出版社，2022.2

书名原文：Understanding Capitalism：Competition，Command，and Change（Fourth Edition）

ISBN 978-7-300-29323-3

Ⅰ.①理… Ⅱ.①塞… ②孟… Ⅲ.①资本主义经济—研究 Ⅳ.①F03

中国版本图书馆 CIP 数据核字（2021）第 086786 号

理解资本主义：竞争、统制与变革（第四版）

塞缪尔·鲍尔斯
理查德·爱德华兹
弗兰克·罗斯福
梅伦·拉鲁迪 著

孟捷　张林　赵准　徐华　主译

Lijie Zibenzhuyi：Jingzheng、Tongzhi yu Biange

出版发行	中国人民大学出版社		
社　　址	北京中关村大街 31 号	**邮政编码**	100080
电　　话	010－62511242（总编室）		010－62511770（质管部）
	010－82501766（邮购部）		010－62514148（门市部）
	010－62515195（发行公司）		010－62515275（盗版举报）
网　　址	http://www.crup.com.cn		
经　　销	新华书店		
印　　刷	涿州市星河印刷有限公司		
规　　格	147mm×210mm　32 开本	**版　　次**	2022 年 2 月第 1 版
印　　张	27.625 插页 3	**印　　次**	2022 年 2 月第 1 次印刷
字　　数	666 000	**定　　价**	168.00 元